ANDREAS BUCK

Studien
zur Kritischen
Psychologie

Pahl-Rugenstein

Studien zur Kritischen Psychologie

Herausgegeben von Karl-Heinz Braun und Klaus Holzkamp
Band 20

Daniil Elkonin

Psychologie des Spiels

Studien zur Kritischen Psychologie

Pahl-Rugenstein

Д[аниил] Б[орисович] Эльконин
Психология игры
Издательство Педагогика
Москва 1978
ⓒ *Verlag Pedagogika, Moskau 1978*

Übersetzer: Ruth Kossert

Diese Übersetzung erschien zunächst beim volkseigenen Verlag Volk und Wissen Berlin / DDR 1980 als Band 7 der Reihe „Beiträge zur Psychologie", herausgegeben von Willi Forst, Wolfgang Kessel, Adolf Kossakowski und Joachim Lompscher.

Studien zur Kritischen Psychologie 20
Pahl-Rugenstein Verlag, Köln 1980
Vom Verlag ⓒ *Volk und Wissen Volkseigener Verlag*
Berlin / DDR genehmigte Lizenzausgabe
Printed in the GDR
ISBN 3-7609-0497-1

Inhaltsverzeichnis

6

Contents

Zur Geschichte der Untersuchungen

Zum Gedenken an meine Töchter Natascha
und Galja und deren Mutter Z. P. Nemanowa,
die im Großen Vaterländischen Krieg
auf tragische Weise ihr Leben verloren.

Das Interesse für die Psychologie des Kinderspiels entwickelte
sich bei mir Anfang der dreißiger Jahre, als ich das Spiel meiner
Töchterchen beobachten konnte und Vorlesungen über Kinderpsychologie hielt. Die Notizen über diese Beobachtungen sind
in der Kriegszeit im blockierten Leningrad verlorengegangen.
Nur einige Episoden habe ich im Gedächtnis behalten. Hier
zwei davon.
An einem freien Tag mußte ich mit den Mädchen allein zu
Hause bleiben. Sie waren beide im Vorschulalter und besuch-
ten den Kindergarten. Einen Tag gemeinsam zu verbringen

war für uns ein Fest. Wir lasen, malten, neckten uns, tollten umher. Es ging lustig und laut zu, bis die Zeit des zweiten Frühstücks heranrückte. Ich bereitete den üblichen Grießbrei zu, den die Mädchen bereits ziemlich satt hatten. Sie weigerten sich entschieden, ihn zu essen, wollten sich nicht einmal an den Tisch setzen.

Mir hätte es leid getan, die gute Stimmung zu trüben, indem ich sie zu essen zwang, und ich schlug den Mädchen vor, Kindergarten zu spielen. Ich zog einen weißen Kittel an und war die Erzieherin. Sie banden sich Schürzchen vor und waren Kinder des Kindergartens. Wir begannen, im Spiel alles zu tun, was im Kindergarten getan wird: Wir zeichneten etwas, dann taten wir, als zögen wir uns Mäntel an, und gingen spazieren, wobei wir mehrmals im Zimmer auf und ab wanderten, dann lasen wir ein wenig. Schließlich kam die Essenszeit heran. Eines der Mädchen übernahm den Tischdienst und deckte den Frühstückstisch. Ich, die Erzieherin, setzte ihnen zum Frühstück denselben Brei vor. Ohne jeglichen Protest, sogar mit Vergnügen, begannen sie zu essen, waren bemüht, sich gesittet zu benehmen, leerten sorgfältig den Teller und baten obendrein, ihnen noch etwas aufzutun. Sie gaben sich in ihrem gesamten Verhalten Mühe, vorbildliche Kindergartenkinder zu sein. Mich sahen sie als Erzieherin an, folgten mir widerspruchslos aufs Wort und wandten sich an mich betont offiziell. Die Töchter-Vater-Beziehungen verwandelten sich in Beziehungen von Kindergartenkindern zu ihrer Erzieherin und die Beziehungen zwischen Schwestern in Beziehungen zwischen Kindergartenkindern. Die Spielhandlungen waren sehr stark verkürzt und verallgemeinert – das gesamte Spiel dauerte etwa eine halbe Stunde.

Erinnern kann ich mich auch an ein Versteckspiel. Die Mädchen versteckten sich, und ich suchte sie. Im Zimmer, in dem wir spielten, stand ein Kleiderständer mit Kleidungsstücken daran. Hinter ihm versteckten sich die Mädchen am liebsten. Ich sah natürlich, wo sie sich versteckt hatten, aber ich tat so, als wüßte ich es nicht, ging im Zimmer umher und murmelte vor mich hin: „Wo mögen bloß meine Mädchen geblieben sein?" Als ich in der Nähe ihres Verstecks war, hörte ich, wie sich bei ihnen ein „Drama" abspielte. Die Jüngere drängte es mit Gewalt zu mir, die Ältere aber hielt ihr den Mund zu, versuchte sie zurückzuhalten und flüsterte: „Sitz ruhig!" Schließlich konnte die Jüngere den Spannungszustand nicht mehr aushalten, riß sich los, stürzte auf mich zu und rief: „Hier bin ich!" Die Ältere trat unzufrieden hervor und erklärte, sie würde mit ihr nicht mehr spielen, denn sie verstehe nicht zu spielen. Nach solchen Beobachtungen konnte ich schließen, für die Ältere bedeutete das Spiel die übernommene Rolle ausführen und die damit verbundenen Regeln erfüllen, für die Jüngere dagegen bestand der Sinn des Spiels darin, irgend etwas mit mir gemeinsam zu tun.

Meine Beobachtungen ließen folgende Annahme zu: Das wichtigste im Spiel des Vorschulkindes ist die Rolle, die es übernommen hat. Beim Ausführen einer Rolle verändern sich die Handlungen des Kindes und seine Beziehung zur Wirklichkeit. So entstand die Hypothese: Die *eingebildete Situation*, in der das Kind Rollen anderer Menschen übernimmt und entsprechende Handlungen sowie den Spielbedingungen gemäße Beziehungen realisiert, ist die *Grundeinheit* des Spiels. Ein wesentliches Moment solch einer Spielsituation ist die Übertragung der Bedeutung eines Gegenstandes auf einen anderen. Dieser Gedanke ist nicht neu. Bereits James *Sully* schrieb: „Das Wesen des kindlichen Spieles besteht in der Darstellung einer Rolle ... Hier stoßen wir nun auf den vielleicht interessantesten Zug des kindlichen Spieles, nämlich die Umwandlung der dürftigsten und unscheinbarsten Dinge in vollständige lebendige Gestalten" (1897, S. 34 u. 38).

Nachdem ich viel Literatur über das Spiel studiert hatte, gelangte ich zu der Feststellung, daß es erstens als Äußerung einer bereits entwickelten Phantasie angesehen und zweitens naturalistisch betrachtet wird (vgl. K. *Groos*, W. *Stern*, K. *Bühler* u. a.). Solche Betrachtungsweise, schien mir, entspricht nicht dem wahren Wesen des Spiels. Ich fand es eigenartig, daß die Phantasie, eine der kompliziertesten Fähigkeiten, so früh entstehen soll, und meinte, daß eventuell, gerade im Gegenteil, das Spiel jene Tätigkeit ist, in der die Phantasie zu entstehen beginnt. Falsch erschien mir auch, das Spiel als instinktive, dazu noch bei Kindern und Jungtieren gleiche Tätigkeit anzusehen.

Ende des Jahres 1932 legte ich meine Gedanken in einer Vorlesung für Studenten und in einem Referat vor dem Lehrkörper des Leningrader Pädagogischen Instituts A. I. Herzen dar. Meine Auffassungen erfuhren eine ziemlich scharfe Kritik. Der einzige, der die Hauptthesen meines Vortrags unterstützte, war Lew Semjonowitsch *Wygotski* (er weilte zu der Zeit in Leningrad, um Vorlesungen zu halten und Aspiranten anzuleiten), dem ich damals als Mitarbeiter unmittelbar unterstellt war.

Probleme des Kinderspiels interessierten *Wygotski* im Zusammenhang mit seinen Arbeiten zur Psychologie der Kunst und seinen Untersuchungen zur Entwicklung der Zeichenfunktion.

Anfang des Jahres 1933 hielt er am Leningrader Pädagogischen Institut A. I. Herzen eine Folge von Vorlesungen zur Psychologie des Vorschulkindes, zu denen auch eine Vorlesung über das Spiel gehörte. Er erörterte dieses Problem mit der ihm eigenen Ausführlichkeit und Gründlichkeit und stellte es als zentrales Problem für das Verständnis der psychischen Entwicklung im Vorschulalter dar.[1]

Die Gedanken, die *Wygotski* in dieser Vorlesung geäußert hat, bildeten die Grundlage meiner späteren Untersuchungen zur Psychologie des Spiels.

Im April 1933 schrieb mir *Wygotski* im Hinblick auf die begonnenen Untersuchungen: „... ich möchte Dir, sei es auch nur in aller Kürze, einige Überlegungen mitteilen. Zum Spiel: a) Man muß sich neue Experimente einfallen lassen – von der Art, wie ich sie in meiner Vorlesung über die Spielregeln erwähnt habe; sieh Dir das Material und meine Notizen zu den Vorlesungen an, damit wir in Leningrad im großen und ganzen rasch zu beidseitiger Klarheit gelangen.[2] b) In Deiner Vor-

---

[1] Das Stenogramm dieser Vorlesung *Wygotskis* wurde in der Zeitschrift „Woprossy psichologii" (6/1966) veröffentlicht. (Wir bringen die Übersetzung davon zusätzlich zu den Vorlesungsskripten im Anhang – die dt. Red.)
[2] Die Notizen zu dieser Vorlesung hatte *Wygotski* mir überlassen. Den Teil davon, der dem Spiel gilt, veröffentliche ich am Ende dieses Buches.

lesung[3] habe ich mir die Stelle über *Groos* besonders aufmerksam angesehen. Für seinen Naturalismus verdient er Prügel – das ist eine ausgesprochen naturalistische Theorie –, aber auf neuem Wege finden wir seine Gedanken erneuert und bereichert – die Vorstellung von der Bedeutung des Spiels in der Entwicklung, von dem, wodurch es der Zukunft zugewandt ist, was aus ihm emporwächst, von den Regeln als einer Schule des Willens (wie beim Schüler die Arbeit), von der eingebildeten Situation als einem Weg zur Abstraktion. Die Einheit von eingebildeter Situation und Regel ist wiederum ein *Spinoza*-Problem.[4] Augenscheinlich sind die Stufen des Denkens gleichzeitig Stufen des Willens (betrachtet man das Bewußtsein unter dem Systemaspekt, so ist das einleuchtend). c) Daß die Phantasie im Spiel entsteht, ist bei Dir absolut richtig und überzeugend dargestellt. Diese Tatsache ist sehr wichtig – vorher gibt es keine Phantasie. Kommen noch Regel plus Nachahmung hinzu (die meiner Meinung nach ebenso wichtig und ebenso eng mit der eingebildeten Situation verknüpft sind), so erhalten wir die Hauptmomente des Spiels. Gelingt es uns, sie in den Griff zu bekommen, dann haben wir eine neue Lehre vom Spiel geschaffen."

Die ersten Arbeiten in dieser Richtung, die noch zu Lebzeiten *Wygotskis* in Angriff genommen wurden, führte O. N. *Warschawskaja* durch. Sie untersuchte experimentell die Beziehungen zwischen Wort, Gegenstand und Handlung in der Spieltätigkeit des Kindes und in seiner Tätigkeit, die noch nicht Spiel ist. E. A. *Gerschenson* untersuchte die Beziehungen zwischen der eingebildeten Situation und der Spielregel.

Leider ist ein großer Teil der gewonnenen Untersuchungsergebnisse zur Zeit der Blockade Leningrads verlorengegangen, was erhalten blieb, habe ich in den entsprechenden Kapiteln dieses Buches verarbeitet.

Nach dem Tode *Wygotskis* (1934) schloß ich mich in der Forschungsarbeit einer Gruppe seiner Mitarbeiter und Schüler an, die unter der Leitung von A. N. *Leontjew* in Charkow arbei-

---

[3] Gemeint ist eine Vorlesung, die ich vor Studenten gehalten hatte.
[4] Hier meint *Wygotski* das Problem Einheit von Wille und Denkvermögen, das ihn beschäftigt hat.

teten.[5] Anfang des Jahres 1936 referierte ich in dieser Gruppe am Lehrstuhl für Psychologie des Charkower Pädagogischen Instituts die experimentellen Ergebnisse und die theoretischen Auffassungen zum Spiel, zu denen eine Leningrader Psychologengruppe unter meiner Gesamtleitung gelangt war. Von den zu dieser Gruppe gehörenden Psychologen möchte ich vor allem O. N. *Warschawskaja*, E. A. *Gerschenson*, T. E. *Konnikowa* und F. I. *Fradkina* nennen.

Im April 1936 schrieb mir *Leontjew*: „. . . die nach Ihrem Vortrag unbeantwortet gebliebenen Fragen sind noch lebendig, haften in unserer Erinnerung, und ich möchte sie Ihnen, wenn auch ziemlich spät, als Aufgabe stellen – für die Zukunft.

Sie sagten: Bedingung dafür, daß sich ein Spiel entwickelt, ist die Entstehung eines unrealisierbaren Wunsches. Stimmt denn das? Mir scheint, es geht nicht darum. Unrealisierbare Wünsche existieren auch davor, vielleicht von der ersten Stunde des Lebens an. Es geht darum, daß mit den Erfolgen in der sprachlichen Entwicklung die Ebene der ‚ideellen Tätigkeit' (= das Bewußtsein) entsteht. Das aber bedeutet, zu der vorigen Alternative: wird realisiert – wird nicht realisiert, kommt eine dritte Möglichkeit hinzu, und zwar, der Wunsch kann auf ideeller Ebene realisiert werden. Anfangs bedarf diese Ebene der Unterstützung durch den Gegenstand, durch die Handlung (die reale), durch die Situation. Das eben verleiht der Tätigkeit einen besonderen Charakter, die sich wenig später von der Situation loszulösen vermag und eine neue Form annimmt, die Form der autistischen Träumerei (Nikolenka in *Tolstois* ‚Kindheit').

Zum zweiten: Die Hauptsache ist also im Spiel die ‚eingebildete Situation'. Das bedeutet, man muß die innere Beziehung zwischen eingebildeter Situation und der Aneignung sozialer Beziehungen untersuchen. Vielleicht gelingt es, eine Hypothese zu entwickeln und nachzuweisen, daß die sozialen Beziehungen selbst die geistige Ebene aufbauen und, nachdem sie entstanden ist, durch sie hindurch in die Tätigkeit eindringen?

---

[5] Zu dieser Gruppe gehörten u. a. W. I. *Asnin*, L. I. *Boshowitsch*, P. J. *Galperin*, A. W. *Saporoshez*, P. I. *Sintschenko* und G. D. *Lukow*.

Und zum letzten: Es ist natürlich unmöglich, die Frage nach den Triebkräften, die das Spiel ins Leben rufen, zu beantworten, ohne seine Vorgeschichte begriffen zu haben. Und hier wird, wenn man dem ersten zustimmt, klar: Die Vorgeschichte ist das ‚Spiel' vor Abschluß des dritten Lebensjahres. Es realisiert ebenfalls einen Wunsch, aber wie jedes ‚Nichtspiel' nur in der Alternative ‚plus-minus'; das heißt, beim dreijährigen Kind entsteht eine neue Form der Realisation dieser Wünsche eigens im Spiel, das heißt im Spiel des Menschen (in einem Spiel, das nur möglich ist unter den Bedingungen der menschlichen Psyche = Bewußtsein). Darum geht es vor allen Dingen.

Das wäre wohl das Wesentliche von dem, was sich nach Ihrem ‚Spiel' in meinem Kopf festgesetzt hat und das Filter Zeit als Fragenkette zurückließ."

Die Vorstellung *Leontjews*, man müsse erstens die inneren Zusammenhänge zwischen der Aneignung sozialer Beziehungen und der eingebildeten Situation erforschen und sich zweitens Klarheit über die Vorgeschichte des Spiels verschaffen, um sein Wesen erkennen zu können, hatte einen entscheidenden Einfluß auf die weiteren Untersuchungen.

Von dieser Zeit an, das heißt seit 1936, bestanden sehr enge geistige Verbindungen zwischen meiner wissenschaftlichen Arbeit und der Arbeit *Leontjews* und seiner Mitarbeiter. Seit 1938 waren wir dann auch organisatorisch verbunden. *Leontjew* leitete den Lehrstuhl Psychologie des Leningrader Pädagogischen Instituts N. K. Krupskaja, und wir arbeiteten hier zusammen. In dieser relativ kurzen Zeit (1937–1941) hat G. D. *Lukow* in Charkow eine sehr wichtige experimentelle Untersuchung „Wie dem Kind im Spielprozeß die Sprache bewußt wird" (1937) durchgeführt, und in Leningrad führte F. I. *Fradkina* eine Untersuchung unter dem Titel „Psychologie des Spiels im Kleinkindalter. Genetische Wurzeln des Rollenspiels" (1946) durch. Das sind die Vorkriegsuntersuchungen in der neuen Richtung. Die erste Publikation über alle diese Untersuchungen war der Artikel „Psychologische Grundlagen des Spiels im Vorschulalter" von A. N. *Leontjew* (1944, vgl. auch 1975, S. 308–324, d. Übers.), in dem er kurz unsere Auffassungen zum Problem darlegte und über die bis dahin ermittelten Fakten berichtete.

Durch den Großen Vaterländischen Krieg wurden unsere Untersuchungen unterbrochen. Nach dem Kriege begann man erneut mit Untersuchungen zu Problemen des Kinderspiels in Moskau, vor allem am Institut für Psychologie.

Unter Leitung von A. N. *Leontjew* und A. W. *Saporoshez* führten L. S. *Slawina* (1948), S. W. *Manuilenko* (1948), J. S. *Newerowitsch* (1948), A. W. *Tscherkow* (1949) und S. M. *Boguslawskaja* (1955) eine Reihe von experimentellen Untersuchungen durch, die uns in unseren Ansichten über das Spiel weiter voranbrachten. Meine Beteiligung an der Arbeit beschränkte sich bis 1953 auf Vorträge und Publikationen (1948, 1949). Erst dann war es mir möglich, mich wieder der experimentellen und theoretischen Arbeit an diesem Problem zuzuwenden. Schwerpunkte waren für mich hierbei: 1. die Geschichte des Kinderspiels, 2. der soziale Inhalt des Spiels als der führenden Tätigkeit des Kindes im Vorschulalter, 3. das Problem Symbolismus und die Wechselbeziehung zwischen Gegenstand, Wort und Handlung im Spiel, 4. allgemeintheoretische Fragen und die kritische Auseinandersetzung mit den vorliegenden Theorien des Spiels.

Mit diesem kurzen Abriß des Verlaufs unserer Untersuchungen zur Psychologie des Kinderspiels will ich zeigen, daß an diesem Problem und der Entwicklung einer neuen Theorie des Kinderspiels ein großes Forscherkollektiv gearbeitet hat. Ich habe mich nur in den ersten und in den letzten Etappen dieser Arbeit unmittelbar daran beteiligt.

Natürlich war die Arbeit an der Theorie des Kinderspiels, angefangen von den Arbeiten *Wygotskis* bis zum heutigen Tag, organisch verbunden mit den Untersuchungen zu allgemeinen Problemen der Psychologie und mit der Theorie der psychischen Entwicklung des Kindes insgesamt. Die theoretischen und experimentellen Untersuchungen vor allen Dingen von A. N. *Leontjew*, A. W. *Saporoshez* und P. J. *Galperin* wurden zu einem organischen Teil der Untersuchungen zur Psychologie des Spiels.

Jeder Fortschritt in der allgemeinen Theorie war für uns ein

Anlaß, unsere Auffassungen vom Spiel zu überprüfen, neue Fakten zu ermitteln, neue Hypothesen zu entwickeln.

Eine sehr wichtige Besonderheit der Untersuchungen zur Psychologie des kindlichen Spiels, die von den Nachfolgern *Wygotskis* durchgeführt wurden, war folgende: Es lag ihnen kein einheitliches Wollen, keine einheitliche Vorgehensweise zugrunde, und es bestand kein einheitliches organisatorisches Zentrum. Deshalb mangelte es an einer logischen Kontinuität der Untersuchungen, die Schritt für Schritt zur Beseitigung der „weißen Flecke" auf dem unerforschten Gebiet des Kinderspiels geführt hätte. Und dennoch war es eine Kollektivarbeit, denn sie ging aus von einheitlichen theoretischen Prinzipien – L. S. *Wygotski* hatte sie umrissen –, und jede Arbeit war ein Beitrag zur weiteren Lösung der vorliegenden Probleme. Infolge der erwähnten organisatorischen Zerrissenheit sind freilich nicht alle Fragen in theoretischen und experimentellen Untersuchungen erfaßt worden, und deshalb gibt es noch viele „weiße Flecke".

Das Neue, das diese Kollektivarbeit zur Psychologie des Spiels beigetragen hat, besteht zusammengefaßt in folgendem: 1. Erarbeitung einer Hypothese über die historische Entstehung des Spiels, wie es für das heutige Vorschulkind typisch ist, und theoretische Beweisführung, daß das Rollenspiel seinem Ursprung nach sozial ist und eben deshalb auch seinem Inhalt nach. 2. Ermittlung der Bedingungen für die Entstehung dieser Form des Spiels in der Ontogenese und Nachweis, daß das Spiel an der Schwelle des Vorschulalters nicht spontan entsteht, sondern sich durch Erziehung entwickelt. 3. Ermittlung der Grundeinheit des Spiels, Enthüllung seiner inneren psychologischen Struktur, Erkundung seiner Entwicklung und seines Zerfalls. 4. Feststellung, daß das Spiel im Vorschulalter besonders sensitiv ist, bezogen auf die menschliche Tätigkeit sowie auf die zwischenmenschlichen Beziehungen, und daß der Mensch, seine Tätigkeit und die Beziehungen der Erwachsenen zueinander den Hauptinhalt des Spiels bilden. Deshalb stellt es eine Form der Orientierung in den Aufgaben und den Motiven der menschlichen Tätigkeit dar. 5. Feststellung, daß die Spieltechnik, die Übertragung der Bedeutung eines Gegenstandes auf einen anderen, die Verkürzung und die Verallgemeinerung der Spielhandlungen eine überaus wichtige Bedingung dafür ist, daß das Kind in den Bereich der sozialen Beziehungen vordringt und sie auf spezifische Weise in seiner Spieltätigkeit modelliert. 6. Aussonderung der realen, die Praxis ihrer kollektiven Handlungen darstellenden Beziehungen zwischen den Kindern im Spiel. 7. Klärung der Funktionen des Spiels in der psychischen Entwicklung des Kindes im Vorschulalter.

Bei dieser Aufzählung hatten wir sowohl die neuen experimentellen Ergebnisse als auch jene theoretischen Verallgemeinerungen und Hypothesen im Auge, die uns bei unserer Untersuchung zur Auswertung vorlagen.

Weil ich mir dessen bewußt war, wie wenig man mit den Untersuchungen zur Psychologie des Kinderspiels erst erreicht hatte, aber auch, weil ich mich in den letzten Jahren mit der Lösung anderer Probleme der Kinderpsychologie befassen mußte, konnte ich mich lange nicht dazu entschließen, dieses Buch zu schreiben. Nur weil mich meine Mitstreiter ständig drängten, insbesondere waren es *Galperin, Saporoshez* und *Leontjew*, nahm ich diese Arbeit in Angriff.

Die Logik der Untersuchungen und die Logik der Darlegung ihrer Ergebnisse lassen sich niemals völlig auf einen Nenner bringen. Die Struktur dieses Buches gibt nicht die Geschichte und die Logik unserer Untersuchungen wieder. In seinem Aufbau ist es dem Ablauf unserer Untersuchungen entgegengesetzt. Das Buch beginnt mit Kapiteln, in denen wir unsere Auffassung über die entfaltete Form der Spieltätigkeit des Kindes, ihr soziales Wesen und ihre psychologische Natur darlegen – eine Auffassung, die sich im Laufe der Untersuchungen entwickelt und erst am Ende der Arbeiten gefestigt hat.

Der ganz allgemeinen Darlegung unserer Auffassung vom Spiel als einer spezifischen Form der Tätigkeit des Kindes, deren Gegenstand der Erwachsene – seine Tätigkeit und seine Beziehungen mit anderen Menschen – ist, folgt im dritten Kapitel des Buches eine kritische historische Analyse der Haupttheorien des Spiels. In diesem Überblick soll vor allem die Haltlosigkeit der in den bürgerlichen Theorien vorherrschenden naturalistischen Auffassung vom Spiel gezeigt und ihr die gesellschaftlich-historische Vorgehensweise in bezug auf die Entstehung und Entwicklung des Spiels beim Menschen entgegengesetzt werden. Nur auf diese Weise läßt sich das psychologische Wesen des Spiels erfassen. Die kritische Analyse der Theorien des Spiels ist ein organischer Teil unserer Arbeit an der Psychologie des Spiels. Solch ein kritischer historischer Überblick war außerdem deshalb erforderlich, weil es in der sowjetischen Literatur kaum gehaltvollere Gesamtdarstellungen gibt, wie sich die Auffassungen über das Spiel im Laufe der Geschichte entwickelt haben. Und weil das Buch nicht nur für Experten auf dem Gebiet der Psychologie des Spiels bestimmt ist, sondern für einen etwas weiteren Leserkreis, mußten die verschiedenen Theorien ein wenig ausführlicher behandelt werden.

Die ersten drei Kapitel bilden den ersten Teil des Buches (bedingt könnte man ihn als den theoretischen bezeichnen).

Der zweite Teil enthält experimentelles Material. Es zeigt, wie das Spiel im Verlaufe der individuellen Entwicklung des Kindes entsteht (viertes Kapitel), wie sich die strukturellen Hauptbestandteile der Spieltätigkeit entwickeln, welche Wechselbeziehungen es im Entwicklungsverlauf zwischen ihnen gibt (fünftes Kapitel) und welche Bedeutung das Spiel für die psychische Entwicklung hat (sechstes Kapitel). Diese Kapitel enthalten die Ergebnisse experimenteller Untersuchungen, mit denen wir den von dem hervorragenden sowjetischen Psychologen L. S. *Wygotski* vor vierzig Jahren eingeschlagenen Weg weiter verfolgten. Die Untersuchungen wurden so lange durchgeführt, bis wir ausreichend experimentelle Angaben gesammelt hatten, um zu einer endgültigen Auffassung über das Spiel zu gelangen. Das experimentell gewonnene Material bildete die Grundlage unserer theoretischen Auffassungen.

Wir sind weit davon entfernt anzunehmen, es sei uns gelungen, das psychologische Wesen des Spiels vollständig zu entschleiern. Mit diesem Buch möchten wir einen unseren Kräften angemessenen Beitrag zur Arbeit an den Problemen der Psychologie des Spiels leisten, für die das Interesse ständig zunimmt. Dieses Buch ist kein Lehrbuch und kein Unterrichtsmaterial. Deshalb haben wir uns nicht an eine strenge Darstellungslogik gehalten. Wir haben uns erlaubt, im Verlaufe der Erörterungen einige Hypothesen zu entwickeln, einige Annahmen und sogar nur Vermutungen zu äußern, die zu überprüfen weiteren Untersuchungen vorbehalten bleibt.

Moskau, Januar 1977

1. Untersuchungsgegenstand – entfaltete Form der Spieltätigkeit des Kindes

1.1. Das Wort „Spiel".
Das Spiel und die Urformen der Kunst

Die Wörter „Spiel" und „spielen" haben in vielen Sprachen sehr mannigfache Bedeutungen. Das Wort Spiel wird in der Bedeutung von Zerstreuung gebraucht; es wird im übertragenen Sinne angewandt, zum Beispiel in der Wendung „Spiel mit dem Feuer"; es bringt etwas Ungewöhnliches zum Ausdruck, wie in der Wendung „Spiel der Natur", und etwas Zufälliges in der Kombination „Spiel des Schicksals". Das Wort „spielen" wird im Sinne von Sichvergnügen sowie in Verbindung mit der Interpretation eines Musikstücks oder der Rolle eines Bühnenstücks gebraucht, im übertragenen Sinne wendet man es an, um damit Heuchelei, die Stellung eines Menschen, Risiko, Leichtsinn, Leichtfertigkeit zum Ausdruck zu bringen – „Komödie spielen", „eine leitende Rolle spielen", „mit dem Leben spielen", „mit dem Feuer spielen", „mit den Menschen sein Spiel treiben", man verwendet es im Sinne von lebhaft, glitzernd – „die Sonne spielt auf dem Wasser", „spielende Wellen". In den entsprechenden Wörterbüchern wird zwar zwischen der direkten (eigentlichen) Bedeutung und der übertragenen Bedeutung dieses Wortes unterschieden, aber dieser Unterschied tritt nicht deutlich genug zutage. Warum wird zum Beispiel in dem Ausdruck „auf der Börse spielen" (Börsenspekulationen betreiben) das Wort „spielen" in übertragenem Sinne gebraucht und in dem Ausdruck „Karten spielen" in direktem?

Es ist schwierig festzustellen, welche Tätigkeitsarten und welche Merkmale dieser Tätigkeiten in die ursprüngliche Bedeutung dieses Wortes einflossen und wie, auf welchen Wegen das Wort immer neue und neue Bedeutungen gewann.

Die früheste uns bekannte systematische Darstellung kindlicher Spiele in Rußland geht auf J. A. *Pokrowski* zurück. Sein Buch über die Spiele des Kindes beginnt folgendermaßen: „Der Begriff ‚Spiel' hat bei den verschiedenen Völkern eine etwas unterschiedliche Bedeutung. Bei den alten Griechen zum Beispiel bezeichnete das Wort Spiel gewisse Handlungen der Kinder, brachte hauptsächlich das zum Ausdruck, was man bei uns heutzutage als ‚Sich-Kindereien-Hingeben' betrachtet. Bei den Juden entsprachen dem Wort Spiel die Begriffe Scherz und Lachen. Bei den Römern bedeutete das Wort ‚ludus' Freude und Heiterkeit. Im Mittelhochdeutschen bedeutete ‚spilen' Scherz treiben, sich vergnügen. Später begann man in allen europäischen Sprachen mit dem Wort Spiel viele Handlungen des Menschen zu bezeichnen, die erstens nicht schwere Arbeit sind und zweitens Freude und Vergnügen bereiten. Nach den heutigen Begriffen gehört zu diesen vielen Handlungen alles mögliche – sowohl das Spiel des Kindes mit Zinnsoldaten als auch die Darstellung der Rolle eines tragischen Helden auf der Bühne, das Spiel des Kindes um Nüsse wie auch das Spiel an der Börse um Tscherwonzen, das Reiten auf einem Steckenpferd und die Kunst eines Violinenvirtuosen" (1887, S. 1).

Rund fünfzig Jahre später gibt der bedeutende holländische Etymologe und Psychologe F. *Buytendijk* (1933) ebenfalls eine etymologische Analyse des Wortes Spiel und versucht, charakteristische Merkmale der Prozesse aufzudecken, die mit diesem Wort bezeichnet werden. Als solche Merkmale nennt er die Hin-und-Her-Bewegung, die Spontaneität und Freiheit sowie Scherz und Freude. Damit nicht genug, *Buytendijk* empfiehlt den Wissenschaftlern, deren Forschungstätigkeit dem Phänomen Spiel gilt, darauf zu achten, wie das Kind selbst dieses Wort gebraucht, weil er annimmt, daß das Kind sehr gut zu unterscheiden weiß, was Spiel ist und was diese Bezeichnung nicht verdient.

Natürlich können keinerlei etymologische Untersuchungen die Merkmale des Spiels erhellen, einfach deshalb nicht, weil die Geschichte der Veränderung des Wortgebrauchs eigene Gesetze hat, unter denen die Übertragung von Bedeutungen an hervorragender Stelle steht. Auch die Analyse, wie Kinder dieses Wort gebrauchen, kann keine Klarheit über das Spiel schaffen, weil sie es doch aus der Sprache der Erwachsenen übernehmen.

Das Wort Spiel ist strenggenommen kein wissenschaftlicher Begriff. Vielleicht gerade deshalb, weil viele Wissenschaftler sich bemühten, etwas Gemeinsames an den unterschiedlichsten Handlungen, die mit dem Wort Spiel bezeichnet werden, zu finden, gibt es bis heute keine befriedigende Abgrenzung zwischen diesen Tätigkeiten und keine befriedigende Erklärung der verschiedenen Formen des Spiels. Dieser Umstand veranlaßte Jence *Kollarits* (1940) zu dem pessimistischen Schluß, eine exakte Definition und Abgrenzung des Spiels in dem weiten Tätigkeitsfeld des Menschen und der Tiere sei nicht möglich, und alle Bemühungen um solch eine Definition wären nur als „wissenschaftliche Spielereien" (jeux scientifiques) der Autoren anzusehen. Die negative Meinung zur Möglichkeit, eine allgemeine Theorie des Spiels zu schaffen und folglich seine allgemeine Natur zu erkennen, wurde auch auf das Spiel des Kindes ausgedehnt. Das kommt insbesondere darin zum Ausdruck, daß das Problem Psychologie des Spiels in vielen amerikanischen Lehrbüchern der Kinderpsychologie überhaupt nicht erörtert wird. Selbst in dem 1972 von P. *Mussen* herausgegebenen Grundlagenwerk zur Kinderpsychologie (Manual of Child Psychology), einer Zusammenfassung der im Ausland erzielten Er-

23

gebnisse zu verschiedenen Gebieten der Kinderpsychologie, gibt es keine Verallgemeinerung der Untersuchungen zum Spiel des Kindes. Es wird nur viermal in wenigen Zeilen erwähnt.

U. M. *Galusser* erarbeitete eine Übersicht über die Forschungsarbeiten zum Spiel, die in der ersten Hälfte unseres Jahrhunderts durchgeführt worden sind.[6] Er gab einen verallgemeinernden Überblick über die biologischen und psychologischen Theorien des Kinderspiels und wies darauf hin, daß der größte Teil der psychologischen Literatur und der experimentellen Untersuchungen zu diesem Thema eher auf die empirische Beobachtung als auf die theoretische Arbeit gerichtet ist, und zwar wahrscheinlich infolge der Schwierigkeiten, zu einer adäquaten und allumfassenden Definition des Spiels zu gelangen oder es auch nur so zu beschreiben, daß alle als Spiel geltenden Erscheinungen erfaßt sind, und infolge der Schwierigkeiten, die ausgewählten Theorien dann weiterzuentwickeln.

Einige Angaben, die zur Klärung des psychologischen Wesens des Spiels beitragen können, findet man in ethnographischer Literatur über das Spiel. Es ist allgemein bekannt, daß sich für das Spiel als Kulturelement auch Ethnographen interessierten, desgleichen Philosophen, die sich mit Problemen der Ästhetik befaßten.

Die Anfänge der Arbeit an einer Theorie des Spiels sind mit den Namen solcher Denker wie F. *Schiller*, H. *Spencer* und W. *Wundt* verbunden. In ihren philosophischen, psychologischen und vor allen Dingen ästhetischen Schriften berührten sie nebenher, mit nur wenigen Sätzen, auch die Spiele, als eine der am weitesten verbreiteten Lebenserscheinungen, und fanden Zusammenhänge zwischen der Entstehung des Spiels und der Entstehung der Kunst.

Wir zitieren einige dieser Äußerungen.

Friedrich *Schiller* schrieb in seinen Briefen über die ästhetische Erziehung des Menschen:

---

[6] Es handelt sich bei dieser Übersicht um eine Rotaprint-Ausgabe ohne Erscheinungsjahr. Sie wurde für die UNESCO hergestellt. Ich erhielt sie von A. P. *Ussowa* und benutzte sie für meine Arbeit.

„Zwar hat die Natur auch schon dem Vernunftlosen über die Notdurft gegeben und in das dunkle tierische Leben einen Schimmer von Freiheit gestreut. Wenn den Löwen kein Hunger nagt und kein Raubtier zum Kampf herausfordert, so erschafft sich die müßige Stärke selbst einen Gegenstand; mit mutvollem Gebrüll erfüllt er die hallende Wüste, und in zwecklosem Aufwand genießt sich die üppige Kraft. Mit frohem Leben schwärmt das Insekt in dem Sonnenstrahl; auch ist es sicherlich nicht der Schrei der Begierde, den wir in dem melodischen Schlag des Singvogels hören. Unleugbar ist in diesen Bewegungen Freiheit, aber nicht Freiheit von dem Bedürfnis überhaupt, bloß von einem bestimmten, einem äußeren Bedürfnis. Das Tier *arbeitet*, wenn ein Mangel die Triebfeder seiner Tätigkeit ist, und es *spielt*, wenn Reichtum der Kraft diese Triebfeder ist, wenn das überflüssige Leben sich selbst zur Tätigkeit stachelt" (1959, S. 385).

Hier steckt eigentlich die ganze Theorie drin, die man gewöhnlich kurz als Kraftüberschußtheorie bezeichnet. In Wirklichkeit entspricht eine solche Bezeichnung, wie aus dem angeführten Zitat hervorgeht, nicht ganz den Auffassungen *Schillers*. Für ihn ist das Spiel eher ein Genuß, frei von äußeren Bedürfnissen und sich in einem Überfluß an Lebenskräften äußernd. An einer anderen Stelle schreibt *Schiller*: „Der Gegenstand des Spieltriebes, in einem allgemeinen Schema vorgestellt, wird also *lebende Gestalt* heißen können; ein Begriff, der allen ästhetischen Beschaffenheiten der Erscheinungen und mit einem Worte dem, was man in weitester Bedeutung Schönheit nennt, zur Bezeichnung dient" (ebenda, S. 325).

Für *Schiller* ist das Spiel eine ästhetische Tätigkeit. Der Überschuß an von äußeren Bedürfnissen freien Kräften ist lediglich eine Bedingung dafür, daß jener ästhetische Genuß zustande kommt, den nach *Schiller* das Spiel bereitet.

Daß *Schiller* den Genuß als konstituierendes, für die ästhetische Tätigkeit und das Spiel gemeinsames Merkmal gesehen hat, beeinflußte die weitere Arbeit an dem Problem Spiel.

Herbert *Spencer* befaßt sich ebenfalls nicht allseitig mit dem Spiel, denn es ist auch nicht seine Absicht, speziell eine Theorie des Spiels zu entwickeln. Sein Interesse für das Spiel geht, wie das von *Schiller*, auf das Interesse für das Wesen des ästhetischen Genusses zurück. Das Problem des Kraftüberschusses jedoch, von dem *Schiller* spricht, stellt er in einen weiter gefaßten Zusammenhang mit der biologischen Entwicklung.

Seine Auffassungen über das Spiel bringt *Spencer* folgendermaßen zum Ausdruck: „Die Thätigkeiten, die wir als Spiel bezeichnen, kommen mit den ästhetischen Thätigkeiten darin überein, daß weder die eine noch die andere irgendwie unmittelbar zu den dem Leben förderlichen Processen beitragen" (1886, S. 706).

Zur Frage über den Ursprung des Spielimpulses entwickelt *Spencer* eine eigene Theorie, die gewöhnlich ebenfalls als Kraftüberschußtheorie bezeichnet wird. Er schreibt: „Die niederen Thiere haben sämtlich das mit einander gemein, daß alle ihre Kräfte zur Ausübung solcher Functionen aufgewendet werden, die für die Erhaltung des Lebens unumgänglich nöthig sind. Man sieht sie unablässig beschäftigt, Futter zu suchen, ihren Feinden zu entfliehen, sich irgendwelche Zufluchtsstätten herzurichten oder Vorbereitungen für ihre Jungen zu treffen. Steigen wir aber zu Thieren von höherem Typus empor, welche mit zahlreicheren und weiter entwickelten Fähigkeiten begabt sind, so zeigt sich immer mehr, daß die Zeit und Kraft nicht mehr ausschließlich von der Sorge für die unmittelbaren Bedürfnisse in Anspruch genommen werden. Indem sie vermöge ihrer Überlegenheit sich bessere Nahrung verschaffen, gewinnen sie dadurch einen Überschuß an Lebenskraft... So kommt es, daß uns bei höher entwickelten Geschöpfen häufig eine Lebenskraft entgegentritt, die bedeutend über die unmittelbaren Bedürfnisse hinausreicht, und daß ebenso bald diese, bald jene Fähigkeit einer längeren Ruhe genießt, welche es möglich macht, sie vermöge des auf jeden Verbrauch folgenden Wiederersatzes in einen Zustand hoher Leistungsfähigkeit zu versetzen" (ebenda, S. 707 f.). Und weiter: „Das Spiel ist ja gleichfalls eine künstliche Übung von Kräften, die in Ermangelung ihrer natürlichen Übung so sehr bereit sind, in Wirksamkeit zu treten, daß sie, um diese zu ersetzen, in nachahmenden oder vortäuschenden Thätigkeiten sich Luft machen" (ebenda, S. 710).

Für *Spencer* besteht der Unterschied zwischen Spiel und ästhetischer Tätigkeit lediglich darin, daß im Spiel niedere Fähigkeiten zum Ausdruck kommen, in der ästhetischen Tätigkeit dagegen höhere.

Alle zitierten Äußerungen waren keineswegs systematische Überlegungen zu einer Theorie des Spiels. Sie riefen lediglich die Tradition ins Leben, das Wesen des Spiels im Zusammenhang mit der Entstehung der ästhetischen Tätigkeit zu betrachten.

Dem Verständnis des Spielursprungs am nächsten kam Wilhelm *Wundt*. Aber auch er neigt dazu, den Genuß als Quelle des Spiels anzusehen. Die Äußerungen *Wundts* zum Spiel sind ebenfalls fragmentarisch. Hier eine davon: „Das Spiel ist das Kind der Arbeit. Es gibt keine Form des Spiels, die nicht in irgendeiner Form ernster Beschäftigung ihr Vorbild fände, welches naturgemäß auch der Zeit nach immer vorausgeht. Denn die Noth des Lebens zwingt zur Arbeit. In ihr lernt aber allmählich der Mensch die Bethätigung seiner Kräfte als einen Genuß schätzen ... Damit verzichtet das Spiel auf den nützlichen Zweck der Arbeit, um den erfreulichen Nebeneffekt derselben zum Selbstzweck zu erheben" (1886, S. 145).

Wundt verweist auch darauf, daß sich die Handlungsverfahren vom Arbeitsgegenstand sowie von den konkreten gegenständlich-materiellen Arbeitsbedingungen lösen können. Diese Gedanken *Wundts* sind von prinzipieller Bedeutung. Während *Spencer* auch des Menschen Spiel unter biologischem Aspekt sah, betrachtete *Wundt* es unter gesellschaftlich-historischem Aspekt.

Die von *Marx* begründete materialistische Auffassung, daß die Kunst ihren Ursprung in der Arbeit hat, wurde von G. W. *Plechanow* weiterentwickelt. Er kritisierte jene Theorien, die besagen, die Kunst sei älter als die Produktion von Gebrauchsgegenständen und das Spiel sei älter als die Arbeit, und schrieb in seinen „Briefen ohne Adresse": „Nein, geehrter Herr, ich bin fest davon überzeugt, daß wir in der Geschichte der urzeitlichen Kunst einfach gar nichts verstehen werden, wenn wir nicht von dem Gedanken durchdrungen sind, daß die Arbeit älter ist als die Kunst und daß überhaupt der Mensch zuerst die Gegenstände und Erscheinungen vom utilitaristischen Standpunkt aus betrachtet und sich erst in der Folge, in seinem Verhältnis zu ihnen, auf den ästhetischen Standpunkt stellt" (1955, S. 101).

Diese Gedanken haben nicht nur im Hinblick auf den Ursprung der Kunst, sondern auch im Hinblick auf das Spiel Bedeutung. Es handelt sich hierbei um zwei Tätigkeitsarten mit genetisch gemeinsamer Grundlage. Das Spiel kann in der Geschichte der menschlichen Gesellschaft nicht früher aufgetaucht sein als die Arbeit und nicht früher als die einfachsten Formen der Kunst. Aus der Kulturgeschichte geht hervor, auf welcher Entwicklungsstufe der Kultur die Kunst in Erscheinung tritt. Nichtsdestoweniger ist es bis heute nicht völlig klar, wie Formen der realen Arbeit in Kunstformen übergingen. Welche Bedingungen ließen es erforderlich werden, die Jagd, kriegerische Handlungen oder irgendwelche anderen Ernstbetätigungen nachzugestalten? Hier sind zwei Hypothesen möglich. Ich will sie am Beispiel der Nachgestaltung des Jagdvorgangs verdeutlichen.

Man könnte sich erstens folgendes vorstellen: Eine Gruppe von Jägern kehrt nach erfolgloser Jagd heim. Zu diesem Mißerfolg war es gekommen, weil die gemeinsamen Handlungen nicht genügend aufeinander abgestimmt waren. Man erkennt die Notwendigkeit, die Handlungen vorher zu repetieren, sich in den Bedingungen zu orientieren und die bevorstehende Tätigkeit so zu organisieren, daß sie erfolgreicher verläuft. Die Jäger sind noch nicht in der Lage, alles rein gedanklich und schematisch durchzugehen, so gestalten sie ihre nächste Jagd, die gesamte Situation und die Organisation, anschaulich handelnd im voraus. Ein Jäger stellt das schlaue, gewitzte Tier mit all seinen Gewohnheiten dar, und die übrigen jagen es, gestalten die gesamte Organisation der Jagd nach. Das ist eine Art „Manöver", in dem die Hauptfunktionen der einzelnen Teilnehmer und das Organisationssystem der gemeinsamen Handlungen wiedergegeben werden. Solch einer Wiedergabe der bevorstehenden Tätigkeit fehlen einige Züge der wirklichen Jagd, vor allem aber enthält sie nicht die operativ-technische Seite des realen Prozesses.

Möglich wäre auch eine andere Situation: Die Jäger kehren mit reicher Beute heim. Freudig werden sie von ihren Stammesgenossen begrüßt und berichten von der Jagd, reproduzieren den gesamten Jagdverlauf, erzählen, wer was getan und wie er es getan, wie sich jeder bewährt hat. Die dramatisierte Erzählung schließt mit einem gemeinsamen Freudenfest. Bei einer solchen Reproduktion lösen sich die Jäger in spezifischer Weise von der rein operativ-technischen Seite des Prozesses, sie sondern das allgemeine Handlungsschema, die allgemeine Organisation, jenes System von Beziehungen heraus, das zum Erfolg geführt hat.

Unter psychologischem Aspekt wesentlich ist, daß in beiden Situationen aus der gesamten realen (utilitaristischen) Tätigkeit jener Teil herausgegliedert wird, der als Orientierungsteil bezeichnet werden kann, zum Unterschied vom Vollzugsteil, dem Erreichen eines unmittelbaren materiellen Resultats. In beiden Fällen wird aus dem ganzheitlichen Arbeitsprozeß ein bestimmter Teil des Prozesses herausgegliedert und zum Gegenstand der Reproduktion. Nach und nach gewinnen die Handlungen dann den Charakter sakraler, magischer Riten. Solche „magischen Übungen" verwandeln sich allmählich in eine selbständige, besondere Tätigkeit.

Selbständig geworden, verbindet sich diese besondere Tätigkeit mit anderen Lebensformen, erlangt eine eigene Entwicklungslogik und nimmt oftmals neue Formen an, die einer speziellen Analyse bedürfen, um ihren wahren Ursprung zu ermitteln.

Viel Aufmerksamkeit widmen diesen Tätigkeitsformen mit Spielcharakter die Ethnographen. In dem Buch „Spiele der Völker der UdSSR" zum Beispiel haben sie sehr viele Spiele des russischen Volkes sowie anderer Völker des zaristischen Rußlands zusammengetragen und beschrieben. Die Spiele wurden von den Autoren in drei Gruppen unterteilt: dramatische, ornamentale und sportliche Spiele. Die ornamentalen Spiele nehmen eine Zwischenstellung ein, und wir lassen sie außer acht. Die dramatischen Spiele sind weiter unterteilt in Produktionsspiele (Jagd, Fischfang, Vieh- und Geflügelhaltung, Bodenbearbeitung) und in Spiele des Lebensalltags (Gesell-

29

schaft, Familie), die Sportspiele in einfache Wettkämpfe und mit Gegenständen ausgetragene Wettkämpfe.

W. N. *Wsewolodski-Gerngross* analysiert das in diesem Buch zusammengestellte Material und gelangt in seiner Einführung zu dem Schluß, es bestehe eine Verwandtschaft zwischen den verschiedenen Typen von Spielerscheinungen. Er schreibt: „Nehmen wir das erste beste Beispiel – das Verfolgungsspiel. Da gibt es zunächst die einfachsten Verfolgungsspiele, in denen einer wegläuft, der andere ihn fängt. Dann gibt es das Spiel, in dem der Verfolgte sich vor dem Verfolger in ein ‚Haus‘ retten kann, oder das Spiel, in dem der Verfolger auf einem Bein hüpfen muß oder ihm die Hände auf dem Rücken zusammengebunden sind. In anderen Spielen der gleichen Art werden die Gefangenen zu Gehilfen der Verfolger. In manchen Verfolgungsspielen gibt es zwei Parteien mit zwei abgesteckten Städten, die Gegner werden gefangengenommen, befreit usw. Und schließlich reiht sich hier auch das Kriegsspiel ein, dessen Mittelpunkt oft ebensolche Verfolgungsspiele bilden. Wir haben es hier zweifelsohne mit mehreren verwandten Spielen zu tun. An dem einen Pol stehen ganz einfache Verfolgungsspiele, am anderen das Kriegsspiel und in der Mitte eine Reihe allmählich komplizierter werdender oder, wenn man vom Kriegsspiel zum einfachen Verfolgungsspiel zurückgeht, immer einfacherer Spiele" (1933, S. XVI).

„Aus alledem könnte man schließen", schreibt der Autor weiter, „entweder sind die sportlichen und ornamentalen Spiele das Verfallsprodukt der dramatischen Spiele, oder die dramatischen Spiele sind das Produkt der fortschreitenden Entwicklung sportlicher und ornamentaler Spiele. Und hieraus ergibt sich zwingend folgender Schluß: Alle drei Typen von Erscheinungen können und müssen, bei all ihrer Unterschiedlichkeit, zu Erscheinungen einer bestimmten gesellschaftlichen Praxis gezählt werden, obwohl sie zweifelsohne dazu tendieren, zu Erscheinungen einer anderen gesellschaftlichen Praxis überzugehen – zum Drama, zum Sport und zum Tanz, die aus Spielerscheinungen hervorgehen und sie auf höheren Kulturstufen ablösen" (ebenda, S. XVII).

Unseres Erachtens kommt der Weg von den dramatischen

Spielen zu den Sportspielen und nicht der umgekehrte dem wahren Entwicklungsverlauf näher. Nachdem manche Regeln der zwischenmenschlichen Beziehungen unzählige Male in der realen kollektiven Tätigkeit mit Erfolg angewandt worden waren, wurden sie allmählich ausgesondert. Ihre Reproduktion außerhalb der realen utilitaristischen Situation macht eben den Inhalt des Sportspiels aus. Den gleichen Inhalt jedoch hat auch das Rollenspiel. Und darin besteht ihre Verwandtschaft. Sie unterscheiden sich nur darin, daß die Regeln, die Normen der zwischenmenschlichen Beziehungen im Rollenspiel in entfalteterer Form, konkreter gegeben sind.

So kommen wir zu folgendem Schluß: Das Spiel des Menschen ist eine Tätigkeit, in der die zwischenmenschlichen Beziehungen ohne unmittelbar utilitaristische Zwecke nachgestaltet werden. Unsere vorläufige und ganz allgemeine Definition steht der Definition von *W sewolodski-Gerngross* in dem erwähnten Buch nahe, ist jedoch nicht mit ihr identisch. Er definiert das Spiel folgendermaßen: „Als Spiel bezeichnen wir eine spezifische Form der gesellschaftlichen Praxis. Es wird dabei irgendeine Lebenserscheinung, teilweise oder ganz, außerhalb der realen Situation reproduziert. Die soziale Bedeutung des Spiels besteht darin, daß es den Menschen auf den niederen Stufen seiner Entwicklung übt und kollektiviert" (ebenda, S. XXIII).

Wir wollen diese Definition ein wenig präzisieren. Erstens sollte anstelle des Wortes „Reproduktion" das Wort „Nachgestaltung" gebraucht werden, zweitens ist nicht jede Nachgestaltung jeder Lebenserscheinung Spiel. Im Spiel des Menschen wird die menschliche Tätigkeit derart nachgestaltet, daß ihr soziales, eigentlich menschliches Wesen hervortritt, die Aufgaben der Tätigkeit und die Normen der zwischenmenschlichen Beziehungen in den Vordergrund gelangen.

Eine solche Betrachtungsweise des entfalteten Spiels läßt seine Verwandtschaft mit der Kunst verständlich werden, die ebenfalls die Normen des Lebens und der Tätigkeit des Menschen, aber außerdem auch ihren Sinn und ihre Motive zum Inhalt hat. Mit den besonderen Mitteln der jeweiligen Kunstform werden diese Seiten des Lebens und der Tätigkeit des Menschen interpretiert, wird den Menschen von ihnen erzählt, werden sie veranlaßt, die dargestellten Probleme als eigene zu erleben, die Auffassung des Künstlers vom Sinn des Lebens zu akzeptieren oder abzulehnen.

Mit eben dieser Verwandtschaft zwischen Spiel und Kunst ist zu erklären, daß die entfaltete Form des Spiels aus dem Leben des erwachsenen Mitglieds der Gesellschaft durch die vielfältigen Kunstformen verdrängt wird. *Wsewolodski-Gerngross* schreibt: „Die dramatischen Spiele üben und erziehen den Menschen nur auf seinen frühesten Entwicklungsstufen. Sie können nicht mit einem aussagestarken Drama konkurrieren und verschwinden unmerklich, sobald es das Theater gibt" (ebenda, S. XXVII). Ähnlich verhält es sich nach Meinung dieses Autors auch mit den Sportspielen: „Auf bestimmten Kulturstufen haben die Sportspiele eine sehr große erzieherische Bedeutung, und erst auf den höchsten Kulturstufen nehmen diese Spiele ein anderes Gesicht an, sie werden schematisiert, rationalisiert und verwandeln sich in Sport" (ebenda, S. XLIX).

Beim Studium ethnographischer Literatur gelangt man zu dem Schluß, daß es in der modernen Gesellschaft der Erwachsenen keine entfalteten Spielformen gibt; sie sind von den verschiedenen Kunstformen und vom Sport verdrängt worden.

In der Kindheit lebt das Spiel in der entfalteten Form des Rollenspiels weiter und ist eine Hauptlebensform des heutigen Kindes. Wir können uns nicht der Meinung von *Wsewolodski-Gerngross* anschließen, daß „in höheren Kulturen, in denen die Pädagogik als solche zu einer besonderen Form der gesellschaftlichen Praxis geworden ist, der Mensch – ob es sich nun um einen Erwachsenen oder um ein Kind handelt – die für sein weiteres Leben erforderlichen Fertigkeiten im Schulunterricht bedeutend rationeller, in kürzerer Zeit und auf höherem Niveau vermittelt bekommt. Die pädagogische, die didaktische Bedeutung des Spiels wird geringer" (ebenda, S. XVIII).

Wenn der rein didaktischen Funktion des Spiels auch engere Grenzen gesetzt sind, so heißt das keinesfalls, daß seine Bedeutung für die Persönlichkeitsentwicklung des Kindes, besonders im Kleinkind- und Vorschulalter, geringer wird. Es ist eher umgekehrt. Je weniger Kinder jüngeren Alters gemeinsam mit den Erwachsenen zu arbeiten vermögen, desto größere Bedeutung gewinnt das entfaltete Rollenspiel für ihre Entwicklung.

Die Tatsache, daß die entfalteten Spielformen im Verlaufe der historischen Entwicklung im Leben der erwachsenen Glieder der Gesellschaft an Bedeutung verloren, im Leben der Kinder dagegen an Bedeutung gewannen, veranlaßte uns, vor allem das entfaltete Spiel zu untersuchen, um so mehr, als diese Tätigkeitsform des Kindes von allen Autoren als *Spiel* angesehen wird.

Gegenstand unserer Untersuchung ist also das Wesen des Rollenspiels, die psychologische Struktur der entfalteten Spieltätigkeit, Entstehung, Entwicklung und Zerfall des Spielens, seine Bedeutung im Leben des Kindes und für die Entwicklung der kindlichen Persönlichkeit.

1.2. Zur Grundeinheit der entfalteten Form des Spielens und zum sozialen Wesen des Rollenspiels

Man wird kaum einem Fachmann auf dem Gebiet der Kinderpsychologie begegnen, der nicht das Problem Spiel berührt, der nicht seinen Standpunkt über Wesen und Bedeutung des Spiels entwickelt. Spezielle Untersuchungen zu diesem Problem gibt es aber nur sehr wenig, sie haben buchstäblich Seltenheitswert. Und das ungeachtet dessen, daß die Spieltätigkeit oft für praktische Zwecke genutzt wird. Verbreitung fand eine spezielle „Spieltherapie", bei der verschiedene Formen des entfalteten Spielens angewandt werden, um Verhaltensstörungen (z. B. Aggressivität, Verschlossenheit) bei Kindern zu beseitigen, um psychisch Erkrankte zu heilen.

In der maßgebenden Arbeit Jean *Piagets* über die Entstehung der Symbole beim Kind (1969) wird die entfaltete Form des Rollenspiels nicht untersucht. *Piaget* bleibt an der Schwelle dieser Spielform stehen und untersucht lediglich einige ihrer Voraussetzungen. Wahrscheinlich ist das damit zu erklären, daß sich *Piaget* nicht sosehr für das eigentliche Spiel interessierte als vielmehr dafür, wie beim Kind das Symboldenken entsteht. Seine Untersuchungen führt er mit Kindern bis zum vierten Lebensjahr durch, das heißt bis zu jenem Alter, in dem sich das Rollenspiel richtig zu entfalten beginnt. Dann analysiert er Regelspiele, die erst nach dem siebenten Lebensjahr einsetzen.

Im Jahre 1976 wurde von J. *Bruner* und seinen Mitarbeitern ein umfangreicher Sammelband über das Spiel herausgegeben. Viele der darin veröffentlichten Artikel schildern Untersuchungen der Manipulationen und der Spielaktivität niederer und höherer Affen, bedeutend weniger sind Untersuchungen des gegenständlichen Manipulationsspiels des Kindes gewidmet und ganz wenige nur Untersuchungen des Regelspiels und der entfalteten Form des Rollenspiels. Zu den letzten gehört der Artikel *Wygotskis* „Das Spiel und seine Bedeutung für die psychische Entwicklung des Kindes", der sich speziell mit dem Rollenspiel befaßt. Unseres Erachtens zeigt die Zusammenstellung der in diesem Buch veröffentlichten Arbeiten die allgemeine Situation, was die Untersuchungen zum Spiel anbelangt. Sie ist wahrscheinlich darauf zurückzuführen, daß sich das Rollenspiel experimentell nur schwer untersuchen läßt.

In der empirischen Psychologie ging man beim Untersuchen des Spiels genau wie beim Analysieren anderer Tätigkeitsformen und des Bewußtseins insgesamt auf funktionsanalytische Weise vor. Dabei wurde das Spiel als Ausdruck einer bereits ausgereiften psychischen Fähigkeit aufgefaßt. Manche Wissenschaftler (K. D. *Uschinski*, J. *Sully*, K. *Bühler*, W. *Stern*) betrachteten das Spiel als Erscheinungsform der durch verschiedene affektive Tendenzen ausgelösten Einbildungskraft beziehungsweise Phantasie. Andere (A. I. *Sikorski*, J. *Dewey*) brachten das Spiel mit der Entwicklung des Denkens in Zusammenhang.

Man kann natürlich jede Tätigkeit, so auch das Spiel, in eine Summe einzelner Fähigkeiten zerlegen: Wahrnehmung plus Gedächtnis plus Denken plus Phantasie; eventuell läßt es sich bis zu einem gewissen Grade sogar ermitteln, welchen Anteil jeder dieser Prozesse auf den verschiedenen Entwicklungsetappen irgendeiner Form des Spiels hat. Völlig verloren aber geht bei solch einer Aufgliederung in einzelne Elemente die qualitative Eigenart des Spiels als einer besonderen Tätigkeit des Kindes, als einer besonderen Form seines Lebens, in der sich seine Verbindung mit der Umwelt realisiert.

Selbst wenn man Mittel fände, mit denen sich der Anteil jedes psychischen Prozesses an irgendeiner Tätigkeitsform ziemlich exakt bestimmen ließe und man auf diese Weise feststellte, daß diese Prozesse in den verschiedenen Formen der Tätigkeit unterschiedliche Wechselbeziehungen eingehen, so würde das ebenfalls nicht zum Verständnis der Natur und der qualitativen Eigenart jeder dieser Tätigkeitsformen, insbesondere auch nicht der Natur des Spiels führen.

Indem man das Spiel als Ausdruck einer relativ reifen Phantasie betrachtete, es auf Eigenschaften der Phantasie zurückführte, sah man in ihm das Sichlösen des Kindes von der Wirklichkeit, eine besondere abgeschlossene Welt, eine autistische kindliche Traumwelt, die mit den inneren Trieben zusammenhängt.

Der Analyse, bei der ein kompliziertes Ganzes in Elemente zerlegt wird, setzen wir die Analyse entgegen, die *Einheiten heraussondert*. Erstmalig wurde diese Art der Analyse von *Marx* angewandt. Mit seiner Untersuchung der kapitalistischen Produktionsweise liefert er ein Beispiel für solch eine Vorgehensweise. *Marx* beginnt den ersten Band des „Kapitals" mit dem Kapitel „Die Ware".[7] Die Ware war für *Marx* jene Einheit, die in ihrer entwickelten Form alle Besonderheiten und inneren Widersprüche der kapitalistischen Produktionsweise enthält.

L. S. *Wygotski* hat in der Psychologie als erster die Methode der Zergliederung komplizierter Ganzheiten in Teileinheiten angewandt, als er Probleme der Sprache und des Denkens untersuchte. Unter Teileinheiten verstand er „ein Produkt der Analyse, das zum Unterschied von den Elementen über *alle Eigenschaften* verfügt, die *dem Ganzen eigen sind,* und die weiter nicht zerlegbare lebendige Teile dieses einheitlichen Ganzen darstellen" (1964, S. 39).

---

[7] Vgl. K. *Marx*, F. *Engels*: Werke. Band 23.

Weiter schreibt *Wygotski*: „Gerade die Psychologie sollte die Methoden der Zerlegung in Elemente durch eine auf die Gliederung in Teileinheiten bezogene Analyse ersetzen. Sie sollte die Einheiten mit Merkmalen des betreffenden Ganzen herausfinden, also die Teileinheiten, in denen diese Merkmale in anderer Art in Erscheinung treten, und mit Hilfe einer solchen Analyse bestrebt sein, die vor ihr auftauchenden konkreten Fragen zu lösen" (ebenda). Unserer Ansicht nach ist das der einzig mögliche Weg beim Erforschen des Spiels. Nur auf diesem Wege ist es möglich, Entstehung, Entwicklung und Zerfall des Spiels zu untersuchen.

Wie aber soll man diese nicht weiter zerlegbare und die Eigenschaften des Gesamten enthaltende Einheit des Spiels finden? Nur indem man die entfaltete und entwickelte Form des Rollenspiels untersucht, die für das mittlere Vorschulalter kennzeichnend ist. Bei unserer Analyse der Entstehung, der Entwicklung und des Zerfalls des Spiels folgen wir dem methodologischen Grundsatz von *Marx*, daß Ansätze eines höheren Niveaus auf einem niedrigeren Entwicklungsniveau irgendeiner Erscheinung nur dann verstanden werden können, wenn dieses höhere Niveau bereits bekannt ist.

Marx schreibt: „Anatomie des Menschen ist ein Schlüssel zur Anatomie des Affen. Die Andeutungen auf Höheres in den untergeordneten Tierarten können dagegen nur verstanden werden, wenn das Höhere selbst schon bekannt ist. Die bürgerliche Ökonomie liefert so den Schlüssel zur antiken etc."[8]

Dieser Weg von oben nach unten, von der Analyse der entwickelten Form zur Geschichte ihrer Entstehung und ihres Zerfalls ist dem platten Evolutionismus entgegengesetzt und stellt das zweite äußerst wichtige methodologische Prinzip unserer Untersuchung dar.

Wie bereits gesagt, haben die Psychologen beim Beschreiben des kindlichen Spiels ihr Augenmerk insbesondere auf das Wirken der Einbildungskraft beziehungsweise der Phantasie gerichtet. Das Spiel wurde als Ausdruck der besonderen Lebhaftigkeit, der Sorglosigkeit und einer hoch entwickelten Phan-

---

[8] K. *Marx*, F. *Engels*: Werke. Band 13, S. 636.

tasie des Kindes betrachtet. Das ist kein Wunder. Selbst dem Nichtfachmann fällt beim Beobachten spielender Kinder auf, wie leicht sie die im Spiel angewandten Gegenstände umfunktionieren. Wir führen dafür nur einige Beispiele an.

Wilhelm *Preyer* schrieb: „Ein Stück Holz mit Bindfaden, Nußschalen, ganz wertlose Dinge, wie Kieselsteine, Baumblätter und der Inhalt eines Papierkorbes, erhalten durch die überaus rege kindliche Phantasie, welche Papierfetzen zu Tassen und Booten, Tieren und Menschen gestaltet, einen großen Wert" (1893, S. 37). Auf denselben Umstand lenkt auch Gabriel *Compayré* die Aufmerksamkeit: „Es (das Kind – d. Übers.) nimmt seinen Ausgangspunkt von einem beliebigen Gegenstande, den die ‚Goldmacherkunst der Phantasie' alsbald umgestaltet und verwandelt. Dazu ist ihm alles recht. Es reitet auf einem Stocke; eine umgekehrte Fußbank ist ein Kahn oder eine Droschke; auf die Füße gestellt dient sie als Pferd oder Tisch. Eine Pappschachtel wird zum Hause, zum Schranke, zum Möbelwagen, kurz zu allem, was die Phantasie des Kindes für den Augenblick daraus zu machen beliebt" (1924, S. 200).

Im Mittelpunkt der Äußerungen dieser Autoren steht, daß das Kind die Gegenstände durch die „Goldmacherkunst der Phantasie" verwandelt. Darin eben sahen sie die spezifischen Besonderheiten des Spiels eines Kindes.

Aber bereits James *Sully* richtet sein Augenmerk darauf, daß die Umwandlung der Gegenstände ein untergeordnetes Moment ist. Er schreibt: „Im gegenwärtigen Zusammenhang liegt das Interesse am kindlichen Spiele in der Tatsache, daß dieses die Umsetzung der Phantasietätigkeit in sichtbare Form ist. Die wirkliche Sachlage mag der Ausgangspunkt für diesen Vorgang der Einbildungsprojektion sein; das Kind sieht zum Beispiel den Sand, das Steingerölle und die Muscheln und sagt dann: ‚Wir wollen mal Kramladen spielen!' Das ist aber nur zufällig. Die Quelle des Spieles ist der Trieb, eine schöne Idee zu verwirklichen; wie wir bald sehen werden, entspringt daraus seine nahe Verwandtschaft mit der Kunst als Ganzes. Dieses geistige Bild ist die herrschende Kraft; es ist eine Zeitlang eine wahre ‚fixe Idee', und es hat sich alles dieser anzupassen. Weil das geistige Bild dargestellt werden muß, so kommt es mit der wirklichen Umgebung in Widerstreit. Hier findet das Kind nun passende Gelegenheit. Der Fußboden wird augenblicklich in zwei feindliche Territorien genau eingeteilt, das Sofaende wird ein Pferd, eine Kutsche, ein Schiff oder sonst irgend was, um die Forderungen des Spiels zu befriedigen.

Diese stärkere Bewegung und dieser größere Bereich der Phantasie wird bei dem Zeitvertreib der Kinder durch den charakteristischen und fundamentalen Spielimpuls erklärt, nämlich den Wunsch, etwas zu sein, eine Rolle zu spielen. Wenn der kindliche Abenteurer Robinson Crusoe oder einen anderen Helden darstellt, dann geht er aus seinem alltäglichen Ich und damit aus seiner alltäglichen Welt heraus. Bei der Verwirklichung dieser Rolle gestaltet er seine Umgebung nach Kräften um, indem sie das Aussehen und die Bedeutung annimmt, welche die Rolle ihr bestimmt" (1897, S. 32 f.).

Fast alle Wissenschaftler, die sich mit den Spielen des Vorschulkindes befaßten, schließen sich, wenn auch teils in abgewandelter Form, der Vorstellung *Sullys* an, das Wesen des Spiels bestehe in der Ausführung irgendeiner Rolle. (Dennoch wird dann beim Untersuchen des Spiels nicht die Struktur der Rolle analysiert, nicht ihr Ursprung ermittelt, sondern es werden die Besonderheiten der kindlichen Phantasie beschrieben, und das Spiel wird als Erscheinungsform dieser Phantasie angesehen.)

Es ist also anzunehmen, daß die Rolle und die Handlungen, mit denen sie realisiert wird, eine Spieleinheit darstellen. Um diese Hypothese zu veranschaulichen und zu erläutern, bringen wir einen Ausschnitt aus der Beobachtung eines Spiels und analysieren es.[9]

In einem großen Zimmer spielen die Kinder „Eisenbahn". Vorher hatten sie bei einer Fahrt aufs Land den Betrieb auf einem Bahnhof kennengelernt. Bevor das Spiel begann, traf die Erzieherin gemeinsam mit den Kindern einige Vorberei-

---

[9] Die Aufzeichnung dieses Spiels wurde erstmalig von A. N. *Leontjew* gekürzt veröffentlicht (1944). Durchgeführt und aufgezeichnet hatte die Beobachtungen F. I. *Fradkina*. Es handelt sich um eines der üblichen Kinderspiele, nur wurden einige experimentelle Momente in das Spiel aufgenommen.

tungen. Sie beschafften eine rote Mütze für den Stationsvorsteher, einen Stab, richtigen Kuchen für das Bahnhofsbüfett, die Aufschrift „Kasse" u. ä. m.

Borja ist der Stationsvorsteher, er hat die rote Mütze auf und hält den Stab in der Hand. Er teilt ein Eckchen des Zimmers ab und sagt: „Hier wohnt der Stationsvorsteher." Tolja, Ljussja und Lena sind Fahrgäste. Sie stellen Stühle hintereinander auf und setzen sich darauf. Die Mädchen halten Puppen im Arm. Das sind ihre Kinder.

Ljonja: „Wir können doch nicht ohne Lokführer fahren. Ich werde der Lokführer sein." Er setzt sich auf den ersten Stuhl und macht: „Sch-tsch-sch-tsch." Galja steht am Büfett. Um ein Tischchen herum hat sie mit Stühlen eine Imbißstube angedeutet. Auf den Tisch stellt sie ein Kästchen, in dem klein geschnipseltes Papier, das Geld, liegt. Daneben ordnet sie auf einen Bogen Papier schön in Reihen den Kuchen, nachdem sie ihn vorher in kleine Stücke geschnitten hat (damit es mehr war). „Ein schönes Büfett habe ich", sagt sie.

Warja: „Ich verkaufe Fahrkarten –, ich bin die . . . ach, wie nennt man das?" Die Erzieherin sagt: „Kassiererin." Warja: „Ja, ja, ich bin Kassiererin. Bitte geben Sie mir Papier." Nachdem sie Papier erhalten hat, zerreißt sie es in größere und kleinere Stücke. Die größeren legt sie zur Seite und sagt: „Das sind die Fahrkarten, und das ist Kleingeld zum Herausgeben." Sie stellt auf das Tischchen das von der Erzieherin aus Pappe hergestellte Schalterfenster mit der Aufschrift „Kasse" und setzt sich voller Eifer an den Tisch.

Borja tritt zu Ljonja und sagt: „Wenn ich diesen Stab hebe, fährst du sofort los." Ljonja zischt wie eine Dampflokomotive und vollführt mit den Händen die Bewegungen eines Lokführers. Die Fahrgäste sitzen mit ihren Kindern auf ihren Plätzen. Plötzlich fällt Borja etwas ein. Er sagt: „Die Fahrgäste haben ja noch keine Fahrkarten, und der Zug muß gleich abfahren." Die Fahrgäste laufen zur Kasse, halten Warja ein Stück Papier hin und erhalten eine Fahrkarte. Währenddessen ruft Borja: „In fünf Minuten fährt der Zug ab!" Die Fahrgäste nehmen schnell wieder ihre Plätze ein. Borja hebt den Stab. Ljonja zischt, tutet, und der Zug fährt ab.

Galja (mit gelangweilter Miene): „Wann wird denn bei mir gekauft?"

Borja: „Ich kann schon kommen. Der Zug ist abgefahren, da kann ich kommen." Er geht zum Büfett und verlangt Kuchen. Galja gibt ihm ein Stückchen. „Und Geld?" fordert sie. Borja läuft zur Erzieherin, erhält von ihr Papierstücke, kehrt zurück und „kauft" Kuchen. Ißt ihn mit Behagen. Warja rutscht auf ihrem Stuhl hin und her, blickt zum Büfett hinüber, verläßt ihren Platz aber nicht. Dann schaut sie erneut in Richtung des Büfetts und fragt schließlich die Erzieherin: „Wann darf ich mir denn was zu essen holen? Zu mir kommt jetzt keiner", fügt sie, sich gleichsam rechtfertigend, hinzu. Ljonja meldet sich: „Ach, geh doch und fertig." Warja schaut in alle Richtungen, ob nicht vielleicht ein Fahrgast kommt, um Fahrkarten zu kaufen, und läuft dann schnell zum Büfett. Sie kauft in Eile Kuchen und läuft zurück zu ihrer Kasse.

Galja ist allein am Büfett. Sie ordnet den Kuchen wieder anders. „Auch ich habe Hunger. Was soll ich nun machen? Etwas kaufen?" Borja (lachend): „Bei sich selbst kaufen und bezahlen." Galja lacht, nimmt aber zwei Kopeken, kauft bei sich zwei Stückchen und sagt, sich gewissermaßen bei der Erzieherin entschuldigend: „Sie haben alle schon einmal gekauft."

Die Erzieherin: „Warum hast du denn so wenig gekauft?"

Galja: „Bald kommt der Zug an, was soll ich dann den Fahrgästen verkaufen?"

Ljonja zischt laut und ruft: „Ein Bahnhof!" Er und die Fahrgäste eilen zum Büfett. Sie kaufen Kuchen. Galja (zu einem Fahrgast): „Kaufen Sie auch für Ihre Tochter etwas. Der Kuchen schmeckt sehr gut." Ein Fahrgast hält der Puppe (dem Kind) Kuchen an den Mund: „Iß, iß, es schmeckt sehr gut", dann ißt er ihn selber auf. Die Fahrgäste setzen sich auf ihre Plätze. Borja hebt den Stab. Ljonja stößt Zischlaute aus, und der Zug fährt ab.

Nach diesen Aufzeichnungen lassen sich in dem geschilderten Spiel folgende Strukturbestandteile aussondern. *Erstens* gehören zu diesen Bestandteilen die Rollen der einzelnen Kinder – Stationsvorsteher, Lokführer, Kassiererin, Verkäuferin am Büfett, Fahrgäste. *Zweitens* die Spielhandlungen; sie sind verallgemeinert und verkürzt, und die Kinder realisieren damit die übernommenen Rollen der Erwachsenen und die Beziehungen zwischen ihnen. *Drittens* die spielerische Verwendung von Gegenständen – reale Gegenstände werden durch Spielgegenstände ersetzt (Stühle sind der Zug, Puppen sind Kinder, Papierstückchen sind Geld usw.). *Viertens* die realen Beziehungen zwischen den Kindern; sie äußern sich in den Bemerkungen, mit denen die Spielenden den gesamten Spielverlauf steuern.

Das zentrale, alle übrigen Bestandteile vereinigende Moment ist die Rolle des Kindes. Sie ist nur zu realisieren, indem man entsprechende Handlungen ausführt. Das Kind ist nur deshalb Kassierer, weil es Fahrkarten verkauft, nur deshalb Stationsvorsteher, weil es die Abfahrt des Zuges ankündigt und dem Lokführer das Signal zur Abfahrt gibt, nur deshalb Verkäufer am Büfett, weil es Kuchen verkauft usw.

Alle übrigen Bestandteile des Spiels hängen von der Rolle und den mit ihr verbundenen Handlungen ab. Die Papierstücke zum Beispiel werden zu Geld und Fahrkarten, damit die Rollen der Fahrgäste und des Kassierers gespielt werden können. Ebenso sind die Beziehungen zwischen den Kindern im Spielverlauf von den Rollen bestimmt. Das wichtigste für die spielenden Kinder ist, die übernommene Rolle auszuführen. Das ersieht man aus ihrem Verhalten, daraus, mit welcher Sorgfalt sie der übernommenen Rolle entsprechende Handlungen vollziehen.

Man kann also die Behauptung aufstellen: Die Rolle und die mit ihr organisch verbundenen Handlungen sind die nicht weiter zerlegbare Grundeinheit der entfalteten Form des Spiels. Sie umfaßt in unlöslicher Verbindung die affektiv-motivationale und die operativ-technische Seite der Tätigkeit. Wie die Untersuchungen, die wir im weiteren referieren werden, ergaben, besteht zwischen der Rolle und dem Charakter der ihr entsprechenden Handlungen des Kindes eine enge funktionelle Wechselbeziehung, sie bilden eine widersprüchliche Einheit. Je verallgemeinerter und verkürzter die Spielhandlungen sind, desto tiefer widerspiegeln sich im Spiel die Bedeutung der nachgestalteten Tätigkeit der Erwachsenen, die Aufgabe dieser

Tätigkeit und das System der in ihr bestehenden Beziehungen. Je konkreter und entfalteter die Spielhandlungen, desto mehr tritt der konkrete gegenständliche Inhalt der nachgestalteten Tätigkeit in den Vordergrund.

Was aber macht den Hauptinhalt der Rollen aus, in die sich die Kinder hineinversetzen und die sie durch Spielhandlungen realisieren?

Fast alle Autoren, die das Rollenspiel untersuchten und beschrieben, stellen einmütig fest, daß die Wahl des Sujets entscheidend beeinflußt wird von der realen Umgebung des Kindes.

Sehr gut wurde diese Besonderheit des Spiels bereits von K. D. *Uschinski* charakterisiert: „Beeinflussen kann der Erwachsene das Spiel, ohne seinen Spielcharakter zu zerstören, nur, indem er Material für die Konstruktionen zur Verfügung stellt, die das Kind bereits selbständig zu errichten beginnt. Es wäre aber verfehlt zu glauben, man könnte dieses ganze Material in einem Spielwarengeschäft kaufen. Sie kaufen für Ihr Kind ein schönes, helles Haus, und es macht daraus ein Gefängnis. Sie kaufen ihm Puppen, die Bauern und Bäuerinnen darstellen, und es stellt sie in Reihen als Soldaten auf. Sie kaufen ihm einen hübschen Jungen, und es haut ihn. Es wird das von Ihnen gekaufte Spielzeug verändern, abwandeln, nicht seiner Bedeutung, sondern jenen Elementen entsprechend, die es aus seiner Umwelt aufgenommen hat. Und diese Elemente eben sind das Material, um das sich Eltern und Erzieher vor allen Dingen kümmern müssen" (1950, S. 440 f.).

Die Frage, was aus der Umwelt des Kindes sein Rollenspiel entscheidend beeinflußt, ist von wesentlicher Bedeutung. Die Antwort darauf kann zur Klärung der wahren Natur des Rollenspiels führen und das Problem des Rolleninhalts lösen helfen.

In mehreren pädagogischen, zwar anderen Problemen geltenden Untersuchungen findet sich Material, das eine hypothetische Antwort auf die uns interessierende Frage ermöglicht.

P. I. *Schukowskaja* (1963) untersuchte, welchen Einfluß didaktische, unter Anleitung durchgeführte Spiele auf die selbständigen Spiele der Kinder haben. Zum Beispiel hat ein gemeinsamer Besuch des Kaufhauses die Kinder zwar interessiert, aber im großen und ganzen keinen Einfluß auf ihre Spiele gehabt. Dann wurde den Kindern in einer speziellen Beschäftigung vorgeschlagen, das didaktische Spiel „Im Kaufhaus" zu spielen. Ziel des Spiels war, die verschiedenen Handlungen des Verkäufers zu verdeutlichen, zu erreichen, daß sich dem Kind besser einprägt, wie sich der Verkäufer und der Käufer zu verhalten haben, das Kind Höflichkeit zu lehren. In dem didaktischen Spiel hatten alle Kinder großes Interesse an der Rolle des Verkäufers und des Kassierers, alle wollten sie diese Rollen darstellen. P. I. *Shukowskaja* schildert, daß nach der Exkursion in das Kaufhaus und vor allem durch das didaktische Spiel „Im Kaufhaus" viele Varianten von Rollenspielen mit Kaufen und Verkaufen verschiedener Gegenstände entstanden sind.

Die Kinder wollten also, nachdem sie sich über die Beziehungen zwischen Verkäufer, Kassierer und Käufern im klaren waren, diese Rollen gern spielen. In der Untersuchung von P. I. *Shukowskaja* kam es dazu durch ein spezielles didaktisches Spiel. Wahrscheinlich läßt sich das aber auch mit anderen pädagogischen Mitteln erreichen.

T. A. *Markowa* (1951) untersuchte den Einfluß der Kinderliteratur auf das Spiel der Kinder. Die Untersuchung ergab, daß nicht jedes literarische Werk die Kinder zu einem entsprechenden Spiel anregt. Nur jene Werke, in denen in klarer und faßlicher Form Menschen, ihr Tun und Lassen, ihre Beziehungen zu anderen Menschen beschrieben sind, weckten bei den Kindern den Wunsch, ihren Hauptinhalt im Spiel zu reproduzieren.

Beeinflußt wird die Entstehung und Entfaltung eines Rollenspiels durch didaktische Spiele, durch Literatur, durch das Kennenlernen der Umwelt und durch andere Beschäftigungen also nur dann, wenn man den Kindern das Tun und Lassen der Erwachsenen und die Beziehungen zwischen ihnen nahebringt.

Die Ergebnisse der genannten Untersuchungen zeigen, daß das Rollenspiel besonders für die menschliche Tätigkeit, die Arbeit und die Beziehungen zwischen den Menschen empfänglich ist und daß folglich den Hauptinhalt der Rolle des Kindes gerade diese Seite der Wirklichkeit darstellt.

Dafür, wie sich diese These experimentell überprüfen läßt, hat eine Erzieherin ein Beispiel gegeben. Sie besuchte mit den Kindern der mittleren Gruppe den Tierpark, zeigte ihnen dort verschiedene Tiere, sprach über das Äußere der einzelnen Tiere, über ihre Gewohnheiten, über ihre Ernährungsweise usw. und stellte, nachdem sie zurückgekehrt waren, im Spielzimmer Spieltiere auf, Darstellungen der Tiere, die sie im Tierpark kennengelernt hatten. Die Erzieherin nahm an, die Kinder würden anfangen, „Tierpark" zu spielen. Aber sie spielten ein solches Spiel weder an dem Tag noch an den folgenden Tagen.

Sie wiederholte daraufhin den Tierparkbesuch und machte die Kinder nicht nur mit den Tieren, sondern auch mit dem Personal, mit den Tierpflegern und den Tierparkbesuchern bekannt. Beim zweiten Tierparkbesuch lernten die Kinder die Arbeit der Menschen kennen: die Arbeit des Kassierers, der die Eintrittskarten verkauft, des Kontrolleurs, der die Karten beim Einlaß der Besucher entwertet, der Angestellten, die Wege und Anlagen sauberhalten, die Arbeit in der Küche, in der das Tierfutter zubereitet wird, die Arbeit der Tierpfleger beim Füttern der Tiere, die Arbeit des Tierparkführers, der den Besuchern alles erklärt. Sie lernten die Tierklinik und den Tierarzt kennen, der die erkrankten Tiere behandelt. Während des Tierparkbesuchs lenkte die Erzieherin die Aufmerksamkeit der Kinder auf die Fürsorglichkeit der Tierpfleger gegenüber ihren Schützlingen, auf die Höflichkeit des Personals gegenüber den Besuchern, darauf, daß die Besucher sich den Tierparkregeln entsprechend verhalten, und auf die Beziehungen zwischen den Angestellten des Tierparks.

Kurz nach diesem zweiten Tierparkbesuch begannen die Kinder von sich aus, „Tierpark" zu spielen. In dem Spiel gab es einen Kassierer, einen Kontrolleur, Muttis und Vatis mit ihren Kindern, einen Tierparkführer, Reinigungskräfte, Tierpfleger, eine „Küche für Tiere" mit einem Koch und Gehilfen, eine Tierklinik mit Tierarzt, einen Direktor usw. All diese Personen sind nach und nach in das Spiel einbezogen worden. Das

Spiel zog sich mehrere Tage hin und wurde immer komplizierter und reicher.

Diese praktische Erfahrung in der Arbeit mit Kindern brachte uns zu der Ansicht, es ist, was die Entstehung des Rollenspiels anbelangt, nicht gleich, welchen Bereich der menschlichen Tätigkeit die Kinder kennengelernt haben.

Die Wirklichkeit, in der und mit der das Kind lebt, ist für es möglicherweise bedingt in zwei miteinander verbundene, aber dennoch unterschiedliche Bereiche unterteilt. Einer davon ist der Bereich der Gegenstände (der Dinge), sowohl der natürlichen als auch der von Menschenhand geschaffenen. Der andere ist der Bereich der Tätigkeit des Menschen, der Bereich der Arbeit und der zwischenmenschlichen Beziehungen, die sich in der gemeinsamen Tätigkeit der Menschen ergeben. Für welchen dieser beiden Bereiche nun ist das Rollenspiel empfänglicher?

Um sich in dieser Frage endgültig Klarheit zu verschaffen, mußte man die Kinder speziell zu diesem Zweck nach zwei verschiedenen Verfahren mit der Wirklichkeit bekannt machen: einmal mußte dabei der gegenständliche Bereich der Wirklichkeit (Gegenstände, Dinge) zum Hauptinhalt gemacht werden, und einmal mußte der Mensch, seine Tätigkeit und die zwischenmenschlichen Beziehungen im Tätigkeitsprozeß den Hauptinhalt darstellen.

Eine Untersuchung dieser Art führte N. W. *Koroljowa* (1957) durch.[10]

Bei einer Fahrt aufs Land hatten die Kinder viele lebhafte Eindrücke von der Eisenbahn gewonnen. Sie waren auf dem Bahnhof, sahen den Zug, beobachteten, wie die Menschen einstiegen, und stiegen selbst ein, hörten über den Lautsprecher die Ankündigung der Abfahrt der Züge, kauften gemeinsam mit den Eltern an der Kasse Fahrkarten usw. Die Erzieherin nahm an, diese Eindrücke würden völlig ausreichen, die Kinder zum „Eisenbahn"-Spiel anzuregen. Aber das Spiel kam nicht zustande, obwohl die Fahrt ziemlich starke Eindrücke

[10] Diese Untersuchung wurde unter der unmittelbaren Leitung von S. M. *Boguslawskaja* durchgeführt.

hinterlassen hatte. Die Kinder erzählten von ihrer Fahrt, zeichneten einen Bahnhof und einen Zug.

Die Erzieherin gab sich Mühe, ein Spiel in Gang zu bringen. Sie legte den Kindern interessantes Spielzeug hin – eine Lokomotive, Waggons, eine Kasse, und half ihnen, die Rollen zu verteilen, um „Eisenbahn" spielen zu können. Aber ungeachtet solcher Hilfe entwickelte sich kein Spiel. Die unmittelbar bei der Fahrt mit der Eisenbahn gewonnenen Eindrücke führten also nicht dazu, daß die Kinder ein entsprechendes Spiel begannen, obwohl die Eindrücke emotional stark wirksam waren.

Man führte die Kinder daraufhin noch einmal zum Bahnhof und machte sie nochmals mit der gegenständlichen Seite des Eisenbahnbetriebs bekannt. Aber auch diese zusätzlichen Bemühungen lösten nicht das erwartete Spiel aus, obwohl, nach den Zeichnungen der Kinder zu urteilen, auf denen sie die gesehenen Gegenstände darstellten, ihre Vorstellungen von einem Zug, einer Lokomotive, dem Bahnhof, der Kasse, den Gepäckwagen und ähnlichen Dingen genauer geworden waren.

Nach ziemlich langer Zeit, als die Kinder von der Sommerfrische in die Stadt zurückgekehrt waren, besuchte man mit derselben Gruppe erneut den Bahnhof. Man zeigte ihnen dort, wie der Bahnhofsvorsteher die Züge abfertigt, wie die Fahrgäste den Zug verlassen, wie der Gepäckwagen entladen wird, wie sich der Lokführer und sein Gehilfe an der Lokomotive zu schaffen machen, wie Arbeiter die Waggons überprüfen, wie die Schaffner die Waggons aufräumen und den Fahrgästen behilflich sind. In der Vorhalle beobachteten die Kinder, wie die Fahrgäste Fahrkarten kaufen, wie Gepäckträger den Fahrgästen die Koffer tragen, wie Reinigungskräfte für Sauberkeit in der Halle sorgen usw. Nach dieser Exkursion begannen die Kinder sofort, „Eisenbahn" zu spielen. Sie spielten mit großer Begeisterung. Die Eisenbahn blieb lange in den Spielen der Kinder lebendig, wurde auch oft mit anderen Spielthemen verbunden, zum Beispiel mit den Spielen „Vater, Mutter, Kind", „Kindergarten" oder „Post".

Auf ähnliche Weise (zweimal) lernten die Kinder eine Schneiderwerkstatt kennen, den Bau eines neuen Hauses, eine Fabrik, in der Stempelspiele hergestellt wurden, und die Arbeit auf einem Postamt. Und in jedem Fall kam es erst dann zum Spiel, wenn die Kinder die Tätigkeit der Menschen kennengelernt hatten, ihre Arbeit und die zwischenmenschlichen Beziehungen im Arbeitsprozeß. Selbstverständlich hatten die Kinder nicht sofort, nicht bereits nach dem ersten Eindruck ausreichend genaue Vorstellungen gewonnen, und die Erzieherin mußte im Spielverlauf, in den folgenden Gesprächen und didaktischen Spielen sowie durch Vorlesen entsprechender Kinderbücher ihre Vorstellungen von den Erwachsenen, von ihrer Arbeit und ihren Beziehungen zu anderen Menschen präzisieren.

Die Untersuchung von N. W. *Koroljowa* zeigt überzeugend, daß das Rollenspiel besonders empfänglich ist für die Tätigkeit des Menschen und die zwischenmenschlichen Beziehungen, daß gerade dieser Bereich der Wirklichkeit seinen Inhalt darstellt.

Inhalt des entfalteten und entwickelten Rollenspiels ist also nicht der Gegenstand und wie er vom Menschen angewandt beziehungsweise verändert wird, sondern sind die *zwischenmenschlichen Beziehungen*, die sich über die Handlungen mit Gegenständen realisieren, also nicht die Beziehung Mensch – Gegenstand, sondern die Beziehung Mensch – Mensch. Und da diese Beziehungen in der Rolle des Erwachsenen, die das Kind übernommen hat, nachgestaltet werden, wodurch es sich diese Beziehungen auch aneignet, stellen die Rolle und die mit ihr organisch verbundenen Handlungen eine Einheit des Spiels dar.

Weil die konkrete Tätigkeit der Menschen und ihre Beziehungen im realen Leben sehr vielfältig sind, sind auch die Spielsujets sehr vielfältig und variabel. In den verschiedenen historischen Epochen, abhängig von der gesellschaftlichen Situation, der geographischen Lage und den konkreten Lebensbedingungen, spielen die Kinder Spiele von unterschiedlichen Sujets. Jeweils andere Sujets haben die Spiele der Kinder unterschiedlicher Klassen, der Kinder freier und unterdrückter Völker, der Kinder des Nordens und der des Südens, der

Taiga und der Wüste, der Kinder von Industriearbeitern, von Fischern, von Viehzüchtern und Ackerbauern. Selbst bei ein und demselben Kind ändern sich die Spielsujets, je nach den konkreten Bedingungen, unter denen es zeitweilig lebt.

Die besondere Empfänglichkeit des Spiels für den Bereich der menschlichen Tätigkeit und die zwischenmenschlichen Beziehungen zeigt, daß die Sujets bei all ihrer Vielfalt im Prinzip immer denselben Inhalt haben – die Tätigkeit des Menschen und die Beziehungen zwischen den Menschen in der Gesellschaft.

Wir müssen beim Analysieren des Spiels zwischen seinem Inhalt und seinem Sujet unterscheiden. Sujet des Spiels ist jener Bereich der Wirklichkeit, den die Kinder in ihrem Spiel reproduzieren. Die Spielsujets sind, wie bereits festgestellt, außerordentlich vielfältig und widerspiegeln die konkreten Lebensbedingungen des Kindes. Sie ändern sich, abhängig von den konkreten Lebensbedingungen des Kindes und davon, wie sich sein Gesichtskreis weitet.

Den Inhalt des Spiels bildet das, was das Kind als zentrales, als charakteristisches Moment der Tätigkeit von Erwachsenen und der Beziehungen zwischen ihnen bei der Arbeit und im gesellschaftlichen Leben reproduziert. Im Spielinhalt kommt zum Ausdruck, wie tief das Kind die Tätigkeit der Erwachsenen erfaßt hat; eventuell offenbart sich in ihm nur die äußere Seite der menschlichen Tätigkeit, nur das, womit der Mensch handelt, oder aber die Beziehungen des Menschen zu seiner Tätigkeit und zu anderen Menschen oder auch die gesellschaftliche Bedeutung der Arbeit des Menschen.

Natürlich gestalten die Kinder im Spiel sehr unterschiedliche zwischenmenschliche Beziehungen nach. Es geht dabei um Beziehungen der Zusammenarbeit, der gegenseitigen Hilfe, der Arbeitsteilung, der gegenseitigen Fürsorge. Aber es kann sich auch um Beziehungen handeln, in denen Unterdrückung, Despotismus, Feindseligkeit und Grobheit zum Ausdruck kommen. Das hängt ganz von den konkreten sozialen Lebensbedingungen des Kindes ab.

Daß die Sujets der kindlichen Spiele von den sozialen Lebensbedingungen bestimmt werden ist eine Tatsache, die von vielen anerkannt wird. Manche Psychologen aber erkennen diese Tatsache an und betrachten das Spiel dennoch als eine ihrem Wesen und ihrem Ursprung nach biologische Erscheinung. Sehr deutlich kommt das bei William *Stern* zum Ausdruck. Bei ihm steht folgendes über das Spiel geschrieben: „Hierbei machen sich innere Entwicklungsgesetze von solcher Macht geltend, daß auch bei Kindern der verschiedensten Länder und Epochen, trotz aller Gegensätze der Umweltbedingungen, auf bestimmten Altersstufen immer die gleichen Spielinstinkte wach werden. So sind Wurfspiele, Puppenspiele, Kriegsspiele absolut erhaben über Zeit und Raum, über soziale Schichtung, nationale Differenzierung, kulturellen Fortschritt. Das spezifische Material, an dem sich die Bewegungs-, Pflege-, Kampfinstinkte äußern, mag mit dem Milieu wechseln; die allgemeinen Formen des Spiels aber bleiben davon unberührt" (1914, S. 220).

Nach *Stern* äußert sich darin, daß sich die Spielsujets je nach den Lebensbedingungen ändern, die unveränderliche biologische, instinktive Natur des Spiels. Diese Auffassung vertrat nicht nur *Stern*. Viele Wissenschaftler waren der Meinung, das Spiel sei biologischen Ursprungs. Ihre Auffassungen weichen lediglich in der Frage voneinander ab, welche Instinkte beziehungsweise inneren Triebe sich im Spiel äußern: der Macht-, Kampf- und Pflegeinstinkt (*Stern, Adler*); die sexuellen Triebe und der Wiederholungszwang (*Freud*); der angeborene Befreiungs- und Vereinigungstrieb (*Buytendijk*).

Die biologistischen Theorien, nach denen das Wesen des Spiels im Sichoffenbaren bereits vorhandener Instinkte und Triebe besteht, sind nicht imstande, auch nur annähernd befriedigend den sozialen Inhalt des Spiels zu erklären.

Unseres Erachtens zeigt die besondere Empfänglichkeit des Spiels für die Tätigkeit des Menschen und die zwischenmenschlichen Beziehungen: Das Spiel schöpft nicht nur seine Sujets aus den Lebensbedingungen des Kindes, sondern ist seinem inneren Inhalt nach sozial und kann seinem Wesen nach keine biologische Erscheinung sein. Seinem Inhalt nach ist es gerade deshalb sozial, weil es seinem Wesen und seinem Ursprung nach sozial ist, das heißt, weil es den Lebensbedingungen des

Kindes in der Gesellschaft entspringt. Theorien, nach denen das Spiel auf Instinkte und Triebe zurückzuführen ist, schließen praktisch die Frage nach der historischen Entstehung des Rollenspiels aus. Dabei kann gerade die Entstehungsgeschichte des Rollenspiels zur Klarheit über das Wesen des Spiels beitragen.

2. Zur Entstehungsgeschichte des Rollenspiels

2.1. Aus der Geschichte des Spielzeugs

Eine zentrale Frage der Theorie des Rollenspiels ist die nach seiner Entstehungsgeschichte, die gleichzeitig die Frage nach seinem Wesen darstellt.

In seinem Kampf für eine materialistische Auffassung vom Ursprung der Kunst berührt G. W. *Plechanow* auch Fragen des Spiels. Er schreibt: „Die Lösung der Frage nach der Beziehung der Arbeit zum Spiel oder, wenn Sie wollen, des Spiels zur Arbeit, ist höchst wichtig zur Erklärung der Genesis der Kunst" (1955, S. 82). Im weiteren entwickelt er Gedanken, die auch im Zusammenhang mit der Frage nach dem Ursprung des Spiels von grundlegender Bedeutung sind.

Sehr wichtig ist seine These, daß die Arbeit in der Geschichte der menschlichen Gesellschaft älter ist als das Spiel. „. . . zuerst der wirkliche Krieg und das aus ihm geborene Bedürfnis an guten Kriegern, und dann das Kriegsspiel zur Befriedigung dieses Bedürfnisses" (ebenda, S. 89). Diese These, sagt *Plechanow*, macht es begreiflich, warum im Leben des Individuums das Spiel der Arbeit vorausgeht. „... und gingen wir nicht über den Gesichtspunkt des Individuums hinaus", schreibt er, „dann würden wir weder begreifen, warum das Spiel in seinem Leben vor der Arbeit besteht, noch auch, warum es sich gerade mit diesen und nicht mit irgendwelchen anderen Spielen unterhält" (ebenda, S. 90). Im Lichte dieser Gedanken *Plechanows* gesehen, ist das Spiel eine Tätigkeit, die entstanden ist aufgrund eines Bedürfnisses der Gesellschaft, in der die Kinder leben und zu deren aktiven Mitgliedern sie werden müssen.

Um die Frage beantworten zu können, unter welchen Bedingungen und infolge welcher Bedürfnisse der Gesellschaft das Rollenspiel entsteht, müßte man eine historische Untersuchung durchführen.

In der sowjetischen Psychologie führte J. A. *Arkin* als erster eine derartige Untersuchung mit dem Ziel durch, eine vollwertige Theorie des Spiels zu entwickeln. Er vertrat die Auffassung: „Nur anhand von Faktenmaterial aus der Vergangenheit und durch Vergleichen dieses Materials mit dem der Gegenwart läßt sich eine wissenschaftliche Theorie des Spiels und des Spielzeugs aufbauen, und nur von solch einer Theorie kann eine gesunde, fruchtbare und folgerichtige pädagogische Praxis ausgehen... Die Geschichte des Kinderspiels und des Spielzeugs muß das Fundament der Theorie des Spiels und des Spielzeugs bilden" (1935, S. 10).

In seiner Untersuchung berührt *Arkin* jedoch kaum die historische Entwicklung des Spiels, insbesondere des Rollenspiels, sondern beschränkt sich auf das Spielzeug und seine Geschichte. Er vergleicht bei Ausgrabungen gefundenes Spielzeug des Altertums mit dem unserer Zeit und schreibt: „In den Sammlungen der Museen gibt es kein einziges Spielzeug, das im Spielzimmer von heute nicht seinen Doppelgänger hätte" (ebenda, S. 21). *Arkin* beschränkt sich nicht auf Vergleiche mit archaischem Spielzeug, sondern bezieht auch das Spielzeug der Kinder von Völkern niedriger Entwicklungsstufen in seine

Betrachtungen ein. Hierbei kommt der Autor zu ähnlichen Schlüssen: „Die Tatsache, daß ungeachtet der Vielfalt der Quellen, aus denen wir unser Material schöpften, das Bild, bei wechselnden Formen und Details, einheitlich bleibt, daß bei Völkern, die durch große Entfernungen getrennt sind, das Spielzeug stets unvergänglich, ewig jung bleibt, daß sein Inhalt und seine Funktionen bei den Eskimos wie bei den Polynesiern, bei den Kaffern wie bei den Indianern, bei den Buschmännern wie bei den Bororos die gleichen sind, diese Tatsache zeugt von einer erstaunlichen Beständigkeit des Spielzeugs und folglich des Bedürfnisses, das durch es befriedigt wird, sowie jener Kräfte, die es erschaffen" (1935, S. 31).

Arkin führt Fakten an, die aussagen, daß nicht nur zwischen dem Spielzeug, sondern auch zwischen den Spielen unserer Kinder und der Kinder von gering entwickelten Völkern eine Identität besteht, und schließt seine Vergleiche folgendermaßen: „... die Beständigkeit des Kinderspielzeugs, seine Universalität und die Unveränderlichkeit seiner grundlegenden Strukturformen sowie seiner Funktionen sind als offensichtliche Tatsache anzusehen, und vielleicht war gerade diese Offensichtlichkeit die Ursache dafür, daß die Wissenschaftler es nicht für nötig erachteten, sich speziell damit zu befassen beziehungsweise die Tatsache hervorzuheben. Wenn aber die erstaunliche Beständigkeit des Spielzeugs eine unumstrittene Tatsache ist, dann ist es völlig unbegreiflich, wieso die Psychologen, die Anthropologen und die Naturforscher daraus keinerlei Schlüsse zogen, warum sie diese Tatsache nicht zu erklären suchten. Oder ist diese unumstrittene Tatsache so einfach und klar, daß sie keinerlei Interpretation verlangt? Das ist wohl kaum der Fall. Im Gegenteil: Es muß einem doch merkwürdig vorkommen, daß für ein Kind, das unter den kulturellen Bedingungen des zwanzigsten Jahrhunderts geboren wurde und heranwächst, Quelle der Freuden sowie Werkzeug seiner Entwicklung und Selbsterziehung durchweg das gleiche Spielzeug ist, das auch jenes Kind benutzt, dessen Eltern in bezug auf ihre geistige Entwicklung den Höhlen- und Pfahlbautenbewohnern ähneln und das unter urzeitlichen Existenzbedingungen lebt. Und die Kinder dieser voneinander so weit entfernten Menschheitsepochen zeigen, daß sie innerlich einander nahestehen, und zwar nicht nur, weil sie ähnliches Spielzeug erhalten oder selbst herstellen, sondern auch weil sie, was noch erstaunlicher ist, es in gleicher Weise anwenden" (ebenda, S. 32).

Wir zitieren diese langen Auszüge aus der Arbeit *Arkins*, um zu zeigen, wie eine scheinbar historische Untersuchung den Autor zu antihistorischen Schlüssen geführt hat. Er vergleicht das Spielzeug von Urvölkern sowie archaisches Spielzeug einer historisch gesehen relativ nahen Vergangenheit mit dem Spielzeug der Gegenwart und findet nichts Spezifisches an dem Spielzeug der verschiedenen Epochen. Es handelt sich seiner Ansicht nach stets um das gleiche Spielzeug, und das Kind verwendet es stets in der gleichen Art und Weise. Folglich gibt es keinerlei Geschichte, keinerlei Entwicklung des Spielzeugs. Das Spielzeug blieb demnach so, wie es in den Anfängen der Menschheitskultur war.

Die Ursache für diese scheinbare Unveränderlichkeit des Spielzeugs sah *Arkin* darin, daß „das Menschenkind, wie auch sein Spielzeug, seine Einheit in der Einheit der menschlichen Entwicklungsmerkmale offenbart" (ebenda, S. 49).

Arkin brauchte die These von der historischen Unveränderlichkeit des Spielzeugs, um seine Auffassung zu untermauern: Die Kinder aller Epochen kommen, seit es den Homo sapiens gibt, mit gleichen Möglichkeiten ausgestattet auf die Welt. Das stimmt zweifelsohne. Aber ein Paradoxon besteht in der Entwicklung der Kinder eben darin, daß sie, bei ihrem Erscheinen auf dieser Welt gleich hilflos und mit gleichen Möglichkeiten ausgestattet, in Gesellschaften mit unterschiedlichem Niveau der Produktion und der Kultur einen völlig unterschiedlichen Entwicklungsweg gehen und auf verschiedenen Wegen sowie in unterschiedlicher Zeitdauer zu sozialer und psychischer Reife gelangen.

Die von *Arkin* entwickelte These, das Spielzeug ändere sich nicht im Laufe der historischen Entwicklung der Gesellschaft, führt unweigerlich zu dem Schluß, das Spielzeug sei irgendwelchen unveränderlichen angeborenen Besonderheiten des Kindes angepaßt und stehe in keinerlei Zusammenhang mit dem Leben der Gesellschaft und des Kindes in ihr. Das widerspricht grundsätzlich der richtigen Auffassung *Plechanows*: Der Ursprung des Spiels ist in der Arbeit der Erwachsenen zu suchen. Natürlich kann auch das Spielzeug nichts anderes sein als eine Nachbildung von Gegenständen aus dem Leben und der Tätigkeit der Gesellschaft, eine Nachbildung in vereinfachter, verallgemeinerter und schematisierter Form und den Besonderheiten der Kinder eines bestimmten Alters angepaßt.

Arkin verläßt den historischen Standpunkt und stellt sich, mit den Worten *Plechanows* ausgedrückt, auf den Standpunkt des Individuums. Von solch einem Standpunkt aus jedoch läßt es sich nicht erklären, warum die Kinder diese oder jene Spiele spielen, warum sie dieses oder jenes Spielzeug benutzen. Heute bestreitet niemand, daß das Spiel des Kindes seinem Inhalt nach auf das engste mit dem Leben, der Arbeit, der Tätigkeit der erwachsenen Mitglieder der Gesellschaft verbunden ist. Wie aber sollte es möglich sein, daß der Inhalt des Spiels vom Leben der Gesellschaft determiniert wird, während das Spielzeug, dieser unerläßliche Bestandteil jeglichen Spiels, keinerlei Beziehung zum Leben der Gesellschaft hat, sondern nur irgendwelchen unveränderlichen angeborenen Besonderheiten des Kindes angepaßt ist?

Die Schlüsse *Arkins* aus seiner vergleichenden historischen Untersuchung widersprechen vor allen Dingen den Tatsachen. Das Kinderzimmer des heutigen Vorschulkindes ist voll von Spielzeug, das es in der Urgesellschaft nicht gegeben haben kann und das im Spiel anzuwenden ein Kind jener Gesellschaft nicht verstanden hätte. Wäre es denn vorstellbar, daß sich unter dem Spielzeug des Kindes jener Gesellschaft Autos, Eisenbahnzüge, Flugzeuge, Lunochods, Sputniks, Bauelemente, Pistolen, Konstruktionskästen u. ä. m. befanden? *Arkin* sucht, den Fakten zuwider, dort eine Einheit, wo deutliche Unterschiede bestehen. In der Wandlung des Charakters des Spielzeugs im Verlaufe der Menschheitsgeschichte widerspiegelt sich anschaulich die wahre Geschichte des Spielzeugs, die kausal bedingt ist durch die Geschichte der Gesellschaft, durch die Geschichte der Entwicklung des Kindes in der Gesellschaft.

Freilich schreibt *Arkin* nicht über alles Spielzeug, sondern nur über Spielsachen, die er als ursprüngliches Spielzeug bezeichnet und das er folgendermaßen unterteilt:

a) tönendes Spielzeug: Rasseln, Knarren, Trommeln, Klappern u. ä. m.;

b) sich bewegendes Spielzeug: Kreisel, Ball, Drachen, primitive Varianten des Bilboquet;

c) Waffen: Bogen, Pfeil, Bumerang usw.;

d) nachbildendes Spielzeug: Tierdarstellungen und Puppen;

e) Schnur: aus ihr werden verschiedene, manchmal sehr komplizierte Figuren hergestellt.

Auch das sogenannte ursprüngliche Spielzeug hat jedoch eine Entstehungsgeschichte. Bogen und Pfeil konnten ganz offenkundig erst Spielzeug werden, nachdem sie der Gesellschaft als Werkzeug bei der wirklichen Jagd gedient hatten. Bevor es Arbeitswerkzeug gab, bei dessen Benutzung kreisende Bewegungen erforderlich waren, konnte es keinerlei Spielzeug geben, das sich auf ähnliche Weise in Bewegung setzen ließ (Kreisel).

Wollte man den Entstehungsprozeß jedes „ursprünglichen Spielzeugs" schildern, so wäre dazu eine spezielle historische Untersuchung erforderlich. Eine solche Untersuchung aber brächte zutage, daß es durchaus nicht „ursprünglich", sondern auf bestimmten Entwicklungsstufen der Gesellschaft entstanden ist und daß seiner Entstehung die Erfindung entsprechender Arbeitswerkzeuge durch den Menschen vorausging. Die Entstehungsgeschichte des einzelnen Spielzeugs hätte in solch einer Untersuchung als Spiegelbild der Geschichte des Arbeitswerkzeugs und der Kultgegenstände gelten können.

Alle Spielsachen, die *Arkin* als „ursprünglich" bezeichnet, sind in Wirklichkeit Produkt der historischen Entwicklung. Nachdem sie aber in einer bestimmten historischen Etappe der menschlichen Gesellschaft einmal entstanden waren, sind sie nicht gleichzeitig mit dem Werkzeug verschwunden, dessen Kopien sie darstellen. Pfeil und Bogen sind längst nicht mehr Jagdwerkzeug. Sie wurden von Feuerwaffen abgelöst, aber in der Welt des Spielzeugs sind sie erhalten geblieben. Das Spielzeug ist langlebiger als das Arbeitswerkzeug, dessen Abbild es ist, und dadurch entsteht der Eindruck, es sei unveränderlich. Solches Spielzeug ist tatsächlich gleichsam in seiner Entwicklung stehengeblieben und hat sein ursprüngliches Aussehen beibehalten. Aber diese Spielsachen haben nur äußerlich keine Geschichte, nur wenn man sie rein von der Erscheinung her, als körperliche Gegenstände betrachtet.

Zieht man die Funktion des Spielzeugs in Betracht, dann kann man mit Überzeugung sagen, daß sie sich bei dem sogenannten ursprünglichen Spielzeug in der Geschichte der menschlichen Gesellschaft radikal verändert hat, daß es eine neue Verbindung mit dem Entwicklungsprozeß des Kindes einging.

Zu untersuchen, wie sich das Spielzeug in der Geschichte verändert hat, ist eine recht schwierige Angelegenheit: Erstens sagt das archaische Spielzeug dem Forscher nichts darüber, wie das Kind es angewandt hat; zweitens hat gegenwärtig manches Spielzeug, selbst bei Völkern eines sehr niedrigen Niveaus der gesellschaftlichen Entwicklung, seine unmittelbare Verbindung mit dem Arbeitswerkzeug und den Haushaltsgegenständen sowie seine ursprüngliche Funktion eingebüßt.

Nennen wir nur einige Beispiele. Auf den frühen Entwicklungsstufen der Gesellschaft rieb der Mensch zwei Stückchen Holz aneinander, um Feuer zu entzünden. Für ununterbrochenes Reiben eignete sich am besten die Drehbewegung, wobei verschiedene Vorrichtungen in der Art von Drillbohrern angewandt wurden. Bei den Völkern des hohen Nordens mußten beim Herstellen von Hundeschlitten sehr viele Löcher gebohrt werden. Das erforderte ebenfalls anhaltende Drehbewegungen. Nach Berichten von A. N. *Rejnson-Prawdin* (1949) gehört ein kleiner hölzerner Bohrer mit primitiver Antriebsvorrichtung, bestehend aus einem Stöckchen mit Schnur, auch heute noch zum Spielzeug der Völker des hohen Nordens. Die Kinder mußten es lernen, anhaltend etwas zu drehen, weil ein Kind im Besitz dieser Fertigkeit sich leicht eine Arbeit mit Werkzeug aneignete, das diese Fertigkeit erforderte.

Diese Art Unterricht konnte nicht nur an einem kleinen Modell des Bohrers stattfinden, sondern auch an Varianten dieses Werkzeugs. Eine Variante des Bohrers ist zum Beispiel der Kreisel, der nichts anderes ist als ein Drillbohrer, der nicht durch eine Sehne, sondern mit den Fingern in Bewegung gebracht wird.

Eine weitere Variante des Drillbohrers ist das Yo-Yo, bei dem die ununterbrochene Drehung darin besteht, daß eine rotierende Scheibe an einer Schnur ständig in einer Auf-und-ab-Bewegung gehalten wird. So waren also die verschiedenen Kreisel, das Yo-Yo und ähnliches mehr abgewandelte Drillbohrer. Während die Kinder damit spielten, eigneten sie sich technische Fähigkeiten an. Sie lernten, Drehbewegungen auszuführen, die sie dann bei der Arbeit mit dem Drillbohrer anwenden konnten. Das Spielzeug und die Tätigkeit des Kindes mit ihm waren hier abgewandeltes Arbeitswerkzeug und entsprechend abgewandelte Tätigkeit der Erwachsenen. Sie hatten eine direkte Beziehung zur künftigen Tätigkeit des Kindes.

Es vergingen Jahrhunderte, das Werkzeug sowie die Verfahren, Feuer zu entzünden und Löcher zu bohren, haben sich wesentlich geändert. Die Kreisel haben keine direkte Beziehung mehr zur Arbeit der Erwachsenen und zur künftigen Tätigkeit des Kindes. Für das Kind sind sie nicht mehr verkleinerte Drillbohrer und sind nicht einmal mehr deren Nachbildungen. Die Kreisel und Tanzknöpfe verwandelten sich, nach der Terminologie von *Arkin*, aus „nachbildendem Spielzeug" in „sich bewegendes Spielzeug" beziehungsweise in „tönendes Spielzeug" (Brummkreisel). Aber die Beschäftigung damit wird von den Erwachsenen weiterhin unterstützt, und es existiert noch bei den Kindern. Die Handlungen mit diesem Spielzeug verwandelten sich aus Übungshandlungen zur Ausbildung, man könnte fast sagen beruflicher Fertigkeiten in Handlungen, die gewisse allgemeine motorische und visuell-motorische Funktionssysteme entwickeln.

Interessant ist die Tatsache, daß verschiedene spezielle Tricks erforderlich sind, um ein Manipulieren mit solchem Spielzeug in Gang zu setzen und zu erhalten; zum Beispiel muß man brummende oder melodisch klingende Kreisel erfinden, das heißt ihnen zusätzliche Eigenschaften verleihen. Es ist anzunehmen, daß heutzutage ein prinzipiell anderer Mechanismus Handlungen mit diesem, dem früheren nur äußerlich gleichenden Spielzeug auslöst und erhält. Immer führt der Erwachsene dieses Spielzeug in das Leben des Kindes ein und zeigt ihm, welche Handlungen es damit ausführen kann. Aber während die Handlungen mit diesem Spielzeug damals, als es ein verkleinertes Modell des Werkzeugs Erwachsener war, durch die Beziehung „Spielzeug – Werkzeug" in Gang gehalten wurden, wird jetzt das Manipulieren mit ihm, da eine solche Beziehung nicht existiert, durch die Orientierungsreaktion auf etwas Neues erhalten. Systematisches Üben wurde abgelöst von zeitweiliger Benutzung.

Ähnlich verläuft der Entwicklungsprozeß der Spiele mit einer Schnur. In dem Entwicklungsstadium der Gesellschaft, in dem das Knotenschlingen und das Flechten wesentliche Elemente der Arbeit der Erwachsenen waren, wurden diese Übungen, mit denen sich sowohl Kinder als auch Erwachsene befaßten, durch die Bedürfnisse der Gesellschaft gefördert. Sie hatten eine direkte Beziehung zum Netzeflechten und ähnlichem mehr. Im Laufe der Zeit verwandelten sie sich in rein funktionelle, die Feinmotorik der Finger entwickelnde und unterhaltsame Spiele. Man begegnet ihnen nur sehr selten, und sie haben keine direkte Beziehung zur Arbeit der Erwachsenen.

Besonders deutlich erkennbar wird der Prozeß der Wandlung und Entwicklung an solchem „ursprünglichen" Spielzeug wie Pfeil und Bogen. Bei den Jägerstämmen und -völkern relativ niedriger gesellschaftlicher Entwicklungsstufen gehörten Pfeil und Bogen zum Hauptwerkzeug der Jagd. Pfeil und Bogen besaß von frühester Kindheit an auch das Kind. Allmählich komplizierter werdend, wurden sie in den Händen des Kindes zu einer echten Waffe, mit der es sich selbständig betätigen, mit der es kleine Tiere (z. B. Eichhörnchen und Vögel) erlegen konnte. *Rejnson-Prawdin* erzählt, wenn das Kind mit Pfeil und Bogen auf kleine Tiere und Vögel schoß, betrachtete es sich als künftigen Jäger, wie sein Vater einer war. Die Erwachsenen sahen ebenfalls das schießende Kind als den künftigen Jäger an. Das Kind erlernte das Bogenschießen, und die Erwachsenen waren in höchstem Grade daran interessiert, daß es diese Waffe so vollkommen wie nur irgend möglich beherrschte.

Nun tritt aber die Feuerwaffe in Erscheinung. Pfeil und Bogen bleiben weiterhin in den Händen des Kindes, aber die Handlungen damit sind nun nicht mehr unmittelbar mit den Jagdverfahren verbunden. Das Üben im Bogenschießen soll einige Eigenschaften entwickeln, zum Beispiel die Treffsicherheit, die ein Jäger auch beim Schießen mit einer Feuerwaffe benötigt. Im Entwicklungsverlauf der menschlichen Gesellschaft überläßt die Jagd ihre führende Stellung anderen Arten der Arbeit. Die Kinder benutzen den Bogen immer seltener als Spielzeug. Natürlich gibt es auch in unserer heutigen Gesellschaft Pfeil und Bogen, und manche Kinder finden sogar Spaß daran, damit zu schießen. Aber die Übungen des heutigen Kindes mit Pfeil und Bogen nehmen in seinem Leben nicht den Platz ein, den sie im Leben des Kindes in der Gesellschaft der urzeitlichen Jäger hatten.

Das sogenannte ursprüngliche Spielzeug ist also nur dem äußeren Schein nach unverändert geblieben. In Wirklichkeit entsteht und entwickelt es sich in der Geschichte wie jedes andere Spielzeug. Seine Geschichte ist organisch verbunden mit der Geschichte der Stellung des Kindes in der Gesellschaft und kann nur im Zusammenhang mit dieser Geschichte verstanden werden. Der Fehler *Arkins* besteht darin, daß er die Geschichte des Spielzeugs von der Geschichte seines Besitzers losgelöst hat, von der Geschichte der Funktion des Spielzeugs in der Entwicklung des Kindes, von der Geschichte der Stellung des Kindes in der Gesellschaft. Nachdem *Arkin* dieser Fehler unterlaufen war, kam er zu antihistorischen Schlüssen, denen die Fakten aus der Geschichte des Spielzeugs widersprechen.

2.2. Zur Entstehungsgeschichte der entfalteten Form der Spieltätigkeit

Die Frage, wie das Rollenspiel im historischen Entwicklungsverlauf der Gesellschaft entstanden ist, läßt sich wissenschaftlich sehr schwer beantworten. Für Untersuchungen auf diesem Gebiet sind einerseits Angaben über die Stellung des Kindes auf den verschiedenen Stufen der historischen Entwicklung erforderlich, andererseits Angaben über Charakter und Inhalt der Kinderspiele auf eben diesen Entwicklungsstufen. Nur indem man das Leben des Kindes in der Gesellschaft im Zusammenhang mit seinen Spielen sieht, kann man deren Wesen begreifen.

Angaben über die Entwicklung und das Leben des Kindes und über seine Spiele auf frühen Entwicklungsstufen der Gesellschaft sind äußerst rar. Es gibt keinen einzigen Ethnographen, der sich auch nur die Aufgabe gestellt hätte, eine entsprechende Untersuchung durchzuführen. Erst in den dreißiger Jahren unseres Jahrhunderts erschienen Untersuchungen von Margret *Mead* über die Kinder der Volksstämme auf Neuguinea, die auch Material über ihre Lebensweise und ihre Spiele enthalten. Die Wissenschaftlerin hatte bei ihrer Arbeit jedoch einige spezielle Probleme im Auge (z. B. den kindlichen Animismus und die geschlechtliche Reifung in einer auf relativ niedrigem Entwicklungsniveau stehenden Gesellschaft), was natürlich die Auswahl des Materials entscheidend beeinflußte.

Das in zahllosen ethnographischen, anthropologischen und geographischen Beschreibungen verstreute Material ist sehr schematisch und sehr fragmentarisch. In manchen findet man etwas über die Lebensweise der Kinder, aber nichts über ihre Spiele, in anderen wird im Gegenteil nur über die Spiele berichtet. Mehrere Untersuchungen sind dermaßen geprägt vom Standpunkt der Kolonialherren, denen zuliebe die Forscher sich die größte Mühe gaben, das geistige Entwicklungsniveau der Kinder der unterdrückten Völker als möglichst niedrig darzustellen, daß die Angaben darin keinesfalls als zuverlässig anzusehen sind. Das vorhandene Material über Kinder mit dem Leben der betreffenden Gesellschaft in Verbindung zu bringen ist ebenfalls schwierig, weil es sich oft kaum feststellen läßt, welche gesellschaftliche Entwicklungsstufe der Stamm, die Völkerschaft, die Gemeinschaft erreicht hatten, als man sie beschrieb. Noch größer werden die Schwierigkeiten dadurch, daß Völker, die sich annähernd auf gleicher Entwicklungsstufe befinden, oft unter völlig unterschiedlichen Lebensbedingungen leben. Und diese Bedingungen wirken sich zweifelsohne auf das

Leben der Kinder in der Gesellschaft aus, auf ihre Stellung unter den Erwachsenen und damit auch auf ihre Spiele.

M. O. *Koswen* schreibt in bezug auf die frühen Epochen der Entwicklung der menschlichen Gesellschaft: „Es kann keine Rede sein von einer tatsächlichen Annäherung an den Ausgangspunkt der Menschheitsentwicklung beziehungsweise, wie man sich auszudrücken pflegt, an den Nullpunkt der Menschheitskultur. Hier sind nur mehr oder minder vertretbare Hypothesen möglich, mehr oder minder erfolgversprechende Annäherungen an die Lösung des Rätsels der unseren Augen für immer entrückten Vergangenheit" (1927, S. 5). Noch mehr trifft das auf die Untersuchung des Kindes und seines Lebens in der Urgesellschaft zu.

Wir müssen Antwort auf zwei Fragen finden, sei es auch nur eine hypothetische. Erstens: Hat es das Rollenspiel schon immer gegeben, oder gab es im Leben der Gesellschaft eine Zeit, in der diese Spielform bei den Kindern nicht existierte? Zweitens: Mit welchen Veränderungen des gesellschaftlichen Lebens und der Stellung des Kindes in der Gesellschaft könnte die Entstehung des Rollenspiels zusammenhängen?

Wir können den Entstehungsprozeß des Rollenspiels nicht unmittelbar verfolgen. Nach den vorliegenden, sehr kargen Angaben läßt sich eine Hypothese über die Entstehung des Rollenspiels nur in ganz allgemeinen Zügen andeuten, kann man nur annähernd herausfinden, unter welchen historischen Bedingungen das Bedürfnis nach dieser spezifischen Lebensform des Kindes in der Gesellschaft entstanden ist. Es ist uns in unserer Untersuchung bei weitem nicht möglich, auf die ganze vorliegende Literatur einzugehen, so führen wir nur einiges von dem an, was unsere Hypothese begründet, und lassen alles übrige außer acht.

Die Entstehungsgeschichte des Spiels hat enge Beziehungen zur Erziehung der heranwachsenden Generationen in Gesellschaften mit niedrigem Entwicklungsniveau der Produktion und der Kultur. Robert *Alt* (1956) sammelte sehr viel Material über die Entwicklung der Erziehung und stellte fest, daß ursprünglich zwischen Arbeit und Erziehung keine Trennung bestand, das heißt, daß die Erziehung nicht als spezielle

Funktion der Gesellschaft herausgesondert war. Kennzeichnend ist seiner Meinung nach für die Kindererziehung auf den frühen Entwicklungsstufen der Gesellschaft folgendes: erstens – gleiche Erziehung aller Kinder und Teilnahme aller Mitglieder der Gesellschaft an der Erziehung jedes Kindes; zweitens – allseitige Erziehung, das heißt, jedes Kind muß alles verrichten können, was die Erwachsenen tun, und sich am gesamten Leben der Gesellschaft beteiligen, deren Mitglied es ist; drittens – kurze Erziehungsdauer, das heißt, die Kinder wissen bereits in frühem Alter, welche Aufgaben ihnen das Leben stellen wird, und sind frühzeitig von den Erwachsenen unabhängig, ihre Entwicklung ist früher abgeschlossen als in den späteren Entwicklungsetappen der Gesellschaft.

Als Hauptentwicklungsfaktor des Kindes betrachtet Robert *Alt* seine unmittelbare Teilnahme am Leben der Erwachsenen – die frühe Einbeziehung des Kindes in die produktive Arbeit infolge des niedrigen Entwicklungsniveaus der Produktivkräfte, die Teilnahme des Kindes an Tänzen, Feiern, an einigen Riten der Erwachsenen, gemeinsame Feste und gemeinsame Erholung.

Auf das Spiel als Mittel der Erziehung eingehend, stellt Robert *Alt* fest, daß das Kind dort, wo es an der Arbeit der Erwachsenen, ohne sich speziell darauf vorbereiten zu müssen, teilnehmen kann, daran auch teilnimmt. Wo das nicht der Fall ist, wächst es in die Welt der Erwachsenen durch die das Leben der Gesellschaft widerspiegelnde Spieltätigkeit hinein. (Hier finden wir schon einen Hinweis darauf vor, wie das Spiel historisch entstanden ist, sowie darauf, daß die Spielentwicklung mit der sich ändernden Stellung des Kindes in der Gesellschaft zusammenhängt.)

Kennzeichnend für die Stellung des Kindes in der Gesellschaft auf ihren frühen Entwicklungsstufen ist folglich vor allem die Tatsache, daß es früh in die produktive Arbeit der Erwachsenen einbezogen wurde. Auf je niedrigerer Entwicklungsstufe sich also die Gesellschaft befindet, desto früher werden die Kinder in die produktive Arbeit der Erwachsenen einbezogen, desto früher werden sie zu selbständigen Produzenten. In der frühesten Geschichte der Gesellschaft lebten die Kinder mit den Erwachsenen ein gemeinsames Leben. Die Erziehungsfunktion war noch nicht als selbständige Funktion ausgesondert, und die Kinder wurden von allen Mitgliedern der Gesellschaft erzogen. Hauptaufgabe der Erziehung war, die Kinder zu Mitarbeitern in der produktiven gesellschaftlichen Arbeit zu machen und ihnen Arbeitserfahrungen zu vermitteln. Das Hauptmittel der Erziehung bestand darin, die Kinder allmählich an ihren Kräften angemessenen Arbeiten der Erwachsenen zu beteiligen.

Urzeitliche nomadisierende Sammler wandern, wie W. *Volz* (1948) berichtet, gemeinsam – Männer, Frauen, Kinder – von Ort zu Ort, um eßbare Früchte und Wurzeln zu finden. Etwa mit zehn Jahren werden die Mädchen und Jungen Mütter und Väter und beginnen ein selbständiges Leben zu führen.

M. *Koswen* beschreibt eine der primitivsten Menschengruppen auf der Erde, das Volk Kubu. Die Grundzelle bildet hier eine kleine Familie. Die Hauptbeschäftigung ist das Sammeln von Früchten und Wurzeln, das Hauptwerkzeug ein Stock, ein Bambusstab mit von Natur aus zugespitztem Ende. Mit ihm werden Wurzeln und Knollen ausgegraben. Die einzige Waffe ist ein Holzspieß mit einem scharfen Bambusspan, einziges Hausgerät sind die Schale der Kokosnuß und halbierte Bambusstäbe. *Koswen* schreibt: „Die Kinder bleiben bis zum Alter von zehn bis zwölf Jahren bei ihren Eltern und gehen gemeinsam mit ihnen auf Nahrungssuche. Ist dieses Alter erreicht, so gelten die Mädchen und Jungen als selbständig und als fähig, ihre Zukunft selbst zu gestalten. Sie beginnen jetzt einen Schurz zu tragen, der die Geschlechtsteile verdeckt. Bei längeren Aufenthalten an einem Ort richten sie sich eine eigene Unterkunft neben der der Eltern ein. Aber auf Nahrungssuche gehen sie bereits gesondert und essen gesondert. Die Verbindung zwischen Eltern und Kindern wird allmählich immer lockerer, vielfach trennen sich die Kinder gänzlich von ihren Eltern und beginnen im Wald selbständig zu leben" (1927, S. 38).

Bereits in den frühesten ethnographischen und geographischen Beschreibungen russischer Reisender gibt es Hinweise, daß kleine Kinder Arbeitspflichten nachkommen müssen und in die produktive Arbeit der Erwachsenen einbezogen werden. Zum

Beispiel heißt es bei G. *Nowizki*, der das Ostjakenvolk, wie es im Jahre 1715 lebte, beschreibt: „Alle betreiben ein Handwerk – Tiere erlegen (erschlagen), Vögel und Fische fangen –, um ihr Leben fristen zu können. Sie erlernen verschiedene Listen und Kniffe, werden von jüngsten Jahren an zum Bogenschießen angehalten, müssen Tiere erschlagen, Vögel und Fische fangen (werden darin unterwiesen)" (1941, S. 43).

S. P. *Karascheninnikow* sagt in der Beschreibung seiner Reise durch Kamtschatka (1737–1741) von den Krojaken: „Am bemerkenswertesten ist im ganzen Volk, daß sie ihre Kinder, an denen sie mit großer Liebe hängen, von Kindheit an zur Arbeit anhalten. Sie werden wie Leibeigene behandelt, man schickt sie nach Holz und nach Wasser, sie müssen schwere Lasten tragen, Renherden hüten und vielen ähnlichen Arbeiten nachkommen" (1949, S. 457).

W. F. *Sujew* schrieb, nachdem er die Völker am Ob in den Jahren 1771 bis 1772 besucht hatte, über die Kinder der Ostjaken und Samojeden: „Von jüngsten Jahren an werden die Kinder daran gewöhnt, mit allen möglichen Schwierigkeiten fertig zu werden. Sie müssen ihr schweres Leben ertragen, ohne daß ihnen jemals Mitleid entgegengebracht wird. Man kann sagen, dieses Volk ist dazu geboren, unerträgliche Mühen auf sich zu nehmen, und wenn sie nicht von klein auf daran gewöhnt würden, dann könnten die Väter kaum darauf hoffen, daß die Söhne zu so erstaunlichen Helfern in der mühseligen Arbeit heranwachsen. Kaum daß der Knabe etwas zu erfassen beginnt, erfreut ihn seine Mutter oder eine andere Pflegeperson nur mit dem Klirren einer Bogensehne, und kaum daß er zu laufen beginnt, fertigt ihm der Vater einen Bogen an. Ich habe auf meiner Reise in den Ostjakenjurten kaum Kinder gesehen, die an Alltagsabenden sich ohne Bogen die Zeit vertrieben hätten. Meistens schießen sie auf irgend etwas in den Bäumen oder auf der Erde. Sie machen sich an den Jurten zu schaffen, flechten Umzäunungen. Es scheint, als kündige ihr Spielzeug bereits ihr künftiges Leben an. Die Kleinen beschäftigen sich gemeinsam mit den Alten am Ufer, wo sie mit Beutelnetzen Fische fangen. Die Großen sind schon selbst mit Netzen, Angelgerät und Booten auf den Flüssen unterwegs, wofür die

Kräfte und die Erfahrungen der Kleinen noch nicht ausreichen"
(1947, S. 32 f.).
Der bekannte russische Forscher N. N. *Miklucho-Maklai* hat
viele Jahre unter den Papua gelebt und schrieb über ihre
Kinder: „Die Kinder sind gewöhnlich fröhlich, selten hört
man sie weinen und schreien; der Vater und die Mutter verhalten sich ihnen gegenüber sehr liebevoll, wobei die Mutter
meist weniger zärtlich ist als der Vater. Überhaupt lieben die
Papua ihre Kinder sehr. Ich habe bei ihnen sogar Spielzeug
gesehen, was bei Wilden nur selten vorkommt. Es handelte
sich um kreiselähnliche Gegenstände, kleine Boote, die die
Kinder auf dem Wasser schwimmen ließen, und noch anderes
Spielzeug. Aber schon früh begleitet der Junge den Vater aufs
Feld, auf seinen Wanderungen in den Wald und auf seinen
Fischfangfahrten. Das Kind lernt bereits in der Kindheit prak-
tisch seine künftigen Beschäftigungen und läßt bereits als
Knabe Ernst und Vorsicht in seinem Tun spüren.
Ich konnte oft ein komisches Bild beobachten: Ein Dreikäse-
hoch von etwa vier Jahren entzündete mit großem Ernst Feuer,
trug Holz, wusch Geschirr, half dem Vater beim Reinigen von
Früchten; plötzlich aber sprang er auf, rannte zur Mutter, die
irgendwo hockte und einer Arbeit nachging, griff nach ihrer
Brust und begann, ungeachtet der Proteste, zu saugen. Hier ist
es überall üblich, die Kinder sehr lange zu stillen" (1951,
S. 78).
In den Beschreibungen von *Miklucho-Maklai* steht, daß sich
die Kinder nicht nur an den Haushaltsarbeiten beteiligen, sondern auch an komplizierteren Formen der kollektiven produktiven Arbeit der Erwachsenen. Beim Schildern der Feldarbeit
schreibt er: „Die Arbeit geht folgendermaßen vonstatten:
Zwei, drei oder mehr Männer stellen sich in einer Reihe auf,
tief in den Boden wird ein Grabstock[11] gesteckt und mit einem
Ruck eine große Erdscholle emporgehoben. Ist der Boden hart,
so wird der Grabstock zweimal an derselben Stelle hinein-

---

[11] Der Grabstock ist ein fester, langer, an einem Ende zugespitzter Stock;
mit ihm arbeiten die Männer, denn die Arbeit mit diesem Werkzeug erfordert viel Kraft.

gesteckt und dann erst damit die Erde gehoben. Den Männern folgen die Frauen. Sie rutschen auf den Knien, halten mit beiden Händen ein kleineres, einem schmalen Spaten ähnliches Gerät und zerkleinern die von den Männern aufgeworfene Erde. Ihnen folgen Kinder verschiedenen Alters und glätten die Erde mit den Händen. So bearbeiten Männer, Frauen und Kinder gemeinsam den Boden" (1951, S. 232). Aus dieser Beschreibung wird klar, daß es bei den Papua eine gewisse Arbeitsteilung nach Alter und Geschlecht gab. An der Arbeit beteiligten sich alle Mitglieder der Gesellschaft, einschließlich der Kinder, ausgenommen nur die ganz kleinen.

Miklucho-Maklai verweist darauf, daß die Tusmenen sehr gerne andere belehren und das auch bei den Kindern deutlich feststellbar ist. Er erklärt diese Tatsache folgendermaßen: „... oft haben mir kleine Kinder im Alter von sechs oder sieben Jahren gezeigt, wie man dieses oder jenes machen muß. Das ist darauf zurückzuführen, daß die Eltern ihre Kinder sehr frühzeitig an das praktische Leben heranführen. Deshalb haben sie bereits in ganz frühem Alter in diesem oder jenem Grade den Erwachsenen alle Künste und Handlungen abgeguckt und vieles sogar erlernt. Manches davon ist überhaupt noch nicht ihrem Alter angemessen. Die Kinder spielen wenig. Das Spiel der Knaben besteht darin, Stöcke wie Grabwerkzeuge zu gebrauchen, mit Pfeil und Bogen zu schießen und, sobald sie kleine Erfolge damit erzielen, diese Handlungen im praktischen Leben anzuwenden. Ich habe sehr kleine Jungen gesehen, die stundenlang am Meeresufer standen und sich abmühten, einen Fisch mit einem Pfeil zu treffen. Dasselbe ist bei den Mädchen zu beobachten, und sogar noch in verstärktem Maße, weil sie früher beginnen, sich mit dem Haushalt zu beschäftigen, und früher zu Helferinnen ihrer Mütter werden" (ebenda, S. 136).

Wir haben uns mit den Schilderungen von *Miklucho-Maklai* so ausführlich befaßt, weil die Angaben dieses bedeutenden russischen Humanisten aufgrund ihrer unwiderlegbaren Objektivität für uns einen besonderen Wert haben.

Ähnliche Hinweise auf die frühzeitige Beteiligung der Kinder an der Arbeit der Erwachsenen finden sich auch bei anderen

Autoren. G. *Vaillant* zum Beispiel schreibt in seiner Geschichte der Azteken: „Die Erziehung begann nach dem Entwöhnen im dritten Lebensjahr. Sie zielte darauf ab, das Kind so schnell wie möglich in die Pflichten und Handfertigkeiten der Erwachsenen einzuführen. Eine Welt, in der die Handarbeit das Vorherrschende ist, gibt einem Kind viel früher Gelegenheit, sich an der Arbeit der Erwachsenen zu beteiligen, als unsere technisierte Zeit. Die Väter beaufsichtigten die Ausbildung der Söhne, die Mütter unterwiesen die Töchter. Bis zum Alter von sechs Jahren lauschten die Kinder den Lehren und Ratschlägen der Eltern, lernten Hausgeräte zu gebrauchen und besorgten kleinere Arbeiten im Haushalt." „Die Art der Erziehung", stellt der Autor im weiteren fest, „führte unmittelbar in das praktische häusliche Leben ein" (1958, S. 115).

A. T. *Bryant*, der fast ein halbes Jahrhundert unter den Sulu lebte, weist ebenfalls darauf hin, daß die Kinder frühzeitig in die produktive Arbeit der Erwachsenen einbezogen werden: „Wer das Kindesalter hinter sich hatte, das heißt sechs Jahre alt war, mußte, ob Junge oder Mädchen, gleichermaßen arbeiten und die aufgetragene Arbeit widerspruchslos erledigen – die Jungen unter Anleitung des Vaters, die Mädchen unter Aufsicht der Mutter" (1953, S. 123). *Bryant* zählt eine ganze Reihe von Arbeiten auf, die den Kindern oblagen. „Sechs- bis siebenjährige Jungen trieben in der Frühe die Kälber und Ziegen auf die Weide, etwas ältere Burschen die Kühe" (ebenda, S. 157). Im Sommer „streiften die Frauen und die Kinder durch die Wiesen auf der Suche nach wildwachsenden eßbaren Gräsern" (ebenda, S. 184). Wenn die Halmfrüchte reiften oder wenn die Saat in Gefahr war, von den Vögeln aufgepickt zu werden, „mußten die Frauen und die Kinder den ganzen Tag, von Sonnenaufgang bis Sonnenuntergang, auf dem Felde bleiben und die Vögel wegscheuchen" (ebenda, S. 191).

Viele sowjetische Wissenschaftler, die sich mit den Völkern des Hohen Nordens befaßten, schreiben ebenfalls, daß die Kinder früh an der Arbeit der Erwachsenen teilnehmen und zu diesem Zweck speziell unterrichtet werden. Zum Beispiel schreiben A. G. *Basanow* und N. G. *Kasanski*: „Von sehr frühem Alter an werden die Kinder der Mansen zum Fischfang herangezogen. Sie können kaum laufen, da nehmen die Eltern sie schon auf dem Boot mit. Und sind sie erst etwas größer geworden, so erhalten sie kleine Riemen, werden gelehrt, ein Boot zu rudern, und mit dem Leben auf dem Fluß vertraut gemacht" (1939, S. 173).

In einer anderen Arbeit schreibt *Basanow*: „Das Kind der Wogulen hat kaum das Alter von fünf oder sechs Jahren erreicht, da läuft es schon mit Pfeil und Bogen in der Nähe der Jurte umher und jagt Vögel, entwickelt seine Geschicklichkeit. Es will Jäger sein. Die Wogulen nehmen ihre sieben- bis achtjährigen Kinder allmählich mit in den Wald. Im Walde werden sie gelehrt, wo man Eichhörnchen oder Auerhähne findet, wie man mit dem Hund umgeht, wo und wie man Fallen stellt. Während der Tusmene Stangen für die Falle bricht, legt das Söhnchen sie vorsichtig auf die Fallgrube, glättet den Boden, bringt den Köder unter, sammelt Zweige und Beeren" (1934, S. 93). Die Kinder, sogar sehr kleine noch, sind alle leidenschaftliche Jäger und haben, wenn sie in die Schule kommen, bereits Dutzende von Eichhörnchen und Erdhörnchen erlegt.

Basanow hat bei seiner Schilderung des Fischfangs sehr gut das unter diesen Bedingungen herrschende Haupterziehungsprinzip erfaßt: „Wir waren vier Erwachsene und ebensoviel kleine Kinder ... Wir traten auf die spitze, sandige Landzunge hinaus, stellten uns in zwei Reihen auf und begannen das Netz herauszuziehen. Zwischen uns standen die Kinder. Sie klammerten sich mit ihren sonnengebräunten kleinen Händen ebenfalls an das Netz und halfen es ins Boot ziehen ... Mein Vorarbeiter, ein Syrjane, rief einem Kind zu: ‚Behindere die Männer nicht bei der Arbeit!' Ein alter Wogule sah ihn unzufrieden an und schüttelte den Kopf. Dann sagte er: ‚Das darf man nicht, darf man nicht. Die Kinder sollen alles das tun, was auch wir tun'" (ebenda, S. 94).

G. *Starzew* schreibt, daß „bereits Kinder von sechs bis sieben Jahren angelernt werden, mit Rentieren umzugehen und sie mit Wurfschlingen zu fangen" (1930, S. 96). S. N. *Stebnizki* schildert das Leben der Korjakenkinder: „Besonders zeigt sich die Selbständigkeit der Kinder in der Hauswirtschaft. Viele

Hausarbeiten erledigen die Kinder ganz allein. Sie müssen unter anderem auch Holz heranschaffen. Bei jedem Frost, bei jedem Unwetter muß der Knabe die zu Hause gelassenen Hunde anspannen und manchmal zehn Kilometer weit nach Holz fahren ... Das Mädchen wird spielend in alle Arbeiten einbezogen. Zuerst bekommt sie Flicken, ein abgebrochenes stumpfes Messer, eine abgebrochene Nadel. Später erhält sie richtiges Arbeitswerkzeug und erlangt Fertigkeiten, mit ihm umzugehen. So wird sie unmerklich in das ewige Joch der Frau gespannt" (1930, S. 44 f.).

Wir wollen nicht noch mehr Beispiele anführen, denn die zitierten reichen aus, um zu zeigen, daß die Kinder einer Gesellschaft, die auf einem relativ niedrigen Entwicklungsniveau steht, bei einer urgemeinschaftlichen Arbeitsorganisation sehr früh in die produktive Arbeit der Erwachsenen einbezogen werden, an dieser Arbeit ihren Kräften entsprechend teilnehmen. Das geht wie in einer patriarchalischen Bauernfamilie vor sich, von der Karl *Marx* sagt: „Geschlechts- und Altersunterschiede wie die mit dem Wechsel der Jahreszeit wechselnden Naturbedingungen der Arbeit regeln ihre Verteilung unter die Familie und die Arbeitszeit der einzelnen Familienglieder. Die durch die Zeitdauer gemeßne Verausgabung der individuellen Arbeitskräfte erscheint hier aber von Haus aus als gesellschaftliche Bestimmung der Arbeiten selbst, weil die individuellen Arbeitskräfte von Haus aus nur als Organe der gemeinsamen Arbeitskraft der Familie wirken."[12]

Dadurch, daß die Mütter kaum Zeit für ihre Kinder haben und sie frühzeitig an der Arbeit der Erwachsenen teilnehmen müssen, gibt es in der Urgesellschaft erstens keine scharfe Grenze zwischen Kindern und Erwachsenen, und zweitens werden die Kinder sehr früh wirklich selbständig. Darauf weisen fast alle Forscher hin.

So schreibt zum Beispiel S. N. *Stebnizki*: Es gibt bei den Korjaken überhaupt keine scharfe Trennung in Kinder und Erwachsene. Die Kinder sind gleichberechtigte und gleichgeachtete Mitglieder der Gesellschaft. Bei gemeinsamen Beratungen

---

[12] K. *Marx*, F. *Engels*: Werke. Band 23, S. 92.

hört man sich die Worte der Kinder ebenso aufmerksam an wie die der Erwachsenen.

Der bedeutende russische Ethnograph L. J. *Schternberg* wies ebenfalls auf die Gleichheit von Kindern und Erwachsenen bei den Völkern von Nordostasien hin: „Ein zivilisierter Mensch kann sich kaum vorstellen, welch ein Gefühl der Gleichheit und der Achtung hier in den Beziehungen zur Jugend herrscht. Kinder von zehn bis zwölf Jahren fühlen sich als völlig gleichberechtigte Mitglieder der Gesellschaft. Die geachtetesten Alten hören mit ernsthaftester Aufmerksamkeit die Einwürfe der Jugendlichen an und antworten ihnen ebenso ernsthaft und höflich wie den Altersgenossen. Niemand spürt den Altersunterschied und den Unterschied der Stellung" (1933, S. 52).

Auch andere Autoren sehen die frühe Selbständigkeit als Charakteristikum der in einer Urgesellschaft lebenden Kinder. Die genannten charakteristischen Züge des Kindes der Urgesellschaft, seine frühe Selbständigkeit und das Fehlen scharfer Grenzen zwischen Kindern und Erwachsenen sind eine natürliche Folge der Lebensbedingungen dieser Kinder und ihrer tatsächlichen Stellung in der Gesellschaft.

Gab es nun in einer Gesellschaft, die erst eine relativ niedrige Entwicklungsstufe erreicht hatte, bei der die Arbeitswerkzeuge noch sehr primitiv waren und die Arbeitsteilung nach Alter und Geschlecht vorgenommen wurde, deren Kinder als gleichberechtigte Mitglieder der Gesellschaft galten und ihren Möglichkeiten entsprechend an der gemeinsamen Arbeit teilnahmen, das Rollenspiel? Exakte Angaben über das Spiel der Kinder auf diesem Entwicklungsniveau der Gesellschaft sind nicht vorhanden. Ethnographen und Reisende, die das Leben von etwa auf solch einem Entwicklungsniveau stehenden Völkern beschreiben, verweisen darauf, daß die Kinder dieser Völker wenig spielen, und wenn sie spielen, dann dieselben Spiele wie die Erwachsenen, und daß es sich dabei nicht um Rollenspiele handelt.

Zum Beispiel stellt David *Livingstone* in seiner Beschreibung des Lebens eines Negerstamms fest, er habe ihre Kinder niemals spielen sehen. *Miklucho-Maklai* sagt ebenfalls von den Kindern der Papua „sie spielen wenig" (1951, S. 136). A. T.

Bryant beschreibt in dem bereits erwähnten Werk eine Reihe von Spielen der Sulukinder, aber wir finden kein einziges Rollenspiel darunter.

Margret *Mead* (1931) schildert das Leben der Kinder von primitiven Fischern auf Melanesien, einer der Admiralitätsinseln, und erzählt, daß die Kinder des dort lebenden Volkes tagelang spielen dürfen, daß ihr Spiel aber an das kleiner Hunde und Katzen erinnert. Nach der Meinung von Margret *Mead* finden diese Kinder im Leben der Erwachsenen, in ihrer gesellschaftlichen Organisation keine Spielvorbilder zum Nachahmen. Nur zufällig und sehr selten, einmal innerhalb eines Monats, gelang es ihr, ein Nachahmungsspiel zu beobachten. Die Kinder spielten in ihm kleine Szenen aus dem Leben der Erwachsenen, zum Beispiel die Bezahlung für eine Braut bei einer Hochzeit oder die Verteilung von Tabak bei Gedenkriten. Solche Spiele konnte die Autorin insgesamt drei- oder viermal beobachten. Sie weist auf Mangel an Phantasie in diesen Spielen hin. Obwohl die Kinder, nach Meinung der Autorin, alle Möglichkeiten haben, Rollenspiele zu spielen (viel Freizeit, die Möglichkeit, das Leben der Erwachsenen zu beobachten, reiche Vegetation, die viel Material für das Spiel zu liefern vermag usw.), spielen sie niemals Szenen aus dem Leben der Erwachsenen, niemals ahmen sie in ihren Spielen die Rückkehr der Erwachsenen von erfolgreicher Jagd nach oder ihre Kulthandlungen, ihre Tänze und anderes mehr.

Wie das angeführte Material zeigt, gibt es bei den Kindern von Gesellschaften, die auf einem niedrigen Entwicklungsniveau stehen, keine Rollenspiele. Das bedeutet jedoch nicht, das geistige Entwicklungsniveau der Kinder wäre niedrig, sie hätten keine Phantasie usw., wie das manche Forscher behaupten. Das Fehlen der Rollenspiele ist auf die besondere gesellschaftliche Stellung der Kinder zurückzuführen und sagt keinesfalls etwas über ihr geistiges Entwicklungsniveau aus.

Die Kinder einer Urgesellschaft sind in ihren Rollenspielen gegenüber ihren Altersgenossen unserer Zeit nur soweit im Rückstand, wie sie unsere Kinder in bezug auf die Selbständigkeit, die Teilnahme an der Arbeit der Erwachsenen und die damit zusammenhängenden geistigen Fähigkeiten übertreffen. „Die allgemeinen Bedingungen der urgesellschaftlichen Erziehung und der die Kindheit kennzeichnenden Selbständigkeit", schreibt *Koswen*, „sind die Erklärung dafür, daß Kinder zurückgebliebener Stämme und Völkerschaften sich in den Kolonialschulen erstaunlich schnell zu entwickeln vermögen, sich besonders begabt zeigen. Der Sprung aus der Urzeit in die Zivilisation fällt ihnen sehr leicht" (1953, S. 140).

Die primitiven Werkzeuge und die einfachen, den Kräften des Kindes angemessenen Arbeiten bieten ihm die Möglichkeit, früh Selbständigkeit zu entwickeln. Und das ist eine Forderung der Gesellschaft, denn die Kinder müssen selbständig sein, um unmittelbar an der Arbeit der Erwachsenen teilnehmen zu können. Selbstverständlich werden die Kinder nicht ausgebeutet, und ihre Arbeit trägt den Charakter der Befriedigung eines entstandenen, seinem Wesen nach gesellschaftlichen Bedürfnisses. In die Ausführung ihrer Arbeitspflichten tragen die Kinder natürlich spezifisch kindliche Züge hinein. Vielleicht bereitet ihnen der eigentliche Arbeitsprozeß sogar Vergnügen, aber auf jeden Fall erleben sie bereits Befriedigung, Genugtuung bei der Tätigkeit, die sie gemeinsam mit den Erwachsenen wie Erwachsene ausführen.

Das ist um so wahrscheinlicher, als die Erziehung in Urgesellschaften nach Berichten der meisten Forscher ihrem Inhalt nach hart, in ihren Formen jedoch sehr weich ist. Die Kinder werden nicht bestraft, es wird kein Zwang auf sie ausgeübt. Sie sind munter, heiter, lebensfroh. Die Freude am eigentlichen Arbeitsprozeß, die heitere Stimmung und das Lustgefühl verwandeln diese, wenn auch nur ganz einfachen Arbeiten des Kindes jedoch nicht in Spiel.

In der Urgesellschaft mit ihren relativ primitiven Arbeitsmitteln und -formen konnten sich sogar kleine Kinder von drei bis vier Jahren an unkomplizierten Formen der Hausarbeit beteiligen. Sie konnten eßbare Beeren, Wurzeln, Larven, Schnecken usw. sammeln, Fische auf einfache Weise, mit Körben oder sogar mit der Hand, fangen, bei der Jagd auf kleine Tiere und Vögel sowie bei der primitiven Bodenbearbeitung mithelfen. Die Forderung der Gesellschaft nach Selbständigkeit der Kinder wurde auf natürliche Weise in der gemeinsamen Arbeit von

Kindern und Erwachsenen realisiert. Es bestand eine unmittelbare Verbindung zwischen Kindern und Erwachsenen in dem gemeinsamen Arbeitsprozeß. Dadurch erübrigten sich alle anderen Formen der Verbindung zwischen Kind und Gesellschaft. Auf dieser Entwicklungsstufe der Gesellschaft und bei dieser Stellung des Kindes in ihr bestand keinerlei Notwendigkeit, die Arbeit der Erwachsenen und ihre Beziehungen zueinander unter besonderen Bedingungen nachzugestalten, es bestand keine Notwendigkeit, Rollenspiele zu spielen.

Der Übergang zu komplizierteren Produktionsformen – zu Ackerbau und Viehzucht –, die komplizierter gewordenen Fischfang- und Jagdmethoden, die immer aktivere Formen annahmen, verdrängten nach und nach das Sammeln und die primitiven Jagd- und Fischfangformen. Mit der Veränderung des Produktionscharakters ging eine neue Arbeitsteilung in der Gesellschaft einher. „Die Entwicklung der Produktion", schreibt *Koswen*, „die Bearbeitung des Bodens mit dem Pflug und die einsetzende Viehzucht führten ein äußerst wichtiges sozialökonomisches Ergebnis herbei, das *Engels* als erste große gesellschaftliche Arbeitsteilung bezeichnete. Es handelte sich um die Teilung der Arbeit zwischen Ackerbauern und Viehzüchtern mit all den sich daraus ergebenden Folgen, insbesondere der Entwicklung des Handwerks und des regelmäßigen Warenaustauschs. Im Ergebnis dieser sehr tiefgreifenden Veränderungen kommt es zu einer neuen Arbeitsteilung zwischen den Geschlechtern. Der Mann und die Frau haben nun in der gesellschaftlichen Produktion eine unterschiedliche Stellung. Die Arbeitsteilung zwischen den Geschlechtern entstand und bestand bereits im Matriarchat und hatte einen, wie *Engels* es zum Ausdruck brachte, rein natürlichen Ursprung. Jetzt ging sie unvergleichlich tiefer und erlangte eine unvergleichlich größere gesellschaftliche und ökonomische Bedeutung. Die Viehzucht wurde zu einem Arbeitszweig ausschließlich der Männer. Infolge der Veränderungen in der gesamten Ökonomik wurde der Produktionszweig Hauswirtschaft als ein besonderer herausgegliedert und zum Arbeitsgebiet der Frau" (1951, S. 84–85).

Die Veränderung des Charakters der Produktion zog also

eine neue Arbeitsteilung in der Gesellschaft nach sich. Da die Mittel und Verfahren der Arbeit immer komplizierter wurden und infolge der Neuaufteilung der Arbeit änderte sich natürlich auch die Teilnahme der Kinder an den verschiedenen Arten der Arbeit. Die Kinder hörten auf, an den komplizierten und ihren Kräften nicht angemessenen Arbeiten teilzunehmen. Für die jüngeren Kinder kamen nur einige der täglichen Hausarbeiten und die einfachsten Produktionsformen in Frage. Obwohl die Kinder auch auf dieser Entwicklungsstufe noch gleichberechtigte Mitglieder der Gesellschaft sind und sich an manchen Arbeiten der Erwachsenen beteiligen, zeichnen sich im Hinblick auf ihre Stellung neue Züge ab. Einige von den hier zitierten Werken (Untersuchungen der Völker des Hohen Nordens) beziehen sich gerade auf diese Entwicklungsperiode der Gesellschaft.

Die sehr wichtigen, aber für das Kind zu schwierigen Arbeitsgebiete stellen ihm die Aufgabe, so früh wie möglich das komplizierte Arbeitswerkzeug anwenden zu lernen. Es taucht verkleinertes, speziell den kindlichen Potenzen angepaßtes Werkzeug auf. Das Kind übt mit diesem Werkzeug unter Bedingungen, die den realen Tätigkeitsbedingungen der Erwachsenen nahekommen, aber nicht mit ihnen identisch sind. Um was für Werkzeug es dabei geht, hängt davon ab, welcher Arbeitszweig in der gegebenen Gesellschaft grundlegende Bedeutung hat.

Wir führen zur Verdeutlichung einige Beispiele an. Bei den Völkern des Hohen Nordens ist das Messer ein unerläßliches Werkzeug des Renzüchters, des Jägers und des Fischers. Mit dem Messer umzugehen werden die Kinder schon von frühestem Alter an gelehrt. N. G. *Bogoras-Tan* schreibt: „Die Tschuktschen haben eine sehr glückliche Kindheit. Es wird auf die Kinder keinerlei Zwang ausgeübt, sie brauchen keine Angst zu haben. Dem Jungen geben sie, sobald er nur zu greifen vermag, ein Messer, und von diesem Zeitpunkt an ist es sein ständiger Begleiter. Ich sah einen kleinen Jungen, der Holz mit einem Messer zu schnitzeln versuchte, das nicht viel kleiner war als der Junge" (1934, S. 101).

A. N. *Rejnson-Prawdin* schreibt: „Wie der erwachsene Jäger, so hat auch jeder Junge einen Gürtel, an dem mit einer Kette oder einem Riemen ein Messer befestigt ist, aber nicht ein Spielzeugmesser, sondern ein richtiges, manchmal von erstaunlichen Ausmaßen. Wenn sich das Kind einmal schneidet, so lernt es davon nur schneller, mit dem Messer richtig umzugehen. Der Junge braucht das Messer, um sich ein Stück Fleisch zum Essen abzuschneiden, um sich ein Spielzeug zu schnitzen, um einen Pfeil zuzuspitzen, um einem erlegten kleinen Tier das Fell abzuziehen usw. Ein ebenso unerläßliches Werkzeug ist für jeden Jungen das Beil ... Ein kleines Messer, das erste auf dem Lebensweg des Jungen, ist gewöhnlich ein Geschenk der Mutter. Unter diesen Umständen ist es verständlich, daß es unter dem Spielzeug der Kinder am Ob kaum aus Holz geschnitzte Messer und Beile gibt, wie wir sie bei vielen Völkern anderer Kulturen vorfinden, wo das Kind nicht so früh zum Umgang mit diesem Werkzeug angehalten wird" (1948, S. 196). „Ebenso verhält es sich mit den Schiern. Sehr kurze, spielzeugähnliche Schier findet man ausgesprochen selten im Spielzeug des Kindes. Das Kind braucht sie nicht, weil es buchstäblich dann, wenn es zu laufen beginnt, richtige Schier bekommt ... Schier werden von den Erwachsenen als bestes Spielzeug der Kinder angesehen. Die Kinder veranstalten Schi-Wettkämpfe, auf Schiern werden verschiedene Jagdspiele durchgeführt. Die Mütter verzieren die Schier ihrer Kinder mit Mustern, überziehen die Bindungen mit farbigem Stoff und malen die Schier manchmal sogar rot an. Damit werden die Spielfunktionen der Kinderschier hervorgehoben. Der heranwachsende Junge lernt es, sich seine Schier selbst anzufertigen, und wenn er sich auf die Jagd vorbereitet, überzieht er sie mit Leder von der Stirn und den Läufen der Rentiere, wie es die Erwachsenen tun, wenn sie sich in weit entfernte Jagdgebiete begeben. Von diesem Augenblick an hören die Schier auf, Spielzeug zu sein" (ebenda, S. 198).

Uns ist es ganz unbegreiflich, warum *Rejnson-Prawdin* das Messer und die Schier des Kindes zum Spielzeug zählt. Die Tatsache, daß das Messer und die Schier den Möglichkeiten der Kinder angepaßt, daß sie kleiner und verziert sind, berechtigt nicht, sie als Spielzeug zu betrachten. Auch der Umstand, daß mit dem Messer Spielzeug geschnitzt wird und die Kinder mit Schiern Wettspiele durchführen, berechtigt nicht, sie als Spielzeug anzusehen. Das ist kein Spielzeug, sondern es sind Gebrauchsgegenstände, die das Kind möglichst frühzeitig anzuwenden verstehen muß und deren Gebrauch es sich aneignet, indem es damit wie die Erwachsenen praktisch umgeht.

Zu diesen für alle Völker des Hohen Nordens charakteristischen Werkzeugen, die zu beherrschen die Kinder möglichst früh lernen müssen, kommen bei Jägervölkern noch Pfeil und Bogen hinzu, bei Fischern die Angel und bei Renzüchtern die Wurfschlinge. „Die selbstgemachten Bogen, Pfeile und Armbrüste, die den altrussischen ähnlich sind, tragen die Kinder das ganze Jahr über mit sich herum", schreibt *Stebnizki*. „Zerbricht ein Pfeil oder ein Bogen, so machen sich die Kinder daran, einen neuen zu schnitzen. Sie haben es darin zu großer Kunstfertigkeit gebracht. Hierher gehört auch die sogenannte Prastscha, ein als Steinschleuder dienender Riemen. Man begegnet ganz bestimmt keinem Korjakenkind im Alter von fünf bis fünfzehn Jahren, das nicht eine solche Prastscha um den Hals hängen hat, die, ob nötig oder nicht, immer wieder in Aktion gesetzt wird. Raben, Elstern, Rebhühner, Mäuse, Hasen, Hermeline sind ständige Jagdobjekte, und die kleinen Kerlchen sind für all diese Tiere tatsächlich ein recht gefährlicher Feind. Ich konnte beobachten, wie so ein Dreikäsehoch mit seinem Pfeil eine Krähe im Fluge oder mit der Schleuder eine auf den Wellen in einer Entfernung von 20 bis 30 Metern schaukelnde Ente traf" (1930, S. 45). „Kaum ist das Wogulenkind fünf oder sechs Jahre alt geworden", schreibt A. G. *Basanow*, „schon läuft es mit Pfeil und Bogen in der Umgebung der Jurten umher, macht Jagd auf Vögel, entwickelt seine Geschicklichkeit" (1934, S. 93). *Rejnson-Prawdin* berichtet: „Gewöhnlich wird der Bogen des Kindes aus einer Schicht Holz angefertigt, aber im Laufe der Zeit macht der Spielzeugbogen, entsprechend den zunehmenden Möglichkeiten des Kindes, einige Wandlungen durch. Er wird allmählich komplizierter und zu einer richtigen Waffe des Kindes, mit der es selbständig tätig sein, mit der es kleine Tiere und Vögel erlegen kann" (1949, S. 113).

„Bei den Kindern der Kotschewniken", schreibt *Stebnizki,* „kommt zu den drei aufgezählten Formen der urzeitlichen Waffen als vierte die Wurfschlinge hinzu. Sie ist wie die Schleuder ständiger Begleiter der Kinder. Sie können an keinem Pflock, der ein wenig aus dem Boden hervorlugt, an keinem Strauch, dessen Spitze nicht ganz vom Schnee bedeckt ist, vorbeigehen, ohne daran ihre Geschicklichkeit zu erproben ... Auf diese Weise entwickelt sich jene erstaunliche Geschicklichkeit, mit der die korjakischen Hirten, ohne zu fehlen, aus der sich ständig unruhig bewegenden Herde gerade jenes Ren fangen, das sie für eine Fahrt oder zum Verzehr brauchen" (1931, S. 46). Und *Rejnson-Prawdin:* „Die Kunst, schnell und sicher mit der Wurfschlinge zu arbeiten, erlernt man nicht auf einmal, sondern allmählich, indem man von frühester Kindheit an mit einem Lasso umzugehen lernt. Deshalb nimmt unter dem produktiven Spielzeug, durch das die Kinder mit der Renzucht vertraut werden, die Wurfschlinge eine wichtige Stellung ein. Die Wurfschlingen der Kinder sind von unterschiedlicher Länge: 0,5 m, 1 m, 2 m und länger. Die Leine wächst, wie der Bogen, mit dem Kind, in dem Maße, wie Geschicklichkeit und Fertigkeit des Kindes zunehmen. Für die kleinen Kinder wird die Leine aus Bast gedreht. Siebenjährige und ältere bekommen Leinen aus Leder, wie die Erwachsenen. Die Spiele mit der Wurfschlinge sind für die Kinder nicht minder interessant als die Spiele mit Pfeil und Bogen. Die Kleinen werfen ihre Schlingen zunächst um Baumstümpfe und wählen später bewegliche Ziele, versuchen zum Beispiel, einen Hund oder ein Renkälbchen einzufangen" (1948, S. 209).

Bei Völkern, deren Hauptbeschäftigung der Fischfang ist, bekommen die Kinder ebenso früh Angeln und fangen damit kleine Fische. Allmählich gehen sie dann dazu über, den Fischfang als Arbeit für den Lebensunterhalt zu betreiben, gemeinsam mit den Erwachsenen und mit anderem, komplizierterem Fanggerät.

Messer, Beil und Schier, Pfeil und Bogen, Wurfschlinge und Angelgerät, verkleinert, der kindlichen Hand angepaßt, erhält das Kind also sehr früh, und es eignet sich unter Anleitung der Erwachsenen die Gebrauchsweise dieser Geräte an.

Von besonderem Interesse sind im Zusammenhang mit der uns bewegenden Frage die Funktionen der Puppe, die es bei fast allen Völkern dieser Entwicklungsstufe gibt. Interessantes Material zu dieser Frage enthalten die Arbeiten der sowjetischen Forscher des Hohen Nordens.

N. G. *Bogoras-Tan* beschreibt die Puppen der Tschuktschenmädchen folgendermaßen: „Die Puppen der Tschuktschen stellen Menschen dar, Männer und Frauen, meistens aber Kinder und vor allem Säuglinge. Ihre Größe ist fast genauso unterschiedlich wie bei den Kindern der Kulturvölker. Sie sind ziemlich wirklichkeitsähnlich aus Stoff genäht und mit Sägespänen gefüllt, die bei jedem Mißgeschick ausstreuen. Diese Puppen werden nicht nur als Spielzeug angesehen, sondern zuweilen auch als Beschützerinnen der Fruchtbarkeit der Frau. Wenn eine Frau heiratet, nimmt sie ihre Puppen in einem Beutel mit und verwahrt sie am Kopfende ihres Lagers, damit sie Einfluß darauf nehmen, daß sie schneller Kinder bekommt. Man darf die Puppen nicht verschenken, weil dadurch das Unterpfand für die Fruchtbarkeit der Familie fortgegeben würde. Wenn die Mutter Töchter zur Welt bringt, dann gibt sie ihnen ihre Puppen zum Spielen, achtet aber darauf, daß alle Töchter gleich viele Puppen erhalten. Ist nur eine Puppe vorhanden, dann bekommt die Älteste sie, und für die anderen Mädchen werden neue angefertigt. So gibt es Puppen, die mehrere Generationen lang von der Mutter auf die Tochter übergehen, nachdem sie jedesmal ausgebessert und verschönert wurden" (1934, S. 49).

Bogoras-Tan nennt also eine besondere Funktion der Puppe: die Funktion, das Geschlecht zu schützen. Die Puppe war ein Unterpfand dafür, daß das Mädchen fruchtbar werden und leicht gebären sollte. Das Herstellen von Puppen stellte infolgedessen etwas Besonderes dar. P. M. *Obertaller* schreibt darüber folgendes: „Der Herstellungsprozeß der Puppen hat seine Besonderheiten. Gewöhnlich besitzt in der Familie jede Frau, und von einem bestimmten Alter an auch jedes Mädchen, eine mit schönen Ornamenten verzierte Felltasche oder einen Kasten aus Birkenrinde, in dem sie verschiedene Flickchen, Lederstückchen und ähnliches mehr aufbewahrt. Das alles wird für die Herstellung von Puppen gebraucht. Puppen werden sehr gern genäht, insbesondere in der Sommerzeit, gewöhnlich in der zweiten Tageshälfte, wenn das Mädchen alle Hausarbeiten erledigt hat. Ist die Familie groß, dann setzen sich zu der nähenden Mutter auch die Töchter und beginnen Puppen zu nähen. Manchmal gesellen sich zu den Mädchen der einen Familie Töchter aus anderen Familien, und dann wird das Puppennähen zu einer Gemeinschaftsarbeit" (1935, S. 46). Nach den Angaben von *Obertaller* werden die Puppen vorwiegend von Mädchen, vom Vorschulalter bis zum Pubertätsalter, angefertigt.

Rejnson-Prawdin nennt außer der Funktion der Puppe, Beschützerin der Fruchtbarkeit zu sein, auch noch ihre Funktion als Arbeitsanleitung. Indem das Mädchen der Puppe Kleider näht, eignet es sich eine für die Frauen der Völker des Hohen Nordens äußerst wichtige Fertigkeit an. S. N. *Stebnizki* stellt fest, daß die Korjakenmädchen sehr früh zum Nähen angehalten werden. *Rejnson-Prawdin* schreibt darüber, „. . . Die Mädchen der Obvölker hatten eine sehr kurze Kindheit. Sie endete im Alter von 12 bis 13 Jahren, das heißt, in diesem Alter verheiratete man sie. In ihrer kurzen Kindheit mußten sie sich viele Fähigkeiten aneignen: aus Renfellen Betten, aus Tierfellen und Fischhäuten allerlei Bekleidungs- und Gebrauchsgegenstände herzustellen, Matten aus Gräsern zu flechten, aus Birkenrinde Hausgerät anzufertigen und in manchen Gebieten sogar zu weben" (1948, S. 281).

Natürlich begann der Unterricht in all diesen Fertigkeiten sehr früh, und man wandte dabei zwei Verfahren an. Das eine bestand darin, daß die Mädchen, wie viele Autoren schildern, ihren Müttern bei der Hausarbeit halfen – beim Zubereiten von Speisen, beim Großziehen der kleineren Geschwister, beim Sammeln und Zubereiten von Beeren, Nüssen und Wurzeln. Das andere Verfahren war die Versorgung der Puppenwirtschaft. Vor allem nähten sie den Puppen Kleidung (nach dem Reichtum und der Qualität der Puppenkleidung urteilte der zukünftige Mann, wie gut die zukünftige Frau und Mutter alle weiblichen Fähigkeiten beherrschte und ob sie für das Leben in der Ehe bereits geeignet ist) – das war die Schule, in der sich die Mädchen Nähfertigkeiten aneigneten. An den in Museen ausgestellten Puppen von Völkern des Hohen Nordens sieht man, welche Vollkommenheit die Mädchen im Anfertigen von Puppenkleidung und folglich in der Anfertigung von Kleidung und Schuhwerk überhaupt, im Führen der Nadel und im Gebrauch des Messers erreichten. Die Puppe, ständiges Pflegeobjekt der Mädchen, Beschützerin der Geschlechtsfunktionen der künftigen Frau, diente also von frühester Kindheit dazu, die Mädchen mit den Haushaltsarbeiten und dem Nähen vertraut zu machen.

Die Produktion hatte sich weiterentwickelt, die Arbeitswerkzeuge waren komplizierter geworden, und infolgedessen mußten die Kinder, bevor sie an der sehr wichtigen und verantwortungsvollen Arbeit der Erwachsenen teilnehmen konnten, sich den Umgang mit diesem Arbeitswerkzeug aneignen, es anzuwenden verstehen. Sie konnten also mit der Zeit erst in immer höherem Alter in die produktive gesellschaftliche Arbeit der Erwachsenen eingegliedert werden. Welches Alter sie erreicht haben mußten, um in die produktive Arbeit der Erwachsenen einbezogen zu werden, hing davon ab, wie kompliziert diese Arbeit war. *Bogoras-Tan* schreibt dazu: „Die am Meere wohnenden Tschuktschen ziehen die Jungen zu verschiedenen Arbeiten bedeutend später heran als die Renzüchter. Bei der Jagd auf dem Meer sind Kinder eher ein Hindernis als eine Hilfe. Der Jüngling nimmt erst, nachdem er das sechzehnte oder siebzehnte Lebensjahr erreicht hat, an einer richtigen Jagd auf Meerestiere teil. Bis zu diesem Alter kann er vom Ufer aus mit dem Gewehr Robben erlegen und beim Aufstellen von Robbennetzen auf dem Küsteneis helfen" (1934, S. 103).

Bei den Renzüchtern und anderen viehhaltenden Völkern erfolgt die Eingliederung der Kinder in die Arbeit des erwachsenen Tierzüchters etwas früher. G. *Starzew* stellt dazu fest: „. . . bereits Kinder von sechs bis sieben Jahren werden gelehrt, Rentiere zu lenken und mit Wurfschlingen zu fangen. Ein zehnjähriger Junge vermag eine ganze Herde von Rentieren zu hüten. Mit Schlingen oder Fangeisen fängt er Rebhühner und anderes Wild. 13- bis 15jährig, werden die Kinder zu richtigen Arbeitern" (1930, S. 98).

Das Messer, das Beil, Pfeil und Bogen, Wurfschlinge, Angelrute, Nadel, Schabeisen und ähnliches Werkzeug muß das Kind handhaben lernen, um an der Arbeit der Erwachsenen teilnehmen zu können. Die Kinder sind natürlich nicht in der Lage, selbständig herauszufinden, wie man mit diesem Werkzeug arbeitet, und die Erwachsenen zeigen es ihnen, vermitteln ihnen Handlungsverfahren, üben mit ihnen, kontrollieren und werten die Ergebnisse ihrer Übungen, geben ein Urteil ab, ob und wie sie die Handhabung des Werkzeugs beherrschen.

Es gibt hier keine Schule und kein Schulsystem, keine Organisation und kein Lehrprogramm. Die Erwachsenen stellen den Kindern die Aufgabe, sich den Umgang mit dem in Frage kommenden Werkzeug anzueignen. Die Kinder geben sich Mühe, es zu lernen, mit Pfeil und Bogen zu schießen, eine Wurfschlinge zu werfen, mit Messer und Beil, mit Hammer und Schabeisen und ähnlichem mehr richtig umzugehen, wie es die Väter, die Mütter und ältere Geschwister können. Es handelt sich hier natürlich nicht um einen systematischen Unterricht „in allen Fächern", sondern um einen Spezialunterricht, der den Bedürfnissen der Gesellschaft gerecht wird. Möglicherweise haben die Kinder in den Aneignungsprozeß der Tätigkeit mit dem Werkzeug der Erwachsenen einige Spielmomente hineingetragen – Vergnügen am Tätigkeitsprozeß, Freude an den eigenen Erfolgen und Leistungen usf., keinesfalls aber wurde ihre Tätigkeit, die der Aneignung von Handlungsverfahren mit Arbeitswerkzeug galt, zum Spiel und das verkleinerte Werkzeug zu Spielzeug, wie sich das *Rejnson-Prawdin* vorstellt.

Zum Unterschied von jenem Aneignungsprozeß des Umgangs mit Werkzeug, bei dem sich das Kind direkt an der produktiven Arbeit der Erwachsenen beteiligt, ist dieser Prozeß hier eine besondere Tätigkeit. Sie vollzieht sich unter anderen Bedingungen als die produktive Arbeit. Der kleine Nenze, zukünftiger Renzüchter, lernt nicht in der Renherde mit der Wurfschlinge umzugehen, nicht unmittelbar beim Hüten der Tiere. Der kleine Ewenke, zukünftiger Jäger, lernt nicht im Walde Pfeil und Bogen zu gebrauchen, nicht indem er unmittelbar an der Jagd der Erwachsenen teilnimmt. Die Kinder lernen, die Schlinge zu werfen oder mit dem Bogen zu schießen, indem sie sich zunächst ein unbewegliches Ziel vornehmen, dann gehen sie allmählich dazu über, sich an beweglichen Zielen zu üben, und erst dann beginnen sie, Vögel und kleine Tiere zu jagen beziehungsweise Hunde oder jüngere Renkälber mit der Wurfschlinge einzufangen. Nach und nach verändert sich das Werkzeug, aus dem verkleinerten, der Hand des Kindes angepaßten wird solches, wie es die Erwachsenen verwenden, und die Übungsbedingungen nähern sich immer mehr den Bedingungen der produktiven Arbeit. Die Kinder erlernen Gebrauchsverfahren des Arbeitswerkzeugs, eignen sich dabei die Fähigkeiten an, die sie benötigen, um an der Arbeit der Erwachsenen teilzunehmen, und werden allmählich in die produktive Arbeit der Erwachsenen eingegliedert.

Es ist anzunehmen, daß die Übungen mit verkleinertem Werkzeug einige Elemente der Spielsituation enthalten. Erstens ist die Übungssituation in gewissem Grade bedingt. Ein in der Tundra umherlaufendes Hündchen ist kein Ren, und schießt ein Junge auf ein unbewegliches Ziel, so ist das etwas anderes, als auf einen Vogel oder ein Tier zu schießen. Solche Bedingtheit wird allmählich abgelöst durch echte Jagd- oder Fangobjekte. Zweitens: Wenn das Kind Handlungen mit verkleinertem Arbeitswerkzeug vollzieht, so sind seine Handlungen jenen ähnlich, die der Erwachsene ausführt, und man kann folglich mit gutem Grund annehmen, daß es sich mit einem erwachsenen Jäger beziehungsweise Rentierzüchter, mit seinem Vater oder seinem älteren Bruder vergleicht und vielleicht auch identifiziert. Also können diese Übungen implizit Elemente des Rollenspiels enthalten.

In diesem Zusammenhang ist zu bemerken, daß jede gegenständliche Handlung des Kindes, die es sich nach von Erwachsenen gebotenem Muster aneignet, zwei Seiten hat. Die eine ist ihre operativ-technische – sie enthält die Orientierung an den Eigenschaften des Gegenstandes sowie an den Bedingungen des Handlungsvollzugs. Auf der anderen Seite ist sie ein gesellschaftlich erarbeitetes Handlungsvollzugsverfahren, dessen Träger der Erwachsene ist, und dadurch führt sie die Gleichsetzung von Kind und Erwachsenem herbei.

Die Forderung der Gesellschaft, daß sich die Kinder die Handhabung des in Frage kommenden Arbeitswerkzeugs und die damit eng verbundenen Fähigkeiten eines zukünftigen Jägers, Viehzüchters, Fischers oder Ackerbauern aneignen, zieht ein ganzes System von Übungen nach sich. Und eben auf dieser Grundlage können sich verschiedene Formen des Wettstreits entwickeln. Was den Inhalt solcher Wettkämpfe anbelangt, gibt es zwischen Erwachsenen und Kindern keinerlei prinzipielle Unterschiede. Auf die Gleichheit der Spiele von Erwachsenen und Kindern, insbesondere der Wettkämpfe und Sportspiele, weisen mehrere Autoren hin. Zum Beispiel schreibt N. N. *Charusin*: „Die Kinder spielen dieselben Spiele wie die Erwachsenen" (1890, S. 33). G. *Starzew* führt in seiner Beschreibung des Lebens der Samojeden folgende Beispiele an: „Das liebste Spiel ist der Wettlauf. Erwachsene Männer und Frauen stellen sich in einer Reihe auf und müssen eine Strecke laufen, die, bis zu dem vorher festgelegten Punkt, oft mehr als einen halben Kilometer beträgt. Wer als erster das Ziel erreicht, hat gewonnen und gilt als guter Läufer. Er ist das Hauptthema der Kindergespräche, und sie veranstalten selbst, die Erwachsenen nachahmend, ebensolche Wettläufe . . . Schießwettkämpfe sind ein weiteres Spiel. Auch daran nehmen Männer und Frauen teil. Ein guter Schütze genießt hohes Ansehen. Die Kinder ahmen die Erwachsenen nach, üben aber nur mit Pfeil und Bogen." *Starzew* berichtet von dem Renspiel, das weit verbreitet ist und an dem Erwachsene sowie Kinder teilnehmen. Dabei muß ein Spielteilnehmer die anderen mit einer Wurfschlinge fangen (vgl. 1930, S. 141 u. a. a. O.).
Auf die weite Verbreitung solcher Übungsspiele weist auch J. S. *Rubzowa* hin: „Das rauhe Land der Tschuktschen und die im Winter, auf dem Eise schwierige Jagd mit sehr primitiven Mitteln forderten den Eskimos außerordentliche Härte ab. Die ältere Generation achtete mit Strenge darauf, daß die Jugend ihre Kräfte entwickelt, sich im Laufen übt, ihre Geschicklichkeit und ihre Ausdauer ausbildet. Einige körperliche Übungen, die Kraft und Geschicklichkeit entwickeln, müssen bereits Kinder des Vorschulalters durchführen. Gewöhnlich zeigte der Vater oder der Erzieher (Ziehvater) den Jungen irgendein

Trainingsverfahren. Nachdem sie es sich angeeignet hatten, wurde ihnen das nächste gezeigt. Einige Trainingsverfahren galten auch für die Mädchen. An den langen Winterabenden übten die Kinder in den Unterkünften.

Um Schnelligkeit im Laufen zu entwickeln, veranstalten die Eskimos im Sommer, an Tagen, an denen sie nicht auf dem Meer arbeiten, Laufwettkämpfe (im Kreis). Daran nehmen Erwachsene und Kinder teil. Gewöhnlich jedoch üben die Kinder getrennt von den Erwachsenen. Im Winter wird nicht im Kreis gelaufen, sondern eine abgesteckte gerade Strecke. Sieger ist derjenige, der, nachdem alle aufgegeben haben, auf der Laufstrecke übrigbleibt.

Ich konnte beobachten, wie Kinder ihre Kräfte trainieren. Hier ein Fall: Eine Gruppe von Kindern versammelte sich im vorderen Teil der Jaranga (transportable runde Behausung – d. Übers.). Dort lag ein großer, schwerer Stein. Die Teilnehmer dieser Übung stellten sich in einer Reihe auf und begannen, einer nach dem anderen, diesen Stein von einer Wand zur anderen zu tragen. Jeder trug den Stein so lange hin und her, bis er nicht mehr konnte. Nachdem alle diese Übung absolviert hatten, trugen sie den Stein der Reihe nach um die Jaranga herum und danach in gerader Linie zu einem vorher festgelegten Punkt.

Da die Hauptbeschäftigung der Eskimos die Jagd ist, beginnen die Älteren sehr früh, die Kinder das Schießen mit dem Gewehr zu lehren. Es kommt nicht selten vor, daß achtjährige Jungen bereits sehr treffsicher schießen" (1954, S. 251). A. G. *Basanow* schreibt: „Wer im Hohen Norden weilte und das Leben der dort wohnenden Völker beobachtet hat, dem muß aufgefallen sein, wie groß das Interesse sowohl der Erwachsenen als auch der Kinder für verschiedene sportliche Übungen und Massenspiele ist." Im weiteren schildert er einen Feiertag, das „Fest des Rens": „An diesem Feiertag wetteifern die Jäger und die Renzüchter, Erwachsene und Kinder im Laufen, im Ringkampf, im Werfen der Schlinge, im Beilweitwurf, im Scheibenwurf auf ein Renhorn, im Werfen der Schlinge über ein Horn" (1934, S. 12).

Die Tatsache, daß aus der gesamten Arbeit einzelne Seiten

und Eigenschaften ausgesondert wurden (Stärke, Geschicklichkeit, Ausdauer, Genauigkeit usw.), die zum Erfolg nicht nur irgendeiner Tätigkeitsart beitragen, sondern einer ganzen Reihe von Produktionsprozessen dienen, war ein wichtiger Schritt nach vorn in der Erziehung der heranwachsenden Generationen. Es ist anzunehmen, daß auf dieser Grundlage besondere Übungen ermittelt wurden, die sich speziell für die Ausbildung solcher Eigenschaften eigneten.

Es gehört nicht zu unseren Aufgaben, die Entstehung der Sportspiele und Wettkämpfe einer historischen Betrachtung zu unterziehen, auch befassen wir uns nicht mit der Frage nach dem Zusammenhang zwischen dem Inhalt dieser Spiele und dem für das betreffende Volk charakteristische Handwerk. Wir wollen nur auf den Zusammenhang zwischen der Aneignung des Umgangs mit einigen Arbeitsgeräten und den Wettkämpfen hinweisen, in denen die Fähigkeiten im Anwenden dieser Geräte gezeigt werden. Man veranstaltet solche Wettkämpfe, um zu ermitteln, in welchem Grad das Arbeitswerkzeug beherrscht wird. Sie sind eine Art sich ständig wiederholender Prüfung, bei der die Gesellschaft die erzielten Erfolge im Handhaben irgendeines Arbeitswerkzeugs und den erreichten Stand der damit zusammenhängenden körperlichen und geistigen Fähigkeiten prüft und wertet.

Wie bereits festgestellt, werden die Kinder auf den frühen Stufen der gesellschaftlichen Entwicklung, infolge ihrer frühzeitigen Teilnahme an der Arbeit der Erwachsenen, schnell selbständig. Damit wird eine gesellschaftliche Forderung erfüllt.

Auf der nächsten Entwicklungsstufe entsteht, weil die Arbeitsmittel und die eng damit verbundenen Produktionsverhältnisse komplizierter geworden sind, eine besondere Tätigkeit, bei der die Kinder lernen, mit dem Arbeitswerkzeug der Erwachsenen umzugehen.

Im gesamten Entwicklungsverlauf der Urgesellschaft war es den Erwachsenen nicht möglich, viel Zeit speziell für die Erziehung und Bildung ihrer Kinder aufzubringen. Die Forderung, die Kinder möglichst früh selbständig werden zu lassen, bleibt eine Hauptforderung der Gesellschaft. Dazu schreibt

A. T. *Bryant*: „Die Mütter mußten schwerste Arbeiten verrichten und hatten keine Zeit, sich viel mit den Kindern abzugeben.

Mit vier Jahren und noch früher waren die Mädchen und Jungen, insbesondere letztere, sich selbst überlassen. Im Kraal und in seiner Umgebung tollten sie frei umher und sorgten selbst für sich" (1953, S. 127). Solche Hinweise auf frühzeitige Selbständigkeit der Kinder in Hinblick auf ihren Zeitvertreib und sogar auf die Versorgung mit Nahrung gibt es in ethnographischen Arbeiten sehr häufig.

Ausgerüstet mit Arbeitswerkzeug wie dem der Erwachsenen, nur in verkleinerter Ausführung, und sich selbst überlassen, verbringen die Kinder ihre gesamte Freizeit damit, sich im Gebrauch dieses Werkzeugs zu üben, bis sie es allmählich unter Bedingungen anwenden, die den Arbeitsbedingungen der Erwachsenen nahekommen.

Margret *Mead* erzählt, daß die von ihr beobachteten Kinder tagelang sich selbst überlassen blieben und in der Lage waren, sich selbst zu versorgen. Ganze Tage hindurch streifen sie in Gruppen an den Ufern der Lagunen umher, ältere und jüngere zusammen, führen Wettkämpfe im Werfen des Wurfspießes, im Bogenschießen, im Schwimmen, im Rudern durch, tragen Ringkämpfe aus. Die älteren Jungen begeben sich oft in das Schilfdickicht, um Fische zu fangen, und zeigen den kleineren, die sie begleiten, wie das gemacht wird (vgl. M. *Mead*, 1931, S. 77 f.).

N. *Miller* berichtet über seine Beobachtungen auf den Marquesasinseln: Kaum daß ein Kind in der Lage ist, ohne fremde Hilfe auszukommen, verläßt es seine Eltern und baut sich an einem nach eigenem Geschmack ausgesuchten Platz eine Hütte aus Zweigen und Blättern (vgl. 1928, S. 123 f.).

E. A. *Arkin* führt die Schilderung eines Forschers an, der am Ufer des Nigers oft sechs- bis achtjährige Kinder sah, die ihre Eltern verlassen hatten und selbständig lebten. Sie bauten sich eine Hütte, gingen auf Jagd, fingen Fische und führten sogar einige einfache Kulthandlungen aus (1935, S. 59).

O. M. *Koswen* schreibt, das zu dieser Frage vorliegende ethnographische Material verallgemeinernd: „In ungewöhnlich frühem Alter werden die Kinder, insbesondere die Knaben, weitestgehend selbständig. Bereits mit drei oder vier Jahren verbringen die Jungen ein Großteil ihrer Zeit mit Gleichaltrigen, beginnen auf ihre eigene Art zu jagen, stellen Vogelfallen, können bereits rudern usw. Mit sechs bis acht Jahren leben sie fast völlig selbständig, oft in einer eigenen Hütte. Sie jagen nun auf kompliziertere Art und Weise, betreiben Fischfang und anderes mehr. Bei der Jagd zeigen die Kinder eine unwahrscheinliche Ausdauer und sind sehr erfinderisch. Hier zwei Beispiele, wie kleine Jungen des Kongogebiets jagen. Sie liegen mit seitwärts ausgestreckten Armen auf dem Rücken und haben auf den Handflächen einige Körner. So verharren sie stundenlang, bis ein Vogel geflogen kommt und die Körner zu picken beginnt. Kaum hat er sich niedergelassen, faßt das Kind zu. Oder: An den Zweig eines Baumes, auf dem sich gern Affen tummeln, wird eine Schnur gebunden. Das andere Ende dieser Schnur hält ein am Fuße des Baumes verborgener Junge fest. Er paßt den Augenblick ab, in dem ein Affe dabei ist, auf diesen Zweig zu springen, und reißt ihn nach unten. Der Affe fällt der Länge nach auf die Erde und wird von den kleinen Jägern gefangen" (1953, S. 139).

Die Forderung nach Selbständigkeit der Kinder wird in der Gesellschaft dieser Entwicklungsstufe nicht durch deren Teilnahme an der produktiven Arbeit der Erwachsenen realisiert, sondern indem die Kinder selbständig leben. Zwar leben sie getrennt von den Erwachsenen, aber seinem Inhalt nach ist ihr Leben mit dem der Erwachsenen identisch. Es besteht anfangs darin, mit verkleinertem Werkzeug selbständig zu üben. Nach und nach wird das Werkzeug dann unter Bedingungen angewandt, die sich weitestgehend denen annähern, unter denen es die Erwachsenen benutzen.

Fast alle Autoren verweisen darauf, daß ein solches selbständiges Leben hauptsächlich bei den Jungen verbreitet ist. Das spricht indirekt dafür, daß es sich hierbei augenscheinlich um zum Patriarchat übergehende Gesellschaften handelt, wo die gesamte Hausarbeit der Frau überlassen bleibt. Die Mädchen helfen den Müttern und erlernen dabei alle weiblichen Arbeiten. Die Selbständigkeit der Mädchen wird hier also durch unmittelbare Teilnahme an der Arbeit der Mütter entwickelt, die, was die verwendeten Geräte anbelangt, primitiver und folglich leichter zu erlernen war. Die Jungen dagegen konnten nicht unmittelbar an der Arbeit der Väter teilnehmen, und deshalb mußten sie Selbständigkeit in erster Linie dadurch erreichen, daß sie sich darin übten, mit dem von ihren Vätern angewandten Werkzeug umzugehen.

In dieser Periode bestand das selbständige Leben der Kinder darin, sich selbständig die Handhabung der Arbeitsmittel anzueignen. Die Erwachsenen fertigten für ihre Kinder verkleinertes Arbeitswerkzeug an und zeigten ihnen, wie sie damit umgehen müssen. Die Kinder übten selbständig und erlernten bis zur Vollkommenheit die Handhabung der Geräte. Es ist anzunehmen, daß gerade in dieser Periode der gesellschaftlichen Entwicklung die Initiation entsteht, die bei vielen Völkern relativ niedriger Entwicklungsstufen bis heute üblich ist, die als erste Schule und Prüfung der Selbständigkeit gilt, bei der die Jugend beweisen muß, daß sie gelernt hat, das Arbeitsgerät zu gebrauchen, und in die Gesellschaft der Erwachsenen aufgenommen wird.

Die Tatsachen, die wir bereits nannten, um den Gedanken zu begründen, daß es bei den Kindern der Gesellschaften früher Entwicklungsstufen keine Rollenspiele gibt, gelten auch für diese Periode. Auch hier begegnet man nicht oder nur sehr selten dem Rollenspiel in seiner entfalteten Form. Es besteht keine gesellschaftliche Notwendigkeit dazu. Die Kinder treten entweder unter Anleitung der Erwachsenen oder selbständig ins Leben. Wenn die Übungen im Gebrauch des Arbeitsgeräts der Erwachsenen Spielcharakter annehmen, dann handelt es sich dabei um Sportspiele oder Wettkämpfe, nicht aber um Rollenspiele. Unter den gegebenen Umständen hat es noch keinen Sinn, die Tätigkeit der Erwachsenen in speziell dafür geschaffenen Spielsituationen nachzugestalten, weil das Werkzeug der Kinder mit dem Werkzeug der Erwachsenen identisch ist und sich die Bedingungen ihrer Anwendung allmählich ihrer Anwendung unter realen Arbeitsbedingungen annähern. Obwohl die Kinder nicht gemeinsam mit den Erwachsenen arbeiten, führen sie die gleiche Lebensweise wie sie, nur unter etwas leichteren, aber völlig realen Bedingungen.

Auf dieser Entwicklungsetappe der Gesellschaft begegnet man, wenn auch nur sehr selten, auch eigentlichen Rollenspielen. Zum Beispiel erzählt N. N. *Charusin* in seiner Beschreibung des Lebens der Samen, daß die Kinder die gleichen Spiele wie die Erwachsenen spielen. Außerdem habe er bei ihnen noch zwei Spiele beobachtet, zwei Nachahmungsspiele. Eines davon ist die Nachahmung einer Hochzeit: Ein Junge faßt ein Mädchen bei der Hand und schreitet mit ihr um einen Tisch oder irgendeinen Baumstumpf (wenn im Freien gespielt wird). Die übrigen stehen dabei, und diejenigen, die singen können, singen bestimmte, bei Vermählungen übliche Worte. Dann setzen sie dem Brautpaar eine Art Brautkrone aus kreuzweis zusammengefügten Stöckchen auf den Kopf. Nachdem die Kinder dreimal um den Tisch geschritten sind, werden die Stöckchen vom Kopf genommen, und die Braut wird mit einem Tuch verschleiert. Der Junge führt das Mädchen in irgendeine Ecke und küßt es. Dann werden sie zu Tisch geführt und erhalten einen Ehrenplatz; die Jungvermählte sitzt immer noch verschleiert mit gesenktem Kopf da. Ihr junger Ehemann legt einen Arm um sie. Nachdem sie eine Weile am Tisch gesessen haben, wird entweder ein anderes Paar verheiratet, oder die Jungvermählten legen sich gemeinsam hin, um zu schlafen. Dieses Spiel spielen fünf- bis sechsjährige Kinder, insbesondere wenn eine Hochzeit bevorsteht. Sie spielen es immer versteckt vor den Eltern, denn das ist ein verbotenes Spiel (vgl. 1890, S. 339).

Auch Margret *Mead* erwähnt in dem bereits genannten Werk einige Spiele, die man als Rollenspiele ansehen kann.

Zum Beispiel bauen sechsjährige Kinder manchmal kleine Häuschen aus Stöckchen und tun in ihrem Spiel so, als würden sie im Hause wirtschaften. Sehr selten nur versammeln sie sich zu Spielen, in denen sie Paare bestimmen, Häuser bauen, eine Braut loskaufen und sich, die Eltern nachahmend, Wange an Wange niederlegen. Die Autorin weist darauf hin, daß die kleinen Mädchen keine Puppen haben und nicht gewohnt sind, „Mutter und Säugling" zu spielen. Als man den Kindern Holzpüppchen anbot, wurden sie nur von den Jungen angenommen. Sie begannen mit diesen Püppchen zu spielen – sie zu wiegen, ihnen Schlaflieder vorzusingen, gleich ihren Vätern, die sehr zärtlich sind zu ihren Kindern.[13] Margret *Mead* betont mehrmals, daß man solchen Spielen äußerst selten begegnet und auch sie so etwas nur ganz vereinzelt beobachten konnte.

Unter den beschriebenen Spielen gibt es keine, die das Arbeitsleben der Erwachsenen darstellen. Es handelt sich vor allem um Spiele, in denen die Kinder jene Seiten des Alltags und der Beziehungen zwischen den Erwachsenen nachgestalten, die ihnen nicht unmittelbar zugänglich sind.

Es ist anzunehmen, daß die auf dieser Entwicklungsstufe entstehenden Rollenspiele eine besondere Methode der Kinder darstellen, in den der unmittelbaren Beteiligung verschlossenen Bereich des Lebens und der Beziehungen zwischen den Erwachsenen vorzudringen.

In den späteren Stadien der Urgesellschaft entwickelten sich die Produktivkräfte weiter, wurden die Arbeitswerkzeuge komplizierter, und das zog eine weitere Arbeitsteilung nach sich. Die komplizierter gewordenen Arbeitsgeräte und die infolgedessen komplizierter gewordenen Produktionsverhältnisse mußten sich auf die Stellung der Kinder in der Gesellschaft auswirken. Sie wurden gleichsam aus den komplizierten und verantwortungsvollsten Tätigkeitsgebieten der Erwachsenen verdrängt. Der Kreis der Arbeiten, an denen sie zusammen mit den Erwachsenen teilnehmen konnten, wurde immer enger.

Außerdem konnten sich die Kinder den Umgang mit den komplizierteren Arbeitsgeräten nicht mehr aneignen, indem sie mit solchen Geräten in verkleinerter Form übten. Durch die Verkleinerung verlor das Gerät seine Hauptfunktionen, es blieb

---

[13] Das in unserer Gesellschaft vor allem unter den Mädchen verbreitete Puppenspiel wird immer als Beispiel für das Zutagetreten des Mutterinstinktes im Spiel angeführt. Die eben geschilderten Tatsachen widerlegen diese Auffassung und zeigen, daß dieses klassische Spiel der Mädchen durchaus nicht ein Zutagetreten des Mutterinstinkts ist, sondern die in der jeweiligen Gesellschaft herrschenden Beziehungen zum Ausdruck bringt, insbesondere die gesellschaftliche Arbeitsteilung im Hinblick auf die Versorgung der Kinder.

nur die äußere Ähnlichkeit mit dem Arbeitsgerät erhalten, das die Erwachsenen benutzten. Während zum Beispiel der kleinere Bogen seine Hauptfunktionen nicht verloren hatte – man konnte mit ihm einen Pfeil abschießen und etwas treffen –, war das verkleinerte Gewehr nur eine Nachbildung des richtigen Gewehrs – man konnte mit ihm nicht schießen, sondern das Schießen nur imitieren.[14] Bei der Bodenbearbeitung mit der Hacke blieb die Hacke des Kindes eine Hacke, mit der das Kind ein kleines Stück Boden bearbeiten konnte. Sie ähnelte nicht nur der Form nach der Hacke des Vaters oder der Mutter, sondern hatte auch dieselbe Funktion. Nachdem man den Boden mit dem Pflug zu bearbeiten begann, verlor der kleine Pflug, mochte er auch noch so detailgetreu dem großen nachgestaltet sein, die Hauptfunktionen des Pfluges: Man konnte vor ihn keinen Büffel spannen, um mit ihm zu pflügen.

Möglicherweise entsteht gerade in diesem Stadium der gesellschaftlichen Entwicklung das Spielzeug im eigentlichen Sinne des Wortes, als Gegenstand, der nur eine Imitation von Arbeitswerkzeug und anderen Gebrauchsgegenständen der Erwachsenen darstellt.

In der ethnographischen Literatur gibt es sehr viele Hinweise auf den Charakter der Rollenspiele in dieser Periode. Wir führen nur einige davon an, und zwar aus dem bereits erwähnten Werk von N. *Miller* (1928).

Die Kinder Westafrikas, schreibt *Miller*, gestalten Süßkartoffelfelder nach. Sie graben in den Sand Löcher und tun so, als würden sie Süßkartoffeln hineinpflanzen. In Südafrika bauen die Kinder Hütten, in denen sie sich den ganzen Tag über aufhalten. Die Mädchen legen kleine, poröse Steinchen zwischen zwei große, harte Steine und reiben diese aneinander, als würden sie Mehl mahlen. Die Jungen spielen, bewaffnet mit kleinen Bogen und Pfeilen, Krieg, sie schleichen sich heran und überfallen einander.

Die Kinder eines anderen Volkes bauen ein ganzes Dorf mit 40 bis 50 cm hohen Häuschen, entzünden davor ein Feuer und

---

[14] Die Feuerwaffe gelangte manchmal, im Verlaufe der Kolonisierung oder durch Umgang mit Europäern, in Gesellschaften, die sich noch auf dem Niveau der Urgesellschaft befanden.

braten darauf Fische, die sie vorher gefangen haben. Plötzlich sagt ein Kind: „Es ist jetzt Nacht!" und alle legen sich sofort schlafen. Dann ahmt einer einen Hahnenschrei nach, alle erwachen, und das Spiel wird fortgesetzt.

Bei den Völkern Neuguineas bauen die Mädchen aus welkem Laub Unterkünfte für Gebärende. Daneben bauen sie einen Herd und fertigen kleine Töpfe aus Lehm an. Ein Steinchen ist der Säugling. Er wird am Meeresufer gebadet, dann über das Feuer zum Trocknen gehalten und schließlich der Mutter an die Brust gelegt, wo er einschläft.

Bei den angeführten Beispielen handelt es sich offensichtlich um Rollenspiele, in denen die Kinder nicht nur ihre Kräfte übersteigende Arbeiten der Erwachsenen nachgestalten, sondern auch Bereiche des Alltags, zu denen sie keinen unmittelbaren Zugang haben.

— — — — —

Es läßt sich nicht genau bestimmen, wann das Rollenspiel entstanden ist. Der Entstehungszeitpunkt wird bei den einzelnen Völkern unterschiedlich sein, abhängig von ihren Existenzbedingungen und den Übergangsformen der Gesellschaft von niederen zu höheren Entwicklungsstufen.

Wir wollen folgendes festhalten: Auf den frühen Entwicklungsstufen der menschlichen Gesellschaft, als die Produktivkräfte ein sehr niedriges Niveau hatten und die Gesellschaft nicht in der Lage war, ihre Kinder zu ernähren, diese aber, infolge der Primitivität des Arbeitswerkzeugs, ohne jegliche Vorbereitung in den Arbeitsprozeß einbezogen werden konnten, gab es keine speziellen Übungen im Anwenden des Arbeitswerkzeugs und erst recht kein Rollenspiel. Die Kinder traten in das Leben der Erwachsenen und lernten, indem sie unmittelbar an deren Arbeit teilnahmen, mit Arbeitswerkzeug umzugehen und die erforderlichen Beziehungen einzugehen. Auf einer höheren Entwicklungsstufe der Gesellschaft konnten die Kinder in wichtigere Arbeitsbereiche nur dann einbezogen werden, wenn sie sich darauf vorbereitet hatten, indem sie lernten, mit einfachem Arbeitswerkzeug umzugehen. Das zu lernen begannen sie bereits in sehr frühem Alter, und zwar mit Hilfe verkleinerter Nachbildungen des Werkzeugs.

Es entwickelten sich spezielle Übungen mit solchem verkleinerten Werkzeug. Die Erwachsenen zeigten den Kindern Handlungsmuster mit diesen Geräten und verfolgten, wie sich die Kinder diese Handlungen aneigneten. Sowohl die Kinder als auch die Eltern nahmen diese Übungen sehr ernst, denn sie wußten um den unmittelbaren Zusammenhang dieser Übungen mit der wirklichen Tätigkeit. Nachdem sich die Kinder eine gewisse Zeit im Umgang mit dem Werkzeug geübt hatten – die Dauer des Übens hing vom Kompliziertheitsgrad der jeweiligen Arbeit ab –, wurden sie in die produktive Arbeit der Erwachsenen einbezogen. Diese Übungen können nur sehr bedingt als Spiele bezeichnet werden.

Die Produktion entwickelte sich weiter, das Arbeitswerkzeug wurde noch komplizierter, es entstand das Handwerk, und demzufolge wurden auch die Formen der Arbeitsteilung komplizierter. Aufgrund der neuen Produktionsverhältnisse wird es noch schwieriger, die Kinder in die produktive Arbeit einzubeziehen. Die Übungen mit verkleinertem Arbeitswerkzeug verlieren ihren Sinn, und das Erlernen des Umgangs mit dem wiederum komplizierter gewordenen Werkzeug wird auf höhere Altersstufen verlagert.

Auf dieser Entwicklungsstufe verändert sich der Charakter der Erziehung und Entwicklung des Kindes zum Mitglied der Gesellschaft gleich in zweierlei Hinsicht. Erstens werden einige allgemeine Fähigkeiten herausgesondert, die bei der Handhabung jedes beliebigen Werkzeugs vonnöten sind (z. B. Koordination zwischen Sehen und Bewegung, feine und exakte Bewegungen, Geschicklichkeit überhaupt). Die Gesellschaft stellt spezielle Gegenstände her, die geeignet sind, solche Eigenschaften zu entwickeln. Entweder handelt es sich dabei um vereinfachte, ihrer ursprünglichen Funktion nicht gerecht werdende, verkleinerte Arbeitswerkzeuge, die auf der vorausgegangenen Entwicklungsstufe dem unmittelbaren Training dienten, oder um andere Gegenstände, die von den Erwachsenen speziell für die Kinder angefertigt werden. Mit solchen Gegenständen, die bereits als Spielzeug bezeichnet werden können, wird in noch früherem Alter geübt. Natürlich zeigen die Erwachsenen den Kindern Handlungsverfahren mit diesem Spielzeug.

Die zweite Veränderung besteht darin, daß symbolisches Spielzeug in Erscheinung tritt. Mit seiner Hilfe reproduzieren die Kinder Bereiche des Lebens und der Produktion, zu denen sie noch keinen Zugang haben, zu denen sie sich aber hingezogen fühlen.

All das läßt eine für die Theorie des Rollenspiels wichtige Hypothese zu: Das Rollenspiel entsteht im Laufe der Geschichte der Gesellschaft aufgrund der veränderten Stellung der Kinder im System der sozialen Beziehungen. Es ist folglich seinem Ursprung und seinem Wesen nach sozial. Seine Entstehung beruht nicht auf irgendwelchen inneren, angeborenen instinktiven Kräften, sondern ist auf ganz bestimmte soziale Lebensbedingungen des Kindes in der Gesellschaft zurückzuführen.

Zusammen mit dem Rollenspiel entsteht auch eine neue Periode in der Entwicklung des Kindes, die man mit Recht als Periode der Rollenspiele bezeichnen kann und die in der heutigen Kinderpsychologie und Pädagogik die Bezeichnung Entwicklungsstufe des Vorschulalters trägt.

Wir nannten bereits Fakten, die überzeugend dafür sprechen, daß mit dem Komplizierterwerden des Arbeitswerkzeugs die Kinder erst später in die produktive Arbeit einbezogen werden konnten. Die Kindheit wurde länger. Diese Verlängerung bedeutet jedoch nicht, daß eine neue Entwicklungsperiode sich an die bereits vorliegenden anschließt, sondern die neue Entwicklungsperiode schiebt sich gleich einem Keil zwischen die anderen und schiebt so die Zeit hinaus, in der sich das Kind den Umgang mit dem Produktionswerkzeug aneignet.

Das Kind kann nun nicht mehr im Gebrauch des Arbeitswerkzeugs unterwiesen werden, weil es zu kompliziert geworden ist. Außerdem bietet die weitere Arbeitsteilung die Möglichkeit, die zukünftige Tätigkeit zu wählen. Sie wird nicht mehr eindeutig durch die Tätigkeit der Eltern bestimmt. Nun gibt es die spezifische Periode, in der die Kinder sich selbst überlassen bleiben. Es entstehen Kindergemeinschaften, in denen die Kinder zwar frei von Nahrungssorgen, dennoch aber eng verbunden mit dem Leben der Gesellschaft sind. In diesen Kindergemeinschaften eben entwickelt sich das Spiel.

Beim Analysieren des Entstehungsprozesses des Rollenspiels gelangten wir zu einem zentralen Problem der heutigen Kinderpsychologie – zur Frage nach dem historischen Entwicklungsweg der Kindheitsperioden und dem Inhalt der psychischen Entwicklung in jeder dieser Perioden. Dieses Problem überschreitet weit die Grenzen des vorliegenden Buches. Wir können nur ganz allgemein die Hypothese äußern, daß die Entwicklungsperioden des Kindes offenbar ihre Geschichte haben; seine die einzelnen Zeitabschnitte der Kindheit kennzeichnenden psychischen Prozesse und Eigenschaften sind historisch entstanden und haben sich im Laufe der Geschichte geändert.[15]

Zum Rollenspiel gehört, wie bereits festgestellt, eine spezifische Spieltechnik: Ein Gegenstand wird durch einen anderen ersetzt, und mit dem Ersatzgegenstand werden bedingte Handlungen vollzogen. Wir wissen nicht genau, wie sich die Kinder diese Technik auf jenen Entwicklungsstufen der Gesellschaft angeeignet haben, als das Spiel entstand und zu einer besonderen Lebensform des Kindes wurde.

Ganz bestimmt ist diese spezifische Spieltechnik nicht eine schöpferische Erfindung des Kindes selbst. Eher wird es diese Technik der dramatischen Kunst der Erwachsenen entlehnt haben, die auf jener gesellschaftlichen Entwicklungsstufe ein ziemlich hohes Niveau erreicht hatte. Es gab in jener Gesellschaft die dramatisierten Ritualtänze, in denen eine Handlung nachgestaltet wurde, und die Kinder nahmen an diesen Tänzen entweder unmittelbar teil oder waren dabei Zuschauer. Deshalb kann man mit gutem Grund annehmen, daß ihre Spieltechnik auf die Urformen der dramatischen Kunst zurückzuführen ist.

In der ethnographischen Literatur gibt es Hinweise darauf, daß solche Spiele von den Erwachsenen angeleitet wurden. Allerdings beziehen sich diese Hinweise nur auf Kriegsspiele,

---

[15] Mit Problemen der Altersperiodisierung haben wir uns in einer speziellen Arbeit auseinandergesetzt (vgl. „Woprossy psichologii", 4/1971).

aber wahrscheinlich boten die Erwachsenen den Kindern Muster auch anderer Formen der kollektiven Tätigkeit.

Unsere Hypothese von der historischen Entstehung des Rollenspiels und von der Aneignung dieser Spielform hat grundlegende Bedeutung im Zusammenhang mit der Kritik an den biologistischen Konzeptionen des Kinderspiels. Die angeführten Tatsachen weisen deutlich auf den sozialen Ursprung des Spiels.

Außerdem hat diese Hypothese für uns heuristische Bedeutung. Sie zeigt die Richtung, in der die Quellen des Rollenspiels im Verlaufe der individuellen Entwicklung des Kindes von heute zu suchen sind.

3. Theorien des Spiels

3.1. Allgemeine Theorien des Spiels: K. Groos und F. J. J. Buytendijk

Für das Spiel der Tiere und des Menschen interessierten sich seit eh und je Philosophen, Pädagogen und Psychologen, zum Gegenstand spezieller psychologischer Untersuchungen machte es jedoch erst Ende des 19. Jahrhunderts Karl *Groos*. Vor *Groos* hatte der italienische Wissenschaftler G. A. *Colozza* den Versuch unternommen, die Literatur über die Spiele der Kinder zu systematisieren. Er bemühte sich, in seinem Buch „Psychologie und Pädagogik des Kinderspiels" (1900) die psychologische und pädagogische Bedeutung des Spiels herauszuarbeiten. Deshalb schließt der psychologische Teil des Buches mit einer Klassifikation der Spiele nach den psychischen Prozessen, die in den jeweiligen Spielen am deutlichsten zutage treten und die nach Meinung des Autors in diesen Spielen geübt werden.

Colozza entwickelt Gedanken, die, wie A. *Grombach* in seinem Vorwort zur russischen Ausgabe des Buches sehr richtig feststellt, die zukünftige Theorie von *Groos* vorwegnehmen. Wir zitieren *Colozza*: „Bei den höheren Tieren einschließlich des Menschen ist in der ersten Zeit der Kampf ums Dasein nicht besonders schwer und heftig. Die Neugeborenen finden bei der Mutter oder, wie es meistens der Fall ist, bei Vater und Mutter Hilfe, Verteidigung und Schutz. Ihr Leben wird zum großen Teil durch die Arbeit und Thätigkeit der Erzeuger erhalten, die sie das Licht der Welt erblicken ließen; ihre Kraft, die nicht zur Erwerbung ihres Unterhalts verwandt zu werden braucht, wird in einer freien Weise verausgabt, die man nicht Arbeit nennen kann.

Im Menschenleben, besonders in der zivilisierten Gesellschaft, ist das in erhöhtem Maße der Fall. Die Familie steht auf der höchsten Entwicklungsstufe. Die Eltern sind genötigt, einen großen Teil ihrer Bemühungen auf das Versorgen mit Nahrung zu verwenden, und die Kinder bedürfen etlicher Jahre, nicht um von selbst leben zu können, aber um zur Arbeit angeleitet zu werden, die anfangs nicht eine solche ist, daß sie den vollständigen Verbrauch der Kraft verlangte. Auch wenn das Kind zu arbeiten anfängt, wird sein Leben zum großen Teil von den Seinigen unterhalten. Es bleibt ihm daher immer noch ein Rest von Kraft, den es im Spiel verbraucht oder mittels dessen es sich, wie Herbert *Spencer* in seiner ‚Soziologie‘ sagt, jener angenehmen Thätigkeit müßiger Fähigkeiten hingiebt, die man Spiel nennt" (1900, S. 50).

An einer anderen Stelle beschreibt *Colozza* das Spiel junger Hauskatzen: „Sie haben sehr bald ein Interesse für alles, was rollt, läuft, kriecht und fliegt. Hierin liegt das Vorspiel zu der künftigen Jagd auf Mäuse und Vögel" (ebenda, S. 47). Und eben dieser Gedanke, daß das Spiel die künftige, ernsthafte Tätigkeit vorbereitet, den vor *Colozza* auch H. *Spencer* geäußert hatte, liegt der Theorie des Spiels von *Groos* zugrunde.

Groos' Theorie des Spiels ist ziemlich bekannt. Im ersten Viertel des 20. Jahrhunderts hatte sie weite Verbreitung gefunden. Ganz allgemein bezeichnet *Groos* seine Theorie als

Einübungs- beziehungsweise als Selbstausbildungstheorie. Die Hauptgedanken der Einübungstheorie faßt *Groos* sinngemäß in folgenden Leitsätzen zusammen:

1. Jedes Lebewesen verfügt über ererbte Dispositionen, die seinem Verhalten Zweckmäßigkeit verleihen; bei den höchsten Tieren gehört zu den angeborenen Eigenschaften organischer Natur auch der Betätigungsdrang, der sich mit besonderer Kraft in der Wachstumsperiode äußert.

2. Für die höheren Lebewesen, insbesondere für den Menschen, reichen die angeborenen Reaktionen, so notwendig sie auch immer sein mögen, nicht aus, um den komplizierten Lebensaufgaben gerecht zu werden.

3. Im Leben jedes höheren Lebewesens gibt es die Jugendzeit, das heißt eine Wachstums- und Entwicklungsperiode, in der es nicht in der Lage ist, sein Dasein selbständig zu fristen. Sie ist ihm durch die Elternpflege ermöglicht, die selbst auf instinktiver Grundlage beruht.

4. Diese Jugendperiode ist eine Lehrzeit, eine Periode der Ausbildung, des eigenen Erwerbs von Fertigkeiten und Kenntnissen, die im Leben benötigt werden, aber sich nicht unmittelbar aus den angeborenen Reaktionen entwickeln. Der Mensch hat eine besonders lange Jugendzeit, denn je höhere Meisterschaft die Arbeit verlangt, desto längerer Vorbereitung darauf bedarf es.

5. Die durch die Jugendperiode ermöglichte Anpassung erfolgt auf verschiedene Art. Ein besonders wichtiger und gleichzeitig der natürlichste Weg besteht darin, daß die ererbten Reaktionen in Verbindung mit dem impulsiven Beschäftigungsbedürfnis von sich aus danach drängen, zur Geltung zu gelangen, und auf diese Weise selbst Neuerwerbungen veranlassen, so daß auf der angeborenen Grundlage erworbene Fertigkeiten entstehen und insbesondere neue Gewohnheitsreaktionen.

6. Diese Art der Anpassung wird durch den ebenfalls angeborenen Nachahmungstrieb in engste Verbindung mit den Gewohnheiten und Fähigkeiten der älteren Generation gebracht.

7. Dort, wo das sich entwickelnde Individuum in der genannten Weise aus eigenem innerem Antrieb, ohne jedes äußere Ziel seine Neigungen offenbart, festigt und entwickelt, dort

haben wir es mit den elementarsten Erscheinungsformen des Spiels zu tun.

Seine Betrachtungen über die Bedeutung des Spiels zusammenfassend, schreibt *Groos*: Ist die Vorbereitung auf die künftigen Lebensaufgaben das Hauptziel unserer Jugendzeit, so steht das Spiel in diesem Zweckzusammenhang an hervorragender Stelle. Wir können also, in etwas paradoxer Weise, sagen, wir spielen nicht deshalb, weil wir Kinder sind, sondern brauchen die Jugendzeit, um spielen zu können.

Die Theorie von Karl *Groos* erfuhr zwar viele verschiedene Korrekturen und Ergänzungen, insgesamt jedoch wurde sie von E. *Claparède* (in seinen frühen Arbeiten), R. *Gaupp*, W. *Stern*, K. *Bühler* und, unter den russischen Psychologen, von W. P. *Wachterow*, N. D. *Winogradow* und anderen anerkannt.

Es gab kaum einen mit dem Spiel befaßten Autor, der sich nicht bemüht hätte, die Theorie von *Groos* in manchem zu korrigieren beziehungsweise zu ergänzen. Die Geschichte der Arbeit an einer allgemeinen Theorie des Spiels war bis zum Erscheinen des Buches von F. J. J. *Buytendijk* (1933), wenn man die Theorie von Sigmund *Freud* außer acht läßt, die Geschichte von Korrekturen, Ergänzungen und einzelnen kritischen Bemerkungen zur Theorie von Karl *Groos*, geäußert im Zusammenhang mit allgemeinen Ansichten über die psychische Entwicklung des Kindes.

Verweilen wir ein wenig bei den kritischen Bemerkungen zur Theorie des Spiels von Karl *Groos*.

E. *Claparède* (1934) schrieb in einem Artikel über das Buch von *Buytendijk* sinngemäß: Anfang des 20. Jahrhunderts waren die Psychologen der Meinung, sie hätten nun von Karl *Groos* einen Schlüssel zu dem Rätsel Spiel erhalten, dabei hat er dafür gesorgt, daß sie sich des Rätsels überhaupt bewußt werden. Das Problem Spiel stellte sich von da an noch komplizierter dar als zuvor.

Dieser Einschätzung der Bedeutung der Arbeiten von Karl *Groos* über das Spiel kann man nur zustimmen. Selbstverständlich hat *Groos* das Rätsel Spiel nicht gelöst. Bis heute liegt keine vollständige Lösung dieses Rätsels vor. Das sehr große Verdienst *Groos'* besteht jedoch darin, daß er das Problem

Spiel aufgriff und es mit seiner Einübungstheorie in jene Tätigkeiten einreihte, die für die gesamte Entwicklung in der Kindheit wesentliche Bedeutung haben. Welche Haltung wir auch immer zu *Groos'* Theorie einnehmen mögen, wie anfechtbar sie uns heute auch erscheinen mag, so hebt sie doch die große Bedeutung des Spiels für die psychische Entwicklung hervor. Diesen Gedanken müssen wir festhalten und durch wesentliche neue Ideen bereichern. Im Grunde schuf *Groos* nicht eine Theorie des Spiels als einer für die Kindheit typischen Tätigkeit, sondern zeigte lediglich, daß diese Tätigkeit eine bestimmte, biologisch bedeutsame Funktion hat. Die Theorie von Karl *Groos* handelt von der Bedeutung des Spiels, sagt aber nichts aus über sein eigentliches Wesen.

W. W. *Senkowski* schrieb im Vorwort zur russischen Ausgabe des Buches „Das Seelenleben des Kindes" von Karl *Groos*: „So gedankentief und schätzenswert die von Groos entwickelte biologische Konzeption der Kinderspiele ist, so schwach und teilweise oberflächlich ist, wie man zugeben muß, ihre psychologische Analyse. Und in der Tat kann die Behauptung von der zentralen Bedeutung der Spiele im Leben des Kindes nur dann aufrechterhalten werden, wenn nachgewiesen wird, daß die gesamte geistige Entwicklung des Kindes vom Spiel abhängt. Die biologische Theorie des Spiels kann sich nur behaupten, wenn es gelingt, den psychologischen Zusammenhang zwischen dem Spiel und allen psychischen Prozessen aufzudecken, die in der Seele des Kindes vor sich gehen, wenn es gelingt, die Psychologie des Spiels zum Ausgangspunkt einer Erklärung der Psyche des Kindes zu machen. *Groos* ist das nicht gelungen, ja es entsteht beim Lesen seines Buches sogar der Eindruck, daß er die ganze Kompliziertheit der hier auftauchenden Probleme nicht einmal erahnt" (1916, S. VI). „Groos läßt mehrere wertvolle Bemerkungen zur Psychologie des Spiels fallen, stellt es aber nicht in den Mittelpunkt der psychischen Entwicklung, wie das seine Theorie verlangt" (ebenda).

Groos konstatiert einfach, daß das Spiel den Charakter der Vorübung hat, und darin sieht er seine biologische Bedeutung. Als Beweis für diese seine Hauptthese schildert er die Ähnlichkeiten zwischen dem Spielverhalten von Jungtieren und den entsprechenden Tätigkeiten ausgewachsener Tiere im Ernstfall. Sieht *Groos* ein Katzenjunges mit einem Knäuel spielen, so zählt er dieses Spiel, weil die Bewegungen des Kätzchens dabei an die Bewegungen einer ausgewachsenen Katze beim Mäusefang erinnern, zu den „Jagdspielen" und hält sie für Vorübungen. Er stellt sich nicht die Frage, um was für eine Verhaltensform es sich hier handelt, was für ein psychologischer Mechanismus hier wirksam wird, sondern die Frage, welche biologische Bedeutung solch ein „unernstes" Verhalten hat. Ist seine Antwort auf diese Frage stichhaltig? Wohl kaum. Der Analogiebeweis hält in diesem Falle der Kritik nicht stand.

Dennoch wollen wir die Hauptgedanken *Groos'* einer genaueren Betrachtung unterziehen.

Seine Ausgangsposition kann als richtig angesehen werden. Es verhält sich in der Tat so, daß in einem gewissen Stadium der phylogenetischen Entwicklung der Tiere die Arterfahrung, die in verschiedenen Erbformen des Verhaltens fixiert ist, nicht ausreicht, um sich an die komplizierter gewordenen und, vor allen Dingen, sich ständig ändernden Existenzbedingungen anzupassen. Es wird individuelle, im individuellen Leben gesammelte Erfahrung benötigt. *Groos* hat auch darin recht, daß diese individuelle Erfahrung, diese neuen Anpassungsformen nicht unmittelbar aus den angeborenen Reaktionen entstehen können. Das Spiel eben ist seiner Meinung nach jene Tätigkeit, in der sich die erforderlichen Ergänzungen zu den angeborenen Reaktionen bilden, sich erworbene Fertigkeiten und vor allem neue Gewohnheitsreaktionen entwickeln.

In diesen Thesen von *Groos* gibt es jedoch mindestens zwei anfechtbare Momente. Erstens: Obwohl er annimmt, daß die individuelle Erfahrung auf der Grundlage des Arteigenen, des erblich Fixierten entsteht, stellt er diese beiden Formen der Anpassung einander gegenüber. Eine derartige Gegenüberstellung widerspiegelt nicht die wahren Verbindungen zwischen ihnen. „Die Hauptfunktion, die die Mechanismen zum Erwerb individueller Erfahrung erfüllen, besteht darin, das Artverhalten den sich ändernden Umweltbedingungen anzupassen", schreibt A. N. *Leontjew* sehr richtig (1975, S. 239). Folglich wird das Artverhalten nicht durch irgend etwas ergänzt, sondern es verändert sich, wird beweglicher.

Zweitens: Es ist kaum vorstellbar, daß im Spiel der Tiere, in einer Tätigkeit, die nichts mit dem Existenzkampf zu tun hat und die folglich unter anderen Bedingungen vor sich geht als zum Beispiel die reale Jagd des Tieres, wirklich Anpassungsformen entstehen. Beim Spiel fehlt das Entscheidende, die reale Bekräftigung, ohne die, wie zu Zeiten *Groos'* bereits bekannt war, keinerlei neue konkrete Formen des Artverhaltens entstehen und sich festigen können. Wie kann es auch nur zu den geringsten Veränderungen im Artverhalten kommen, wenn die Hauptbedürfnisse des Jungtieres von dem ausgewachsenen Tier befriedigt werden und die Jungen nicht einmal in reale Beziehungen zu ihren zukünftigen Lebensbedingungen treten? Im Spiel können selbstverständlich keinerlei neue Formen des Artverhaltens entstehen.

Kehren wir jedoch zu *Groos* zurück. Er verstößt gegen die Logik, indem er an das Spiel vom teleologischen Standpunkt herangeht, ihm eine bestimmte biologische Bedeutung zuschreibt und sie dann in den Spielen der Tiere zu suchen beginnt, ohne das wahre Wesen des Spiels ergründet, ja sogar ohne das Spielverhalten mit dem utilitaristischen Verhalten verglichen, ohne das Spiel eigentlich analysiert zu haben.

Ein weiterer grober Fehler *Groos'* besteht darin, daß er die biologische Bedeutung des Spiels direkt, ohne jegliche Vorbehalte vom Tier auf den Menschen überträgt. *Groos* hat viel gegen *Spencer* einzuwenden. Er kritisiert seine Theorie des Kraftüberschusses, obwohl er sie schließlich, mit gewissen Korrekturen, übernimmt. Die Vorstellungen *Spencers* von der Rolle der Nachahmung lehnt er ab und vertritt die Auffassung, es könne bei den Tieren keine Rede von einer Nachahmung sein. Trotz seiner Einwände in einigen speziellen Fragen bleibt *Groos* jedoch ein Anhänger *Spencers*, was dessen grundsätzliche Auffassungen zu psychologischen Problemen im allgemeinen und zu Fragen des Kinderspiels im besonderen anbelangt. Er entwickelt seine Auffassung, die man als positivistischen Evolutionismus bezeichnen kann, im wesentlichen von folgendem ausgehend: Die Anpassungsgesetze und -mechanismen, insbesondere die Mechanismen, die in der individuellen Erfahrung erworben wurden, sind beim Menschen nicht prinzipiell anders, trotz des riesigen Unterschieds zwischen den Lebensbedingungen eines Menschen und eines Tiers und obwohl beim Menschen zu den natürlichen Bedingungen die sozialen Bedingungen und die Arbeit hinzukommen. Diese naturalistische Betrachtungsweise des Spiels eines Menschen (des Kindes) ist falsch. Karl *Groos*, wie übrigens auch viele andere Psychologen, die am Positivismus *Spencers* festhalten, sieht nicht jene in den zu der Zeit bereits erschienenen Arbeiten von *Marx* ganz klar begründete Tatsache, daß sich der individuelle Entwicklungsprozeß, nachdem der Mensch Mensch geworden war, prinzipiell verändert hat.

In seiner Theorie hat *Groos* erraten (nicht begriffen, sondern eben erraten), daß das Spiel eine große Bedeutung in der Entwicklung hat. Und dieser erratene Grundsatz muß, wie wir bereits sagten, in jeder neuen Theorie des Spiels erhalten bleiben. Die Auffassung von der Funktion des Spiels in der Entwicklung gilt es jedoch zu überprüfen.

Die von *Groos* aufgeworfene Frage läßt sich folgendermaßen umformulieren: Was bringt das Spiel Neues in das Artverhalten der Tiere, beziehungsweise welche neuen Seiten erhält das Artverhalten durch das Spiel, worin besteht der psychologische Inhalt der Vorübungen? Diese Frage ist Gegenstand aller späteren Untersuchungen des Spiels der Tiere.

Nachdem die Arbeiten von *Groos* erschienen waren, wurde seine Theorie zur Haupttheorie, und alle oder fast alle Psychologen zollten ihr Anerkennung. Sie fußt auf jenen allgemeinen Grundpositionen, an denen die Psychologen jener Zeit festhielten und die wir oben als die Positionen des *Spencer*schen Positivismus bezeichnet hatten. Einige Psychologen jedoch, die zwar ebenfalls die Theorie von Karl *Groos* insgesamt anerkannten, ergänzten und korrigierten sie in mancher Hinsicht, um sie den eigenen Auffassungen anzupassen.

William *Stern* zum Beispiel bezeigt eine hohe Wertschätzung für die Arbeiten von *Groos* und verarbeitet seine Konzeption des Spiels in dem personalistischen System der eigenen Anschauungen. Er schreibt: „... für die biologische oder besser *teleologische* Betrachtung ist das Spiel ein unentbehrliches Glied *im Zwecksystem der Persönlichkeit* (Hervorhebung von mir – D. E.). Hier lautet seine Definition: *„Spiel ist die instinktive Selbstausbildung keimender Anlagen, die unbewußte Vorübung künftiger Ernstfunktionen"* (1914, S. 213). An einer anderen Stelle schreibt *Stern*, „das Spiel verhält sich zum Leben wie das Manöver zum Kriege" (ebenda, S. 215). Daß das Spiel als Vorübung notwendig ist, leitet er von der vorzeitigen Entstehung innerer Dispositionen ab.

Nach *Stern* werden die verschiedenen Fähigkeiten des Menschen zu verschiedenen Lebenszeiten „fällig", das heißt, sie werden nicht alle zu gleicher Zeit im Leben benötigt. Die inneren Dispositionen dieser Fähigkeiten jedoch richten sich bei ihrer Entstehung durchaus nicht danach, wann sie tatsächlich benötigt werden, sondern treten bereits viel früher auf. Diese *Vorzeitigkeit* ist anscheinend ein allgemeines Gesetz. Keine einzige Geistesfunktion entzieht sich seinem Einfluß. Mit instinktiver Selbstverständlichkeit deuten sich plötzlich Tätigkeitsrichtungen an, die noch nicht für das wirkliche Leben des Menschen bestimmt sind, die aber oft allein schon kraft ihrer in der Tat spontanen Energie zeigen, welchem Ziel der Mensch zustrebt. Das geschieht im Spiel. Im Zappeln und Lallen des Säuglings schon äußert sich das Spiel, äußern sich die Instinkte des Gehens und Sprechens, die erst ein Jahr später benötigt werden. Im ungestümen Spiel des Jungen, im Puppenspiel des Mädchens äußern sich bereits Kampf- und Pflegeinstinkte, die erst zehn Jahre später Anwendung finden. *„Jede Spieltendenz ist die Morgendämmerung eines Ernstinstinktes"* (ebenda, S. 215).

Stern meint, weil diese vorzeitigen Äußerungen eines Instinkts eine derart allgemeine Erscheinung sind, sind wir berechtigt, in ihnen eine innere Disposition des Menschen zu sehen, das heißt von einem „Spieltrieb" (Schiller) beziehungsweise von einem *„Spielinstinkt"* zu sprechen. Wie bei anderen Instinkten verspürt das Individuum auch hier ein unüberwindliches inneres Streben, dem es sich überläßt, „ohne nach dem Warum und Wozu zu fragen" (ebenda).

Wie aus den zitierten Stellen ersichtlich, hat *Stern* die Auffassungen *Groos'*, die er insgesamt teilt, durch einiges ergänzt. Es handelt sich im Prinzip um drei Ergänzungen: die erste ist die, daß die Fähigkeiten vorzeitig heranreifen; die zweite, daß das Spiel einen besonderen Instinkt darstellt; die dritte, daß man die reifenden Fähigkeiten durch Eindrücke von der Umwelt bildet.

Was die erste Ergänzung anbelangt, so steht sie nicht im Widerspruch zur Theorie von *Groos,* sondern bringt in sie lediglich ein erklärendes Prinzip. Die zweite Ergänzung steht im direkten Widerspruch zu den Anschauungen des Autors der Einübungstheorie. In seinem Buch „Das Seelenleben des Kindes" betont Karl *Groos* speziell, er habe niemals von einem Spieltrieb oder von einem Spielinstinkt gesprochen. Er halte ihre Existenz für ausgeschlossen. Er habe deshalb in seinem Buch „Spiel der Tiere" eindeutig zum Ausdruck gebracht, daß es keinerlei allgemeinen Spieltrieb gibt und daß das Spiel, im Gegenteil, selbst eine spezifische Erscheinungsform verschiedener Instinkte und Triebe ist. Dennoch habe sich, weil dieser Punkt in seiner ersten Arbeit falsch verstanden worden sei, die Meinung weit verbreitet, der Einübungstheorie läge die Anerkennung des Spielinstinkts zugrunde.

Die wesentlichste Ergänzung *Sterns* ist die dritte. Er verweist darauf, daß das Kind, selbst wenn es nachahmt, nicht passiv dem Vorbild folgt; das Spiel wird nicht ausschließlich vom Vorbild bestimmt. „Vielmehr stehen wir hier", schreibt *Stern,* „vor einem typischen Beispiel der *Konvergenz* von Angeborenem und Übernommenem: der äußere Faktor der Umwelt liefert lediglich die *möglichen* Spielmaterialien und Vorbilder, die *,Imitabilien'*; aber der innere Faktor des Spielinstinkts bestimmt erst, wann und wie daraus *wirkliche ,Imitationen'* werden. Denn die unbewußte Auslese, die unter den Imitabilien getroffen wird, die Art, wie sie ergriffen und verarbeitet werden, hängt durchaus ab von *angeborenen Dispositionen: von inneren Bedingungen der Entwicklung und von solchen der Differenzierung*" (1914, S. 220).

Zum Unterschied von William *Stern* befaßt sich Karl *Groos* als prinzipieller Gegner der These von *Spencer,* daß dem Spiel die Nachahmung zugrunde liegt, überhaupt nicht mit der Rolle der äußeren Bedingungen im Spiel. *Stern,* der vor allem das Menschenkind im Auge hat, verweist auf die Rolle der Nachahmung. Man könnte meinen, damit würde auch den Umweltbedingungen, die Quelle der Nachahmungsvorbilder sind, eine bestimmende Rolle zugedacht. Aber *Stern* reduziert die Bedeutung der Lebensbedingungen auf ein Minimum. Die Nachahmung müßte doch eigentlich der Verbindung zwischen dem Kind und seinen Lebensbedingungen dienen, insbesondere der Verbindung mit den ausgereiften Tätigkeitsformen der Erwachsenen, unter denen es heranwächst und sich entwickelt. In seiner Konvergenztheorie übersieht *Stern* diese progressive Rolle der Nachahmung und stellt sie in den Dienst der inneren Tendenzen – der Instinkte. Diese Betrachtungsweise macht die Positionen *Sterns* den Positionen der Biogenetiker (z. B. S. *Halls*) verwandt, nach deren Auffassung der Inhalt des Kinderspiels bestimmt wird von den jeweils automatisch eintretenden Stadien, in denen sich die historischen Entwicklungsstadien des Menschen wiederholen.

Diese Korrektur *Sterns* bringt also die Theorie von *Groos* nicht nur nicht voran, sondern verstärkt im Gegenteil die falschen Tendenzen, die darauf zurückzuführen sind, daß der prinzipielle Unterschied zwischen der Entwicklung des Kindes und der des Jungtiers nicht erfaßt wurde.

In einer etwas anderen Richtung korrigiert und ergänzt wird die Theorie des Spiels von Karl *Groos* durch den Wiener Psychologen Karl *Bühler.*

Bühler übernimmt die Einübungstheorie von *Groos.* Er schreibt: „Für die in höherem Grade dressierbaren Tiere, für die Tiere mit ‚plastischen‘, bildbaren Anlagen hat die Natur eine Ausbildungszeit vorgesehen, in der sie noch mehr oder weniger im Schutz und dem Beispiele der Eltern und Artgenossen unterstehen, um für den vollen Ernst des Lebens vorbereitet zu werden. Diese Zeit heißt Jugend, und mit der Jugend hängt aufs engste zusammen das Jugendspiel. Junge Hunde, Katzen und das menschliche Kind spielen. Käfer und Insekten dagegen, auch die hochorganisierten Bienen und Ameisen, spielen nicht. Das wird kein Zufall sein, sondern auf einem inneren Zusammenhang beruhen; *das Spiel kommt zu plastischen Anlagen als Ergänzung hinzu*; erst beide zusammen bieten ein Äquivalent für Instinkte. Das Spielen bringt die lange Übung, deren die noch unfertigen, bildbaren Anlagen bedürfen, oder, besser gesagt, stellt selbst diese Übung dar" (1929, S. 8 f.).

Bühler bringt der Theorie von *Groos* hohe Wertschätzung entgegen und führt die Entstehung des Spiels in der Phylogenese zurück auf Vorübung für das Stadium der Dressur. Gleichzeitig ist er der Meinung, daß *Groos'* Theorie sich zwar mit der objektiven Seite des Spiels befaßt, sie aber nicht erklärt, weil die subjektive Seite nicht erschlossen wird. Beim Erschließen dieser nach *Bühler* wichtigsten Seite des Spiels geht er von seiner Theorie des Primats der hedonistischen Reaktionen aus.[16]

Insgesamt schließt sich *Bühler* der Theorie Sigmund *Freuds*[17] an und akzeptiert das Lustprinzip als Grundprinzip des Lebens, aber er polemisiert auch gegen *Freud* und wirft ihm vor, er kenne nur die Befriedigungslust. Nach *Bühlers* Ansicht kann sie nicht die Triebkraft der Entwicklung und nicht Grundlage der Neuerwerbungen sein. Er meint, die Erklärung, die *Freud* für das Spiel gefunden hat, stimme nicht mit den Fakten überein, und macht *Freud* außerdem den Vorwurf, er richte das Spiel mit seiner Erklärung auf die Vergangenheit des Kindes, nicht auf seine Zukunft. In diesem Zusammenhang schreibt er: „Groos sieht den großen *prospektiven* Lebenssinn des Kinderspieles, Freud dagegen ist *Reproduktions*theoretiker" (1929 a, S. 206).

Zur Erklärung des Spiels führt *Bühler* den Begriff Funktionslust ein. Dieser Begriff grenzt sich einerseits von der Befriedigungslust ab, andererseits von der Lust, die vom Endzweck der Tätigkeit ausgeht.

Spencers Theorie des Kraftüberschusses schätzt *Bühler* kritisch ein und schreibt: „Nein, die Natur ist ganz direkt vorgegangen, sie brauchte für die Einrichtung der Dressur einen Überschuß, einen verschwenderischen Reichtum von Tätigkeiten, Körper-

---

[16] Eine Auseinandersetzung mit dem Hedonismus allgemein gesehen gehört nicht zu unseren Aufgaben.

[17] Mit der Theorie Sigmund *Freuds* befassen wir uns weiter unten.

bewegungen, besonders bei den jungen Tieren, die sich für den Ernst des Lebens vorbereiten, einüben müssen, und dazu hat sie die Betätigung selbst mit Lust ausgestattet, sie hat die Einrichtung der *Funktionslust* geschaffen. Die Tätigkeit als solche, das angemessene, glatte, reibungslose Funktionieren der Körperorgane, abgesehen von jedem Erfolg, den die Tätigkeit bringen konnte, wurde zur Lustquelle gemacht. Damit war der Motor des rastlosen Probierens gewonnen" (1929, S. 454 f.).

Bühler ist der Ansicht, die Funktionslust kann erst, nachdem Fertigkeiten entstanden sind, in Erscheinung treten und wird dann als biologischer Mechanismus des Spiels zu einem Lebensfaktor ersten Grades. Davon ausgehend, definiert er das Spiel folgendermaßen: „Eine Tätigkeit, die mit Funktionslust ausgestattet ist und von dieser Funktionslust direkt oder um ihretwillen aufrechterhalten wird, wollen wir Spiel nennen, gleichviel was sie sonst noch leisten und in welchen Zweckzusammenhang sie eingebaut sein mag" (ebenda, S. 457).

Weil in der Theorie von Karl *Bühler* die Funktionslust das zentrale Moment des Spiels ist, muß man sich über die tatsächliche Bedeutung dieses Moments Klarheit verschaffen. Nehmen wir an, *Bühler* hat recht, und die Tätigkeit an sich verschafft tatsächlich Lust. Solch eine Funktionslust ist dann das Tätigkeitsmotiv, das heißt, um ihretwillen wird die Tätigkeit ausgeführt. Gleichzeitig ist sie dann der innere Mechanismus, der sie in Gang hält, der Wiederholungen bewirkt. Dressur setzt Wiederholung voraus, damit jene neuen Verhaltensformen (Fertigkeiten) gefestigt werden, die zur besseren Anpassung an die sich ändernden Lebensbedingungen erforderlich sind. Die Funktionslust eben ist jener Mechanismus, der bestimmte Bewegungen auslöst und Wiederholungen dieser Bewegungen herbeiführt. Durch Wiederholung festigen sich schließlich die immer wiederkehrenden Verhaltensformen.

Kann aber die Funktionslust der Auswahl von Verhaltensformen zugrunde liegen? Schließen wir uns auch der zweiten These Karl *Bühlers* an, die besagt, daß ein Überschuß, ein verschwenderischer Reichtum von Tätigkeiten, Körperbewegungen, besonders bei den jungen Tieren, vorhanden sein muß, damit eine Auswahl der Verhaltensformen stattfinden kann.

110

Was jedoch soll aus diesem Überschuß ausgewählt und dann auch gefestigt werden?

Betrachtet man die Aneignung neuer Verhaltensformen unter dem Aspekt des Mechanismus Versuch und Irrtum, so ist bereits in der Bezeichnung dieses Mechanismus die Auswahlmöglichkeit enthalten: Erfolgshandlungen werden ausgewählt, wiederholt und gefestigt, falsche Handlungen dagegen gehemmt, nicht wiederholt und nicht gefestigt. Die Funktionslust aber ist die Triebfeder *aller* Versuche, auch der falschen. Folglich müßte sie bestenfalls die Wiederholung und damit auch die Festigung jeder beliebigen Tätigkeit, jeder beliebigen Bewegung herbeiführen. Von amerikanischen Psychologen durchgeführte experimentelle Untersuchungen des Lernens, der Schule J. P. *Pawlows* entstammende Angaben über die Bildung bedingter Reflexe und schließlich praktische Dressurerfahrungen sprechen dafür, daß bei der Herausbildung neuer Anpassungsformen eine entscheidende Rolle die Auswahl spielt, und diese hängt mit der Bekräftigung zusammen, das heißt mit der Befriedigung eines Bedürfnisses. Die Befriedigung eines Bedürfnisses entscheidet also über die Auswahl jener Tätigkeiten, die seine Befriedigung herbeiführen können. Die Funktionslust aber löst aus und festigt die Bewegung an sich, ohne Rücksicht auf ihre Anpassungsfunktion. Karl *Bühler* warf *Freud* vor, er sei ein Reproduktionstheoretiker, aber *Bühler* selbst sprengt mit seinem Prinzip der Funktionslust die Grenzen der Reproduktion nicht, sondern festigt sie nur noch.

Auf diesen Mangel der Theorie Karl *Bühlers* machte Kurt *Koffka* aufmerksam. Er schrieb: „Einen neuen Gesichtspunkt bringt Bühler. Er verweist darauf, daß die Tätigkeit selbst, abgesehen von jedem Erfolg, *Lust* bringt. Ich möchte noch hinzusetzen: eine *erfolgreiche* Tätigkeit, eine Tätigkeit, die so gelingt, wie ich sie will, die das leistet, was sie soll, bringt Lust, ganz abgesehen davon, ob das erreichte Ziel selbst lustvoll ist oder nicht. Auch dafür haben wir schon Beispiele getroffen, ich erinnere an Sultan beim Doppelstockversuch und die Freude über die ersten Verständnisleistungen.[18] Diese ‚Funktionslust‘

---

[18] Gemeint sind die Versuche Wilhelm *Köhlers* mit Affen.

betrachtet Bühler als Motor der selbstlosen Spieltätigkeit. Ich sehe hierin eine wichtige Anregung, die zu einer Theorie freilich erst ausgebaut werden muß, denn der Übergang von der Lust zur Tätigkeit war ja keineswegs leicht zu verstehen. Aber ganz gewiß, die Lust an der eigenen *Leistung* wirkt als Antrieb zu neuen Leistungen" (1925, S. 269 f.).

Die kritischen Bemerkungen *Koffkas* sind richtig, aber nicht ausreichend. Erstens faßt er den Tätigkeitserfolg subjektiv auf, und zweitens kann lediglich die Lust an der Leistung nicht Antrieb zu *neuen* Leistungen sein, sondern nur Antrieb zur Wiederholung alter.

Die Annahme *Bühlers*, die Funktionslust sei die Kraft, die im Stadium der Dressur zu neuen Anpassungsformen führt, ist also nicht gerechtfertigt. Nicht gerechtfertigt ist auch seine Annahme, das Spiel sei eine allgemeine Dressurform. Der Unterschied zwischen Dressur und Übung besteht darin, daß die Dressur Auswahl und Herausbildung neuer Anpassungsformen bedeutet, während die Übung Wiederholung und Vervollkommnung des bereits Ausgewählten ist. Da das Spiel nach der Definition Karl *Bühlers* von keinerlei Ergebnis abhängig ist und folglich nichts mit der realen Anpassung zu tun hat, kann es keine Auswahl von Anpassungsformen enthalten, die in der Folge wiederholt werden.

Unsere Auseinandersetzung mit der Theorie Karl *Bühlers* wäre unvollständig, wenn wir nicht auf die von ihm genannte zweite Seite des Spiels eingingen. Außer der Funktionslust nennt er das Formprinzip beziehungsweise das Prinzip des Formwillens. Beim Formulieren dieses zweiten Prinzips stützt sich Karl *Bühler* auf die Arbeiten von Charlotte *Bühler*, Hildegart *Hetzer* und anderer Psychologen der Wiener Schule. Am vollständigsten ist dieses Prinzip in den Arbeiten von Charlotte *Bühler* dargestellt.

Charlotte *Bühler* verweist darauf, daß Karl *Bühler* an die Theorie der Funktionsübung von Karl *Groos* „mit zwei entscheidenden Gedanken anknüpft. Einmal wies er darauf hin, daß diese Funktionsübung mit einer spezifischen *Funktionslust* ausgestattet sei ... zweitens zeigt er, daß es bei all diesen Spielen offenbar wesentlich auf *Formal*charaktere, nicht auf inhaltliche Erfolge ankomme" (1928, S. 55). Sie präzisiert ihre Vorstellung im weiteren folgendermaßen: „Die Formung, die eine Bewältigung und Bemeisterung darstellt, bringt als solche Lust mit sich, und *wir können nun die Funktionslust verstehen als eine nicht mit der Wiederholung als solcher, sondern mit der in jeder Wiederholung fortschreitenden Formung und Bemeisterung der Bewegung verbundene Lust"* (ebenda, S. 56). Davon ausgehend, definiert Charlotte *Bühler* das Spiel „*als Bewegung mit intentionalem Bezug auf die Lust der Bemeisterung"* (ebenda). Bei einer solchen Auffassung vom Spiel muß Charlotte *Bühler* die Funktionsspiele, die Manipulationsspiele des ganz kleinen Kindes zu den reinen Spielen zählen.

Was bringt diese These von dem ursprünglichen Streben nach einer angeblich mit Funktionslust verbundenen fortschreitenden Formung und Bemeisterung Neues? Sie löst die Frage nicht, sondern schafft noch mehr Verwirrung. Karl *Bühler*, und nach ihm auch Charlotte *Bühler*, trennt den Formalerfolg der Übung von dem Materialerfolg der Tätigkeit, führt den Begriff von dem ursprünglichen Streben zur „fortschreitenden Formung" ein, zeigt dabei aber nicht, welche Kriterien der „Bemeisterung" das Tier oder das Kind gebraucht, wenn es jeweils zur nächsten Wiederholung übergeht. Solche Kriterien gibt es natürlich nicht und kann es nicht geben, wenn kein Vorbild vorhanden ist und keine Beziehung zu ihm als Vorbild besteht. Während *Groos* das Spiel insgesamt teleologisch erklärte, führen Karl und Charlotte *Bühler* diese Teleologie zu ihrem logischen Schluß, indem sie in jeder einzelnen Wiederholung ein inneres Ziel sehen. Karl *Bühler* wollte *Groos'* Theorie durch eine Analyse der subjektiven Momente des Spiels ergänzen und korrigieren, hat aber in Wirklichkeit das Teleologische in der Theorie nur noch verschärft.

Karl *Bühlers* Theorie bietet keinen Raum für eine naturwissenschaftliche Erklärung des Spiels, keinen Raum dafür, das Spiel als eine Tätigkeit des Tieres aufzufassen, die es mit der Wirklichkeit verbindet. Versuche in dieser Richtung gab es, wenn auch nur in sehr geringem Maße, bei H. *Spencer* und teilweise bei Karl *Groos*. In den Erklärungen des Spiels wird die Biologie endgültig von der Teleologie verdrängt.

Bis zum Erscheinen der Arbeit von F. J. J. *Buytendijk* (1933) behielt die Theorie Karl *Groos'* ihre Vorrangstellung. *Buytendijk* legte einen neuen, originellen Versuch einer allgemeinen Theorie des Spiels vor.

Über das Verhältnis zwischen den Theorien von *Buytendijk* und *Groos* schrieb *Claparède* (1934), *Buytendijk* habe in seiner Arbeit die Konzeption von der Vorbereitungsfunktion des Spiels überwunden. Dieses an Ideen reiche (reicher an Ideen als an Beobachtungen) und mit sehr schönen Fotos von spielenden Kindern und Tieren ausgestattete Buch behandele Wesen und Bedeutung des Spiels.

Wir nennen vor allem zwei Hauptargumente *Buytendijks* gegen die Intentionstheorie von *Groos*. Erstens, meint *Buytendijk*, gibt es keine Beweise dafür, daß die Instinkte bei einem Tier, das nie gespielt hat, weniger vollkommen sind. Die Übung hat nach *Buytendijk* nicht die große Bedeutung für die Entwicklung der Instinkte, die ihr zugeschrieben wird. Die psychomotorische Tätigkeit braucht seiner Meinung nach nicht „durchgespielt" worden zu sein, damit sie funktioniert, wie eine Blume nicht des Spiels bedarf, um zu wachsen. Der erste Einwand *Buytendijks* besteht also darin, daß die instinktiven Tätigkeitsformen wie auch die ersten Mechanismen, die ihnen zugrunde liegen, unabhängig von der Übung heranreifen. In diesem Einwand zeigt sich *Buytendijk* als Anhänger der Reifungstheorie, wonach die Reifung aufgrund potentieller innerer Kräfte vor sich geht.

Zweitens unterscheidet *Buytendijk* zwischen eigentlicher Übung und Spiel. Er sagt, daß es solche vorbereitenden Übungen gibt, aber wenn sie das sind, dann sind sie kein Spiel. Um diese These zu beweisen, führt *Buytendijk* eine Reihe von Beispielen an.

Wenn das Kind laufen lernt, dann ist dieses Laufen zwar nicht vollkommen, aber real. Etwas ganz anderes ist es, wenn ein Kind, das bereits gehen kann, Gehen spielt. Wenn ein junger Fuchs oder ein anderes Jungtier mit seinen Eltern auf die Jagd geht, um sich darin zu üben, dann ist seine Tätigkeit kein Spiel. Sie stellt etwas ganz anderes dar als zum Beispiel das Jagdspiel oder das Verfolgungsspiel desselben Tieres. Im

114

ersten Falle tötet das Tier sein Opfer, im zweiten Falle gibt es sich völlig ungezwungen. Der Versuch *Buytendijks*, zwischen Übung der Ernsttätigkeit und Spiel zu unterscheiden, verdient Beachtung.

Buytendijk baut seine Theorie des Spiels auf Prinzipien auf, die den Auffassungen *Groos'* entgegengesetzt sind. Während für *Groos* das Spiel die Bedeutung der Kindheit erklärt, erklärt für *Buytendijk*, im Gegenteil, die Kindheit das Spiel: das Kind spielt, weil es noch jung ist.

Die Besonderheiten des Spiels leitet *Buytendijk* ab: erstens von den „Merkmalen der jugendlichen Dynamik", zweitens von den Besonderheiten der Beziehungen der jeweiligen Art von Tieren zu ihren Lebensbedingungen, drittens von den wichtigsten Trieben.

Buytendijk untersucht die charakteristischen Besonderheiten der jugendlichen Verhaltensdynamik und nennt vier Hauptmerkmale dieser Dynamik:

a) die Ungerichtetheit der Bewegungen;

b) den Bewegungsdrang, der darin besteht, daß das Kind, wie auch das Jungtier, ständig in Bewegung ist. Die Bewegung beruht auf einer spontanen Impulsivität, die inneren Quellen entspringt. Auf diese Impulsivität ist die für das kindliche Verhalten charakteristische Unbeständigkeit zurückzuführen;

c) die pathische Einstellung zur Wirklichkeit. Darunter versteht *Buytendijk* eine Einstellung, die der gnostischen entgegengesetzt ist und die als unmittelbare affektive Verbindung mit der Umwelt bezeichnet werden kann, als Reaktion auf die Neuheit des Weltbildes, das sich vor dem Jungtier oder dem Kind auftut. Auf die pathische Einstellung führt Buytendijk die Unkonzentriertheit, die Suggestivität, die Tendenz zur Nachahmung und die Naivität zurück, die kennzeichnend sind für Kindlichkeit;

d) das vierte Merkmal dieser Dynamik schließlich ist die Schüchternheit, die Scheu. Das ist keine Angst, denn Kinder sind furchtlos, sondern eine spezifische ambivalente Haltung, ein Hin und Zurück! Diese ambivalente Haltung bleibt bestehen, bis sich eine Einheit von Organismus und Umwelt gebildet hat.

All diese Merkmale – die Ungerichtetheit, der Bewegungsdrang, die pathische Einstellung zur Wirklichkeit und die Schüchternheit – veranlassen das Kind und das Jungtier unter gewissen Umständen zum Spiel.

Jedoch diese Merkmale an sich, wenn sie nicht mit bestimmten Bedingungen verbunden sind, sind nicht Charakteristika des Spielverhaltens. Um festzustellen, unter welchen Bedingungen ein Spiel zustande kommt, analysiert *Buytendijk* Spiele der Tiere. Dabei geht er von der Analyse der Umwelt aus, in der das Tier lebt und der es sich anpassen muß.

Buytendijk unterteilt die höheren Säugetiere, bezogen auf die Art ihrer Lebensbedingungen, in zwei große Gruppen – in pflanzenfressende und fleischfressende Tiere. Letzteren ist das Jagen angeboren. Bei ihnen ist das Spielen sehr verbreitet. Die pflanzenfressenden Säugetiere spielen sehr wenig oder überhaupt nicht. Eine Ausnahme unter den Pflanzenfressern sind die Affen. Sie leben zum Unterschied von den anderen Pflanzenfressern in einer differenzierten und abwechslungsreichen Umwelt. Mit den Jagdtieren haben sie gemeinsam, daß sie zu Nahrung gelangen, indem sie nach den zuvor ausgemachten Gegenständen greifen. Die Jagdtiere und die Affen bezeichnet *Buytendijk* als Ding-Annäherungstiere.

Nachdem *Buytendijk* längere Zeit das Spielverhalten der verschiedenen Säugetiere untersucht hat, gelangt er zu dem Schluß, daß eben die Ding-Annäherungstiere spielende Tiere sind. Seine Untersuchungsergebnisse führen ihn zur ersten Abgrenzung des Spiels von anderen Tätigkeiten. Er sagt: „Das Spielen ist immer ein Spielen mit etwas" (1933, S. 44). Hieraus folgt seiner Meinung nach, daß die sogenannten Bewegungsspiele der Tiere *(Groos)* meistenteils keine Spiele sind. *Buytendijk* untersucht, in welchem Verhältnis Lust und Spiel zu Bewegungsdrang und Spiel stehen, und meint, es sei erstens unbegründet, alle lustbetonten Handlungen als Spiel anzusehen, und zweitens sei Bewegung noch kein Spiel. Spielen ist immer ein Spiel mit etwas und nicht eine lustbetonte Körperbewegung. Aber es können nur solche Dinge Spielgegenstände sein, die mit dem Spielenden auch „spielen". Gerade deshalb gehört der Ball zu den beliebtesten Spielgegenständen.

116

Buytendijk kritisiert die Auffassung, das Spiel sei eine Erscheinungsform der Instinkte, und vertritt die Meinung, dem Spiel liegen nicht *einzelne* Instinkte zugrunde, sondern allgemeinere Triebe. In dieser Frage war die Theorie *Buytendijks* insgesamt gesehen stark beeinflußt von *Freuds* Theorie der Triebe. In Anlehnung an *Freud* nennt er drei Grundtriebe, die zum Spiel führen:

a) Befreiungstrieb, in dem sich der Drang des Lebewesens äußert, sich der Hindernisse zu entledigen, die von der Umwelt ausgehen und die Freiheit einengen. Das Spiel kommt dieser Tendenz zur individuellen Autonomie entgegen, die nach *Buytendijk* bereits beim Neugeborenen vorhanden ist.

b) Vereinigungstrieb, Trieb zur Gemeinsamkeit mit der Umwelt.

In diesen beiden Trieben zusammengenommen kommt die starke Ambivalenz des Spiels zum Ausdruck.

c) Wiederholungstrieb – ihn betrachtet *Buytendijk* im Zusammenhang mit der für das Spiel so wichtigen Dynamik von Spannung und Entspannung.

Nach *Buytendijk* entsteht das Spiel, wenn die genannten Urtriebe auf Dinge stoßen, die dem Jungtier infolge der Besonderheiten seiner Dynamik teilweise bekannt erscheinen.

In seiner Theorie entwickelt *Buytendijk* mehrere einzelne Gedanken, die von Interesse sind und an denen man bei einer Erörterung seiner theoretischen Konzeption nicht achtlos vorübergehen darf. Sehr interessant ist seine Auffassung, man spiele nur mit solchen Gegenständen, die selbst mit dem Spielenden „spielen". *Buytendijk* verweist darauf, daß gut bekannte Gegenstände für das Spielen ebenso ungeeignet sind wie völlig unbekannte. Der Spielgegenstand muß teilweise bekannt sein und gleichzeitig über unbekannte Möglichkeiten verfügen. In der Tierwelt sind diese Möglichkeiten hauptsächlich motorischen Charakters. Sie offenbaren sich bei Probebewegungen, und wenn letztere zum Erfolg führen, dann sind damit Spielbedingungen entstanden.

Das spezifische Verhältnis zwischen Bekanntsein und Unbekanntsein am Spielgegenstand schafft das, was *Buytendijk* als Bildhaftigkeit dieses Gegenstandes bezeichnet. Er vertritt die

Auffassung, sowohl das Tier als auch der Mensch spielen nur mit Bildern (vgl. 1933, S. 132). Ein Gegenstand kann nur dann zum Spielobjekt werden, wenn er die Möglichkeit der Bildhaftigkeit enthält. „Die Sphäre des Spielens ist die Sphäre der Bilder, der Möglichkeiten, des Pathischen und ‚Gnostisch-Neutralen', des teilweise Unbekannten und der vitalen Phantasie" (ebenda, S. 133). Beim Übergang vom Spiel zur Wirklichkeit verliert der Gegenstand seine Bildhaftigkeit und seine symbolische Bedeutung.

Die Vorstellung, daß bei Tieren ein bildhaftes Phantasieren stattfindet, ist natürlich ein Tribut an den Anthropomorphismus.

Das Buch *Buytendijks*, seine Theorie des Spiels, fand ziemliche Beachtung. Von den vielen Stellungnahmen zu diesem Buch wollen wir hier nur zwei anführen.

Karl *Groos*, gegen dessen Theorie sich in gewissem Sinne die Arbeit *Buytendijks* richtete, schrieb dazu einen Artikel (1934). Er sah sich genötigt, vor allem den Ideenreichtum dieses Buches hervorzuheben. Aber einigen Hauptthesen *Buytendijks* widersprach er. Nicht einverstanden war er damit, die Ungerichtetheit und den Bewegungsdrang als Hauptmerkmale des Spiels zu betrachten. *Groos* war der Meinung, der Begriff Ungerichtetheit sei sehr vieldeutig und könne nur dann Anspruch auf allgemeine Bedeutung für das Verständnis des Spielsinns erheben, wenn er ergänzt wird durch eine mögliche Gerichtetheit auf ein Ziel, das außerhalb der eigentlichen Spielsphäre liegt. Der Bewegungsdrang könne ebenfalls nur dann als allgemeines Merkmal anerkannt werden, wenn man dabei auch die Intention zur Bewegung im Auge hat und nicht nur die real durchgeführten Bewegungen.

Nicht einverstanden war *Groos* auch damit, daß *Buytendijk* alle konkreten, verschiedene Instinkte zum Ausdruck bringenden Spiele der Tiere auf zwei Haupttriebe zurückführt (den Befreiungstrieb und den Vereinigungstrieb). Natürlich ist *Groos* auch mit allen Argumenten gegen die Einübungstheorie nicht einverstanden. An Beispielen von Bewegungsspielen, die nach *Buytendijk* nicht als Übungen anzusehen sind, versucht er dessen Auffassungen zu widerlegen.

118

Im Prinzip einverstanden erklärte sich *Groos* damit, daß die „Bildhaftigkeit" des Gegenstandes ein wesentliches Merkmal des Spiels ist und daß das Spiel eine Sphäre der Phantasie darstellt, wendet sich aber dagegen, Bild und Gegenstand derartig einander gegenüberzustellen.

Einen ziemlich langen Artikel über das Buch *Buytendijks* veröffentlichte E. *Claparède* (1934). Er unterzieht darin nicht nur die Konzeption *Buytendijks* einer kritischen Betrachtung, sondern entwickelt auch seine eigenen Anschauungen zu diesem Problemkreis.

Die Gegenargumente *Claparèdes* sind zusammengefaßt folgende:

a) Die Merkmale der Dynamik des jugendlichen Organismus können nicht die Grundlage des Spiels sein, weil sie erstens nicht nur den spielenden Jungtieren eigen sind, sondern auch den nichtspielenden; weil sich zweitens die Dynamik nicht nur in den Spielen äußert, sondern auch in jenen Verhaltensformen, die *Buytendijk* nicht zu den Spielen zählt (z. B. Tanz, Sport); weil es drittens auch bei Erwachsenen Spiele gibt, obwohl ihnen nach *Buytendijks* Definition eine solche Dynamik nicht eigen ist; und viertens, weil diese Merkmale in solchen Tätigkeiten am deutlichsten zutage treten wie Müßiggang, Balgerei, Schabernack und im Spielen der ganz Kleinen, das nach der Definition von *Buytendijk* kein Spiel im eigentlichen Sinne des Wortes ist.

b) *Buytendijk* gibt dem Begriff Spiel sehr enge Grenzen. Reigentänze und Purzelbäume der Kinder auf einer Wiese zählt er nicht zu den Spielen, obwohl gerade für diese Tätigkeiten die von ihm genannten Merkmale der jugendlichen Dynamik (Ungerichtetheit, Ziellosigkeit, Bewegungsdrang) zutreffen. Nach *Buytendijk* sind das jedoch keine Spiele, weil es sich dabei nicht um Tätigkeiten mit irgendwelchen Gegenständen handelt.

c) Nicht glücklich gewählt ist der Terminus „Bild" zur Bezeichnung der fiktiven oder symbolischen Bedeutung, die der Spielende seinem Spielgegenstand gibt.

Claparède ist der Meinung, die Arbeit *Buytendijks* sei in ihrem kritischen Teil von höherem Wert als in dem konstruktiven. Sie verdeutliche die Tatsache, daß wir noch keine abgeschlossene Theorie des Spiels haben. *Buytendijk* habe keine befriedigende Antwort auf die Frage nach dem Wesen des Phänomens Spiel gegeben, weil er einen falschen Weg beschreitet, den Weg, die äußeren Verhaltensformen zu charakterisieren.

Das Wesen des Spiels ist nach *Claparède* nicht in der äußeren Verhaltensform zu suchen, die völlig die gleiche sein kann, ob es sich um Spiel oder nicht um Spiel handelt, sondern in der inneren Beziehung des Subjekts zur Realität. Für das wesentlichste Merkmal des Spiels hält *Claparède* die Funktion. Das Realverhalten verwandelt sich unter dem Einfluß der Funktion in Spielverhalten.

Nun wollen wir die Hauptgedanken der Konzeption *Buytendijks* erörtern und dabei das Wichtige von dem Anfechtbaren scheiden.

In den Anschauungen *Buytendijks* erkennt man deutlich den Einfluß *Freuds* mit seiner Triebtheorie. Das Spiel ist für ihn ein Ausdruck des Trieblebens unter bestimmten, für die Kindheit charakteristischen Bedingungen. *Buytendijk* betont das in seiner erweiterten Überschrift zu seinem Buch: „Das Spielen der Menschen und der Tiere als Erscheinungsform der Lebenstriebe". (Es ist keinesfalls verwunderlich, daß *Claparède* diesem Kernstück der Theorie des Spiels von *Buytendijk* keine spezielle Aufmerksamkeit schenkte, denn die Anschauungen Freuds standen auch ihm nahe.)

Die im Spiel zutage tretenden Haupttriebe charakterisiert *Buytendijk* wie *Freud* und überträgt sie auf Tiere. Das ist durchaus begründet, denn nach *Freud* gibt es die Urtriebe sogar bei einzelligen Organismen. Diese These kann jedoch nicht überzeugen, denn Triebe hat nicht nur der junge Organismus, sondern auch das ausgewachsene Tier. Und deshalb können sie, wie auch die Merkmale der Dynamik eines jugendlichen Organismus, nicht das Spiel bestimmen, nicht zur Spieltätigkeit führen.

Bringt man die etwas nebulösen und mystischen Ausführungen *Buytendijks* einfacher zum Ausdruck, dann stellt es sich heraus, daß das Spiel in seiner Anfangsform nichts anderes ist als eine Äußerung der Orientierungstätigkeit. Seine These, es werde nur mit Dingen gespielt, die mit dem Spielenden „spielen", kann folgendermaßen verstanden werden: Gespielt wird nur mit Gegenständen, die eine Orientierungstätigkeit nicht nur auslösen, sondern, weil genügend Elemente einer möglichen Neuheit vorhanden sind, die Orientierungstätigkeit auch in Gang halten. Wesentlich ist in diesem Zusammenhang die Äußerung *Buytendijks*, daß Spielen bei jenen Tieren am weitesten verbreitet ist, bei denen das Greifen nach dem ausgemachten Gegenstand das Hauptverfahren ist, sich mit Nahrung zu versorgen. Das aber sind eben die Tiere, deren Orientierungstätigkeit infolge immer komplizierter werdender Lebensbedingungen besonders entwickelt ist.

Will man konsequent sein, so muß man zugeben, daß die grundlegenden Lebenstriebe, von denen *Buytendijk* behauptet, sie lägen dem Spiel zugrunde, nicht nur bei fleischfressenden Tieren und Affen vorhanden sind, sondern auch bei anderen Tieren.

Kein Zweifel besteht auch daran, daß nicht nur jene Tiere, die spielen, die Merkmale der Dynamik des jugendlichen Organismus besitzen, sondern auch alle übrigen Jungtiere (Kücken und Kälber wie Katzen-, Hunde- und Tigerjunge). Hieraus folgt unweigerlich: Weder die grundlegenden Lebenstriebe noch die besonderen Merkmale der Dynamik jugendlicher Organismen können die bestimmenden Faktoren des Spiels sein. Beides kann vorliegen und wirksam werden, ohne daß es sich dabei um Spiel handelt.

In diesem Falle bleibt nur anzunehmen übrig, daß dem Spiel eine spezifische „Probier"reaktion auf einen Gegenstand zugrunde liegt oder, wie wir es nennen würden, eine Orientierungsreaktion auf Neues in den Umweltbedingungen des jungen Tiers, und da dem Jungtier anfangs alles neu erscheint, handelt es sich einfach um einen Orientierungsreflex.

Man kann mit gutem Grund annehmen, daß der Grad des Fixiertseins und Stereotypseins der instinktiven Verhaltensformen in einem umgekehrt proportionalen Verhältnis zum Entwicklungsniveau der Orientierungsreaktionen steht: Je fixierter bei der Geburt die stereotypen instinktiven Verhaltensformen sind, die der Befriedigung der Hauptbedürfnisse des Tiers dienen, desto weniger Orientierungsreaktionen treten in Erscheinung, und umgekehrt, je weniger fixiert bei der Geburt die stereotypen instinktiven Verhaltensformen sind, desto stärker treten die Orientierungsreaktionen zutage. Diese Wechselbeziehung hat sich gesetzmäßig im Verlaufe der phylogenetischen Entwicklung der Tiere herausgebildet. Sie wurde bestimmt vom Kompliziertheitsgrad und vom Grad der Veränderungen der Bedingungen, an die sich das Tier anzupassen hatte. Zwischen dem Kompliziertheitsgrad und der Veränderlichkeit der Bedingungen einerseits und dem Entwicklungsniveau der Orientierungsreaktionen andererseits dagegen besteht ein direkt proportionales Verhältnis. Das ist es, weshalb bei den Jagdtieren und den Affen die Orientierungsreaktionen deutlich und entwickelt sind und sie im jugendlichen Alter spielen.

Noch angebrachter wäre es, wie P. J. *Galperin* sehr richtig nachgewiesen hat, von einer Orientierungstätigkeit zu sprechen. Er schreibt: „Der Orientierungsreflex ist ein System von physiologischen Komponenten der Orientierung: die Wendung zum neuen Reizerreger und das Einstellen der Sinnesorgane auf seine beste Wahrnehmung; hinzu kommen die verschiedenen vegetativen Veränderungen des Organismus, die diesen Reflex unterstützen oder begleiten. Mit einem Wort, der Orientierungsreflex ist ein rein physiologischer Prozeß.

Etwas anderes ist die orientierend-untersuchende Tätigkeit, die Untersuchung der Umstände, das, was *Pawlow* als ‚Was-ist-das-Reflex‘ bezeichnete. Diese Untersuchungstätigkeit im äußeren Milieu ist bereits nicht mehr der Physiologie zuzurechnen. Ihrem Wesen nach fällt die orientierend-untersuchende Tätigkeit mit dem zusammen, was wir einfach Orientierungstätigkeit genannt haben. Im Gegensatz zu *Pawlows* Versuchen wird der Zusatz ‚Untersuchung‘ zu ‚Orientierung‘ bereits zu einer Störung, da sich Orientierung nicht auf Untersuchung, auf gnostische Tätigkeit beschränkt. Die Untersuchung selbst kann zu einer selbständigen Tätigkeit werden, die gleichermaßen der Orientierung bedarf.

Selbst bei den Tieren beschränkt sich die Orientierung nicht auf die Untersuchung der Situation; auf sie folgen die Wertung ihrer verschiedenen Objekte (hinsichtlich ihrer Bedeutung für die aktuellen Bedürfnisse des Tieres), die Klärung der möglichen Bewegungsrichtung, das Abschätzen der eigenen Handlungen im Hinblick auf die vorgemerkten Objekte und schließlich die Steuerung der Handlungsausführung. Dies alles geht in die Orientierungstätigkeit ein, es geht jedoch über die Grenzen einer Untersuchung im eigentlichen Sinne des Wortes hinaus" (1980, S. 111 f.).

Buytendijks Theorie des Spiels enthält also einen Widerspruch. Die Analyse zeigt folgendes: Auf einer bestimmten Entwicklungsstufe der Tiere läßt sich die Entstehung des Spiels mit all seinen Erscheinungen, die von *Buytendijk* so detailliert beschrieben wurden, allein mit der Orientierungstätigkeit erklären. Das, was für *Buytendijk* nur eine Bedingung war, unter der sich die Lebenstriebe äußern, ist in Wirklichkeit die Grundlage für den Aufbau einer allgemeinen Theorie des Spiels der Tiere.

Man kann *Buytendijk* auch darin nicht zustimmen, daß dem Spiel mit einem Gegenstand stets das Bild oder die Bildhaftigkeit des Gegenstandes zugrunde liegt. In Wirklichkeit kann das Ding, mit dem das Tier spielt, zumindest in den Anfangsformen des Spiels, keinen anderen Gegenstand darstellen, einfach weil das Tier noch keine reale Berührung mit den Gegenständen hatte, die später der Befriedigung seiner Hauptbedürfnisse dienen werden. Weder das Garnknäuel noch ein Ball noch ein zerknülltes, knisterndes, sich bewegendes Stück Papier können für das junge Kätzchen die Bilder einer Maus sein, weil das Jungtier noch nie etwas mit einer Maus zu tun hatte. Für das gerade ins Leben getretene Tier ist alles neu. Das Neue wird erst im Ergebnis der individuellen Erfahrung zu Bekanntem.

Richtig sind die Vorstellungen *Buytendijks* über die Grenzen des Spiels – einfache Wiederholungsbewegungen, die das Kind auf seinen frühesten Entwicklungsstufen und manche Tiere ausführen, zählt er nicht zu den Spielerscheinungen. Viele Wiederholungshandlungen, die nach Charlotte *Bühler* Spiel sind, weil sie mit Funktionslust einhergehen, sind in Wirklichkeit keine Spiele. Die Auffassung *Buytendijks*, man spiele immer nur mit etwas, ist in dem Sinne zu verstehen, daß Spiel Verhalten ist und folglich eine bestimmte Beziehung zur Umwelt, zu den gegenständlichen Lebensbedingungen bedeutet.

Buytendijk argumentiert gegen die Übungsfunktion des Spiels, wie sie von Karl *Groos* dargestellt wird. Und in der Tat, üben kann man nur etwas, das im Verhalten bereits entstanden ist. Gleichzeitig hebt er mit Recht die Bedeutung des Spiels für die Entwicklung hervor. Das Spiel ist nicht Übung, sondern Entwicklung. In ihm tritt Neues zutage, es ist der Weg, mit dem Komplizierterwerden der Lebensbedingungen erforderlich gewordene neue Organisationsformen des Verhaltens zu ermitteln. Hier werden die Gedanken *Groos'* über die Bedeutung des Spiels mit neuem Inhalt erfüllt und vertieft.

Nach *Freud* begann die Tendenz zur Tiefenpsychologie, das heißt zu einer Psychologie, nach der alle Besonderheiten des Verhaltens und alle höheren Lebenserscheinungen von der Dynamik der biologischen Urtriebe abgeleitet werden, immer krassere Formen anzunehmen. Karl *Bühler* und nach ihm auch *Buytendijk* sind typische Vertreter der Tiefenpsychologie.

Paradox ist folgendes: Die Tiefenpsychologen akzeptieren, daß sich alles entwickelt, machen bei den Trieben jedoch eine Ausnahme, stellen sie als geschichtslos, als immer gleichbleibend dar. Nach dieser Logik ist das Verhalten des Menschen, mag es sich nach seiner Menschwerdung auch noch so sehr verändert haben, von primitivsten Formen zu den höchsten Äußerungen des menschlichen Genius gelangt sein, immer das gleiche In-Erscheinung-Treten der unveränderlichen, letztendlich unerkennbaren Urtriebe.

In diesem Zusammenhang können wir A. N. *Leontjew* nur zustimmen, wenn er schreibt: „Das biologistische Herangehen macht es nicht nur unmöglich, die wirkliche Eigenart der psychischen Tätigkeit und des menschlichen Bewußtseins wissenschaftlich zu erklären, sondern es festigt auch retrospektiv die falschen Anschauungen in der Biologie. Kehrt man vom menschlichen Verhalten, dessen Besonderheiten bei dieser Art des

Herangehens unberücksichtigt bleiben, zum Verhalten des Tieres zurück, dann festigt man in der Biologie zwangsläufig die Idee von einem unverkennbaren Entwicklungsbeginn. Es werden jetzt gleichsam von oben herab in der Evolutionstheorie die metaphysischen idealistischen Konzeptionen unterstützt, die entweder eine geheimnisvolle Bewegung der Neuronenfortsätze, eine Entelechie, eine universelle Tendenz zur ‚guten Form‘ und Tiefe oder schließlich ewig wirksame Triebe postulieren" (1975, S. 218).

Wir haben uns aus zwei Gründen so lange bei der Theorie des Spiels von *Buytendijk* aufgehalten: erstens, weil in der Arbeit *Buytendijks* auf merkwürdige Art falsche, metaphysische, idealistische Vorstellungen mit richtigen Bemerkungen und Gedankengängen verknüpft sind und es wichtig ist, die letzten herauszusondern; zweitens, weil die Theorie des Spiels von *Buytendijk* die bedeutendste allgemeine Theorie des Spiels ist, weil sie im westeuropäischen Gedankengut zu diesem Problem an der Spitze steht.

Anscheinend wurde diese Theorie nicht gebührend gewürdigt. Die Auffassung *Buytendijks*, daß nur mit Gegenständen gespielt wird, und zwar nur mit solchen, die teilweise bekannt sind, ist nicht zu einer Forschungsaufgabe geworden, und man zog nicht die nötigen Schlüsse aus ihr. Freilich ist auch *Buytendijk* selbst daran schuld, weil er primäre Triebe und die Merkmale des jugendlichen Organismus an die erste Stelle rückte. Die wissenschaftliche Kritik aber muß nicht nur das Negative kritisieren, sondern auch das hervorheben, was bei der weiteren Arbeit an dem in Frage kommenden Problem Beachtung verdient.

Nach *Buytendijk* trat eine Krise in der Arbeit an einer allgemeinen Theorie des Spiels ein. Sie führte schließlich dazu, daß man es überhaupt für unmöglich hielt, eine solche Theorie zu schaffen.

Jence *Kollarits* stellt in einem polemischen Artikel (1940) fest, daß es ungeachtet der Bemühungen von *Claparède, Groos, Buytendijk* und anderen Autoren immer noch keine einheitliche Auffassung vom Wesen des Spiels gibt, vor allem weil die Psychologen in ein und denselben Terminus verschiedene Inhalte hineinlegen. Er unterzieht die verschiedenen Kriterien des Spiels (Übung, Lust, Erholung, jugendliche Dynamik, Funktion – also die Hauptmerkmale, die von *Groos, Claparède* und *Buytendijk* genannt wurden) einer Betrachtung und führt den Nachweis, daß sie erstens nicht allen Spielen eigen sind und man ihnen zweitens auch in anderen Tätigkeiten, nicht nur im Spiel, begegnet. Schließlich kommt er zu dem Schluß, es sei prinzipiell nicht möglich, das Spiel exakt zu umgrenzen, weil es eine solche besondere Tätigkeit einfach nicht gibt. Das, was man als Spiel bezeichnet, sei nichts anderes als die gleichartige Tätigkeit des erwachsenen Wesens der jeweiligen Art und des jeweiligen Geschlechts, nur auf einer niedrigeren Entwicklungsstufe der Instinkte, der psychischen Struktur, der Anatomie des Nervensystems, der Muskeln, der inneren Organe, insbesondere der Drüsen der inneren Sekretion. (Der Autor merkt nicht, daß er selbst eine bestimmte Theorie des Spiels vorschlägt. Auf einem anderen Blatt steht, in welchem Grade sie richtig ist. Wir meinen, sie kommt den Auffassungen William *Sterns* nahe, der das Spiel als „Morgendämmerung eines Ernstinstinktes" ansah.)

Noch krasser lehnt es H. *Schlosberg* (1947) in einem Artikel ab, das Spiel als eine besondere Tätigkeit zu betrachten. *Schlosberg* ist eindeutig ein Vertreter des amerikanischen Behaviorismus. Er kritisiert die verschiedenen Theorien des Spiels und gelangt zu dem Schluß, die Kategorie Spieltätigkeit sei etwas derart Verschwommenes, daß sie für die Psychologie der Gegenwart keinerlei Nutzen bringen könne.

Solcherart sind die insgesamt recht unbefriedigenden Ergebnisse der ein halbes Jahrhundert lang währenden Bemühungen, eine allgemeine Theorie des Spiels zu schaffen. Das bedeutet durchaus nicht, das Spiel existiere nicht als besondere, für die Kindheit charakteristische Verhaltensform. Das bedeutet lediglich: Im Rahmen jener biologischen und psychologischen Konzeptionen, von denen die Autoren der Theorien des Spiels ausgegangen sind, konnte eine solche Theorie nicht geschaffen werden.

Betrachtet man die Merkmale, nach denen das Spiel aus anderen Verhaltensformen herausgesondert wurde, so stellt man fest, daß die allgemeine Vorgehensweise als phänomenologisch anzusehen ist, das heißt als Vorgehensweise, bei der das Augenmerk auf äußere Erscheinungen gerichtet wird, die zwar manchmal in Verbindung mit der betrachteten Verhaltensform auftreten, nicht aber ihr objektives Wesen offenbaren. Darin sehen wir den Grundmangel der Untersuchungen des Spiels; er führte zu negativen Schlüssen.

Charakteristisch war außerdem für diese Theorien die Identifizierung des psychischen Entwicklungsverlaufs des Kindes und damit auch seines Spiels mit der Entwicklung des Jungtieres und seinem Spiel. Eine allgemeine Theorie des Spiels jedoch, die das Spiel von Jungtieren und das des Kindes umfaßt, kann infolge des hier vorliegenden tiefgehenden qualitativen Unterschieds in der psychischen Entwicklung überhaupt nicht geschaffen werden. Das bedeutet nicht, daß man nicht zwei Theorien schaffen könnte: eine Theorie des Spiels der Tiere und eine Theorie des Kinderspiels. Hier scheint es uns angebracht, einige Vorstellungen zum psychologischen Wesen des Spiels von Jungtieren mitzuteilen. Zu diesen Vorstellungen gelangten wir beim Untersuchen unseres Materials, und wir meinen, sie könnten vielleicht den Schöpfern einer Theorie des Spiels der Tiere nützlich sein. Außerdem dienen sie auch unseren Zwecken, denn sie helfen, die spezifischen Besonderheiten des Spiels der Kinder zu ermitteln.

Das Spiel wird von verschiedenen Wissenschaften – der Biologie, der Physiologie u. a. – untersucht. Es ist auch Forschungsgegenstand der Psychologie, insbesondere der Entwicklungspsychologie. Den Psychologen, der sich mit diesem Problemkreis befaßt, interessiert das Spiel vor allem als Tätigkeit, bei der eine besondere Art von psychischer Regulation und Verhaltenssteuerung erfolgt.

Es unterliegt keinem Zweifel, daß das Spiel als besondere Verhaltensform erst in einem bestimmten Evolutionsstadium der Tierwelt entsteht und daß es erst zum Spielen kommt, nachdem die Kindheit als eine spezifische Periode der Entwicklung eines Individuums entstanden ist. *Groos* und insbesondere *Buytendijk* heben mit Recht diesen Evolutionsaspekt der Entstehung des Spiels hervor.

Nehmen wir als Ausgangspunkt einige Thesen *Buytendijks*. Lassen wir es gelten, daß nur Junge von fleischfressenden Tieren (Raubtieren) und von Affen spielen; lassen wir des weiteren gelten, das Spiel sei nicht eine Funktion des Organismus, sondern eine Verhaltensform, das heißt eine Tätigkeit mit Dingen, die Elemente der Neuheit enthalten. Um festzustellen, welche biologische Bedeutung die Tätigkeit mit solchen Gegenständen für die Jungtiere dieser Arten haben kann, wollen wir klären, auf welchem Niveau die psychische Verhaltensregulation der erwachsenen Tiere vor sich geht.

Nach A. N. *Leontjew* (1975) befinden sich diese Tierarten in unterschiedlichen Entwicklungsstadien der perzeptiven Psyche, wobei die höchsten Arten das Stadium der Intelligenz erreicht haben. Im Stadium der perzeptiven Psyche besteht die psychische Verhaltenssteuerung darin, daß das Tier in seiner Umwelt Bedingungen ausmacht, die objektiv den Gegenstand enthalten, der es unmittelbar zur Tätigkeit veranlaßt und ein biologisches Bedürfnis zu befriedigen vermag. Im Stadium der Intelligenz jedoch sondert es auch die Beziehungen heraus, die zwischen den Dingen bestehen und die Bedingungen für die Ausführung der Tätigkeit darstellen. Charakteristisch für die Organisation eines Verhaltens dieser Art ist, daß es Vorbereitungsphasen enthält.

Elemente der Tätigkeit, zum Beispiel das Umgehen von Hindernissen, Auflauern, Verfolgen, Überwindung von Schwierigkeiten, verbunden mit der Suche nach neuen Wegen, sind nicht auf den Gegenstand an sich gerichtet, sondern auf die Bedingungen, unter denen er sich bietet. Diese Verhaltenselemente werden von dem psychischen Spiegelbild der Bedingungen gesteuert. Die Hauptsache besteht hier nicht darin, daß das Tier einen Zaun auf dem Wege zum Ziel wahrnimmt, sondern darin, daß sich eine Orientierung auf die Beziehung zwischen dem Gegenstand und den anderen Bedingungen einstellt. Die Orientierung führt dazu, daß in der Bewegung, die auf diese Bedingungen gerichtet ist, bereits gleichsam der Weg zum Endobjekt berücksichtigt wird.

Wie *Galperin* sehr richtig feststellt, „besteht die Bedeutung der Versuche *Köhlers* (und aller nach diesem Typ aufgebauten

Versuche) auch darin, daß sie sehr einfache Situationen zeigen, die aber dennoch nicht auf dem Wege zufälliger Versuche und Irrtümer gelöst werden, ohne daß sich das Tier auf die wesentlichen Beziehungen der Aufgabe orientieren würde. Der Orientierungsprozeß ist hier eine unerläßliche Bedingung des Erfolgs im Verhalten. Nach diesen Situationen wird noch klarer, daß auch für Aufgaben, die auf dem Wege zufälliger Versuche gelöst werden, eine, sei es auch nur minimale, Orientierung erforderlich ist, eine Orientierung auf die Beziehung der Handlung zum positiven Ergebnis ... Die Orientierung des Verhaltens auf der Grundlage des Abbildes von der Umwelt und der Handlung selbst (oder zumindest des Weges zum Endobjekt) ist eine notwendige Bedingung (eine beständige, nicht eine einmalige und zufällige) des Handlungserfolgs" (1966, S. 245).

Das ist im wesentlichen die psychologische Charakteristik der Tätigkeit von Tieren dieser Evolutionsstufe.

Hervorzuheben ist, daß der Handlungserfolg nicht schlechthin von der Orientierung abhängt, sondern von einer schnellen und exakten Orientierung, die bis zur Vollkommenheit entwickelt und fast automatisiert ist. Im Existenzkampf kann jede Verzögerung beziehungsweise Ungenauigkeit den Tod bedeuten.

Entwickelt sich nun eine solche Organisation der Handlungen im Laufe der individuellen Anpassung, beim Ausführen von Tätigkeiten, die unmittelbar mit dem Existenzkampf zusammenhängen? Nein, auf diesem Wege konnte sich eine solche Handlungsorganisation nicht entwickeln. Das hätte sehr schnell dahin geführt, daß die Tiere vor Hunger ausgestorben oder durch Feinde umgekommen wären.

Folglich mußte sich eine besondere Periode im individuellen Leben der Tiere herausbilden wie auch eine besondere Tätigkeit in dieser Periode, bei der sich die erforderliche Organisation jeder künftigen Tätigkeit, die dem Existenzkampf und der Arterhaltung galt, entwickelte und vervollkommnete.

Jerome S. *Bruner* (1972) hob hervor, das Wesen der Kindheit sowie die Erziehungsverfahren und -formen entwickeln sich und unterliegen einer ebensolchen natürlichen Auswahl wie auch jede andere morphologische Form beziehungsweise Verhaltensform. Eine Hypothese zur Evolution der Primaten, schreibt *Bruner*, besteht in der Annahme, daß diese Evolution auf der progressiven Auswahl einer ganz bestimmten Struktur der Kindheit basiert. Diese Hypothese kommt der Wahrheit sehr nahe und gilt nicht nur für die Evolution der Primaten, sondern auch aller anderen Tierarten, die in einer dinglich aufgegliederten Welt leben – diese Welt fordert ein den individuell unwiederholbaren Bedingungen, unter denen sich der Bedürfnisgegenstand bietet, angepaßtes Verhalten. Speziell infolge der Unwiederholbarkeit dieser Bedingungen entsteht, wie *Galperin* zeigte, die objektive Notwendigkeit, die Handlungen psychisch zu steuern, das heißt, sie anhand des Abbilds von der Situation, von den Handlungsbedingungen zu regulieren. Das Stereotype ist hier völlig ungeeignet. Es wird eine maximale Variabilität der Handlungen benötigt.

Die Kindheit als besondere Lebensphase in die Gesamtkette des Entwicklungsprozesses einzugliedern war ein wichtiger Schritt auf dem Wege zu ihrem Verständnis.

Die Embryologen haben diesen Schritt längst getan. In der russischen Wissenschaft tat ihn A. N. *Sewerzew. J. J. Schmalgausen* entwickelte *Sewerzews* Gedanken weiter und schrieb: „Die fortschreitend komplizierter werdende Organisation des erwachsenen Tiers geht mit einem Komplizierterwerden auch der individuellen Entwicklungsprozesse einher, durch die diese Organisation zustande kommt" (1969, S. 353). Angaben aus der Embryologie verallgemeinernd, hebt *Schmalgausen* hervor: „Die Ontogenese ist nicht nur das Ergebnis der Phylogenese, sondern auch ihre Grundlage. Die Ontogenese wird nicht nur durch hinzukommende Stadien verlängert, sondern erhält im Evolutionsprozeß insgesamt einen neuen Aufbau. Sie hat ihre Geschichte, die gesetzmäßig mit der Geschichte des erwachsenen Organismus verbunden ist und sie teilweise bestimmt.

Man darf die Phylogenese nicht als Geschichte nur des erwachsenen Organismus betrachten und sie der Ontogenese gegenüberstellen. Die Phylogenese ist ja gerade eine historische Reihe gewisser (ausgewählter) Ontogenesen" (ebenda, S. 151 f.).

Diese wichtigen Gedanken treffen nicht nur auf die embryonale Entwicklung morphologischer Formen zu, sondern auch auf die nachembryonale Entwicklung der Verhaltensformen. Wir sagten bereits im Hinblick auf die Organisation des Verhaltens von Tieren im Stadium der perzeptiven Psyche, um den Terminus von A. N. *Leontjew* zu gebrauchen, daß zu diesem Verhalten unbedingt die Orientierungstätigkeit gehört, die das Verhalten entweder vorbereitet oder mit ihm einhergeht. Die Entstehung der Orientierungstätigkeit an sich führt nicht zu neuen Verhaltensformen.

Galperin, dem wir die Theorie der Orientierungstätigkeit verdanken, schreibt in der bereits zitierten Arbeit: „Wenn sich die Orientierungstätigkeit an der Anpassung des Tieres an individuelle Besonderheiten der Umstände beteiligt, so bedeutet das nicht unbedingt, daß irgendwelche neuen Verhaltensformen entstehen. Umgekehrt, es eröffnet vor allem die Möglichkeit einer weitaus geschmeidigeren und folglich auch umfassenderen Nutzung des bereits vorhandenen Bewegungsrepertoires. Und das ist ein außerordentlich wichtiger Umstand – die Orientierung auf der Ebene des Abbilds gestattet nicht, neue Verhaltensformen für extrem veränderliche individuelle Situationen zu schaffen, sondern allgemeine Verhaltensschemata zu nutzen, die an die individuellen Varianten der Situation angepaßt werden. Und dies bedeutet auch, daß nicht das Auftauchen besonderer, neuer Verhaltensformen vom Vorhandensein einer psychischen Regulierung des Verhaltens zeugt, sondern dies bezeugen die besondere Geschmeidigkeit, die Veränderlichkeit und die Mannigfaltigkeit ihrer Anwendung" (1980, S. 141 f.).

Wie bereits festgestellt, entstehen müssen die Orientierungstätigkeit und ein durch sie vollkommen gesteuertes Verhalten, bevor das Tier selbständig seinen Existenzkampf aufnimmt, also in der Jugendzeit. Das Spiel eben ist die Tätigkeit, bei der sich, auf der Basis der Orientierungstätigkeit, die Verhaltenssteuerung entwickelt und vervollkommnet. Wir betonen: Es geht hierbei nicht um irgendeine konkrete – die Nahrung, den Schutz, die Vermehrung betreffende – Verhaltensform, sondern um eine schnelle und exakte psychische *Steuerung* des Verhaltens insgesamt. Gerade deshalb bilden im Spiel alle möglichen Verhaltensformen gleichsam ein einziges Knäuel,

131

und gerade deshalb haben die Spielhandlungen den Charakter von etwas Unvollendetem.[19]

In den letzten Jahrzehnten wurden sehr viele Untersuchungen des Verhaltens von Tieren unter natürlichen Bedingungen sowie spezielle experimentelle Untersuchungen durchgeführt und dabei neue Verhaltensformen ermittelt. Uns interessiert hier insbesondere das spezifische Untersuchungsverhalten. R. *Hinde* verallgemeinert das vorliegende Material und hält es für angebracht, zwischen der Orientierungsreaktion, die mit Unbeweglichkeit verbunden ist, und der aktiven Untersuchung, bei der sich das Tier im Verhältnis zu dem untersuchten Objekt oder Teil bewegt, zu unterscheiden. Das Untersuchungsverhalten bezeichnet *Hinde* als Verhalten, bei dem sich das Tier mit seiner Umwelt beziehungsweise mit der Reizquelle bekannt macht. Gleichzeitig hält er es für notwendig, zwischen Untersuchungsverhalten und Spiel zu unterscheiden: „Obwohl einige Formen des Spielverhaltens das Bekanntwerden mit dem Gegenstand ebenfalls fördern, darf man die Untersuchung nicht dem Spiel gleichsetzen. Ist der Gegenstand nicht bekannt, dann kann das Untersuchungsverhalten dem Spielverhalten vorausgehen und in dem Maße schwächer werden, wie er bekannter wird" (1975, S. 377).

Zwischen dem Untersuchungs- und dem Spielverhalten zu unterscheiden ist deshalb wichtig, weil das erste sehr häufig in das zweite übergeht. Es ist also durchaus begründet, zwischen Orientierungsreaktion, Untersuchungsverhalten und Spiel zu unterscheiden. Das ist wahrscheinlich die Reihenfolge, in der diese Verhaltensformen im Evolutionsverlauf entstanden sind und in der Ontogenese des Verhaltens der Jungtiere entstehen.

Diese Annahme wird gestützt durch Untersuchungsergebnisse zur Ontogenese der Verhaltensformen bei den höheren Säugetieren. K. E. *Fabri* (1976) sammelte und verallgemeinerte viel Material über das Spiel als besonderer Verhaltensform von Jungtieren und betrachtete es als zu jener Periode gehörend, die unmittelbar der geschlechtlichen Reife vorausgeht.

---

[19] Eine interessante Aufzählung charakteristischer Merkmale der Spielhandlungen enthält ein Buch von R. *Hinde* (1975).

Wir können das Spiel von Jungtieren, zunächst rein hypothetisch, als Tätigkeit beschreiben, in der das Jungtier, mit dem Objekt (Ding) manipulierend, durch seine Bewegungen unwiederholbare und nicht vorauszusehende Varianten der Lage des Objekts schafft und sich, während es ununterbrochen mit dem Gegenstand Handlungen ausführt, an den Besonderheiten der sich schnell ändernden Situationen orientiert. Geht man von dieser Hypothese aus, dann sind die sich schnell ändernden Situationen, die sich nach jeder Handlung mit dem Objekt ergeben, und die ebenso schnelle Anpassung der Handlungen, ihre Steuerung auf der Basis der Orientierung an den Besonderheiten der immer wieder neuen Situation, die Hauptmerkmale des Spiels.

Kern dieser Tätigkeit ist die Orientierung in der sich schnell und ununterbrochen ändernden Situation und die darauf beruhende Steuerung der Bewegungsakte. Eine spezifische Besonderheit der Spielbewegungen ist ihre Unabgeschlossenheit, das Fehlen des Ausführungsgliedes. Das junge Kätzchen greift mit den Pfoten nach einem Gegenstand, zerfetzt ihn aber nicht, der junge Hund beißt an etwas herum, beißt es aber nicht durch. Das eben ließ bei einigen Psychologen die Vorstellung entstehen, es gäbe im Spiel der Tiere die Fiktion beziehungsweise die Phantasie.

Die vorliegenden fragmentarischen Beobachtungen spielender Tiere bieten gewisse Grundlagen für Hypothesen über den Entwicklungsweg des Spiels im individuellen Leben eines Tiers. Es entwickelt sich von einer Tätigkeit mit maximal entfaltetem Orientierungsteil und unvollendetem, verkürztem, unterbrochenem Ausführungsteil zu einer Tätigkeit mit maximal verkürztem, nur Augenblicke dauerndem und exaktem Orientierungsteil. Diese Kürze, dieses Momentane und Exakte an der Orientierung schafft, sobald es den „ernsten“, zum Existenzkampf gehörenden Tätigkeiten anhaftet, den Eindruck, eine psychische Steuerung läge hier nicht vor. Folglich ist das Spielen der Jungtiere Übung, geübt aber werden nicht einzelne Bewegungssysteme oder einzelne Instinkte und Verhaltensformen, sondern die schnelle und exakte Steuerung des motorischen Verhaltens in allen seinen Formen, auf der Basis von Abbildern der individuellen Bedingungen, unter denen sich der Gegenstand darbietet, das heißt, geübt wird die Orientierungstätigkeit.

Das Vorhandensein einer Orientierungsphase im Verhalten höherer Tiere mußte auch den Aufbau ihres Nervensystems und die Folge der Reifung seiner einzelnen Teile beeinflussen. Wir haben nicht speziell untersucht, welche Unterschiede im Reifen der einzelnen Teile des Nervensystems zwischen „nichtspielenden" und „spielenden" Tieren bestehen. Darauf jedoch, daß die Reifungsfolge der einzelnen Teile des Nervensystems beim Übergang vom Tier zum Menschen eine wesentlich andere Struktur annimmt, gibt es direkte Hinweise. N. M. *Stschelowanow* stellte in seinen vergleichenden Untersuchungen zur frühen Ontogenese fest, daß „im eigentlichen Entwicklungsverlauf der Bewegungen eines Säuglings von Geburt an Besonderheiten vorhanden sind, die ihn prinzipiell von Jungtieren unterscheiden und von großer Bedeutung in der Erziehung sind. So haben wir zum Beispiel festgestellt, beim Säugling entwickeln sich die Wahrnehmungsorgane und die Bewegungen in einem anderen zeitlichen Verhältnis als beim Tier. Bereits im zweiten Monat beginnt beim Säugling die Großhirnrinde zu funktionieren. Dafür spricht die Tatsache, daß bedingte Reflexe aller Wahrnehmungsorgane entstehen, einschließlich der optischen und akustischen. Dennoch sind die Bewegungen eines zweimonatigen Kindes noch sehr unvollkommen. Bei den meisten Tieren entwickeln sich die Bewegungen und die Wahrnehmungsorgane in einer anderen Reihenfolge. Ihre Bewegungen sind entweder bereits bei der Geburt organisiert, oder sie entwickeln sich, bevor bedingte Reflexe der höheren Wahrnehmungsorgane beziehungsweise der Analysatoren, das heißt des Auges und des Ohres, entstanden sind. Beim Kind also bilden sich zuerst die höheren Analysatoren heraus, der optische und der akustische, bis hin zu ihren kortikalen Abschnitten, und erst danach entwickeln sich die Bewegungen. Bei den meisten Tieren ist die umgekehrte Folge zu beobachten" (1935, S. 64).

Bei den Jungen höherer Tiere ist zum Zeitpunkt der Geburt das gesamte Bewegungssystem fast fertig ausgebildet, das System der höheren Analysatoren dagegen noch nicht. Aber gerade das System der höheren Analysatoren ist für die Orientierungstätigkeit zuständig, für die Entstehung das Verhalten steuernder Abbilder der Gegenstände und Bedingungen. Es ist daher anzunehmen, daß bei den Jungen dieser Tiere zum Zeitpunkt ihrer Geburt die psychische Regulation – die Verhaltensorientierung – noch nicht ausgebildet ist. Diese Nichtübereinstimmung im Hinblick auf die Entwicklung der Bewegungssysteme und die Entwicklung ihrer psychischen Steuerung hat sich im Laufe der biologischen Evolution ergeben.

Die Jugendperiode der höheren Tierarten verläuft unter Bedingungen, die von den Alttieren geschaffen werden. Die Alttiere befriedigen die Hauptbedürfnisse der Jungen, und die Jungen brauchen, weil sie physisch noch nicht in der Lage dazu sind und weil bei ihnen die psychische Verhaltensregulation noch nicht ausgebildet ist, sich nicht um die Nahrungsbeschaffung zu kümmern.

Auf dieser Basis eben entsteht eine besondere Tätigkeit. Sie entwickelt die Prozesse, die der psychischen Verhaltenssteuerung zugrunde liegen. Diese Tätigkeit ist das Spielen der Tiere. Notwendig sind hierbei, wie *Buytendijk* feststellt, Elemente der Neuheit an den Gegenständen. Sie halten einerseits die Orientierungstätigkeit in Gang, andererseits aber verändern sie sich im Verlaufe der Manipulationen ständig und machen dadurch die psychische Verhaltenssteuerung erforderlich. Die Aussonderung der Orientierungsprozesse auf der Basis entsprechender Veränderungen der Umwelt, verbunden mit der Entwicklung einer speziellen Tätigkeit, die nicht unmittelbar der Befriedigung der Hauptbedürfnisse gilt, ist ein außerordentlich wichtiger Fakt in der Evolution der Verhaltensformen. Die Jugendzeit der höheren Tiere ist so gesehen die Periode, in der sich die psychische Verhaltensregulation herausbildet und folglich die Diskrepanz zwischen den bereits ausgebildeten grundlegenden Bewegungssystemen und den noch nicht fertigen höheren analysatorischen Systemen beseitigt wird. Die Tätigkeit, bei der sich die psychische Steuerung entwickelt und vervollkommnet, ist eben das Spiel, eine ihrem wesentlichen Inhalt nach sich verselbständigende Orientierungstätigkeit.

Alle unsere Thesen, in denen wir vorliegendes, jedoch nicht systematisiertes Material verallgemeinert haben, müssen in speziellen vergleichenden psychologischen Untersuchungen überprüft werden.

Wie bereits aufgrund der Untersuchungsergebnisse von N. M. *Stschelowanow* festgestellt, ist die Entwicklungsfolge der motorischen und der analysatorischen Bewegungssysteme beim Kind eine grundsätzlich andere als beim Jungtier. Folglich ist anzunehmen, daß auch die Ursachen und die Mechanismen der Entstehung des Spiels beim Kind sich wesentlich von denen beim Jungtier unterscheiden.

Wir haben unsere Thesen ausgehend von der theoretischen Vorstellung entwickelt, daß das Psychische das Verhalten steuert und sich diese seine Steuerungsfunktion bei den höheren Tieren in enger Verbindung mit dem Leben entwickelt.

In den Theorien des Spiels, die wir hier angeführt und analysiert haben, ist das Problem psychische Entwicklung beziehungsweise Entwicklung der Orientierungsfunktion des Psychischen überhaupt nicht aufgeworfen worden. Vielleicht ist es gerade deshalb nicht gelungen, eine allgemeine psychologische Theorie des Spiels zu schaffen.

Wir sind weit davon entfernt anzunehmen, eine abgeschlossene Theorie des Spiels der Tiere entwickelt zu haben. Aber wir hoffen, daß unsere Ausführungen den Psychologen, die das Spielen der Tiere untersuchen, einen neuen Weg weisen. Wir schließen uns der Meinung R. *Hindes* an, „die Grundlagen des Spielverhaltens aufgedeckt zu haben wäre zweifellos an sich schon hoher Lohn für die Mühen des Forschers, ganz zu schweigen davon, daß dadurch das Wesen der Steuerung vieler Tätigkeitsarten erhellt wurde" (1975, S. 386).

3.2. Theorien und Forschungsprobleme des Kinderspiels

Mit Ausnahme des Behaviorismus haben die Vertreter fast aller Richtungen der Psychologie im Ausland auf diese oder jene Weise versucht, für das Spielen der Kinder eine Erklärung zu finden, wobei sie natürlich ihre allgemeinen theoretischen Konzeptionen (S. *Freud* die Psychoanalyse, K. *Koffka* die Strukturtheorie, K. *Lewin* die dynamische Psychologie, J. *Piaget* die Theorie vom Egozentrismus) bestätigt sehen wollten. Zwar haben nicht alle Psychologen dieser verschiedenen Richtungen den Versuch unternommen, eine Gesamttheorie des Spiels zu erarbeiten, aber jeder hat auf seine Weise die Hauptmerkmale dieser Erscheinung zu interpretieren gesucht. Bereits Ende des 19. Jahrhunderts, noch bevor die Arbeiten von Karl *Groos* erschienen waren, haben die Psychologen beim Beschreiben des Kinderspiels ihr Hauptaugenmerk auf die kindlichen Vorstellungen beziehungsweise die kindliche Phantasie gerichtet.

James *Sully* (1897) hob zwei Besonderheiten jener Spielform hervor, die als Rollenspiel bezeichnet wird und im Vorschulalter eine Vorrangstellung hat. Erstens: Das Kind verwandelt sich und die Gegenstände seiner Umgebung und begibt sich in eine Phantasiewelt. Zweitens: Das Kind ist völlig „versunken in seine Spielwelt", geht in ihr auf.

Sully stellt allerdings nur die Frage nach dem Wesen der fesselnden Gedankenwelt, die das Kind im Spiel realisiert, und all der Verwandlungen, die es mit der Wirklichkeit vollzieht, gibt aber keine Antwort darauf. Er schreibt: „Ich wenigstens glaube, daß das Spiel der Kinder, über welches so viel zuversichtlich geschrieben worden ist, nur unvollkommen verstanden wird. Ist dasselbe eine ernste Beschäftigung, mehr halbbewußtes Schauspielern als halbbewußtes Handeln, oder keines hiervon oder all das im Wechsel? Ich glaube, daß derjenige ein kühner Mann sein würde, der diese Frage auf der Stelle zu beantworten wagte" (1897, S. 12).

Diese zwei Phänomene des Kinderspiels – das Wirken der Phantasie und das Versunkensein in die erdachte Welt – sind von vielen Psychologen hervorgehoben worden, und die Theoretiker des Spiels konzentrierten ihre Aufmerksamkeit darauf, diese Erscheinungen zu erklären. William *Stern* zum Beispiel schrieb: „Heißt doch jene Altersepoche, mit der wir es zu tun haben, geradezu das ‚Spielalter‘, und zeigt doch das phantasiemäßige Vorstellen hier schon eine Ausbildung, die der Entwicklung der anderen Vorstellungs- und Denkfunktionen weit vorauseilt" (1914, S. 185). Und an anderer Stelle: „Wenn man sieht, wie restlos die Versenkung eines Kindes beim Anhören eines Märchens oder beim eigenen Erzählen einer Phantasiegeschichte ist, mit welchem Ernst es seine Spiele treibt und welche Verzweiflung es bei deren Störung packen kann, dann erkennt man, daß hier die *Illusion der Wirklichkeit* noch völlig oder doch annähernd vorhanden ist" (ebenda, S. 188).

Stern sieht die Erklärung für dieses Überwechseln in eine vorgestellte Welt und für die damit verbundene Illusion der Wirklichkeit in folgendem: „Das kleine Kind, das in seiner Hilflosigkeit überall auf Hemmungen stößt, das in seinem realen Tun so abhängig ist von den Erwachsenen, mag von diesem Druck wohl ein mehr oder minder dumpfes Gefühl haben; und da löst es sich von ihm durch eine Flucht in die Phantasiewelt, in der es selbst Herr und Gebieter, ja Schöpfer und Gestalter ist. Je stärker aber die Illusion ist, mit der es sich in sein selbst geschaffenes Scheindasein versenkt, um so stärker das Gefühl der Befreiung, um so größer die Lust.

Und eng ist die wirkliche Umgebung des Kindes. Die Räume der häuslichen Wohnung, die Familienmitglieder und Dienstboten, der tägliche Spaziergang und seine Spielsachen – das ist seine Welt. Das übrige Leben wirft nur von fern seinen Widerschein in des Kindes Dasein. Aber indem es diesen Widerschein in den Schein seines eigenen Phantasierens und Spielens aufnimmt, erweitert es seine Lebenssphäre. Hierbei zaubert es nicht nur die *Gegenstände* der Welt da draußen, Pferd und Wagen, Eisenbahn und Schiffe usw. in sein Spielreich hinein, sondern auch – was viel wichtiger ist – die *Menschen*, indem es sich selbst in deren Rolle versetzt. Das Vertauschen der eigenen Persönlichkeit mit einer anderen kann, obgleich es doch an die Illusionierung die stärksten Ansprüche stellt, zuweilen eine ganz überraschende Intensität annehmen" (ebenda, S. 190 f.).

Diese Äußerungen *Sterns* deuten auf eine spezifische Konzeption der Ursachen für die Entstehung des Spiels und der Mechanismen des Spielens. Die enge Welt des Kindes und das „dumpfe Gefühl" von dem es belastenden Druck verursachen die Intention, sich von dieser Welt zu entfernen, sind der Grund für die Entstehung des Spiels; die Phantasie und das mit ihr verbundene Illusionserleben sind die Mechanismen des Spielens. *Stern* läßt den von ihm selbst geäußerten Gedanken unbeachtet, daß das Kind in sein Spiel die Tätigkeit der Erwachsenen und die mit dieser Tätigkeit verbundenen Gegenstände aufnimmt. Folglich übt gerade diese Welt der Erwachsenen eine Anziehungskraft auf das Kind aus.

Also steht man bei der Erklärung des Spiels vor einer Alternative: entweder ist das Spiel eine Reaktion des Kindes auf die Enge seiner Welt, oder es ist die Wiedergabe der für das Kind anziehenden Tätigkeit der Erwachsenen.

Manche Autoren, zum Beispiel Karl *Bühler*, wandten sich dagegen, dem Spiel überaus viel Einbildungskraft zuzuschreiben. Die Meinung, das Spiel sei Ausdruck einer lebhaften und unbekümmerten Phantasie, die angeblich in der frühen Kindheit einen hohen Entwicklungsstand erreicht, ist kennzeichnend für die funktionale Psychologie beziehungsweise die Psychologie der Fähigkeiten. Stimmt man dieser Auffassung zu, dann bedeutet das, eine derart komplizierte Fähigkeit wie die Phantasie, die von den Autoren selbst als spezifisch menschliche Fähigkeit bezeichnet wird, entsteht viel früher als andere, damit verglichen elementarere Fähigkeiten. Die Autoren haben einfach den Widerspruch übersehen, in den sie mit ihren eigenen Anschauungen geraten sind, weil sie das Phänomen Spiel erklären mußten und keine andere Erklärung fanden. Die Psychologie der Fähigkeiten konnte auch gar keine andere Erklärung liefern. Von allen Fähigkeiten, die der Psychologie Ende des 19. bis Anfang des 20. Jahrhunderts bekannt waren, eignete sich natürlich die Phantasie beziehungsweise die Vorstellungskraft am besten dazu, die Erscheinung Spiel zu erklären.

Die Auffassung, daß die Vorstellungen bei Kindern einen hohen Entwicklungsgrad erreichen, kritisierte L. S. *Wygotski*: „Bis zum heutigen Tage existiert noch die Meinung, das Kind habe eine reichere Phantasie als der Erwachsene. Man nimmt an, in der Kindheit sei die Phantasie am stärksten entwickelt, und mit fortschreitender Entwicklung lasse die Vorstellungskraft, die Phantasie des Kindes nach. Diese Meinung ist darauf zurückzuführen, daß viele Beobachtungen der Phantasietätigkeit einen solchen Schluß zulassen.

Die Kinder vermögen aus allem alles zu machen, sagte Goethe, und diese Anspruchslosigkeit, diese Bescheidenheit der Phantasie, der beim Erwachsenen Schranken auferlegt sind, wird oft für Freiheit und Reichtum der Vorstellungskraft gehalten ...

All das zusammengenommen war die Grundlage der Behauptung, die Phantasie sei im Kindesalter reicher und vielfältiger als beim reifen Menschen. Diese Auffassung aber hält einer wissenschaftlichen Betrachtung nicht stand.

... Die Phantasie des Kindes ... ist nicht reicher, sondern ärmer als die des Erwachsenen; im Entwicklungsverlauf des Kindes entwickelt sich auch seine Phantasie und erreicht erst beim erwachsenen Menschen ihre volle Reife" (1967, S. 27 f.).

Während man in den allgemeinen Theorien des Spiels, die wir im vorigen Abschnitt erörtert haben, das Spielen ausgehend von den Merkmalen des jugendlichen Tierorganismus zu erklären suchte, wurden in den Theorien des Kinderspiels die Haupterscheinungen des Spielverhaltens und damit auch das Spiel als Verhaltensform des Kindes mit der intensiven Entwicklung der Phantasie und ihren Besonderheiten im Kindesalter – Lebhaftigkeit, Unbekümmertheit, Stärke der Illusion – erklärt. Überhaupt nicht untersucht wurde die Stellung des Kindes in der Gesellschaft, im System seiner Wechselbeziehungen mit den Erwachsenen seiner Umgebung. William *Stern* war einer der ersten, die auf die „enge Welt" des Kindes hinwiesen und das als Ursache für die Entstehung des Spiels ansahen, das Spiel als eine Form der Flucht aus dieser engen Welt betrachteten.

Stark beeinflußt wurden die Auffassungen vom Wesen des

Kinderspiels von der psychoanalytischen Theorie Sigmund *Freuds*. Wir erwähnten bereits, welchen Einfluß sie auf Karl *Bühler* hatte, der den ökonomischen Gesichtspunkt des Lustprinzips anerkannte, und auf *Buytendijk*, der die Ansichten *Freuds* über die Urtriebe seinen theoretischen Darlegungen zugrunde legte. Die psychoanalytische Theorie übte auf viele Psychologen (J. *Piaget*, K. *Koffka*, K. *Lewin*) einen mehr oder minder starken Einfluß aus und ist heute ziemlich verbreitet. Diese Verbreitung geht so weit, daß das Spiel als diagnostische Methode und als therapeutisches Mittel angewandt wird (play therapy).

Freud entwickelt an sich keine eigene Theorie des Spiels. Das gehört auch nicht zu seinen Aufgaben. Probleme des Spiels berührt er nur nebenher, in Verbindung mit seinen Bemühungen, das „Jenseits des Lustprinzips" zu erforschen.

Bekanntlich erachtete es *Freud* im Zusammenhang mit den Untersuchungen der traumatischen Neurose für notwendig, in das „Jenseits des Lustprinzips" vorzudringen. Er stellt fest, daß bei traumatischen Neurosen die Träume, hinter denen sich gewöhnlich unerfüllte Wünsche verbergen, in ihrem Wesen gestört sind, von den Zielen des Neurotikers abweichen, und schreibt: „Ich mache nur den Vorschlag, das dunkle und düstere Thema der traumatischen Neurose zu verlassen und die Arbeitsweise des seelischen Apparates an einer seiner frühzeitigen normalen Betätigungen zu studieren. Ich meine das Kinderspiel" (1923, S. 12).

Er kritisiert die verschiedenen Theorien des Spiels und sagt: „Diese Theorien bemühen sich, die Motive des Spielens der Kinder zu erraten, ohne daß dabei der ökonomische Gesichtspunkt, die Rücksicht auf Lustgewinn, in den Vordergrund gerückt würde" (ebenda). *Freud* versuchte, das erste selbstentwickelte Spiel eines anderthalbjährigen Kindes zu erklären, das er ziemlich lange beobachtet hatte.

Er schreibt: „Dieses brave Kind zeigte nun die gelegentlich störende Gewohnheit, alle kleinen Gegenstände, deren es habhaft wurde, weit weg von sich in eine Zimmerecke, unter ein Bett usw. zu schleudern, so daß das Zusammensuchen seines Spielzeugs oft keine leichte Arbeit war. Dabei brachte es mit dem Ausdruck von Interesse und Befriedigung ein lautes, langgezogenes o-o-o-o hervor, das nach dem übereinstimmenden Urteil der Mutter und des Beobachters keine Interjektion war, sondern ‚Fort‘ bedeutete. Ich merkte endlich, daß das ein Spiel sei und daß das Kind alle seine Spielsachen nur dazu benützte, mit ihnen ‚Fortsein‘ zu spielen. Eines Tages machte ich dann die Beobachtung, die meine Auffassung bestätigte. Das Kind hatte eine Holzspule, die mit einem Faden umwickelt war. Es fiel ihm nie ein, sie z. B. am Boden hinter sich herzuziehen, also Wagen mit ihr zu spielen, sondern es warf die am Faden gehaltene Spule mit großem Geschick über den Rand seines verhängten Bettchens, so daß sie darin verschwand, sagte dazu sein bedeutungsvolles o-o-o-o und zog dann die Spule am Faden wieder aus dem Bett heraus, begrüßte aber deren Erscheinen jetzt mit einem freudigen ‚Da‘. Das war also das komplette Spiel, Verschwinden und Wiederkommen, wovon man zumeist nur den ersten Akt zu sehen bekam, und dieser wurde für sich allein unermüdlich als Spiel wiederholt, obwohl die größere Lust unzweifelhaft dem zweiten Akt anhing.

Die Deutung des Spiels lag dann nahe. Es war im Zusammenhang mit der großen kulturellen Leistung des Kindes, mit dem von ihm zustande gebrachten Triebverzicht (Verzicht auf Triebbefriedigung), das Fortgehen der Mutter ohne Sträuben zu gestatten. Es entschädigte sich gleichsam dafür, indem es dasselbe Verschwinden und Wiederkommen mit den ihm erreichbaren Gegenständen selbst in Szene setzte. Für die affektive Einschätzung dieses Spiels ist es natürlich gleichgültig, ob das Kind es selbst erfunden oder sich infolge einer Anregung zu eigen gemacht hatte. Unser Interesse wird sich einem anderen Punkte zuwenden. Das Fortgehen der Mutter kann dem Kinde unmöglich angenehm oder auch nur gleichgültig gewesen sein. Wie stimmt es also zum Lustprinzip, daß es dieses ihm peinliche Erlebnis als Spiel wiederholt? Man wird vielleicht antworten wollen, das Fortgehen müßte als Vorbedingung des erfreulichen Wiedererscheinens gespielt werden, im letzteren sei die endgültige Spielabsicht gelegen. Dem würde die Beobachtung widersprechen, daß der erste Akt, das Fortgehen, für sich allein als Spiel inszeniert wurde, und zwar ungleich häufiger als das zum lustvollen Ende fortgeführte Ganze.

Die Analyse eines solchen einzelnen Falles ergibt keine sichere Entscheidung; bei unbefangener Betrachtung gewinnt man den Eindruck, daß das Kind das Erlebnis aus einem anderen Motiv zum Spiel gemacht hat. Es war dabei passiv, wurde vom Erlebnis betroffen und bringt sich nun in eine aktive Rolle, indem es dasselbe, trotzdem es unlustvoll war, als Spiel wiederholt. Dieses Bestreben könnte man einem Bemächtigungstrieb zurechnen, der sich davon unabhängig macht, ob die Erinnerung an sich lustvoll war oder nicht. Man kann aber auch eine andere Deutung versuchen. Das Wegwerfen des Gegenstandes, so daß er fort ist, könnte die Befriedigung eines im Leben unterdrückten Racheimpulses gegen die Mutter sein, weil sie vom Kinde fortgegangen ist, und dann die trotzige Bedeutung haben: Ja, geh' nur fort, ich brauch' dich nicht, ich schick' dich selber weg" (ebenda, S. 13 ff.).

„Auch die weitere Verfolgung des Kinderspiels", setzt *Freud* fort, „hilft diesem unserem Schwanken zwischen zwei Auffassungen nicht ab. Man sieht, daß die Kinder alles im Spiele wiederholen, was ihnen im Leben großen Eindruck gemacht hat, daß sie dabei die Stärke des Eindruckes abreagieren und sich sozusagen zu Herren der Situation machen. Aber andererseits ist es klar genug, daß all ihr Spielen unter dem Einflusse des Wunsches steht, der diese ihre Zeit dominiert, des Wunsches: groß zu sein und so tun zu können wie die Großen. Man macht auch die Beobachtung, daß der Unlustcharakter des Erlebnisses es nicht immer für das Spiel unbrauchbar macht. Wenn der Doktor dem Kinde in den Hals geschaut oder eine kleine Operation an ihm ausgeführt hat, so wird dies erschreckende Erlebnis ganz gewiß zum Inhalt des nächsten Spiels werden, aber der Lustgewinn aus anderer Quelle ist dabei nicht zu übersehen. Indem das Kind aus der Passivität des Erlebten in die Aktivität des Spielens übergeht, fügt es einem Spielgefährten das Unangenehme zu, das ihm selbst widerfahren war, und rächt sich so an der Person dieses Stellvertreters.

Aus diesen Erörterungen geht immerhin hervor, daß die Annahme eines besonderen Nachahmungstriebes als Motiv des Spielens überflüssig ist. Schließen wir noch die Mahnungen an, daß das künstlerische Spielen und Nachahmen der Erwachsenen, das zum Unterschied vom Verhalten des Kindes auf die Person des Zuschauers zielt, diesem die schmerzlichsten Eindrücke z. B. in der Tragödie nicht erspart und doch von ihm als hoher Genuß empfunden werden kann. Wir werden so davon überzeugt, daß es auch unter der Herrschaft des Lustprinzips Mittel und Wege genug gibt, um das an sich Unlustvolle zum Gegenstand der Erinnerung und seelischen Bearbeitung zu machen" (ebenda, S. 17 f.).

Im weiteren analysiert *Freud* die Wechselbeziehung zwischen „Verdrängtem" und Lust. Dazu schreibt er: „Die neue und merkwürdige Tatsache aber, die wir jetzt zu beschreiben haben, ist, daß der Wiederholungszwang auch solche Erlebnisse der Vergangenheit wiederbringt, die keine Lustmöglichkeit enthalten, die auch damals nicht Befriedigungen, selbst nicht von seither verdrängten Triebregungen, gewesen sein können.

Die Frühblüte des infantilen Sexuallebens war infolge der Unverträglichkeit ihrer Wünsche mit der Realität und der Unzulänglichkeit der kindlichen Entwicklungsstufe zum Untergang bestimmt. Sie ging bei den peinlichsten Anlässen unter tief schmerzlichen Empfindungen zugrunde. Der Liebesverlust und das Mißlingen hinterließen eine dauernde Beeinträchtigung des Selbstgefühls als narzistische Narbe, nach meinen Erfahrungen wie nach den Ausführungen Marcinowskis den stärksten Beitrag zu dem häufigen ‚Minderwertigkeitsgefühl' der Neurotiker. Die Sexualforschung, der durch die körperliche Entwicklung des Kindes Schranken gesetzt waren, brachte es zu keinem befriedigenden Abschluß; daher die späte Klage: Ich kann nichts fertigbringen, mir kann nichts gelingen. Die zärtliche Bindung meist an den gegengeschlechtlichen Elternteil erlag der Enttäuschung, dem vergeblichen Warten auf Befriedigung, der Eifersucht bei der Geburt eines neuen Kindes, die unzweideutig die Untreue des oder der Geliebten erwies; der eigene mit tragischem Ernst unternommene Versuch, selbst ein solches Kind zu schaffen, mißlang in beschämender

Weise; die Abnahme der dem Kleinen gespendeten Zärtlichkeit, der gesteigerte Anspruch der Erziehung, ernste Worte und eine gelegentliche Bestrafung hatten endlich den ganzen Umfang der ihm zugefallenen *Verschmähung* enthüllt. Es gibt hier einige wenige Typen, die regelmäßig wiederkehren, wie der typischen Liebe der Kinderzeit ein Ende gesetzt wird" (ebenda, S. 22 ff.).

Schließlich gelangt *Freud* zu dem Schluß: „Angesichts solcher Beobachtungen aus dem Verhalten in der Übertragung und aus dem Schicksal der Menschen werden wir den Mut zur Annahme finden, daß es im Seelenleben wirklich einen Wiederholungszwang gibt, der sich über das Lustprinzip hinaussetzt. Wir werden auch jetzt geneigt sein, die Träume der Unfallneurotiker und den Antrieb zum Spiel des Kindes auf diesen Zwang zu beziehen" (ebenda, S. 26 f.).

Freud analysierte das Spiel eines kleinen Kindes in der Absicht zu zeigen, daß es auch hier, wie in den Träumen an traumatischer Neurose erkrankter Erwachsener, den Zwang gibt, die Traumasituation zu wiederholen. Das Lustprinzip, auf dem seiner Meinung nach die Dynamik des gesamten psychischen Lebens basiert, ergänzt er damit durch ein weiteres Prinzip, durch das Prinzip des Strebens zum Ausgangszustand, durch den Todestrieb.

So bleiben also nach *Freud* die zwei grundlegenden, primären Triebe – der Todestrieb und der mit ihm verbundene Wiederholungszwang einerseits und der Lebenstrieb, der Selbsterhaltungs- und Bemächtigungstrieb andererseits –, die seiner Meinung nach die Haupttriebkräfte des Seelenlebens bilden, vom Säuglingsalter bis zum Erwachsenenalter unverändert.

Greifen wir nur zwei Momente aus der allgemeinen Theorie *Freuds* heraus, die wichtig sind, um seine Konzeption des Kinderspiels begreifen zu können. *Freuds* Theorie gehört zu den vollständigsten Konzeptionen vom Primat und folglich auch biologischen Vorausbestimmtsein der Haupttriebe, die der Existenz alles Lebendigen zugrunde liegen, vom einfachsten Organismus bis hin zum Menschen. In der Tierwelt äußern sich diese Urtriebe unmittelbar. Ganz anders verhält es sich in der menschlichen Gesellschaft. Die Gesellschaft legt diesen unmittelbar hinausdrängenden Trieben Verbote auf. Es kommt zu allen möglichen Umgehungen in Form verschiedener Ersatzhandlungen, die den Urtrieben eine Ausbruchsmöglichkeit verschaffen. Da die Verbote, die unmittelbaren Triebe zu befriedigen, sehr früh in Erscheinung treten, kaum daß das Kind das Licht der Welt erblickt hat, sind auch alle psychischen Mechanismen, die dem Umgehen der „Barrieren" dienen, von Anfang an vorhanden. Das bedeutet, das Seelenleben entwickelt sich nicht. Es ändert sich lediglich die Form, in der die „Barrieren" umgangen werden. Das primitive Kinderspiel und die höchsten Erscheinungsformen des menschlichen Geistes – Kultur, Kunst, Wissenschaft – sind lediglich Formen der Umgehung von „Barrieren", die von der menschlichen Gesellschaft den elementaren, nach einem Ausgang suchenden Trieben gesetzt werden. Sie sind das Nebenprodukt im Kampf der elementaren Triebe gegen die Gesellschaft. Die Gesellschaft und der Mensch stehen also in der Konzeption *Freuds* von Anfang an einander antagonistisch gegenüber.

Es gehört nicht zu unseren Aufgaben, die gesamte Theorie *Freuds* kritisch zu analysieren. Sie wurde oft genug sowohl in der sowjetischen Literatur[20] als auch in der Literatur des Auslands kritischen Betrachtungen unterzogen. Wir verweilen lediglich bei der uns unmittelbar interessierenden Theorie des Spiels.

Untersuchen wir vor allen Dingen das Spiel des Kleinkindes, weil auch *Freud* es analysiert hat und aufgrund dieser Analyse zu wichtigen, weit gefaßten Verallgemeinerungen über das Wesen des Spiels überhaupt gelangt ist.

Beim Beobachten des Spiels eines Kleinkindes, das Gegenstände wegwirft und eine mit einem Faden umwickelte Holzspule verschwinden und wieder auftauchen läßt, nimmt *Freud* an, dieses Spiel gebe die beim Kind ein Trauma auslösende Situation des Weggehens der Mutter symbolisch wieder; es sei die ständige symbolische Wiederholung dieser Situation. Seiner Auffassung nach sind also selbst solche frühen Formen des Spiels wie das beschriebene symbolisch. Das Wesen solch einer

---

[20] Vgl. z. B.: F. W. *Bassin*: Problema „bessosnatelnogo". Moskwa 1968.

Symbolisierung besteht nicht darin, daß ein Gegenstand einen anderen ersetzt, sondern darin, daß die Bedeutung der gesamten ein Trauma herbeiführenden Situation symbolisiert wird. Hier ist es gleichgültig, mit welchem Gegenstand die Handlung vollzogen wird. Wichtig ist nicht der Gegenstand, sondern die Tatsache, daß er abwechselnd verschwindet und wieder auftaucht. Alles, was weggeworfen werden, was verschwinden kann, vermag auch die Ausgangssituation zu symbolisieren. Natürlich handelt es sich hierbei um eine unbewußte Symbolisierung.

Würde man den Gedankengang *Freuds* aus seiner Analyse dieses dürftigen Spiels fortsetzen, so könnte man behaupten, die Gegenstände an sich wie auch die Rollen, die das ältere Kind übernimmt, sind gleichgültig – Hauptsache, sie bieten die Möglichkeit, die Bedeutung der Situation in sehr subjektiver symbolischer Form wiederzugeben. Unter diesem Gesichtspunkt ist es nicht wichtig, ob das Kind Arzt oder Feuerwehrmann, Polizist oder Verkäufer spielt – es geht vor allem darum, welche Traumasituation es damit wiedergibt. Die ihrem gegenständlichen Inhalt und ihrem Sujet nach unterschiedlichsten Spiele symbolisieren ein und dieselben unerträglichen Erlebnisse, verdrängten Wünsche beziehungsweise Triebe des Kindes.

Die Tatsachen jedoch sagen etwas anderes aus. Angezweifelt werden kann zumindest eine derart frühzeitige Symbolisierung. Die Symbolisierung verlangt eine Verallgemeinerung der Situation – sei es auch nur eine affektive, aber auf jeden Fall eine Verallgemeinerung. Wie Beobachtungen zeigen, gibt es in so frühem Alter einzelne affektive Reaktionen, zum Beispiel Weinen, wenn die Mutter weggeht. Verallgemeinerte affektive Erlebnisse jedoch tauchen erst viel später auf.

Freuds Interpretation des von ihm beschriebenen Spiels entbehrt jeden Beweises. Ähnliche Manipulationen sind in diesem und sogar in noch etwas früherem Alter fast bei allen Kindern zu beobachten, unabhängig davon, ob sie in der Familie leben und Bindungen zur Mutter haben oder ob sie von Geburt an in Kindereinrichtungen erzogen werden, wo es natürlich solche Bindungen an die Erzieherinnen nicht geben kann; man begegnet ihnen auch in Familien, in denen die Mütter ihre Kinder niemals verlassen, sogar nicht für kurze Zeit, sowie dort, wo die Mütter arbeiten und das Kind von irgendeinem anderen Erwachsenen versorgt wird.

Beim Schildern dieses Spiels hat *Freud* folgende Fragen offengelassen: Spielte das Kind nur dann, wenn die Mutter weggegangen war oder auch in ihrer Anwesenheit? War während des Spiels irgendein anderer nahestehender Erwachsener zugegen? Weinte das Kind jedesmal, wenn die Mutter wegging, und freute es sich, wenn sie wiederkam? Wie schnell wurde das Kind dieses Spiels überdrüssig? Alle diese Fragen haben wesentliche Bedeutung bei der Analyse und beim Erklären kindlichen Verhaltens.

Zur Erklärung solcher Spiele bedarf es nicht einer derart „gewichtigen" Argumentation. Je nach den konkreten Bedingungen, unter denen diese Spiele ablaufen, sollen sie entweder den Erwachsenen veranlassen, sich dem Kind zu widmen (das Kind wirft den Gegenstand weg, damit der Erwachsene ihn sucht und sich dem Kind zuwendet), oder sie sind, wie das Spiel mit der an einer Schnur festgebundenen Spule, ein typisches Spiel mit einer „Neuheit", das heißt ein Spiel, das sich durch die Orientierungsreaktion selbst in Gang hält: Im Prinzip ist dieses Spiel nach demselben Mechanismus aufgebaut wie alle anderen sich wiederholenden Manipulationen – das Klopfen, das Betrachten usw. Die Tatsache, daß, wie *Freud* es schilderte, dem Hervorziehen der Spule ein freudiger Ausruf folgte, zeigt, daß beim Kind sich mit der Neuheit eine gewisse positive Emotion verband. Und schließlich kann dieses Spiel eine Übung im Werfen darstellen. Jedenfalls kommt es nach den Untersuchungsergebnissen von P. J. *Abramowitsch* (1946) zu solchen Manipulationen auf einer bestimmten Entwicklungsstufe der Handlungen mit Gegenständen. Eine Analogie mit dem Weggehen und dem Wiederkehren der Mutter und damit auch mit der traumatischen Neurose ist absolut durch nichts erwiesen.

Natürlich geht es nicht allein um das geschilderte Spiel, das *Freud* zufällig vor Augen gekommen war. Es ist anzunehmen, daß er jedes andere beobachtete Spiel in ähnlicher Weise gedeutet hätte. Diese Interpretation steht in organischem Zusammenhang mit der spezifischen Auffassung *Freuds* vom Leben des Kindes in der Kindheit überhaupt. Nicht von ungefähr liegt nach *Freud* den Träumen des traumatischen Neurotikers und den Kinderspielen ein und derselbe Trieb, der Wiederholungszwang, zugrunde. Sigmund *Freud* sieht hier eine prinzipielle Ähnlichkeit. Sie besteht darin, daß das Kind von seiner Geburt an allen möglichen traumatisierenden Einwirkungen ausgesetzt ist (Geburtstrauma, Trauma als Folge der Entwöhnung von der Brust, Trauma infolge der „Untreue" des geliebten Vaters oder der geliebten Mutter, Trauma infolge der Geburt eines weiteren Kindes, Trauma infolge strenger Bestrafung usw.).

Alle diese Traumen haben keine Verbindung zu den konkreten sozialen Beziehungen des Kindes mit den Erwachsenen und den Kindern seiner Umgebung. Urgrund sind hier die Hindernisse, die von den Erwachsenen der Befriedigung der frühen infantilen Sexualität in den Weg gestellt werden. Demzufolge sind nach *Freud* alle Traumen letztlich auf die infantile Sexualität zurückzuführen.

Die Kindheit eben stelle eine Zeit dar, in der das Kind ununterbrochen Traumen ausgesetzt sei. Und während beim traumatischen Neurotiker die Bedingungen, unter denen das Trauma entstanden ist, fortwährend in den Träumen erscheinen, löst beim Kind dieser Wiederholungszwang das Spielen aus. Würde man diesen Gedanken *Freuds* fortsetzen, so könnte man sagen, die Kindheit sei deshalb eine Zeit des Spielens, weil sie eine Zeit ständiger Traumen ist. Das Spiel aber sei das einzige Mittel, durch Wiederholung die traumatisierenden schmerzlichen Erlebnisse zu bewältigen. Vom Standpunkt *Freuds* gesehen, ist jeder Mensch von Kind auf, in höherem oder geringerem Grade, ein potentieller Neurotiker. Das Spiel ist, im Lichte dieser Thesen gesehen, ein natürliches therapeutisches Mittel gegen mögliche Neurosen, die die Kindheit in sich birgt. Indem das Kind im Spiel die schmerzlichen Erlebnisse wiederholt, bewältigt es sie, assimiliert es sie sozusagen; das Spiel nimmt solchen Erlebnissen ihre Schmerzlichkeit. Der logische Schluß dieses Gedankens von *Freud* wäre: Je mehr das Kind spielt, desto geringer ist die Gefahr, daß es im Laufe seiner Kindheit zu einem traumatischen Neurotiker wird.

Freuds Theorie des Spiels ist vor allen Dingen deshalb haltlos, weil sie von der Vorstellung ausgeht, die Kindheit sei eine Zeit ununterbrochener traumatischer Situationen, ununterbrochener Konflikte, ununterbrochenen Drucks, den die Gesellschaft, den die Erwachsenen auf das Kind ausüben. Die ihrem Wesen nach falsche Auffassung, die Kindheit sei eine Zeit ständiger Konflikte, fand ziemlich weite Verbreitung. Elemente einer solchen Auffassung gibt es bereits in den zitierten Äußerungen von William *Stern*. Ihr begegnen wir auch in der Theorie vom primären Autismus und Egozentrismus des Kindes, gesehen als Übergangsstadium vom autistischen zum realistischen Denken, der die Vorstellung zugrunde liegt, die Welt der Erwachsenen verdränge das ursprüngliche autistische Denken des Kindes. Sie wurde von Jean *Piaget* in seinen frühen Arbeiten entwickelt (vgl. L. S. *Wygotski* 1964). Auf dieselbe Konzeption stoßen wir auch in der Theorie der „zwei Welten" von *Koffka* und in mehreren anderen Konzeptionen über die Kindheit und über das Spiel.

Die Auffassungen *Freuds* veranlaßten seine unmittelbaren Nachfolger, die sexuellen Triebe, die, weil sie in der Kindheit nicht realisierbar sind, unterdrückt und verdrängt werden, als die primären, dem Seelenleben des Kindes und seinen Spielen zugrunde liegenden Triebe anzusehen. Zum Beispiel setzt Hermine *Hug-Hellmuth* den Gedanken *Freuds* fort, indem sie schreibt: „Die Heftigkeit und Zähigkeit, mit der der Sexualtrieb in allen seinen Komponenten und Betätigungsformen sich der Eindämmung durch die Erziehung entgegensetzt, läßt es gewärtigen, seinen Äußerungen im Spiele des Kindes zu begegnen. Und wirklich, in fast keinem Spiel fehlt die Betonung der Sexualtriebe in ihren unmittelbaren Ausdrucksformen oder in sublimierter Form" (1924, S. 146).

Die Anhänger der Lehre *Freuds* dehnten solche Deutungen fast auf alle Betätigungsarten des Kindes aus. Da ihrer Auffassung nach im Spiel ein unbewußter Symbolismus vorliegt, dessen Hintergrund die vielfältigen Formen der sexuellen Triebe bilden, betrachteten sie fast alle Gegenstände, die das

Kind im Spiel oder bei irgendeiner anderen Beschäftigung benutzt, als Symbole, die der Realisation dieser Triebe dienen. Melanie *Klein* (1932) nimmt an, offenbar in Analogie zum Symbolismus der Träume, daß manche Gegenstände im Spiel eine tiefe symbolische Bedeutung haben (Dampfmaschinen, Wasserhahn, Kohle, Körperteile usw.). Susan *Isaacs* (1936, 1948) interpretiert das Spielen mit Autos und aufziehbarem Spielzeug, das Bauen hoher Türme und das Manipulieren mit knetbarem Material als Äußerung der Phantasievorstellungen des Kindes über die sexuellen Beziehungen der Eltern und das Bauen „kleiner Häuschen" und „gemütlicher Winkelchen" als Verkörperung des im Kind verborgenen Wunsches, in den Schoß der Mutter zurückzukehren, wo es mit ihr allein sein kann und wo sein Gegner, der Vater, nicht hineingelassen wird.

Margret *Lowenfeld* (1935) übernimmt nicht nur die These vom symbolischen Charakter des Spiels, sondern betrachtet auch den „Wiederholungszwang" als geeignet, das Spiel und die anderen Betätigungen des Kleinkindes zu deuten. Die Beschäftigung zum Beispiel mit Wasser, Sand und Lehm, das Vergnügen, im Schmutz zu wühlen, deutet sie als symbolische Zwangsreproduktionen des kindlichen Interesses für physische, vor allem sexuelle Funktionen; das Schnitzeln, Durchbohren und Schneiden weichen, sich leicht verformenden Materials als Phantasievorstellungen, die sich auf die Nahrungsaufnahme und die Öffnungen des Körpers beziehen.

Das Aufbauen verschiedener Bauwerke aus Bausteinen, das Modellieren aus Ton und Knetmasse, das Zeichnen, Handlungen mit verschiedenem aufziehbarem Spielzeug, das Schnitzeln mit dem Messer, das Einschlagen von Nägeln usw. sind also nach den genannten Interpretationen symbolischer Ausdruck verschiedener Formen der sexuellen Triebe und des Wiederholungszwangs.

Bei solchen psychoanalytischen Deutungen verliert das Spiel seine Spezifik. Warum eigentlich sind die Beschäftigungen des Kindes mit Sand und mit Wasser Spiel? Kinder beschäftigen sich tatsächlich sehr gern mit Sand und Wasser. Und das ist verständlich. Sand und Wasser sind Stoffe, die unerschöpfliche

Handlungsmöglichkeiten bieten. Überläßt man das Kind jedoch bei seiner Beschäftigung mit diesen Stoffen sich selbst, ohne ihm geeignete Handlungsverfahren zu zeigen, ohne ihm entsprechendes Gerät oder Spielzeug zur Verfügung zu stellen, dann wird es bald mit diesen Manipulationen aufhören. Erneut in Gang gebracht werden sie, wenn das Kind einen kleinen Spaten erhält, dazu ein Sieb und verschiedene Kuchenformen. Dann füllt es die Formen mit Sand und bäckt Kuchen. Aber bald ist das Kind auch dieser Tätigkeit überdrüssig, und man muß ihm einen Lastwagen geben, mit dem es den Sand nun von einem Ort zum anderen transportieren kann.

Ähnlich verhält es sich auch mit dem Schnitzeln, dem Schneiden, dem Einschlagen von Nägeln. Natürlich sind Messer, Hammer, Nagel für das Kind etwas Anziehendes, und jedes normale Kind strebt danach, sie zur selbständigen Nutzung in die Hand zu bekommen. Es benutzt sie dem Vorbild des Erwachsenen entsprechend. Anzunehmen, das Kind strebe danach, sie in die Hand zu bekommen, weil es ideale Mittel sind, seine unbewußten Phantasievorstellungen zu realisieren, bedeutet, das reale Leben des Kindes in seiner Umwelt zu ignorieren.

Mit ihrer Auffassung, alle Betätigungen des Kindes hätten unbewußte Phantasien zur Grundlage und dienten der Befriedigung verborgener, letztlich sexueller Triebe, zeigen die Psychoanalytiker, daß sie sich das Kind als ein Wesen vorstellen, das eingekapselt ist in die Welt seiner primären biologischen Triebzwänge. Die Haltlosigkeit einer solchen Auffassung ist derart offensichtlich, daß eine kritische Auseinandersetzung mit ihr sich erübrigt.

Es gibt sehr viele Arbeiten, die den eben geschilderten ähnlich sind. Man kann sie gar nicht alle aufzählen. Liest und analysiert man sie, so entsteht der Eindruck, der Hauptinhalt des Lebens eines Kindes sei nicht seine Umwelt, sondern seien die „tiefen", elementaren biologischen, im wesentlichen sexuellen Triebe. Die Beweise, die man hierbei anführt, tragen meistens den Charakter freier Analogismen und Assoziationen und sind bei den verschiedenen Autoren sehr unterschiedlich.

Der Pansexualismus *Freuds* und seiner Anhänger wurde immer wieder kritisiert. Bereits *Stern* schrieb: „Von den Psychoanalytikern wird behauptet, daß die versteckten Wunschgedanken des Unbewußten sich, wie im Traum, so auch in der Wahl der Rolle bekunden. Und zwar sind es nach Freud und seinen Anhängern durchweg erotisch gefärbte Wünsche des Kindes, welche die ‚Rolle‘ nur als verhüllende Deckform benutzen. So soll z. B. die Eifersucht des Knaben auf den Vater, den er als Nebenbuhler in der Liebe der Mutter empfindet, bewirken, daß er sich selbst in die Rolle des Vaters hineinträumt – gleichsam eine fiktive Verdrängung des Konkurrenten – und ähnliches mehr. Was die Psychoanalytiker zur Begründung dieser Behauptung vorbringen, kann den unbefangenen Beurteiler nicht überzeugen; die ruhige Kinderpsychologie, welche ihre Beobachtungen nicht durch willkürliche Deutungen umhüllt, kennt jedenfalls für die frühe Kindheit kein Material, das jene These stützt" (1914, S. 230).

Das Wesen der psychoanalytischen Deutungen des Spiels besteht nicht nur darin, daß die sexuellen Triebe als primäre Triebkraft angesehen werden. Als primär gilt auch der Mechanismus für die Entstehung einer symbolischen Realisation dieser Triebe.

Die Vertreter der klassischen Psychoanalyse sind der Ansicht, selbst die Form des Spiels werde von denselben Mechanismen bestimmt wie die Träume und die Neurosen der Erwachsenen. So schreibt Hermine *Hug-Hellmuth*: „Verdrängung, Verschiebung, Verdichtung, Symbolbildung, Identifikation und Rationalisierung geben dem Spiel seine Form" (1924, S. 142).

Die Psychoanalytiker übertrugen direkt und fast ohne jegliche Einschränkung die von ihnen entdeckten Mechanismen der Dynamik des Seelenlebens kranker Erwachsener (der Neurotiker und Hysteriker) auf gesunde Kinder, vom Säuglingsalter bis zum Jugendalter. Selbst wenn man ja sagt zu den Wechselbeziehungen zwischen den verschiedenen „Instanzen" wie das „Es", das „Ich", das „Über-Ich" und den Verdrängungsmechanismen wie „Zensur", „Druck", dann wäre es nur natürlich, anzunehmen, daß auch diese „Instanzen" selbst und ihre Wechselbeziehungen mit den verschiedenen Mechanismen nicht von vornherein gegeben sind, sondern sich entwickeln müssen. Es ist kaum vorstellbar, daß beim Säugling von Anfang an

sowohl das „Es" als auch das „Ich" und das „Über-Ich" vorliegen. Höchstens könnte man noch annehmen, daß jene Urtriebe primär existieren, die den Inhalt dessen ausmachen, was
Freud als das „Es" bezeichnete. Nach *Freud* entstehen solche
„Instanzen" wie das „Ich" und das „Über-Ich" in der individuellen Erfahrung.[21] Wenn sie folglich das Ergebnis des Lebens
sind, das Ergebnis der Auseinandersetzung mit der Wirklichkeit, dann können sie nicht von Anfang an vorhanden sein,
und es gilt noch zu zeigen, wann und wie sie jenes Entwicklungsniveau erreichen, auf dem sie im Seelenleben die Rolle
einer „Instanz" spielen, die seine Dynamik bestimmt. Stimmt
man jedoch dem zu, daß es diese „Instanzen" nicht von Anfang
an gibt, sondern daß sie sich im Laufe der Entwicklung des
Kindes bilden, dann heißt es die Interpretation verschiedener
Formen der Kinderspiele und die gesamte Theorie der infantilen Sexualität von Grund auf verändern, weil ja die „Instanzen" und die Verbindungen zwischen ihnen noch nicht
entstanden sind.
In der Theorie von dem Zusammenhang zwischen infantiler
Sexualität und Spiel wird also gegen die Logik verstoßen,
indem einerseits behauptet wird, es gäbe von Anfang an „Instanzen" des Seelenlebens und Wechselbeziehungen zwischen
ihnen, und es andererseits heißt, einige dieser „Instanzen"
entstünden als Folge der Auseinandersetzung mit der Realität.
Die formal dynamische Theorie *Freuds* ist ihrem Wesen nach
zutiefst metaphysisch, ihr fehlt das Prinzip der Entwicklung
des psychischen Lebens.
Die oben zitierten Äußerungen *Freuds* über das Spiel enthalten einen Gedanken, der besondere Aufmerksamkeit verdient. Das ist die Auffassung, das Kinderspiel werde von dem
bei Kindern dieses Alters vorherrschenden Wunsch beeinflußt,
„groß zu sein und so tun zu können wie die Großen" (1923,
S. 17). Auf den ersten Blick mag es scheinen, dieser Gedanke
stehe im Widerspruch zu den allgemeinen Auffassungen *Freuds*
und seiner Anhänger über das Kinderspiel. Aber das ist nicht
der Fall.

---

[21] Siehe: S. *Freud*: Das Ich und das Es.

Im Gesamtzusammenhang der Anschauungen *Freuds* ist der Wunsch, „groß zu sein", nichts anderes als eine Äußerungsform des Strebens, die sexuellen Urtriebe zu befriedigen. Im Anschauungssystem der Psychoanalytiker bedeutet Erwachsensein, ohne jegliche Beschränkungen die sexuellen Triebe befriedigen, sich ohne jegliche Behinderung des sexuellen Objekts bemächtigen zu können. Am deutlichsten stellt sich der Wunsch, groß zu sein, in dem sogenannten Ödipuskomplex dar, wo die Identifikation mit dem Vater der Weg ist, ihn zu beseitigen, um die Mutter, das sexuelle Hauptobjekt zu besitzen.

Die Vorstellung, das Spiel enthalte den Wunsch, groß zu sein, ist nicht neu. Man begegnet ihr bei vielen Psychologen. Wie schon gesagt, hegte sie bereits James *Sully*. Aber *Sully*, wie auch viele andere Psychologen, bringen sie nicht mit der Realisation primärer sexueller Triebe in Zusammenhang.

Der Wunsch, erwachsen zu sein, wird auch von *Hegel* erwähnt. Aber *Hegel* war der Meinung, dieser Wunsch entstehe in einem etwas höheren Alter. So schrieb er: „Indem das Kind vom Spielen zum Ernst des *Lernens* übergeht, wird es zum Knaben. In dieser Zeit fangen die Kinder an, neugierig zu werden, besonders nach Geschichten; es ist ihnen um Vorstellungen zu thun, die sich ihnen nicht unmittelbar darbieten. Die Hauptsache aber ist hier das in ihnen erwachende Gefühl, daß sie noch nicht *sind*, was sie seyn *sollen*, – und der lebendige Wunsch, zu werden, wie die Erwachsenen sind, in deren Umgang sie leben" (1929, S. 101).

Ob dieser Wunsch bei den Kindern tatsächlich existiert, muß noch erforscht werden. Sicher aber ist: Wenn er existiert, dann nicht von vornherein, sondern dann entsteht er mit der Entwicklung der Beziehungen zwischen dem Kind und den Erwachsenen seiner Umgebung.

Gegenwärtig liegt in der Kinderpsychologie bereits viel Material vor, das aussagt, daß sich die Beziehungen zwischen Kind und Erwachsenen entwickeln. Im Verlaufe dieser Entwicklung erfolgt unter Leitung der Erwachsenen eine Emanzipation des Kindes. Jeder Schritt zu dieser Emanzipation ist gleichzeitig eine neue Form der Kontakte zwischen Kind und Erwachsenem. Der Wunsch, so zu werden wie die Erwachsenen, zeichnet sich erst gegen Ende des Kleinkindalters ab und äußert sich in dem Verlangen, selbständig zu handeln, in dem zur Genüge bekannten „Selber" oder „Alleine", das beim Kind an der Grenze zwischen Kleinkind- und Vorschulalter auftaucht. Gegen Ende des Vorschulalters zeigt er sich in der Tatsache, daß dem Kind seine Stellung unter den Erwachsenen bewußt wird und es gern eine ernsthafte, gesellschaftlich bedeutsame und anerkannte Tätigkeit ausführen möchte. Und schließlich, beim Übergang vom jüngeren zum mittleren Schulalter äußert sich dieser Wunsch im Gefühl des Erwachsenseins und in den Versuchen, sich mit Erwachsenen gleichzusetzen. Das ist das allgemeine Entwicklungsschema des Wunsches, so zu sein wie die Erwachsenen.

Die oben zitierten Äußerungen *Freuds* enthalten, freilich in sehr allgemeiner und verborgener Form, den Gedanken, daß die Beziehungen zwischen Kind und Erwachsenen von Bedeutung sind für das Verständnis des Spiels.

Gerade diese Seite der Theorie *Freuds* entwickelt Alfred *Adler* in seiner auf der Psychoanalyse basierenden Theorie weiter. Nach *Adler* versucht das Kind, das schmerzhaft empfundene Gefühl der Schwäche und der Unselbständigkeit durch eine Macht- und Herrlichkeitsfiktion zu betäuben – und so spielt es Kaiser und Prinzessin, Zauberer und Fee. Der auf einem Steckenpferd reitende Knabe schlägt auf sein Pferd ein, das Mädchen geht als Mutter sehr selbstherrlich mit ihren Puppen oder mit dem kleinen Bruder um – dabei rächen sie sich unbewußt für alle Beschränkungen und Hindernisse, auf die sie im realen Leben ständig stoßen. Die Fiktion ist also nichts anderes als ein innerer Protest gegen das reale Minderwertigkeitsgefühl.

William *Stern* pflichtet dieser Auffassung *Adlers* bei und stellt sogar ihre Priorität in Frage. Er führte folgende Tagebuchnotiz an: „Hilde spielt mit ihrem Brüderchen Mutter und Kind. Die Wohnung ist eingerichtet, das ‚Kind' schlafen gelegt. Darauf geht Mutter Hilde scheltend umher; jede Bewegung des Kindes im Schlafe gilt als unerlaubt und wird mit einem Klaps bestraft. Überhaupt ist das Strafen beim Spiel eine Lieblingsbeschäftigung. In jedem Menschen steckt ein

Stück Herrschsucht; und das arme Kind, das im gewöhnlichen Leben immer folgen soll, sucht wenigstens im Spiel einmal das Zepter zu schwingen" (1914, S. 230 f.). Zu dieser Tagebuchnotiz schreibt er die Fußnote: „Diese Tagebuchaufzeichnung ist 1906, also vor Bekanntwerden der Adlerschen Theorie, niedergeschrieben." Mit solch einer Anmerkung stellt er sich gleichsam hinter diese Theorie, ist mit ihr aber nicht völlig einverstanden und kehrt zurück zur Theorie der Instinkte. Er schreibt: „Die wichtigsten Motive für die Rollenwahl scheint keine dieser Theorien zu treffen; sie sind vielmehr in den früher behandelten Haupttriebkräften des kindlichen Spieles: Nachahmung und Vorübung zu suchen. Das Kind versetzt sich in Rollen, die es aus seiner realen Umgebung oder aus Märchen usw. kennt, und bevorzugt unter diesen diejenigen, welche den keimhaft vorhandenen und später sich entwickelnden Instinkten entsprechen" (1914, S. 231).

Obwohl die Theorie *Adlers* nicht den Pansexualismus der Psychoanalyse *Freuds* enthält, bleibt die Auffassung vom Spiel im Prinzip die gleiche. Der einzige Unterschied ist der, daß bei *Freud* das Kind, weil es ihm nicht möglich ist, seine infantilen sexuellen Triebe zu verwirklichen, ständig Traumen und Mißerfolge erlebt, während bei *Adler* an die Stelle der sexuellen Triebe der Selbstbehauptungstrieb tritt. (In *Freuds* Theorie existieren die sexuellen Triebe auch in Form der Selbstbehauptung, die in der Theorie von *Adler* umfassende Gültigkeit erhält.) Bei *Adler* ist das Kind wie bei *Freud* ununterbrochen traumatisierenden Einflüssen ausgesetzt, es entstehen bei ihm verdrängte Wünsche – das Machtstreben, der Selbstbehauptungstrieb. Diese unbewußten Triebe realisiert das Kind eben im Spiel, und während es sie endlos reproduziert, überwindet es sie. Seiner Auffassung von den Wechselbeziehungen zwischen Kind und Erwachsenen, zwischen Kind und Umwelt liegt also die Vorstellung zugrunde, daß hier von vornherein ein Antagonismus besteht.

Die *Freud*sche Deutung des Spiels wirkte sich in weitem Ausmaß auf die psychoanalytische Praxis mit Kinder aus. Die praktische Anwendung des Spiels erfolgt in zwei Richtungen – als projektive diagnostische Methode und als therapeutisches Mittel.

Das Spiel kann vom Standpunkt der *Freud*schen Theorie deshalb als projektive diagnostische Methode angewandt werden, weil es verdrängte Wünsche enthält. Der Symbolismus, in den sie gekleidet sind, trägt unbewußten Charakter und bedarf deshalb der Deutung.

Daß man das Spiel als therapeutisches Mittel anzuwenden begann, ist auf zwei Faktoren zurückzuführen. Erstens wurde das Spiel für den Psychotherapeuten zu einem Instrument, das die klassische psychoanalytische Technik – das Assoziationsexperiment und die Traumdeutung – ersetzt. Die verdrängten Wünsche werden ermittelt und zu Bewußtsein gebracht wie bei jeder psychoanalytischen Therapie. Zweitens: Die traumatisierende Situation wird zwanglos reproduziert, dadurch wird man dem Wiederholungszwang, der Haupttendenz des Spiels, gerecht, und das muß zur allmählichen Überwindung des schmerzlichen Erlebnisses führen. Diese zwei Anwendungsrichtungen des Spiels sind implizit bereits in *Freuds* Interpretation des Spiels enthalten. Sie wurden dann von Psychoneurologen, von Pädagogen und Psychoanalytikern weiterentwickelt, die sich vorwiegend mit verhaltensgestörten Kindern befaßten.

Verweilen wir bei einigen Problemen der praktischen Anwendung des Spiels auf der Grundlage seiner psychoanalytischen Deutungen.

Weil die sexuellen Triebe und die damit verbundenen Erlebnisse der Kinder sich auf die Familienmitglieder und die familiären Beziehungen konzentrieren, wird Spielzeug eingesetzt, das erforderlich ist, um gewisse Lebenssituationen, vor allem familiäre Situationen, spielen zu können, also hauptsächlich Puppen und Hausratsgegenstände. Die Puppen stellen einzelne Familienmitglieder dar (Vater, Mutter, jüngere oder ältere Geschwister), in Schulsituationen sind sie Lehrer und Schüler usw. Unter diesen Spielbedingungen hat das Kind die Möglichkeit, relativ ungezwungen ein Spiel auszuführen, das nur durch das vorgelegte Material ausgelöst wurde. Das Kind übernimmt selbst irgendeine Rolle, teilt den Puppen bestimmte Rollen zu und spielt einige Lebenssituationen. Oder es spielt ein sogenanntes Regiespiel, das heißt, es teilt den Puppen bestimmte Rollen, Funktionen und Eigenschaften zu und ist selbst im Spiel nur der Regisseur.

Daraus, welche Funktionen das Kind den handelnden Personen des Spiels zuteilt, welche Beziehungen es zwischen ihnen herstellt, welche Stellung es selbst in den reproduzierten Beziehungen einnimmt, welches Spielzeug es benutzt und welche Handlungen mit diesem Spielzeug bei ihm mit positiven beziehungsweise negativen Gefühlen einhergehen, werden manchmal sehr weitreichende Schlüsse über den Charakter der schmerzlichen Gefühle des Kindes und seine Triebe gezogen. Hierbei bleiben die für den Psychoanalytiker typischen freien Deutungen der symbolischen Anwendung der Gegenstände nicht aus.

Die projektiven diagnostischen Methoden, bei denen das Spiel und verschiedene Betätigungen betrachtet werden, um das Innenleben des Kindes zu erhellen (die vorherrschenden sexuellen Triebe, die affektiven Komplexe usw.), sind in hohem Grade anfechtbar. Ihre Mängel sind vor allem darauf zurückzuführen, daß sie auf den Prämissen *Freuds* und anderer Psychoanalytiker basieren.

Läßt man jedoch die phantastische sexuelle Interpretation beiseite, dann zeigen die geschilderten Spielvorgänge, daß es hier um in verschiedenem Grade zum Ausdruck kommende Versuche geht, Situationen zu schaffen, in denen sich jene sozialen Beziehungen klären lassen, auf die sich der Affekt richtet. Damit enthalten diese Vorgänge implizit den Hinweis darauf, daß im Mittelpunkt des Rollenspiels die sozialen Beziehungen zwischen den Erwachsenen oder zwischen Kind und Erwachsenen stehen. Die meisten dieser Situationen provozieren das Kind, die Beziehungen nachzugestalten, insbesondere jene, die es im Augenblick stark beschäftigen.

Bekanntlich können Kinder bereits in ziemlich frühem Alter genau unterscheiden, welche Beziehung ein Erwachsener zu ihm hat. Selbst einfachste Verhaltensakte des Alltags (Füttern, Schlafenlegen, Ankleiden) verlaufen anders bei der Mutter als beim Vater und beim Vater wiederum anders als bei der Großmutter oder dem Großvater. Das Kind nimmt in seinem Bewußtsein die Ergebnisse seines Verhaltens gleichsam emotional vorweg und verallgemeinert allmählich, anfangs rein emotional, seine Beziehungen zu den Erwachsenen. Wir konnten ein Kind beobachten, das im zweiten Lebensjahr diese Beziehungen sogar auf verbaler Ebene verallgemeinert hat. Es sagte: „Omi hat *nein* gesagt, dann heißt das *nein*." Wie in einer Familie, in der mehrere Sprachen gesprochen werden und sich jeder Erwachsene an das Kind in einer anderen Sprache wendet, wendet sich auch hier das Kind an jeden in dessen Sprache. Zu jedem Familienmitglied hat das Kind andere Beziehungen. Diese Beziehungen eben gestaltet es von dem Zeitpunkt an, da das Rollenspiel auftaucht, im Spiel nach, und beim Nachgestalten sondert es sie heraus.

Hier ist es am Platze, sich einer Bemerkung von *Claparède* zu erinnern. Er schrieb in dem bereits erwähnten Artikel, das Spiel mache es dem Kind möglich, die Führungsrolle zu spielen, die es im realen Leben nicht spielen kann, und sei daher ein gutes Beispiel der affektiven Kompensation. Es handelt sich dabei aber eher um den Inhalt des Spiels als um das Spiel selbst. In Fortsetzung des Gedankengangs von *Claparède* könnte man sagen, das Spiel sei nicht deshalb Spiel, weil sich in ihm die Selbstbehauptung und die Kompensation offenbaren können, sondern im Gegenteil – in ihm können sich Selbstbehauptung, Kompensation usw. äußern, weil es *Spiel* ist.

Ausgehend von der Auffassung, das Spiel sei Ausdruck des Innenlebens des Kindes, schlagen R. *Hartley* (1952) und seine Mitarbeiter vor, Kinder unter normalen Bedingungen in einer Kindereinrichtung für normale Kinder bei verschiedenen Betätigungsarten (dramatisierte Spiele, Bauspiele, Spiele mit Wasser, Beschäftigungen mit bildnerischem Material usw.) zu beobachten, um den allgemeinen Verlauf ihrer Entwicklung wie auch die Schwierigkeiten einzelner Kinder zu erfassen.

In dieser Frage kann es keine geteilte Meinung geben. Viele erfahrene Erzieher beobachten sowohl kollektive als auch individuelle Spiele der Kinder, um die Kinder zu studieren.

Angaben aus Beobachtungen des Spiels können in vielfacher Hinsicht genutzt werden. Erstens: Anhand des Rollenspiels, in dem die Beziehungen und die Tätigkeit der Erwachsenen nachgestaltet werden, läßt sich klären, wie sich das Kind die Erwachsenen, die Bedeutung ihrer Tätigkeit und ihre Beziehungen zu anderen Menschen, darunter auch zum Kind, vorstellt. Von dieser Seite gesehen, kann das Spiel ein Mittel sein, sich über die objektiven Beziehungen Klarheit zu verschaffen, in denen das Kind wirklich lebt. Aber von dieser Seite gesehen, ist es nicht geeignet, die Persönlichkeitseigenschaften des Kindes und seine Gefühle aufzudecken. Wenn das Kind in seiner Rolle zum Beispiel den aggressiven Vater nachgestaltet oder die fürsorgliche Mutter (oder umgekehrt, die strenge Mutter und den freundlichen Vater), so bedeutet das durchaus nicht, daß es selbst aggressiv oder fürsorglich ist oder daß die aggressive Beziehung des einen Elternteils auch bei ihm eine bestimmte Beziehung auslöst.

Zweitens: Weil das Kind im Rollenspiel reale Beziehungen mit anderen Spielenden, mit seinen Spielpartnern eingeht, offenbart es gerade in diesen realen Beziehungen seine Eigenschaften und einige emotionale Erlebensweisen. Zum Beispiel trachtet es eventuell immer danach, nur Führungsrollen zu spielen, andere zu kommandieren, es kann sich seinem Partner gegenüber aggressiv oder fürsorglich zeigen, schüchtern oder frech sein, dem Spielpartner helfen oder ihn stören, das Spielzeug gerecht teilen oder alle besten Sachen an sich reißen, sich Mühe geben, seine Rolle so gut wie möglich zu spielen, oder nachlässig darin sein. Das Kind systematisch beim Spiel und bei anderen Betätigungen zu beobachten ist eigentlich das einzige Mittel des Pädagogen, es zu studieren. Psychoanalytische Interpretationen tragen hierbei jedoch nichts ein.

Die zweite Verwendungsart des Spiels ist die sogenannte Spieltherapie.

Seit den dreißiger Jahren des zwanzigsten Jahrhunderts gibt es intensive, mehr oder minder systematische Versuche, eine Technik der Spieltherapie zu erarbeiten. Die Menge der Literatur zu diesem Problem nahm im weiteren so rasch zu, daß in der bibliographischen Zeitschrift „Psychological Abstracts" seit dem Jahre 1948 eine spezielle Rubrik dafür eingeführt wurde. Die Arbeiten auf diesem Gebiet verdrängten die Untersuchungen des Spiels an sich auf den zweiten Rang. Gegenwärtig gibt es mehrere unterschiedliche Arbeitsrichtungen im Hinblick auf die Therapie durch das Spiel.

Virginia *Axline* (1972) unterscheidet in der Technik der Spieltherapie zwischen zwei Verfahren: a) dem direktiven, bei dem
der Therapeut die Interpretation sowie Korrekturfunktionen
übernimmt, und b) dem nicht-direktiven Verfahren, wo dem
Kind im Spiel völlige Freiheit gelassen wird.

Die direktive Spieltherapie ergab sich aus den Bestrebungen,
die psychoanalytische Technik auf Kinder anzuwenden. Anna
Freud[22] hat als eine der ersten eine Technik der Spieltherapie
erarbeitet, die teilweise die verbalen Methoden der psychoanalytischen Technik ersetzte. Das Spiel kann ihrer Meinung
nach nicht als Äquivalent freier Assoziationen betrachtet werden, und man muß es, um die Schwierigkeiten des Kindes
begreifen zu können, neben anderen Mitteln anwenden –
Traumdeutung, freies Zeichnen usw. Der Therapeut muß nach
Anna *Freud* in der Spielsituation eine aktive erzieherische Rolle
spielen, die Impulse des Kindes in eine neue Richtung lenken
und sein Instinktleben steuern. Die Hauptaufgabe des Therapeuten ist es, mit Hilfe des Spiels und anderer Mittel das
„Ich" des Kindes zu stabilisieren.

Die Methodik von Melanie *Klein* ist radikaler. Sie meint, das
Spiel und die Spieltherapie ersetzen die Technik der freien
Assoziationen, auf der die Psychoanalyse des Erwachsenen
basiert. Im System von Melanie *Klein* hat jede Handlung des
Kindes in einer Spielsituation und jedes beim Spielen benutzte
Spielzeug eine tiefe symbolische Bedeutung. Die Aufgabe der
Spieltherapie sei es, die unbewußten Tendenzen zu bewußten
werden zu lassen. Der Therapeut beteiligt sich an den Spiel-
ideen des Kindes, lenkt sein Spiel und gibt ihm Gegenstände
und Material. So kann es ihm gelingen, nach dem Charakter
der Symbolisierung die verborgenen Erlebnisse zu ermitteln.
Im Verlaufe des Spiels erklärt der Therapeut dem Kind die
symbolische Bedeutung der Symbole, macht sie ihm bewußt.
Melanie *Klein* ist der Meinung, fast das gesamte Kinderspiel

---

[22] Meinen Bemerkungen über die Arbeiten zur direktiven Spieltherapie liegt
die bereits erwähnte, nur im Rotaprintdruck vorliegende Ausgabe einer ziemlich vollständigen Zusammenfassung der Arbeiten über das Spiel von U. M.
Gallusser zugrunde. (A First Survey of Research on the Play of Children
below the Age of Nine Years. London.)

beruhe auf „Masturbationsphantasien", und die Interpretation müsse sich darauf richten, das dadurch entstandene „übermäßige Schuldgefühl" des Kindes zu erleichtern. Es komme darauf an, zunächst die Ängste und die Schuldgefühle des Kindes zu klären und sie dann zu mildern.

Beide diese Modifikationen der Spieltherapie tragen eindeutig psychoanalytischen Charakter. Sie gehen von der These *Freuds* aus, das Kinderspiel sei etwas Symbolisches, und interpretieren es im Geiste der infantilen Sexualität. Der Willkürlichkeitsgrad dieser Interpretationen schwankt zwischen völliger Willkürlichkeit und einer gewissen Ahnung von den wirklichen Schwierigkeiten des Kindes. Auf beide Modifikationen treffen all jene kritischen Bemerkungen zu, die wir weiter oben zur Theorie des Spiels von Sigmund *Freud* geäußert haben. Was die Effektivität der Anwendung dieser Formen der Psychotherapie anbelangt, so gibt es dazu sehr widersprüchliche Meinungen. In der Regel dauert eine solche Psychotherapie sehr lange, mindestens einige Monate. Welche psychologischen Mechanismen den Endeffekt bewirkt haben – ob er auf die spezifischen Besonderheiten des Spielprozesses zurückzuführen ist oder auf den langen Umgang mit dem Therapeuten –, läßt sich überhaupt nicht feststellen.

Etwas andere Prinzipien liegen dem sogenannten nicht-direktiven Verfahren der Spieltherapie zugrunde. Man geht dabei, wie Virginia *Axline* schreibt, von der Vorstellung aus, das Spiel sei für das Kind ein natürliches Mittel des Selbstausdrucks und biete ihm die Möglichkeit, die eigenen Gefühle und Probleme „durchzuspielen". Bei diesem Verfahren darf das Kind im Spielzimmer alles tun oder sagen, wozu es immer Lust hat. Während des ganzen Spielablaufs bleibt der Therapeut freundlich und gibt keinerlei direkte Weisungen. Im therapeutischen Spielzimmer ist das Kind die wichtigste Person, es hat über die Situation und über sich selbst zu bestimmen, es sagt ihm keiner, was es tun soll, und niemand kritisiert, was es getan hat, niemand drängt sich in seine Welt ein.

In einer solchen Situation empfindet das Kind plötzlich, daß es hier seine Hemmungen völlig ablegen und ganz offen sein kann. Hier muß es sich nicht gegen andere Kräfte zur Wehr

163

setzen, wie zum Beispiel gegen die Autorität der Erwachsenen oder den Widerstand Gleichaltriger, hier ist es auch nicht den Launen oder der Aggressivität mancher Mitmenschen ausgesetzt. Es ist hier eine Persönlichkeit mit eigenen Rechten. Alles, was es will, kann es sagen und mit dem Spielzeug nach eigenem Ermessen spielen, es darf hassen und lieben, und es kann indifferent sein wie ein Stein, es darf lebhaft sein wie ein Wirbelwind oder langsam wie eine Schnecke, und niemand wird es bremsen, niemand es antreiben.

Nach Virginia *Axline* wird es dem Kind in einer solchen Situation möglich, die bei ihm entstandenen Spannungsgefühle, seine Mißstimmung, sein Mißtrauen, seine Aggressivität, seine Angst und Verwirrtheit im Spiel loszuwerden. Indem es diese Gefühle spielt, bringt es sie an die Oberfläche, sieht es sie, lernt es, sie unter Kontrolle zu halten beziehungsweise nicht aufkommen zu lassen. Dadurch wird das Kind emotional stabiler und insgesamt psychisch reifer.

Das nicht-direktive Verfahren der Spieltherapie ist im Prinzip nicht psychoanalytisch. Hier werden Verhaltensschwierigkeiten nicht auf verdrängte Sexualtriebe zurückgeführt, und es gibt hier keine Interpretation der Spielsymbolik. Man kann dieses Verfahren nur sehr bedingt als Spieltherapie bezeichnen, weil das Spiel hier nicht seine spezifischen Züge aufweist. Im Grunde besteht dieses Verfahren darin, dem Kind die Möglichkeit zu bieten, eine frei gewählte Tätigkeit auszuführen (Zeichnen, Modellieren, Konstruieren, Spielen usw.), wobei es auch Beziehungen zu einem Erwachsenen aufnimmt und die Bedingungen in gewisser Weise denen entgegengesetzt sind, unter denen es zu den Verhaltensschwierigkeiten gekommen ist. Verhaltensschwierigkeiten, die man mit dieser Art von Therapie zu korrigieren sucht, entstehen meistens durch Konflikte in den Beziehungen zwischen Kind und Erwachsenen, und eben deshalb können Beziehungen einer anderen Art mit Erwachsenen zu einer Verhaltenskorrektur führen.

Ungeachtet dessen, daß sie ziemlich weit verbreitet ist, war die Spieltherapie bis heute noch nicht Gegenstand psychologischer Untersuchungen, und die Erfahrungen in ihrer Anwendung sind rein empirischen Charakters. Am Entwicklungsverlauf der Spieltherapie ist zu erkennen, daß die rein *Freud*sche psychoanalytische Anwendung der Spieltherapie immer weiter zurückgedrängt wird. Es wäre die Aufgabe spezieller psychologischer Untersuchungen, die tatsächlichen Mechanismen der Wirksamkeit der Spieltherapie zu ermitteln, das Rationale vom Mystischen zu scheiden. Unseres Erachtens ist diese Aufgabe nur zu lösen, wenn eine Theorie des Spiels erarbeitet und Klarheit darüber gewonnen wird, welche Rolle ihm in der Persönlichkeitsentwicklung des Kindes zukommt.

Wir haben uns deshalb so ausführlich mit den *Freud*schen Interpretationen des Spiels befaßt, weil diese Interpretationen in der Psychologie des kapitalistischen Auslands am weitesten verbreitet sind.

Wie bereits oben festgestellt, betrachten wir die *Freud*schen Deutungen des Spiels als unannehmbar. Sie erschließen nicht das wahre Wesen des Spiels und seine Bedeutung für die psychische Entwicklung. Die Hauptmängel dieser Theorie sind folgende: *Erstens* ist sie eine ausgesprochen biologistische Theorie, die völlig die ontogenetische Entwicklungsgeschichte des Menschen außer acht läßt, die Haupttriebe des Menschen den Trieben der Tiere gleichsetzt und sie auf die sexuellen Triebe einschränkt. *Zweitens* überträgt diese Theorie ungerechtfertigterweise die angenommenen Mechanismen der Dynamik des Seelenlebens kranker Erwachsener auf Kinder und vertritt die Auffassung, diese Mechanismen gäbe es von vornherein, wodurch dem Seelenleben des Kindes jegliche Entwicklung abgesprochen wird. *Drittens* herrscht in dieser Theorie eine falsche Vorstellung über das System der Beziehungen zwischen Kind und Gesellschaft. Diese Beziehungen sind angeblich antagonistisch; die Erwachsenen lösen beim Kind ständig Traumen aus, und das Spiel ist demzufolge eine Flucht des Kindes aus der realen Welt in eine besondere, symbolische Welt der Phantasie. *Viertens* wird in ihr die Entstehungsgeschichte des Spiels im Entwicklungsverlauf der Gesellschaft und des einzelnen Individuums völlig ignoriert und gänzlich außer acht gelassen, welche Bedeutung das Spiel in der psychischen Entwicklung hat.

Wir haben uns außerdem deshalb so ausführlich mit der *Freud-*

schen Theorie des Spiels auseinandergesetzt, weil ziemlich viele Psychologen in ihren Auffassungen über die psychische Entwicklung des Kindes von dieser Theorie beeinflußt waren. Zum Beispiel äußerte sich der Einfluß *Freuds* in den frühen Untersuchungen von Jean *Piaget* zu allgemeinen Problemen der psychischen Entwicklung des Kindes und in seinen Ansichten über das Wesen des Spiels. Seine theoretische Konzeption ging unter der Bezeichnung Theorie der zwei Welten in die Kinderpsychologie ein.

Nach *Piaget* besteht ein Verdienst der Psychoanalyse darin, daß sie gezeigt habe, der Autismus kenne keine Anpassung an die Wirklichkeit, denn die Lust sei für das Ich die einzige Triebfeder. Die einzige Funktion des autistischen Denkens sei das Streben, die Bedürfnisse und Interessen sofort (unkontrolliert) zu befriedigen, die Wirklichkeit zu deformieren, um sie dem eigenen Ich anzupassen. Über das autistische Denken sagt *Piaget*: „Das autistische Denken ist unterbewußt, d. h. die Ziele, die es verfolgt, und die Probleme, die es sich stellt, sind dem Bewußtsein nicht gegenwärtig. Es ist der äußeren Wirklichkeit nicht angepaßt, sondern es schafft sich selbst eine aus Imagination oder Träumen bestehende Wirklichkeit; es versucht nicht, Wahrheiten festzustellen, sondern Wünsche zu erfüllen; es bleibt streng individuell und läßt sich nicht durch die Sprache mitteilen. Dieses Denken vollzieht sich vor allem in Bildern und muß, um sich mitzuteilen, indirekt vorgehen, wobei es die Gefühle, die es begleiten, durch Symbole und Mythen hervorruft" (1972, S. 50).

Der Grundgedanke *Piagets* besteht in diesen seinen frühen Arbeiten darin, daß das Kind seine reale Umwelt assimiliert, entsprechend den Gesetzen seines Denkens, das zuerst autistisch und später egozentrisch ist. Durch solch eine Assimilation eben entsteht eine besondere Welt, in der das Kind lebt und alle seine Wünsche befriedigt.

Auf diesen Gedanken verwies auch E. *Claparède* in seinem Vorwort zu dem Buch von *Piaget* „Das Sprechen und Denken des Kindes", das der 1932 in Russisch erschienenen Ausgabe zugrunde lag: „Er (Piaget) zeigt, daß das Kind gleichzeitig sozusagen auf zwei verschiedenen Webstühlen webt, die auf irgendeine Weise übereinander angeordnet sind. Die in den ersten Lebensjahren auf der unten gelegenen Fläche geleistete Arbeit ist die weitaus wichtigere. Das ist eine Sache des Kindes selbst, das ungeordnet alles heranholt und um seine Bedürfnisse aufbaut, was sie zu befriedigen vermag. Das ist die Fläche der Subjektivität, der Wünsche, des Spiels, der Launen, des Lustprinzips, wie Freud sagen würde.

Die obere Fläche hingegen wird allmählich von der sozialen Umwelt aufgebaut, deren Druck das Kind immer mehr und mehr zu spüren bekommt. Das ist die Ebene der Objektivität, der Sprache, der logischen Konzepte, mit einem Wort – die Realität. Diese obere Fläche ist zunächst sehr brüchig. Kaum daß sie überlastet wird, verbiegt sie sich, löst sie sich auf, zerbröckelt sie, und Elemente von ihr fallen auf die untere Fläche; sie vermengen sich mit Elementen dieser Fläche, wobei einige Stückchen zwischen Himmel und Erde hängenbleiben. Begreiflich, daß der Beobachter, der diese zwei Oberflächen nicht sah und dachte, das Spiel fände nur auf einer Ebene statt, das als riesiges Durcheinander empfand, denn jede dieser Flächen hat ihre eigene Logik und jede beginnt schmerzlich zu jammern, wenn man sie mit der Logik der anderen Ebene vereinen will" (S. 59 f.).

L. S. *Wygotski* stellt sehr richtig fest: „Auch wenn Piaget und Claparède Freud und sein Lustprinzip unerwähnt lassen, kann von niemand angezweifelt werden, daß uns hier eine rein biologistische Konzeption vorliegt, die es sich angelegen sein läßt, die Eigenart des kindlichen Denkens von den biologischen Besonderheiten seines Wesens abzuleiten" (1932, S. 99).

Die These, daß sich das autistische Denken erstens selbst eine vorgestellte Wirklichkeit beziehungsweise eine Traumwirklichkeit schafft und daß es zweitens zwei Ebenen des kindlichen Denkens gibt, führt unweigerlich zu folgendem Gedankengang: Das Kind lebt in einer geteilten Welt – die eine ist seine eigene Welt, und die andere ist die Welt der Erwachsenen. Diese zwei Welten, diese zwei Wirklichkeiten sind prinzipiell unvereinbar, denn jede gründet sich auf anderen Prinzipien. Das eine ist die Welt des Lustprinzips und das andere die Welt des Realitätsprinzips.

Das Spiel gehört nach *Piaget* zur autistischen Traumwelt, zur Welt der in der Realität unerfüllbaren Wünsche, zur Welt der unbegrenzten Möglichkeiten. Das ist seiner Meinung nach eine sehr wichtige Welt und für das Kind eine echte Realität. Jedenfalls ist diese Welt für das Kind nicht minder real als die andere – die Welt des Zwangs, die Welt der Beständigkeit der Gegenstände, die Welt der Kausalität – die Welt der Erwachsenen. *Piaget* ist der Meinung, bis zum Alter von zwei bis drei Jahren sei einfach das real, was wünschenswert erscheine. Im zweiten Stadium tauchen zwei verschiedenartige Wirklichkeiten auf, die beide gleich real sind: die Welt des Spiels und die Welt der Beobachtung. Seinen Gedankengang zusammenfassend, meint *Piaget*, von großer Bedeutung für das Spiel sei die autonome Realität, worunter zu verstehen ist, daß die wirkliche Realität, der die autonome entgegensteht, für das Kind weitaus weniger wirklich ist als für uns.

Der Entwicklungsweg ist vom Standpunkt *Piagets*, allgemein gesehen, folgender: Anfangs existiert für das Kind nur eine Welt – die subjektive Welt des Autismus und der Wünsche –, und dann entstehen, herbeigeführt durch die Erwachsenen, durch die Welt der Realität, zwei Welten – die Welt des Spiels und die Welt der Realität, wobei die erste für das Kind größere Bedeutung hat. Diese Welt des Spiels besteht gleichermaßen aus den Überresten der rein autistischen Welt. Schließlich dann werden durch die Welt der Realität auch diese Überreste verdrängt, und nun entsteht sozusagen eine einheitliche Welt, in der die Wünsche verdrängt sind und den Charakter von Träumen und Phantastereien annehmen.

Ein gewisser Unterschied besteht zwischen dieser Konzeption von *Piaget* und der Konzeption der Psychoanalytiker darin, daß in letzterer das Spiel Ausdruck verdrängter Wünsche und des Wiederholungstriebes ist, für *Piaget* dagegen ist es Ausdruck restlicher, das heißt noch nicht verdrängter, aber, ebenso wie bei den Psychoanalytikern, nicht zu befriedigender Wünsche. Die Errichtung dieser besonderen, vorgestellten Welt im Spiel unterliegt einer besonderen Logik, der Logik des Synkretismus. Den Synkretismus definiert *Piaget*, wie übrigens auch alle anderen Erscheinungsformen des egozentrischen

Denkens, als Zwischenglied zwischen dem autistischen und dem logischen Denken.[23] Natürlich schließen solche Gedanken die Hauptfunktionen der Entstehung von Traumbildern ein: die Verdichtung, die mehrere unzusammenhängende Bilder in einem einzigen Bild verschmelzen läßt, und die Übertragung, die die Merkmale eines Objekts auf ein anderes überträgt. Das eben führt zum Symbolismus im Spiel. Das Spiel ist folglich symbolisch, und sein Symbolismus beruht auf einer besonderen synkretistischen Logik des Aufbaus der eingebildeten Welt des Spiels. Diese eingebildete Welt, die Welt des Spiels, steht im Gegensatz zur Welt der Wirklichkeit und ist für das Kind realer.

Während die reinen Psychoanalytiker die Auffassung vertreten, das Kind fliehe vor den Schwierigkeiten der Wirklichkeit in die Welt des Spiels, ist für *Piaget* die Welt des Spiels der Überrest einer noch nicht von der Wirklichkeit, von der Welt der Erwachsenen verdrängten, primär vorhandenen Welt der Wünsche. Ungeachtet dieses Unterschieds stehen sich sowohl bei *Piaget* als auch bei den Psychoanalytikern die Welt der Erwachsenen und die Welt des Kindes von vornherein als einander feindliche Kräfte gegenüber. Die erste verdrängt die zweite; die zweite widersetzt sich nach Möglichkeit der ersten. Sie haben prinzipiell verschiedene Grundlagen, sind einander fremd, unvereinbar. Es kann zwischen ihnen nur die Beziehung der mechanischen Verdrängung geben.

Eine ähnliche Position bezieht auch Karl *Koffka*. Zwar kritisiert er die Theorie des Egozentrismus teilweise, insgesamt jedoch erkennt er die Konzeption von den zwei Welten an, denen zwei Verhaltensstrukturen von prinzipiell unterschiedlichem Aufbau entsprechen. Seine Betrachtung des Spiels als einer charakteristischen Erscheinung der Welt des Kindes beginnt *Koffka* mit der allgemein bekannten und häufig angeführten Tatsache, daß die Kinder im Spiel einen Gegenstand anstelle eines anderen gebrauchen.

---

[23] Nachdem *Piaget* die kritischen Bemerkungen *Wygotskis* gelesen hatte, räumte er in seinen Stellungnahmen zu diesen Bemerkungen ein, er habe die Thesen *Freuds* über das „Lustprinzip" und das „Realitätsprinzip" unkritisch übernommen.

Er schreibt: „Als Ausgangspunkt der Betrachtungen wähle ich folgendes Beispiel: ein Kind mag eben mit einem Stück Holz spielen, es als sein ‚geliebtes Pflegekind‘ behandeln, und kurze Zeit darauf, wenn man es inzwischen von dieser Tätigkeit abgelenkt hat, wird es das gleiche Stück Holz zerbrechen oder ins Feuer halten. Wie passen die zwei Verhaltensserien gegenüber dem Stück Holz zusammen?" (1925, S. 255 f.) „Mir scheint, wir werden das Spiel psychologisch am besten verstehen, wenn wir die Handlungen des Kindes unter dem Gesichtspunkt betrachten, in was für größeren Geschehensstrukturen sie für das Kind stehen" (ebenda, S. 261). Den Entwicklungsprozeß betrachtet *Koffka* als einen Prozeß, in dem nach und nach zeitlich immer größere und miteinander verbundene Verhaltensstrukturen entstehen. Er nimmt an, daß es auf den frühesten Etappen nur relativ kurzzeitige, voneinander unabhängige und gleichwertige Handlungskomplexe gibt. Auf dieser Etappe könne noch von keinerlei Spiel die Rede sein.

„Allmählich bildet das Kind nun aber zeitliche Strukturen aus", schreibt *Koffka* weiter, „und jetzt ist charakteristisch, daß die verschiedenen zeitlichen Strukturen nebeneinander bestehen bleiben, ohne sich stark zu beeinflussen. Als zwei solche Struktursysteme entstehen zuerst, so möchte ich meinen, die Handlungen, Vorgänge, Dinge, die etwas mit dem Erwachsenen zu tun haben, und daneben diejenigen, die unabhängig vom Erwachsenen sind. Es sondert sich langsam, zuerst natürlich ganz unscharf und unklar, für das Kind die Welt des Erwachsenen von seiner eigenen Kinderwelt" (ebenda). Auf diese Weise entstehen nach *Koffka* zwei Welten: die Kinderwelt und die Welt des Erwachsenen.

Koffka setzt seinen Gedankengang folgendermaßen fort: „Aber wir müssen noch weitergehen. Die relative Unabhängigkeit der verschiedenen Strukturen voneinander bezieht sich nicht nur auf die beiden großen Gruppen: Kindes- und Erwachsenenwelt, sondern gilt auch wieder für die einzelnen Zusammenhänge in jeder von ihnen. Während nun aber die Erwachsenenwelt durch das gleiche Prinzip, durch das sie sich von der kindlichen schied, auch bald dahin drängen wird, daß sie als *Ganzes* erfaßt wird, daß also hier die Unabhängigkeit der einzelnen Handlungen voneinander mehr und mehr verschwindet, wird dies in der kindlichen Welt anders sein. Hier kann das Kind heute Kohlenträger, morgen Soldat sein, ja es mag das Stück Holz eben verhätscheln und gleich darauf ins Feuer halten, die verschiedenen Handlungen kollidieren nicht miteinander, weil sie in gar keinem Zusammenhang stehen, gerade so wie unsere Spiele ohne Zusammenhang miteinander sind" (ebenda, S. 262).

„Es genügt, daß ein Ding da ist zur Erfüllung eines gerade vorhandenen Wunsches, und dieses Ding hat schon all die Eigenschaften, die es braucht, um den Wunsch erfüllen zu können. Das Stück Holz läßt sich liebkosen, also ist es im Augenblick der geliebte und verhätschelte Pflegling, und daß es die anderen Eigenschaften *nicht* hat, die sonst kleine verhätschelte Kinder haben, das kommt gar nicht in Betracht, weil das Bedürfnis nach Übereinstimmung mit der übrigen Erfahrung gar nicht besteht. Es gibt eben noch nicht die *eine* große Welt für das Kind" (ebenda, S. 263).

Die zitierten Auszüge zeigen recht augenfällig, daß *Koffka* die Auffassung *Piagets* teilt – es existieren für das Kind zwei Welten: die Welt des Kindes – die Welt des Spiels, der Wünsche – und die dieser entgegengesetzte Welt der Erwachsenen – die Welt harter Regeln, die Welt des Drucks. Der Unterschied liegt nur in den Termini, mit denen diese zwei Welten bezeichnet werden. Die Termini *Koffkas* sind: verschiedene zeitliche Strukturen, Zusammenhang, Widerstände. Die Termini *Piagets*: Logik des Egozentrismus und Autismus und Logik der Realität. Bei *Koffka* verdrängen die Strukturen der Erwachsenenwelt von vornherein die kindlichen Strukturen. Bei *Piaget* verdrängt die Logik der Erwachsenen die primär gegebene autistische Logik des Kindes.

Eine allgemeine Einschätzung der Konzeption von den zwei Welten gab L. S. *Wygotski* (1934). „Man kann sich kaum vorstellen", schrieb er, „daß den Fakten mehr Zwang angetan werden kann als mit einer derartigen Theorie des Spiels. Das wesentlichste am Kinderspiel ist die eingebildete Situation, das heißt ein gewisses Bedeutungsfeld, welches das gesamte Verhalten des Kindes verändert, das Kind veranlaßt, sich in seinen Handlungen, in seinem Tun nur von einer eingebildeten, erdachten und nicht von der sichtbaren Situation leiten zu lassen. Was den Inhalt dieser eingebildeten Situationen anbelangt, so deuten sie stets darauf, daß sie aus der Welt der Erwachsenen hervorgehen.

Wir haben uns schon bei anderer Gelegenheit mit der Theorie der zwei Welten – Welt des Kindes und Erwachsenenwelt – und mit der sich daraus ergebenden Theorie von den zwei Seelen, die im Bewußtsein des Kindes gleichzeitig existieren sollen, gründlich auseinandergesetzt. Jetzt wollen wir nur klarstellen, welche Bedeutung diese Theorie für Koffkas gesamte Konzeption von der Entwicklung hat.

Unseres Erachtens ist nach seiner Konzeption die Entwicklung des Kindes an sich eine mechanische Verdrängung der Welt des Kindes durch die Erwachsenenwelt. Eine solche Auffassung führt unweigerlich zu dem Schluß, daß das Kind in die Welt der Erwachsenen als ihr Feind hineinwächst, daß sich das Kind in seiner Welt selbst formt, daß Strukturen aus der Welt der Erwachsenen einfach die kindlichen Strukturen verdrängen und an ihre Stelle treten. Die Entwicklung verwandelt sich in einen Prozeß des Verdrängens und des Ersetzens, der uns noch aus der Theorie Piagets zur Genüge bekannt ist" (1934, S. LIII).

Die Hauptsache ist hier die Frage, ob es eine besondere Welt des Kindes gibt und, wenn ja, was sie eigentlich darstellt, in welcher Beziehung sie zur Welt der Erwachsenen steht.

Piaget antwortet, wie auch *Koffka*, auf diese Frage folgendermaßen: Ja, es gibt eine besondere Welt des Kindes, und sie stellt eine vom Kind selbst geschaffene, subjektive Scheinwelt dar, in der Wünsche erfüllt werden und das Lustprinzip herrscht. Das Kind lebt in dieser selbstgeschaffenen Welt, in ihr erfüllt es sich seine Wünsche.

Die Welt der Erwachsenen ist die Welt der Objektivität, die Welt, die das Kind als gegeben vorfindet. Diese Welt ist die Welt der Gegenstände mit ihren konstanten Eigenschaften und den konstanten Verfahren ihres Gebrauchs, die Welt der Sprache, der logischen Konzepte und Ideen, die Welt der Erwachsenen und der Beziehungen zwischen ihnen. Diese Welt ist dem Kind von Anfang an fremd und feindlich. Die subjektive Welt des Kindes und die Welt der Objektivität sind von vornherein gegensätzliche Welten. Auf seiten der Erwachsenenwelt steht die Macht; durch sie wird das Kind unterdrückt, durch sie wird es aus der Welt der Subjektivität verdrängt, sie setzt an die Stelle der subjektiven die objektive Realität. Das ist die Position *Piagets* und *Koffkas*. Wir jedoch können sie nicht akzeptieren.

Natürlich kann das Kind nicht sofort in alle Lebensbereiche der Erwachsenen seiner Umgebung Eingang finden. Das geschieht in einem langen und allmählichen Prozeß. Und gerade die Erwachsenen führen das Kind nach und nach in diese Welt ein.

Der Fehler der Konzeption von den zwei Welten liegt darin, daß ihre Anhänger sich die „besondere" Welt des Kindes als eine Welt vorstellten, in der von vornherein Wünsche existieren, die dazu noch nicht befriedigt werden können. Und eben weil die Wünsche unerfüllt bleiben, entsteht diese Welt der Subjektivität, des Autismus und der Phantasie. Falsch sind hier bereits die Ausgangspositionen. Erstens die Auffassung, daß die Bedürfnisse dem Kind von Anfang an eigen sind, in Form bestimmter psychischer Gebilde, in Form von Wünschen oder Strebungen. Zweitens die Auffassung, daß die Bedürfnisse des Kindes nicht befriedigt werden.

Das Kind bedarf vom Augenblick der Geburt an bestimmter Dinge. Der Organismus braucht Nahrung, eine bestimmte Lufttemperatur, Sauerstoff usw. Dieser Bedarf wird von den Erwachsenen, die das Kind pflegen, befriedigt. Das Kind würde vor Hunger und Kälte sterben, wenn nicht die Erwachsenen es am Leben erhielten. Die Befriedigung der elementaren Bedürfnisse ist die erste, unerläßliche Lebensbedingung des Kindes in seiner Kindheit.

Diese Bedarfsformen stellen nicht von vornherein psychische Gebilde, Bedürfnisse dar. Zu psychischen Gebilden formen sich die Bedürfnisse durch die Befriedigung der elementaren Bedarfsformen. Beobachtungsergebnisse zeigen, daß sich so elementare Bedürfnisse wie das Nahrungsbedürfnis, das

Schlafbedürfnis und ähnliches mehr bei Kindern ziemlich spät entwickeln. Jeder weiß, daß ein Kind, nur weil es Hunger hat oder müde ist, sehr quengelig sein kann, der Erwachsene aber muß erraten, was dem Kind fehlt, und seine Bedürfnisse befriedigen. Subjektiv werden solche Zustände wahrscheinlich als gewisse Spannung erlebt, die keinen bestimmten Gegenstand zum Inhalt hat, als nicht vergegenständlichte Bedürfnisse.

Nach den Ergebnissen vieler Untersuchungen (N. L. *Figurin* und M. P. *Denissowa*, Ch. *Bühler*, H. *Wallon* u. a.) sind bereits die ersten Bedürfnisse des Kindes sozial. Vor allem geht es hierbei um das Bedürfnis nach dem Erwachsenen, nach Kontakten mit ihm. Gründliche Untersuchungen zur Entwicklung des sozialen Umgangs beim Vorschulkind, die M. I. *Lissina* (1974 a u. b) durchgeführt hat, zeigen: Erstes Bedürfnis des Kindes ist das Bedürfnis nach Kontakten mit Erwachsenen. Dafür sprechen auch Beobachtungen dessen, wie sich rein physiologische Reaktionen, wie sich Weinen und Lächeln in Verhaltensakte verwandeln, deren Gegenstand der Erwachsene ist. M. I. *Lissina* schreibt in diesem Zusammenhang: „Sehr früh, bereits in den ersten Lebensmonaten, entsteht beim Kind das Bedürfnis nach dem anderen Menschen, das Streben, seine Aufmerksamkeit auf sich zu lenken, mit ihm engere emotionale Kontakte aufzunehmen" (ebenda, S. 12).

Bildlich gesprochen kann man sagen, alle Bedürfnisse des Kleinkindes drehen sich um die erwachsene Pflegeperson; für das Kind ist die Milch, die es trinkt, etwas fest mit der Mutter Verbundenes.

Die Welt des Kindes ist vor allen Dingen der erwachsene Mensch als wichtigster Teil der kindlichen Umweltrealität, als Teil der Erwachsenenwelt. Nur in dem sich entwickelnden System der Beziehungen „Kind – Erwachsener" findet das Kind Eingang in die ganze übrige Welt.

Nehmen wir aber trotzdem einmal an, daß gewisse primäre Wünsche existieren, die nicht erfüllt werden, und daß sich das Kind eine subjektive, erdachte Welt aufbaut. Können sich die unerfüllten Wünsche in solch einer erdachten Welt erfüllen? Diese Frage läßt sich nur mit einem Nein beantworten,

denn in einer eingebildeten Welt kann es keinerlei Bedürfnisbefriedigung geben. Und das betrifft nicht nur die organischen
Bedürfnisse, sondern auch die sozialen. L. S. *Wygotski* sagt
dazu sehr richtig: „Anzunehmen, eine halluzinierte Befriedigung der Bedürfnisse wäre die erste Form des kindlichen
Denkens, bedeutet jenen unbestrittenen Fakt ignorieren, daß,
um es mit den Worten Bleulers zu sagen, Befriedigung erst
eintritt, nachdem tatsächlich Nahrung aufgenommen wurde,
bedeutet zu ignorieren, daß auch ein etwas älteres Kind einen
wirklichen Apfel dem eingebildeten vorzieht" (1932, S. 70).
Nehmen wir weiter an, die Vertreter der Konzeption von
den zwei Welten entgegnen uns, sie verzichten auf die These
von den primär existierenden und unerfüllten Wünschen und
geben zu, daß die Bedürfnisse entstehen. Aber nachdem sie
entstanden und von den Erwachsenen befriedigt wurden, werden sie später nicht mehr befriedigt und existieren dennoch
weiter. Dadurch entwickelt sich jene eingebildete Welt, die
eben die wahre Innenwelt des Kindes ist. Im Prinzip ist das
möglich, denn auch die Bedürfnisse entwickeln sich, die einen
verschwinden, andere tauchen dafür auf. Und dieses Vergehen
und Entstehen der Bedürfnisse und Wünsche ist ein komplizierter Vorgang.
Aber auch bei einer solchen Vorstellung von der Welt des Kindes sind Phantasie, Traum, Spiel angeblich Ausdruck des Strebens, frühere Zustände zu reproduzieren, und dienen der
Bedürfnisbefriedigung. Das führt zurück zu *Freud* und den
Psychoanalytikern. Unseren Ausführungen über diese Theorien
und die Konzeption von den zwei Welten ist noch hinzuzu-
fügen, daß auch bei einer solchen Sicht des Bedürfnislebens
unklar bleibt, wieso die sogenannte Welt des Kindes, die nach
der obigen Darstellung eine Welt der eingebildeten, der illusionären Befriedigung absterbender Bedürfnisse darstellt, für
das Kind gegenwärtiger ist als die Welt der neuen, der von
den Erwachsenen befriedigten Bedürfnisse. Betrachten wir nur
die einfache alltägliche Erscheinung der Nahrungsänderung für
das Kind. Das ist ein realer Wechsel der Befriedigungsformen
eines Bedürfnisses. Nach dem Schema der Theorie von den
zwei Welten ist die illusionäre Pseudobefriedigung mit der

früheren Nahrung die Welt des Kindes und die reale Befriedigung mit der neuen Nahrung die Welt der Erwachsenen. Die erste ist für das Kind weitaus gegenwärtiger als die zweite, und in dieser Welt des Vergangenen lebt das Kind. Man kann sich nur schwer vorstellen, daß das halluzionäre Saugen an der Brust für das Kind gegenwärtiger ist als die reale Befriedigung des Bedürfnisses, indem es aus einer Tasse Fruchtsaft oder Milch trinkt. Eine solche Auffassung von dem Verhältnis zwischen der realen Welt mit ihrer tatsächlichen Bedürfnisbefriedigung und der eingebildeten Welt mit ihrer illusionären Befriedigung der Bedürfnisse hält keiner Kritik stand.

Dennoch gilt es besonders hervorzuheben, daß die Vorstellung, es bestehe eine Verbindung zwischen Spiel und Bedürfnissen und die Welt des Kindes habe ihre Eigenart, richtig ist. Das Kind lebt tatsächlich von seinen ersten Lebenstagen an objektiv in einer Welt, die es anders wahrnimmt und erlebt als die Erwachsenen. Um aber die Welt des Kindes richtig darstellen zu können, muß man seine objektive Welt charakterisieren, das heißt jene objektiven Bedingungen, mit denen es reale Wechselbeziehungen aufnimmt. Dann wird auch klar, in welchem Verhältnis diese Welt zur Welt der Erwachsenen steht. Die Vertreter der Konzeption von den zwei Welten versuchen zu charakterisieren, wie sich die subjektive Welt des Kindes zur objektiven Welt der Erwachsenen verhält, ohne die Verbindungen und Beziehungen aufzudecken, die das Kind mit der objektiven Welt eingeht. Die einzige objektive Beziehung, die sie sehen, ist die, daß die objektive Welt der Erwachsenen die subjektive Welt des Kindes verdrängt. Eine solche Auffassung ist viel zu eng.

Um die subjektive Welt des Kindes auch nur in geringstem Grade begreifen zu können, um ihre Widersprüche und Konflikte zu erfassen, muß man vor allem das objektive Bild seines Lebens einer Betrachtung unterziehen, muß man klären, welche Beziehungen bestehen zwischen der objektiven Welt des Kindes und der objektiven Welt der Erwachsenen.

Wäre eine solche Analyse durchgeführt worden, dann hätte man sich davon überzeugt, daß die Welt des Kindes stets ein Teil der Erwachsenenwelt ist – ein in spezifischer Weise gebrochener Teil, aber nichtsdestoweniger ein Teil der objektiven Welt. Die Vertreter der genannten Konzeption führen solch eine Analyse jedoch nicht durch, weil sie der Meinung sind, die subjektive Welt des Kindes existiere unabhängig von seiner objektiven Welt. Anschauungen dieser Art lassen sich nur überwinden, wenn das Psychische konsequent vom materialistischen Standpunkt aus betrachtet wird.

Eine etwas andere Position beziehen in dieser Frage Kurt *Lewin* (1935) und seine Schülerin Sarah *Sliosberg* (1934), die spezielle experimentelle Untersuchungen durchgeführt hat, um die Unterschiede zwischen Spiel- und Ernstsituation zu erforschen. In Anlehnung an *Lewin* unterscheidet S. *Sliosberg* im „Lebensraum" jeder Persönlichkeit Schichten von unterschiedlichem Realitätsgrad. Zu den irrealen Schichten zählt sie Phantasien und Träume. In diesen Schichten werden Schwierigkeiten angeblich leichter überwunden als in den Realitätsschichten mit ihren harten Tatsachen. Das Hauptproblem der Untersuchung war das Verhältnis zwischen Realität (im „Lebensraum" des Kindes) und Bedürfnisbefriedigung. Sarah *Sliosberg* setzt ihr Verfahren, bei dem das „wirkliche Verhalten gegenüber dem Gegenstand" untersucht wird, dem Verfahren *Piagets* entgegen, das in Gesprächen mit den Kindern über die Wirklichkeit besteht. Im Ergebnis einer langen Serie interessant angeordneter Versuche zur Dynamik des Ersatzes verschiedener Gegenstände in der Ernstsituation und im Spiel gelangt sie zu mehreren wichtigen Schlüssen.

Zum Beispiel stellt Sarah *Sliosberg* beim Analysieren des Verhältnisses zwischen Spiel und den Realitätsschichten fest: Obwohl in der Spielsituation Gegenstände viel leichter durch andere ersetzt werden als in der Ernstsituation und folglich die Spielsituation einige Merkmale der irrealen Schichten hat, kann daraus nicht gefolgert werden, das Spiel gehöre diesen Schichten an. Das zu dieser Frage vorliegende experimentelle Material zusammenfassend, gelangt sie zu dem Schluß, daß *„die Spielsituation als ein ‚Sondergebiet' in der Realitätsschicht darzustellen ist,* welches von anderen Sondergebieten innerhalb der Realitätsschicht vor allem dadurch unterschieden ist, daß es *dynamisch die Flüssigkeitseigenschaften irrealer* Schichten zeigt und auch sonst besonders eng mit der jeweiligen Struktur der irrealen Schichten des Lebensraumes der betreffenden Person zusammenhängt" (1934, S. 161).

Sarah *Sliosberg* betont, man dürfe sich das Verhältnis der Begriffspaare Ernst- und Spielsituation, Realitäts- und Irrealitätsschichten nicht zu einfach denken. Obwohl die Dynamik der Spielsituation den Prozessen in der irrealen Schicht verwandt ist, sind Spiel und Irrealität nicht identisch.

Interessant sind im Zusammenhang mit der oben erörterten Vorstellung von der Existenz zweier Welten des Kindes ihre Untersuchungen zum Verhältnis zwischen der Bedürfnisbefriedigung und dem Ersatz von Gegenständen, also dem Übergang zur Spielsituation.

Die von S. *Sliosberg* in ihren Untersuchungen ermittelten experimentellen Fakten und die daraus gezogenen Schlußfolgerungen sind unseres Erachtens vor allem deshalb sehr interessant, weil in ihnen zwei wichtige Probleme in den Vordergrund treten: Erstens wird als ungerechtfertigt angesehen, das Spiel mit Irrealität zu identifizieren (mit der Welt der Träume und Phantasien), und zweitens wird die Frage nach dem Verhältnis zwischen Bedürfnisbefriedigung und Spiel aufgeworfen.

Kurt *Lewin* (1935) hatte nicht vor, das Wesen des Spiels zu ergründen. Das Spiel interessierte ihn nur insofern, als es prägnant und anschaulich die von ihm experimentell untersuchte Dynamik des Ersatzes enthält. Er weist direkt darauf hin, daß das große Gebiet des Spiels eine enge Beziehung zur Dynamik des Ersatzes hat – ob es dabei nun um einen Gegenstand oder um eine Handlung geht.

Ein wenig schematisiert lassen sich die Anschauungen *Lewins* in folgenden Leitgedanken zusammenfassen:

1. Das psychische Milieu des erwachsenen Menschen ist in Schichten verschiedenen Realitätsgrades unterteilt. Als Realitätsebene ist die Ebene der Fakten anzusehen, die unabhängig von den persönlichen Wünschen des Menschen existieren. Das ist die Sphäre des realistischen Verhaltens, der großen Schwierigkeiten usw. Die irrealste Verhaltensebene sind Hoffnungen und Träumereien. Kennzeichnend für diese Ebene der größten

Irrealität ist eine starke Dynamik. Die Schranken und Barrieren sind hier weniger stabil. Die Verbindung zwischen Persönlichkeit und Umwelt ist auf dieser Ebene ebenfalls fließend und schwach. Auf der Ebene des Irrealen kann man, was man will.

2. Es ist möglich, von einer Ebene zu einer anderen überzuwechseln. Wenn die Bedingungen der Realitätsebene aus irgendeinem Grunde sehr unangenehm werden, zum Beispiel infolge allzu großer Anstrengung, entsteht der Drang, die Realitätsebene zu verlassen und sich auf die Ebene der Irrealität zu begeben (in Träume, in Phantasien und sogar in die Krankheit zu flüchten).

3. Der erste und zweite Gedanke treffen im Prinzip gleichermaßen sowohl auf das Verhalten erwachsener Menschen als auch auf das Verhalten des Kindes zu. Jedoch sind für das psychische Milieu des Kindes zwei Faktoren kennzeichnend: Erstens vermag es nicht so deutlich zwischen den verschiedenen Realitätsschichten zu unterscheiden und zweitens wechselt es leichter von der Ebene der Realität zur Ebene der Irrealität über.

4. Der Hauptmechanismus des Übergangs von den Schichten der verschiedenen Realitätsgrade zu den irrealen Schichten ist der Ersatz. (*Freud* benutzt ebenfalls den Begriff Ersatz, unterläßt es aber, ihn zu definieren.)

5. Festgehalten werden einige Besonderheiten des Ersatzes: a) Je größer das Bedürfnis, desto stärker die Tendenz zum Ersatz. b) Ersatzhandlungen entstehen oft in Situationen, in denen es nicht möglich ist, ein bestimmtes Ziel zu erreichen und in denen es zu psychobiologischen Spannungen kommt. c) Die Ersatzhandlung entsteht aus einem der ursprünglichen Handlung entsprechenden Spannungssystem. d) In vielen Fällen führt die Ersatzhandlung nicht zur völligen Befriedigung, und die Person wird nur noch unzufriedener. e) Der Ersatzwert einer Handlung ist um so höher, je realer die Ersatzhandlung selbst ist (folglich ist der Ersatzwert einer Handlung in der irrealen Schicht nur gering – D. E.). f) Bei einem nicht spontan entstehenden Ersatz ist der Ersatzwert um so höher, je mehr die Ersatzhandlung nicht dem neuen Ziel,

sondern einem anderen Verfahren, das ursprüngliche Ziel zu erreichen, entspricht. g) Je stärker das Bedürfnis, desto geringer ist der Ersatzwert der Ersatzhandlung, andererseits jedoch verstärkt sich mit dem Stärkerwerden der Bedürfnisspannung gleichzeitig die Tendenz zur Ersatzhandlung.

Das wären, in schematischer Übersicht, einige Anschauungen *Lewins* über die Schichten der verschiedenen Realitätsgrade in der psychologischen Struktur der Persönlichkeit und über die Dynamik des Ersatzes, den Hauptmechanismus des Übergangs von Schicht zu Schicht. Wir haben diese Anschauungen hier deshalb angeführt, weil sie in direkter Beziehung zur Interpretation einiger Probleme des Spiels stehen.

Kurt *Lewin* verweist auf eine dynamische Haupteigenschaft des Spiels: Es ist einerseits mit Erscheinungen verbunden, die zur Ebene der Realität gehören, und zwar in dem Sinne, daß sie von außenstehenden Personen beobachtet werden können (im Gegensatz z. B. zu den Wachträumen), andererseits aber verbindet es sich in weitaus geringerem Grade mit den Gesetzen der Realität als das Ernstverhalten. Sich im Spiel ein Ziel stellen und erreichen verschafft ein besonderes Vergnügen. Diese dynamische Flüssigkeit, von der aus gesehen das Spiel sich der Dynamik der Irrealität nähert, wird besonders offensichtlich in der Austauschbarkeit der Gegenstände und Personen (Spielrollen), die das Kind weit über die Grenzen der Realitätsebene hinausführt. Nach *Lewin* lassen sich die Spiele nach dem Prinzip ihrer dynamischen Flüssigkeit unterscheiden. Die Spielregeln können so hart sein, daß sich das entsprechende Spiel eventuell dynamisch der Realitätsebene nähert.

In der Frage nach den Unterschieden zwischen Spiel und Ernstsituation vertritt Kurt *Lewin* die Auffassung, daß zwischen dem irrealen Ersatz und dem Spiel ein enger Zusammenhang besteht. Nach *Piaget* trägt das Weltbild des Kindes mystischen Charakter. Das Ding und seine Bezeichnung, Phantasie und Realität, Lüge und Wahrheit – das alles wird vom Kind nicht genau unterschieden. Nun taucht die Frage auf: Kann denn eine irreale Erscheinung beziehungsweise ein irrealer Gegenstand die Bedürfnisse des Kindes befriedigen? Sarah *Sliosberg* hat in ihren vergleichenden Untersuchungen festgestellt, eine solche Befriedigung durch Ersatz des realen Gegenstandes (z. B. mit einer Scherenattrappe) ist durchaus möglich und in jedem Falle vom Charakter der Gesamtsituation abhängig. Die Spielsituation hat keine strengen Grenzen. Man kann sie als frei bezeichnen. Bestimmte Ersatzformen sind nur in der Spielsituation möglich, denn in ihr haben die Gegenstände keine fixierte Bedeutung wie in realen Situationen. In der Ernstsituation lehnt es das Kind in der Regel ab, etwas spielerisch zu ersetzen. Interessant ist, daß es im Spiel, also in der Spielsituation, oftmals reale Dinge beziehungsweise reale Handlungen ablehnt, wenn man sie ihm anstelle der Spielsachen anbietet beziehungsweise vorschlägt. In den Versuchen wurde gezeigt, daß auch für den Erwachsenen die Ersatzmöglichkeit von der Gesamtsituation abhängt. Ein sehr wichtiger Faktor für das Akzeptieren des Ersatzes ist der Intensitätsgrad des Bedürfnisses. Versuche haben ergeben, daß das Kind eine Scherenattrappe eher akzeptiert, wenn es bereits zur Genüge mit einer richtigen Schere gespielt hat. Überhaupt, je stärker das Bedürfnis, desto geringer wird die Ersatzhandlung gewertet, und je größer die Bedürfnisspannung, desto stärker die Tendenz zur Ersatzhandlung.

Die Anschauungen von Kurt *Lewin* und Sarah *Sliosberg* sind für uns in mancherlei Beziehung von Interesse. In ihnen verflechten sich auf wunderliche Weise *Freud*sche und antifreudsche Deutungen. *Freud* wurden zwei wichtige Momente entlehnt: erstens der Gedanke, daß der Übergang in die irrealen Schichten eine Folge nichtbefriedigter Bedürfnisse in der realen Schicht und der damit verbundenen sehr großen Spannung ist; zweitens der Ersatzbegriff – Gegenstände beziehungsweise Handlungen, die mit der Bedürfnisbefriedigung zusammenhängen, werden durch andere ersetzt.

Prinzipiell anders ist jedoch ihre Auffassung von den Schichten unterschiedlichen Realitätsgrades. Kennzeichen jeder dieser Schichten ist in erster Linie nicht, *was* sie enthalten (alle Schichten enthalten immer die gleiche Realität), sondern *wie* sie es enthalten, wie fest ihr Inhalt ist, wie flüssig und dynamisch die in dieser Schicht ablaufenden Prozesse sind. Die verschiedenen Schichten des psychischen Lebens der Persönlichkeit von den realen bis zu den höchsten Formen des Irrealen sind als verschiedene Existenzformen des Realen aufzufassen. Genauer gesagt, *Lewin* stellt die Frage, welche Wechselbeziehungen zwischen den verschiedenen Existenzformen der Bedürfnisse und den Ebenen bestehen, auf denen sie sich befriedigen lassen.

Untersuchungen der Mitarbeiter *Lewins* zeigen, daß der Ersatzwert von Handlungen um so höher liegt, je realer die Ersatzhandlung ist. Das bedeutet, die Handlungen in der irrealen Schicht haben im Hinblick auf die Bedürfnisbefriedigung den geringsten Ersatzwert. Richtiger wäre es zu sagen: In der irrealen Schicht ist eine Befriedigung des Bedürfnisses nicht möglich.[24] Dennoch, je intensiver das Bedürfnis, desto stärker wird die Tendenz zur Ersatzhandlung.

Bereits eine einfache Verzögerung der Befriedigung irgendeines Bedürfnisses bringt mit sich, daß dieses Bedürfnis eine neue Existenzform annimmt. *Lewin* bezeichnet die Handlungsdynamik in dieser Schicht als weniger steif, als fließender. Aber wie immer auch diese Dynamik sein mag, in der irrealen Schicht können die Handlungen nicht zur Befriedigung der Bedürfnisse führen.

Natürlich taucht die Frage auf: Was geschieht mit den Bedürfnissen, nachdem sie in die irrealen Schichten gelangt sind und Handlungen in dieser Schicht vollzogen werden? Auf diese Frage gibt *Lewin* keine Antwort. Man kann sie vorläufig nur hypothetisch beantworten. Das Aufkommen und Verschwinden von Bedürfnissen ist nur möglich, wenn sie real befriedigt beziehungsweise nicht befriedigt werden, das heißt nur auf der Realitätsebene, um es in der Sprache *Lewins* zu sagen. Kein einziges Bedürfnis kann sofort in ideeller Form entstehen, und keines kann verschwinden, indem es durch Übergehen in diese Form befriedigt wurde. Durchaus möglich und tatsächlich existent ist jedoch Tätigkeit infolge auf ideeller Ebene bestehender Bedürfnisse. Verwiesen sei zum Beispiel auf die Vorwegnahme der Befriedigung beziehungsweise Nichtbefriedigung

---

[24] Die einzige Ausnahme bildet eine eventuelle halluzinatorische Befriedigung eines Bedürfnisses durch Einwirkung spezieller narkotischer Mittel.

eines Bedürfnisses, auf ihre Verzögerung, auf die Wahl geeigneter Verfahren und Mittel der Befriedigung usw. Träume und Phantasien sind Formen der inneren psychischen Tätigkeit auf der Grundlage von Bedürfnissen. Keine innere mit einem Bedürfnis verbundene Handlung ist indifferent gegenüber dem Inhalt und der Intensität des Bedürfnisses. Solch eine innere psychische Tätigkeit präzisiert und formt den Inhalt der Bedürfnisse, macht sie intensiver oder schwächt sie ab. Aber nur das reale Leben entscheidet darüber, ob sie gefestigt werden oder verschwinden.

Kurt *Lewin* und Sarah *Sliosberg* erfaßten unseres Erachtens eine der wichtigsten Besonderheiten des Kinderspiels. Sie sagen, das Spiel sei einerseits eine besondere Schicht der Realität, und andererseits kämen die Spielhandlungen, was ihre Dynamik anbelangt, den Handlungen in den irrealen Schichten nahe. Diese Zwiespältigkeit ist in der Tat ein typischer Zug des Spiels. Im Spiel verwandelt das Kind sich selbst und die benutzten Gegenstände, mit denen es von den Bedeutungen ausgehend handelt, die es ihnen selbst beigegeben hat.

Wichtig ist die Feststellung, daß das Spiel trotz allem eine Sphäre der Realität darstellt. Und so verhält es sich in der Tat. Das Spiel ist keine Irrealität. Deshalb enthält es, wie wir im experimentellen Teil unserer Untersuchung zeigen werden, die Härte, die der Realität eigen ist. Das Kind handelt im Spiel mit Gegenständen, die zum realen Leben gehören. Welcher Bereich der Wirklichkeit aber bleibt im Spiel real? Auf diese Frage geben *Lewin* und S. *Sliosberg* keine Antwort. Durchaus möglich wäre doch die Annahme, der Übergang auf die ideelle Ebene im Hinblick auf einige Elemente der Wirklichkeit schafft Möglichkeiten, tiefer zu anderen Elementen, in andere Bereiche der Realität vorzudringen. Bekanntlich kommt es vor, daß ein gewisses Sichentfernen von der Wirklichkeit sie erkennen läßt. Das sind Probleme, die noch der Lösung harren.

Die im Spiel hochgradig vorhandene Dynamik des Ersatzes macht die Frage, ob es möglich ist, im Spiel Bedürfnisse zu befriedigen, besonders augenfällig. Und wirklich, werden nun im Spiel Bedürfnisse befriedigt und, wenn ja, welche?

Diese Fragen lassen sich ebenfalls lediglich hypothetisch beantworten. Im Spiel können nur einige Bedürfnisse befriedigt werden, und zwar in dem Grade, wie die Handlungen realen Charakter tragen. Wenn das Kind im Spiel reale Beziehungen mit Spielgefährten aufnimmt, dann können diese realen Beziehungen bestimmte Bedürfnisse befriedigen, zum Beispiel das Bedürfnis nach Kontakten mit Freunden. Aber in der Sphäre, in der das Kind im Spiel auf vorgestellter Ebene handelt, können Bedürfnisse nicht befriedigt werden.

Nehmen wir an, *Freud* habe recht mit seiner Behauptung, das gesamte Spielen der Kinder sei von dem in ihrem Alter dominierenden Wunsch geprägt, groß zu sein und so zu tun wie die Großen.

Kann denn das Spiel diesen Wunsch befriedigen? Natürlich nicht. Insbesondere die Spielhandlungen vollzieht das Kind auf eingebildeter Ebene. Es übernimmt die Rolle eines Erwachsenen, handelt mit Gegenständen, die reale Dinge ersetzen, und die Handlungen selbst tragen darstellenden und nicht realen Charakter. Folglich kann das Kind, auf dieser Ebene handelnd, seine Wünsche nicht erfüllen. Was geschieht in diesem Falle mit den Wünschen (den Bedürfnissen) im Spiel? Es ist anzunehmen, daß sie gerade im Spiel entstehen und sich zu Bedürfnissen formen.

Wenn das Kind zu spielen beginnt, weiß es, wie wir im experimentellen Teil dieses Buches nachzuweisen versuchen werden, noch nicht einmal, was das heißt, groß zu sein. Es nutzt jede Möglichkeit, sich den Namen eines Erwachsenen zu geben, die echten Gegenstände, mit denen der Erwachsene tätig ist, durch andere (durch Spielzeug) zu ersetzen, und handelt in dieser noch nicht völlig von der realen (sichtbaren, gegenständlichen) gesonderten Welt wie die Großen. Die Tätigkeit des Kindes ist im Hinblick auf ihre Sujets sehr wandelbar (Mutter, Doktor, Feuerwehrmann, Kraftfahrer, Polizist), und in ihr werden immer, unterschiedlich umfassend und tiefgründig, verschiedene Seiten der gegenständlichen Tätigkeit der Erwachsenen nachgestaltet, vor allen Dingen aber die Beziehungen zwischen ihnen sowie die Bedeutung und die Motive ihrer Tätigkeit. Ein anfangs unklarer, verschwommener Wunsch formt sich zum Bedürfnis. Es entwickelt sich das Bedürfnis nach einer ernsthaften, gesellschaftlich wichtigen und geschätzten Tätigkeit.[25] Und das eben bedeutet, es entsteht das Bedürfnis, wie die Erwachsenen zu sein, wie sie zu leben. Im Spiel kann das Kind dieses Bedürfnis nicht befriedigen. Seine Entstehung und Entwicklung führt gerade im Gegenteil zu einer Verkürzung des Rollenspiels. Das im Spiel entstandene neue, seinem Wesen nach soziale Bedürfnis wird unter den verschiedenen historischen Bedingungen auf verschiedene Art und Weise befriedigt: entweder in der realen, mit den Erwachsenen gemeinsam durchgeführten Arbeit oder in der Lerntätigkeit.

Betrachtet man also das Spiel unter dem Gesichtspunkt der Bedürfnissphäre des Kindes, dann ist es weder eine Realisationsform verdrängter Wünsche, noch entspringt es dem Zwang, die Bedingungen zu wiederholen, unter denen die Verdrängung erfolgte, noch verwirklichen sich darin die Überreste der primären Wünsche des Kindes. Das Spiel ist auch nicht eine besondere, in sich geschlossene und der Welt der Erwachsenen entgegengesetzte Welt des Kindes. Es gehört zu den wichtigsten Wegen, die zur Entwicklung der höchsten Formen spezifisch menschlicher Bedürfnisse führen. Das Spiel ist auf die Zukunft, nicht auf die Vergangenheit gerichtet.

Kurt *Lewin* und seine Mitarbeiter interessiert das Spiel vor allem als Modell, an dem sie einige Probleme der Dynamik in der Sphäre der Affekte und Bedürfnisse untersuchen konnten. Deshalb unternimmt *Lewin* auch nicht den Versuch, das psychologische Wesen des Spiels zu ergründen oder zu bestimmen, welche Bedeutung es in der psychischen Entwicklung hat.

In den Arbeiten von *Piaget* werden die Probleme des Kinderspiels auf einer ganz anderen Ebene untersucht. Sie sind ein organischer Teil seiner Theorie der Intelligenzentwicklung. Bevor er die grundlegende Arbeit schrieb, in der er seine Auffassung über das Spiel und dessen Bedeutung für die Entwicklung der Intelligenz auseinandersetzte (1969), führte er erstens

---

[25] Vgl. dazu L. I. *Boshowitsch* 1970.

Untersuchungen durch – sie werden jetzt bereits zu den klassischen gezählt –, um die frühesten Stadien der Intelligenzbildung zu erforschen (Entstehung und Entwicklung der sensomotorischen Intelligenz), und untersuchte zweitens die Besonderheiten der operatorischen Denkformen, bei denen bereits Vorstellungen vorhanden sein müssen.

Piaget schreibt in der Einleitung zu dem eben erwähnten, der Symbolbildung beim Kind gewidmeten Buch, es käme darauf an, eine Brücke zwischen der sensomotorischen Aktivität und den operatorischen Denkformen zu schlagen. Er hatte es sich zur Aufgabe gemacht zu verfolgen, wie die Vorstellungen entstehen. Diese Aufgabe löste er, indem er einerseits untersuchte, wie sich die Nachahmung entwickelt – die ja Vorstellungen voraussetzt, wenn das Reproduktionsmodell nicht unmittelbar vorliegt –, und andererseits zu ergründen bestrebt war, wie die Symbolfunktion entsteht, die am deutlichsten im Symbolspiel des Kindes in Erscheinung tritt und eine Differenzierung erfordert zwischen Zeichen und Bezeichnetem, das heißt zwischen Symbol und Gegenstand beziehungsweise Handlung.

Insbesondere im Zusammenhang mit dieser letzten Aufgabe läßt *Piaget* viel Aufmerksamkeit dem sogenannten Symbolspiel zuteil werden, sucht dessen Wesen und Bedeutung für die Entwicklung der Intelligenz zu ergründen.

Wir erwähnten bereits die Ansichten *Piagets* über das Spiel in seinen frühen Arbeiten. Dort wird das Problem Spiel im Zusammenhang mit dem Problem Egozentrismus behandelt. *Piaget* hielt das Spiel für eine ausgesprochen deutliche Äußerungsform dieser Besonderheit des kindlichen Denkens in der Zeit zwischen dem autistischen Denken im frühesten Stadium und dem logischen Denken, das sich durch die Konfrontation mit der Wirklichkeit und mit dem reifen Denken der das Kind umgebenden Erwachsenen entwickelt. Unsere Meinung zur Theorie der zwei Welten haben wir bereits geäußert.

In der Arbeit *Piagets* zur Symbolbildung (1969) werden diese frühen Auffassungen über das Spiel präzisiert, weiterentwickelt und vertieft. Diese Untersuchung gründet sich, wie auch die Arbeit, in der das Erwachen der Intelligenz und die Entwick-

186

lungsstadien der sensomotorischen Intelligenz untersucht werden, auf Fakten, auf Beobachtungen der Entwicklung von Kindern. Das Buch enthält sehr viele und sehr interessante Beobachtungen. Jean *Piaget* ist vor allen Dingen zu danken, daß er diese Methode rehabilitiert und bewiesen hat, der Psychologe kann durch die Beobachtung insbesondere des Entwicklungsverlaufs auf den frühen Altersstufen ein Faktenmaterial zusammentragen, zu dem er mit keinem anderen Verfahren gelangen wird.

Freilich weckt die Art und Weise der Beobachtungen gewisse Zweifel. Vor allem fehlen fast völlig Fakten, die etwas über das System der Wechselbeziehungen zwischen den Kindern und den sie erziehenden Erwachsenen aussagen. An den Experimenten nehmen nur *Piaget* selbst (als Beobachter und Versuchsleiter) und das Kind teil. Es bleibt völlig im dunkeln, was zwischen den einzelnen mit Elementen des Experiments gekoppelten Beobachtungen vor sich gegangen ist. Das schränkt natürlich die Möglichkeiten ein, die ermittelten Fakten und damit auch die Genesis der Symbolfunktion richtig zu interpretieren. Dabei entsteht sowohl die Nachahmung als auch die erste Anwendung eines Gegenstandes anstelle eines anderen, also das Symbol, in der gemeinsamen Tätigkeit des Kindes mit dem Erwachsenen: Die Nachahmung entwickelt sich im Umgang zwischen Kind und Erwachsenem, und es lernt in ihrer gemeinsamen Tätigkeit, bei der sich das Kind Handlungen mit Gegenständen aneignet, einen Gegenstand als „Zeichen" für einen anderen zu verwenden.

Piaget hebt speziell hervor, daß seine eigenen Kinder, die er beobachtet hat, frei waren von dem Einfluß Erwachsener (nicht an Spielvorschriften usw. gebunden) sowie von der Pädagogenmanie der Kinderfrauen und daß sich bei ihnen deshalb die Nachahmung zwar langsamer, aber dafür, wie er meinte, richtiger entwickelte als bei Kindern, die ständig der Aufmerksamkeit ihrer Umgebung ausgesetzt sind.

Wie es gelingen kann, solche Bedingungen zu schaffen, bleibt völlig unerklärlich. Ist es denn möglich, Kleinkinder vom Umgang mit Erwachsenen fernzuhalten? Unseres Erachtens ist das nicht möglich. Auch die Beispiele, die *Piaget* selbst anführt, zeigen, daß eine solche Wechselbeziehung stattgefunden hat. Hier nur eines davon: „Mit 0;6;25 erfindet J. einen neuen Ton, indem sie ihre Zunge zwischen die Lippen steckt: irgend etwas wie ‚pfs‘. Ihre Mutter reproduziert darauf diesen Ton: J. ist entzückt und wiederholt ihrerseits lachend diesen Ton. Es folgt eine längere gegenseitige Nachahmung: 1. J. macht ‚pfs‘; 2. ihre Mutter ahmt nach und J. beobachtet sie, ohne ihre Lippen zu bewegen; 3. sobald ihre Mutter aufhört, nimmt J. diesen Ton auf usw. – Danach, nach einem längeren Stillschweigen, mache ich meinerseits ‚pfs‘: J. lacht und ahmt sofort nach. Dieselbe Reaktion am folgenden Tag, schon am Morgen (bevor J. spontan den fraglichen Ton selbst hervorgebracht hat) und dann den ganzen Tag über" (1969, S. 39 f.).

Das ist ein deutliches Beispiel dafür, daß zwischen den Erwachsenen und dem Kind Kontakte bestanden, sowie dafür, daß die Erwachsenen eine bestimmte Art und Weise dieser Kontakte bekräftigten. Solche Beispiele gibt es in der Untersuchung viele, und sie zeigen deutlich, daß man die Entwicklung des Kindes unmöglich von den Erwachsenen, vom Umgang und von der Tätigkeit mit ihnen isolieren kann. Eine andere Frage ist, wie man zu diesen Kontakten steht. Man kann, wie das *Piaget* tut, die Beziehungen zwischen Erwachsenen und Kind ignorieren und annehmen, sie hätten keinerlei Bedeutung für die Entwicklung. Dieses Ignorieren des Einflusses der Erwachsenen beziehungsweise der Versuch, ihn auszuschalten, deutet auf eine bestimmte Auffassung von der Entwicklung. Solche Auffassung bezeichnete Henry *Wallon* mit Recht als „Robinsonade", weil hier die psychische Entwicklung als ein sich spontan entfaltender Prozeß gesehen wird, der in den spontanen unmittelbaren Auseinandersetzungen des Kindes mit seiner Welt der Dinge vor sich geht.

Man kann den Prozeß der psychischen Entwicklung aber auch anders sehen, und zwar als einen Prozeß, in dem sich die Beziehungen entwickeln – der Umgang, die Wechselwirkung, die gemeinsame Tätigkeit des Kindes mit den Erwachsenen. Beim Studium des Entwicklungsprozesses gilt es dann unbedingt den Charakter dieser Wechselwirkung in Betracht zu ziehen, im Idealfall bewußt ein System von Beziehungen zwischen Kind und Erwachsenen zu gestalten und dadurch auch die Wechselwirkung zwischen dem Kind und der Welt der Dinge.

Beim Untersuchen der Nachahmung ermittelte *Piaget* sechs Stadien dieser Verhaltensform. Der Hauptentwicklungsweg der Nachahmung ist nach *Piaget* die allmähliche Aussonderung dieser Verhaltensform als einer Akkomodation, durch die die beim Kind bereits vorhandenen Schemata den gebotenen Modellen entsprechend modifiziert werden. Hierbei unterscheidet *Piaget* streng zwischen nachahmender Akkomodation und Intelligenz-Akkomodationen, in denen die Schemata auf das materielle Objekt, während es auf unterschiedliche Weise benutzt wird, angewandt werden. Gerade infolge dieser Unterscheidung werden beim Erforschen der Nachahmungsgenese völlig die Handlungen mit Gegenständen außer acht gelassen, weil die Aneignung von Handlungsverfahren mit den Gegenständen angeblich nicht auf der Grundlage von Modellen dieser Handlungen erfolgt, die dem Kind von den Erwachsenen als Handlungsmuster geboten werden.

Ermittelt wurden die Nachahmungsstadien an der Nachahmung von Sprechlauten, von verschiedenen Bewegungen der Hände, der Finger und des Gesichts oder an der Nachahmung von Bewegungen, bei denen die Bewegungen der Hände sich auf verschiedene Körperteile bezogen. Dabei handelte es sich eher um Gesten als um Handlungen mit Objekten. Diese Teilung zwischen den Aneignungsprozessen der Handlungen mit Gegenständen und den Aneignungsprozessen der Sprechlaute sowie der „gegenstandslosen" Gesten bringt für die Untersuchung Vorteile und Nachteile. Ein Vorteil besteht darin, daß die Imitation der Gestenmodelle beziehungsweise der „reinen Bewegungen" nicht verschleiert wird durch unmittelbare empirische Handlungsversuche mit Objekten und dadurch, daß die Bewegungen auf deren äußere Eigenschaften orientiert sind. Der Nachteil besteht darin, daß hierbei die Möglichkeit verlorengeht, die eigentlichen Mechanismen der Orientierung an dem Modell zu erfassen, denn es ist rein sensorisch (visuell-motorisch oder akustisch-artikulatorisch). Das Ergebnis davon ist, daß die Genesis der Nachahmung eher äußerlich beschrie-

189

ben als erklärt wird. Es bleibt völlig unklar, was das Kind eigentlich mit dem Modell der „reinen Bewegungen" anstellt, wenn es sie imitiert, und wie der Übergang von Stadium zu Stadium vor sich geht; besonders zu den letzten Stadien der Nachahmung, in denen es dem Kind erstens sofort, auf der Stelle gelingt, neue Modelle zu imitieren, und es zweitens in der Lage ist, Zurückliegendes nachzuahmen, das heißt, es auf Grund von Vorstellungen zu tun.

Man kann nur bedauern, daß *Piaget* nicht untersucht, welchen Einfluß die entstandene Nachahmung eventuell auf die Entwicklung der Handlungen des Kindes mit Gegenständen hat, über deren fixierte Gebrauchsverfahren die Erwachsenen verfügen. Gleichzeitig muß man zugeben, eine Analyse der Nachahmung als einer reinen Akkomodation war eben nur deshalb möglich, weil Objekt „reine Bewegungen" als Modell waren, denn in solchem Falle ist jegliche Assimilation ausgeschlossen.

Beim Darstellen der Besonderheiten der Nachahmung im letzten, dem sechsten Stadium führt *Piaget* mehrere, außerordentlich interessante Beobachtungen an, die über den Rahmen der eigentlichen Nachahmung hinausgehen. Wir zitieren nur ein Beispiel: „Mit 1;6;23 betrachtet J. eine Illustrierte und richtet ihre Aufmerksamkeit auf ein sehr verkleinertes Foto eines kleinen Jungen, der den Mund o-förmig öffnet, so wie man beim Erstaunen den Mund offenstehen läßt. Sie läßt es sich angelegen sein, dieses Verhalten zu reproduzieren, was ihr auch in frappanter Weise und auf Anhieb gelingt. Diese Beobachtung ist interessant, denn die Situation stellte durchaus nicht eine übliche Nachahmungssituation dar. J. beschränkte sich darauf, Bilder zu betrachten. Das ganze verlief so, als ob J. einfach das Bedürfnis gehabt hätte, plastisch zu mimen, um das, was sie sah, verstehen zu können" (1969, S. 85).

Diese Beobachtung zeigt, daß das Kind seinen Körper und einzelne Bewegungen gebraucht, um die Lage, die Bewegung oder die Eigenschaften mancher Gegenstände auf spezifische Weise zu „modellieren". Auf ein solches Modellieren, eine Art Sichähnlichmachen als Erkenntnisverfahren hat auch A. W. *Saporoshez* hingewiesen.

Aufgrund seiner Untersuchungen der Nachahmung gelangt

Piaget zu der Auffassung, das entstehende gedankliche Abbild sei interiorisierte Nachahmung. Der Gedanke an sich, daß die Vorstellungsbilder aus Handlungen hervorgehen, steht den Auffassungen der sowjetischen Wissenschaftler nahe. Eine Nachahmung jedoch, die, wie *Piaget* meint, eine reine Akkomodation an das Modell der „reinen Bewegung" darstellt, kann nur dem Vorstellungsbild von dieser Bewegung zugrunde liegen und nichts anderem. Das Vorstellungsbild vom Gegenstand entsteht auf einer anderen Grundlage und geht der Interiorisation der Nachahmung voraus.

Nach *Piaget* ist die Nachahmung also eine aus unzergliederten sensomotorischen Bewegungen ausgesonderte reine Akkomodation an visuelle oder akustische Modelle.

Der gesamte zweite Teil von *Piagets* Buch über die Entstehung des Symbols ist dem Spiel gewidmet. In der Einführung zu diesem Teil definiert Piaget das Spiel. Das Spiel ist seiner Meinung nach „zunächst einfache funktionelle oder reproduktive Assimilation" (1969, S. 117). Während die Intelligenz ein Gleichgewicht zwischen Assimilation und Akkomodation herstellt und die Nachahmung die Akkomodation fortsetzt, ist das Spiel seinem Wesen nach eine Assimilation beziehungsweise eine die Akkomodation überwiegende Assimilation. Im weiteren wird in diesem Teil des Buches versucht, diese Auffassung zu begründen.

Die Komplikationen in der von *Piaget* entwickelten Konzeption des Spiels, ja in seiner Gesamtkonzeption der Entwicklung überhaupt, sind vor allem darauf zurückzuführen, daß die Prozesse, die er als Assimilation bezeichnet, sehr unbestimmt sind. In dem Buch „Psychologie der Intelligenz", das nach dem Buch über die Symbolbildung erschienen ist und die Arbeitsergebnisse von *Piaget* und seinen Mitarbeitern bis zum Jahre 1946 darstellt, schreibt *Piaget*: „Man kann die Tätigkeit und die Wirkung des Subjekts auf die Umwelt als ‚Assimilation' im weitesten Sinn bezeichnen, insofern diese Tätigkeit von früheren Handlungen, die dasselbe oder ein ähnliches Objekt zum Gegenstand hatten, abhängig ist. In der Tat hat jede Beziehung zwischen einem lebendigen Wesen und seiner Umwelt die Eigentümlichkeit, daß das Subjekt die Einwirkung der

Umwelt nicht passiv erleidet, sondern seinerseits die Umwelt verändert, indem es ihr eine ihm eigentümliche Struktur gibt. So verändert auf physiologischem Gebiet der Organismus die von ihm assimilierten Substanzen, indem er sie der eigenen anpaßt. Auf psychologischem Gebiet sind die Prozesse ganz ähnlich, nur daß die Veränderungen hier nicht substantiell, sondern funktionell sind und von der Motorik, der Wahrnehmung und den wirklichen oder virtuellen Tätigkeiten (Denkoperationen etc.) bestimmt werden. Die gedankliche Assimilation besteht aus der Einverleibung der Objekte in die Verhaltensschemata, Schemata, die nichts anderes sind als verfügbare Handlungen, die der Mensch in der Wirklichkeit effektiv wiederholen kann" (1967, S. 10 f.).[26]

Im zweiten Teil des Buches über die Symbolfunktion, in dessen Einführung *Piaget*, wie bereits gesagt, eine Vorausdefinition des Spiels gibt, führt er viel Faktenmaterial an. Es soll zeigen, wie im Verlaufe der Differenzierung der ursprünglich miteinander verschmolzenen Assimilations- und Akkomodationsprozesse Handlungen entstehen, in denen die Assimilation zu überwiegen beginnt. Das eben wird als Entstehung des Spiels angesehen. Vor dieser Differenzierung gibt es ungeachtet dessen, daß in den frühesten Stadien der sensomotorischen Entwicklung die Assimilation überwiegt, noch kein Spiel. Alle sogenannten Funktionsspiele mit dem eigenen Körper in den ersten Lebensmonaten werden nicht als Spiel angesehen.

Piaget unterzieht die von den verschiedenen Autoren genannten Kriterien des Spiels (Zweckfreiheit, Spontaneität, Vergnügen im Gegensatz zur Arbeit, Lustprinzip, relativer Mangel an Organisation der Handlungen, Befreiung von Konflikten) einer Betrachtung und findet, daß ihnen das Überwiegen der

---

[26] Im Rahmen dieses Buches ist es uns nicht möglich, auf *Piagets* allgemeine Theorie der psychischen Entwicklung insgesamt einzugehen. Zu einigen Fragen dieser Theorie haben wir bereits in dem gemeinsam mit P. J. *Galperin* verfaßten Artikel „Eine Analyse der Theorie Piagets über die Entwicklung des Denkens" Stellung genommen, der als Nachwort zu der Übersetzung des Buches „Die genetische Psychologie Piagets" von J. H. *Flavell* (Moskau 1967) veröffentlicht wurde.

Assimilation gegenüber der Akkomodation zugrunde liegt und daß alle diese Erscheinungen lediglich Äußerungen solchen Überwiegens der Assimilation sind. Von Interesse ist, daß *Piaget* die Befreiung von Konflikten als ein im großen und ganzen zutreffendes Kriterium des Spiels ansieht. Er schreibt: „Der Konflikt zwischen Gehorsam und individueller Freiheit ist zum Beispiel das Kreuz der Kindheit. Im wirklichen Leben jedoch wird dieser Konflikt nur gelöst durch Unterordnung, Opposition oder durch Kooperation . . . Im Spiel dagegen werden die unzweideutigsten Konflikte derart verarbeitet, daß das Ich Revanche nimmt, sei es durch Unterdrückung des Problems, sei es, daß eine annehmbare Lösung gefunden wird . . . in seinem Spielverhalten unterwirft sich das Ich die ganze Welt, um sich vom Konflikt zu befreien" (1969, S. 192).

Piaget analysiert kritisch einige Theorien des Spiels (die Vorübungstheorie von *Groos*, die Theorie der Rekapitulation, die Theorie der jugendlichen Dynamik von *Buytendijk*) und entwickelt, von der Denkstruktur des Kindes ausgehend, seine eigene Interpretation dieser Erscheinung.

Er unterscheidet zwischen drei Hauptstrukturen des Spiels, die in einer Reihe miteinander verbunden sind: Übungsspiele, Symbolspiele und Regelspiele. Ähnlich sind sie sich darin, daß sie Verhaltensformen darstellen, in denen die Assimilation überwiegt; und sie unterscheiden sich darin, daß die Wirklichkeit, entsprechend der jeweiligen Entwicklungsetappe, nach verschiedenen Schemata assimiliert wird. Nach *Piaget* sind Übung, Symbol und Regel drei aufeinanderfolgende Etappen, die große Klassen von Spielen unter dem Gesichtspunkt ihrer geistigen Strukturen kennzeichnen. Wie die Denkstruktur des Kindes auf der jeweiligen Entwicklungsetappe ist, so ist auch sein Spiel, denn das Spiel ist nichts anderes als die Assimilation der Wirklichkeit entsprechend der Denkstruktur. *Piaget* faßt alle seine Überlegungen zu der uns sehr interessierenden Frage nach der symbolischen Spielform in der Formel zusammen: Das Symbolspiel ist egozentrisches Denken in reiner Form. Die Hauptfunktion des Spiels besteht darin, das Ich des Kindes vor den Zwangsakkomodationen an die Realität zu schützen. Das Symbol, als persönliche, individuelle,

193

affektive Sprache des Kindes, ist das Hauptmittel einer solchen egozentrischen Assimilation.

In dem Buch „Die Psychologie des Kindes" verallgemeinern Jean *Piaget* und Bärbel *Inhelder* (1973) ihre Untersuchungsergebnisse und stellen fest, daß das Symbolspiel zweifellos einen Höhepunkt in der Entwicklung des Kinderspiels bedeutet. Es hat im Leben des Kindes eine wesentliche Funktion. Das Kind muß sich in einem fort an die soziale Welt der Erwachsenen anpassen, deren Interessen und Regeln für es äußere bleiben, sowie an die psychische Welt, die es noch schwer begreifen kann, und vermag nicht die affektiven, ja nicht einmal die geistigen Bedürfnisse seines Ichs durch eine Adaptation zu befriedigen, wie sie für die Erwachsenen mehr oder minder vollständig ist, die aber beim Kind um so unvollendeter bleibt, je jünger es ist. Das Kind braucht das Spiel, um sein affektives und geistiges Gleichgewicht zu erhalten, um eine Tätigkeit zu haben, deren Motiv nicht die Anpassung an die Wirklichkeit ist, sondern im Gegenteil, die freie, zwanglose Assimilation an das Gefüge des eigenen Ich. Im Spiel wird die Realität durch eine mehr oder minder reine Assimilation entsprechend den Bedürfnissen des eigenen Ich umgestaltet. Die Nachahmung dagegen ist eine mehr oder minder reine Akkomodation an die äußeren Modelle, und Intelligenz bedeutet Gleichgewicht zwischen Assimilation und Akkomodation.

Das Hauptinstrument der sozialen Adaptation ist die Sprache. Sie wird nicht vom Kind erfunden, sondern ihm in fertiger Form übermittelt. Diese Form ist verbindlich und von gesellschaftlichem Wesen. Mit dieser Sprache vermag das Kind nicht, seine Bedürfnisse oder die Lebenserfahrung seines Ich zum Ausdruck zu bringen. Deshalb braucht das Kind nach *Piaget* und *Inhelder* eine besondere Sprache, die zu einem individuellen Ausdrucksmittel wird, das heißt zu einem System von Bezeichnungen, das es selbst konstruiert hat und selbst nach Bedarf gebraucht. Solch eine Sprache ist das zu einem Symbolspiel gehörende Symbolsystem. Das Symbolspiel ist nicht einfach nur eine Assimilation der Realität an das Ich, wie das Spiel überhaupt, sondern eine durch die Symbolsprache verstärkte Assimilation, wobei das Kind die Sprache selbst konstruiert und seinen Bedürfnissen gemäß umgestaltet.

Die Autoren geben eine positive Einschätzung der Theorie *Buytendijks* und halten sie für weitaus tiefgründiger als die von *Groos*. Nichtsdestoweniger reichen ihrer Meinung nach die Merkmale der „jugendlichen Dynamik", die *Buytendijk* als konstituierendes Moment des Spiels betrachtet, nicht aus, um die spezifischen Besonderheiten des Spiels deuten zu können. Gerade deshalb erschien es notwendig, sich dem Pol Assimilation an das Ich zuzuwenden. *Inhelder* und *Piaget* heben mehrmals hervor, die Assimilation erfolge im Symbolspiel durch eine spezifische Anwendung der semiotischen Funktionen, die darin besteht, daß willkürlich Symbole konstruiert werden, mit denen sich all das aus der Lebenserfahrung des Kindes zum Ausdruck bringen läßt, was nicht mit den Mitteln der Sprache ausgedrückt und assimiliert werden kann.

Dieser auf das eigene Ich „zentrierte" Symbolismus besteht nicht nur im Formulieren und im Zum-Ausdruck-Bringen der verschiedenen bewußtgewordenen Interessen des Subjekts. Nach *Piaget* liegen dem Symbolspiel oft unbewußte Konflikte zugrunde: sexuelle Interessen, Kummer, Phobien, Aggressivität oder Identifikation mit dem Aggressor, Flucht vor Risikogefahren oder Konkurrenz. In solchem Falle steht der Symbolismus des Spiels dem Symbolismus der Träume nahe. Eben darauf basieren die Methoden der Psychoanalyse des Kindes, der die Kinderspiele zugrunde liegen.

Die Vorstellung *Piagets*, das Spiel sei Ausdruck unbewußter Konflikte, und das Nebeneinanderstellen des Symbolismus im Spiel und des Symbolismus im Traum zeigen, wie nahe seine Auffassung vom Spiel der psychoanalytischen Auffassung steht.

Untersucht man, wie sich die Anschauungen *Piagets* im weiteren entwickelten, so gelangt man zu dem Schluß, seine ursprüngliche Vorstellung, das Spiel sei Ausdruck eines rein egozentrischen Denkens, hat sich nicht gewandelt, sondern ist bei der Analyse der Symbolspiele noch vertieft worden. In den letzten Arbeiten *Piagets* ist das Spiel nicht einfach eine egozentrische Assimilation, sondern eine egozentrische Assimilation, in der eine besondere Symbolsprache angewandt wird, die eine vollständigere Assimilation ermöglicht.

Beim Lesen des Buches von *Piaget* über die Symbolfunktion beim Kind und beim Analysieren des darin angeführten Faktenmaterials wird deutlich, daß die Interpretation des Symbolspiels als ein Überwiegen der Assimilation oft den Fakten widerspricht und eher den Charakter von Erläuterungen als den des Beweises trägt.

Dieses Buch enthält innere Widersprüche. Wir weisen nur auf einige davon hin. John H. *Flavell* schreibt zum Beispiel, daß die Assimilation vom Standpunkt *Piagets* ihrem Wesen nach in dem Sinne ein konservativer Prozeß ist, daß seine Hauptfunktion darin besteht, Unbekanntes in Bekanntes zu verwandeln, Neues auf Altes zurückzuführen. Das neue Assimilierungssystem muß immer nur eine Variante des früher erworbenen sein, und das gewährleistet die Allmählichkeit und die Kontinuität der geistigen Entwicklung (vgl. 1967, S. 75).

Aber das Spiel ist ja gerade nicht eine konservative Kraft, sondern im Gegenteil eine Tätigkeit, die eine wahre Revolution in den Beziehungen des Kindes zur Welt auslöst, unter anderem auch beim Übergang vom „zentrierten" zum „dezentrierten" Denken. Es spielt in der Entwicklung der Gesamtpersönlichkeit des Kindes eine progressive Rolle, einschließlich beim Übergang seines Denkens auf eine neue, höhere Stufe. Das Symbolspiel ist keinesfalls rein egozentrisches Denken, wie *Piaget* annimmt, sondern es ist die Überwindung dieser Art des Denkens. Im Spiel wird Unverständliches teilweise verständlich, und zwar durch besondere Handlungen, die dem Kind eine Orientierung im Unverständlichen ermöglichen. Eher ist das Spiel Ausdruck eines neuen, noch schwachen, nicht gefestigten Denkens, das der Handlungen mit Gegenständen als Stütze bedarf, denn Ausdruck eines alten, überlebten, mit den neuen Aufgaben nicht zurechtkommenden egozentrischen Denkens. Ja, das Kind erlebt im Spiel neue, überraschende Erscheinungen, und daß es von diesem Erleben völlig gefangengenommen ist, betrachten fast alle Erforscher des Spiels als einen wichtigen Zug dieser Tätigkeit. Es geht hier aber um eine besondere Erlebensform – das Erlebnis wird nach außen gebracht, materialisiert und aktiv nachgestaltet. Das Kind handelt im Spiel mit seinen Erlebnissen, es trägt sie nach außen, indem es die materiellen Bedingungen ihres Entstehens nachgestaltet, und gibt ihnen eine neue, man könnte sagen gnostische Form.

Piaget bringt dafür viele überzeugende und anschauliche Beispiele. So führt er mehrmals an, wie seine Tochter den Glockenturm und die tote Ente symbolisiert hat. Das Mädchen hatte während der Ferien verschiedene Fragen über die Funktionsweise der Glocken, die man in einem alten Glockenturm des Dorfes sehen konnte. Zu Hause stellt sie sich stocksteif vor den Schreibtisch des Vaters hin und beginnt ohrenbetäubend zu lärmen. „Du störst mich. Siehst du denn nicht, daß ich arbeite?" – „Sprich nicht mit mir", antwortet die Kleine, „ich bin eine Kirche." Ebenso tief beeindruckt vom Anblick einer gerupften Ente auf dem Küchentisch liegt das Mädchen am Abend hingestreckt auf dem Sofa, daß man sie für krank hält und ihr mit Fragen zusetzt, die sie zunächst nicht beantwortet. Erst nach einer Weile sagt sie mit gedämpfter Stimme: „Ich bin die tote Ente."

Piaget nimmt an, das wären Beispiele für eine „Assimilation an das eigene Ich". Wir finden das nicht. Eher modelliert hier das Kind durch materielle Handlungen des eigenen Körpers, durch seine Stellung Erscheinungen, die es beeindruckt haben. Dadurch sondert es Eigenschaften der Gegenstände heraus und orientiert sich an ihnen – an einem vertikalen, unbeweglichen Gegenstand, der Lärm verursacht, in dem einen Falle, und an einem horizontalen, unbeweglichen und lautlosen Gegenstand ohne Lebenszeichen im anderen.

Man muß sich also entscheiden: Entweder ist das Spiel überwiegende Assimilation und die Wirklichkeit wird dem egozentrischen Denken untergeordnet – dann hat es keine progenerative Bedeutung in der psychischen Entwicklung, oder es ist eine neue, im Entstehen begriffene Form des Denkens, die allerdings noch nicht gefestigt ist und gewisser materieller Stützen bedarf, um funktionieren zu können – dann hat es große Bedeutung für die weitere Entwicklung dieser neuen

197

Denkformen. (Wir betrachten hier die Bedeutung des Spiels in dem engen Rahmen, den *Piaget* für seine Betrachtung gewählt hat.)

Zweifel weckt auch die Auffassung *Piagets* vom Symbol, seine Auffassung darüber, wie es sich im Spiel des Kindes darbietet. *Piaget* hebt mehrmals den Unterschied zwischen Symbol und Zeichen hervor, und das mit Recht. Er hält das Spielsymbol für die individuelle Sprache des Kindes und betont immer wieder die persönliche Bedeutung dieses Symbols. Unbeachtet jedoch bleibt der prinzipielle Unterschied zwischen dem Spielsymbol und allen anderen symbolischen Bezeichnungen. Weil das Symbol ein Mittel ist, „Symbolschemata" auf andere Gegenstände zu projizieren, so öffnen sich nach *Piaget* im Spiel Wege dafür, daß sich nach Belieben alles an alles assimiliert, hierbei kann jeder beliebige Gegenstand ein fiktiver Vertreter jedes beliebigen anderen Gegenstandes sein. In Wirklichkeit verhält es sich nicht ganz so.

L. S. *Wygotski* schrieb in seiner Arbeit „Vorgeschichte der Schriftsprache": „Wie bekannt, nehmen für das Kind im Spiel Gegenstände ohne weiteres die Bedeutung anderer Gegenstände an, sie ersetzen die anderen, werden zu ihren Zeichen. Bekannt ist auch, daß hierbei nicht die Ähnlichkeit wichtig ist zwischen dem Spielzeug und dem Gegenstand, den es bezeichnen soll, sondern vor allem die Funktion, die Möglichkeit, mit dem Ersatzgegenstand die darstellende Geste auszuführen. Nur hierin ist unseres Erachtens der Schlüssel zu suchen, mit dessen Hilfe sich die ganze Symbolfunktion des Kinderspiels erklären läßt: Ein Flickenbündel oder ein Stück Holz wird im Spiel deshalb zu einem kleinen Kind, weil hiermit Gesten möglich sind, die das Tragen oder Füttern eines Kindes zum Ausdruck bringen. Die Bewegung des Kindes selbst, seine Geste verleiht dem entsprechenden Gegenstand Zeichenfunktion, gibt ihm eine Bedeutung" (1935, S. 77 f.). Man kann *Piaget* also nicht zustimmen, wenn er den Symbolismus des Spiels und den Symbolismus des Traums für einander verwandt erklärt. Es handelt sich hier um zwei ganz verschiedene Funktionen und zwei ganz verschiedene dynamische Systeme.

Interessant ist folgendes: *Piaget* analysiert detailliert den

Prozeß der Symbolbildung und bleibt an der Schwelle des erwachenden Symbolspiels dort stehen, wo es die entfaltete Form des Rollenspiels annimmt. Das ist kein Zufall. *Piaget* vertritt die Ansicht, der Symbolismus verliere beim Übergang zu dieser Spielform seine rein assimilative Funktion. Er sagt sogar, der „reine" individualistische Symbolismus nehme dabei deshalb ab, weil kollektive, soziale Beziehungen hinzukommen. Wir jedoch meinen, daß eine Analyse gerade der entfalteten Form des Spiels die Möglichkeit bietet, die Funktion des Symbols zu begreifen sowie das Wesen des Spiels als eines besonderen Tätigkeitstyps des Kindes überhaupt.

Piagets Konzeption des Kinderspiels gehört zu den komplettesten, obwohl sie auf die geistige Entwicklung beschränkt bleibt. Sie verdient es, weitaus gründlicher analysiert zu werden, als es uns in diesem Abriß möglich war – man brauchte dafür ein ganzes Buch. Eine solche Analyse wäre auch deshalb angebracht, weil in *Piagets* Konzeption des Spiels sehr prägnant die inneren Widersprüche des ganzen Systems seiner Auffassungen über die Intelligenz und ihre Entwicklung zum Ausdruck kommt. Das unangefochtene Verdienst *Piagets* besteht darin, das Problem Spiel mit dem Übergang von der sensomotorischen Intelligenz zum Denken in Vorstellungen in Zusammenhang gestellt zu haben. Eine richtige Problemstellung aber ist in der Wissenschaft manchmal wichtiger als eine Lösung. Jedenfalls ist es nach diesen Arbeiten nicht möglich, bei der Behandlung des Problems der Intelligenzentwicklung das Spiel und seine Rolle in dieser Entwicklung unberücksichtigt zu lassen.

Unseres Erachtens sieht *Piaget* die Rolle des Spiels in der Denkentwicklung des Kindes sehr eng. Wir meinen, es hat hier eine tiefere Bedeutung.

Außerdem können wir uns nicht damit einverstanden erklären, das Spiel als rein egozentrische Tätigkeit zu betrachten. Mit einer solchen Betrachtungsweise nähert sich *Piaget* den Anschauungen der Psychoanalytiker. Unsere kritischen Bemerkungen zur *Freud*schen Auffassung vom Spiel gelten in hohem Maße auch für die allgemeinen Ansichten *Piagets*, nach denen das Spiel reine egozentrische Assimilation ist.

Zum Schluß müssen noch die Anschauungen des französischen Psychologen Jean *Chateau* (1956, 1969) einer kurzen Betrachtung unterzogen werden. *Chateau* kritisiert die Theorien von *Groos* und allen anderen Autoren, die das Spiel als Ausdruck der verschiedenen Triebe und Bedürfnisse betrachten. Solche Theorien zeigen seiner Meinung nach zwar die Spezifik einzelner Spielformen, nicht aber das Wesen der Spieltätigkeit. Die Psychoanalytiker haben nach *Chateau* die gleiche Richtung eingeschlagen, beschritten aber noch engere Wege, indem sie innere Komplexe nach Spielen zu deuten suchten. Die rein praktischen Ziele, die hierbei von den Psychoanalytikern verfolgt wurden, führten dazu, daß man alle Spiele als symbolischen Ausdruck mehr oder minder verborgener Wünsche zu betrachten begann.

Chateau verneint nicht den Spielgenuß, ist aber der Meinung, beim Spielgenuß des Kindes handele es sich um einen moralischen Genuß. Dieser moralische Genuß beruhe darauf, daß es in jedem Spiel einen bestimmten Plan gibt sowie mehr oder minder strenge Regeln. Die Erfüllung dieses Plans und der Regeln verschafft eine besondere moralische Befriedigung. Hieraus erhellt nach *Chateau*, warum das Spiel für das Kind etwas Ernsthaftes darstellt. Spiel ist „Ich-Behauptung". Sein Ergebnis ist ein gewisser Erfolg, die Aneignung einer neuen Verhaltensweise der Erwachsenen. Dem Kind stehen außer dem Spiel keine anderen Mittel der Selbstbehauptung zur Verfügung. Sogar die Funktionsspiele enthalten Elemente der Selbstbehauptung. Sie äußern sich im ständigen Variieren des angeeigneten Verhaltens sowie darin, daß es auf immer wieder neue Gebiete übertragen wird.

Die für die ersten Lebensjahre des Kindes charakteristischen Funktionsspiele gibt es auch im Vorschulalter, und hier kommen in ihnen noch deutlicher Elemente des Strebens zum Ausdruck, etwas zu vollbringen, das Ich zu behaupten. Die Nachahmungsspiele, die im zweiten Lebensjahr entstehen und sich im Vorschulalter stürmisch entwickeln, schließen die Identifikation mit dem Modell ein. Folglich kann sich das Kind bei diesen Spielen darin üben, andere zu erkennen und zu verstehen, und sie sind damit ein Mittel gegen den Egozentrismus. Sie helfen, die Unterschiede zu erfassen, die real zwischen der Stellung des Kindes und der der Erwachsenen bestehen. Die Nachahmungsspiele entwickeln sich schließlich zu Spielen, in denen die Nachahmung selbst zum Ziel wird. Der Entwicklungsweg der Nachahmungsspiele zeigt nach *Chateau*, daß diese Spiele wie auch andere nur ein Anlaß sind, bestimmte Eigenschaften oder Leistungen zu demonstrieren.

Wie auch die anderen Spiele zeugen die Nachahmungsspiele vor allem davon, daß sich die Gesamtpersönlichkeit des Kindes behaupten will. Am deutlichsten offenbart sich die Tendenz zur Selbstbehauptung in Regelspielen. Diese Spiele sind meistens Gesellschaftsspiele, und deshalb gewinnt hier die Selbstbehauptung den Charakter einer sozialen Selbstbehauptung in der Gruppe und durch die Gruppe.

Hiervon ausgehend, gelangt *Chateau* zu dem ganz natürlichen Schluß: Jedes Spiel ist eine Willensprüfung, also eine Schule des volitiven Verhaltens und demzufolge eine Schule der Persönlichkeit.

Vor allem muß festgestellt werden, daß *Chateau* den Terminus „Ich-Behauptung" zwar anwendet, ihn jedoch nicht als Kompensation eines aufgrund des Drucks von seiten der Erwachsenen entstandenen Minderwertigkeitsgefühls auffaßt und auch nicht als Machtstreben wie in den *Adler*schen Konzeptionen. Die Selbstbehauptung ist bei *Chateau* ein Ausdruck des Strebens, vollkommener zu werden und Schwierigkeiten zu überwinden, immer neue und neue Erfolge zu erzielen. Dieses Streben nach Selbstvervollkommnung betrachtet *Chateau* als typisch menschliche Besonderheit, als Besonderheit, die das Kind vom Jungtier unterscheidet.

Viel Aufmerksamkeit läßt *Chateau* der Analyse von Regelspielen zuteil werden. In ihnen sind seiner Meinung nach Elemente volitiven Verhaltens, das Überwinden von Schwierigkeiten, die soziale Bekräftigung durch Unterordnung unter die Regeln sehr klar ausgeprägt. Aber beim Untersuchen dieses Typs von Spielen dehnt *Chateau* die Auffassung über sie auf alle Spiele aus, insbesondere auf die Rollenspiele oder, wie *Chateau* sie nennt, die Nachahmungsspiele. Freilich ist das in mancherlei Hinsicht begründet, weil die Rollen in jedem Rollenspiel zweifelsohne verborgene Regeln enthalten, von denen sich das Kind beim Ausführen der übernommenen Rolle leiten läßt. Die Imitationsspiele enthalten Elemente des volitiven Verhaltens, die darin bestehen, daß Augenblickswünsche überwunden werden und „auf der Linie des größten Widerstandes" gehandelt wird, wie es *Wygotski* ausdrückte. Das Wesen des Rollenspiels liegt jedoch nicht hierin.

Die Selbstbehauptung, „die Ausdehnung des eigenen Seins", die Selbstvervollkommnung, die *Chateau* als Hauptinhalt jeglichen Spiels betrachtet, ist dem Kind ebenfalls nicht von Anfang an eigen. Anzunehmen, das Kind strebe von Anfang an danach, sein Ich zu bestätigen, wäre auch vom Standpunkt *Chateaus* falsch. Damit kämen seine Anschauungen jenen nahe, nach denen das Spiel, wie bei *Groos*, lediglich die Äußerung bestimmter, von vornherein gegebener Tendenzen ist. Eine Form der Selbstbestätigung und der Selbstvervollkommnung kann das Spiel nur dann sein, wenn diese Tendenzen zum Hauptinhalt im Leben der Persönlichkeit geworden sind. Psychologische Untersuchungen zeigen, daß der Selbstvervollkommnungsdrang im Entwicklungsverlauf ziemlich spät in Erscheinung tritt, auf jeden Fall erst nach dem Vorschulalter. Folglich kann dieser Drang auf den niedrigeren Altersstufen nicht Grundlage des Spiels sein. Natürlich entwickelt und vervollkommnet sich einiges auch bei den Funktionsspielen und bei den Imitationsspielen. Aber das Kind spielt nicht deshalb, weil es den immanenten Trieb hat, sich zu vervollkommnen, sondern es vervollkommnet sich, weil es spielt.

Die von *Chateau* entwickelten voluntaristischen Ansichten sind zwar ein gutes Gegengift gegen den Intellektualismus im Hinblick auf das Spiel, der bei manchen Psychologen (wie bei *Dewey*) vorherrscht, aber sie sind ebenfalls einseitig und erklären weder Ursprung noch Wesen des Spiels, insbesondere des Rollenspiels.

Die Arbeiten *Chateaus* enthalten viele wertvolle Beobachtungen und Gedanken. Wichtig scheint uns der Gedanke, daß die Nachahmungsspiele dem Kind helfen, sich über die Unterschiede zwischen seiner Stellung und der Stellung der Erwachsenen in der Realität klarzuwerden.

202

In unserem kritischen Überblick versuchten wir zu verfolgen, wie sich die Theorien des Spiels seit Ende des 19. Jahrhunderts bis zur Gegenwart entwickelt haben. Jeder der genannten Wissenschaftler – *Groos* und *Buytendijk*, *Freud* und *Bühler*, *Koffka* und *Lewin*, *Piaget* und *Chateau* –, jede der angeführten Theorien leistete einen Beitrag zur Lösung des Problems Psychologie des Spiels. Bei unserer Auseinandersetzung mit den Anschauungen dieser Wissenschaftler bemühten wir uns, den Beitrag eines jeden von ihnen zu umreißen. Gleichzeitig zeigten wir auch, in welche Sackgassen manche der erörterten Hypothesen führen. Auf solche Sackgassen hinzuweisen hat in der Wissenschaft große Bedeutung, manchmal eine nicht weniger große als die positiven Beiträge, weil dadurch aussichtslose Wege verlegt werden.

Vor allem gilt es festzuhalten, daß die allgemeine Vorgehensweise zum Ermitteln des Wesens des Spiels von Jungtieren fast mechanisch übernommen wurde, um das Wesen des Kinderspiels zu ergründen. Das war durch nichts gerechtfertigt.

Die Geschichte der Arbeit an dem Problem Psychologie des Spiels hat gezeigt, daß auch die „Tiefentheorien", also jene Theorien, die von der Vorstellung ausgingen, das Kinderspiel sei eine Ausdrucksform ererbter Instinkte beziehungsweise innerer Triebe, nicht zur Lösung des Problems führen können. Diesen Auffassungen liegt die Vorstellung zugrunde, die psychischen Entwicklungsprozesse der Jungtiere und der Kinder wären identisch.

Zum Erfolg können auch jene naturalistischen Theorien nicht führen, die zwar Erbfaktoren nicht als Grundlage des Kinderspiels akzeptieren, sich die psychische Entwicklung des Kindes aber als Anpassung an die Umwelt und die menschliche Gesellschaft als seine Umwelt vorstellen.

Alle genannten Autoren betrachten das Kind isoliert von der Gesellschaft, in der es lebt und zu der es gehört. Kind und Erwachsene, die Entwicklung der Beziehungen zwischen ihnen, die sich ändernde Stellung des Kindes in der Gesellschaft – all das gelangte nicht ins Gesichtsfeld der Forscher. Mehr noch, es wird als beziehungslos zur psychischen Entwicklung gesehen. Selbst wenn es um die Nachahmung geht, die ohne jeden

Zweifel eine Verbindung zwischen Kind und Erwachsenem darstellt, betrachtet man sie als Imitation eines physischen Modells und nicht im Zusammenhang mit dem Verkehr zwischen Kind und Erwachsenem, das heißt rein naturalistisch. Aus irgendeinem Grunde wird völlig außer acht gelassen, daß das Kind in einer Gesellschaft von Menschen lebt, in einer Umgebung von Gegenständen, die von Menschenhand geschaffen und mit bestimmten gesellschaftlich erarbeiteten Handlungsverfahren verbunden sind, deren Träger der Erwachsene ist. Unbeachtet bleibt auch, daß auf den Gegenständen nicht geschrieben steht, welche Handlungen mit ihnen auszuführen sind, und auf den Handlungen nicht ihre Bedeutung für den Menschen. Unbeachtet bleibt schließlich, daß die Handlungen mit einem Gegenstand vom Kind nur über das Muster erworben werden können und ihre Bedeutung nur, indem die Handlungen in die zwischenmenschlichen Beziehungen eingeschlossen werden.

Der in direktem Gegensatz zu der naturalistischen, in eine Sackgasse führenden Auffassung vom Spiel stehende Weg, das Spiel als Lebensform und als besondere Tätigkeit des Kindes zu untersuchen, mit der es sich in der Welt der menschlichen Handlungen und Beziehungen, in den Aufgaben und Motiven der menschlichen Tätigkeit orientiert, wurde noch nicht ausprobiert. Ihn haben wir gewählt.

3.3. Probleme der Psychologie des Spiels in der sowjetischen psychologischen Wissenschaft

In der russischen Psychologie vor der Oktoberrevolution finden sich wesentliche Bemerkungen über das Spiel bei K. D. *Uschinski* und A. I. *Sikorski*. *Uschinski* betrachtete das Spiel, der Tradition jener Zeit gemäß, im Zusammenhang mit der Phantasie, obwohl er es für falsch hielt, die kindliche Phantasie als stark, reich und kraftvoll anzusehen. „Eine solche Auffassung von der kindlichen Phantasie haben viele", schrieb er, „und man meint, sie werde mit zunehmendem Alter schwächer, sie verkümmere, büße ihre Lebhaftigkeit und Vielfalt ein. Das aber ist ein großer Fehler, der dem gesamten Entwicklungsverlauf der kindlichen Seele widerspricht. Die Phantasie des Kindes ist sowohl ärmer als auch schwächer und eintöniger als die des Erwachsenen und enthält nichts Poetisches, weil die ästhetischen Gefühle sich später entwickeln als die anderen, aber selbst die nur schwache kindliche Phantasie hat eine Gewalt über die zarte und noch nicht organisierte Seele des Kindes, wie sie die entwickelte Phantasie des erwachsenen Menschen über dessen entwickelte Seele nicht haben kann" (1950, S. 434).

Interessant ist, daß K. D. *Uschinski* Mitte des vorigen Jahrhunderts jene Besonderheit des Kinderspiels erwähnte, die später zur Grundlage wurde, das Spiel als projektive Methode anzuwenden. „Die Seele eines erwachsenen Menschen könnten wir nur dann richtig kennenlernen", schrieb Uschinski, „wenn es uns möglich wäre, in sie unbehindert hineinzublicken; aus den Worten und dem Tun des Erwachsenen aber können wir seine Seele nur erraten, und wir irren oft; Kinder dagegen offenbaren in ihren Spielen, ohne Vorbehalte, ihr ganzes Seelenleben" (ebenda, S. 438). Er hebt die Bedeutung des Spiels für die Entwicklung hervor und stellt fest: „Das Kind lebt im Spiel, und die Spuren des Lebens im Spiel prägen sich ihm tiefer ein als die Spuren des wirklichen Lebens, zu dem es noch keinen Zugang gefunden hat, weil die Erscheinungen allzu kompliziert für es sind. Im wirklichen Leben ist das Kind nichts weiter als ein Kind, ein noch völlig unselbständiges Wesen, das blind und unbeschwert im Strom des Lebens treibt; im Spiel dagegen ist das Kind bereits ein reifender Mensch, erprobt es seine Kräfte und verfährt nach eigenem Ermessen selbständig mit seinen Schöpfungen" (ebenda, S. 439).

Wir finden bei *Uschinski* keine spezielle Theorie des Spiels vor, er hat lediglich auf die große Bedeutung des Spielens für die Entwicklung und Erziehung des Kindes aufmerksam gemacht.

A. I. *Sikorski* befaßte sich mit dem Spiel in erster Linie unter dem Gesichtspunkt der geistigen Entwicklung. Er schreibt: „Ausgenommen den Schlaf und die Unlustperioden, verwendet das gesunde Kind seine ganze Zeit gewöhnlich für geistige Betätigung, die bei ihm im Beobachten, Spielen und Scherzen besteht" (1884, S. 87). Und weiter: „Das Hauptmittel beziehungsweise -instrument der geistigen Entwicklung in der frühen Kindheit ist jene unerschöpfliche Tätigkeit, die gewöhnlich als Spielen bezeichnet wird" (ebenda, S. 97).

Sikorski betont, das Spiel sei nicht Gegenstand seiner wissenschaftlichen Forschung, und schreibt: „Die Spiele und Vergnügungen der Kinder gehören unbedingt zu den Gegenständen, deren sich die Psychologen aufmerksam annehmen müssen. Die tägliche Erfahrung zeigt in der Tat: Die Spiele bilden die wesentlichste Seite im Leben eines Kindes, es gibt sich dem Spiel mit erstaunlicher Unermüdlichkeit hin. Leicht kann man sich auch davon überzeugen, daß die Spiele mit zunehmender geistiger Entwicklung des Kindes immer komplizierter und vielfältiger werden und das Interesse an ihnen ständig zunimmt. Im Zusammenhang damit äußern sich in der Spielorganisation immer mehr und mehr Phantasie und Schöpfertum. Überhaupt läßt sich sagen, das Spielen befriedigt einen gewissen dringenden geistigen Anspruch des Kindes, der es zu unermüdlicher Tätigkeit treibt" (ebenda, S. 99).

Während *Uschinski* die Bedeutung des Spiels für die Gesamtentwicklung der Seele, wir würden heute sagen der Persönlichkeit und ihrer moralischen Seite, hervorhob, wies *Sikorski* auf die Rolle des Spiels in der geistigen Entwicklung und Erziehung hin.

Die von Karl *Groos* erschienenen Arbeiten beeinflußten auch die russischen Psychologen. In der unmittelbar der Oktoberrevolution vorausgehenden Zeit war *Groos'* Theorie die dominierende. Außer ihr war zeitweilig die Rekapitulationstheorie populär. So schrieb zum Beispiel W. P. *Wachterow*: „Am nächsten steht uns die Theorie von Groos, der das Spiel als Mittel einer natürlichen Selbstausbildung des Kindes ansieht. Mit einigen seiner Auffassungen sind wir jedoch nicht einverstanden, insbesondere mit der Ansicht, das Ziel des Spiels bestehe darin, die Kinder auf die ihnen bevorstehende praktische Tätigkeit vorzubereiten.

Die Kinder entwickeln mit Hilfe des Spiels ihre Organe, Reflexe, Instinkte, Nervenapparate, überhaupt alle Anlagen, in einer bestimmten Folge, die, mit einigen Ausnahmen, an die Geschichte der Art erinnert" (1913, S. 488).

Ein weiterer Vertreter der russischen pädagogischen Psychologie, N. D. *Winogradow* (1916), schließt sich in der Hauptsache der Theorie von *Groos* an. Er bekundet seine hohe Wertschätzung für diese Theorie und ergänzt sie im Hinblick auf das Spiel durch einige Aspekte. Seiner Meinung nach berücksichtigt *Groos* nicht genügend die „rein menschlichen Faktoren": a) die Phantasie, b) die Nachahmung und c) die emotionalen Momente. Es ist nicht unsere Aufgabe, systematisch darzustellen, wie sich die Auffassungen der sowjetischen Psychologen über das Spiel entwickelt haben. Alle sowjetischen Psychologen, die sich in irgendeiner Weise mit dem Problem Psychologie des Spiels befaßten (M. J. *Bassow*, P. P. *Blonski*, L. S. *Wygotski*, S. L. *Rubinstein*, D. N. *Usnadse*), arbeiteten etwa zur gleichen Zeit. Sie beschäftigten sich vorwiegend mit allgemeinen Problemen der Psychologie, und die Kinderpsychologie sowie die Psychologie des Kinderspiels war für die meisten von ihnen ein Teilproblem, das sie in ihre allgemeinen Konzeptionen einbezogen. Obwohl sie in vielem geteilte Ansichten hatten, finden wir außer den Bemerkungen *Rubinsteins* über die Auffassungen *Wygotskis* keinerlei Material über Auseinandersetzungen zwischen ihnen. Das Interesse der sowjetischen Psychologen konzentrierte sich auf Probleme des Kinderspiels; die Psychologie des Spiels der Tiere haben sie kaum berührt. Erstmalig in der sowjetischen Psychologie ging M. J. *Bassow* von ganz neuen Positionen an das Problem Psychologie des Spiels heran. Ganz allgemein schreibt er dazu: „Das Spezifische des Spielprozesses beruht auf den Besonderheiten der Wechselbeziehungen zwischen Individuum und Umwelt, sie sind die Grundlage seiner Entstehung. Diese These ist von prinzipieller Bedeutung, weil sie den Schwerpunkt des Problems von der Persönlichkeit auf die objektiven Existenzbedingungen verlagert. Gewöhnlich gehen die Überlegungen einen anderen Weg. Das ganze Problem wird auf die Beziehungen in der Persönlichkeit selbst beschränkt. Als solche sah man den ‚Kraftüberschuß' an (Schiller, Spencer) oder, im Gegenteil, den Mangel an Kräften (Erholungstheorie von Lazarus), oder man lenkte die Aufmerksamkeit auf die biologische Zweckmäßigkeit des Spiels, als Mittel, die Organe und Funktionen zu üben und sich auf die künftige Ernsttätigkeit vorzubereiten (Groos), und schließlich gab es Autoren, die den emotionalen Faktor in den Vordergrund rückten, alles auf die Funktionslust zurückführten (Bühler) . . .

Das Spiel von innen her verstehen, von der Persönlichkeit aus, kann man nur auf dem Wege der Strukturanalyse, nur indem man es als allgemeinen Verhaltenstyp analysiert und dabei die Gesamtheit seiner kennzeichnenden Züge und der Zusammenhänge zwischen ihnen im Auge behält. Aber diese vom Inneren ausgehende Betrachtung für sich genommen ist unzureichend, weil die strukturellen Besonderheiten eines Verhaltenstyps durch den Charakter der Wechselbeziehungen zwischen Organismus und Umwelt bestimmt werden und diese Wechselbeziehungen ihrerseits von der Gesamtheit der Existenzbedingungen des gegebenen Organismus abhängig sind" (1931, S. 650).

Bassow analysiert die objektiven Existenzbedingungen in der Kindheit, die zum Spiel und seinen strukturellen Besonderheiten führen, und sagt, das Charakteristischste dieser Bedingungen sei die Tatsache, daß das Kind keine festgelegten Pflichten habe, weil die Eltern für seine Existenz sorgen, ebenso habe es noch keinerlei gesellschaftliche Verpflichtungen.

Diese Freiheit in den Wechselbeziehungen mit der Umwelt führt nach *Bassows* Meinung zu einer besonderen Verhaltensform, deren Haupttriebkraft und Besonderheit das Prozessuale ist.

Bassow weist darauf hin, daß Spiele einen bestimmten sozialen Inhalt haben, und hebt hervor: „Es sei dahingestellt, ob es im Spiel irgendeinen Inhalt und ein Ziel nun gibt oder nicht – Hauptfaktor der Entwicklung dieser Tätigkeit sind nicht Inhalt und Ziel, sondern ist das Prozessuale; der Inhalt und die Zielrichtung stellen nur die äußere Form des Spielprozesses dar, nicht aber sein inneres Wesen" (1931, S. 344). Die Mitarbeiter *Bassows* J. O. *Sejliger* und M. A. *Lewina* führten eine Strukturanalyse der Spieltätigkeit von Vorschulkindern durch. Diese Analyse zeigte, daß die Entwicklung im Vorschulalter wesentliche Fortschritte macht, sowohl was den Charakter der Triebkräfte der Spielprozesse anbelangt als auch was den Charakter ihrer Organisation beziehungsweise ihrer Strukturformen betrifft. Es handelt sich hier um interessante Untersuchungsergebnisse. Sie sagen aus: Erstens sinkt die relative Bedeutung der inneren Triebkräfte, während die Bedeutung der äußeren, sozialen Stimuli zunimmt; zweitens entwickelt sich die Struktur des Spielprozesses von einer einfachen zeitlichen Kette von Akten über eine assoziativ determinierte zu einer apperzeptiv determinierten Struktur. Das bedeutet, die innere Organisation des Spielprozesses wird vollkommener.

Diese Ergebnisse stehen in einem gewissen Widerspruch zu der Vorstellung, das Spiel sei eine rein prozessuale Tätigkeit. Wenn es sich so verhielte, dann wäre für das Spiel eine assoziativ determinierte Struktur kennzeichnend. Aber bereits bei ganz kleinen Kindern gibt es auch eine höher organisierte Struktur. Man kann das Spiel selbstverständlich nicht als rein prozessuale Tätigkeit betrachten. Diese Betrachtungsweise führt *Bassow* zu den von ihm selbst kritisierten Anschauungen zurück, zu den Anschauungen von *Bühler*, der das Spiel als Quelle der Funktionslust betrachtet.

Wir können uns heute auch nicht mit *Bassows* Strukturanalyse der Tätigkeit einverstanden erklären. Sie zeigt, daß er und seine Mitarbeiter nicht völlig die voluntaristischen Ansichten in der Verhaltensanalyse überwunden haben. Das darf uns jedoch nicht den Zugang zu dem Positiven versperren, das dieser Wissenschaftler zum Verständnis des Spiels und der Entwicklung des Kindes überhaupt beitrug.

Bassows Verdienst besteht erstens darin, daß er den Begriff von den allgemeinen, die Beziehungen des aktiv tätigen Menschen zu seiner Umwelt kennzeichnenden Tätigkeitstypen in die Psychologie eingeführt hat, und zweitens darin, daß er die rein naturalistischen Theorien des Spiels ablehnte, in denen die Persönlichkeit selbst, und nicht das System der Wechselbeziehungen des Kindes mit seiner Umwelt als Quelle des Spiels galt. Seine Auffassung enthält implizit den Gedanken: Das Spiel ist ein Produkt der besonderen Stellung des Kindes in der Gesellschaft sowie seiner spezifischen Beziehungen zur Umwelt.

Bassow identifizierte Tätigkeit noch vielfach mit Aktivität, vermochte nicht, sich dem Einfluß des Behaviorismus zu entziehen, und analysierte das Verhalten nach dem Schema „Stimulus – Reaktion" – er erkannte noch nicht das gegenständliche Wesen der menschlichen Tätigkeit. Gleichzeitig aber finden wir bei ihm, sei es auch nur recht vage, Vorboten der Lehre von den Tätigkeitstypen.

Eine eigene Ansicht über das Spiel entwickelte der bedeutende sowjetische Psychologe P. P. *Blonski.*

In seiner kritischen Analyse der verschiedenen Theorien des Spiels (*Schiller, Spencer, Groos, Bühler, Dewey* u. a.) erklärte *Blonski*, in der sowjetischen Psychologie könne das Spiel nicht unter ausschließlich biologischem, physiologischem oder individual-psychologischem Aspekt betrachtet werden. Damit jedoch, daß die sowjetische Psychologie den engen Biologismus in der Lehre vom Spiel überwunden habe, sei noch nicht ein völlig zufriedenstellender Standpunkt in der Auffassung über das Spiel erreicht worden. „Betrachtet man die wesentlichen Theorien des Spiels", schreibt *Blonski*, „so stellt man fest, daß die Fragen, was das Spiel eigentlich darstellt und warum das Kind spielt, bei weitem noch nicht beantwortet sind. Schon die Frage ‚Was ist Spiel?' an sich zeugt davon, daß sich das Problem im Anfangsstadium seiner Untersuchung befindet. Es sind viele spezielle detaillierte Untersuchungen erforderlich; nur die Ergebnisse solcher Untersuchungen können zur Lösung des Problems Spiel führen.

Aber, obwohl wir noch keine völlig befriedigende Theorie des Spiels haben, sind wir uns doch über seine Bedeutung im Leben des Vorschulkindes im klaren: Das Spiel ist die Hauptform der Aktivität des Vorschulkindes – dabei trainiert es seine Kräfte, erweitert es seine Orientierungstätigkeit, eignet es sich soziale Erfahrungen an, und zwar indem es Erscheinungen seiner Umwelt reproduziert und schöpferisch kombiniert" (1934, S. 109 f.).

Nach *Blonskis* Meinung gibt es noch keine befriedigende Theorie des Spiels und kann es auch nicht geben, weil der Terminus Spiel für die verschiedensten Tätigkeitsformen angewandt wird.

Blonski nennt und analysiert die Tätigkeitsformen des Kindes, die gewöhnlich unter dem Terminus Spiel zusammengefaßt werden. Er faßt sie in folgenden Gruppen zusammen: „1. Scheinspiele, 2. Bauspiele, 3. Nachahmungsspiele, 4. Dramatisierungen, 5. Bewegungsspiele und 6. intellektuelle Spiele. Die Scheinspiele, die überhaupt nicht die Bezeichnung Spiele verdienen, sind impulsive Manipulationen des Säuglings, des Schwachsinnigen, des Nervenkranken usw. Mit den zuletzt genannten impulsiven Manipulationen befaßt sich die Neurologie. Falsch wäre es auch, die Experimentiercharakter tragende Untersuchungstätigkeit des Kindes als Spiel zu bezeichnen. Was die Bauspiele anbelangt, so ist das die Baukunst des Kindes. Die Nachahmungsspiele und die Dramatisierungen sind seine dramatische Kunst. Die Bewegungsspiele sind ebenfalls nichts anderes als Dramatisierungen, in denen das Laufen eine sehr große Rolle spielt. Selbst die intellektuellen Spiele (Schach, Dame, Kartenspiele) sind ihrem Ursprung nach Dramatisierungen (Kampf zwischen Truppen). Also ist das, was wir Spiel nennen, im Prinzip die Baukunst und die dramatische Kunst des Kindes. Diese Theorie macht es begreiflich, wie das Spiel in Kunst übergeht. Außerdem hilft sie, die Frage nach dem Verhältnis zwischen Spiel und Arbeit zu beantworten: In den Bauspielen besteht hier fast eine Übereinstimmung; komplizierter, aber zweifellos vorhanden, ist der Zusammenhang zwischen Arbeit und Spielen dramatischen Typs – es handelt sich hier um den gleichen Zusammenhang, der zwischen der Arbeit und der dramatischen Kunst überhaupt besteht. Hinter dem sehr umfassenden Problem Spiel verbergen sich also zwei Probleme – Arbeit und Kunst im Vorschulalter" (1934, S. 109).

Indem *Blonski* das, was gewöhnlich als Spiel bezeichnet wird, als Baukunst und dramatische Kunst des Kindes ansieht, gelangt er zu der Auffassung, daß es überhaupt keine besondere Tätigkeit gibt, die als Spiel zu bezeichnen ist.

Wahrscheinlich hat *Blonski* recht, wenn er die Manipulationen des Säuglings und das Experimentieren der Kinder mit verschiedenen Gegenständen nicht zum Spielen zählt. Auch die sogenannten Bauspiele sollten unseres Erachtens nicht als Spiele angesehen werden. Die Beschäftigung mit Baumaterial steht dem Modellieren und Zeichnen bedeutend näher als den Nachahmungsspielen und dem Dramatisieren. Das sind produktive Tätigkeiten, deren Ergebnis ein bestimmtes Produkt ist, eine Zeichnung, ein modellierter Gegenstand oder ein Bauwerk. Aber *Blonski* möchte den Terminus Spiel überhaupt nicht gebraucht wissen, sondern es soll statt dessen von der Baukunst und der dramatischen Kunst des Kindes die Rede sein. Durch eine solche Umbenennung jedoch ändert sich nichts am Wesen der Sache. Es stimmt natürlich, daß das Spiel gewisse Beziehungen zur Arbeit und zur Kunst hat. Diese Beziehungen sind recht kompliziert, und nur davon, daß wir das Spiel als eine Form der Kunst des Kindes bezeichnen, werden sie nicht klarer.

Ungeachtet dieser insgesamt ziemlich negativen Einstellung zu der Möglichkeit, eine Theorie des Kinderspiels zu schaffen, finden wir bei *Blonski* mehrere wichtige Hinweise auf Besonderheiten des Spiels und seine Genese. Über das Spiel im frühen Vorschulalter schreibt er: „Typisch für das jüngere Vorschulkind sind Nachahmungs- und Bauspiele, während die Bewegungsspiele (abgesehen vom einfachen Laufen) in seinem Repertoire einen sehr bescheidenen Platz einnehmen. Hier besteht ein Gegensatz zwischen dem jüngeren Vorschulkind und dem Schulkind, bei dem die Bewegungsspiele an erster Stelle stehen und die Bauspiele, besonders aber die Nachahmungsspiele in den Hintergrund treten.

Die Nachahmungsspiele des Kindes sind zu Anfang derart einfach, daß es schwerfällt zu unterscheiden, ob es sich um Nachahmungsspiele oder um Arbeitsoperationen handelt. Wenn das Kind, Erwachsene nachahmend, mit dem Hammer klopft oder sich bemüht, einen Nagel einzuschlagen, dann ist das eher Arbeit als Spiel. Das Nachahmungsspiel sondert sich erst nach und nach aus ähnlichen Betätigungen des Kindes als solches heraus ... Die Nachahmungsspiele des Kleinkindes entwickeln sich also aus Nachahmungsbeschäftigungen mit Arbeitscharakter. Erst etwas später, etwa gegen Mitte des dritten Lebensjahres, kann man ziemlich sicher das Nachahmungsspiel des Kindes von solchen Beschäftigungen unterscheiden" (ebenda, S. 118).

212

Die Handlungen des Kindes, von denen *Blonski* spricht, sind natürlich keine Arbeitsoperationen. Aber zu der Zeit, als *Blonski* das schrieb, bestand noch nicht die Problemstellung: Aneignung der gesellschaftlich erarbeiteten Arbeitsverfahren mit Gegenständen durch das Kind. Wenn man in der zitierten Äußerung *Blonskis* die Wendung „Nachahmungsbeschäftigung mit Arbeitscharakter" durch die These ersetzt, daß sich die Nachahmungsspiele entwickeln, indem sich das Kind Handlungen mit Gegenständen anhand von gesellschaftlich erarbeiteten Mustern aneignet, deren Träger die Erwachsenen sind, dann finden wir in ihr einen Weg zur Erforschung der Genese des Spiels. *Blonski* hatte recht damit, die Genese des Spiels in den „Nachahmungsbeschäftigungen mit Arbeitscharakter" zu suchen, wenn diese Beschäftigungen richtig verstanden werden.

Interessantes finden wir auch in *Blonskis* Analyse der Nachahmungsspiele des Kleinkindes. „In den Nachahmungsspielen des Kleinkindes", schreibt er, „läßt sich von Anfang an, wenn auch noch ziemlich verworren, das Dramatisierungsmoment feststellen. Es besteht darin, daß das Kind selbst irgendeine Rolle spielt und andere (Erwachsene, Kinder, sogar Gegenstände) veranlaßt, ebenfalls eine Rolle zu spielen: Hintereinander gestellte Stühle sind ein Eisenbahnzug, und nachdem das Kind sie aufgestellt hat, stößt es Zischlaute aus, wie eine Lokomotive. Zu solchen Akteuren können in primitiven kindlichen Dramatisierungen sogar nicht existierende Personen und Gegenstände werden, obwohl das Kind lieber Spielzeug benutzt, das reale Lebewesen und Gegenstände darstellt (Puppen, Spieltiere, Spielgeschirr usw.).

Die Psychologie solcher Dramatisierungen ist noch nicht zufriedenstellend erklärt. Die Erklärungsversuche tragen rein hypothetischen Charakter. Manche Psychologen heben die Bedeutung der Identifikation im Spiel des Kindes hervor. Sie halten die Identifikation für eine kompliziertere Erscheinung als die einfache Nachahmung, die ihrer Meinung nach gleichsam eine Vorbereitungsstufe der Identifikation darstellt. Die Identifikation äußert sich darin, daß wir ein anderer sein wollen. Sie spielt in vielen Erscheinungen eine große Rolle, zum Beispiel in der Hypnose, in den Träumen, in den Kinderspielen, in der dramatischen Kunst usw. Die Identifikation führt zum Spielen einer Rolle. Natürlich sind wir noch zu keiner Erklärung gelangt, wenn wir das Spielen einer Rolle als Identifikation bezeichnen. Von Nutzen ist jedoch die Einführung des Begriffs Identifikation deshalb, weil es uns dadurch möglich wird, das Rollenspiel der Kinder in Nachahmungsspielen weiter gefaßt zu sehen und, indem wir diese Erscheinung verallgemeinern, sie psychologisch tiefgründiger zu erklären. Festgestellt werden muß jedoch, daß uns bisher noch keine Erklärungen der Identifikation vorliegen" (ebenda, S. 118).

Interessant ist die Meinung *Blonskis*, die Identifikation sei ein Mechanismus, mit dem sich die psychologische Bedeutung der Nachahmungsspiele tiefer erfassen läßt. *Blonski* lehnt zwar die *Freud*sche Interpretation der infantilen Sexualität insgesamt gesehen ab, übernimmt aber aus der Psychoanalyse den Mechanismus der Identifikation. Mit ihr sind in der *Freud*schen Theorie die sexuellen Triebe verbunden, die in dem sogenannten, sich in der Identifikation mit dem Vater äußernden Ödipuskomplex zutage treten. Solche Übernahme eines Mechanismus, dessen Inhalt mit einer konkreten Theorie verbunden ist, kann die Interpretation des Spiels in *Freuds* Bahnen lenken.

Zutiefst im Recht befindet sich *Blonski* jedoch, wenn er den psychologischen Mechanismus des Sichversetzens des Kindes in die Rolle eines Erwachsenen zu einem zentralen Problem erhebt. Zwar kann die Theorie *Blonskis* insgesamt nicht akzeptiert werden, weil sie Spiel und Kunst gleichsetzt. Sehr wichtig aber ist seine These, das Spiel des Kindes gehe aus „Nachahmungsbeschäftigungen mit Arbeitscharakter" hervor. Solche Beschäftigungen können nicht anders als in der gemeinsamen Tätigkeit mit dem Erwachsenen oder nach einem von ihm gebotenen Muster erfolgen. Diese These hilft klären, wie die Rolle und damit das Spiel entstanden ist.

Einen wesentlichen Beitrag zur Theorie des Spiels leistete L. S. *Wygotski*. Sein Interesse für die Psychologie des Spiels entstand einerseits im Zusammenhang mit seinen Untersuchungen zur Psychologie der Kunst und andererseits im Verlauf seiner Arbeit an Problemen der Entwicklung der höheren psychischen Funktionen. Bekanntlich hat *Wygotski*, besonders in seinen früheren Arbeiten, die Entwicklung der höheren psychischen Funktionen mit der Anwendung von Zeichen in Verbindung gebracht. Hierher rührt auch sein Interesse für die Entstehungsgeschichte der Zeichenfunktionen im Verlauf der individuellen psychischen Entwicklung des Kindes. In dem bereits erwähnten Artikel „Die Vorgeschichte der Schriftsprache" berührt *Wygotski* das Spiel nur im Zusammenhang damit, daß beim Spielen verschiedene Gegenstände als Symbole zum Bezeichnen anderer Gegenstände verwendet werden. In diesem Zusammenhang entwickelte er die These, die Funktion des Zeichens beziehungsweise des Symbols (diese Termini gebraucht *Wygotski* manchmal synonym) erhalte der Gegenstand durch die Handlung, die das Kind ausführt. „Die Bewegung des Kindes, seine Geste sind das, was dem entsprechenden Gegenstand Zeichenfunktion verleiht, was ihm seine Bedeutung gibt" (1935, S. 78). Hierin liegt der Unterschied in den Auffassungen *Wygotskis* und *Piagets* vom Spiel. *Piaget* behauptet, es bestehe eine Ähnlichkeit zwischen Symbol und Bezeichnetem. Das trifft für alle möglichen Symbole zu, aber nicht für das Spiel. Im Spiel besteht das Wesen der Sache nicht sosehr in der Darstellungsfunktion als vielmehr, wie *Wygotski* schreibt, in der Möglichkeit, mit dem Ersatzgegenstand eine bestimmte Handlung auszuführen.

Eine sehr gedrängte und sehr hypothetische Skizze seiner Ansichten über die Bedeutung des Spiels entwarf *Wygotski* in seiner Arbeit zur Psychologie des frühen Jugendalters. „Wenn wir uns den primitiven Menschen ansehen", schreibt er dort, „dann stellen wir fest, daß die Spiele der Kinder eine reale berufliche Vorbereitung auf ihre künftige Tätigkeit darstellen – auf das Jagen, auf das Erkennen von Tierspuren, auf Kriege. Das Spiel des heutigen Menschenkindes ist ebenfalls auf die künftige Tätigkeit gerichtet, aber hauptsächlich auf die Tätigkeit sozialen Charakters. Das Kind sieht die Tätigkeit der Menschen seiner Umgebung, ahmt sie nach, überträgt sie ins Spiel. Im Spiel eignet es sich die grundlegenden sozialen Beziehungen an, absolviert es die Schule seiner künftigen sozialen Entwicklung" (1931, S. 459).

Im Zusammenhang mit seiner Arbeit an einer Kinderpsychologie wendet sich *Wygotski* erneut dem Spiel zu, als der führenden Tätigkeit des Kindes im Vorschulalter, und entwickelt eine Hypothese zum psychologischen Wesen der entfalteten Form des Rollenspiels. Wie bereits erwähnt, wurde sie bereits 1933 in einer Vorlesung referiert und 1966 erstmalig veröffentlicht (vgl. Anhang, 7.2. – d. Übers.).

Die Hauptgedanken dieser Hypothese sind folgende:

1. Spiel entsteht, wenn unmittelbar nicht zu realisierende Wünsche auftauchen und gleichzeitig die für das frühe Kindesalter charakteristische Tendenz erhalten bleibt, den Wunsch sofort erfüllt zu sehen. Das Wesen des Spiels besteht in der Erfüllung von Wünschen, aber nicht in der Realisation einzelner Wünsche, sondern verallgemeinerter Affekte. Möglicherweise werden diese verallgemeinerten Affekte dem Kind nicht bewußt. Ihr Hauptinhalt ist das System seiner Wechselbeziehungen mit den Erwachsenen.

2. Zentrales Moment und Charakteristikum der Spieltätigkeit ist das Schaffen einer „eingebildeten" Situation. Sie besteht darin, daß das Kind die Rolle eines Erwachsenen übernimmt und sie in der selbstgeschaffenen Spielsituation realisiert. Kennzeichnend für die eingebildete Situation ist die Übertragung der Bedeutung des einen Gegenstandes auf einen anderen sowie Handlungen, die in verallgemeinerter und verkürzter Form reale Handlungen des Erwachsenen wiedergeben, in dessen Rolle sich das Kind versetzt hat. Das wird dadurch möglich, daß Gesichtsfeld und Bedeutungsfeld im Vorschulalter voneinander abweichen.

3. Jedes Spiel mit einer eingebildeten Situation ist gleichzeitig ein Regelspiel, und jedes Regelspiel ist gleichzeitig ein Spiel mit einer eingebildeten Situation. Die Spielregeln sind Regeln des Kindes für sich, sind Regeln der inneren Selbstbeschränkung und Selbstbestimmung.

4. Im Spiel operiert das Kind mit von den Dingen gelösten Bedeutungen, aber es stützt sich dabei auf reale Handlungen. Der genetische Hauptwiderspruch des Spiels besteht darin, daß

sich das Kind im Bedeutungsfeld zu bewegen beginnt, das Verfahren der Bewegung aber dasselbe bleibt wie in der äußeren Handlung. Im Spiel treten alle inneren Prozesse in der äußeren Handlung zutage.

5. Im Spiel entstehen ununterbrochen Situationen, die vom Kind verlangen, nicht dem unmittelbaren Impuls zu folgen, sondern auf der Linie des größten Widerstandes zu handeln. Die spezifische Spiellust beruht darauf, daß unmittelbare Triebkräfte überwunden werden, daß den Regeln der Rolle entsprechend gehandelt wird.

6. Das Spiel ist nicht der dominierende, sondern der führende Typ der Tätigkeit im Vorschulalter. Es birgt alle Entwicklungstendenzen in sich; Spielen ist eine Quelle der Entwicklung und läßt die Zonen der nächsten Entwicklung entstehen; es bewirkt Veränderungen der Bedürfnisse und allgemeinere Veränderungen des Bewußtseins.

Die Hypothese *Wygotskis* ist noch viel weiter gefaßt als in diesen knapp umrissenen Hauptgedanken. Um seine Ansichten vollständig kennenzulernen, sollte man die genannte Vorlesung sowie die erwähnten Vorlesungsskripten gründlich studieren. Diese Hypothese ist eine der größten Errungenschaften der sowjetischen Kinderpsychologie jener Zeit. Aber es war eben nur eine Hypothese, und vieles blieb damals und ist heute noch ungeklärt, vielleicht sogar zweifelhaft.

Die Hypothese *Wygotskis* wurde von S. L. *Rubinstein* kritisiert. Wir zitieren seine Gegenargumente vollständig: „Wygotski und seine Nachfolger halten die Tatsache für das Ursprüngliche und Bestimmende, daß sich das spielende Kind eine eingebildete Situation statt der realen schafft und darin handelt, daß es in dieser eine bestimmte Rolle durchführt, entsprechend jener ‚übertragenen‘ Bedeutung, die es dabei den umgebenden Dingen zuschreibt.

Die Verlegung der Handlung in eine Phantasiesituation ist wirklich für die Entwicklung der spezifischen Formen des Spiels charakteristisch. Allein die Herstellung einer ‚eingebildeten‘ Situation und die Übertragung von Bedeutungen können nicht die Grundlage für das Verständnis des Spiels sein.

Die Hauptmängel dieser Auffassung sind folgende: 1. Sie ist auf die Struktur der Spielsituation konzentriert, ohne die Quellen des Spiels aufzudecken. Die Übertragung von Bedeutungen, der Übergang in die eingebildete Situation ist nicht der Ursprung des Spiels. Der Versuch, den Übergang von einer realen Situation in eine ‚gemimte‘ als Quelle des Spiels zu deuten, könnte nur als Nachklang zur psychologischen Theorie des Spiels verstanden werden. 2. Die Interpretation der Spielsituation als einer ‚Übertragung‘ der Bedeutung, und noch mehr der Versuch, das Spiel aus dem Bedürfnis ‚mit Bedeutungen zu spielen‘ abzuleiten, ist durch und durch intellektualistisch. 3. Diese Theorie stempelt die wenn auch nur für höhere Formen des Spiels wesentliche, aber abgeleitete Tatsache des ‚gemimten‘, das heißt eines eingebildeten Handelns zu einer ursprünglichen und darum für jedes Spiel obligatorischen Tatsache. Sie verengt damit zu Unrecht den Begriff des Spiels und schließt willkürlich jene früheren Formen des Spiels aus, in denen das Kind, ohne eine gemimte Situation zu schaffen, eine Tätigkeit spielerisch ausübt, die unmittelbar aus der realen Situation abgeleitet ist (Öffnen und Schließen der Tür, Sichschlafenlegen). Dadurch, daß diese Theorie die frühen Formen des Spiels ausschließt, beraubt sie sich der Möglichkeit, das Spiel in seiner Entwicklung zu verstehen" (1973, S. 733 f.).

Alle diese kritischen Bemerkungen müssen, obwohl sie uns nicht in allem berechtigt erscheinen, bei der Arbeit an Problemen der Psychologie des Kinderspiels berücksichtigt werden.

Mit Fragen der Psychologie des Spiels befaßt sich *Rubinstein* in seinem Buch „Grundlagen der allgemeinen Psychologie" in dem Kapitel Tätigkeit. Die Hauptauffassungen *Rubinsteins* über das Spiel münden in einer Behandlung des Spiels als eines besonderen Typs der Tätigkeit. Er sagt vom Spiel: „Vor allem ist es, soweit es sich um Spiele des Menschen und des Kindes handelt, eine sinnvolle *Tätigkeit*, das heißt ein Komplex sinnvoller Handlungen, die durch die Einheit des Motivs verbunden sind." Und er fährt fort: „Das Spiel ist eine Tätigkeit; das bedeutet, daß es eine bestimmte Beziehung der Persönlichkeit zur umgebenden Wirklichkeit zum Ausdruck bringt" (ebenda, S. 727).

Als grundlegendes, das Wesen des Spiels bestimmendes Merkmal betrachtet *Rubinstein* die Besonderheiten der Spielmotive. „Die erste, das Wesen des Spiels bestimmende These besagt, daß die Motive des Spiels nicht in dem Nutzeffekt und in dem sachlichen Ergebnis bestehen, die eine entsprechende Handlung im praktischen, nicht spielerischen Bereich für gewöhnlich hergibt, auch nicht in der Tätigkeit ohne Beziehung zu ihrem Resultat, sondern in den vielfältigen Erlebnissen der Seiten der Wirklichkeit, die für das Kind, wie für den spielenden Menschen überhaupt, von Bedeutung sind.

„Die Motive der Spieltätigkeit", fährt *Rubinstein* fort, „spiegeln eine unmittelbare Beziehung der Persönlichkeit zur Umgebung wider. Dabei wird die Bedeutung einer beliebigen Seite dieser Beziehung in der Spieltätigkeit aufgrund der unmittelbaren Beziehung zu ihrem eigentlichen Inhalt erlebt. In der Spieltätigkeit entfällt die in der praktischen menschlichen Tätigkeit mögliche Aufspaltung zwischen Motiv und direktem Ziel der Handlung des Subjekts. Dem Spiel ist die utilitaristische Bedingtheit fremd, bei der die Handlung durch irgendein Nebenresultat angeregt wird, unabhängig von der direkten Beziehung zum Gegenstand, auf den sie unmittelbar gerichtet ist. Im Spiel werden nur solche Handlungen ausgeführt, deren Ziele für das Individuum ihrem eigentlichen Inhalt nach bedeutsam sind. Darin besteht die grundlegende Besonderheit der Spieltätigkeit, darin auch ihr besonderer Zauber und ihr Reiz, der nur mit den höheren Formen des Schöpferischen vergleichbar ist" (ebenda, S. 729).

Mit den Besonderheiten der Motivation des Spiels hängen nach *Rubinsteins* Meinung auch die Besonderheiten der Spielhandlungen zusammen. „In der Spieltätigkeit sind die Handlungen eher *semantische* Ausdrucksakte als operative Verfahren. Sie sollen den in der Anregung, im Motiv enthaltenen Sinn der Handlung, deren Beziehung zum Ziel ausdrücken und nicht dieses Ziel in Gestalt eines dinglichen Resultats verwirklichen. Das ist die Funktion oder der Zweck der Spieltätigkeit" (ebenda, S. 730).

Weiter schreibt Rubinstein: „Darauf beruht der äußerlich auffallendste Zug des Spiels – der in Wirklichkeit von den eben geschilderten Besonderheiten der Spieltätigkeit abgeleitet ist –, nämlich die Möglichkeit (die für das Kind zugleich Notwendigkeit ist), innerhalb der durch den Sinn des Spiels bestimmten Grenzen die Gegenstände durch andere zu ersetzen, die zur Ausführung der Spielhandlung geeignet sind. In der Spielhandlung erlangen diese Gegenstände eine Bedeutung, die durch die Funktion bestimmt wird, die sie in der Spielhandlung erfüllen. So führen die Besonderheiten des Spiels dazu, daß beim Spielen Phantasiesituationen geschaffen werden" (ebenda, S. 730 f.).

Rubinstein wirft die Frage auf, ob der Übergang in eine Phantasiesituation ein Abrücken von der Realität ist, und beantwortet sie folgendermaßen: „Das Spiel bedeutet eine Entfernung von der Wirklichkeit, aber auch ein Eindringen in sie. Es ist deshalb nicht eine Flucht aus der Wirklichkeit in eine gleichsam besondere, eingebildete, fiktive, irreale Welt. Alles, wovon das Spiel lebt und was es in seinen Handlungen verkörpert, schöpft es aus der Wirklichkeit. Das Spiel geht über eine bestimmte Situation hinaus, es weicht von bestimmten Seiten der Wirklichkeit ab, um dafür im Handeln andere Seiten wieder stärker zu offenbaren" (ebenda, S. 731).

Die Frage, ob das Spiel die führende Rolle in der psychischen Entwicklung des Vorschulkindes hat, bleibt bei Rubinstein offen. „Dennoch muß die anscheinend bereits gelöste Frage, ob das Spiel im Vorschulalter die maßgebende Form der Tätigkeit sei, noch offenbleiben. Zweifellos hat das Spiel wesentliche Bedeutung für die Ausbildung der grundlegenden psychischen Funktionen und Prozesse des Vorschulkindes. Ist jedoch die Spieltätigkeit, die sicherlich eine wesentliche Komponente in der Lebensweise des Vorschulkindes darstellt, die *Grundlage seiner Lebensweise*, und bestimmt sie den Kern der Persönlichkeit des Kindes als gesellschaftliches Wesen? Entgegen der allgemein geltenden Ansicht sind wir, natürlich ohne die Bedeutung des Spiels zu leugnen, geneigt, die für die Formung der Persönlichkeit als gesellschaftliches Wesen bestimmenden Komponenten ihrer Lebensweise auch in der un spielerischen alltäglichen Lebenstätigkeit des Kindes zu suchen, die auf die Beherrschung der Verhaltensregeln und in die Einordnung in das kollektive Leben gerichtet ist. Wie in der Kleinkindperiode die Beherrschung der gegenständlichen Handlungen und der Sprache für die Entwicklung des Kindes grundlegend ist, so ist dies im Vorschulalter die Entwicklung der durch gesellschaftliche Normen regulierten Handlung" (ebenda, S. 735 f.).

Das sind die Ansichten *Rubinsteins* über das Spiel. Richtig ist natürlich der allen Tätigkeiten gemeinsame Grundsatz, daß für sie, also auch für das Spiel, die Motive bestimmend sind. Aber worin besteht das Spezifikum der Motive der Spieltätigkeit? Auf diese Frage finden wir bei *Rubinstein* keine Antwort. Und das ist kein Zufall. Es ist deshalb kein Zufall, weil er die Spielsituation hauptsächlich von den Spielhandlungen her betrachtet. Im Zentrum der Spielhandlung jedoch steht die Rolle, in die sich das Kind hineinversetzt. Sie bestimmt alle Handlungen, die das Kind in der eingebildeten Situation ausführt. Die Rolle aber, das ist der erwachsene Mensch, dessen Tätigkeit das Kind nachgestaltet. Gegenstand der Spieltätigkeit des Kindes ist also der erwachsene Mensch, das, was er tut, weshalb er es tut, das, welche Beziehungen er dabei mit anderen Menschen aufnimmt. Hiervon ausgehend, läßt sich hypothetisch auch das Hauptmotiv des Spielens bestimmen: handeln wie der Erwachsene. Nicht erwachsen sein, sondern wie die Erwachsenen handeln. Aber damit solche Motive aufkommen, muß das Kind einen solchen Abstand vom Erwachsenen gewinnen, daß der Erwachsene für es zum Vorbild, zum Muster, sozusagen zum „Maß aller Dinge" wird.

Die wichtigste Besonderheit aller Arbeiten der sowjetischen Psychologen auf dem Gebiet der Psychologie des Spiels besteht darin, daß die naturalistischen und die psychoanalytischen Theorien des Spiels überwunden wurden. Schritt für Schritt kristallisierte sich in der sowjetischen Psychologie die Auffassung heraus: Das Spiel ist ein besonderer Typ der Tätigkeit des Kindes; in dieser Tätigkeit äußert sich seine Beziehung zur Umwelt, insbesondere zur sozialen, und sie hat einen spezifischen Inhalt wie auch einen spezifischen Aufbau –

Gegenstand, Motive der Tätigkeit, das Handlungssystem sind von besonderer Art.

Am meisten näherte sich unseres Erachtens L. S. *Wygotski* dem psychologischen Wesen des Spiels. Freilich ist es ihm nicht gelungen, alle Fragen zu beantworten oder sogar auch nur aufzuwerfen. Seine Hypothese zu vertiefen und weiterzuentwikkeln ist das Anliegen der folgenden Kapitel dieses Buches.

4. Die Entstehung des Spiels in der Ontogenese

4.1. Die Entwicklung der Bewegungen, der Handlungen und des Umgangs mit den Erwachsenen im ersten Lebensjahr

Die Entwicklung der Spieltätigkeit ist auf das engste mit der Gesamtentwicklung des Kindes verbunden. Das Spiel kann erst dann entstehen, wenn sich die grundlegenden sensomotorischen Koordinationen ausgebildet haben, die das Manipulieren und Handeln mit Gegenständen ermöglichen. Ohne die Fähigkeit, einen Gegenstand in der Hand zu halten, kann es auch keine Handlung mit ihm geben und folglich auch keine Spielhandlung.

In der ersten Hälfte des ersten Lebensjahres formen sich die sensorischen Systeme. Wir zitierten bereits die von N. M. *Stschelowanow* geäußerte These über den prinzipiellen Unterschied zwischen der Entwicklung des Kindes und der des Jungtiers: Beim Kind ist zum Zeitpunkt der Geburt der gesamte motorische Bereich völlig unausgebildet und entwickelt sich unter Kontrolle der sensorischen Systeme, vor allem des Sehens. Diese sensorischen Systeme müssen jedoch selbst ein bestimmtes Entwicklungsniveau erreicht haben, ehe sie sich in den einheitlichen sensomotorischen Akt einschalten können. Die Konzentration auf ein Objekt, das visuelle Verfolgen eines sich bewegenden Gegenstandes in alle Richtungen und Entfernungen, die Konvergenz der Augen und das Betrachten entwickeln sich früher als die ersten Bewegungen in Richtung eines Gegenstandes und sind eine Voraussetzung dafür, daß solche Bewegungen einsetzen.

Die sensorischen Apparate entwickeln sich von Anfang an in der Wechselwirkung zwischen dem Kind und den es umsorgenden Erwachsenen, und zwar durch Anlernen. Der Erwachsene neigt sich über das Kind, nähert ihm sein Gesicht und zieht es wieder zurück, er geht zu dem Kind hin und entfernt sich von ihm wieder, er zeigt dem Kind einen leuchtend bunten Gegenstand und erreicht damit, daß der Blick des Kindes auf das Gesicht des Erwachsenen oder auf das Spielzeug fixiert wird, daß die Konvergenz der Augen entsteht und das Kind die Dinge mit den Augen zu verfolgen beginnt.

Die sensorischen Systeme entwickeln sich vor den Handbewegungen. Die Bewegungen des Kindes tragen noch chaotischen Charakter, während die sensorischen Systeme bereits relativ gesteuert sind.

Große Bedeutung für die Entwicklung des nun folgenden Greifakts haben die Tastbewegungen der Hände. Es ist anzunehmen, daß sich durch die Tastbewegungen eine spezifische taktile Sensibilität formt und die Handfläche des Kindes zu einem richtig funktionierenden rezeptorischen Apparat wird. Einen Höhepunkt erreicht die Entwicklung der optisch-motorischen Koordinationen (Auge – Hand) – nach den Beobachtungsergebnissen von N. L. *Figurin* und M. P. *Denissowa* (1929) – im Greifakt mit nachfolgendem Festhalten des Gegenstandes. Ihren Anfang nimmt diese dem Greifakt zugrunde liegende Entwicklung der optisch-motorischen Koordinationen in dem positiven mimisch-somatischen Komplex beziehungsweise dem „Belebungskomplex", wie er von den Autoren genannt wurde, die ihn erstmalig beschrieben haben.

224

Nachdem infolge optischer Konzentration auf einen Gegenstand eine Belebung erfolgt ist, stoßen die chaotisch bewegten Hände anfangs zufällig auf irgendeinen Gegenstand; das ist die Grundlage dafür, daß sich die Hände nach und nach dem Objekt entgegenstrecken, wenn es sich in einem bestimmten Abstand von den Augen befindet. Außerdem werden Hand und Finger *beim Anblick* des Gegenstandes unter einem bestimmten Gesichtswinkel in eine bestimmte Stellung gebracht. Nach den Angaben der genannten Autoren entsteht der Greifakt als Folge eines diffusen optischen Reizes, der die Augen des Kindes aus einer bestimmten Entfernung und unter einem bestimmten Gesichtswinkel erreicht und in seinem effektorischen Teil darin besteht, daß die Arme dem Objekt entgegengestreckt werden, wobei Hände und Finger eine bestimmte Stellung annehmen.

Bei der Bildung des Greifaktes ist die Verbindung zwischen der optischen Wahrnehmung und der Bewegung eine Augenblickssache. P. J. *Abramowitsch* (1946) hat folgendes beobachtet: Wenn ein vier bis sieben Monate altes Kind einen Gegenstand in erreichbarer Entfernung erblickt, streckt es sofort die Hände nach ihm aus und versucht, ihn zu ergreifen. So entwickeln sich relativ schnell die Greifbewegungen der Hand. Diese Entwicklung ist fast unmerklich; nur der erfahrene Beobachter vermag sie richtig zu erfassen. Sie verläuft von einem undifferenzierten Ergreifen und einfachen Zusammendrücken des Gegenstandes mit allen Fingern zum Anfassen mit gegenübergestelltem Daumen.

Es ist anzunehmen, daß der Entstehung des Greifakts die visuelle Konzentration auf das Objekt zugrunde liegt. Wie es sich mit dem afferenten Teil des Greifakts verhält, ist ebenfalls noch nicht völlig geklärt. Es ist unwahrscheinlich, daß der einwirkende Gegenstand während der Bildung des Greifens in Form eines Abbilds widergespiegelt wird, denn zwischen dem Netzhautbild des Gegenstandes und seiner wirklichen Größe und Form ist infolge fehlenden unmittelbaren Kontakts mit dem Gegenstand noch keine Verbindung hergestellt. Die prinzipielle Bedeutung des Greifens nach verschiedenen Gegenständen, in verschiedener Entfernung und das folgende

Festhalten, Betasten und gleichzeitige Betrachten dieser Gegenstände besteht darin, daß sich in diesem Prozeß Verbindungen bilden zwischen dem Netzhautbild des Gegenstandes und seiner wirklichen Größe, Form und Entfernung. Damit wird das Fundament für die räumliche Wahrnehmung der Gegenstände gelegt.

Die ersten Greifakte und ihre weitere Entwicklung, ihre Vervollkommnung sind das Ergebnis der gemeinsamen Tätigkeit mit den Erwachsenen. Der Erwachsene schafft vielfältige Situationen, in denen sich die psychische Steuerung der Handbewegungen vervollkommnet, indem das Kind den Gegenstand und seine Entfernung optisch wahrnimmt. Wenn sich die Erwachsenen mit dem Kind beschäftigen, wird es ihnen meistens nicht einmal bewußt, daß sie mit dem Kind das Greifen üben: Der Erwachsene sorgt dafür, daß sich das Kind auf einen Gegenstand konzentriert, bringt ihn in eine Entfernung vom Kind, bei der es die Hände nach ihm ausstreckt, zieht ihn weiter zurück, damit sich das Kind Mühe geben muß, ihn zu erreichen; nachdem das Kind seine Hände nach dem Gegenstand ausgestreckt hat, nähert der Erwachsene ihn den Händen des Kindes und so fort. Auf diese Weise entwickelt sich die Orientierung des Kindes im Raume und die selbständige Steuerung der Bewegungen auf der Basis dieser Orientierung. Im Mittelpunkt steht in all diesen Situationen der erwachsene Mensch.

Nachdem sich der Greifakt ausgebildet hat, tritt die Entwicklung der Bewegungen in eine neue Phase. Nach den Angaben von *Figurin* und *Denissowa* besteht das Wesen dieser Phase darin, daß verschiedenartige Wiederholungsbewegungen auftauchen und sich intensiv entwickeln. Die Entwicklung der Wiederholungsbewegungen setzt mit dem Klatschen auf den Gegenstand ein.

In dem Maße, wie sich beim Kind immer neue Manipulationsweisen mit dem Gegenstand einstellen, werden auch die Wiederholungsbewegungen vielfältiger. Das Kind klatscht nicht nur auf den Gegenstand, sondern schüttelt ihn auch, nimmt ihn von einer Hand in die andere, versetzt einen über ihm hängenden Gegenstand immer wieder in Schaukelbewegungen, klopft mit einem Gegenstand an einen anderen. *Figurin* und *Denissowa* stellen fest, daß gleichzeitig mit den Wiederholungsbewegungen Kettenbewegungen in Erscheinung treten. Sie stellen eine Reihe einzelner, differenzierter, genau aufeinanderfolgender Bewegungen dar. Die Autoren heben besonders hervor, daß es zwischen den Wiederholungs- und den Kettenbewegungen keine prinzipiellen Unterschiede gibt – sowohl bei den einen als auch bei den anderen erfolgt eine Verbindung der Bewegungen in bestimmter Reihenfolge unter der Kontrolle der Wahrnehmungsorgane. Zur Bewegungskette gehören all die Einzelbewegungen, die sich das Kind aneignet.

G. L. *Rosengart-Pupko* (1948) schreibt, in eben dieser Periode beginnt das Kind aktiv Spielgegenstände zu betrachten. Das Betrachten des Gegenstands ist im Prinzip ebenfalls eine Wiederholungsbewegung – die Augen tasten den Gegenstand ab, ähnlich wie die Hand. Sowohl die Wiederholungs- als auch die Kettenbewegungen gehen in der Regel mit der Betrachtung des Gegenstandes einher.

Die Wiederholungs- und Kettenreaktionen, verbunden mit dem Betrachten des Gegenstandes, mit dem das Kind hantiert, sind beim Kinde dieses Alters die Haupthandlungen mit Gegenständen.

Welches Entwicklungsniveau ein derartiges Manipulieren beim Kind im ersten Lebensjahr erreicht, hängt davon ab, in welcher Weise mit dem Kind pädagogisch verfahren wird. P. J. *Abramowitsch* (1946) und mehrere andere Autoren weisen darauf hin, daß sich die Entwicklung der Bewegungen verzögert, wenn die Kinder pädagogisch vernachlässigt werden. In solchen Fällen sind die Kinder stundenlang untätig und finden sich mit Daumenlutschen sowie monotonen Schaukelbewegungen des Körpers ab.

Wesentlich ist die Frage nach dem Mechanismus der Wiederholungs- und Kettenreaktionen. Manche Autoren zeigen sich geneigt, den Mechanismus der Wiederholungs- und Kettenhandlungen des Säuglings in einem beabsichtigten Herbeiführen eines „vorgestellten Resultats" zu sehen. Diese Auffassung ist in gewissem Grade subjektivistisch. Eine „Vorstellung vom

Resultat" kann nur bei wiederholter Manipulation mit einem Gegenstand Triebkraft der Wiederholungs- und Kettenbewegungen sein. Beim ersten Bekanntwerden mit ihm gibt es natürlich keinerlei Vorstellung vom Resultat. Wäre die Vorstellung vom Resultat die Triebkraft der Wiederholungs- und Kettenbewegungen, dann würde das Kind Handlungen mit alten, ihm bereits bekannten Gegenständen vorziehen. Bekanntlich hantieren jedoch Kinder dieses Alters viel lieber mit neuen, ihnen noch nicht bekannten Gegenständen. Schließlich, bei diesem Standpunkt ließe sich überhaupt nicht erklären, weshalb das Kind einen Gegenstand so lange betrachtet, ehe es damit zu manipulieren beginnt.

G. L. *Rosengart-Pupko* stellte fest, bevor die Kinder mit einem Gegenstand hantieren, betrachten sie ihn lange, wobei sie ihn hin und her drehen und wenden. Beobachtungen zeigen, daß ein Kind um so länger mit einem Gegenstand manipuliert, je mehr Möglichkeiten er für die Orientierungs- und Untersuchungsaktivität bietet.

Alle diese Fakten lassen folgende Annahme zu: In bezug auf das Hervorrufen und Erhalten der Wiederholungs- und Kettenhandlungen mit Gegenständen spielt eine große Rolle die Orientierungs- und Untersuchungstätigkeit, der die Neuheit der Gegenstände und die Vielfältigkeit ihrer Eigenschaften zugrunde liegt.

Natürlich bilden sich im Entwicklungsverlauf der Wiederholungshandlungen, des Betrachtens und der Kettenhandlungen beim Kind gewisse Vorstellungen von den Eigenschaften des Gegenstandes und vom möglichen Resultat der Handlungen mit ihm, aber das ist eher Ergebnis als Voraussetzung und Mechanismus der manipulativen Handlungen mit dem Gegenstand.

M. P. *Denissowa* und N. L. *Figurin* (1929) haben speziell untersucht, in welcher Weise die Neuheit die Handlungen des Kindes mit Gegenständen stimuliert. Sie hielten dem Kind gleichzeitig einen alten Gegenstand hin, mit dem es bereits 15 bis 20 Minuten lang manipuliert hatte, und einen neuen, den es noch nicht kannte, und stellten fest, daß es sich vorwiegend auf das Neue konzentriert, nach dem Neuen greift,

228

während es das alte Objekt fast unbeachtet läßt. Wurde im Versuch nur der alte Gegenstand gezeigt, so konzentrierte es sich ebenfalls nicht auf ihn und griff nicht nach ihm. Die Autoren dieser Untersuchung weisen mit Recht darauf hin, daß ein vorwiegendes Interesse für das Neue bereits beim Kind im fünften Lebensmonat sehr charakteristisch ist.

P. J. *Abramowitsch* (1946) untersuchte ergänzend einige Bedingungen der vorwiegenden Konzentration auf das Neue. In ihren Untersuchungen legte sie den Kindern vor: 1. der Form nach einfache, aber leuchtend bunte und für das Kind neue Gegenstände; 2. ebensolche, aber dem Kind gut bekannte Gegenstände, mit denen es ständig hantierte; 3. komplizierte, in der Form nicht sehr markante, leuchtend bunte neue Gegenstände; 4. ebensolche, jedoch aus gemeinsamen Spielen mit Erwachsenen bekannte Gegenstände. Festgestellt wurde folgendes: 1. Zu sehr gut bekannten Gegenständen zeigt das Kind eine negative Beziehung, auch wenn sie leuchtend in den Farben und von markanter Form sind. 2. Ein seiner Form nach komplizierter und dem Kind völlig unbekannter Gegenstand ruft bei ihm keine Konzentration hervor, bleibt unbeachtet. 3. Ein unbekannter Gegenstand wird für das Kind nur dann attraktiv, wenn er zusammen mit einem dem Kinde nahestehenden Erwachsenen in Erscheinung tritt, der mit diesem Gegenstand vor den Augen des Kindes hantiert und dabei spricht. 4. Ein halbbekannter Gegenstand zieht das Kind am meisten an, ein sehr gut bekannter dagegen nicht; ein völlig unbekannter Gegenstand von nichtausgeprägter Form spricht das Kind überhaupt nicht an. Wie in den Untersuchungen nachgewiesen wird, ist die Neuheit ein Anreiz zur manipulativen Tätigkeit beim Kind dieser Entwicklungsstufe. Diese Tatsache ermöglicht es, den Mechanismus der mit aktivem Betrachten des Gegenstandes beziehungsweise mit einer anderen sensorischen Aktivität (z. B. Hinhören bei Lautgebung) verbundenen Wiederholungs- und Kettenhandlungen besser zu begreifen.

Das mit Hantieren verbundene Betrachten eines Gegenstandes besteht vor allem darin, daß das Kind (natürlich ohne jede Absicht) den Gegenstand in immer wieder neue Stellungen bringt und so lange konzentriert bleibt, bis die Möglichkeiten der Neuheit erschöpft sind. Sobald das eintritt, erlischt die Orientierungs- und Untersuchungsaktivität, das Kind hört auf, den Gegenstand zu betrachten. Das gleiche geschieht bei den Wiederholungsbewegungen, ob es sich nun um das Klatschen auf den Gegenstand oder das Klopfen mit einer Klapper handelt. Der Unterschied besteht lediglich darin, daß bei den letztgenannten Manipulationen nicht nur die jedesmal neue Stellung des Gegenstandes etwas Neues darstellt, sondern zum Beispiel auch der Klang. Die jedesmal neue Stellung des Gegenstandes und der immer wieder neue, mal stärkere, mal schwächere Klang sind das Neue, das die Handlungen des Kindes in Gang bringt und relativ lange erhält.

Anhand des Faktenmaterials über die Wiederholungs- und Kettenhandlungen des Kindes im ersten Lebensjahr kann folgende Charakteristik dieser Handlungen gegeben werden:

1. Zu manipulativen Handlungen kommt es im ersten Lebensjahr, wenn die dafür notwendigen Voraussetzungen entstehen: die im ersten Halbjahr sich entwickelnde Konzentration, das Verfolgen mit den Augen, das Betasten, das Hinhören usw. sowie durch Sehen koordinierte Bewegungen.

2. Im Zusammenhang mit der Bildung aktiver Greifbewegungen gewinnt die Orientierungs- und Untersuchungstätigkeit des Kindes eine neue Form. Die Orientierung auf das Neue, die sich im gesamten Verlauf der zweiten Hälfte des ersten Lebensjahres entwickelt, ist bereits eine Verhaltensform, nicht einfach eine Reaktion.

3. Das Neue weckt nicht nur die Aktivität des Kindes in bezug auf einen Gegenstand, sondern erhält sie auch. Die Handlungen des Kindes im ersten Lebensjahr werden durch die Neuheit der Gegenstände ausgelöst und bleiben durch die Wirksamkeit der neuen Eigenschaften der Gegenstände erhalten, die im Verlaufe der Manipulationen mit ihnen entdeckt werden. Sind die Möglichkeiten der Neuheit erschöpft, so werden die Handlungen mit dem Gegenstand abgebrochen.

Die Entstehung und Entwicklung dieser manipulativen Handlungen unterscheidet sich beim Kind prinzipiell von der senso-motorischen Aktivität der Jungtiere, vor allem dadurch, daß in den Spielgegenständen des Kindes jene sensomotorischen Operationen programmiert sind, die sich an ihnen entwickeln müssen, und sie über jene Elemente der Neuheit verfügen, die diese Operationen auslösen und erhalten. Die Erwachsenen lenken also gleichsam unsichtbar die Entwicklung der manipulativen Handlungen des Kindes. Zum Beispiel ist die Klapper, mit der durch Schütteln ein Geräusch erzeugt wird, speziell dafür gedacht, solche Operationen zu entwickeln; ein ebensolches Spielzeug, das aber keine Geräusche von sich gibt, jedoch bunt bemalt ist, veranlaßt das Kind, es zu betrachten, es hin und her zu wenden. Wahrscheinlich erkannten die Erwachsenen schon lange die Besonderheiten der Orientierungs- und Untersuchungsaktivität des Kindes sowie die Möglichkeit, auf dieser Grundlage bestimmte manipulative Handlungen mit Gegenständen auszubilden, und nutzen dieses Wissen beim Herstellen von Spielzeug für die kleinsten Kinder. Mit solchem Spielzeug wird erreicht, daß sich die Kinder in ihren motorischen Äußerungen den vorgegebenen Eigenschaften des Gegenstandes anzupassen beginnen. Leider ist noch nicht eindeutig ermittelt, in welcher Folge solche Spielgegenstände dem Kind gegeben werden sollten.

Sind die ersten manipulativen Handlungen mit Gegenständen nun als Spiel zu bezeichnen? Unseres Erachtens wäre das nicht angebracht. Wir bezeichnen sie als elementare Übungen im Operieren mit Dingen, wobei der Charakter der Operationen durch die spezielle Konstruktion des Gegenstandes vorgegeben ist. Bei solch einem manipulativen Operieren mit Gegenständen werden mehrere für die weitere Entwicklung wesentliche Prozesse geübt, vor allem aber sensomotorische Koordinationen. Aus dieser primären manipulativen Aktivität entstehen, sich differenzierend, verschiedene andere Formen der Tätigkeit. Es handelt sich dabei vor allem um gegenständliche Tätigkeiten, bei denen sich das Kind gesellschaftlich erarbeitete Handlungen mit den Gegenständen aneignet und durch „Untersuchung" das Neue am Gegenstand ausfindig macht. (Wir setzen das Wort Untersuchung in Anführungszeichen, um hervorzuheben, daß wir es hier mit einer spezifischen, rein kindlichen Tätigkeit zu tun haben.)

Wesentlich für den Übergang zur Ausbildung gegenständlicher Handlungen ist die Tatsache, daß sich die Art des Umgangs zwischen Kind und Erwachsenen gegen Ende des ersten Lebensjahres, auf der Grenze zum Kleinkindalter verändert.

Sehr detailliert wurde die Entwicklung dieses Umgangs von M. I. *Lissina* (1974 a und b) untersucht. Nach den Ergebnissen ihrer Untersuchungen wird der unmittelbare emotionale Umgang des Kindes mit den Erwachsenen gegen Ende des ersten Lebensjahres von einer qualitativ neuen Umgangsform abgelöst, die sich in der gemeinsamen Tätigkeit mit den Erwachsenen entfaltet und durch Manipulationen mit Gegenständen vermittelt ist. Der unmittelbare emotionale Umgang „Kind – Erwachsener" wird abgelöst von dem vermittelten Umgang „Kind – Handlungen mit dem Gegenstand – Erwachsener".

Lissina schreibt: „Das Kind bemüht sich auch um besondere persönliche Kontakte mit dem Erwachsenen, um deren Aufmerksamkeit und ermunternde Worte. Es möchte seine Erfolge beim Ausführen von Spielhandlungen und gegenständlichen Handlungen vom Erwachsenen gewürdigt sehen, lehnt Zärtlichkeiten von einem Unbekannten ab, wenn sie keinerlei Beziehung zur Tätigkeit des Kindes haben. Bringt aber der Erwachsene sein positives Verhältnis zum Kind im Zusammenhang mit dem Tätigkeitsverlauf zum Ausdruck, dann ist es darüber besonders erfreut."

„Obwohl also der persönliche Umgang des Kindes mit dem Erwachsenen zur praktischen gemeinsamen Tätigkeit gehört", fährt M. I. *Lissina* fort, „verschmilzt er nicht mit dieser Wechselwirkung, sondern bildet eine neue Form des persönlichen Kontakts mit einem anderen Menschen" (1974 b, S. 152).

Diese neue Form des Umgangs mit den Erwachsenen ist die wichtigste Bedingung für die Entwicklung der gegenständlichen Handlungen im Kleinkindalter. Sie impliziert bereits die Beziehung zum Erwachsenen als dem Träger der Muster gegenständlicher Handlungen und die emotionale Vorwegnahme eines positiven Verhältnisses des Erwachsenen zum Kind.

4.2. Die Besonderheiten des Umgangs zwischen Kind und Erwachsenem im Entwicklungsverlauf der gegenständlichen Handlungen und die Entstehung von Voraussetzungen für das Rollenspiel

Die Entstehung des Rollenspiels ist genetisch verbunden mit der Ausbildung der gegenständlichen Handlungen im Kleinkindalter unter Leitung der Erwachsenen. Als gegenständliche Handlungen bezeichnen wir historisch entstandene, an bestimmte Gegenstände gebundene gesellschaftliche Verfahren ihres Gebrauchs. Träger der gegenständlichen Handlungen sind die erwachsenen Menschen. Die Gegenstände sagen nicht unmittelbar etwas über die gesellschaftlichen Verfahren ihres Gebrauchs aus, und das Kind kann diese Verfahren nicht selbst herausbekommen, indem es einfach mit den Dingen manipuliert, ohne Hilfe und Anleitung durch Erwachsene, ohne Handlungsmuster. Die Entwicklung der gegenständlichen Handlungen ist der Prozeß ihrer Aneignung. Er verläuft unter der direkten Leitung der Erwachsenen. Wenn über die Entwicklung gegenständlicher Handlungen gesprochen wird, so sind alle Handlungen mit Gegenständen gemeint, das heißt sowohl die Handlungen mit Gegenständen des täglichen Gebrauchs (Tasse, Löffel usw.) als auch Handlungen mit den sogenannten Spielsachen, die auf frühen Entwicklungsstufen ebenfalls Gegenstände darstellen.

Leider gibt es sehr wenig Untersuchungen dazu, wie sich das Kind gegenständliche Handlungen aneignet. Viele der bereits durchgeführten und gegenwärtig laufenden Untersuchungen stehen im Bann der Tradition, die auf die bekannten Untersuchungen *Köhlers* zur Intelligenz der Primaten zurückgeht. Wir halten es zwar nicht für ausgeschlossen, daß ein Kind die Funktionen einzelner Gegenstände beim selbständigen Lösen von Aufgaben, die den Gebrauch von Geräten erfordern, zu entdecken vermag, sind aber der Ansicht, dieser Weg ist nicht der Hauptweg. Der Hauptweg ist die gemeinsame Tätigkeit mit den Erwachsenen, in deren Verlauf die Erwachsenen dem Kind allmählich die gesellschaftlich erarbeiteten Gebrauchsverfahren der Gegenstände vermitteln. In dieser gemeinsamen Tätigkeit organisieren die Erwachsenen die Handlungen des Kindes nach Mustern und übernehmen dann die Funktion der Bekräftigung und der Kontrolle des Verlaufs der Ausführung und Entwicklung dieser Handlungen.

Bevor wir das Faktenmaterial aus den speziellen Untersuchungen zur Entstehung der Voraussetzungen des Rollenspiels beim Erwerb gegenständlicher Handlungen referieren und analysieren, halten wir es für notwendig, einiges allgemein über den Verlauf der Aneignung gegenständlicher Handlungen zu sagen. Diese Äußerungen beruhen auf Beobachtungen der Entwicklung gegenständlicher Handlungen bei einem Jungen im zweiten Lebensjahr und Anfang des dritten Lebensjahres. Es handelt sich um den Enkel des Autors, Andrej.

Wir führen einige dieser Beobachtungen an.

1. Andrej versteht es noch nicht, vom Sofa zu klettern. Er versucht, mit dem Kopf voran oder irgendwie seitlich herunterzukommen. Die Großmutter lehrt ihn, wie er es anstellen muß. Sie dreht ihn mit dem Kopf zur Sofalehne, mit den Beinen zur Vorderkante; nun zieht sie erst ein Bein des Jungen vom Sofa, dann das andere. Dabei sagt die Großmutter immerzu: „So macht man das. So macht man das." Bei den folgenden Versuchen unterstützt sie den Jungen nur noch, indem sie ihm hilft, die entsprechenden Bewegungen auszuführen, und ihn anspornt: „So ist's fein! Tüchtiger Junge!"

Nach einiger Zeit befindet sich Andrej wieder einmal auf dem Sofa und muß herunterklettern. Selbständig dreht er sich mit dem Kopf zur Sofalehne und läßt vorsichtig nacheinander beide Beine vom Sofa hinuntergleiten. Jede Bewegung begleitet er mit den Worten: „Oma, so! Oma, so!" Und nachdem er auf dem Fußboden steht, ruft er aus: „Andrej, tüchtiger Junge!"

2. Einige Tage nach dieser Beobachtung bekam Andrej von seiner Mutter einen Löffel in die Hand gedrückt, und sie half ihm, einige Handlungen damit auszuführen. Sie führte seine Hand mit dem Löffel zum Teller, schöpfte etwas Speise und führte die den Löffel haltende Hand des Kindes zu seinem

Mund. Jetzt hält Andrej während des Essens immer einen Löffel in der Hand. Die Mutter füttert ihn mit einem anderen Löffel. Ab und zu führt auch Andrej seinen Löffel zum Teller, bemüht sich, etwas Speise damit zu schöpfen, führt ihn dann, ganz gleich, ob er mit dem Löffel etwas zu schöpfen vermochte oder nicht, zum Mund und leckt ihn ab. Das tut er einige Male. Von der operatorisch-technischen Seite her gesehen, sind diese Handlungen noch sehr unvollkommen. Zwar hält Andrej den Löffel am Stiel, aber er hält ihn mit der ganzen Faust, schöpft nicht vom Teller, sondern führt eher eine Bewegung des Schabens aus und führt den Löffel irgendwie schräg zum Mund.

3. Andrej spielt mit einem kleinen Ball. Der Ball rollt unter den Schrank. Andrej legt sich auf den Bauch und versucht, den Ball mit der Hand zu erreichen. Nach mehreren mißglückten Versuchen wendet er sich an mich, damit ich ihm helfe. Ich gehe mit ihm in ein anderes Zimmer, und wir holen gemeinsam einen langen Stock. Nun legen wir uns beide auf den Fußboden, bemühen uns, den Ball hervorzurollen, und schaffen es schließlich. Danach kommt Andrej jedesmal, wenn der Ball oder irgendein anderer Gegenstand nicht unmittelbar zu erreichen ist, zu mir gelaufen und sagt: „Opa, den Stock!" Sobald er den Stock hat, legt er sich auf den Fußboden und versucht, den Gegenstand selbst heranzuholen. Seine Bemühungen sind technisch noch sehr unvollkommen, und er erlebt oft Mißerfolge – er stößt den Gegenstand noch weiter fort. Nach mehreren Versuchen wendet er sich an mich: „Opa, selber!" Das heißt, ich soll ihm den Gegenstand holen. Wir halten dann beide den Stock und holen den Gegenstand gemeinsam heran.

4. Die Mutter bürstet Andrej die Haare. Dann gibt sie ihm die Haarbürste und führt seine Hand mit der Bürste über die Haare. So vollziehen sie gemeinsam die Handlung des Haarebürstens. Wenn Andrej jetzt an den Spiegel tritt und dort die Haarbürste liegen sieht, faßt er sie richtig am Stiel an, führt sie zu seinem Kopf und bewegt sie einigemal über das Haar wie auch daneben. Dabei kommt es sehr oft vor, daß er das Haar mit dem Bürstenrücken bearbeitet und natürlich keine

Rede davon sein kann, daß seine Haare danach glatt gebürstet sind.

5. Andrej bekam ein kleines aufziehbares Auto. Anfangs wurde es von irgendeinem Erwachsenen aufgezogen. Dann wollte ich ihn lehren, das Auto mit dem kleinen Schlüssel selbst aufzuziehen. Andrej hielt das Auto in der einen Hand und den Schlüssel in der anderen. Ich führte seine Hand mit dem Schlüssel zur Öffnung, und da ihm das Aufziehen Schwierigkeiten bereitete, zog ich es auf. Nun versucht Andrej, das selbständig zu schaffen. Er nimmt in die eine Hand das Auto, in die andere den Schlüssel und führt ihn zur Öffnung, wobei er fortwährend auf mich schaut. Nachdem er den Schlüssel hineingesteckt hat, vermag er ihn nicht zu drehen und wendet sich an mich: „Opa, selber!" Das bedeutet, ich soll die Feder aufziehen. Ich ziehe die Feder auf, Andrej stellt das Auto auf den Fußboden und läßt es fahren. Lange Zeit wird diese Handlung so ausgeführt, daß Andrej alle Operationen vor dem Aufziehen der Feder selbst ausführt, dann aber zu irgendeinem Erwachsenen hinläuft, ihm das Auto mit steckendem Schlüssel hinhält und ihn bittet, es aufzuziehen. Erst nach zwei Monaten hat Andrej gelernt, die Feder selbst aufzuziehen. Jetzt führt er alle Operationen selbständig aus, wobei er lediglich ab und zu einen Blick auf den anwesenden Erwachsenen wirft, gleichsam um seine Anerkennung und Zustimmung einzuholen.

6. Relativ früh, bereits im zweiten Lebensjahr, wollte Andrej sehr gern den Erwachsenen helfen. Kaum daß ich mich vom Bett erhoben hatte, öffnete er den Bettkasten und zerrte mich zum Sofa, damit ich die Betten wegräume. Er versuchte, mir beim Zusammenlegen des Lakens und der Decke zu helfen. Ich gab ihm ein kleines Kissen, er umfaßte es mit den Armen und trug es zum Kasten. Dabei schaute er mich immerzu an. Nachdem er es in den Kasten gelegt hatte, sagte er: „So!" Er achtete auf die Reihenfolge, in der das Bettzeug in den Kasten gelegt wurde, und nachdem alles drin war, schloß er den Kasten selbst, wobei er mich anblickte und sein „So!" hervorbrachte.

Ende des zweiten und Anfang des dritten Lebensjahres bemühte sich Andrej, den Erwachsenen bei allen möglichen

Haushaltsarbeiten zu helfen. Er deckte gern den Tisch und räumte dann das Geschirr ab. Während er einen Teller oder eine Tasse trug, drehte er sich immer wieder nach dem hinter ihm gehenden Erwachsenen um. Das führte sehr oft zu allen möglichen Pannen. Sein Verhalten war dabei von zwiespältigem Charakter: Einerseits war er mit dem Gegenstand beschäftigt und handelte mit ihm, andererseits richtete sich seine Aufmerksamkeit auf den Erwachsenen, dessen Anerkennung er mit seinen Handlungen zu gewinnen wünschte.

Solche Beispiele gibt es endlos viele.

Was ist das Wesentliche an ihnen? Der Aneignungsprozeß der gegenständlichen Handlungen, das heißt der Handlungen mit Dingen, die eine bestimmte gesellschaftliche, streng fixierte Bedeutung haben, verläuft beim Kind nur in der gemeinsamen Tätigkeit mit den Erwachsenen. Nur allmählich überlassen die Erwachsenen dem Kind den gesamten Realisationsprozeß der Handlung, und es beginnt, sie selbständig auszuführen. Im Verlauf der gemeinsamen Tätigkeit erfolgt nicht nur eine „sachliche" Wechselwirkung zwischen Erwachsenem und Kind, sondern es findet auch ein persönlicher Umgang statt, in dem das Kind die Anerkennung und Einschätzung des Erwachsenen erwartet. Jede gegenständliche Handlung des Kindes richtet sich, insbesondere während ihrer Ausbildung, nicht nur auf ein bestimmtes Ergebnis, sondern ist, und das ist nicht minder wichtig, vermittelt durch jene Beziehungen des Erwachsenen zum Kind, die im Verlaufe oder am Ende der Handlung entstehen können. Das Kind nimmt beim Ausführen einer Handlung ihre sozialen Folgen vorweg, das heißt ihre positive beziehungsweise negative Wertung durch den Erwachsenen.

Bei der Ausbildung gegenständlicher Handlungen eignet sich das Kind zunächst das allgemeine Handlungsschema mit dem Gegenstand an, das mit der gesellschaftlichen Bestimmung dieses Gegenstandes zusammenhängt, und erst dann erfolgt eine Anpassung der einzelnen Operationen an die physische Form des Gegenstands und an die für ihn in Frage kommenden Handlungsbedingungen.

Das Handlungsmuster, das die Erwachsenen dem Kinde

geben, kann selbst dann, wenn es in die gemeinsame Tätigkeit einbezogen ist und damit augenscheinlich die gesamte Handlungstechnik enthält, nicht mit einem Mal erworben werden, denn das Kind sondert noch nicht jene physische Form der Gegenstände aus, die deren gesamte operatorisch-technische Seite bestimmt. Diese Seite auszusondern und sich an ihr zu orientieren ist ein ziemlich langwieriger Prozeß.

Das Kind entnimmt dem Handlungsmuster nur sein allgemeines Schema, das eben mit der gesellschaftlichen Bestimmung des Gegenstandes zusammenhängt. Die gegenständliche Handlung ist, zumindest ganz zu Beginn ihrer Ausbildung im Kleinkindalter, von binärer Natur. Einerseits enthält sie das allgemeine Schema, das mit der gesellschaftlichen Bestimmung des Gegenstandes verbunden ist, und andererseits gibt es in ihr die operatorisch-technische Seite, die den physischen Eigenschaften des Gegenstandes gerecht werden muß. Aus dieser Zweiseitigkeit der gegenständlichen Handlung und der ungleichmäßigen Aneignung dieser ihrer beiden Seiten (die Bestimmung der Handlung und ihr allgemeines Schema eignet sich das Kind früher an, die technische Seite dagegen sowohl später als auch bedeutend langsamer) erwachsen zwei verschiedene Tätigkeiten. Die eine davon ist die praktisch utilitaristische Tätigkeit, in der bei gegebener Bedeutung des Gegenstandes die Ausführungsoperationen das Wesentliche sind. In solch einer praktischen Tätigkeit erfolgt eine Orientierung an den Eigenschaften des Gegenstandes, ihre Aussonderung und das Anpassen der einzelnen Operationen an diese Eigenschaften. Die zweite ist die Tätigkeit mit der Bedeutung der Dinge, mit allgemeinen Schemata ihres Gebrauchs in immer vielfältigeren Situationen. Die Tätigkeit mit Gegenständen nur ihrer Bedeutung entsprechend ist eben das gegenständliche Spiel des Kindes im Kleinkindalter. Sie ist ihrem Ursprung nach ein Zweig vom Stamm der allgemeinen Aneignung der Tätigkeit mit Gegenständen durch das Kind und erlangt eine eigene Entwicklungslogik.

Nach diesem Exkurs wollen wir dazu übergehen, die Entwicklung der gegenständlichen Handlungen beim Kleinkind unter dem Aspekt der Entstehung von Voraussetzungen für das Rollenspiel zu analysieren. Dabei stützen wir uns auf die von F. I. *Fradkina* (1946) speziell zu diesem Problem durchgeführte Untersuchung. Der prinzipielle Unterschied zwischen dieser Untersuchung und *Piagets* Betrachtung der Genese des Spiels besteht vor allem darin, daß *Fradkina* die Entwicklung der gegenständlichen Spielhandlungen beim Kind in unlöslicher Verbindung mit seiner Wechselbeziehung zu den Erwachsenen erörtert. Ihrer Untersuchung liegen Beobachtungen zugrunde, die an Kindern im Alter von einem bis drei Jahren in einem Heim durchgeführt wurden, sowie Beobachtungen der Entwicklung der eigenen Tochter.[27]

Ganz zu Beginn des Kleinkindalters bilden sich beim Kind die Handlungen mit Gegenständen, wie *Fradkina* hervorhebt, in seiner gemeinsamen Tätigkeit mit den Pflegepersonen. Das Kind handelt nur mit solchen Gegenständen selbständig, die es in der gemeinsamen Tätigkeit mit den Erwachsenen gebraucht, und nur in der Weise, wie sie dabei diese Gegenstände gebrauchten. Tanja (1;0;20) zum Beispiel füttert und legt immer nur die Stofftiere schlafen, mit denen diese Handlungen von der Erzieherin vorgeführt worden waren. Auf dieser Entwicklungsstufe ist es für das Kind noch bedeutungslos, ob ein Spielzeug mit irgendeinem Gegenstand Ähnlichkeit hat, dessen Modell beziehungsweise Kopie es ist. Es muß nur dasselbe Spielzeug sein, das der Erwachsene beim Spielen mit dem Kind benutzt hat.

Allmählich eignet sich das Kind in der gemeinsamen Tätigkeit mit den Erwachsenen immer mehr Handlungen an, und sie gelten vielen verschiedenen Gegenständen. Die Grenzen der Übertragung von Handlungen werden immer weiter. Manche Handlungen widerspiegeln bereits einige Momente des Lebens des Kindes und der Erwachsenen seiner Umgebung. Wowa (1;4) zum Beispiel sieht, wie die Erzieherin schreibt. Er nimmt ein Holzstöckchen zur Hand, hält es wie einen Bleistift, kippt ein Spielzeugkörbchen mit dem Boden nach oben und „schreibt" mit dem Stöckchen auf der Bodenfläche des Körbchens.

---

[27] F. I. *Fradkina* führte ihre Untersuchung unter Leitung von A. N. *Leontjew* durch.

Hier haben wir es mit einem neuen Verfahren zu tun, sich Handlungen anzueignen, und zwar: Beobachten der Handlungen Erwachsener. Diese Aneignungsform ist ganz eindeutig unzureichend, aber daß es sie gibt, intensiviert die Entwicklung der Handlungen.

Wenn das Kind in seine Handlungen immer mehr verschiedene Gegenstände einbezieht, die oftmals keinerlei Ähnlichkeit mit jenen Gegenständen haben, mit denen sich die Handlung ursprünglich entwickelt hat, entsteht der Eindruck, ein Gegenstand wurde durch einen anderen ersetzt, wie es beim Vorschulkind üblich ist. Aber das scheint nur so. Von einem Ersatz eines Gegenstands durch einen anderen kann hier noch keine Rede sein. Zum Beispiel legt das Kind alle Gegenstände, die ihm in die Hände fallen, auf ein Kissen: eine Garnrolle, eine Telefonscheibe, einen Kegel, einen Baustein, einen Ball usw. Die ersten Handlungen des Hinlegens bildeten sich an Puppen und Gummi- beziehungsweise Stofftieren. Die Annahme, das Kind ersetze die Puppe, indem es eine Garnrolle auf das Kissen legt, ist in keiner Weise begründet. Dem Kind sind Beziehungen der Ähnlichkeit und des Unterschieds zwischen Puppe und Garnrolle noch nicht bewußt. Es vollzieht nicht die Handlung „Schlafenlegen", sondern legt diese Gegenstände einfach auf das Kissen, wie es das auch mit anderen Gegenständen gemacht hat. Dabei führt es eine Tätigkeit mit dem Kissen aus, auf das man etwas legt, und nicht eine Tätigkeit mit den genannten Gegenständen.

Fradkina beschreibt, wie ihre Tochter Irina (1;4) einem Ball Schuhe anzuziehen versuchte. Man könnte meinen, der Ball ersetze hierbei die Puppe oder den Teddy. Eine detaillierte Analyse jedoch zeigt, daß es hier um eine Handlung mit den das Mädchen erfreuenden neuen Hausschuhen geht und nicht um eine Spielhandlung mit dem Ball. Kaum hatte das Kind die Schuhe in Händen, versuchte es sofort, sie zunächst selbst anzuprobieren, dann dem großen Teddybär und schließlich dem Ball anzuziehen.

In all solchen Fällen, wo in der Tätigkeit des Kindes scheinbar ein Gegenstand durch einen anderen ersetzt wird, muß unbedingt festgestellt werden, was Handlungsgegenstand war und was zu den Realisationsbedingungen der angeeigneten Handlung gehörte. In den angeführten Beispielen waren in dem einen Falle das Kissen und in dem anderen die Schühchen die Gegenstände der Handlungsausführung. Alle übrigen Gegenstände stellten die Bedingungen dar, um mit den Hauptgegenständen die für sie spezifische gegenständliche Handlung ausführen zu können. Das Ersetzen eines Gegenstands durch einen anderen läge nur dann vor, wenn der Ball der Gegenstand wäre, der die Puppe ersetzt, und mit ihm Handlungen wie mit einer Puppe ausgeführt würden, die Schuhe aber nur eine Bedingung wären, die Handlung des Ballanziehens ausführen zu können. Handlungen, in denen ein Gegenstand durch einen anderen ersetzt wird, treten erst später auf.

Im Entwicklungsverlauf der gegenständlichen Handlungen gibt es zwei Typen von Übertragungen. Einmal gibt es die Übertragung unter bestimmten Bedingungen erworbener Handlungen mit einem Gegenstand auf andere Bedingungen. Hat sich ein Kind zum Beispiel das Schema der Handlung des Sichkämmens angeeignet, so beginnt es auch die Puppe, das Pferdchen und den Teddy mit dem Kamm zu kämmen.

Der andere Fall von Übertragung besteht darin, daß dieselbe Handlung ausgeführt wird, aber nun mit einem Ersatzgegenstand, die Kämmhandlung zum Beispiel nicht mit einem Kamm, sondern mit einem Stöckchen: Sich, die Puppe, das Pferdchen kämmt das Kind nun mit einem Stöckchen. Im ersten Fall war der Kamm der Gegenstand, mit dem die Handlung ausgeführt wurde, und im zweiten Fall waren es die Puppe und das Pferdchen. In diesen beiden Übertragungstypen erfolgt einerseits eine Verallgemeinerung der Handlungen und andererseits eine Loslösung des Handlungsschemas vom Gegenstand.

Der Ersatz eines Gegenstandes durch einen anderen tritt erstmalig auf, wenn die gewohnte Handlungssituation durch einen fehlenden, im Moment nicht greifbaren Gegenstand ergänzt werden muß. In den ersten Etappen wird solch ein Ersetzen mit Hilfe der eigenen Fäustchen bewerkstelligt. Lida (2;1) zum Beispiel füttert die Puppe aus einem Töpfchen, dann läuft sie zum Klavier hin und sagt: „Bonbon"; dann läuft sie mit vorgestrecktem Fäustchen zurück, führt das Fäustchen an den Mund der Puppe und sagt wiederum: „Bonbon". Ebenso verfahren Kinder dieser Entwicklungsstufe beim Spielen mit eingebildeten Speisen. Edja (2;5) füttert die Puppe aus einem leeren Töpfchen und sagt: „Das ist Pudding. Iß." Wenn das Kind eingebildete Zustände der Puppe nennt („Die Puppe ist krank") oder Eigenschaften der Gegenstände („Die Suppe ist heiß", „Der Pudding schmeckt gut"), dann sind das nur die ersten Anzeichen des Schaffens einer Spielsituation.

Gleichzeitig, manchmal aber auch etwas später, beginnen die Kinder, verschiedene Gegenstände anstelle anderer zu verwenden. Meistens benutzen sie Gegenstände, die keine genau festgelegte Spielbedeutung haben (Stöckchen, Steinchen, Würfel), als Ergänzungsgegenstände zum Sujetspielzeug (Puppen, Tiere) oder zu Hausratsgegenständen (Stuhl, Schüssel, Löffel). In den Beobachtungen von *Fradkina* ersetzten ein Würfel, ein Baustein, eine Klapper oder ein Metallplättchen beim Waschen der Puppen die Seife. Ein Stein, ein Beißring, eine Zahlenlottofigur wurden zum Füttern genommen. Ein Stöckchen oder ein Etui dienten als Thermometer, um der Puppe das Fieber zu messen. Eine Haarspange, eine Kegelfigur, ein Stöckchen wurden zum Kämmen der Puppe verwendet.

In der Benennung dieses die Hauptspielsachen ergänzenden Ersatzspielzeugs lassen sich zwei Etappen unterscheiden:

a) Das Kind benennt diese Gegenstände erst, nachdem der Erwachsene ihnen eine Bezeichnung gegeben hat.

b) Das Kind benennt die Gegenstände erst, nachdem es mit ihnen eine Handlung vollzogen hat.

Die Ersatzgegenstände werden in dieser Periode noch nicht selbständig benannt und nicht, bevor das Kind mit ihnen spielt, bevor es mit ihnen handelt. Niemals gab ein Kind dem Gegenstand den Spielnamen, bevor es mit ihm die entsprechende Handlung vollzogen hatte, hebt *Fradkina* hervor.

Das Verwenden von Ersatzgegenständen hat im Kleinkindalter einige charakteristische Besonderheiten. Auffallend ist vor allem die Anspruchslosigkeit in bezug auf die Ähnlichkeit des Ersatzes mit dem dargestellten Gegenstand. Ein und derselbe Gegenstand vermag in den Spielen der Kinder dieses Alters einander völlig unähnliche Gegenstände zu ersetzen. Ein Stöckchen hat, nach den Beobachtungen von *Fradkina*, in dem einen Falle ein Thermometer ersetzt, in einem anderen eine Pipette, im dritten eine Schere, im vierten einen Spatel, im fünften einen Löffel, im sechsten einen Kamm, im siebenten ein Messer, im achten einen Bleistift, im neunten eine Spritze. Die Figuren des Kegelspiels werden einmal als Schere verwendet, ein anderes Mal als Löffel, dann als Fläschchen oder auch als Hammer. Ein Holzstäbchen dient als Thermometer, als Kamm, als Schere. Manchmal ändert sich die Bedeutung des Gegenstandes in ein und demselben Spiel. Nachdem ein Stöckchen zum Kämmen benutzt und als Kamm bezeichnet worden war, wird es einen Augenblick später zum Schneiden benutzt und als Schere bezeichnet. Die Klapper ist einmal Seife, einmal Topf, dann wieder Kamm und dann ein Bonbon oder ein Apfel.

Andererseits gebraucht das Kind für die Darstellung ein und desselben Gegenstandes verschiedene, einander gar nicht oder kaum ähnliche Gegenstände. Als Thermometer dient einmal ein Etui, einmal ein Stöckchen; als Schere werden Haarspangen, Kegel, Holzstäbchen verwendet. Alles, womit man die Puppe reiben kann, wird als Seife benutzt, was man unter die Achsel schieben kann, als Thermometer, was man in die Hand nehmen und zum Munde führen kann, als etwas Eßbares usw. Dem Kind genügt es, wenn der Ersatzgegenstand geeignet ist, mit ihm jene Handlungen auszuführen, die gewöhnlich mit dem realen Gegenstand vollzogen werden. Es wird noch keine Ähnlichkeit in Farbe, Form und Größe beansprucht. Typisch für den Gebrauch von Ersatzgegenständen im Spiel ist, daß ungeformte Gegenstände (d. h. nichtspezifische Gebrauchsgegenstände, z. B. Stöckchen, Holzspäne, Klötzchen) in das Spiel als Ergänzungsmaterial zum Sujetspielzeug (Puppen, Tiere usw.) aufgenommen werden und Mittel sind, irgendeine Handlung mit den Hauptspielgegenständen zu vollziehen. Ein Beispiel: Lida (2;4) spielt recht lange mit einer Puppe – zuerst kuriert sie das Püppchen, dann tanzt sie mit ihr usw. Plötzlich bemerkt sie auf dem Tisch ein Holzstäbchen. Sie nimmt es, streicht damit über den Kopf der Puppe und sagt: „Puppe kämmen". Dann zeigt sie das Holzstäbchen der Erzieherin und sagt: „Puppe Haare schneiden". Danach zeigt sie das Holzstäbchen wieder der Erzieherin, sagt „Schere" und fährt damit auf dem Kopf der Puppe hin und her, schneidet ihr die Haare.

Hier handelt es sich um Ansätze einer Spielsituation. Ihre weitere Entwicklung steht im Zusammenhang mit der Entstehung und Entwicklung der Rolle, in die sich das Kind hineinversetzt, wenn es verschiedene Handlungen vollzieht. Bereits in Spielen, die denen von Lida ähnlich sind, werden praktisch mehrere Handlungen der Erwachsenen ausgeführt, aber die Kinder geben sich dabei noch nicht den Namen der Erwachsenen, deren Handlungen sie im Spiel praktisch ausführen. Sich den Namen eines anderen Menschen zu geben ist genetisch damit verbunden, sich selbst beim eigenen Namen zu nennen. Wowa (2;3) führt zum Maul des Spielpferdchens eine Holztasse und sagt: „Wowa gibt Essen." Tanja (2;1) tut beim Füttern der Puppe, als gösse sie etwas aus einem Töpfchen in ein anderes und sagt: „Tata gießt Wasser ein."

Wenn das Kind sich selbst beim eigenen Namen nennt, so ist das ein Zeichen dafür, daß es nicht nur faktisch diese oder jene Handlung ausführt, sondern auch begreift, daß gerade *es* diese Handlung vollzieht.

Die Kinder beginnen bei verschiedensten Gelegenheiten, nachdem sie von der Erzieherin dazu aufgefordert wurden, sich die Namen jener Erwachsenen zu geben, deren Handlungen sie nachgestalten. Tanja (2;5) hilft beim Mittagessen, die Kinder zu füttern, die nicht essen wollen. Die Erzieherin sagt: „Du, Tanja, bist Tante Bassja" (der Name einer anderen Erzieherin). Tanja wiederholt: „Tanja ist Tante Bassja, Tante Bassja." Dann zeigt sie auf sich und sagt: „Hier ist Tante Bassja." Als die Kinder gemeinsam Bildtafeln betrachten, bittet Lida (2;3) die Erzieherin, ihr die Bilder zu geben. Die Erzieherin gibt ihr die Bilder und erklärt dabei: „Du wirst jetzt Tante Anja sein." Lida sagt sofort: „Lida ist Anja, Lida ist Anja." Sie setzt sich auf den Platz der Erzieherin und kopiert bis ins einzelne deren Worte und Handlungen.

Wenn das Kind in dieser Weise den Namen eines Erwachsenen übernimmt, so bedeutet das noch nicht, daß es sich in dessen Rolle versetzt. Hier haben wir es nur mit einem Vergleichen der eigenen Handlungen mit den Handlungen des Erwachsenen zu tun, wobei das Kind Ähnlichkeiten findet, wenn die Erzieherin auf solche Ähnlichkeiten hinweist. Indem die Erzieherin sagt, „Tanja ist Tante Bassja", weist sie das Kind auf die Ähnlichkeit zwischen seinen Handlungen und den Handlungen des Erwachsenen hin; das Kind erfaßt diese Ähnlichkeit, handelt wie der Erwachsene und wiederholt dabei immer wieder „Tanja ist Tante Bassja".

Indem sich das Kind beim eigenen Namen nennt, indem es seine Handlungen als die eigenen erkennt und indem es andererseits Ähnlichkeiten zwischen den eigenen Handlungen und den Handlungen der Erwachsenen findet, wenn es, dazu aufgefordert, sich den Namen eines Erwachsenen gegeben hat, erfolgt eine Vorbereitung auf das Rollenspiel. Erst ganz am Ende des Kleinkindalters, gegen Ende des dritten Lebensjahres, zeigen sich erste Ansätze des Rollenspiels. Das kommt in zwei neuen Erscheinungen zum Ausdruck.

Erstens fangen die Kinder an, den Puppen Namen handelnder Personen zu geben. So bringt Wowa (2;6), wenn er die Puppe schlafen legt, an ihr Bett eine andere große Puppe, setzt sie auf einen Stuhl neben die Schlafende und sagt lächelnd zur Erzieherin: „Die Njanja."

Zweitens beginnt das Kind im Namen der Puppe zu sprechen. Zum Beispiel stellt Wowa (2;11) zwei Puppen einander gegenüber und spricht für sie: „Guten Tag, Kolja, ich komme dich besuchen." Hier haben wir es mit Ansätzen der künftigen Rollensprache zu tun, die nicht von der Person gesprochen wird, deren Rolle das Kind übernommen hat, sondern von der Puppe.

In dem Maße, wie sich die Spielsituation und die Rolle weiterentwickeln, wird auch die Struktur der neuen Handlungen komplizierter. Ganz zu Anfang sind sie einaktig: Das Kind füttert die Puppe, oder es wäscht sie, oder es kämmt sie usw. Gewöhnlich werden diese Handlungen immer wieder mit ein und demselben Gegenstand, Spielzeug ausgeführt, ohne sich in ihrem Inhalt zu verändern. In diesem Stadium vollzieht das

Kind manchmal mehrere Minuten lang hintereinander, manchmal auch mit Unterbrechungen, stereotyp ein und dieselbe Handlung mit einem Gegenstand. Auf der nächsten Stufe besteht das Spiel bereits aus zwei oder mehreren elementaren Handlungen, die keinerlei Verbindung zueinander haben. Zum Beispiel streckt Tanja (1;5) die Hand nach der Puppe aus, die die Erzieherin in den Händen hält. Nachdem Tanja die Puppe bekommen hat, hält sie sie im linken Arm, streichelt sie mit der rechten Hand und singt leise: „a-a-a" (wiegt die Puppe in den Schlaf). Dann faßt sie die Puppe bei der Hand, singt: „a-la-la-la" und führt sie im Kreise (tanzt mit ihr). Danach geht sie mit ihr spazieren, tritt kurz darauf mit ihr an ein Kästchen und neigt das Gesicht der Puppe darüber, wobei sie selbst Schmatzlaute von sich gibt (füttert die Puppe). Hierauf geht sie zum Schaukelstuhl und legt die Puppe darauf. Obwohl die aufgezählten Handlungen nacheinander ausgeführt wurden, bilden sie keine logisch verbundene Handlungskette, die irgendeine Gesamthandlung darstellt. Kennzeichnend für diese Handlungen ist eben die Tatsache, daß sie eine Reihe durch nichts verbundener einzelner Handlungen bilden. Es gibt keinerlei Logik in ihrem Ablauf. Zuerst wird in den Schlaf gewiegt, dann getanzt, dann gefüttert und schließlich im Schaukelstuhl geschaukelt.

Fradkina stellt fest, daß Kinder dieses Alters hauptsächlich mit Sujetspielzeug (mit Puppen oder Tieren) mehrere unterschiedliche Handlungen ausführen, weil das Kind gerade mit diesem Spielzeug des öfteren verschiedene Handlungen vollzogen hat und jetzt, beim Spielen mit solchem Spielzeug, alle früher erworbenen Handlungen reproduziert, unabhängig davon, ob sie logisch miteinander verbunden sind oder nicht.

Im Gegensatz zum Sujetspielzeug veranlassen Gegenstände mit bestimmten Funktionen (aus einer Tasse wird getrunken, in einer Schüssel wäscht man sich, mit einem Löffel wird gegessen) eine bestimmte Handlung. Wenn das Kind beim Spielen mit einem Gegenstand auf einen anderen stößt, kommt es auch zu einer neuen Handlung, und dann besteht das Spiel bereits aus zwei miteinander verbundenen Handlungen. Zum Beispiel trinkt Tanja aus einer leeren Tasse, dann gibt sie der neben ihr sitzenden Erzieherin daraus zu trinken, danach der Puppe, Wowa und Lena. Nun sieht sie, daß Lena ein Kännchen in der Hand hält, so sagt sie zu ihr: „Gieß Tee ein." Sie neigt selbst das Kännchen über die Tasse, dann kehrt sie zur Puppe zurück, hält die Tasse an deren Mund und sagt: „Trink." In dem Maße, wie das Kind neue Funktionen eines Gegenstandes kennenlernt, wird auch die spielerische Anwendung dieses Gegenstandes komplizierter. Das Kind vollzieht mit ein und demselben Gegenstand nicht mehr nur eine Handlung, sondern zwei oder drei: Es gibt der Puppe aus einem Schüsselchen zu trinken, dann stülpt es dasselbe Schüsselchen der Puppe über den Kopf, als wollte es sie übergießen. Charakteristisch für diese Spieletappe ist folgendes: Erstens haben die Spiele noch nicht die logische Folge des realen Lebens und zweitens werden sie oft mehrmals wiederholt. Olja (2;3) zum Beispiel mißt der Puppe das Fieber: Sie schiebt ihr ein Stöckchen unter die Achsel, zieht es wieder heraus, schaut es an und sagt: „Sie hat Fieber." Dann schiebt sie das „Thermometer" erneut unter die Achsel, holt es wieder hervor und prüft das Fieber erneut. Oder, es kommt vor, daß ein Kind, nachdem es die Puppe gebadet und abgetrocknet hat, sie erneut zu baden beginnt.

Erst ganz gegen Ende des Kleinkindalters sind Spiele zu beobachten, die eine lebensnahe Handlungskette darstellen. In der Regel steht im Zentrum solcher Handlungen die Puppe. Sie ersetzt den Menschen. Wowa (2;11) setzt die Puppe in einen Kasten, die Wanne, und badet sie. Dann nimmt er sie auf den Arm und sagt zu ihr: „Katja hat gebadet, nun geh schlafen", und legt sie ins Bettchen. Hier folgt dem Baden bereits das Schlafenlegen, die Handlungsfolge des realen Lebens. Die Logik der Spielhandlungen beginnt die Logik des Lebens widerzuspiegeln.

Fradkina folgend, können wir also die Entwicklung der Spielhandlung im Kleinkindalter betrachten als Fortschreiten der eindeutig vom Gegenstand bestimmten Handlung über die vielfältige Benutzung des Gegenstandes zu logisch miteinander verbundenen Handlungen, entsprechend der Logik der realen Handlungen im Leben des Menschen. Hier liegt bereits eine „Rolle in der Handlung" vor.

Im Entwicklungsverlauf der gegenständlichen Spiele lernt das Kind natürlich nicht, besser mit den Gegenständen umzugehen – sich zu kämmen, mit dem Löffel zu essen, die Schuhe anzuziehen usw. Die Aneignung solcher Fähigkeiten erfolgt beim Gebrauch dieser Gegenstände in der praktischen Tätigkeit. Begründet ist die Annahme, daß das Kind bei Spielhandlungen nicht neue physische Eigenschaften der Gegenstände erkennt. Es erkennt die Gegenstände der Umwelt und erhält Vorstellungen von ihnen in einer speziellen produktiven Tätigkeit beziehungsweise in der kognitiven Orientierungs- und Untersuchungstätigkeit. Im gegenständlichen Spiel dagegen eignet sich das Kind vor allem die Bedeutungen der Gegenstände an, beginnt es, sich an ihrer gesellschaftlichen Funktion und ihrer gesellschaftlichen Anwendung zu orientieren.

Gegen Ende des Kleinkindalters entstehen also die Hauptvoraussetzungen für den Übergang zum Rollenspiel:

– In das Spiel werden Gegenstände einbezogen, die reale Gegenstände ersetzen, und entsprechend ihrer Spielbedeutung benannt.

– Die Organisation der Handlungen wird komplizierter; sie beginnen eine Kette zu bilden, in der sich die Logik der im Leben bestehenden Verbindungen widerspiegelt.

– Die Handlungen werden verallgemeinert und von den Gegenständen gelöst.

– Es setzt das Vergleichen der eigenen Handlungen mit den Handlungen der Erwachsenen ein, und demzufolge werden auch Namen der Erwachsenen übernommen.

– Es erfolgt eine Emanzipation vom Erwachsenen, der Erwachsene wird dabei zum Handlungsmuster, und gleichzeitig kommt der Wunsch auf, selbständig zu handeln, wie der Erwachsene. Nach den Untersuchungen *Fradkinas* entstehen alle grundlegenden Voraussetzungen für das Spiel im Entwicklungsverlauf der gegenständlichen Tätigkeit des Kindes unter Leitung der Erwachsenen und in der gemeinsamen Tätigkeit mit ihnen.

Das Kind reproduziert gegenständliche Handlungen anfangs nur mit solchen Gegenständen, mit denen es sich diese Handlungen, unterstützt von den Erwachsenen, angeeignet hat.

Diese Handlungen überträgt es auf andere, zunächst von Erwachsenen dargebotene Gegenstände.

Es bezeichnet die Gegenstände mit den Namen der ersetzten Gegenstände erst dann, wenn es mit ihnen Handlungen vollzogen hat und der Erwachsene dem Gegenstand die Spielbezeichnung gegeben hat.

Das Kind gibt sich den Namen jener Menschen, deren Handlungen es, von Erziehungspersonen aufgefordert, nachgestaltet. Diesen Angaben liegen spezielle experimentelle psychologisch-pädagogische Untersuchungen zugrunde. Sie bestätigen überzeugend, daß sich das Spiel nicht spontan entwickelt, sondern unter Mithilfe der Erwachsenen.

5. Die Entwicklung des Spiels im Vorschulalter

5.1. *Gesamtcharakteristik der Spielentwicklung*

Das Rollenspiel entsteht auf der Grenze zwischen Kleinkind- und Vorschulalter, entwickelt sich dann intensiv und erreicht in der zweiten Hälfte des Vorschulalters sein höchstes Niveau. Die Entwicklung des Rollenspiels zu studieren ist in zweierlei Hinsicht interessant. Erstens läßt sich bei einem solchen Studium das Wesen des Spiels tiefer erfassen; zweitens wäre es durch die Kenntnis der Wechselbeziehungen zwischen den einzelnen Strukturkomponenten des Spiels in ihrer Entwicklung möglich, diese außerordentlich wichtige Tätigkeit des Kindes pädagogisch wirksamer anzuleiten und zu gestalten.

Die sowjetische Vorschulpädagogik verfügt über eine große Erfahrung, wie die Spiele der Vorschulkinder aller Altersgruppen zu organisieren und zu leiten sind. Jahrelange Beobachtungen, spezielle pädagogische Untersuchungen sowie Untersuchungen der praktischen Anleitung des Spielens brachten viel Material über die Besonderheiten der Kinderspiele verschiedener Altersgruppen ein. Diese von der pädagogischen Wissenschaft ermittelten Besonderheiten tragen komplexen Charakter und können als Grundlage beim Erforschen der Entwicklung des Rollenspiels dienen. Wir wollen hier nicht ausführlich auf die Ergebnisse pädagogischer Beobachtungen eingehen, solche Beobachtungen analysieren, sondern lediglich einige Verallgemeinerungen der dabei ermittelten Ergebnisse referieren. Zum Beispiel charakterisiert J. A. *Arkin*, der intensiv und wirksam auf dem Gebiet der Pädagogik, der Physiologie und der Hygiene des Vorschulalters gearbeitet, viel Aufmerksamkeit der Erforschung des Spiels gewidmet und ihm große Bedeutung beigemessen hat, die Entwicklung des Rollenspiels folgendermaßen: „Während des Vorschulalters entwickeln sich aus unbeständigen Gruppierungen mit wenigen Personen beständigere Gruppierungen mit mehreren Personen. Auch die eigentliche Struktur des Spiels ändert sich beträchtlich: Aus Spielen ohne Sujet, bestehend aus einer Reihe oftmals zusammenhangloser Episoden, werden bei drei- bis vierjährigen Kindern Spiele mit einem bestimmten Sujet, werden immer kompliziertere und immer eindeutiger planmäßig entwickelte Spiele. Auch die Thematik der Spiele ändert sich allmählich. Ihr Inhalt besteht beim drei- bis vierjährigen Kind in fragmentarischen Episoden aus dem eigenen Leben und aus dem Leben der nächsten Menschen. In den älteren Gruppen dagegen finden wir in den Spielen nicht selten eine vorgelesene Erzählung, gezeigte Bilder oder gesellschaftlich und politisch bedeutsame Ereignisse wiedergegeben" (1948, S. 256 f.).

In dieser kurzen verallgemeinerten Charakteristik, der umfangreiches, vom Autor und seinen Mitarbeitern gewonnenes Material zugrunde liegt, wird auf fünf Hauptlinien der Entwicklung des Spiels hingewiesen: a) von Gruppierungen mit wenig Personen zu Gruppierungen mit mehr Personen; b) von unbeständigen zu beständigeren Gruppierungen; c) von Spielen ohne Sujet zu Spielen mit Sujet; d) von einer Reihe zusammenhangloser Episoden zu einem sich planmäßig entfaltenden Sujet; e) von der Wiedergabe des eigenen Lebens und des Lebens von Men-

251

schen der nächsten Umgebung zur Nachgestaltung von Ereignissen des gesellschaftlichen Lebens.

Diese Charakteristik stellt den Entwicklungsverlauf des Spiels, obwohl sie sehr allgemein ist, im Prinzip richtig dar. Aber das ist eben nur eine Beschreibung, und es fehlen in ihr sogar die Hinweise auf die Beziehungen zwischen den verschiedenen Entwicklungslinien beziehungsweise Entwicklungssymptomen. In der Tat, warum gibt es in den Gruppierungen nur wenige Personen, warum sind diese Gruppierungen unbeständig, und warum sind die Episoden zusammenhanglos? Ist vielleicht die geringe Anzahl der Personen direkt darauf zurückzuführen, daß sich in den Spielen das Leben des Kindes und seine nächste Umwelt widerspiegeln? Im Leben des Kindes und in seiner unmittelbaren Umgebung bestehen die Gruppierungen ja ebenfalls nur aus wenigen Personen: Vater, Mutter, Kind und die übrigen Familienmitglieder.

Eventuell ist die zahlenmäßige Stärke der Gruppe überhaupt nicht entscheidend. Das Spiel kann in einer Gruppe von zwei Kindern ein hohes Entwicklungsniveau erreichen, in einer größeren Gruppe dagegen auf einem niedrigeren stehenbleiben. Es ist begründet anzunehmen, daß bereits wenn nur zwei Kinder miteinander spielen und dabei Rollen übernehmen, in denen sie ein bestimmtes System sozialer Beziehungen gestalten, eine qualitative Veränderung des Verlaufs der Spielentwicklung vorliegt und eine Vergrößerung der Anzahl der Spielenden in diesem Zusammenhang keine besondere Bedeutung hat.

Arkins Charakteristik des Spiels ist also als symptomatische Beschreibung zu betrachten. Eine solche Beschreibung kann natürlich nicht befriedigen, und es gibt in ihr auch keine speziellen Hinweise, wie das Spielen anzuleiten ist.

P. A. *Rudik* (1948) fügt den aufgezählten Entwicklungsbesonderheiten einige neue hinzu: 1. Veränderung des Charakters der Konflikte bei den älteren, verglichen mit den jüngeren Kindern; 2. Übergang vom Spiel, in dem jedes Kind auf seine Weise spielt, zum Spiel, in dem die Handlungen der Kinder, den Rollen entsprechend, aufeinander abgestimmt sind; 3. Veränderung des Charakters des Spielantriebs – in jüngerem Alter wird es durch das Spielzeug ausgelöst, später dagegen durch eine vom Spielzeug unabhängige Idee; 4. Veränderung des Charakters der Rolle, die anfangs etwas Allgemeines darstellt, später aber immer mehr individuelle Züge erhält und typisiert wird.

Rudik weist auch auf mehrere psychologische Besonderheiten des Spiels hin und deckt gleichsam die zweite, tiefer gelegene Schicht seiner Entwicklung auf.

Hier wären die Ausführungen *Rudiks* über die Motive des Spiels zu nennen, die seiner Meinung nach in jüngerem Alter prozessualen Charakter tragen. Nach *Rudik* besteht der Sinn dieser inhaltlich unkomplizierten Spiele im eigentlichen Prozeß der Handlung und nicht in ihrem Resultat. In der mittleren Gruppe des Vorschulalters haben in den Spielen die Rollen die Hauptbedeutung, das Spiel interessiert die Kinder insofern, als sie irgendeine Rolle spielen möchten. In der ältesten Gruppe interessiert die Kinder nicht einfach diese oder jene Rolle, sondern auch die Frage, wie gut sie ausgeführt wird; es steigt der Anspruch an die Wahrhaftigkeit und Überzeugungskraft der Rollendarstellung. Das sind nach der Auffassung des Autors die wesentlichen, alle übrigen bestimmenden Besonderheiten der Spielentwicklung. Die Darstellung von *Rudik* enthält den Versuch, das Erscheinen neuer Symptome mit der Entwicklung der Motive in Zusammenhang zu bringen, insbesondere mit dem Übergang vom Prozessualen zum Sujet, zum Ausführen einer Rolle. Aber dieser Zusammenhang wird in keiner Weise erklärt.

D. W. *Mendsherizkaja* (1946) erweitert die Aufzählung der Besonderheiten des Kinderspiels. Sie nennt folgende neue: erstens – beim spielerischen Verwenden verschiedener Gegenstände als Ersatz für reale Gegenstände legt das Kind zu Anfang kaum und später immer größeren Wert auf Ähnlichkeit zwischen Ersatzgegenstand und realem Gegenstand; zweitens – mit zunehmendem Alter wird der Widerspruch zwischen dem Sichausdenken eines Sujets und der Realisationsmöglichkeit dieses ausgedachten Sujets geringer; drittens – die Entwicklung des Sujets verläuft von der Darstellung der Äußerlichkeiten einer Erscheinung zur Wiedergabe ihrer Bedeutung; viertens – im späteren Alter setzt eine gewisse Planung ein, zwar ist sie nur schematisch und vage, dennoch verleiht sie den Handlungen jedes Spielteilnehmers Perspektive und größere Genauigkeit; fünftens – in der ältesten Gruppe verändert sich die Rolle der Organisatoren des Spiels, sie gewinnen an Bedeutung.

Das Wesentlichste in dieser Aufzählung ist der Hinweis darauf, wie sich das Sujet, richtiger gesagt der Spielinhalt, entwickelt.

Zum Schluß müssen wir noch auf die Untersuchungen von A. P. *Ussowa* eingehen. Sie hat in einer umfänglichen Arbeit die schöpferischen Rollenspiele analysiert.

Ihre Untersuchungsergebnisse zusammenfassend, schreibt A. P. *Ussowa*: „Als Fazit der Untersuchung können wir folgendes feststellen: Bereits bei Kindern der jüngsten Gruppe des Vorschulalters (3;2 bis 3;4) tragen die schöpferischen, das heißt von den Kindern selbst ausgedachten Spiele Sujetcharakter. Das Sujet ist hier allerdings fragmentarisch, ihm fehlt die Logik, es ist unbeständig. Bei älteren Kindern stellt das Spielsujet die logische Entwicklung irgendeines Themas in Form von Abbildern, von Handlungen und Beziehungen dar. Sujetcharakter beginnen die Spiele vermutlich im Kleinkindalter anzunehmen.

Die Entwicklung des Sujets verläuft von der Ausführung einfacher Rollenhandlungen zur Rollengestaltung, bei der sich das Kind vieler Darstellungsmittel bedient: der Sprache, der Handlung, der Mimik und Gestik sowie der Rolle entsprechender Beziehungen" (1947, S. 35 f.).

„Die Spieltätigkeit des Kindes entwickelt sich zunächst als Darstellung verschiedener Handlungen (schwimmen, waschen, kochen usw.). Dargestellt wird die eigentliche Handlung. So entstehen die Handlungsspiele. Die Tätigkeit der Kinder gewinnt den Charakter des Bauens – es entstehen die Bau- und Konstruktionsspiele, in denen es gewöhnlich ebenfalls keine Rollen gibt. Schließlich schälen sich die Rollenspiele heraus. In diesen Spielen schafft das Kind irgendein Abbild. Es sind dabei deutlich zwei Richtungen erkennbar: Einerseits beobachten wir die Regiespiele, in denen das Kind ein Spielzeug lenkt (durch es handelt), andererseits Spiele, in denen das Kind persönlich eine Rolle ausführt (Mutter, Flieger usw.)" (ebenda, S. 36).

254

In welcher Weise sich das Sujet entwickelt, hängt von mehreren Umständen ab. Erstens davon, wie eng das Thema mit der Erfahrung des Kindes verbunden ist. Fehlen Erfahrungen und sich daraus ergebende Vorstellungen, dann kann sich das Spielsujet nicht gut entwickeln.

Die Kinder der jüngsten Vorschulgruppe operieren also in ihren Spielen mit Vorstellungen (und Beziehungen) aus der täglichen Lebenserfahrung; das ältere Vorschulkind dagegen wendet sich gern gesellschaftlichen Ereignissen zu und greift auch manche literarischen Themen auf.

Nach A. P. *Ussowa* ist für die Weiterentwicklung des Sujets außerdem die Tatsache entscheidend, inwieweit im Spiel die Rollen aufeinander abgestimmt sind. In jedem Spiel mit einem bestimmten Thema ist es erforderlich, die Rollen in Übereinstimmung zu bringen. Je besser die Kinder einander zu verstehen beginnen, insbesondere die Verhaltensmotive jedes Mitspielenden, desto ausgewogener ist der Spielverlauf.

Zu beobachten ist eine allmähliche Veränderung der Rolle des Materials (und des Spielzeugs) in den Spielen. Bei den Dreibis Vierjährigen wird das Spielthema in beträchtlichem Grade vom Material beeinflußt. Später verleihen die Kinder dem Material die gewünschten Eigenschaften.

„Im späten Vorschulalter möchte das Kind im Spielzeug und im Material eine Übereinstimmung zwischen Gewünschtem und Wirklichem sehen. Die veränderten Anforderungen des Kindes an das Spielmaterial bilden ein Charakteristikum der neuen Etappen der Spielentwicklung. Das ältere Vorschulkind spielt lieber für das Spielzeug (Rollenspiel) statt mit dem Spielzeug als solchem und kommt auch ohne Spielzeug gut aus . . .“ (ebenda, S. 36 f.).

A. P. *Ussowa* befaßt sich mit einigen Fragen der Anleitung des Kinderspiels und weist in diesem Zusammenhang auf mehrere Besonderheiten der Spielentwicklung hin, von denen man beim Organisieren des Spiels ausgehen sollte.

Sie schreibt: „Bereits das Spiel dreijähriger Kinder hat Sujetcharakter; in dieser Richtung entwickelt sich das Spiel intensiv bis zum Alter von sieben Jahren.“ Und weiter: „. . . die bestimmende Triebkraft des Spiels besteht darin, daß das Kind allmählich die Rolle, die es im Kinderkollektiv übernommen hat, zu meistern beginnt ... Das Spielsujet mit seinen Rollen bestimmt die Beziehung des Kindes zum Spiel ... Wenn sich das Kind dem Alter von sechs bis sieben Jahren nähert, tauchen neue Elemente im Spiel auf. Ursprünglich bestand es aus Hausarbeitshandlungen der Kinder – kochen, waschen, Puppen füttern – (3 bis 4 Jahre). Dann tauchen im Zusammenhang mit irgendwelchen Handlungen Rollenbezeichnungen auf: Ich bin die Mama, ich bin die Köchin, ich bin Kraftfahrer. In diesen Bezeichnungen zeigen sich jetzt neben den Rollenhandlungen auch Rollenbeziehungen, und schließlich erreicht das Spiel einen Höhepunkt mit dem Auftreten der Rolle, wobei das Kind sie auf zwei Ebenen spielt – für das Spielzeug und für sich selbst oder eine andere Person ... Die Spiele beginnen perspektivisch zu werden, sie werden geplant, zufällige, nicht formgerechte Handlungen verschwinden ... Die Vereinigung der Kinder im Spiel, die Entwicklung gesellschaftlicher Beziehungen zwischen ihnen wird völlig von der Entwicklung des Spiels bestimmt" (ebenda, S. 38 f.).

A. P. *Ussowa* erkennt sehr richtig, daß es schon im Spiel des jüngeren Vorschulkindes das Sujet gibt und die Sujetspiele bereits im Kleinkindalter ihren Anfang nehmen. Wichtig erscheint uns ihr Versuch, die Übergänge von Spielstadium zu Spielstadium zu erklären. Sie findet bereits in den Spielen des Kleinkindes Elemente, die zur weiteren Entwicklung des Spiels führen: in den Spielhandlungen Elemente der Rolle und in den Rollenhandlungen die künftige Rolle.

Obwohl A. P. *Ussowa* nicht detailliert darauf eingeht, welche Verbindungen es zwischen den Besonderheiten des Kinderspiels und der Entwicklung des Sujets gibt, ist ihren Ausführungen zu entnehmen, daß diese Besonderheiten letztlich abhängig sind vom Entwicklungsstand des Sujets, des Kerns jeglichen Rollenspiels.

In den dreißig Jahren, die seit der Veröffentlichung der genannten Arbeiten vergangen sind, wurden sehr viele verschiedene pädagogische Untersuchungen des Kinderspiels durchgeführt. Mit ihnen sollte in erster Linie ermittelt werden, welche Möglichkeiten bestehen, das Spiel erzieherisch zu nutzen.

Man untersuchte die Bedeutung des Spiels für die Entwicklung der Selbständigkeit, der Kontaktfreudigkeit und des Kollektivismus der Kinder, für die Aneignung von Moralnormen, für die Bereicherung der Vorstellungen vom Leben in ihrer Umwelt. Es gab nur wenige Untersuchungen zum allgemeinen Entwicklungsverlauf des Spiels. Die Arbeit von A. P. *Ussowa* ist immerhin die vollständigste, aber auch sie ist nicht als umfassend und vollgültig anzusehen.

Ungeachtet der großen Menge an Faktenmaterial zum Rollenspiel auf seinen verschiedenen Entwicklungsstufen, über das die sowjetische pädagogische Wissenschaft bereits verfügt, ist das Problem Spielentwicklung im Vorschulalter noch keinesfalls ausreichend, umfassend und systematisch behandelt worden. Auf den Hauptmangel der Untersuchungen zu diesem Problem haben wir bereits hingewiesen – sie stellen größtenteils Symptombeschreibungen dar. Solch eine Beschreibung des äußeren Bildes des Spielprozesses zeigt bestenfalls, selbst in einer vergleichenden Untersuchung der verschiedenen Altersgruppen, nur, ob irgendwelche Merkmale vorhanden sind, ob sie schwächer oder stärker zutage treten (ob sich die Spielgruppen vergrößern, ob sie beständiger werden, wie die quantitative Zusammensetzung der Gruppen ist und wie lange mit verschiedenen Spielsachen gespielt wird, ob Rollen übernommen und mit welcher Prägnanz sie ausgeführt werden). Auch mehrere psychologische Untersuchungen wurden auf diesem Niveau durchgeführt. Die Methode dieser Untersuchungen bestand darin, einfach beobachtete Tatsachen zu registrieren. Ein Beispiel dafür sind die bereits erwähnten Untersuchungen der Mitarbeiter von M. J. *Bassow*.

Noch zu Lebzeiten *Wygotskis* wurde klar, daß man zur experimentellen Erforschung des Spiels übergehen muß. Mit dem Spiel insgesamt oder mit einzelnen seiner Elemente zu experimentieren ist sehr kompliziert. Dabei muß aktiv in den Spielverlauf eingegriffen werden, und bei einer solchen Einmischung wird das Spiel eventuell gestört.

Unseres Erachtens ist die experimentelle Erforschung des Spiels nur während einer langfristigen entwickelnden Einwirkung auf die Spieltätigkeit eines Kinderkollektivs möglich.

Dabei müßten sich die Forscher speziell das Ziel setzen, die Entwicklung des Spiels so zu lenken, daß Klarheit über Möglichkeiten und Bedingungen des Übergangs von Spielniveau zu Spielniveau gewonnen werden kann. Diese Strategie, bei der es darauf ankommt, irgendeinen Prozeß auf ein zuvor festgelegtes Niveau zu bringen, wird von vielen der Schule *Wygotskis* angehörenden Psychologen praktiziert. Man bezeichnet sie als experimentell-genetische Methode, und sie unterscheidet sich von dem einfachen Experiment prinzipiell dadurch, daß aktiv Einfluß genommen wird auf die Übergänge von niedrigeren Niveaus der Prozesse beziehungsweise Tätigkeiten zu den höheren. Besonders wichtig ist eine solche Strategie beim Untersuchen von Entwicklungsprozessen, weil sie die Möglichkeit bietet, ein experimentelles Modell der Entwicklung zu schaffen. Sie hat sich bei der Untersuchung der Entwicklung einzelner psychischer Prozesse bewährt (der Wahrnehmung, des Gedächtnisses), bei der Erforschung des Übergangs von elementaren zu höheren Denkformen, bei der Bildung wissenschaftlicher Begriffe usw. Beispiele für Untersuchungen dieser Art sind die Arbeiten von P. J. *Galperin*, W. W. *Dawydow*, A. W. *Saporoshez* und einige unserer Arbeiten.

Bei der Erforschung des Spiels jedoch steht die Anwendung dieser Strategie erst in ihren Anfängen. Als wir mit unseren experimentellen Untersuchungen des Spiels begannen, hatten *Wygotski* und *Leontjew* überhaupt erst angefangen, sie im Zusammenhang mit der Erforschung einzelner psychischer Prozesse zu entwickeln. Auf die ersten Versuche, diese Strategie anzuwenden, um den Übergang vom gegenständlichen Spiel zum eigentlichen Rollenspiel bei normalen Kindern (N. J. *Michalenko*), bei taubstummen Kindern (G. J. *Wygotskaja*) sowie bei geistig zurückgebliebenen Kindern (N. D. *Sokolowa*) zu untersuchen, werden wir weiter unten eingehen.

Den Inhalt der in diesem Kapitel referierten Untersuchungen bilden einzelne Strukturbestandteile des Rollenspiels. Einige Untersuchungen sind als eine Art experimenteller Studien anzusehen.

5.2. Die Rolle und die eingebildete Situation – ihre Bedeutung in der Motivation des Spielens

Die Motive der Spieltätigkeit stellen ein zentrales Problem dar. Nicht umsonst sind die Meinungsverschiedenheiten in bezug auf die Triebkräfte des Spielens am größten. Die Theorien vom Lustprinzip, von primären inneren Trieben, von der Selbstbehauptung – alle tiefenpsychologischen Theorien sind im Prinzip Theorien von den Triebkräften des Spielens. Der Hauptmangel dieser theoretischen Konzeptionen besteht offenkundig in der abwegigen Vorgehensweise im Hinblick auf die spielauslösenden Kräfte. Nach diesen Konzeptionen befinden sie sich im Subjekt, im Kind, in seinem Erleben. Hier wird die Tatsache ignoriert, daß die Erlebnisse des Kindes lediglich sekundäre Merkmale der Tätigkeit sind und über sie etwas aussagen, nichts jedoch über die wirklichen objektiven Triebkräfte der Tätigkeit. Bezogen auf die Entwicklung des Kindes hat sich sogar die Auffassung eingebürgert: Je jünger das Kind, desto mehr wird sein Verhalten von inneren, letztlich angeborenen, biologischen Trieben und Bedürfnissen bestimmt. In Wirklichkeit verhält es sich unseres Erachtens ganz anders. In Klammern sei dazu bemerkt, daß der Aufforderungscharakter der Neuheit, aufgedeckt in den Untersuchungen von N. L. *Figurin* und M. P. *Denissowa* (1929), und der Aufforderungscharakter der Gegenstände, in den Untersuchungen von K. *Lewin* behandelt, bei Erörterungen der Beweggründe der Tätigkeit des Kleinkindes nicht gebührend gewürdigt wurden. Es gehört in diesem Rahmen nicht zu unseren Aufgaben, Antworten auf allgemeine Fragen nach den Tätigkeitsmotiven des Menschen zu geben. Unsere Aufgabe ist es, zu den Motiven des Spielens vorzudringen.
Eine der ersten Untersuchungen, in denen der Versuch unternommen wird, diesem Problem auf experimentellem Wege beizukommen, ist die Untersuchung von L. S. *Slawina* (1948).[28] Sie begann ihre Untersuchung damit, daß sie Spiele eines

---

[28] Die Untersuchung wurde unter der Leitung von A. N. *Leontjew* und L. I. *Boshowitsch* durchgeführt.

Sujets bei Kindern des jüngeren und späteren Vorschulalters beobachtete. Trotz des gleichen Sujets unterschieden sich die Spiele der verschiedenen Altersgruppen wesentlich voneinander. Beobachtet wurden elementare Spiele mit Sujets des Alltags, zum Beispiel „Familie" oder „Kindergarten". Die Beobachtungen fanden in einem speziellen Versuchszimmer statt, in das man speziell für diesen Zweck ausgewähltes Spielzeug gebracht hatte – Puppen, Möbel, Puppengeschirr, Kochherd mit erforderlichem Zubehör, außerdem einige etwas größere Eimer und Teller sowie viele Klötzchen und Bausteine, die man in diese Eimer und Teller hineinlegen konnte. Man beobachtete gleichzeitig zwei Kinder mehrmals, eine bis anderthalb Stunden lang.

Ganz kurz nur wollen wir die in diesen Beobachtungen ermittelten charakteristischen Züge des Spiels der älteren Kinder streifen.

Diese Kinder einigen sich gewöhnlich über die Rollenverteilung und entfalten das Sujet dann im Spiel nach einem bestimmten Plan. Dabei halten sie sich ziemlich streng an die objektiv logische Reihenfolge der Ereignisse. Jede Handlung des Kindes wird durch die folgenden Handlungen logisch fortgesetzt. Die Dinge, das Spielzeug, die Umstände bekommen bestimmte Spielbedeutungen, die während des gesamten Spiels erhalten bleiben. Die Kinder handeln gemeinsam, und die Handlungen jedes Kindes stehen im Zusammenhang mit den Handlungen der anderen Kinder.

Vom Ausspielen des Sujets und der Rollen ist das ganze Spiel erfüllt. Die Kinder nehmen es sehr genau, allen Forderungen nachzukommen, die mit ihrer Rolle zusammenhängen, und nach diesen Forderungen richten sie sich in allen ihren Spielhandlungen. Aus der Rolle und der Spielsituation erwachsen ungeschriebene, für die Spielenden aber verpflichtende, innere Regeln. Je entfalteter das Spiel, desto mehr solcher innerer Regeln gibt es, und sie werden auf immer mehr und mehr Momente des Spiels ausgedehnt: auf die Wechselbeziehungen zwischen den Kindern in der Rolle, auf die dem Spielzeug beigegebenen Bedeutungen, auf die Reihenfolge in der Entfaltung des Sujets.

Die Spielhandlungen der Kinder sind dem Spielsujet und der Rolle untergeordnet. Sie werden nicht um ihrer selbst willen ausgeführt, sondern mit ihnen wird die Rolle realisiert. Sie haben verkürzten, verallgemeinerten und ganzheitlichen Charakter, und je älter die Kinder, desto mehr sind ihre Spielhandlungen verkürzt und bedingt.

Ein im Hinblick auf das Sujet analoges und mit denselben Gegenständen sowie in derselben Situation durchgeführtes Spiel kleinerer Kinder ist wesentlich anders. Sie sehen sich zunächst das Spielzeug an, wählen dann aus, was ihnen am besten gefällt, und beginnen damit individuell zu manipulieren. Dabei führt das Kind lange Zeit gleichförmige Handlungen aus, wobei es keinerlei Interesse zeigt, mit welchem Spielzeug und wie das andere Kind spielt.

Wir bringen eine Aufzeichnung aus der Untersuchung von L. S. *Slawina*. Im Versuchszimmer befinden sich zwei Mädchen, Ljussja und Olja. Beide sind vier Jahre alt.

„Ljussja stellte die Möbel auf und setzte die Puppen an den Tisch. Dann ging sie hinüber zu einem anderen Tisch und begann, die sich dort befindenden Klötzchen aus einem Eimer in einen anderen zu legen. Damit befaßte sie sich bis zum Ende des Spiels. Währenddessen drehte Olja Ljussja den Rücken zu und verteilte Klötzchen auf Tellerchen. Die Teller standen in Stapeln. Sie nahm aus dem Eimer vor ihr ein Klötzchen, legte es auf den obersten Teller, nahm diesen dann vom Stapel und stellte ihn auf den neben ihr stehenden freien Stuhl. Dann nahm sie den nächsten Teller, legte darauf ein Klötzchen usw., bis sie über 40 Teller auf diese Art auseinandergestellt hatte. Dann begann sie, genauso methodisch, von jedem Teller der Reihe nach die Klötzchen zu nehmen, sie in den Eimer zurückzulegen und die Tellerchen wieder zu stapeln. Nachdem sie damit fertig war, begann sie von neuem dasselbe. Dieses Spiel dauerte eine Stunde und 20 Minuten. Weder das eine noch das andere Mädchen schaute während des ganzen Spiels zur anderen hinüber, ebenso schenkten sie den Puppen keinerlei Beachtung. Als die Versuchsleiterin fragte ‚Was spielt ihr denn?‘, antwortete Ljussja: ‚Kindergarten.‘

Vl.: Und wer bist du?

Ljussja: Ich bin die Leiterin.

Vl.: Und du?

Olja: Ich auch.

Vl.: Was tust du?

Ljussja: Ich mache Mittag.

Vl.: Und was tust du, Olja?

Olja: Ich verteile den Grießpudding" (1948, S. 17 f.).

L. S. *Slawina* hebt hervor, daß die Kinder, obwohl sie Handlungen der geschilderten Art ausführen, behaupten, sie stellen irgendeinen Vorgang dar und spielen bestimmte Rollen. Sie sprechen von einem Sujet und einer Rolle, während der reale Inhalt des Spiels doch nur aus einer Reihe von Handlungen mit Spielzeug besteht, denen das Kind allerdings eine bestimmte Bedeutung zuschreibt. Es schabt eine Mohrrübe, es wäscht Geschirr ab, es schneidet Brot. Charakteristisch für die Handlungen ist folgendes: Erstens sind sie nicht zu einem System zusammengefaßt – wenn das Kind zum Beispiel Brot geschnitten hat oder das Mittagessen verteilt hat, dann setzt es die Speisen nicht den Puppen vor, das heißt, es benutzt die Handlungen nicht zur Entfaltung des Sujets. Zweitens werden die Handlungen mit Spielzeug ausgeführt, das heißt mit Gegenständen, die bedingt reale Gegenstände bezeichnen (das Klötzchen z. B. ist eine Mohrrübe), sie sind entfaltet, dauern lange an.

Das Spiel der jüngeren Vorschulkinder enthält also einen gewissen Widerspruch. Einerseits ist es seinem realen Inhalt nach primitiv, die Handlungen mit den Gegenständen werden ständig wiederholt, andererseits aber gibt es in ihm gewissermaßen auch die Rolle und die eingebildete Situation, die allerdings keinen Einfluß auf die Handlungen des Kindes haben, nicht zum Hauptinhalt des Spiels werden wie bei den älteren Kindern. Natürlicherweise erhebt sich demzufolge vor dem Forscher die Frage, welche Funktion denn in solchem Spiel die Rolle und die Spielsituation haben.

Eine Antwort auf diese Frage sollte die erste Versuchsserie von L. S. *Slawina* bringen. Sie versuchte aus dem Spiel solches Spielzeug zu entfernen, das die Kinder auf bestimmte Sujets und auf die damit verbundenen Rollen hätte lenken können.

Zur Beobachtung wurden Kinder gewählt, deren Spielinhalt die geschilderten Handlungen bildeten und die dennoch von einer Spielrolle und einem Sujet sprachen. Nachdem sich solch ein Spiel entfaltet hatte, wurden alle Sujetspielsachen (Puppen, Kochherd, Geschirr usw.) entfernt und nur jene Dinge übriggelassen, mit denen sie tatsächlich Handlungen vollzogen. Das waren Klötzchen und Ringe (in großer Menge) und entweder zwei Eimerchen sowie drei große Teller oder, für andere Kinder, sechs bis acht kleine Tellerchen.

Da die hierbei erzielten Ergebnisse durchaus lehrreich sind, bringen wir das vollständige Protokoll eines solchen Experiments.

„Lida (4;1). Zu Beginn des Experiments steht dem Mädchen das gesamte Spielzeug zur Verfügung. Lida beginnt sofort, ohne das übrige Spielzeug zu beachten, die Klötzchen aus dem Eimerchen auf einen großen Teller zu legen.

Vl.: Wer bist du?

Lida: Ich bin Tante Nadja.

Vl.: Was tust du?

Lida: Ich mache Mittag. (Spielt in dieser Weise 20 Minuten.)

Vl.: Die Puppen und die Puppenmöbel müssen ganz gemacht werden. (Bringt das gesamte Spielzeug, außer den Eimern, den Klötzchen und den großen Tellern, mit denen sich das Kind praktisch nur beschäftigt, in ein anderes Zimmer. Lida spielt weiter wie zuvor.)

Vl.: Was spielst du?

Lida: Kindergarten.

Vl.: Was tust du?

Lida: Ich mache Mittag.

Vl.: Für wen?

Lida: Für die Puppen.

Vl.: Aber die Puppen sind doch gar nicht mehr da.

Lida: Sie sind im anderen Zimmer.

Vl.: Nein, sie sind kaputt und müssen wieder ganz gemacht werden. Es ist jetzt niemand mehr da, für den du Mittag machen könntest. Koche nicht mehr Mittag, es ist ja doch niemand da, um es zu essen. Du kannst jetzt nicht mehr Kindergarten spielen. Schau, die Puppen sind weg, auch die Möbel und das Geschirr. Spiel doch einfach so mit den Klötzchen. (Lida fährt fort, die Klötzchen auf die Teller und dann wieder zurück in die Eimer zu legen.)

Nach einigen Minuten fragt die Versuchsleiterin sie wieder, was sie spielt.

Lida: Kindergarten.

Vl.: Was machst du?

Lida: Ich mache Mittag.

Vl.: Für wen denn?

Lida: Für die Kinder (weist zum Fenster hin). Sie sind spazierengegangen.

Vl.: Sie werden sehr lange spazieren. Besser wäre es, du spielst nicht mehr Kindergarten, sondern einfach so mit den Klötzchen. Es ist doch niemand da, um dein Mittag zu essen: Die Kinder sind spazierengegangen, die Puppen sind kaputt, und es ist auch sonst kein Spielzeug da. (Lida setzt ihr Spiel fort.)

Nach mehreren Minuten beantwortet sie die Frage der Versuchsleiterin, was sie denn spiele, wiederum: ‚Kindergarten.'

Vl.: Was machst du?

Lida: Ich mache Mittag.

Vl.: Für wen?

Lida: Ich werde es selbst essen" (ebenda, S. 20).

Ähnliche Ergebnisse wurden fast bei allen Kindern erzielt. Alle Bemühungen der Versuchsleiterin, das Kind aus der Rolle zu lösen und es zum Aufgeben des Sujets zu bewegen, blieben erfolglos. Die Kinder hielten sich hartnäckig an ihre Rolle sowie an das gewählte Sujet und zeigten sich bestenfalls einverstanden, die Rolle der Erzieherin gegen die der Köchin zu tauschen oder Koteletts statt Schokolade auszuteilen.

L. S. *Slawina* zieht aus dieser Versuchsserie folgende Schlüsse: „Die Ergebnisse dieser Versuchsserie brachten uns vor allem zu der Überzeugung, daß die Kinder großen Wert darauf legen, in ihrem Spiel eine Rolle und eine eingebildete Situation zu haben. Obwohl das Kind in Wirklichkeit in seinem Spiel der Rolle und dem Sujet fast überhaupt nicht gerecht wurde, war es nicht möglich, sie aus dem Spiel zu entfernen. Dieser hartnäckige Wunsch, im Spiel um jeden Preis die Rolle und die eingebildete Situation zu erhalten, ist der beste Beweis dafür, daß das Kind sie auch in diesem frühen Stadium der Spielentwicklung in seinem Spiel braucht" (ebenda, S. 21).

Nachdem L. S. *Slawina* festgestellt hat, daß bereits Kinder des frühen Vorschulalters in ihrem Spiel die Rolle und die eingebildete Situation benötigen, befaßt sie sich mit der Frage, welche Funktion diese beiden Faktoren in dem seinem äußeren Anschein nach gegenständlich-manipulativen Spiel haben. Um eine Antwort auf diese Frage zu finden, führte sie eine zweite, aus zwei miteinander zusammenhängenden Etappen bestehende Versuchsserie durch.

In der ersten Etappe erhielten die Kinder nur Spielzeug, mit dem gewöhnlich ausschließlich einfache manipulative Handlungen vollzogen werden. Nachdem die Kinder mit diesen Gegenständen zu handeln begonnen hatten und es nach einiger Zeit „satt hatten", damit zu spielen, äußerten sie den Wunsch, das Spiel abzubrechen und wegzugehen. Die Versuchsleiterin war einverstanden, das Spiel abzubrechen, veränderte aber gleichzeitig die Situation, indem sie nun alle übrigen Sujetspielsachen herbeiholte. Dann schlug sie vor, mit dem anderen Spielzeug „Kindergarten" oder „Mutter und Kind" zu spielen.

In der ersten Etappe hatten die Kinder kaum Interesse am Spiel. Die meisten legten die Klötzchen entweder in die Eimerchen oder verteilten sie auf die Tellerchen. Die Spieldauer war relativ kurz, höchstens 10 bis 20 Minuten, die Kinder hatten das Spiel schnell „über" und zeigten offen den Wunsch, sich dem Experiment unter irgendeinem Vorwand zu entziehen. Manche Kinder haben nach einigen manipulativen Handlungen ihrer Tätigkeit selbst einen Sinn gegeben, indem sie verschiedene Muster zu legen begannen oder die Steine und Klötzchen in einer langen Reihe auf den Tisch legten oder sie auf verschiedene Art und Weise auf den Tellern anordneten. Wir bringen zwei Beispiele für das Verhalten der Kinder in dieser Etappe des Experiments.

„Olja (4;1) erhielt vom Versuchsleiter drei Eimerchen mit kleinen Würfeln und Bausteinen sowie drei größere Tellerchen.

Vl.: Hier hast du Spielzeug. Möchtest du ein wenig spielen?

Olja: Ja. (Nimmt erst einen Würfel in die Hand, dann einen

nach dem anderen, vier weitere. Hält sie einige Sekunden in den Händen und legt sie dann wieder zurück. Steht da. Nimmt mehrere Würfel gleichzeitig in die Hand und legt sie wieder zurück. Nimmt sie wieder und hält sie in den Händen. Legt sie von einer Hand in die andere. [Seit Beginn des Experiments sind 5 Minuten vergangen.] Sie nimmt ein Tellerchen. Beginnt die Würfel der Form des Tellers entsprechend darauf zu legen. Gibt sich Mühe, die Würfel ordentlich zu legen. Stellt das Tellerchen zurück. Sitzt untätig da. Dann fängt sie an, alle roten Würfel in einen Eimer zu legen.)

Vl.: Was spielst du?

Olja: Schweigt verwirrt. Dann sagt sie: ‚Zu Hause habe ich einen Eimer mit Schippe.‘

Vl.: Und was spielst du jetzt?

Olja: Das hier.

Vl.: Und wer bist du?

Olja fährt fort, die roten Würfel aus dem einen Eimer in den anderen zu legen.

Vl.: Möchtest du noch weiterspielen?

Olja: Nein, ich gehe zur Gruppe.

Vl.: Hast du denn keine Lust mehr zu spielen?

Olja: Nein, ich will nicht mehr spielen. (Geht zur Gruppe.)

Das Spiel dauerte insgesamt 15 Minuten" (ebenda, S. 22 f.).

„Tanja (4;3). Das Spielzeug ist dasselbe wie im vorigen Beispiel. Tanja beginnt sofort, aus allen Eimerchen Bausteine zu holen und sie ordentlich hintereinander aufzureihen. Auf diese Weise hat sie alle Steine ausgelegt. Sitzt einige Minuten untätig. Dann beginn sie, die Steine zu einem Weg zu ordnen, und gibt sich Mühe, sie in zwei ordentlich nebeneinander verlaufenden Reihen zu legen.

Vl.: Was spielst du?

Tanja: Mit Steinen, mit Würfeln und mit Eimern.

Vl.: Was machst du?

Tanja: Hier, Bausteine. (Fährt fort, die Bausteine wie zuvor auseinander zu legen. Nachdem alle Steine auf dem Tisch liegen, sitzt sie, wiederum, ohne etwas zu tun, gleichsam ratlos, nicht wissend, was man noch tun könnte. Dann beginnt sie auf jeden Baustein einen Würfel zu legen. Nach 18 Minuten steht sie auf und erklärt: ‚Jetzt habe ich genug gespielt', und geht zur Gruppe" (ebenda, S. 23).

Das in dieser ersten Phase des Experiments gewonnene Material zusammenfassend, schreibt *Slawina*: „So konnten wir feststellen, das Spiel der Kinder war im ersten Teil des Experiments durch die physischen Eigenschaften des verfügbaren Spielmaterials bestimmt.

Wichtig ist der Umstand, daß keines der Kinder, obwohl sie an dem Spiel eindeutig uninteressiert waren, in diesem Teil des Experiments zu einer anderen Spielform übergegangen ist. Viele ältere Kinder dagegen, denen wir dasselbe Material der Kontrolle halber vorgelegt hatten, entfalteten damit die vielfältigsten Sujetspiele aus ihrem Alltag" (ebenda, S. 25).

Das Experiment trat in die zweite Phase, als die Kinder versuchten, sich dem Handeln mit dem vorgelegten Material zu entziehen. In diesem Moment stellte die Versuchsleiterin den Kindern das gesamte Sujetspielzeug zur Verfügung und schlug ihnen vor, ein Spiel mit einem bestimmten Sujet zu spielen. Diese zweite Phase ihres Experiments resümierend, schreibt L. S. *Slawina*: „Die Sachlage änderte sich entschieden, als wir (im zweiten Teil des Experiments) in das Spiel der Kinder Spielzeug brachten, das sie auf ein bestimmtes Sujet lenkte und eine eingebildete Situation sowie eine Rolle herbeiführte. Obwohl dieses Spielzeug, wie auch in den oben geschilderten Spielen, nicht direkt in das Spiel der Kinder einbezogen wurde, gewann das Spiel jene entfaltete Form mit den sich endlos wiederholenden und mit großer Begeisterung ausgeführten Handlungen, die wir bereits ausführlich beschrieben haben und deshalb hier nicht mehr zu schildern brauchen. Anhand des Materials dieser Versuchsserie konnten wir uns also überzeugen, daß sich jenes Spiel der Kinder, bei dem die Rolle und die eingebildete Situation den allgemeinen Hintergrund darstellen, prinzipiell von solchen Spielen unterscheidet, denen solch ein Hintergrund fehlt. Besonders wichtig scheint uns hierbei die Tatsache zu sein, daß in dieser unterschiedlichen Weise, wie wir beobachtet haben, mit ein und demselben Spielzeug gespielt wird" (ebenda, S. 26).

Das gewonnene Material führt *Slawina* zu dem Schluß, es

müsse im Spiel der Kinder des jüngeren Vorschulalters zwei Motivationsebenen geben. Die erste der beiden ist der unmittelbare Drang, mit dem zur Verfügung stehenden Spielzeug zu handeln. Die zweite ist gleichsam der Hintergrund der Handlungen mit den Gegenständen – das Kind versetzt sich in eine Rolle hinein, die seinen Handlungen mit den Gegenständen einen Sinn gibt.

Diese Erklärung erscheint uns nicht hinreichend beweiskräftig. Eher können wir L. S. *Slawina* zustimmen, wenn sie schreibt: „Die eingebildete Situation und die Rolle geben den Handlungen der Kinder mit dem Spielzeug einen neuen Sinn. Durch diese beiden Momente gelangt das Manipulieren mit den Dingen auf eine neue Ebene. Das Vorschulkind manipuliert jetzt nicht mehr wie das Kleinkind einfach mit den Dingen, obwohl bei oberflächlichem Hinsehen ein solcher Eindruck entstehen kann. Es spielt nunmehr mit den Gegenständen und vollzieht mit ihnen bestimmte Handlungen. Eben darin sieht das Kind jetzt den Sinn des Spielens ... Erst nachdem im Spiel die eingebildete Situation und die Rolle auftauchen, gewinnt es für das Kind einen neuen Sinn und wird zu jenem ausgedehnten emotionalen Spiel, wie es gewöhnlich bei Kindern dieses Alters zu beobachten ist" (ebenda, S. 28).

Wesentlich scheinen uns in der Untersuchung von *Slawina* drei Momente: erstens der experimentelle Nachweis, daß sich die Handlungen des Kindes sowie die Bedeutung der Handlungsgegenstände grundlegend durch die Rolle, in die sich das Kind hineinversetzt, verändern; zweitens die Auffassung, daß die Rolle in die Handlungen des Kindes gleichsam von außen hineingetragen wird, über die Sujetspielsachen, die dem Kind nahebringen, welche Bedeutung die Handlungen mit diesen Sachen für den Menschen haben; drittens die Meinung, daß die Rolle das Bedeutungszentrum des Spiels ist und die geschaffene Spielsituation wie auch die Spielhandlungen ihrer Verwirklichung dienen.

5.3. Die experimentelle Ausbildung der Voraussetzungen für das Rollenspiel

In den geschilderten Untersuchungen von F. I. *Fradkina* und L. S. *Slawina* wurde gezeigt, welche Voraussetzungen und Bedingungen erforderlich sind, damit das jüngere Vorschulkind von der manipulativen zur gegenständlichen Handlung übergeht.

Aber sie hatten die Frage, welche Voraussetzungen für den Übergang zum Rollenspiel nötig sind und welche Funktion der Erwachsene bei der Ausbildung dieser Voraussetzungen hat, nur aufgeworfen und nicht experimentell beantwortet. Diese Voraussetzungen und die Funktionen der Erwachsenen bei ihrer Entstehung sorgfältig zu untersuchen wurde zu einem dringenden Erfordernis. Eine solche Untersuchung läßt sich nur bewerkstelligen, indem man speziell eine experimentelle Ausbildung des Rollenspiels organisiert. Objekt einer derartigen experimentell-genetischen Untersuchung können nur Kinder sein, bei denen diese Voraussetzungen noch nicht existieren. Für die Untersuchungen wurden erstens normale Kinder ausgewählt, die sich auf der Grenze des Übergangs von gegenständlichen Handlungen zum Rollenspiel befanden; zweitens geistig zurückgebliebene Kinder, bei denen es ohne spezielle Einmischung Erwachsener nicht zum Rollenspiel kommt, drittens geistig normale Kinder mit verschiedenen Schädigungen des Sehvermögens, des Gehörs und der Sprache, bei denen das Rollenspiel ebenfalls nicht entsteht, ohne daß speziell dafür Voraussetzungen geschaffen werden.

Die Ausbildung entsprechender Voraussetzungen und die Vorbereitung auf den Übergang zum eigentlichen Rollenspiel stellten in den Untersuchungen ein organisiertes psychologisches Experiment dar. In diesem Experiment gestaltete der Versuchsleiter die für den Übergang zum Rollenspiel erforderlichen Prozesse. Das Prinzip einer solchen Untersuchung besteht darin, kontinuierlich die Voraussetzungen für das Rollenspiel zu schaffen und dann auch den Übergang zu dieser Spielform herbeizuführen.

Es wurde dabei ermittelt, welche Funktionen die Erwachsenen

bei der Ausbildung der Voraussetzungen erfüllen (welchen Charakter die gemeinsame Tätigkeit von Erwachsenem und Kind haben mußte), und die Frage geklärt, welche Voraussetzungen speziell für den Übergang zum Rollenspiel in seiner Anfangsform notwendig und ausreichend sind. Alle im weiteren referierten Untersuchungen basieren auf dem Faktenmaterial und den Verallgemeinerungen, zu denen F. I. *Fradkina* und L. S. *Slawina* gelangt sind, sowie auf den theoretischen Auffassungen, die L. S. *Wygotski*, A. N. *Leontjew* und wir in unseren eigenen Arbeiten entwickelt haben.

Verweilen wir kurz bei den Ergebnissen dreier Untersuchungen: N. J. *Michailenko* (1975), durchgeführt bei normalen Kindern des frühen und mittleren Vorschulalters; N. D. *Sokolowa* (1973), durchgeführt bei geistig zurückgebliebenen Vorschulkindern; L. F. *Obuchowa* und T. A. *Bassilowa*, durchgeführt bei blinden taubstummen Kindern. Die Autoren stellten uns ihre Ergebnisse freundlicherweise für die Veröffentlichung zur Verfügung.

N. J. *Michailenko*[29] ermittelte die Hauptelemente der Struktur des Spielens sowie die Zusammenhänge zwischen diesen Elementen und stellte sich dabei die Aufgabe, herauszufinden, welche Bedeutung diese Elemente im Entstehungsprozeß der Spieltätigkeit und welche Schwierigkeiten die Kinder bei der Aneignung dieser Elemente haben.

Nachdem *Michailenko* viele verschiedene Sujetspiele analysiert hatte, sonderte er folgende Elemente des Spiels heraus:

a) Rolle beziehungsweise darstellende Personen, b) Situation, in der die Rolle realisiert wird, c) Handlungen, durch die die Rolle realisiert wird, d) Gegenstände, mit denen der Spielende handelt, e) Beziehung zu den anderen darstellenden Personen.

Abhängig von den zum Spiel gehörenden Elementen und den zwischen ihnen bestehenden Zusammenhängen wurden Sujets dreier verschiedener Kompliziertheitsgrade ausgesondert: 1. Sujets mit einer Person und genau festgelegten Gegenstän-

---

[29] Die Untersuchung wurde unter der Leitung von J. I. *Radina* und N. S. *Pantina* durchgeführt.

den in einer oder in einigen wenigen Situationen; 2. Sujets mit mehreren Personen und einem Komplex übereinstimmender Handlungen, in denen die Verbindung zwischen den Personen vorgegeben ist, entweder dadurch, daß die Kinder in die allgemeine Situation einbezogen sind, oder durch die Reihenfolge der durchzuführenden Handlungen; 3. Sujets, in denen außer einem Komplex von Handlungen und den Verbindungen zwischen den Personen auch die Beziehungen zwischen ihnen vorgegeben sind.

In den Vorbereitungsversuchen wurde ermittelt, wieweit die Kinder in der Lage sind, elementare Formen der Spieltätigkeit nach den von den Erwachsenen gebotenen Mustern nachzuvollziehen. An diesen Experimenten nahmen Kinder von anderthalb bis drei Jahren teil. Das Spielsujet wurde ihnen auf verschiedene Weise vermittelt. In der ersten Serie wurde es ihnen verbal erläutert. Nachdem das Interesse des Kindes für das Spielzeug, mit dem es handeln sollte, geweckt war, erzählte ihm die Versuchsleiterin ein einfaches Sujet, das eine oder zwei Handlungen mit dem Spielzeug enthielt, oder nur eine Handlung, die man mit zwei Spielsachen ausführen mußte. Zum Beispiel: „Am Tisch sitzen eine Puppe und ein Teddy. Sie sind hübsch und ordentlich. Vor ihnen stehen Teller. Ein Mädchen (ein Junge) holte einen Löffel und begann zuerst die Puppe und dann den Teddy zu füttern. Sie hat beide so lange gefüttert, bis sie ganz satt waren. Das war ein tüchtiges Mädchen!" Nach der Erzählung deutet die Versuchsleiterin auf das Spielzeug und fordert das Kind auf zu spielen. Unter diesen Bedingungen haben von 55 Kindern nur 10 Kinder über zwei Jahre mit dem vorgelegten Spielzeug zu spielen begonnen. Die übrigen schenkten der Aufforderung, nach dem erzählten Sujet zu spielen, keinerlei Beachtung.

Man vermutete, bei Kindern dieses Alters genügt es nicht, etwas zu erzählen, um sie zum Handeln mit Spielzeug zu veranlassen, sondern man muß ihnen die Handlungen, um die es in der Erzählung geht, zeigen. In der nächsten Versuchsserie hat die Versuchsleiterin das Sujet nicht nur erzählt, sondern es vor den Kindern auch gespielt. Unter diesen Bedingungen haben von den 45 Kindern, die nach der bloßen Erzählung nicht der Aufforderung zu spielen gefolgt waren, 32 nach entsprechender Ermunterung zu spielen begonnen und das Sujet irgendwie realisiert. Der geringere Teil der Kinder (14) handelte mit dem Spielzeug sujetgerecht. Dabei zeigten diese Kinder Begeisterung, erweiterten das Sujet, fügten zu den genannten Handlungen andere, aus der eigenen Erfahrung stammende hinzu. Ihre Tätigkeit hatte einen ausgeprägt emotionalen Charakter. In ihr kamen nicht nur die Handlungen zum Ausdruck, sondern auch die emotionale Beziehung des Kindes zu den Objekten, den Sujetspielsachen (Puppen, Tieren).

Die zweite, zahlenmäßig größere Gruppe von Kindern (18) griff das vom Versuchsleiter vorgeschlagene Sujet auf und führte die darin enthaltenen Handlungen aus, hielt sich dabei aber nur an das gezeigte Muster; es kamen höchstens unwesentliche Kürzungen vor. Die Kinder zeigten keine emotionale Beziehung zum Sujetspielzeug und keine Neigung, die Handlungen zu erweitern. Die Spiele waren nur von kurzer Dauer, und nachdem die Kinder die Handlungen ausgeführt hatten, brachen sie das Spiel entweder ab, oder sie gingen zu anderen Handlungen über, die keine Beziehung zum Sujet hatten. Die Handlungen mit dem Spielzeug trugen hier den Charakter der Pflichterfüllung gegenüber den Erwachsenen. Es waren Handlungen nach einer Instruktion, die sich in keiner Weise von den üblichen gegenständlich-praktischen Handlungen unterschieden.

In der Annahme, die Besonderheiten der Handlungen dieser zuletzt genannten Kindergruppe könnten auf die Beziehungen des Kindes zum Erwachsenen zurückzuführen sein, entwickelte N. J. *Michailenko* eine weitere Versuchsserie, in der das Sichverpflichtetfühlen ausgeschaltet wurde. Um das zu erreichen, spielte der Versuchsleiter, während er das Sujet erzählte und die Handlungen vorführte, mit dem Kind zusammen und versuchte auf jede erdenkliche Weise, durch Intonation, Mimik, Gestik, eine emotional positive Beziehung zu dem Spielzeug und den Handlungen damit zu entwickeln. Nachdem die Kinder auf diese Weise mitspielten, gestalteten die meisten von ihnen ihre Tätigkeit nicht mehr als Ausführung einer Instruktion des Erwachsenen, sondern beteiligten sich am Spiel emotional, und alle ihre Handlungen mit dem Spielzeug hatten die Färbung positiver emotionaler Beziehungen. Die Kinder zeigten nun Aktivität und Initiative und spielten ziemlich lange (25 bis 30 Minuten), mit offensichtlichem Vergnügen. Um das Kleinkind zum Spielen zu veranlassen, genügt es also nicht, wenn es lediglich irgendwelche Handlungen nachvollzieht. Es muß bei ihm außerdem eine bestimmte emotionale Beziehung zu den handelnden Personen entstehen, die vom Spielzeug dargestellt werden. Diese These ist sehr wichtig, weil sie zeigt, daß das Spiel bereits in den frühesten Etappen seiner Entstehung implizit die emotionale Beziehung zum Handlungsobjekt enthält.

In all diesen Experimenten wurde aber von den Kindern im Alter von anderthalb bis zwei Jahren eine kleinere Gruppe ermittelt (13 von 55), die nicht in der Lage waren, von bloßen Manipulationen mit dem Spielzeug zu einem elementaren Sujetspiel überzugehen. Bei diesen Kindern hatte sich noch nicht die Fähigkeit entwickelt, Spielhandlungen auszuführen. Diese aber stellen eine unerläßliche Voraussetzung für das Rollenspiel dar. Die Spielhandlungen sind, obwohl sie aus gegenständlichen praktischen Handlungen hervorgehen, eine besondere Art von Handlungen. In ihnen werden gegenständliche Handlungen in verallgemeinerter und verkürzter Form, in Form eines Handlungsschemas wiedergegeben. Nun stand man vor der Aufgabe zu ermitteln, unter welchen Bedingungen sich solche Handlungen bei den Kindern ausbilden lassen.

Mit der Gruppe von Kindern, die überhaupt nicht imstande waren, Spielhandlungen auszuführen, wurde speziell gearbeitet, um bei ihnen solche Handlungen auszubilden. Einem Teil dieser Kinder (Gruppe a) führte die Versuchsleiterin die verkürzte, schematisierte Handlung vor. Sie bestand aus einer bis zwei besonders charakteristischen Operationen. Dem zweiten Teil der Kinder (Gruppe b) zeigte sie ein Handlungsmuster mit allen Operationen, aus denen die Handlung bestand, das heißt, sie führte ihnen die entfaltete konkrete Handlung vor. In diesen beiden Versuchsgruppen wurden völlig unterschiedliche Ergebnisse in bezug auf die Aneignung der Spielhandlungen erzielt. In der ersten Gruppe hat ein Teil der Kinder sofort, nachdem die Versuchsleiterin die Handlung vorgeführt hatte, die Handlung richtig vollzogen, und der restliche Teil schaffte das, nachdem er die Handlung einmal mit einem Erwachsenen ausgeführt hatte. In der zweiten Gruppe (Gruppe b) reichte weder das bloße Vorzeigen noch ein einmaliges gemeinsames Handeln aus; die Kinder eigneten sich die Handlung erst, nachdem sie sie mehrmals mit dem Versuchsleiter gemeinsam wiederholt hatten, an.

N. J. *Michailenko* ist der Meinung, die Handlungen, die sich die Kinder dieser beiden Gruppen angeeignet haben, sind nicht als Spielhandlungen im eigentlichen Sinne anzusehen, und zwar erstens, weil die Handlungen nur mit dem Spielzeug vollzogen werden, mit dem sich das Kind sie angeeignet hatte, zweitens, weil es sich ganz genau an das Muster hält, und drittens, weil es ein und dieselbe Handlung sehr oft wiederholt. (Unseres Erachtens sind diese Handlungen nicht von den Gegenständen gelöst und noch nicht verallgemeinert.) Folglich bestand die Aufgabe, sie in Spielhandlungen zu verwandeln.

Es wurde also eine spezielle Versuchsserie durchgeführt, in der sich die erworbenen elementaren Handlungen mit Sujetspielzeug in Spielhandlungen verwandeln sollten. Um das zu erreichen, veranlaßte die Versuchsleiterin die Kinder, nicht mit den Gegenständen die Handlungen auszuführen, mit denen sie sich diese Handlungen angeeignet hatten, sondern mit Ersatzgegenständen. Ein Teil der Kinder vollzog die Handlungen mit den Ersatzgegenständen, nachdem sie verbal dazu aufgefordert wurden, der andere Teil erst, nachdem man ihnen die Handlungen vorzeigte.

Bei der Analyse des gesammelten Materials konnte festgestellt werden, daß es den Kindern der Gruppe b, die sich das gesamte System der zur Handlung gehörenden Operationen angeeignet hatten, sehr schwer fiel, diese Handlungen auf die Ersatzgegenstände zu übertragen. Der Versuchsleiter mußte ihnen die Handlungen mehrmals zeigen und sie mit ihnen gemeinsam ausführen. Aber auch diese Kinder beschritten den Weg von der vollständigen und detaillierten Ausführung der Handlung zu der verallgemeinerten und verkürzten. Charakteristisch war anfangs für alle Kinder das Festhalten an jenen

Ersatzgegenständen, die der Erwachsene beim ersten Vorzeigen dargeboten hatte. Erst nachdem die Handlungen auf verschiedene Ersatzgegenstände übertragen und verschiedene Handlungen mit ein und demselben Ersatzgegenstand ausgeführt worden waren, gelang es, diese Trägheit zu überwinden.

Im Verlauf der Verallgemeinerung und Verkürzung der Handlung veränderte sich ihre Bedeutung: Die Handlung mit dem Löffel verwandelte sich in Füttern der Puppe, die Handlung mit dem Kamm in Kämmen usw. Während bis dahin Löffel oder Kamm Handlungsobjekt waren, wurden jetzt die Puppe beziehungsweise irgendein anderes Sujetspielzeug zu Handlungsobjekten. Löffel und Kamm, ersetzt durch Ersatzgegenstände, wurden nun zu Mitteln, die Handlungen Füttern beziehungsweise Kämmen auszuführen; Objekt dieser Handlungen war nunmehr das Sujetspielzeug.

Aber obwohl diese Handlungen, was die Form ihres Vollzugs anbelangt, zu Spielhandlungen geworden sind, konnte noch immer nicht von einem Rollenspiel die Rede sein. Nach den Angaben der erörterten Untersuchung kam diese Tatsache besonders darin zum Ausdruck, daß die Kinder nur etwa folgende Art von Vorschlägen der Versuchsleiterin befolgten: „Füttere die Puppe", „Mach den Teddy gesund", „Spiele Doktor", „Spiele die Erzieherin". N. J. *Michailenko* formuliert die Hypothese, damit das Kind dazu übergeht, eine Rolle auszuführen, sind vor allem zwei Bedingungen erforderlich: erstens muß es eine Person mit vielen verschiedenen Handlungen in Verbindung bringen (die Mutter füttert das Kind, geht mit ihm spazieren, legt es ins Bett, liest ihm vor, badet es; der Doktor untersucht, verschreibt Medizin, gibt eine Spritze), und zweitens muß es sich in die Rolle der Person in dem gegebenen Sujet hineinversetzen.

Mit dem Ziel, das Rollenspiel auszubilden, wurden gemeinsame Spiele mit der Versuchsleiterin organisiert, in denen die Kinder mehrere Handlungen ausführten, die für irgendeine handelnde Person kennzeichnend waren (Doktor, Kraftfahrer, Mutter), und im Ausführungsverlauf ordnete die Versuchsleiterin die Handlungen des Kindes der jeweiligen Rolle zu: „Du fütterst das Töchterchen wie eine Mutti", „Du machst das

Kind wie ein Doktor wieder gesund". Nachdem eine ganze Handlungskette vollzogen worden war, hielt die Versuchsleiterin alle vom Kind ausgeführten Handlungen fest: „Du hast Doktor gespielt", „Du hast Kraftfahrer gespielt". Bereits nach wenigen solchen gemeinsamen Spielen spielten die Kinder gern ein in einfacher Form vorgeschlagenes Sujet.

Diese Experimente wurden mit einer ziemlich großen Gruppe von Kindern (46) im Alter von zwei bis vier Jahren durchgeführt, bei denen sich bereits Spielhandlungen gebildet hatten, sich aber noch kein Rollenverhalten zeigte.

In der Untersuchung von N. J. *Manuilenko,* in der spezielle entwickelnde Experimente organisiert wurden, haben sich die in den vorausgegangenen Arbeiten von F. J. *Fradkina* und L. S. *Slawina* sowie die in unseren Arbeiten ermittelten Ergebnisse bestätigt und wurden präzisiert. Das Faktenmaterial all dieser Untersuchungen spricht dafür, daß der Entwicklungsweg des Spiels von der konkreten gegenständlichen Handlung zur verallgemeinerten Spielhandlung und von dieser zur Rollenspielhandlung verläuft.

Die wesentliche Schlußfolgerung aus dem geschilderten entwickelnden Experiment ist der Beweis, daß die genannten Übergänge von Spielniveau zu Spielniveau der Anleitung durch Erwachsene bedürfen – und jeder einzelne dazu noch jeweils einer besonderen Art der Anleitung. Die Vorstellung, das Rollenspiel entwickele sich spontan, beruht darauf, daß die Erwachsenen es nicht merken, wie sie die Kinder hierbei anleiten, darauf, daß die Anleitung gleichsam spontan erfolgt.

N. D. *Sokolowa* (1973)[30] entwickelte experimentell bei geistig zurückgebliebenen Vorschulkindern im Alter von vier bis sechs Jahren das Rollenspiel. Die Kinder befanden sich in Sonderkindergärten. Es handelte sich um geistig retardierte Kinder auf der Stufe der Debilität.

Zunächst beobachtete N. D. *Sokolowa* alle drei Gruppen der Kinder des Sonderkindergartens (erstes, zweites und drittes Jahr der Teilnahme am Spezialunterricht) und stellte fest, daß die selbständige Tätigkeit mit Gegenständen in allen drei

---

[30] Die Untersuchung leitete N. G. *Morosowa.*

Gruppen primitiv und eintönig war. Zwar zeigen fast alle Kinder dieses Kindergartens Interesse am Spielzeug, werden in der Regel aber nur durch das Äußere des Spielzeugs angeregt, nicht durch die Möglichkeit, mit ihm gegenständliche Handlungen zu vollziehen und irgendeine Absicht zu verwirklichen. Das Interesse bleibt auch nur sehr kurze Zeit erhalten. Oftmals (in 46,4 Prozent der Fälle) kommt es zu inadäquaten Handlungen. Selbst wenn die Kinder adäquate Handlungen mit Gegenständen ausführen, sind diese Handlungen einfallslos und stereotyp. Das höchste, erst gegen Ende des Vorschulalters zu beobachtende Niveau besteht in prozessualen Handlungen, die mehrmals, ohne jegliche Abwandlungen wiederholt werden.

In keiner Beobachtung konnte ein Fall registriert werden, in dem ein Ersatzgegenstand angewandt oder mit einem eingebildeten Objekt gehandelt wurde. Beim geistig zurückgebliebenen Vorschulkind gibt es natürlich kein Sujetrollenspiel, nur in ganz seltenen Fällen sind einzelne Sujethandlungen zu beobachten. Sehr arm ist auch die Sprache der Kinder während dieser elementaren Handlungen.

Bei ihren Beobachtungen, wie sich das Spiel der Kinder im Verlaufe ihres Aufenthalts in speziellen Vorschuleinrichtungen entwickelt, stellte N. D. *Sokolowa* fest, daß hier eine gewisse Dynamik zu verzeichnen ist: Die Anzahl der adäquaten Handlungen nimmt zu, und unspezifische Manipulationen mit den Gegenständen verschwinden. Jedoch bleiben, selbst bei Kindern im dritten Betreuungsjahr, Handlungen mit Ersatzgegenständen und Sujethandlungen völlig aus.

Daß die Kinder keine wesentlichen Fortschritte in der Entwicklung von Voraussetzungen für die Entstehung des Rollenspiels machen, führt *Sokolowa* auf die pädagogische Anleitung zurück, die in der Hauptsache auf verbale Anweisungen der Pädagogen beschränkt bleibt. Dabei fällt es geistig zurückgebliebenen Kindern bekanntlich selbst im Schulalter schwer, eine verbale Instruktion zu verstehen.

N. D. *Sokolowa* forderte die Kinder in einer speziellen Untersuchung auf, Spielhandlungen nach einer nicht aufgegliederten verbalen Instruktion auszuführen. Es sollte eine Kette miteinander verbundener Handlungen mit einem Gegenstand vollzogen werden. Diese Art von Instruktionen brachte bei den Kindern aller Altersgruppen keinerlei Fortschritte. Wurde die Instruktion dagegen in einzelne Anweisungen für jede einzelne Handlung aufgegliedert, so konnten gewisse Fortschritte verzeichnet werden. Die Kinder begannen zu handeln, aber eine Kette von zusammenhängenden Handlungen war auch durch eine aufgegliederte Instruktion nicht zu erreichen. Die Autorin gelangte mit Recht zu dem Schluß, daß eine rein verbale Anleitung der Spielhandlungen mit Gegenständen bei geistig zurückgebliebenen Kindern nichts einbringt. Selbst wenn das Kind die in der Instruktion geforderten Handlungen nacheinander ausführt, stellt es keine Verbindung zwischen ihnen her. Diese Angaben führten *Sokolowa* eben zu dem Schluß: Die rein verbale Anleitung kann keinerlei Fortschritte in der Entwicklung des Spielens geistig zurückgebliebener Kinder herbeiführen.

In einem speziellen Unterricht bemühte sich N. D. *Sokolowa,* den Kindern einige Spielelemente zu vermitteln: das Ausführen von Spielhandlungen und das Sichhineinversetzen in eine Rolle. In der ersten Versuchsserie führte die Versuchsleiterin eine Handlungskette mit einem Sujetspielzeug, einer Puppe, vor. Dann wurde das Kind aufgefordert, dieselben Handlungen mit seiner Puppe nachzuvollziehen. Mit solchem Vorzeigen wurden bessere Ergebnisse erzielt als mit rein verbalen Erklärungen. Auf diese Weise hatte man die Gefühle der Kinder mehr angesprochen, und die meisten vermochten die verlangte Handlungskette nachzuvollziehen. Die Handlungen einiger Kinder begannen den Charakter von Spielhandlungen anzunehmen, und die sechs- bis siebenjährigen Mädchen und Jungen ergänzten die Kette der vorgezeigten Handlungen sogar durch Handlungen aus der eigenen Lebenserfahrung. Bei den älteren Kindern zeigte sich eine neue, früher nicht beobachtete Beziehung zur Puppe. Sie verhielten sich zu ihr wie zu einem Lebewesen. N. D. *Sokolowa* betrachtet eine derartige neue Beziehung zum Sujetspielzeug als unerläßliche Bedingung für den Übergang zu Rollenhandlungen.

Die meisten Kinder jedoch beschränkten sich darauf, die gezeigten Handlungen genau zu reproduzieren, ohne eine Spielsituation zu schaffen und ohne sich in die sich daraus ergebende Rolle des Erwachsenen hineinzuversetzen. Die ermittelten Ergebnisse veranlaßten die Autorin, mit den in Frage kommenden Kindern speziell dahingehend zu arbeiten, daß sie sich in die Rolle eines Erwachsenen zu versetzen vermögen. Die Versuchsleiterin machte dem Kind klar, daß die Puppe seine Tochter ist. Sie nannte das Kind Mutti beziehungsweise Vati, gab auch der „Tochter" einen Namen, versuchte auf jede erdenkliche Weise zu erreichen, daß das Kind die Puppe als seine Tochter ansah. Natürlich war zu erwarten, das Kind würde mit seiner Puppentochter die Handlungen ausführen, die man ihm gerade vorgeführt hatte. Aber bei den jüngeren Kindern haben die Bemühungen, sie in eine Rolle hineinzuversetzen, keinerlei Einfluß auf ihre Handlungen mit dem Spielzeug gehabt. Sie handelten damit annähernd so wie zuvor. Die meisten Kinder sahen keinerlei Zusammenhang zwischen der Rolle und den ihnen vorher gezeigten Handlungen.

Die Kinder der mittleren Gruppe gaben sich Mühe, der Rolle gemäß zu handeln; das beschränkte sich jedoch gewöhnlich nur darauf, die Puppe anzusprechen, ihr etwas zu sagen und ihr dabei vor allem die eigene „Macht" über sie zu zeigen. Die Spielhandlungen dieser Kinder entsprangen nicht der Rolle und waren von der Rolle losgelöste Einzelhandlungen.

Nur die ältesten Kinder übernahmen gern die vorgeschlagene Rolle und begannen sofort, ihre Tochter zu erziehen. Aber auch die Handlungen dieser Kinder waren einfältig und ausdruckslos, und einige Kinder machten aus der Handlungskette eine stereotyp immer wiederkehrende Handlung.

Allein dadurch also, daß Erwachsene eine Spielsituation schaffen, daß sie das Kind in die Rolle eines Erwachsenen hineinversetzen, wird, selbst wenn dieser Erwachsene dem Kind auch nahesteht und es ihn gut kennt, noch nicht ein rollengemäßes Handeln des Kindes gewährleistet. Dem Kind bleibt der Zusammenhang zwischen der Rolle und den Handlungen, mit denen sie ausgeführt werden kann, bleibt die Rollenbedeutung der Handlung verborgen.

Der Zusammenhang zwischen der Rolle und den mit ihr verbundenen Handlungen wird dem Kind nicht spontan klar, sondern muß ihm von den Erwachsenen deutlich gemacht werden. Das eben bezweckte N. D. *Sokolowa* mit ihrer letzten Versuchsserie. Sie verband das Hineinversetzen des Kindes in die Rolle und in die Spielsituation mit der Reproduktion einer Kette von Spielhandlungen. Damit schuf sie eine Art „synthetische" Methode zur Entwicklung des Spielens. Der Erwachsene schaltet dabei das Kind gleichsam in die gemeinsame Tätigkeit ein, bei der eine Spielsituation entsteht und Spielhandlungen ausgeführt werden. Die Entwicklung des Spielens erfolgt mit jedem Kind individuell (es waren insgesamt 45 Kinder, 15 von jeder Altersgruppe des Kindergartens), in vier Folgen und bei kontinuierlicher Erweiterung immer ein und desselben Sujets: „Betreuung des Kindes" (Baden der Puppe, Brei für sie kochen, sie schlafen legen). Einige Tage nach den vier Versuchsfolgen, in denen die Handlungen gemeinsam durchgeführt worden waren, fanden Kontrollversuche statt, um zu ermitteln, welches Niveau die Spielhandlungen erreicht hatten. Dem Kind wurde die Gelegenheit gegeben, im Spielzimmer, in dem alles für ein Sujetrollenspiel Erforderliche vorhanden war, selbständig zu handeln.

Der Vergleich zwischen den Ergebnissen der Kontrollversuche und dem Anfangsniveau zeigte, daß die Kinder in ihrem Spielverhalten beträchtliche Fortschritte gemacht hatten. Sie beschäftigten sich bedeutend länger mit dem Spielzeug – in der ältesten Gruppe doppelt so lang wie früher. Diese Verlängerung der Spieldauer beruht auf den veränderten Handlungen mit dem Spielzeug. Anstelle der sich wiederholenden stereotypen Handlungen führten die Kinder mit jedem Spielzeug zusammenhängende Ketten von Handlungen aus. Es entwickelte sich eine selektive Beziehung zum Spielzeug. Selbst die kleinsten Kinder wählten aus dem übrigen Spielzeug die Puppe, sie gewann eine besondere Anziehungskraft. Viele Kinder suchten sich bereits im voraus Spielsachen (Puppen, Möbel, Kochherd) aus, die sie benötigten, um das bei ihnen entstandene, elementare Spielvorhaben zu verwirklichen, auch wenn es sich dabei um eine Wiedergabe des im Zusammenspiel mit dem Erwachsenen entwickelten Sujets handelte. Es tauchen Elemente des eigentlichen Rollenverhaltens auf. Einige Kinder der mittleren Gruppe versetzen sich in die Rolle der Erzieherin. Bei anderen äußern sich Elemente des Rollenverhaltens in einem zärtlichen, fürsorglichen, aufmerksamen Umgang mit der Puppe.

In der ältesten Gruppe war ein besonders auffälliger Fortschritt zu beobachten. Ein Großteil der Kinder (9 von 15) begann die übernommene Rolle zu spielen und seine Handlungen dieser Rolle unterzuordnen. Freilich war das Rollenverhalten noch nicht sehr konstant; die Kinder wichen zuweilen von ihrer Rolle ab, führten andere Handlungen aus. Aber es tauchten verallgemeinerte, verkürzte, im eigentlichen Sinne darstellerische Handlungen auf. In allen Gruppen gewann die Sprache beträchtlich an Bedeutung, ihre Funktionen wurden reichhaltiger: Bei den Kindern der mittleren und der ältesten Gruppe setzt die planende Sprache ein sowie die Sprache, mit der Kinder ihre Beziehung zu Sujetspielsachen zum Ausdruck bringen. Dennoch handelt es sich hier noch nicht um ein selbständiges Sujetrollenspiel. Das Spiel bleibt auf jene Sujets, auf jene Handlungen und auf jene Handlungsfolgen beschränkt, die in den gemeinsamen Handlungen mit den Erwachsenen ins Spiel eingeführt worden waren.

N. D. *Sokolowa* stellt fest, daß die Kinder im Verlauf der Entstehung, sei es auch nur eines elementaren Spielverhaltens sich leichter neue gegenständliche Handlungen aneigneten, mehr sprachen und ihre Sprache in funktioneller Hinsicht an Vielfalt gewann.

Es gehört nicht zu unseren Aufgaben, auf die pädagogische Bedeutung des Spiels im Hinblick auf die Korrektur einiger Besonderheiten geistig zurückgebliebener Kinder einzugehen. Wir haben diese Untersuchungsergebnisse hier nur deshalb referiert, weil in ihnen die Entwicklungsstadien des Spiels deutlich zum Ausdruck kommen. Besonders wichtig ist die bei normalen Kindern gewöhnlich unmerklich verlaufende Etappe, in der sich die gegenständlichen Spielhandlungen mit der Rolle verbinden und zu Rollenhandlungen werden, das heißt zu Handlungen, in denen sich eine Beziehung zu den handelnden Personen äußert. Insgesamt gesehen, werden durch dieses Material die Angaben über die Entwicklung der Voraussetzungen für das Rollenspiel und den Übergang zu dieser Spielform beim normalen Kind erhärtet.

Zum Schluß wollen wir unser Augenmerk noch auf die Besonderheiten der Entstehung des Spiels bei blinden taubstummen Kindern richten. Bei diesen Kindern muß jede Handlung, jede Verhaltensform mit besonderen pädagogischen Mitteln, unter stetiger Anleitung entwickelt werden, es muß eine ständige gemeinsame Tätigkeit des Erwachsenen mit dem Kind gewährleistet sein. Aber die Kinder, die sehr früh Sehvermögen und Gehör verloren haben und infolge der Gehörlosigkeit auch nicht sprechen können, entwickeln sich im Prinzip genauso wie die normalen Kinder und können ein sehr hohes Entwicklungsniveau erreichen. Nur daß ihre Entwicklung bedeutend mehr Zeit in Anspruch nimmt und in besonderer Weise gelenkt werden muß.

Das nun folgende Material entstammt Beobachtungen, die in einer klinischen Spezialschule[31] durchgeführt wurden. Wir lassen hier die Frage außer acht, in welcher Weise die Kinder dieser Einrichtung pädagogisch entwickelt werden, welche Verfahren ihrer gemeinsamen Tätigkeit mit den Erwachsenen bestimmte Entwicklungsfortschritte der Kinder herbeiführen. Uns interessieren lediglich die Hauptentwicklungsetappen des Spielverhaltens und einige Bedingungen des Übergangs von gegenständlichen Handlungen zu eigentlichen Spielhandlungen.

Wie beim normalen Kind entwickelt sich auch beim blinden taubstummen Kind das Spielen nicht ohne Anleitung durch Erwachsene. J. A. *Sokoljanski* sagte in diesem Zusammenhang, blinde taubstumme Kinder beginnen niemals selbst mit Puppen zu spielen und sind nicht in der Lage, selbständig überhaupt ein Spiel zu gestalten. Aber ein direkter Unterricht an sich führt nicht zum Spiel und ist seiner Entstehung nicht einmal dienlich. Das ist keineswegs verwunderlich, weil das Spiel, wie wir uns erinnern, sich im Ergebnis gegenständlicher Handlungen entwickelt. J. A. *Sokoljanski* vertrat sogar die Ansicht, es sei ein hoffnungsloses Unterfangen, solche Kinder das

---

[31] Diese klinische Spezialschule gründete in der UdSSR Professor J. A. *Sokoljanski*. Sie existiert heute noch.

Spielen zu lehren. Da jedes Spiel, insbesondere das Puppen-spiel, eine Spiegelung der sozialen Erfahrung ist, die soziale Erfahrung sich aber beim blinden taubstummen Kind nur äußerst langsam entwickelt und es sie im Kleinkindalter nicht auszudrücken vermag, verzögert sich auch die Entstehung des Spiels, das hängt mit der gesamten vorausgegangenen Entwick-lung des Kindes zusammen.

Äußerlich verläuft alles scheinbar richtig: Man *lehrt* das Kind spielen. Aber das Nachvollziehen der vom Erwachsenen vor-geführten Handlungen mit Spielzeug (mit dem Teddy, mit der Puppe) ist beim blinden taubstummen Kind Ernstverhalten. Das sehschwache gehörlose Kind Wowa zum Beispiel setzte dem Teddy eine Brille auf. Äußerlich mag das wie ein Spiel erscheinen, aber der Junge schaute seitlich mit allem Ernst durch die Brille, um festzustellen, *was* denn der Teddy *nun* sieht. Eine andere Beobachtung verdeutlicht diese Besonderheit noch prägnanter. Ein blindes taubstummes Mädchen zog dem Teddy die Höschen aus und setzte ihn auf den leeren Plastepapier-korb, den sie zuvor ans Bett, anstelle eines Töpfchens, gestellt hatte. Das Mädchen setzte sich auf einen Stuhl daneben und blieb lange so sitzen, wobei sie sich zum Teddy hinüberneigte. Dann hob sie ihn an, steckte die Hand in das Töpfchen und setzte den Teddy wieder drauf. So blieb sie zehn Minuten sitzen und prüfte von Zeit zu Zeit den Inhalt des Töpfchens, in Erwartung eines Ergebnisses. Dasselbe Mädchen zeigte dem Teddy Bilder und führte sie stets sehr nahe an dessen linkes Auge heran – mit dem linken Auge konnte sie noch ein ganz klein wenig sehen.

In allen diesen Beispielen gibt es keine eingebildete Situation, keine Bedingtheit, und anstelle der Spielhandlung wird im Prinzip eine typische gegenständliche Handlung vollzogen. Der psychologische Mechanismus dieser Erscheinung besteht in fol-gendem: vorzeitiger Unterricht, Nichtübereinstimmung zwischen den Forderungen und den realen Möglichkeiten, ein blindes taubstummes Kind zu entwickeln.

Das blinde taubstumme Kind beginnt nur unter der Bedingung zu spielen, daß sich seine gegenständliche Tätigkeit und seine *Sprache* entwickeln. Die Entstehung des Spiels beruht hier auf denselben Gesetzmäßigkeiten, die F. I. *Fradkina* beim Untersuchen dieses Prozesses bei normalen Kindern ermittelt hat. Es wären dabei folgende Etappen zu nennen:

1. Etappe des spezifischen Manipulierens mit dem Gegenstand, zum Unterschied von dem früheren „unspezifischen" Manipulieren, bei dem das Kind mit verschiedenen Gegenständen gleichförmige Bewegungen ausführt (schüttelt, klopft, wirft usw.).

2. Selbständiges Reproduzieren einzelner Elemente oder einer Reihe von Handlungen. Charakteristisch ist die Nachahmung der Handlungen Erwachsener in einer ähnlichen, aber nicht gleichen Situation sowie die Übertragung der Handlung auf andere Gegenstände. Das blinde taubstumme Kind vollzieht oftmals immer wieder die aus einigen Operationen bestehende Handlung des Fütterns der Puppe. Das aber ist noch kein Spiel. Zum Beispiel hat ein blindes taubstummes Mädchen den Teddy weggeworfen, sich die Schuhe ausgezogen, sich in das Puppenbett (Körbchen) gelegt, sich zugedeckt, sich in Schlaf gewiegt und diese Handlung viele Male wiederholt.

Ein Kind, das nicht sprechen kann, ist nicht in der Lage, anders als in der geschilderten Weise zu handeln. Die Sprache entsteht im Entwicklungsprozeß der gegenständlichen Handlung und erfüllt beim blinden taubstummen Kind zuerst nur die Funktion des Signals zu handeln, noch nicht jedoch die Funktion, einen Gegenstand zu bezeichnen. Die Signalfunktion der Sprache ist keine Grundlage für die „bedingte" eingebildete Tätigkeitsebene, ohne die es kein Spiel geben kann. Zu einem qualitativen Sprung in der Entwicklung kommt es mit der Entstehung des Wortes als Mittel, einen Gegenstand zu bezeichnen, und dieser Sprung trägt zur Entwicklung des wirklichen Spielens bei.

3. Schaffen einer speziellen Spielsituation, Reproduzieren der Handlungen eines anderen Menschen (des Erziehers), Verwendung von Ersatzgegenständen. Die Handlung mit dem Gegenstand erfolgt in Übereinstimmung mit seiner Spielbedeutung und nicht mit der konstanten Bedeutung des Gegenstandes. Das Kind reproduziert beim Spielen selbständig nicht einzelne Handlungen, sondern ganze Sujets, indem es einmal für

den Pädagogen, einmal für die Puppe handelt. Eben auf dieser Etappe taucht die „Rolle in der Handlung" auf (F. I. *Fradkina*) – objektiv eine Nachahmung der Handlungen konkreter Erwachsener, aber ohne daß die Rolle dem Kind bewußt wird. Der Gegenstand wird immer wieder benutzt, aber die Handlung trägt Couplet- und nicht Sujetcharakter.

Dina zum Beispiel holt sich aus dem Schrank einen Büchsenöffner, eine Zahnbürste und eine Gabel. Vor die Puppe legt sie den Büchsenöffner, vor den großen Teddy die Zahnbürste und vor den kleinen Teddy die Gabel. Setzt sich selbst hin, ißt vom Teller mit einem Kamm. Dann nimmt sie dem Teddy die Zahnbürste weg und ißt damit, als wäre es ein Löffel. Nun nimmt sie die Zahnbürste in den Mund und fängt an, die Zähne zu bürsten. Darauf benutzt sie die Bürste erneut als Löffel: Sie führt sie nur bis zum Mund und wieder zum Teller. Dann legt sie die Zahnbürste, ihren Löffel, auf den Teller vor dem Teddy. Streicht sich über den Kopf. Trinkt aus einem hochformatigen Kästchen. Steht auf, tritt hinter den großen Teddy und füttert ihn. Dann füttert sie den anderen Teddy. Holt ein Stück Papier herbei, zerreißt es in kleine Fetzchen und legt sie jedem der am Tisch Sitzenden vor. Setzt sich auf ihren Platz, trinkt aus einer Tasse. Beißt ganz echt von einem Stück Papier ab und trinkt aus der Tasse. Spuckt das Papier aus und beißt erneut ab, aber diesmal nur zum Schein, trinkt.

4. Auftreten von Umbenennungen in der Spielsituation. Zuerst gibt das Kind den Ersatzgegenständen andere Namen, entsprechend ihrer Funktion im Spiel. Sich selbst aber identifiziert es noch nicht mit einer anderen Person und gibt sich noch nicht deren Namen. Man brachte Dina ein neues Spielzeug, eine Tasse. Sie stellt sie auf den Tisch und stellt dann noch anderes Geschirr dazu. Vor dem Teddy steht auf dem Tisch die neue Tasse und liegt ein Löffel, vor Dina steht beziehungsweise liegt ein Glas und ein Löffel. Die Versuchsleiterin weist auf die Tasse und fragt: „Was ist das?" Dina: „Tasse." Dina sitzt am Tisch, ißt und füttert den Teddy. Dann springt sie auf, holt die Puppe herbei, setzt sie auf den eigenen Platz und füttert sie. Vl.: „Wer ist das?" Dina: „Puppe." Vl.: „Wer ist das?" (Zeigt auf den Teddy.) Dina: „Teddy." Vl.: „Wer ist

das?" (Weist auf Dina.) Dina: „Dina." (Sie holt die anderen Puppen aus der Spielecke und setzt sie auf Stühlchen um den Tisch herum. Vor jede Puppe stellt sie einen Teller hin. Neben jeden Teller legt sie Plättchen und Stifte aus Plast. Drei Stifte nimmt sie vom Tisch und legt sie auf einen Teller in der Mitte des Tisches.) Vl.: „Was ist das?" Dina: „Brot." (Legt auf jeden Teller noch einen Teller, aber etwas seitlich verschoben.) Vl.: „Was ist das?" (Weist auf das Plastplättchen neben dem Teller.) Dina: „Löffel." Vl.: „Was ist das?" (Weist auf einen der auf den ersten seitlich draufgestellten Teller.) Dina: „Löffel." Vl.: „Was ist das?" (Weist auf einen der unten stehenden Teller.) Dina: „Teller. *(Deutet selbst auf den Boden des Tellers.)* Suppe, Brei, Kartoffeln." (Ißt von ihrem Teller, zeigt mit einer Geste, daß es gut schmeckt. Beißt von dem Plastplättchen Brot ab. Droht böse in Richtung der übrigen Puppen, wobei sie ihnen ihr Brot zeigt. Springt auf, bringt Teile des Plastebaukastens herbei und legt vor jede der am Tisch sitzenden Puppen etwas hin. Vl.: „Was ist das?" (Weist auf die Baukastenteile.) Dina: „Brot."

5. In dieser letzten Etappe gibt das Kind sich und seinem Spielpartner (der Puppe) Namen anderer Menschen. Hier einige solche Fälle:

Erstmals hat Dina während der Beschäftigungen vom Tisch ein Rechenstäbchen genommen, es zum Mund geführt und getan, als rauche sie eine Zigarette. Sie deutete auf sich mit dem Finger und sagte: „Papa." Dann führte sie dieses Stäbchen zum Munde der Erzieherin und bezeichnete sie als „Papa". Nun steckte sie das Stäbchen einem anderen blinden taubstummen Mädchen in den Mund und sagte wiederum: „Papa."

Einige Tage später zog Dina den weißen Kittel einer Erzieherin an, setzte sich in die Puppenecke auf einen Stuhl neben ein Puppenbett, in dem eine Puppe lag, schlug die Beine übereinander, stützte sich mit dem Ellbogen auf das Knie und legte die Wange in die Hand. In dieser Pose verharrte sie mehrere Minuten (in genau derselben Pose sitzt immer der Arzt, wenn er erkrankte Kinder besucht). Nun holt sie vom Schrank ein aus Gummi und Holz bestehendes Spielstethoskop, rückt ihren Stuhl näher an das Puppenbett heran, deckt die Puppe auf, nimmt sie aus dem Bett, streicht es glatt und versucht schließlich, sich die Enden des Geräts in die Ohren zu stecken. Es gelingt ihr nicht, und sie legt die Puppe ins Bett zurück. Sie bemerkt, daß eine Erzieherin den Raum betreten hat, wendet sich ihr zu und sagt, indem sie auf sich zeigt: „Arzt." Sie setzt die Erzieherin neben sich auf einen Stuhl, hört ihr Brust und Rücken mit dem Stethoskop ab und zeigt mit einer Geste: „Gut." Erzieherin: „Wer?" Dina: „Doktor."

Das ist in den Hauptzügen der Weg des blinden taubstummen Kindes von der gegenständlichen Tätigkeit zu Elementen des Sujetrollenspiels. In den angeführten Beispielen waren die Kinder acht bis neun Jahre alt. Diese Kinder nehmen denselben Entwicklungsweg wie normale Kinder, nur im späteren Alter und bei weitaus größerem Zeitaufwand in der Zusammenarbeit mit den Erziehern.

Die experimentelle Entwicklung der Voraussetzungen für das Rollenspiel beim normalen Kleinkind sowie beim geistig zurückgebliebenen Vorschulkind und Beobachtungen, wie sich Spielelemente bei blinden taubstummen Kindern entwickeln, deuten auf allgemeine Gesetzmäßigkeiten der Spielentwicklung, denen die Logik der Aneignung gegenständlicher Handlungen und die Heraussonderung des Erwachsenen als Muster und Träger der gesellschaftlichen Tätigkeitsformen und Beziehungen zugrunde liegen. All diese Dinge gehen nicht spontan vor sich, sondern unter der Leitung Erwachsener.

5.4. Die Entwicklung der Rolle im Spiel

Eine wesentliche Aufgabe beim Erforschen des Rollenspiels besteht darin, zu ermitteln, welche psychologischen Voraussetzungen gegeben sein müssen, damit sich das Kind in eine Rolle hineinversetzt, und wie sich der Inhalt der Rolle des Kindes im Spiel entwickelt. Wichtig ist außerdem, zu klären, wie sich das Verhältnis des Kindes zu seiner Rolle im Spiel wandelt.

Diese Probleme waren Gegenstand unserer Untersuchungen. Wir sagten bereits, daß wir für unsere Analyse den experimentellen Weg gewählt hatten. Unsere Experimente zur Klärung dieser Fragen bestanden in gewöhnlichen Spielen, an denen die Versuchsleiterin als Mitspielerin oder als Leiterin teilnahm. Die Versuchsleiterin schlug entweder das Spielsujet vor, oder sie veränderte den Spielverlauf, indem sie für verschiedene zusätzliche Bedingungen sorgte.

Es wurden drei Serien von Versuchsspielen durchgeführt. (E. A. *Gerschenson* sammelte in den Untersuchungen das Material, das uns zur Analyse vorlag.) Zur ersten Serie gehörten Spiele, in denen die Kinder „sich selbst", „Erwachsene" und „andere Kinder" spielten. Zur zweiten Serie gehörten Spiele, in denen, während das Kind die Rolle spielte, gegen die Handlungsfolge verstoßen wurde. Zur dritten Serie gehörten Spiele, in denen gegen die Bedeutung der Rolle verstoßen wurde.

Spiele, in denen das Kind „sich selbst", „Erwachsene" und „andere Kinder" spielt

Das Experiment bestand aus drei zusammenhängenden Phasen. In der *ersten* Phase organisierte die Versuchsleiterin (die Erzieherin) das Spiel „Kindergarten", aber in der Weise, daß jeder Spielteilnehmer er selbst blieb – die Erzieherin blieb Erzieherin, und die Kinder blieben Kinder. Waren die Kinder mit dem Spielvorschlag einverstanden, so überließ die Erzieherin ihnen den Spielverlauf. Nötigenfalls fragte sie: „Was muß getan werden?", und führte die Hinweise der Kinder aus.

In der *zweiten* Phase – falls die Kinder es ablehnten, sich selbst zu spielen, oder wenn sie das Spiel beendeten, nachdem es irgendwie zustande gekommen war – schlägt die Erzieherin vor, folgendermaßen zu spielen: Ein Kind soll die Leiterin sein (hierbei wird der Name der Gruppenleiterin genannt), sie selbst und das andere Kind sind die Kinder. Im weiteren Verlauf spielt die Erzieherin die Rolle eines Kindes.

In der *dritten* Phase schlägt die Erzieherin vor, selbst die Rolle der Gruppenleiterin zu übernehmen, und die Kinder sollen jeweils irgendein anderes Kind ihrer Gruppe spielen. Hierbei nennt die Erzieherin entweder die Namen der Kinder, die die Spielenden darstellen sollen, oder sie fordert die Kinder auf zu wählen, welches Kind sie gern spielen möchten.

An jedem der auf diese Weise organisierten Spiele nahmen zwei Kinder teil (an drei Spielen nur eins). Die Experimente wurden mit Kindern aller Altersgruppen des Kindergartens durchgeführt.

Bevor wir dazu übergehen, die Untersuchungsergebnisse zu schildern und zu analysieren, wollen wir die Unterschiede zwischen den drei Phasen des Experiments verdeutlichen. In der ersten Phase mußte das Kind sich selbst darstellen, in der zweiten einen Erwachsenen (die Erzieherin) oder ein Kind, in der dritten ein bestimmtes Kind aus seiner Gruppe. Entscheidend für das schöpferische Spiel des Vorschulkindes ist ja das Sichhineinversetzen in eine Rolle, deshalb muß geklärt werden, unter welchen Voraussetzungen das Kind die Rolle übernimmt.

Ganz wesentlich ist hier unseres Erachtens, in welchem Grade und welche Handlungen des Erwachsenen das Kind aussondert und wie es sich an ihnen orientiert. Was sondert das Kind in erster Linie aus, und welcherart ist die Genese seiner Orientierung in den Funktionen der Erwachsenen?

Auf diese Fragen mußte uns das Experiment Antworten liefern. Nun schildern wir die Ergebnisse der einzelnen Phasen des Experiments.

Die erste Phase des Experiments: Die Kinder spielen „sich selbst"

1. Protokoll. Vor dem Mittagessen schlägt die Versuchsleiterin vor: „Assenka (3;0), komm, wir wollen beide spielen." Assenka ist mit Freuden einverstanden. Vl.: „Du wirst Assja sein, und ich werde Marija Sergejewna sein. Willst du?" Assja: „Nein, du wirst Assja sein und ich Marija Sergejewna." Vl.: „Später machen wir das so, aber jetzt bist du Assja und ich Marija Sergejewna." Assja (lacht): „Nein, so nicht. Ich bin Marija Sergejewna und nicht du." (Läuft im Zimmer umher und lacht.)

2. Protokoll. Warja (5;0) hört sich den Vorschlag der Versuchsleiterin an, lächelt verlegen und steht steif da. Vl.: „Nun, Warenka, komm, spielen wir." Warja zupft an ihrer Schürze herum und sagt leise: „Ich brauche Tücher. Ich gehe welche holen." *(Sie läuft davon. Kommt lange nicht zurück.)* Die Versuchsleiterin geht sie holen. Warja steht vor der Türe des Zimmers der ältesten Gruppe und guckt. Vl.: „Komm doch spielen." Warja *(mit gesenktem Kopf)*: „Nein, so mag ich nicht." Vl.: „Komm schon." Warja *(noch leiser)*: „Nein, ich will nicht."

3. Protokoll. Die Versuchsleiterin fordert Walja und Rita (6;0) auf, mit ihr, wie geschildert, zu spielen. Walja: „Spielen wir lieber ‚Mutter und Kind'." Vl.: „Nein, das wollen wir morgen spielen." Walja: „Dann werde ich die Mutti sein und Rita die Tochter." Vl.: „Wir haben doch beschlossen, morgen ‚Mutter und Kind' zu spielen, heute aber spielen wir so: Du bist Walja, du Rita und ich bin Jelena Andrejewna. Nun, was machen wir jetzt?" Rita: „Gehen wir zu Ihnen rüber. Schauen wir uns Bilder an." (Die Kinder sind es gewohnt, daß die Erzieherin mit ihnen an einigen Tagen in der Woche Bilder betrachtet.) Walja: „Ich habe ein schönes Bild." Die Kinder gehen Bilder betrachten.

4. Protokoll. Orik und Jura (6;6) hören sich den Vorschlag der Versuchsleiterin an, sie lachen. Orik: „Dann müssen wir nach oben gehen." Vl.: „Gut, gehen wir." Die Kinder gehen in ein Zimmer. Orik *(lachend)*: „Jetzt fragen Sie uns, und wir werden antworten." Vl.: „Was soll ich fragen?" Orik *(lachend)*: „Nach einem Bild oder wie weit man zählen kann." Beide lachen. Die Versuchsleiterin holt ein Bild und beginnt Fragen zu stellen, was darauf dargestellt ist. Orik *(blickt Jura an)*: „Ich habe im vorigen Jahr genau solche Fragen beantwortet, nur daß es ein anderes Bild war. Hier trägt ein Mädchen auf dem Rücken eine Puppe." Jura: „Sie schleppt schwer. Das ist keine Puppe, sondern ein Kind." Orik: „Gehen wir lieber spielen." Vl.: „Und was machen wir hier?" Jura: „Wir führen mit Ihnen eine Beschäftigung durch." Orik wartet nicht die Erlaubnis ab und wendet sich zur Tür. Vl.: „Aber wir haben uns doch vorgenommen, so zu spielen. Was hast du, Orik?" Orik *(verärgert)*: „So spielt man nicht. Das ist kein Spiel. Ich gehe und spiele mit Tom Dame."

5. Protokoll. Nina und Dina (6;8) hören sich den Vorschlag der Versuchsleiterin an. Nina *(lächelnd)*: „So geht das nicht. Sie sind doch Nina Sergejewna. *(Lacht.)* Wie soll ich Nina spielen, wenn ich selbst Nina bin." Dina *(hört sich das ernst-haft an)*: „Man müßte mit Frühsport anfangen, dann früh-stücken und sich dann eine Beschäftigung vornehmen. Oder wollen Sie es anders? Ich weiß nicht, wie man es anders machen soll."

Wir brachten fünf der charakteristischsten Schilderungen der Spiele, in denen die Kinder „sich selbst" spielen sollten. Die übrigen Protokolle ergeben im allgemeinen dasselbe Bild. Die jüngeren Kinder lehnen es überhaupt ab, sich selbst zu spielen. Sich selbst zu spielen ist ihnen uninteressant. Sie finden keinen Inhalt in diesem Spiel. Es ist anzunehmen, daß sowohl ihre Beziehungen untereinander als auch zu den Erwachsenen für sie noch nicht als Beziehungen existieren. Bei den Vor-schulkindern der mittleren Gruppe ist im Grunde ein ähn-liches Bild zu beobachten, nur mit dem Unterschied, daß nach der Ablehnung, sich selbst zu spielen, ein anderes Spiel vor-geschlagen wird. Manches Kind nennt bereits irgendeine für seine Beziehung zur Versuchsleiterin typische Handlung und schlägt sie als Tätigkeitsinhalt vor. „Gehen wir zu Ihnen rüber, und schauen wir uns Bilder an." Irgendeine der üblichen Be-schäftigungen ist dann der Ersatz für das Spiel.

Diese Tendenz, für die üblichen Beziehungen mit der Erziehe-rin typische Handlungen herauszusondern, ist bei den Kindern der mittleren Gruppe (5 bis 6 Jahre) nur in Ansätzen vorhan-den und kommt erst in der ältesten Gruppe ganz deutlich zum Ausdruck.

Die älteren Kinder schlagen irgendeine der üblichen Beschäfti-gungen vor, oder sie empfehlen, den ganzen Ablauf des Kinder-gartentages nachzuvollziehen. Beim Realisieren dieses Inhalts sind für sie ihre Beziehungen mit der Versuchsleiterin nicht Spielbeziehungen, sondern Ernstbeziehungen. Charakteristisch für die älteren ist auch die Tatsache, daß sie ihre Ablehnung des vorgeschlagenen Spiels recht klar motivieren: „So spielt man nicht, das ist kein Spiel", „Wie soll ich Nina spielen, wenn ich selbst Nina bin?"

In diesem Experiment offenbarte sich ein für das Kinderspiel typischer Zug. Spielen ist nur möglich, wenn es eine Rolle gibt. Die Beziehung zum Spiel entwickelt sich beim Kind in der

Weise, daß ihm gegen Ende des Vorschulalters bewußt zu werden beginnt: Sein Spiel ist eine Darstellung des Menschen. Ohne das kann es kein Spiel geben.

Unsere Ergebnisse lassen zwei Schlüsse zu:

Erstens: Zentrales Moment des Spiels ist die Ausführung der vom Kinde übernommenen Rolle. Sie ist außerdem das Hauptmotiv des Spiels. Zweitens: Im Entwicklungsverlauf wird dem Kind seine Rolle ständig neu bewußt. Im jüngeren Alter existiert die Beziehung „Ich-Rolle" für das Kind noch nicht als Beziehung, und obwohl das Kind im Spiel sich selbst niemals völlig mit dem Menschen identifiziert, dessen Funktionen es im Spiel reproduziert, wird diese Beziehung dem Kind erst gegen Ende des Vorschulalters, in seiner zweiten Hälfte, bewußt und kommt in mehreren Symptomen zum Ausdruck, die, allgemein gesehen, als kritische Beziehung zur eigenen Darstellung der übernommenen Rolle oder zur Ausführung der Rolle durch die Spielgefährten bezeichnet werden kann.

Beim Übergang zur zweiten Phase des Experiments (Ausführung der Rolle eines Erwachsenen) fällt vor allem auf, wie lebhaft die Kinder werden und mit welcher Freude sie zu spielen beginnen, kaum daß ihnen vorgeschlagen wurde, die Rolle der Erzieherin zu übernehmen. Wie bereits gesagt, wurde in der zweiten Phase dem Kind vorgeschlagen, die Rolle der Erzieherin zu spielen, während die Versuchsleiterin am Spiel in der Rolle eines Kindes teilnahm.

Wir bringen einige der typischsten Beispiele des Verlaufs dieser Spiele.

6. Protokoll. Nachdem Grischa und Wowa (4;0) es abgelehnt hatten, „sich selbst" zu spielen, machte die Versuchsleiterin ihnen den Vorschlag, Wowa sollte Faina Semjonowna sein, während die Versuchsleiterin und Grischa Kinder darstellen würden. Grischa *(nachdem er sich den Vorschlag angehört hatte):* „Nein, ich werde Faina Semjonowna sein und Sie und Wowa Kinder." Wowa: „Aber ich werde wie die Kinder von Marija Sergejewna sein – so wie Wolja.[32]" Grischa: „Setzt euch an den Tisch. Ich werde euch Kaffee eingießen. *(Verteilt auf der Matte*

---

[32] Wolja war ein dreijähriges Kind einer anderen Gruppe des Kindergartens.

Würfel.) Hier bringe ich euch Kuchenkringel. *(Holt Holzringe von einer Pyramide herbei.)* Setzt euch hier hin." *(Zeigt auf die Matte.)* Wowa und die Versuchsleiterin setzen sich. Wowa: „Ich möchte viele Kringel." Grischa: „Alle bekommen gleich viel. *(Legt vor jeden einen Ring hin.)* Jeder einen und noch einen und noch einen. Nun könnt ihr essen." Wowa *(Tut so, als würde er etwas von dem Ring abbeißen, dann führt er den von Grischa hingestellten Würfel zum Mund, als würde er trinken.)*: „Schmeckt gut." Grischa: „Jetzt eßt noch etwas Brot." Legt einige Bausteinchen auf den Tisch. Die Kinder essen. Grischa: „So, nun kann auch ich etwas essen." Tut so, als würde er essen. Wowa: „Jetzt möchte ich spielen." Geht in eine Zimmerecke und beginnt zu bauen. Grischa: „Jetzt räumen wir den Tisch ab und gehen spazieren." Bringt die Ringe, die Würfel und die Bausteine an ihren Platz. Wowa: „Gut, gehen wir spazieren." Legt die Bausteine zurück. „Wohin werden wir gehen?" Grischa: „In den kleinen Garten – dort." Deutet zum anderen Ende des Zimmers. Wowa begibt sich dorthin, sagt zu Grischa: „Ist das heute aber kalt." Grischa: „Hier hast du einen Schlitten." Hält ihm einen langen Holzbolzen hin. Wowa: „Das sind Schier." Er läuft Schi, versucht sich auf den Bolzen fortzubewegen. Da werden die Kinder in ihre Gruppe zum Spaziergang geholt. Grischa: „Wir werden dann noch weiter spazieren." Die Kinder gehen zu ihrer Gruppe.

7. *Protokoll.* Galja und Bjelotschka (4;0) lehnen es ab, „sich selbst" zu spielen. Galja starrt die Versuchsleiterin zuerst an, dann wendet sie sich ab und errötet. Die Versuchsleiterin wiederholt ihren Vorschlag. Galja seufzt und geht davon, Bjelotschka folgt ihr. Versuchsleiterin: „Galja, komm, laß uns so spielen, daß du Faina Semjonowna bist, und ich und Bjelotschka sind Kinder." Galja *(kommt rasch zurück, lächelt)*: „Ja, ich werde Faina Sergejewna sein und ihr seid die Kinder." Bjelotschka: „Gut." Und unverzüglich beginnt Galja Anweisungen zu geben: „Setzt euch an den Tisch, nein, zuerst wascht euch die Hände, dort." Zeigt auf eine Wand. Bjelotschka geht zur Wand, die Versuchsleiterin folgt ihr. Bjelotschka vollführt Bewegungen des Händewaschens. Galja: „Setzt euch an den Tisch. Ich habe ihn schon gedeckt. Hier ist das Weißbrot, hier sind die

Tassen, gleich werde ich Kaffee eingießen." Sie sammelt die von den Topfpflanzen abgefallenen Blätter auf und legt je zwei bis drei davon zu drei Häufchen. Bjelotschka und die Versuchsleiterin setzen sich an den Tisch und tun so, als würden sie essen. Die Versuchsleiterin macht Bjelotschka alles nach. Galja *(wirft einen strengen Blick auf die Essenden)*: „Bjelotschka, sitz ruhig. Schwatzt nicht am Tisch." Legt noch ein paar Blätter auf. Walja kommt hinzu. Sie setzt sich ebenfalls an den Tisch und beginnt zu essen. Galja: „Jetzt könnt ihr schlafen gehen." Bjelotschka: „Zuerst muß man noch den Mund spülen." Geht zur Wand und tut, als spüle sie den Mund. Galja *(indem sie auf die Stühlchen zeigt)*: „Hier werdet ihr schlafen." Bjelotschka, Walja und die Versuchsleiterin setzen sich hin. Galja: „Macht die Äuglein zu, legt die Wange auf die Hand." Walja zappelt herum. Galja: „Walja, lieg ruhig. Wälz dich nicht hin und her." Walja gehorcht. Galja: „Nun habt ihr ausgeschlafen. Steht auf. Zieht euch an." Walja und Bjelotschka und genauso die Versuchsleiterin führen Bewegungen des Anziehens aus, sie tun, als würden sie Schuhe anziehen, die Kittelschürze zuknöpfen usw. Dann setzen sie sich an den Tisch. Galja: „Jetzt trinken wir Tee. *(Stellt vor jeden einen kleinen zylinderförmigen Baustein hin und gießt aus einem anderen ein.)* Das ist Tee. *(Holt einige halbkugelförmige Bausteine und verteilt sie.)* Das sind Kuchenbrötchen, für jeden eins." Walja ißt langsam. Galja: „Walja, trödle nicht." Die Versuchsleiterin wird hinausgerufen. Sie sagt, ihre Mutti sei gekommen, um sie abzuholen, und geht. Die Kinder lachen.

8. *Protokoll.* Nachdem Borja und Alik (6;0) abgelehnt haben, „sich selbst" zu spielen, schlagen sie andere Spiele vor: Borja schlägt vor, einen Dampfer zu bauen, und Alik, „Katze und Maus" zu spielen. Versuchsleiterin: „Laßt uns so spielen, daß du, Borja, Faina Semjonowna bist, und Alik und ich sind die Kinder." Borja: „Ich werde mit euch Beschäftigungen machen und essen. Zuerst werden wir Frühsport machen und dann frühstücken." Alik: „Borja, wollen wir doch lieber ‚Katze und Maus' spielen." Borja *(mit ernster Stimme)*: „Ich bin nicht Borja, ich bin Faina Semjonowna." Alik: „Das will ich nicht. Ich will ‚Katze und Maus'." Vl.: „Wir werden danach ‚Katze

und Maus' spielen und jetzt so, wie wir es verabredet haben."
Borja: „Stellt euch in einer Reihe auf. Alik, los, stell dich auf."
Alik: „Ich werde Jura holen." Holt Jura. Borja: „Stellt euch in
einer Reihe auf." Alik und Jura stellen sich hintereinander auf.
Borja: „Eins, zwei, drei." Alik und Jura marschieren. Borja:
„Halt! Arme hoch! Runter!" Alik und Jura führen die Kommandos aus. Borja: „Kommt jetzt zum Frühstück." Alik:
„Besser wäre bauen." Borja: „Vor dem Frühstück baut man
nicht." Die Kinder setzen sich auf den Teppich. Borja *(verteilt
an sie kleine Bausteine)*: „Wer mit dem Essen fertig ist, kann
zu bauen anfangen." Alik *(schnell)*: „Ich bin schon satt." Läuft
bauen. Borja: „Ich auch. Wir bauen einen Dampfer." Jura
schließt sich ihnen an.

9. Protokoll. Ljoscha und Wassja (6;0) erklären sich auf den
Vorschlag des Versuchsleiters hin gern bereit, „Kindergarten"
zu spielen. Ljoscha: „Nur, wen spiele ich?" Vl.: „Lidija Iwanowna." Ljoscha *(lacht)*: „Nein, ich will lieber Onkel Wassja
sein. Ich bringe die Milch gefahren. Und dann mache ich noch
verschiedene Sachen." Wassja: „Und ich werde der Doktor
sein. Ich werde alle Kinder untersuchen." Ljoscha: „Doktor!
Du bist doch ein Junge und nicht ein Mädchen." Wassja *(ge-
kränkt)*: „Na und, ich gehe mit meiner Mutti immer zu einem
Onkel Doktor." Vl.: „Und wer soll ich sein?" Ljoscha: „Sie
können Rosa Markowna oder Jekaterina Konstantinowna
sein." Vl.: „Was muß ich dann tun?" Wassja: „Sie müssen
irgend etwas mit den Kindern machen." Vl.: „Aber wir haben
doch keine Kinder." Ljoscha: „Man kann welche holen." Vl.:
„Laßt uns doch so spielen: Wassja und ich sind Kinder, und
du, Ljoscha, bist Lidija Iwanowna." Ljoscha: „Nein, ich werde
Onkel Wassja sein. Jetzt muß ich schon losfahren. *(Läuft weg,
belädt ein Lastauto mit Klötzchen und kehrt bald zurück.)* Uff,
war das schwer. Nur mit Mühe und Not habe ich alles her-
gebracht." Wassja *(steht untätig herum)*: „Ich hole lieber noch
Kinder. Ich werde Doktor sein und sie die Kinder." Vl.:
„Nun, ich werde auch ein Kind sein." Wassja *(zeigt sofort
Eifer)*: „Setzen Sie sich, und ich werde Sie aufrufen. *(Er verteilt auf dem Tisch einige Klötzchen, legt auch einen Span als
Spatel hin.)* So, nun kommen Sie zu mir. Sie müssen die Ärmel

richtig hochkrempeln. Ich werde Sie gegen Pocken impfen."
Vl.: „Ich will aber nicht – das tut weh." Wassja *(lächelnd)*:
„Nein, das tut gar nicht weh, so – schon fertig." Impft die
Versuchsleiterin.

Vor allem fällt in dieser Phase des Experiments auf, daß die
Kinder sofort lebhaft werden, wenn ihnen, nachdem sie es abgelehnt haben, sich selbst zu spielen, vorgeschlagen wird, eines
der Kinder soll Gruppenleiter sein, während das andere und
die Versuchsleiterin Kinder darstellen würden. Fast alle Kinder sind mit Freuden bereit, in dieser Weise zu spielen. Unterschiedlich reagieren die Kinder jedoch darauf, ob sie die Erzieherin oder ein Kind spielen sollen.

Die Rolle der Erzieherin wird mit Vergnügen sowohl von den
jüngeren als auch von den älteren Kindern übernommen. In
manchen Fällen ist diese Rolle ein Eroberungsgegenstand. Wer
diese Rolle als erster erobert hat, wird Erzieherin, und dem
anderen bleibt nur die Rolle des Kindes übrig.

Nur manche ältere Jungen weigern sich, die Rolle der Erzieherin zu übernehmen. Sie möchten andere, männliche Rollen
spielen. Jüngere Jungen stört diese Nichtübereinstimmung
nicht, und sie führen ihre Rolle gut aus.

Eine ganz andere Beziehung ist im Hinblick auf die Rolle der
Kinder zu beobachten. Manche der kleineren Kinder übernehmen diese Rolle widerspruchslos. Meistens besteht ihr Spiel
lediglich darin, den Anordnungen der die Erzieherin darstellenden Kinder nachzukommen. In manchen Fällen werden auch
Versuche unternommen, die Rolle zu konkretisieren. Die älteren Kinder sträuben sich mit aller Kraft gegen die Rolle eines
Kindes. Solch eine Rolle ist für sie nicht attraktiv. Sie schlagen
entweder andere Spiele oder andere Rollen vor.

Dieses Verhalten der älteren Kinder steht scheinbar im Widerspruch zu den Ergebnissen der ersten Phase des Experiments,
wo die älteren Kinder bemüht waren, sich selbst darzustellen,
indem sie die charakteristischsten Momente ihrer Wechselbeziehungen mit den Erzieherinnen und den Erwachsenen
überhaupt hervorhoben. Das ist aber in Wirklichkeit nur ein
scheinbarer Widerspruch. Daß ältere Kinder nicht gern die
Rolle eines Kindes übernehmen, ist wahrscheinlich auf zwei

Umstände zurückzuführen. Erstens: Hauptmotiv des Spiels ist für das Kind die Rolle, die Rolle eines Kindes aber vermag dieses Motiv nicht zu realisieren. Zweitens: Das ältere Kind ist bereits über jenes Entwicklungsstadium hinaus, da die Beziehungen zu der Erzieherin den wesentlichen Inhalt seines Lebens bilden.

Das Material der zweiten Phase des Experiments läßt noch weitere Schlußfolgerungen zu. Vor allem gibt es hier Anhaltspunkte, denen einiges über die Entwicklung des Inhalts der Rolle zu entnehmen ist. Für das jüngere Vorschulkind bedeutet die Rolle der Erzieherin: den Kindern Essen geben, sie schlafen legen, mit ihnen spazieren gehen. Alle diese Handlungen führt das Kind so aus, als bildeten die übrigen Mitspielenden lediglich den Hintergrund der Rollengestaltung. Die Erzieherin handelt, die Kinder fügen sich. Zwischen der Erzieherin und den Kindern gibt es keinerlei andere Beziehungen als die Benennung der verschiedenen Handlungen und Gegenstände, die zum Spiel gehören.

Aber je älter die Kinder werden, um so mehr beginnt für sie die Rolle der Erzieherin Elemente der Beziehungen „Erzieherin – Kinder" zu enthalten. Es tauchen Bemerkungen und Hinweise auf, wie diese oder jene Handlung ausgeführt werden muß, Hinweise auf die Logik des Handlungsablaufs und auf den Charakter der Wechselbeziehungen zwischen den Kindern selbst: „Zuerst muß der Mund gespült werden, dann legen wir uns schlafen", „Am Tisch wird nicht geschwatzt", „Räumt den Tisch ab" usw. Die Erzieherin handelt nicht nur mit Gegenständen – stellt Tassen auf den Tisch, gießt Kaffee ein, gibt den Kindern Semmeln –, sondern leitet die Kinder auch an. Die Wandlung des Rolleninhalts der Erzieherin besteht in folgendem: Nachdem nur die Handlungen der Erzieherin dargestellt wurden, wobei die übrigen Mitspieler lediglich den Hintergrund für die Tätigkeit der Erzieherin bildeten, gehen die Kinder nun dazu über, die Beziehungen zwischen der Erzieherin und den Kindern darzustellen.

Nicht in gleicher Weise verändert sich der Inhalt der Rolle eines Kindes. In der dritten Phase des Experiments wurde den Kindern vorgeschlagen, andere Kinder zu spielen. Von den jüngeren Kindern wird der Vorschlag, die Rolle eines anderen Kindes zu übernehmen, genauso aufgenommen wie die Aufforderung, sich selbst zu spielen. Erst ältere Kinder erklären sich damit einverstanden. Es folgt ein für das Verhalten der älteren Kinder in dieser experimentellen Situation charakteristisches Protokoll.

10. Protokoll. Der Versuchsleiter schlägt Dina und Nina (6;0) vor, in der Weise zu spielen, daß Dina Tamara ist und Nina Milotschka.

Dina: „Ich will nicht Tamara sein. Sie benimmt sich immer schlecht und ist bei den Beschäftigungen nicht gut. Und gestern haben wir überall den Bleistift gesucht, und sie hatte ihn versteckt. Soll ich etwa auch alles in meiner Tasche verstecken, oder wie?" Lacht. Vl.: „Aber sie ist doch nicht immer so." Dina: „Fast jeden Tag. Ich will nicht Tamara sein, ich will lieber... *(überlegt).* Nun, ich will lieber Nina sein." Beide lachen. Dina *(als wäre sie Nina):* „Darf ich auf die Kleinen aufpassen? *(Wendet sich an Nina und die Versuchsleiterin.)* Sie kümmert sich immer gern um die Kleinen. Ich werde im Schlafraum Ira und Werotschka anziehen." Beide lachen. Vl.: „Also Kinder, fangen wir mit einer Beschäftigung an." Dina *(zu Nina):* „Hier hast du einen Bleistift." Beide Mädchen setzen sich hin und schreiben ruhig. Plötzlich schmollt Nina und dreht sich mit dem Rücken zum Tisch. Vl.: „Was ist los?" Nina *(lächelnd):* „Der Bleistift ist schlecht." Vl.: „Gib her, ich werde ihn anspitzen." Nina: „Nein, Mila schmollt oft, ganz ohne Grund fängt sie zu schmollen an." Die Mädchen lachen und schreiben weiter. Vl.: „Nina, was hast du geschrieben?" Dina *(liest langsamer als sonst):* „Ball. Mama hat einen Ball." Nina schmollt weiter. Vl.: „Milotschka, alle schreiben, und in deinem Heft steht noch nichts. Wir hören bald auf, und du hast nichts geschafft." Nina dreht sich lustlos zum Tisch und beginnt immer noch schmollend zu schreiben. Plötzlich fangen beide Mädchen zu lachen an. Vl.: „Tüchtige Mädchen seid ihr. Habt fein gearbeitet." Die Mädchen gehen lachend zu den anderen Kindern, um am Spaziergang teilzunehmen. Beim Anziehen sagt Dina: „Nina hat genau wie Mila geschmollt. Mila ist immer so."

Das in dieser Phase des Experiments gesammelte Material sagt überzeugend folgendes aus: Übernehmen ältere Kinder die Rolle irgendeines anderen Kindes, dann heben sie entweder typische Handlungen dieses Kindes oder Besonderheiten seines Verhaltens hervor.

Wahrscheinlich sind die Kinder der jüngsten und mittleren Gruppe noch nicht in der Lage, die charakteristischen Merkmale ihrer Spielgefährten zu erkennen, und deshalb vermögen sie sich auch nicht in deren Rolle hineinzuversetzen. Außerdem ist anzunehmen, daß wir es in dieser Phase mit einer spezifischen Verlagerung zu tun haben, das heißt, das, was bei den älteren Kindern vor sich geht, wenn sie andere Kinder darstellen, war bei ihnen auf früheren Entwicklungsstufen vor sich gegangen, wenn sie die Rolle eines Erwachsenen spielten. Damit sich ein Kind in die Rolle irgendeines Erwachsenen hineinversetzen kann, muß es charakteristische Merkmale der Tätigkeit dieses Erwachsenen aussondern. Offenbar ist die Entwicklung des Rolleninhalts gerade von solch einer Aussonderung abhängig und verläuft von der Aussonderung äußerer für den betreffenden Erwachsenen charakteristischer gegenständlicher Handlungen zur Aussonderung seiner Beziehungen mit anderen Menschen.

Welche Schlußfolgerungen ergeben sich nun aus dem angeführten Material unserer ersten Versuchsserie?

Erstens zeigen diese Experimente: Konstituierendes Moment des Spiels ist das Sichhineinversetzen des Kindes in irgendeine Rolle. Anders kann man nicht spielen. Sobald eine Rolle auftaucht, entsteht auch gleich ein Spiel. Es muß nicht unbedingt sein, daß man im Spiel ein Erwachsener ist, man stellt ebensogut irgendein Kind dar (es gibt ja auch Spiele, in denen die Kinder sich in die Rolle eines Tiers hineinversetzen). Ebenso ist im Spiel nicht zwingend eine spezielle Spielsituation erforderlich, in der die Bedeutung mancher Gegenstände auf andere übertragen wird. Spiel ist nicht ausgeschlossen, selbst wenn die Gegenstände, die Handlungen und die Gesamtsituation völlig real sind (wenn Kinder die Rolle anderer Kinder übernehmen, machen sie eventuell wirklich einen Spaziergang, ziehen sich den Mantel an, holen Spielzeug usw.; wenn sie Kindergarten spielen, zeichnen sie wirklich, lösen Aufgaben, betrachten sie Bilder usw.). Unerläßlich bei alledem aber ist die Rolle.

Zweitens: Aufgrund des Materials der ersten Serie kann angenommen werden, das Wesen des Spiels besteht im Nachgestalten der sozialen zwischenmenschlichen Beziehungen. Eben deshalb werden in Spielen, in denen es andere Kinder darzustellen gilt, gern die Rollen von Schelmen übernommen, weil deren Beziehungen deutlicher ausgeprägt sind.

Drittens: Nach dem gewonnenen Material zu urteilen, hat das Spiel für die Kinder der verschiedenen Altersgruppen einen unterschiedlichen Sinn. Für die jüngeren Kinder besteht er in den Handlungen der Person, deren Rolle das Kind übernommen hat; für die mittlere Gruppe bilden den Sinn des Spiels die Beziehungen dieser Person zu anderen; für die älteste Gruppe liegt er in den typischen Beziehungen der Person, deren Rolle das Kind übernommen hat.

Das innere Wesen des Spiels besteht also darin, die zwischenmenschlichen Beziehungen nachzugestalten. Natürlich wird den Kindern das nicht bewußt, sie merken es nicht, daß sie die Beziehungen spielen. Die Beziehungen sind verborgen hinter den Handlungen, hinter den typischen Verhaltensmerkmalen des anderen Kindes und ähnlichem mehr.

Viertens: Die Ergebnisse der ersten Versuchsserie lassen die Annahme zu, daß sich hinter jeder Rolle gewisse Handlungsregeln verbergen beziehungsweise gewisse Regeln des gesellschaftlichen Verhaltens. Sie werden als sich aus der Rolle ergebende Handlungen formuliert. Sind keine Rollen vorhanden (bei den älteren), dann offenbaren sich diese Regeln ganz klar und werden im voraus, vor Handlungsbeginn formuliert.

Fünftens: Das Material sagt aus, wesentliche psychologische Bedingung für die Entstehung des Spiels und folglich dafür, daß sich das Kind in eine Rolle hineinversetzt, ist, daß dem Kind bestimmte reale Beziehungen deutlich geworden sind. Die gewonnenen Angaben lassen eine gewisse Logik hinsichtlich der Heraussonderung solcher Beziehungen im Bewußtsein des Kindes nur vermuten. Zuerst werden wahrscheinlich die Beziehungen eines dem Kinde nahestehenden Erwachsenen zum Kind ausgesondert, dann die Beziehungen der Erwachsenen zueinander und am Ende der Entwicklung die Beziehungen des Kindes zu den Erwachsenen. Im Zusammenhang damit ist die Annahme begründet, daß die Entwicklung des Personenbewußtseins des Kindes (d. h. dem Kind werden seine Beziehungen zu anderen bewußt, damit auch die eigene Stellung und das Streben, eine andere Stellung einzunehmen) ein Ergebnis des Spielens ist. Und schließlich ist dem Material zu entnehmen, daß sich die Beziehung des Kindes zur Ausführung einer Rolle ebenfalls entwickelt. Ganz zu Beginn der Entstehung des Spielens existiert diese Beziehung im Bewußtsein des Kindes wahrscheinlich noch nicht. Sie wird ihm nur allmählich bewußt. Das äußert sich darin, daß die jüngeren Kinder noch keinerlei Streit um eine Rolle entfesseln oder an ihr Kritik üben, was bei sechs- bis siebenjährigen Kindern der Fall ist.

Alle auf der Grundlage des Materials dieser Versuchsserie geäußerten Hypothesen bedürfen noch weiterer Beweise. Die zwei folgenden Versuchsserien müssen uns entweder von der Richtigkeit der Hypothesen überzeugen oder uns veranlassen, sie aufzugeben.

Spiele mit Störung der Handlungsfolge

In der zweiten Versuchsserie organisierten wir für die Kinder inhaltlich sehr vertraute Spiele. Im Spielverlauf versuchte die Versuchsleiterin, gegen die Handlungsfolge zu verstoßen, die das Kind beim Ausführen seiner Rolle zu beachten hatte. Bei den jüngeren Kindern (3 bis 5 Jahre) schaltete sich die Versuchsleiterin ins Spiel ein, während sie „Kindergarten" oder „Familie" spielten, und versuchte, den Ablauf des Mittagessens durcheinanderzubringen. Bei fünf- bis siebenjährigen Kindern versuchte man im „Doktorspiel", gegen die Folge der Handlungen des Arztes zu verstoßen.

Wir bringen einige Protokolle, die einerseits zeigen, wie das Experiment durchgeführt wurde, andererseits das typische Verhalten der Kinder in diesen Spielen offenbaren.

1. Protokoll. Gespielt wird das Spiel „Familie". Die Versuchsleiterin tritt zu den spielenden Kindern. Ljowa (3;5): „Sie kommen uns besuchen? Ich habe zwei Kinder. Die werden wir jetzt füttern!" Vl.: „Und wer bist du?" Ljowa: „Der Papa." Vl.: „Ist Soja vielleicht die Mama?" Ljowa *(erfreut)*: „Ja, ja, Soja soll die Mama sein." Soja (3;6) spielt gern mit. Vl.: „Habe ich aber einen Hunger." Soja: „Ich werde dir gleich zu essen geben." Vl.: „Was gibst du mir denn?" Soja: „Suppe." Ljowa: „Und Buletten." Soja: „Ja, auch Buletten. Und dann gibt es Kuchen." Vl.: „Ich möchte schon jetzt den Kuchen." Ljowa: „Ich gebe ihn dir gleich." Soja: „Nein, ich gebe ihn." Vl.: „Ach, habe ich einen Hunger!" Soja: „Hier hast du eine Pirogge und Kuchen." Gibt ihr Klötzchen. Vl. *(tut, als würde sie essen, und bittet dann)*: „Und jetzt möchte ich eine Bulette." Soja bringt Klötzchen, legt auch vor Ljowa und seine Puppen welche hin. Alle tun, als würden sie essen. Vl.: „Und was gibt es bei euch für eine Suppe?" Soja: „Sie schmeckt gut." Bringt Suppe, führt die Bewegung des Schöpfens aus. Ljowa gibt seinen Kindern Suppe zu essen. Vl.: „Ich bin schon vom Kuchen satt." Soja räumt ab.

2. Protokoll. Es wird „Familie" gespielt. Irotschka K. (3;0) spielt mit zwei Puppen; hat sie auf den Tisch gesetzt und füttert sie, wobei sie immerzu sagt: „Iß, iß, alle Kinder haben schon alles aufgegessen." Vl.: „Was ißt die Puppe?" Ira: „Suppe. Das ist ein böser Junge, ißt schlecht." Vl.: „Er möchte zuerst eine Bulette essen." Ira: „Man muß erst die Suppe aufessen." Setzt das Füttern fort. Vl.: „Siehst, wie er weint! Er möchte die Bulette." Ira: „Hier ist ja schon die Bulette." Füttert die Puppe aus einem anderen Teller. Vl.: „Hat er denn die Suppe aufgegessen?" Ira: „Mhm, hat aufgegessen. *(Sie legt eine Puppe schlafen, nachdem sie Würfel zu einem Bett geordnet hat, dann deckt sie die Puppe zu und setzt sich daneben. Nach zwei bis drei Minuten nimmt sie die Puppe wieder auf den Arm und zupft ihr Kleidchen zurecht.)* Jetzt muß man sich waschen. *(Reibt die Hände der Puppe gegeneinander.)* Und nun gehen wir essen. Heute gibt es Kompott und Kuchenbrötchen." Vl.: „Und dann gibt es noch Braten mit Kartoffeln und Gurken." Ira: „Hier, iß. Hier hast du ein Kartöffelchen." Tut, als legte sie etwas auf den Teller. Vl.: „Das ist doch Kompott, die Kartoffeln sind ja noch nicht fertig."

Ira: „Sie sind fertig. Ich esse gern Kartoffeln." Vl.: „Und Kompott?" Ira: „Danach gibt es Kompott." Vl.: „Ich will vorher Kompott." Ira: „Bitte, hier ist es." Tut, als würde sie etwas in den Teller füllen.

5. *Protokoll.* Der Versuchsleiter schlägt Walja (3;8) und Tamara (4;0) vor, „Kindergarten" zu spielen. Tamara: „Ich werde Marija Sergejewna sein." Walja: „Und ich werde die Kleinen füttern. *(Nimmt zwei Puppen und gibt eine der Versuchsleiterin.)* Auch Sie bekommen eins." Vl.: „Ich möchte noch ein Kind haben." Walja bringt den Teddy. Tamara: „Setzt euch an den Tisch, ich gebe euch zu essen." Vl.: „Ach, habe ich einen Hunger." Tamara: „Ich bringe gleich." Vl.: „Und was bekommen wir?" Tamara: „Kohlsuppe und Makkaroni." Vl. *(zu Walja — Tamara hat sich in eine Ecke des Zimmers begeben)*: „Mein Kleiner möchte aber zuerst Makkaroni essen." Walja: „Ich gebe sie ihm gleich. *(Bringt bunte Ringe.)* Hier, iß einen Kuchenkringel. Und hier sind die Makkaroni. *(Reicht ein Tellerchen herüber, auf dem sich Pyramidenringe befinden.)* Schmeckt fein? Ja?" Vl.: „Ja." Tamara bringt die Suppe. Stellt vor alle Teller — runde Scheiben — hin und sagt: „So, nun eßt." Vl.: „Mein Kleiner ißt ja schon Makkaroni." Tamara *(unzufrieden)*: „Wer hat sie ihm gegeben? Hier habt ihr Suppe, und dann bringe ich Makkaroni." Nimmt den Teller weg. Vl.: „Warum nimmst du den Teller weg?" Tamara: „So ißt man nicht. *(Geht weg. Bringt die Makkaroni — je zwei Bausteinchen auf einer Scheibe — dem Teller.)* Und jetzt mache ich Eis." Vl.: „Ich möchte jetzt schon Eis essen." Walja *(schiebt ihr einen Teller hin)*: „Hier ist Eis." Tamara: „Gar nicht! Das ist kein Eis, das sind Makkaroni. Iß sie auf, dann bekommst du Eis." Die Versuchsleiterin tut, als würde sie essen. Tamara: „Ich gehe holen. *(Geht weg vom Tisch und bringt Ringe und Klötzchen.)* Hier sind Kringel und hier eine Pirogge und Konfekt."

6. *Protokoll.* Es wird „Kindergarten" gespielt. Galja (4;0) spielt mit Tamara (4;0) und Shenja (3;9).

Galja *(zur Versuchsleiterin)*: „Spielen Sie mit. Wir haben ein sehr schönes Mittagessen gekocht." Vl.: „Wer von euch ist denn Faina Semjonowna?" Shenja: „Das bin ich, und Galja ist die Oma (die Köchin)." Galja hat sich in eine Ecke begeben und hantiert dort. Die Versuchsleiterin setzt sich mit den Kindern auf den Teppich. Shenja *(deckt den Puppentisch, stellt Teller hin)*: „Die sind für die Suppe." Vl.: „Aber ich will zuerst Buletten." Shenja: „So ißt man nicht – zuerst die Buletten. Oma, geben Sie den zweiten Gang zuerst?" Galja *(in strengem Ton)*: „Wer die Suppe nicht aufgegessen hat, bekommt auch nicht den zweiten Gang. Hier ist die Nudelsuppe." Stellt auf den Tisch einen Topf. Shenja *(nimmt ein Stöckchen und schöpft Suppe in die Teller)*: „Nun eßt." Jetzt merkt sie, daß keine Löffel da sind. Sie geht zur Erzieherin und bittet darum. Bekommt Holzstäbchen. Galja: „Geben Sie mir auch Gabeln." Bekommt weitere Stäbchen und legt sie beiseite. Shenja hat jedem ein Stäbchen gegeben und setzt sich. Sie schöpft mit dem Stäbchen und führt es zum Mund. Vl.: „Oma, und Sie essen nicht mit uns?" Galja *(ernst)*: „Die Oma ißt niemals in der Gruppe mit." Shenja: „Haben alle aufgegessen? Nun kann man auch den zweiten Gang bringen." Galja stellt eine Bratpfanne auf den Tisch. Shenja räumt die Teller ab und bringt andere. Galja: „Hier habt ihr Gabeln." Shenja *(nimmt die bisher benutzten Stöckchen weg und legt neue hin)*: „Das sind Gabeln. Und hier ist Brot." Legt auf den Tisch einige Bausteinchen. Tut, als würde sie die Buletten austeilen. Vl.: „Aber ich möchte zuerst Eis." Galja: „Was soll das? Eis gibt es erst, wenn Sie mit dem zweiten Gang fertig sind." Shenja: „Sie haben doch Buletten und Kartoffeln. *(Ißt selbst.)* Sehr gut schmecken die Buletten." Alle essen. Galja: „Nun ist auch das Eis fertig." Shenja: „Und wir haben auch schon aufgegessen." Galja sammelt die Stöckchen ein, tut sie in ein Töpfchen und wäscht sie zum Schein ab. Dann verteilt sie sie wieder. Die Kinder nehmen die Stöckchen und essen schmatzend.

8. Protokoll. Die Versuchsleiterin schlägt Alik (4;0) und Walja (3;8) vor, „Kindergarten" zu spielen.

Alik: „Ich werde mit den Kindern spielen und Beschäftigungen mit ihnen durchführen." Vl.: „Und du, Walja, wirst für uns kochen, du wirst die Oma sein." Walja: „Ja, schön. Und hier auf dem Sofa sind noch mehr Kinder. *(Zeigt auf die Puppen.)* Ich gehe jetzt Suppe kochen." Alik: „Gehen wir zu Tisch. Nur die Hände müssen wir uns noch waschen. *(Zur Versuchsleiterin)* Legen Sie jetzt das Papier weg, am Mittagstisch schreibt man nicht." Die Versuchsleiterin legt ihr Schreibzeug auf einen Stuhl. Alik: „Bringen Sie den ersten Gang." Vl.: „So mag ich das nicht. Ich möchte zuerst Piroggen essen und dann die Suppe." Alik: „So ißt man nicht. Nach der Pirogge ißt man nicht Suppe." Vl.: „Aber ich möchte es so." Alik: „Bei uns aber wird nicht so gegessen." Walja: „Hier ist die Suppe." Vl.: „Ich esse aber lieber zuerst Pirogge." Walja *(verwirrt)*: „Alik, gib Jelena Abramowna Pirogge." Alik *(lachend)*: „Wer die Suppe nicht ißt, bekommt auch keine Pirogge." Setzt sich, wirft einen Blick auf die Versuchsleiterin, lächelt und ißt zum Schein. Vl.: „Nun, ein wenig werde ich davon essen." Walja: „Alles aufessen, nicht nur ein wenig." Vl.: „Und Sie, Oma? Essen Sie doch auch mit uns Mittag." Walja: „Ich muß noch kochen. Die Pirogge muß ich noch fertig machen. *(Geht weg und kehrt wieder zurück. Stellt auf den Tisch einen Teller mit kleinen Klötzchen und Bausteinen.)* Heute ist die Pirogge mit Konfitüre gefüllt." Vl.: „Die Pirogge schmeckt gut. Aber die angebrannte Kruste esse ich nicht." Alik: „Hier ist nichts angebrannt. Essen Sie." Ißt selbst. Vl.: „Ich bin fertig. Diese Eckstückchen lasse ich liegen." Alik *(streng)*: „Solange du nicht aufgegessen hast, gehst du auch nicht schlafen. *(Schweigt.)* Und Pirogge bekommst du nie mehr." Die Versuchsleiterin ißt. Nachdem sie fertig ist, fordert Alik alle auf, schlafen zu gehen.

10. Protokoll. Es wird „Kindergarten" gespielt. Vl.: „Ich möchte mit euch spielen. Was spielt ihr?" Galja: „Wir spielen ‚Kindergarten'. Ich bin die Köchin." Walja: „Ich bin Lidija Iwanowna (die Erzieherin), und Katja und Sie werden Kinder sein. Wir werden jetzt zuerst Bücher lesen, und die Oma wird das Mittagessen kochen." Katja geht zu einem Tischchen und stellt Geschirr auf Würfel. Walja: „Wir werden jetzt das Buch ‚Es brennt' lesen. *(Schaut auf die Bilder und spricht den Text auswendig.)* Jetzt setzt euch zu Tisch. *(Tritt an den Tisch, stellt Teller hin und legt Löffel dazu. In die Mitte des Tisches stellt sie einen Blumentopf.)* Damit es schön aussieht. *(Nun dreht sie sich um und sagt laut:)* Das Mittagessen kann aufgetragen werden." Galja *(bringt eine Terrine und stellt sie auf den Tisch)*: „Hier, bitte schön, Suppe mit Klößchen." Walja schöpft zum Schein mit einem Löffel aus der Terrine in jeden Teller etwas und legt jeweils auch zwei bis drei Stückchen Papier hinzu. „Das sind die Klößchen", sagt sie. Vl.: „Mir brauchen Sie keine Suppe aufzutun. Ich möchte zuerst den zweiten Gang." Walja *(lacht)*: „Was ganz Neues – zuerst das Zweite. So ißt man nicht." *(Schöpft ein.)* Vl.: „Ich will aber zuerst den zweiten Gang." Walja: „Wahrscheinlich werden Sie von Ihrer Mama verwöhnt." Die Kinder lachen. Galja: „So ißt man nicht." Vl.: „Nun, ein ganz klein wenig werde ich von der Suppe essen. Oma, setzen Sie sich, und essen Sie mit uns." Galja: „Ich muß noch den zweiten Gang fertig machen und dann noch Tee brühen. Die Oma ißt später." Geht weg. Als zweiten Gang bringt Walja einen Teller mit Papierschnipseln. „Das sind Buletten mit Reis", erklärt sie. Vl.: „Mir bitte ohne Reis." Walja: „Dann bekommen Sie auch keine Bulette. Wer keinen Reis ißt, bekommt auch keine Bulette. *(Lacht.)* Sie können sich den Mund spülen und sich schlafen legen." Den anderen Kindern tut sie jeweils einige Stückchen Papier auf. Die Kinder essen zum Schein.

Für die älteren Kinder wurde, wie gesagt, ein „Doktorspiel" organisiert. In seinem Verlauf unternahm die Versuchsleiterin ebenfalls Versuche, gegen die Logik der Handlungen des Arztes zu verstoßen. Wir führen einige für das Verhalten der Kinder in diesem Spiel charakteristische Protokolle an.

12. Protokoll. „Doktorspiel". Katja K. (6;0) ist die Frau Doktor. Sie setzt sich an den Tisch, legt sich etwas Watte zurecht, stellt ein Glas mit zwei Bleistiften (Thermometer) hin und legt ein Röhrchen (Spritze) dazu. Katja: „Ihr könnt kommen." Die Kinder treten heran und setzen sich. Galja: „Ich habe sehr große Kopfschmerzen, und auch der Hals tut mir weh." „Machen Sie den Mund auf. Sagen Sie a–a–a–a. *(Schaut in den Mund.)* Scharlach. Sie haben Scharlach. Sie werden sofort mit dem Rettungswagen ins Krankenhaus gebracht." Katja tut so, als würde sie telefonieren: „Ja, ein Mädchen ist erkrankt. Ja, schicken Sie einen Rettungswagen." Vl.: „Vielleicht könnte man sie auch hier behalten und ins Schlafzimmer legen. Sie wird einige Tage liegen, und schon ist alles wieder gut." Katja *(ironisch)*: „Einige Tage – das soll was helfen? Sie muß im Krankenhaus liegen. Bei Scharlach muß man ins Krankenhaus. *(Zeigt in eine Ecke des Zimmers.)* Dort soll das Krankenhaus sein." Sie führt Galja dorthin, schiebt einige Stühle zusammen und legt sie darauf. Dann kommt sie zurück und setzt sich auf ihren Platz. Wowa: „Ein Doktor, und hat sich nicht die Hände gewaschen!" Katja: „Ach, hab's ganz vergessen." Wäscht sich zum Schein die Hände. Wowa: „Sie haben mich zu heute bestellt. Werden Sie mich impfen?" Katja: „Ja, ja, sofort, alle werden drankommen." Sie setzt sich an den Tisch, nimmt Watte, feuchtet sie an und befiehlt Wowa, den Ärmel hochzukrempeln. Wowa: „Wo wollen Sie mich pieken?" Katja: „In den Arm." (Zeigt die Stelle.) Wowa: „Bitte sehr." Katja reibt den Arm mit Watte ab, setzt das Röhrchen an, bewegt es ein Stück den Arm hinauf und sagt: „Sehen Sie, wie schön das klappt. Tut doch gar nicht weh?" Wowa *(lächelt und schüttelt sich)*: „Au, das tut mächtig weh!" Nun tritt Kim heran. Katja: „Krempeln Sie den Ärmel auf." (Nimmt die Watte.) Vl.: „Wenn du willst, bringe ich richtigen Spiritus zum Abreiben der Impfstelle. Ich habe ein Fläschchen." Katja *(lebhaft)*: „Au ja!" Vl.: „Du impfe ihn schon immer, und wenn ich das Fläschchen gebracht habe, reibst du ihm dann die Stelle ab." Katja nickt mit dem Kopf. Sie nimmt das Röhrchen und setzt es an. Die Versuchsleiterin holt aus ihrer Aktentasche ein Fläschchen, Katja feuchtet die Watte an und will Kim den Arm reiben. Wowa protestiert: „So wird das nicht gemacht. Die ganze Impfung wirst du wegreiben. So kann es eine Infektion geben. Besser soll es schon so bleiben." Katja *(ernst)*: „Das habe ich ganz vergessen. Sie können gehn. Fertig." Mitja tritt heran: „Mir tut wieder das Ohr weh." Katja verbindet ihm das Ohr.

18. *Protokoll.* „Doktorspiel". Wanja (6;6) ist der Doktor. Er zieht sich einen Kittel an und setzt sich würdevoll an ein Tischchen: „Wer zum Doktor will, der darf keinen Lärm machen. Ich kann sonst nicht abhören." Im Wartezimmer sitzen auf Stühlchen Ida, Walja und Wowa. Wowa: „Herr Doktor, ich muß gegen Diphtherie geimpft werden." Wanja: „Machen

Sie Ihren Arm frei. Krempeln Sie den Ärmel hoch. *(Nimmt etwas Watte, feuchtet sie in einer Tasse mit Wasser an.)* Zuerst muß abgerieben werden, und dann wird geimpft." Reibt Wowa den Arm ab. Wowa krümmt und schüttelt sich: „Aua, tut das weh." Wanja: „Das tut gar nicht weh. *(Nimmt das Röhrchen, setzt es an und drückt leicht.)* Schon erledigt. Alles drin. Jetzt wird mit etwas trockener Watte abgerieben, damit es nicht ausläuft." Wowa: „Bei mir läuft nichts aus." Wanja: „Dann ist es nicht nötig." Walja tritt heran: „Doktor, ich habe Kopfschmerzen und Halsschmerzen. Wahrscheinlich habe ich die Grippe." Wanja: „Nehmen Sie das Thermometer unter die Achsel." Gibt ihr einen Bleistift. Walja steckt ihn unter die Achsel. Heran tritt Mitja: „Sie haben mich herbestellt?" Wanja *(lächelnd)*: „Ja, Sie haben nicht alle Impfungen, die nötig sind, um ins Ferienlager zu fahren. Krempeln Sie den Ärmel hoch." Mitja: „Ich habe alle Impfungen." Wanja *(ernst)*: „Nein, das stimmt nicht." Mitja hat den Ärmel hochgekrempelt. Wanja nimmt Watte, um den Arm abzureiben. Vl.: „Impfe schon, ich bringe dir gleich Spiritus, dann kannst du den Arm richtig abreiben." Wanja: „Sie müssen ein wenig warten. Gleich wird Spiritus gebracht." Vl.: „Er hat es eilig. Impfen Sie schon immer. Sie können ja danach abreiben." Wanja *(lächelnd)*: „Dann reibe ich ihn lieber damit hier ab und erst Wassja mit richtigem Spiritus." Reibt Mitja den Arm mit Wasser ab und impft. Als er später Wassja impft, reibt er dessen Arm mit richtigem Spiritus ab. Nach dem Spiel fragt die Versuchsleiterin Wanja: „Warum wolltest du nicht zuerst impfen und dann mit Spiritus reiben?" Wanja *(leise, verlegen)*: „So wird das nicht gemacht. Das darf man nicht."

Es erübrigt sich, noch mehr Protokolle zu bringen, um den Ablauf des Experiments und die typischsten Verhaltensformen der Kinder der verschiedenen Altersstufen bei diesem Spiel vor Augen zu führen. Die Versuchsergebnisse dieser Serie wurden unter vier Aspekten analysiert:

a) Worin besteht der Hauptinhalt des Spiels für das Kind?

b) Gibt es im Spiel die Rolle, und wie wird sie verwirklicht?

c) Welcherart ist die Handlungslogik, und wodurch wird sie bestimmt?

d) Welche Beziehung hat das Kind zu Verstößen gegen die Handlungslogik, und wie motiviert es seine Proteste gegen solche Verstöße?

Das gewonnene Material zeigt in erster Linie, daß im Spiel des Kindes bei ein und demselben Spielsujet, das heißt beim Nachgestalten ein und desselben Gebiets der Wirklichkeit unterschiedliche Seiten dieser Wirklichkeit im Mittelpunkt stehen. Der Bereich der Wirklichkeit, der sich im Spiel widerspiegelt, ist das Thema beziehungsweise das Sujet des Spiels, und das, was aus diesem Bereich wiedergegeben wird, bezeichneten wir als Spielinhalt. Wie wir sehen, reproduzieren Kinder verschiedenen Alters bei ein und demselben Sujet unterschiedliche Inhalte. Anhand unseres Materials lassen sich vier Entwicklungsniveaus des Spiels unterscheiden. Wir wollen sie der Reihe nach beschreiben.

Erstes Entwicklungsniveau des Spiels

1. Im Mittelpunkt des Spielinhalts stehen vor allem Handlungen mit bestimmten Gegenständen. Diese Handlungen richten sich auf den Mitspieler. Es sind Handlungen der Mutter oder der Erzieherin, und sie gelten den Kindern. Das Wesentlichste beim Ausführen dieser Rollen ist, irgendwem Essen zu geben. In welcher Reihenfolge gegessen wird und was die Muttis oder Erzieherinnen ihren Kindern zum Essen geben, ist gleichgültig.

2. Faktisch gibt es bereits die Rolle, aber sie wird durch den Charakter der Handlungen bestimmt, und nicht umgekehrt. Gewöhnlich werden die Rollen nicht genannt, und die Kinder geben sich nicht die Namen der Personen, deren Rolle sie übernehmen. Selbst wenn im Spiel Rollen verteilt und benannt werden, wenn zum Beispiel ein Kind die Mutti, das andere den Vati oder das eine die Erzieherin, das andere die Kindergartenköchin darstellt, nehmen die Kinder praktisch nicht die Beziehungen zueinander auf, die im realen Leben in solchen Situationen typisch sind.

3. Die Handlungen sind einförmig und bestehen aus einer Reihe sich wiederholender Operationen (z. B. Füttern bei jedem neuen Gericht). Die Spielhandlungen bleiben beschränkt

auf Akte des Essenreichens, sie gehen nicht logisch in die nächstfolgenden über, und ihnen gehen auch nicht andere situationsgerechte Handlungen voraus, zum Beispiel das Händewaschen. Falls es zu einer solchen Handlung einmal kommt, so ist das nur ein Zufall, und das Kind kehrt danach wiederum zu seiner früheren Handlungsart zurück.

Es ist leicht, gegen die Handlungslogik zu verstoßen. Die Kinder protestieren nicht. Die Reihenfolge beim Mittagessen ist für sie nicht wesentlich.

Spiele dieses Entwicklungsniveaus werden uns im 1. und 2. Protokoll vor Augen geführt.

Zweites Entwicklungsniveau des Spiels

1. Hauptinhalt des Spiels ist, wie beim ersten Entwicklungsniveau, die Handlung mit dem Gegenstand. Aber jetzt tritt die Übereinstimmung der Spielhandlung mit der realen Handlung in den Vordergrund.

2. Die Kinder nennen die Rollen selbst. Es deutet sich eine Verteilung der Funktionen an. Die Ausführung der Rolle beschränkt sich auf die Realisation der Handlungen, die mit der jeweiligen Rolle zusammenhängen.

3. Die Handlungslogik wird bestimmt durch die reale Reihenfolge, das heißt durch den wirklichen Handlungsablauf.

Die Anzahl der Handlungen wird größer und durchbricht die Grenzen irgendeines Handlungstyps. Das Essengeben wird verbunden mit der Zubereitung des Essens und dem Auftragen. Nach Beendigung des Essens folgen der Logik der Wirklichkeit entsprechende Handlungen.

4. Verstöße gegen die Handlungsfolge werden praktisch abgelehnt, aber es wird nicht protestiert und die Ablehnung nicht motiviert.

Ein Beispiel für dieses Spielniveau ist das 5. Protokoll. Dieses Protokoll ist auch insofern interessant, als wir hier Kinder zweier verschiedener Niveaus der Spielentwicklung vor uns haben. Während Walja sich auf dem ersten Niveau befindet und für sie das Essengeben Hauptinhalt des Spiels ist, ohne Rücksicht auf die Reihenfolge, hat Tamara bereits das zweite Niveau erreicht. Für sie ist nicht nur das Essengeben wichtig, sondern das Essengeben nach einer bestimmten Logik, die der realen Handlungslogik entspricht. Dementsprechend korrigiert sie die Handlungen Waljas.

Drittes Entwicklungsniveau des Spiels

1. Zum Hauptinhalt des Spiels wird die Ausführung der Rolle und der sich aus ihr ergebenden Handlungen. Das Kind beginnt nun spezielle Handlungen auszusondern, in denen die Beziehungen zu den anderen Spielteilnehmern zum Ausdruck kommen. Ein Zeichen dafür, daß solche Handlungen entstanden sind, ist die Tatsache, daß sich das Kind beim Ausführen seiner Rolle an andere Spielteilnehmer wendet, beispielsweise an die Köchin mit der Bitte: „Tragen Sie den ersten Gang auf."

2. Die Rollen sind genau festgelegt und verteilt. Die Kinder nennen ihre Rollen vor Beginn des Spiels. Die Rolle bestimmt und lenkt die Handlungen des Kindes.

3. Logik und Charakter der Handlungen werden bestimmt durch die übernommene Rolle. Die Handlungen gewinnen an Vielfalt: Nicht nur das Essengeben, sondern auch das Märchenlesen, das Schlafenlegen und ähnliches mehr gehören dazu. Nicht nur das Impfen, sondern auch das Abhören, das Messen der Temperatur usw. Es setzt eine spezifische Rollensprache ein, in der sich das Kind an den Spielgefährten entsprechend der eigenen Rolle und der Rolle des Spielgefährten wendet, aber manchmal kommen die normalen, nicht zum Spiel gehörenden Beziehungen zum Vorschein.

4. Bei Verstößen gegen die Handlungslogik wird protestiert. Der Protest beschränkt sich gewöhnlich auf die Behauptung „so macht man es nicht". Das Kind sondert richtige Verhaltensweisen aus, nach denen es sich in seinen Handlungen richtet. Erwähnt werden muß in diesem Zusammenhang die Tatsache, daß ein Verstoß gegen die Regel – gegen die Handlungsfolge – eher von anderen bemerkt wird als von denen, die die Handlung selbst ausführen. Ein Hinweis auf einen Verstoß gegen die Regel trifft das Kind, es gibt sich Mühe, den Fehler gutzumachen und sich zu rechtfertigen. Ein Beispiel dafür ist das Verhalten Katjas (vgl. 12. Protokoll).

Viertes Entwicklungsniveau des Spiels

1. Zum Hauptinhalt des Spiels wird die Ausführung von Handlungen, in denen die Beziehungen zu anderen, von anderen Kindern gespielten Menschen zum Ausdruck kommen. Die Grundlage dieser Handlungen bilden eindeutig die mit der Rollenausführung zusammenhängenden Handlungen. Wird zum Beispiel die Rolle der Erzieherin gespielt, so sind dies ihre Weisungen, wie sich die Kinder zu verhalten haben: „Bis du nicht aufgegessen hast, gehst du auch nicht schlafen, und Piroggen bekommst du nie mehr" oder, „Setzt euch zu Tisch, nur wascht vorher die Hände"; beim Ausführen der Rolle des Doktors sind die Weisungen, wie sich der Patient zu verhalten hat, die Grundlage: „Halt die Hände still", „Krempeln Sie die Ärmel hoch. So. Ganz ruhig. Nicht weinen, es tut nicht weh", „Was, das soll weh tun? Ich spritze gut, das tut nicht weh", „Ich habe Ihnen gesagt, Sie sollen liegen, und Sie stehen auf".

2. Die Rollen sind klar und eindeutig festgelegt. Während des ganzen Spiels hält sich das Kind an eine Verhaltenslinie. Die Rollenfunktionen der Kinder sind wechselseitig miteinander verbunden. Die Sprache hat eindeutig Rollencharakter. Sie wird bestimmt durch die Rolle des Sprechenden wie auch durch die Rolle des Angesprochenen.

3. Die Handlungen laufen in einer exakten Folge ab, die ein genaues Spiegelbild der realen Logik ist. Sie sind vielfältig und widerspiegeln die vielfältigen Handlungen der Person, die das Kind darstellt. Klar herausgesondert sind die Regeln. Sie haben eine Beziehung zum realen Leben, und das Kind befolgt sie.

4. Verstöße gegen die Handlungslogik und gegen die Regeln werden abgelehnt. Die Ablehnung der Verstöße wird nicht nur durch Hinweis auf die Realität motiviert, sondern auch durch Hinweis auf die Vernünftigkeit der Regeln.

Die beim Analysieren des Materials ermittelten Entwicklungsniveaus des Spiels sind gleichzeitig seine Entwicklungsstadien. Verteilt man das gesamte gewonnene Material auf die verschiedenen Altersgruppen der Teilnehmer des Experiments, dann ist deutlich zu erkennen: Mit zunehmendem Alter steigt das Spielniveau.

Dennoch sind diese Niveaus nicht in dem Sinne Altersniveaus, daß sie durch das Alter bestimmt werden. Nach dem Untersuchungsmaterial können Kinder eines Alters ein unterschiedliches Entwicklungsniveau des Spiels erreicht haben, in den Grenzen zweier aufeinanderfolgender Niveaus. Es ist uns kein einziger Fall begegnet, daß ein Kind von drei oder vier Jahren das letzte, das höchste Entwicklungsniveau erreicht hätte, aber Kinder von drei Jahren auf dem zweiten Niveau und Kinder von vier Jahren sogar auf dem dritten Niveau konnten wir nicht selten in unserem Experiment beobachten. Das deutet darauf, daß die von uns ermittelten Niveaus nicht sosehr Altersstadien sind als vielmehr Entwicklungsstufen des Rollenspiels. Natürlich taucht hier die Frage auf, wie diese Entwicklungsstufen miteinander verbunden sind und wie der Übergang von Stufe zu Stufe vor sich geht, das heißt die Frage, welcherart die Entwicklungsdynamik des Spiels ist. Anhand unserer Untersuchungsergebnisse können wir keine erschöpfende Antwort auf diese wesentliche Frage geben. Dazu müßten spezielle Untersuchungen durchgeführt werden.

Beim Betrachten einiger Protokolle hatten wir Schwierigkeiten, das erfaßte Spiel einem bestimmten Niveau zuzuordnen. Dem allgemeinen Typ nach schienen die Kinder sich auf dem ersten Niveau zu befinden, aber es waren bereits einige Anzeichen des Übergangs zum zweiten vorhanden. Manchmal enthielt ein Spiel gleichzeitig Merkmale des zweiten und dritten oder des dritten und vierten Niveaus. Wir unterzogen diese Besonderheiten einer näheren Betrachtung. Worin bestanden sie in den meisten Fällen?

Manche dem ersten Niveau zugeordneten Spiele enthielten Anzeichen des Übergangs zu einem höheren Niveau, die darin bestanden, daß die Kinder Verstößen gegen die Handlungslogik sich zu widersetzen begannen. Dieses Sichwidersetzen war noch sehr schwach, manchmal war es nur Verständnislosigkeit gegenüber der Veränderung der Handlungslinie, manchmal kam der Hinweis „man macht das nicht so". Ganz allgemein gesehen überwogen eindeutig die gegenständlichen, auf den Spielpartner gerichteten Handlungen. Die Hauptsache im Spiel dieser Kinder ist das auf die Puppe oder auf den Spielgefährten bezogene

Handeln, zum Beispiel das Essengeben, aber hier schimmert schon ein neuer Inhalt durch, „wie in Wirklichkeit". Das tiefergehende Inbezugsetzen von Muster und eigenen Handlungen eben ist auf dieser Stufe die Triebfeder, die das Spiel auf ein neues Niveau führt. Die Logik der Rollenhandlungen stimmt besser mit der Wirklichkeit überein, und dadurch wird die Rolle genauer ausgeführt, das heißt, es wird eine Beziehung zwischen den Handlungen und der übernommenen Rolle hergestellt, und das Kind bezeichnet sich seiner Rolle entsprechend: „Ich bin die Erzieherin", „Ich bin die Köchin".

Bei Kindern, die sich im Grunde auf dem zweiten Niveau befinden, liegen ebenfalls einige Widersprüche vor. Sie bestehen vor allem darin, daß unter Beibehaltung der allgemeinen Grundlage des Spiels die Handlungen des Kindes immer reicher werden. Das Essengeben entspricht immer mehr der Handlungslogik des Lebens, geht einerseits mit anderen Handlungen einher (Händewaschen, Nachmittagsschlaf), und andererseits wird das Essengeben an sich in mehrere einzelne Funktionen aufgegliedert (Zubereiten des Mittagessens, Vorbereitung auf das Essen, Reichen verschiedener Speisen). Der Inhalt, der im vorhergehenden Stadium zum Inhalt einer Rolle gehörte, wird jetzt auf zwei Rollen verteilt. So entsteht das dritte Niveau. Nun beginnen zum Spielinhalt bereits eindeutig Regeln zu gehören, in denen das System der Beziehungen zu den anderen irgendeine Rolle spielenden Spielteilnehmern zum Ausdruck kommt: Erzieherin und Kinder, Erzieherin, Köchin und Kinder; Doktor und Patient, Doktor, Schwester und Patient.

Das dritte Niveau stellt im Vergleich zu den beiden ersten eine qualitativ eigene Stufe dar. Der Unterschied besteht darin, daß die Handlungen mit den Gegenständen, die den Spielinhalt ausmachen, in den Hintergrund treten und die sozialen Funktionen der Menschen in den Vordergrund.

Von der dritten zur vierten und letzten Stufe gelangt das Kind, indem es immer besser eine Beziehung zwischen den Spielbeziehungen und den realen Beziehungen herzustellen vermag. Äußerlich ist das vierte Niveau dem zweiten ähnlich, denn sowohl dort als auch hier wird die Tendenz deutlich, die eigenen Rollenhandlungen mit der Wirklichkeit, mit dem Muster zu vergleichen. Der prinzipielle Unterschied jedoch besteht in folgendem: Während auf dem zweiten Niveau das Vergleichen mit der Wirklichkeit sich auf die äußere Handlungslogik bezieht, auf die äußere Handlungsfolge, vergleicht man auf dem vierten Niveau bereits mit der Logik der realen sozialen Beziehungen und ihrer sozialen Bedeutung. Darin besteht der grundsätzliche Unterschied zwischen diesen beiden Niveaus.

Zwischen dem ersten und dem zweiten Entwicklungsniveau des Spiels gibt es viel Gemeinsames, ebenso wie zwischen dem dritten und vierten. Im Prinzip haben wir es hier mit zwei Hauptphasen beziehungsweise mit zwei Hauptstadien der Spielentwicklung zu tun. Im ersten Stadium (3 bis 5 Jahre) sind sozial gerichtete gegenständliche Handlungen, die mit der realen Handlungslogik verglichen werden, Hauptinhalt des Spiels. Im zweiten Stadium (5 bis 7 Jahre) werden die sozialen Beziehungen zwischen den Menschen und die gesellschaftliche Bedeutung ihrer Tätigkeit zum Hauptinhalt, und verglichen wird mit den realen Beziehungen zwischen den Menschen.

Wodurch aber wird der Spielinhalt immer reicher? Hauptquelle für das Reicherwerden des Inhalts der Kinderspiele sind die Vorstellungen der Kinder von ihrer Umwelt. Gibt es bei ihnen solche Vorstellungen nicht, dann kann es auch kein Spiel geben. Außerdem muß das Kind, wird es zu einer handelnden Person im Spiel, übernimmt es eine bestimmte Rolle, aus der Realität jene Handlungen und Beziehungen der Erwachsenen aussondern, die zum Lösen der Spielaufgabe erforderlich sind. So mag das Kind, schon bevor es spielt, wissen, daß die Köchin das Mittagessen zubereitet und die Erzieherin den Kindern zu essen gibt.

Aber erst wenn es sich in die Lage der Erzieherin versetzt, sieht es sich genötigt, die Beziehungen zwischen der Erzieherin und den Kindern, zwischen ihr und der Köchin zu erkennen und auszusondern, die Funktionen der verschiedenen Menschen und ihr Verhältnis zueinander zu ermitteln.

Bestätigt wurde unsere Annahme, das Wesen des Spiels bestehe in der Widerspiegelung der zwischenmenschlichen Beziehungen sowie die Annahme, daß sich der Inhalt des Spiels entwickelt und diese Entwicklung bestimmte Stadien durchläuft.

Bestätigt hat sich schließlich, daß das Verhalten des Kindes im Spiel bestimmten, mit der Rolle des Kindes zusammenhängenden Regeln unterliegt. Außerdem wurde festgestellt, für die Spielentwicklung ist die Beziehung des Kindes zu seiner Rolle wesentlich. Aber das Material der zweiten Serie reichte nicht aus, um diese Feststellung zu begründen.

Verstoß gegen die Bedeutung der Rolle

Um das Problem Beziehung des Kindes zu der übernommenen Rolle zu klären, führten wir eine dritte Versuchsserie durch. In diesen Versuchen wurde die Rolle in Widerspruch zu den Handlungen gebracht, die das Kind auszuführen hatte. Die Serie bestand aus zwei Experimentvarianten.

In der ersten Variante wurde mit den Kindern das Rollenspiel „Straßenbahn" gespielt. Die Kinder erhielten eine Geldtasche sowie Fahrkarten und eine Mütze, es wurde ein Platz für den Fahrer eingerichtet.

Nachdem das Spiel in Gang gekommen war, wurde den Kindern vorgeschlagen, so zu spielen, daß der Fahrer die Fahrkarten verkauft und der Schaffner fährt. Hatte das veränderte Spiel begonnen, stieg die mitspielende Versuchsleiterin an einer Haltestelle aus und sagte, der Fahrer werde vom Leiter des Depots verlangt.

In der zweiten Variante spielte man die Regelspiele „Wolf und Hasen", „Wolf und Gänse", „Katze und Mäuse", „Fuchs und Hasen". Es wurde den Kindern vorgeschlagen, die Gänse sollen den Wolf fangen, die Hasen den Fuchs beziehungsweise den Wolf, die Mäuse die Katze. Damit standen die Handlungen im Widerspruch zur Rolle des jeweiligen Kindes.

Wir bringen einige besonders typische Protokolle, die sowohl die Art und Weise des Versuchsablaufs als auch das Verhalten der Kinder der verschiedenen Altersgruppen deutlich vor Augen führen.

6. Protokoll. „Straßenbahn"-Spiel. Es spielen: Tamara M., Tamara T. und Walja (3;0). Walja ist die Mutti, Tamara M. die Tochter.

Tamara M.: „Mutti, ich fahre schon nach Hause." Vl.: „Siehst du, nun kommt gerade die Straßenbahn." Tamara T.: „Auch ich wollte gerade mit der Straßenbahn fahren." Setzt sich. Walja folgt ihr. Walja: „Ich fahre mit meiner Tochter." Führt Tamara M. an der Hand. Sie setzen sich. Vl.: „Hier haben wir auch eine Tasche für den Schaffner. Wer wird der Schaffner sein?" Tamara T.: „Ich, ich!" Nimmt die Tasche, reißt sofort Fahrkarten ab und verteilt sie. Witja kommt hinzu und setzt sich auch. Tamara M.: „Ich muß schon aussteigen." Verläßt die Straßenbahn. Tamara T.: „Was soll das, was machst du?" Tamara M.: „Ich bin schon da." Lacht. Walja (ironisch): „Fein ist das, die Mutti bleibt, und die Tochter steigt aus." Läuft hinter ihr her und führt sie zurück. Tamara T. verteilt wiederum Fahrkarten. Vl.: „Wo ist denn eigentlich euer Fahrer?" Die Kinder blicken in die Runde. Tamara T.: „Ich werde der Fahrer sein." Sie legt schnell die Tasche ab und eilt zum Sitz des Fahrers. Vl.: „Du bist doch der Schaffner. Soll Witja ein Fahrgast sein und Walja der Fahrer." Tamara T.: „Nein, ich will Fahrer sein." Vl.: „Dann wirst du das Lenkrad drehen, aber wir werden dich Schaffner nennen." Walja: „Nein, jetzt bin ich Schaffner. Ich habe schon die Fahrkarten." Tamara T.: „Walja ist schon Schaffner. Bim-bim-bim, wir fahren." Dreht am Lenkrad und gibt verschiedene Laute von sich. Währenddessen verkauft Walja erneut Fahrkarten. Die Kinder gehen sich die Hände waschen, dann kommen sie erneut zur Straßenbahn und setzen sich hinein. Die Erzieherin tritt heran und fragt: „Wohin fahrt ihr?" Die Kinder (im Chor): „Zur Datsche." Die Erzieherin: „Und womit fahrt ihr?" Tamara T. und Walja: „Mit der Straßenbahn." Witja: „Mit dem Zug." Tamara M.: „Wir fahren mit der Straßenbahn." Erzieherin: „Und wer bist du, Walja?" Walja (ernst): „Der Schaffner. Steigen Sie ein, ich verkaufe Fahrkarten. Haben Sie Geld?" Erzieherin: „Ja." Hält ihr ein Stückchen Papier hin. Walja: „Hier bitte, eine Fahrkarte für Sie." Vl.: „Sind wir bald da?" Walja: „Bald." Tamara T.: „Bim-bim-bim." Erzieherin: „Und du, Tomotschka, wer bist du?" Tamara T. (mit einem Lächeln): „Die Fahrerin." Lacht.

In diesem Experiment erwies es sich als praktisch unmöglich, das Kind von der Rolle zu lösen. Die Ursache dafür besteht darin, daß für das Kind die Rolle mit den Gegenständen verschmolzen ist, mit denen es handelt. Ein Wechsel der Gegenstände ist daher ein Wechsel der Rolle.

4. Protokoll. „Straßenbahn"-Spiel. Es spielen Wowa und Walja (4;0).

Wowa nimmt die Tasche mit den Fahrkarten und dem Geld. Walja baut vor sich etwas Lenkradähnliches auf. Walja setzt sich vorn hin, hinter ihm stehen sechs Stühle. Wowa setzt sich auf den letzten. Walja bekommt eine Mütze mit Ohrenklappen und Handschuhe (die Attribute des Fahrers). Wowa *(klingelt)*: „Dsin-n-n-n. Nun, fahr los." Walja dreht am Rad. Wowa sitzt ruhig, holt ein Stückchen Papier hervor und hält es der Versuchsleiterin, dem Fahrgast, hin. Erneut betätigt er die Klingel. Alik kommt ins Zimmer. Wowa sagt zu ihm: „Steig schnell ein, die Straßenbahn fährt ab." Alik hat sich hingesetzt. Wowa gibt auch ihm eine Fahrkarte. Walja dreht am Rad. Hört er das Signal „Bim-bim-bim", dann hört er sofort zu drehen auf, und ertönt das Signal wieder, so fährt er fort, das Rad zu drehen. Vl.: „Nun wollen wir einmal so spielen: Wowa ist zwar unser Schaffner, aber nun soll er das Rad drehen und die Straßenbahn fahren, und Walja, der Fahrer, vertritt solange den Schaffner." Die Kinder wechseln die Plätze. Walja nimmt die Tasche, behält aber die Mütze auf, und Wowa setzt sich an das Rad. Walja: „Dsin-n-n-n." Wowa: „Wir fahren." Walja verkauft Fahrkarten. Vl.: „Sagen Sie bitte, wo ist der Fahrer, ich muß ihm etwas mitteilen." Wowa: „Hier ist er. Ich, ich bin der Fahrer." Walja: „Er ist der Fahrer." Vl.: „Und wer bist du?" Walja: „Ich bin der Schaffner." Vl.: „Wir haben doch verabredet, Walja, daß du der Fahrer bist, ihn aber nur einige Zeit vertrittst." Wowa *(wütend)*: „Ja, aber wenn ich jetzt hier bin, bin ich der Fahrer. Jetzt bin ich der Fahrer und nicht er." Vl.: „Walja hat ja sogar eine Mütze wie ein Fahrer." Walja: „Schaffner haben auch solche. Ich habe es gesehen."

10. Protokoll. „Straßenbahn"-Spiel. Es spielen Wanja, Ljonja und Katja (5;0).

Der Versuchsleiter schlägt vor, „Straßenbahn" zu spielen. Er zeigt die Tasche, die Klingel, das Lenkrad. Die Kinder freuen sich: „Ja, ja, das wollen wir spielen." Ljonja: „Ich bin der

Fahrer." Er faßt das Lenkrad an. Wanja: „Ich bin der Schaffner." Die Versuchsleiterin und Katja setzen sich als Fahrgäste hin. „Das sind die Fahrgäste", erklärt Ljonja. Ljonja schaltet am Triebwerk herum. Wanja klingelt und sagt zu Ljonja: „Abfahren." Er gibt Katja und der Versuchsleiterin Fahrkarten. Die Versuchsleiterin schreibt irgend etwas auf. Wanja *(ironisch)*: „Nun wird auch in der Straßenbahn noch geschrieben. In der Straßenbahn schreibt man nicht, sondern liest man." Lacht. Drückt erneut auf den Klingelknopf. Vl.: „Sagen Sie mir Bescheid, wenn die Baumannstraße kommt?" Wanja: „Es ist noch nicht soweit." Klingelt. Ljonja dreht sich um, lacht, dreht am Lenkrad. Wanja *(klingelt)*: „Hier ist die Baumannstraße. Sie können aussteigen." Die Versuchsleiterin steigt aus. Wanja klingelt. Ljonja dreht am Lenkrad. Die Versuchsleiterin tritt erneut zu den Kindern und schlägt vor: „Jetzt wollen wir so spielen: Der Fahrer verkauft die Fahrkarten, und der Schaffner führt den Wagen." Wanja: „Ich werde der Fahrer sein und Ljonja der Schaffner." Der Versuchsleiter erklärt noch einmal. Ljonja: „Sie meinen, er soll hier sein." Zeigt auf den Platz des Schaffners. Vl.: „Nein, er wird die Fahrkarten verkaufen." Ljonja: „Gebt mir nur die Tasche und die Fahrkarten. Ich werde ein Schaffner sein, daß nicht ein einziger ohne Karte fährt. Sehe ich nur einen solchen, dann gehe ich zu ihm, und er muß Strafe zahlen." Alle lachen. Wanja: „Nun, wir fahren los. Klingele." Die Versuchsleiterin fährt einige Haltestellen, steigt dann aus und ruft im Weggehen: „Kollege Fahrer, Sie werden von Ihrem Leiter verlangt." Wanja kommt schnell gelaufen. Ljonja ebenfalls.

11. Protokoll. „Straßenbahn"-Spiel. Es spielen: Grischa (6;0) und Kira (6;5).
Die Versuchsleiterin schlägt den Kindern vor, „Straßenbahn" zu spielen. Grischa: „Wir holen noch Kinder." Vl.: „Aus welcher Gruppe?" Grischa: „Aus der jüngsten." Läuft fort und kommt mit Werotschka und Borja zurück. Setzt sie auf Stühle. Vl.: „Wer von euch wird Schaffner sein?" Grischa: „Ich werde der Schaffner sein. Haben Sie Fahrkarten?" Vl.: „Ja. Auch eine Tasche." Gibt ihm die Tasche und die Fahrkarten. Kira macht sich am Triebwerk zu schaffen. Vl.: „Darf man einstei-

gen?" Grischa: „Bitte. Die Bahn fährt gleich ab. Ach, und wie
soll ich klingeln?" Vl.: „Hier hast du eine Klingel." Grischa
(lächelnd): „In der Straßenbahn gibt es solche Klingel nicht.
Dort zieht man. Aber ist schon gut, ich werde sie am Stuhl
aufhängen, und es wird schon gehen." Bindet das Glöckchen an
die Stuhllehne. „Abfahren", ruft er und beginnt die Fahrkarten
zu verteilen. Werotschka hampelt umher und stellt sich auf den
Stuhl. Grischa (ernst): „Man darf nicht mit den Füßen auf
den Stuhl." Werotschka hüpft auf dem Stuhl herum und lacht.
Grischa (schmunzelnd): „Wem gehört dieses ungezogene
Kind? (Zur Versuchsleiterin.) Ist das Ihres? Nehmen Sie es
vom Stuhl 'runter." Die Versuchsleiterin nimmt Werotschka
auf den Arm und sagt zu ihr: „Siehst du, nun sind wir vom
Schaffner ausgeschimpft worden." Grischa (klingelt): „Wir sind
angekommen. Wer muß aussteigen?" Die Versuchsleiterin und
Werotschka steigen aus. Grischa tut so, als würde er die
Straßenbahn ausfegen. Kira steht unbeteiligt da. Grischa: „Du
mußt jetzt an das andere Ende gehen." Kira nimmt das Lenkrad und geht zur anderen Plattform, aber dort befindet sich
kein Motor. Grischa (ruft Kira nach): „Wohin bringst du
diesen Stuhl (der den Motor darstellt)?" Kira bringt ihn an
die richtige Stelle und setzt sich wieder. Vl.: „Grischa, laß uns
jetzt so spielen: Der Fahrer wird die Fahrkarten verkaufen."
Grischa (ernst): „Das heißt, er soll jetzt Schaffner sein." Vl.:
„Nein, bei uns wird eben der Fahrer die Karten verkaufen."
Grischa (irgendwie verständnislos): „Und wo soll er sein?
Dort?" Zeigt auf die Plattform. Vl.: „Nein, dort wird der
Schaffner sein, er wird den Wagen führen." Grischa: „Als
Fahrer?" Vl.: „Der Fahrer wird die Karten verkaufen, und
dort wird der Schaffner sein. Begriffen?" Grischa: „Ja. (Lä-
chelt.) Ich bin der Schaffner." Lacht und setzt sich an das
Steuer. Gibt Kira die Tasche. Vl.: „Und wer bist du, Kira?"
Kira blickt zur Seite und schweigt. Grischa (lachend): „Ich bin
der Schaffner, und du?" Kira: „Die Fahrerin. (Sieht auf die
Tasche, hängt sie um, nimmt die Fahrkarten.) Nein, ich bin
die Schaffnerin." Vl.: „Nein, wir haben ausgemacht, daß der
Fahrer die Karten verkauft." Alle Kinder lachen. Kira (ernst):
„Wer hat noch keine Fahrkarte?" Lacht, verteilt die Fahrkar-

ten. Grischa dreht am Steuer. Werotschka hüpft umher, lacht, läuft zur vorderen Plattform. Grischa: „Sie werden aus dem Wagen fallen. Man springt im Gang nicht umher." Werotschka läuft zurück. Kira klingelt. Die Versuchsleiterin tritt zum Ausgang und ruft: „Kollege Fahrer, Kollege Fahrer, Sie sollen zu Ihrem Leiter kommen." Grischa und Kira blicken einander an und laufen los, dann bleiben sie stehen, und jeder fragt: „Ich?" Vl.: „Der Fahrer." Grischa: „Ich bin der Fahrer, aber Sie wollten es irgendwie anders, daß ich Schaffner sein soll." Verwirrt sehen sie einander an. Kira: „Ich bin die Schaffnerin. Der Fahrer verkauft nicht Fahrkarten."

1. Protokoll. „Straßenbahn"-Spiel. Es spielen: Ljoscha, Wassja und Walja (6;0).

Die Versuchsleiterin schlägt vor, „Straßenbahn" zu spielen. Ljoscha: „Dann brauchen wir Fahrkarten." Die Versuchsleiterin gibt ihm die Tasche und die Fahrkarten. Ljoscha: „Ich werde der Schaffner sein und Wassja soll der Fahrer sein." Wassja hantiert am Motor, setzt die Mütze auf und sagt: „Wenn der Straßenbahnfahrer irgendein Auto anfährt, dann muß er Strafe zahlen, fuhr aber der Kraftfahrer nicht richtig, dann wird er bestraft." Ljoscha: „Und wie soll man klingeln? Die Klingel müßte dort sein. *(Zeigt nach oben.)* Aber man kann auch einfach so klingeln." Läuft davon und holt eine Klingel. Baut hinten an den Wagen aus langen Stäben eine Plattform. Wassja: „Fahren wir bald los?" Ljoscha: „Gleich." Walja tritt heran und setzt sich. Hinter sie setzt sich die Versuchsleiterin. Ljoscha *(klingelt, dann wendet er sich an die Fahrgäste)*: „Bürgerin, Ihre Fahrkarte bitte." Walja reicht ihm ein Stückchen Papier. Ljoscha *(gibt ihr eine Fahrkarte und ein Stückchen Papier)*: „Sie bekommen 5 Kopeken heraus. *(Gibt der Versuchsleiterin eine Fahrkarte und nimmt von ihr das Geld. Setzt sich. Klingelt.)* Die nächste Haltestelle – Swerdlowplatz." Die Versuchsleiterin steigt an der Haltestelle aus. Ljoscha: „Ich habe keine Lust mehr. Oder ich hole noch ein paar Kinder." Vl.: „Nein, laß nur, wir wollen jetzt einmal so spielen: Der Schaffner wird bei uns nicht die Fahrkarten verkaufen, sondern den Wagen führen, und der Fahrer wird die Fahrkarten verkaufen." Wassja sieht sie verdutzt an. Ljoscha *(lächelt)*: „Was soll denn das für eine Straßenbahn sein, wenn die Fahrgäste nicht wissen, an wen sie bezahlen müssen." Alle lachen. Vl.: „Wieso werden sie das nicht wissen? Der Fahrer wird die Karten haben, und bei ihm werden sie bezahlen." Ljoscha *(schmunzelnd)*: „Na schön. *(Nimmt die Tasche von der Schulter, reicht sie Wassja und setzt sich selbst an das Steuer. Bemerkt, daß Wassja eine Mütze hat.)* Gib sie mir. Auf der Plattform ist es kalt." Wassja gibt Ljoscha die Mütze, nimmt die Glocke und klingelt. Die Versuchsleiterin setzt sich auf einen Platz. Walja setzt sich ebenfalls auf einen Platz. Wassja verkauft ihnen Fahrkarten. Nach einem weiteren Klingelzeichen steigt die Versuchsleiterin aus, verbirgt sich hinter der Tür und ruft: „Kollege Fahrer, Ihr Leiter bittet, Sie sollen zu ihm kommen." Ljoscha läuft los, dann bleibt er stehen und sagt zu Wassja: „Du bist ja der Fahrer, weißt doch, wir hatten es so ausgemacht." Wassja: „Ja, ich bin der Fahrer, aber die Karten verkaufe ich und nicht der Schaffner." Vl.: „Kollege Fahrer, Sie möchten sofort zu Ihrem Leiter kommen." Ljoscha geht hin und sagt lächelnd: „Ich weiß nicht, wer der Fahrer ist. Ich sage Wassja, und er sagt ich." Vl.: „Und warum meinst du, du bist es nicht?" Ljoscha: „Weil wir es so ausgemacht haben, ich bin der Schaffner und er der Fahrer. *(Lacht.)* Ich bin selbst schon ganz durcheinander." Alle Kinder lachen. Wassja: „Und ich bin nicht durcheinander. Ich habe die Fahrkarten und die Tasche, also bin ich der Schaffner. Ich klingele, und Ljoscha steuert – er ist der Fahrer."

9. *Protokoll.* „Straßenbahn"-Spiel. Es spielen Jura und Thomas (7;0).

Das Spiel hat begonnen. Vl.: „Wißt ihr, Kinder, laßt uns doch einmal so spielen: Jura soll der Fahrer sein und Thomas der Schaffner, aber die Fahrkarten verkauft Jura, und den Wagen führt Thomas." Jura und Thomas lächeln zuerst, dann lachen sie laut. Jura *(ironisch)*: „Der Fahrer verkauft die Karten, und der Schaffner macht *(Thomas spricht mit)* die Arbeit des Fahrers." Beide lachen laut. Thomas: „Und wer sind die Fahrgäste?" Vl.: „Ich. Ihr könnt auch noch Edik holen." Edik wird geholt. Jura: „Setz dich, setz dich nur. Wir haben eine ganz komische Straßenbahn. Der Fahrer sitzt an dem Ende und verkauft die Fahrkarten, und der Schaffner steuert." Alle lachen. Edik setzt sich. Thomas setzt sich ans Steuer. Dreht zwei-, dreimal daran.

Jura: „Wer hat noch keine Fahrkarte?" Vl.: „Bitte mir eine Fahrkarte." Jura reißt eine Fahrkarte ab. Thomas dreht schnell am Lenkrad: „Wir fahren ab." An der Haltestelle steigt die Versuchsleiterin aus und sagt: „Kollegen, wer von Euch ist der Schaffner? Er wird von seinem Leiter verlangt." Jura und Thomas blicken sich an. Dann läuft Thomas lachend los. „Ich, ich bin der Schaffner – wir haben solche Schaffner, daß sie Fahrer sind." Jura: „Und ich bin der Fahrer." Dabei zeigt er auf die Tasche und die Fahrkarten. Alle lachen.

Wir brachten die charakteristischsten Protokolle der Straßenbahnspiele, in denen der Versuchsleiter im Spielverlauf sich bemühte, die Beziehungen zwischen den praktischen Handlungen der Kinder und ihrer Rolle durcheinanderzubringen. Bevor wir mit der Analyse des gewonnenen Materials beginnen, wollen wir auch einige typische Protokolle der Spiele mit vorgeschriebenen Regeln anführen.

14. Protokoll. Spiel: „Wolf und Hasen". Spielteilnehmer: Borja, Grischa und Alik (4;0).

Auf die Frage, wer Hase sein möchte, melden sich Grischa und Alik. Borja: „Und ich bin lieber der Wolf. Ich werde sie schon zu packen kriegen." Borja hockt sich etwas seitab hin. Grischa und Alik warten auf das Signal. Auf das Kommandowort „lauf!" (eins, zwei, drei – Häschen, lauf) laufen sie los. Borja springt auf und fängt sie. Die Kinder kreischen. Borja fängt zuerst Grischa und dann Alik. Beim zweiten Mal ist Alik der Wolf, Borja und Grischa sind die Hasen. Nachdem die Hasen gefangen sind, sagt Alik: „Habe ich aber einen Hasen ergriffen." Die Versuchsleiterin schlägt den Kindern vor, so zu spielen, daß Grischa und Borja, die Hasen, Alik, den Wolf, fangen. Borja: „Nein, Hasen fangen keinen Wolf." Vl.: „Aber wir machen eben so ein Spiel, in dem die Hasen den Wolf fangen." Alik: „Ich fange. Sowieso fange ich ihn." Die Kinder stellen sich auf die Plätze (der Wolf auf den Platz, auf dem zuvor die Hasen standen). Auf das Kommandowort „lauf!" laufen die Kinder. Alik fängt Borja und Borja und Grischa fangen Alik. Alik und Borja halten sich gegenseitig fest. Beide schreien: „Gefangen!" Vl.: „Wer hat gefangen?" Beide: „Ich." Vl.: „Wer bist denn du, Alik?" Alik: „Ich bin der Wolf, ich habe ihn gefangen." Borja: „Nein, ich habe gefangen." Vl.: „Und wer bist du?" Borja *(ein wenig verlegen)*: „Ein Hase." Grischa: „Auch ich bin ein Hase." Vl.: „Wir hatten doch ver- abredet, daß jetzt die Hasen den Wolf fangen." Alik: „Nein, ich habe gefangen. Ich kann auch zwei fangen." Vl.: „Wir ma- chen es noch einmal. Du läufst weg, und sie fangen dich – den Wolf." Alik *(lacht)*: „Sie können den Wolf nicht fangen." Alle bleiben auf ihren Plätzen stehen. Alik *(läuft noch vor dem Signal los und schreit)*: „Sie fangen den Wolf nicht, sie fangen ihn nicht. *(Läuft zum Kleiderständer und schreit)* Haus, Haus." Er wurde nicht gefangen. Borja: „Jetzt ich." Vl.: „Was, du?" Borja: „Soll er fangen." Vl.: „Und wer wirst du sein?" Borja *(antwortet nicht sofort)*: „Ich werde laufen. Ich hab's vergessen. Ein Hase, nein, der Wolf. Ich werde ein Hase sein und er der Wolf. Er wird mich nicht fangen." Vl.: „Nein, wir haben doch schon ausgemacht, daß du der Wolf bist und sie die Hasen, und sie sollen dich fangen." Borja: „Sie werden mich nicht fangen." Alle stellen sich auf ihre Plätze. Auf das Signal läuft Borja los. Er wird sofort gefangen. Grischa: „Jetzt ich." Vl.: „Wer wirst du sein?" Grischa: „Dort *(zeigt zu dem Aufstell- platz)* werde ich laufen. Ich werde ein Hase sein." Zeigt auf den Platz, wo der Wolf immer steht.

15. Protokoll. Spiel: „Fuchs und Hasen". Es spielen: Emma, Walja S. und Walja P. (5;0).
Nach dem Spiel, in dem der Fuchs die Hasen jagte, wurde den Kindern vorgeschlagen, so zu spielen, daß die Hasen den Fuchs fangen. Die Kinder sind ohne weiteres auf diesen Vor- schlag eingegangen. Walja S. ist der Hase, Emma und Walja P. sind zwei Füchse. Walja S. fängt einen. Vl.: „Wen hast du gefangen?" Walja S.: „Emma." Vl.: „Und wer ist sie?" Walja S. *(überlegt)*: „Ein Fuchs." Lacht. Vl.: „Und wer bist du?" Walja S.: „Wir haben es so ausgemacht: Ich bin ein Hase, und sie sind die Füchse. Ich bin ein Hase." Beim nächsten Spiel ist Walja P. der Hase, Emma und Walja S. sind die Füchse. Walja P. hat Walja S. gefangen. Vl.: „Wen hast du gefangen?"

Walja P.: „Walja." Auf die ergänzende Frage, wer Walja P. ist, antwortet Walja S.: „Ich habe es vergessen. Ach, sie ist ein Fuchs." Dann fängt Emma. Sie hat Walja gefangen. Vl.: „Wen hast du gefangen?" Emma: „Walja." Vl.: „Und wer ist sie?" Emma schweigt. Vl.: „Und du? Wer bist du?" Emma: „Der Fuchs, nein, ein Hase." Vl. *(zu Walja P. und Walja S. gewandt)*: „Und was seid ihr?" Walja S.: „Hasen. Ach, nein, nein, Füchse."

20. Protokoll. Spiel: „Wolf und Gänse". Es spielen: Ganja, Jura, Thomas (7;0).

Nachdem die Kinder dreimal in der üblichen Weise gespielt hatten, macht die Versuchsleiterin den Vorschlag, die Gänse sollen den Wolf fangen. Alle Kinder lachen. Thomas: „Ich und Jura werden Gänse sein." Ganja: „Gut, ich mache den Anfang." Jura: „Sie sind die Bäuerin." Die Versuchsleiterin ist einverstanden. Bei den Worten „Gänse, Gänse, lauft zum Haus", laufen sie los und hinter Ganja her. Ganja läuft lachend weg und ruft: „Zwei Gänse, zwei Gänse, das Märchen ist zu Ende." Alle lachen. Thomas fängt Ganja und tut so, als würde er ihn mit den Krallen festhalten. Alle lachen. Thomas legt den Arm um Ganja und sagt: „Und jetzt werde ich mir den Gänsedieb richtig vornehmen."

12. Protokoll. Spiel: „Wolf und Hasen". Es spielen Dina, Nina und Oleg (7;0). Auf den Vorschlag, so zu spielen, daß die Hasen den Wolf fangen, antwortet Dina: „So etwas gibt es nicht." Nina: „Ein Häschen und zwei Wölfe. Nein, das gibt es nicht." Oleg *(spöttisch)*: „Mit einem Wolf aber würde es wohl fertigwerden." Vl.: „Gut, machen wir es mit einem Wolf und zwei Hasen." Oleg: „Nein, auch so etwas gibt es nicht." Vl.: „Macht nichts, laßt uns so spielen." Dina und Oleg: „Na schön, spielen könnte man es." Nina: „Ich bin der Wolf." Dina und Oleg: „Ich bin ein Hase." Vl.: „Gut, Dina und Oleg sind die Hasen, und Nina ist der Wolf. Was machst du nun, Nina?" Nina: „Wie wollten wir spielen? Die Hasen fangen den Wolf. Ich werde weglaufen." Alle lachen und stellen sich auf. Sie spielen. Oleg: „Das sind mir aber Hasen." Alle lachen. Dina: „Ein komisches Spiel."

Nun wollen wir mit der Analyse des gesammelten Materials

beginnen. Wir sagten bereits, die Hauptaufgabe dieses Experiments bestand darin, über die Beziehung des Kindes zu der im Spiel übernommenen Rolle Klarheit zu gewinnen.

Zum eigentlichen Wesen des Spiels gehört das verborgene Zauberwort „Tun-als-ob". Das Kind tut, als ob es ein Kraftfahrer wäre. Dem Rollenspiel liegt also eine gewisse Bedingtheit zugrunde, und das Kind selbst sowie seine Spielgefährten akzeptieren das. Dieser Erscheinung begegnen wir auch dann, wenn die Kinder reale Gegenstände in für den Spielverlauf erforderliche Spielgegenstände umbenennen. Das Kind tut, als wäre es ein Reiter und als wäre der Stock ein Pferd.

Dieses „Tun-als-wäre" beziehungsweise „Tun-als-ob" veranlaßte manche Psychologen zu der Annahme, das Spiel sei eine Flucht vor der Wirklichkeit, es sei eine besondere Welt, in der besondere Gesetze herrschen. Im Gegensatz zu dieser Position sind die sowjetischen Psychologen schon lange zu dem Schluß gekommen: Das Spiel ist keinesfalls ein Reich des nur Erdachten, sondern das Kind gestaltet spielend auf spezifische Weise die Realität nach, wobei es sich in Rollen Erwachsener hineinversetzt. Und um die Beziehung des Kindes zu der übernommenen Rolle zu ergründen, führten wir die eben geschilderten Versuche durch. Im Prinzip sollten mit diesen Experimenten die Spielhandlungen des Kindes auf das Niveau der reinen Bedingtheit gebracht werden, das heißt, das Kind sollte als Straßenbahnfahrer die Handlungen des Schaffners ausführen beziehungsweise als Wolf wie ein Hase handeln.

Bevor wir das Material analysieren, wollen wir auf den prinzipiellen Unterschied zwischen den beiden Varianten unseres Experiments aufmerksam machen. Er bestand darin, daß in der ersten Variante Handlungen und Rolle des Kindes durch die Gegenstände verbunden waren, mit denen die Handlungen ausgeführt wurden. In der zweiten Variante dagegen waren die Handlungen mit der Rolle unmittelbar beziehungsweise durch die feststehende Spielregel verbunden. Wenn der Schaffner Fahrkarten verkauft, so ist das vermittelt durch Tasche und Fahrkarten und seine Beziehung zum Fahrer durch die Klingel. Die Tätigkeit des Fahrers, das Steuern der Straßenbahn, ist vermittelt durch das Lenkrad und den Motor.

Die Handlungen des Wolfs dagegen und die der Hasen sind unmittelbar mit den Rollen verbunden – der Wolf ist der Verfolger, die Hasen laufen vor ihm weg.

In dem Experiment lassen sich deutlich vier verschiedene Ebenen unterscheiden.

Erstens: Spiel vor der Umbenennung. Zweitens: Vorschlag der Versuchsleiterin, nicht der übernommenen Rolle entsprechend zu handeln, und die Beziehung der Kinder zu diesem Vorschlag. Drittens: Charakter des Spiels nach angenommenem Vorschlag. Viertens: Die Beziehung des Kindes zu seiner Rolle am Ende des Spiels, nach der Umbenennung.

Die erste Ebene interessiert uns in diesem Zusammenhang nicht. Das ist das übliche Spiel mit all den Merkmalen und Besonderheiten, auf die wir bereits eingegangen sind.

Auf der zweiten Ebene begegnen uns die verschiedenartigen Beziehungen der Kinder zum Vorschlag der Versuchsleiterin, und wir sehen, wie sich diese Beziehungen im Spiel realisieren. Die jüngsten Kinder nehmen den Vorschlag als einen echten Rollentausch auf. Das verbindet sich bei ihnen eng mit dem Tauschen der Gegenstände, die sie zu ihren Handlungen benötigen. „Ich bin jetzt der Schaffner. Ich habe die Fahrkarten." Einige von ihnen widersetzen sich der Umbenennung: „Der Fahrer verkauft keine Fahrkarten." Sie tauschen in Wirklichkeit die Rollen, denn, kaum halten sie andere Gegenstände in Händen, wird ihre Rolle von diesen Gegenständen bestimmt. Der Hinweis auf die Bedingtheit ihrer Handlung wird nicht akzeptiert. „Wenn ich hier sitze, dann bin ich der Fahrer." Rein äußerlich scheint es, die Kinder wären auf die vom Versuchsleiter vorgeschlagenen Bedingungen eingegangen, aber am Ende des Spiels stellt es sich heraus, daß sie in Wirklichkeit die Rolle getauscht haben. Daraus läßt sich schließen: Beim Kind dieses Alters existiert noch nicht eine Beziehung zur Rolle als gesonderte Beziehung, sie ist bei ihm mit der Handlung verschmolzen. Der spezifische innere Widerspruch besteht hier in folgendem: Die in Wirklichkeit vorhandene Beziehung, die in dem verallgemeinerten und bedingten Charakter der Handlungen zum Ausdruck kommt (Betätigen der Klingel, Drehen des Steuerhebels, Abreißen der Karten, Annehmen von Papier als Geld), werden vom Kind noch nicht als verallgemeinerte und folglich als lediglich reproduzierende Wirklichkeit erlebt. Diese Situation erscheint zumindest seltsam. Wäre es denn möglich, daß das Kind nicht den Unterschied sieht zwischen einem Stückchen Papier und einer echten Münze, den Unterschied zwischen einem „Dsin-dsinn" und dem Klingelzeichen in der Straßenbahn, zwischen dem Drehen am Steuergriff des Spielmotors und dem Lenken eines wirklichen Straßenbahnwagens durch den Fahrer, zwischen dem Fahrer und sich? Das ist natürlich wirklich nicht möglich. Das Kind kennt und sieht diesen Unterschied genau. Aber im Spiel verschmilzt der Ersatzgegenstand gleichsam mit dem realen, er verwandelt sich in eine „Glasscheibe", die den realen Gegenstand sichtbar macht, während die „Glasscheibe" selbst unsichtbar ist. Infolgedessen trägt die Beziehung des Kindes sowohl zu den Spielgegenständen als auch zu seiner Rolle den Charakter der Unmittelbarkeit.

Auf der nächsten Stufe verhalten sich die Kinder bereits wesentlich anders. Sie akzeptieren den Vorschlag der Versuchsleiterin, manchmal mit leichter Ironie, und beginnen den neuen Benennungen entsprechend zu handeln. Während der Handlungen geht das Kind gleichsam zu der Rolle über, die den ausgeführten Handlungen entspricht. Es übernimmt zwar die Funktionen des Fahrers und bezeichnet sich als Schaffner, nachdem es aber die Handlungen des Fahrers auszuführen begonnen hat, wechselt es in dessen Rolle über und nennt sich seinen Handlungen gemäß. Besonders prägnant zeigt sich das in den Spielen mit Regeln. Das Kind bleibt Wolf und übernimmt die Funktion des Hasen, aber sobald es sie ausübt, das heißt wegläuft, verwandelt es sich entweder in einen Hasen, oder es vermag nicht wegzulaufen, sondern beginnt den Verfolger zu spielen. Hier existiert für das Kind bereits der Widerspruch zwischen der Benennung und der Handlungsweise. Deshalb widersetzen sich manche Kinder einer solchen Umbenennung, wobei sie auf die Realität verweisen. „Das gibt es nicht", sagen sie gewöhnlich. Sie akzeptieren die neue Handlungsweise unter Gelächter, zeigen etwas Ironie gegenüber dem Vorschlag der Versuchsleiterin, sobald sie jedoch zu handeln beginnen, geraten sie aus dem Konzept, geben die bedingten Beziehungen auf und gehen zu den unbedingten über. Zwischen dem Kind und seiner Rolle steht die reale Handlung. Sie bestimmt die Beziehung des Kindes zur Rolle, ist der vermittelnde Faktor.

Dieses Niveau der Beziehungen des Kindes zur Rolle kann man als vermittelte Beziehung bezeichnen. Zwischen Kind und Rolle steht die Realität mit ihren Gesetzen, sie hat die Form von Handlungen und Beziehungen, die sie in ihren wesentlichsten Zügen widerspiegeln. Das Kind vergleicht seine Handlungen und Beziehungen mit realen Handlungen und Beziehungen, und ihm wird seine Beziehung zu seiner Rolle im Spiel bewußt.

Bei den ältesten Vorschulkindern entsteht eine neue Beziehung zum Spiel. Die Kinder nehmen unter Gelächter den Vorschlag der Versuchsleiterin an, machen ironische Bemerkungen, sind in der Lage, der Rolle entgegengesetzt zu handeln und sich den eigenen Spielhandlungen widersprechende Bezeichnungen zu geben. Die Handlung bestimmt nicht mehr die Benennung, führt nicht mehr zur Identifikation mit dem Erwachsenen, dessen Rolle das Kind spielt. Sehr gut kommt das in Thomas' Bemerkung zum Ausdruck: „Wir haben solche komischen Schaffner, daß sie Fahrer sind." Die vom Versuchsleiter vorgeschlagene Situation an sich wird als eine besondere Art von Spiel aufgenommen, als Spielbedingung. Hier werden also Bedingungen, Regeln möglich, die in keinem Zusammenhang mit dem Inhalt der auszuführenden Handlungen stehen, sondern ihnen widersprechen. Das zeugt dafür, daß beim Kind eine neue Beziehung zu seiner Rolle entstanden ist. Man könnte ihr die Bezeichnung bewußt-bedingte Beziehung geben.

Erst gegen Ende des Vorschulalters, also in der letzten Periode des schöpferischen Rollenspiels, sind die Kinder in der Lage, auf eine Spielbedingung einzugehen, die im Widerspruch zu den realen gesellschaftlichen Beziehungen steht. Sie stehen gleichsam über dem Spiel, über ihrer Rolle und begreifen das Wesen des Widerspruchs. Daraus folgt unseres Erachtens, daß die bedingte Regel aus der unbedingten hervorgeht. Die Vorstellung, das Kind lebe im Spiel in einer eingebildeten Welt, deren Gesetze zur realen Welt im Gegensatz stehen, entspricht nicht der Wirklichkeit. Die „Welt des Spiels" hat ihre strengen Gesetze, die ein Spiegelbild, eine Kopie der realen Beziehungen der Menschen zu den Gegenständen und zueinander sind. Das Spiel ist nicht eine Welt der Phantasie und der Bedingtheit, sondern eher eine Welt der Realität und der Unbedingtheit, nur daß sie mit besonderen Mitteln gestaltet wird. Hypothetisch kann angenommen werden, daß die obengenannten Niveaus Entwicklungsstadien des kindlichen Bewußtseins im Spiel markieren. Es entwickelt sich, indem sich das Kind anfangs mit anderen identifiziert und sich dann nach und nach von ihnen loslöst.

Die Untersuchungen der Beziehung des Kindes zu seiner Rolle ergaben, daß die von einem Kind übernommene Rolle eine gewisse Verhaltensregel in sich trägt, die eine Spiegelung der realen Handlungslogik und der realen Beziehungen darstellt. Und die Existenz solcher Regeln erklärt auch den Widerstand des Kindes gegen eine Verletzung der Handlungslogik und des Sinns der Handlungen. Außerdem sind auf frühen Entwicklungsstufen des Rollenspiels Handlungen mit Gegenständen, wie bereits des öfteren hervorgehoben, für das Kind besonders attraktiv und wirken oft sogar bestimmend im Hinblick auf die übernommene Rolle. Gerade aus diesem Grunde sind einige Autoren zu der Annahme gelangt, das Spiel des jüngeren Vorschulkindes habe kein Sujet, es sei prozessual.

Wie verhält es sich aber mit der Rolle, die das Kind nur übernommen hat, weil es gern mit einem bestimmten, es lockenden Gegenstand handeln wollte? Ist ein Kind überhaupt imstande, eine Rolle auszuführen, bei der es sich von dem Gegenstand lossagen muß, der auf es die größte Anziehungskraft ausübt und im Augenblick Handlungsgegenstand eines anderen Kindes oder sogar Gegenstand der eigenen Handlungen ist? Wie konsequent ist das Kind in bezug auf die Regeln, die praktisch in der Rolle und im Spiel enthalten sind? Über die dem Spiel innewohnenden Verhaltensregeln kann es keinen Zweifel geben, wir haben genügend Beweise dafür angeführt, daß es sie gibt.

Um zu ermitteln, mit welcher Konsequenz das Kind eine

Regel erfüllt und wie sich solche Konsequenz im Spiel entwikkelt, führten wir eine spezielle Versuchsserie durch. In diesen Experimenten brachten wir das Kind im Spielverlauf in eine solche Situation, daß es den Gegenstand, den es selbst sehr gern behalten wollte, um der übernommenen Rolle gerecht zu werden, einem anderen abgeben oder die Handlungen mit diesem Gegenstand einstellen mußte. In dieser Situation gab es also einen Kampf zwischen der Notwendigkeit, sich der Regel zu fügen, die sich aus der Rolle ergab, und dem momentanen, situativen Wunsch des Kindes (z. B. zwischen der Notwendigkeit, ein Spielzeug abzugeben, weil der Spielverlauf es so verlangt, und dem Wunsch, es zu behalten, oder zwischen der Notwendigkeit, auf der Stelle zu verharren, weil das die Rolle erfordert, und dem Wunsch, eine andere, attraktive Handlung auszuführen).

Die Spiele wurden entweder speziell organisiert, oder die Versuchsleiterin schaltete sich in ein von den Kindern organisiertes Spiel ein und ließ die gewünschte Situation entstehen. Die Spielsujets waren recht vielfältig. Zum Beispiel wurden die Kinder im Verlauf des Spiels „Mutter und Kind" aufgefordert, ihre Puppenkinder in den Kindergarten zu bringen. Das Kind mußte also in der Rolle der Mutter seine Puppe, mit der es gerade spielte, hergeben, weil sie in den Kindergarten kam. Bei den Spielen „Kaufhaus" oder „Postschalter" gehörte zu den Spielgegenständen ein Telefon, das etwas seitlich angebracht war. Mitten im Spiel wurde der Verkäufer angerufen. Er mußte das Gespräch aufschieben, bis er seine Ware zugedeckt hatte. Im Spielverlauf des Spiels „Feuer" mußte der Fahrer des Feuerwehrwagens an seinem Platz bleiben, während die anderen Kinder rennen und das Feuer löschen durften. In dem Spiel „Bahnhof", in dem es viele verschiedene Rollen für die Kinder gibt, verkaufte die Verkäuferin am Kiosk echten, in kleine Stücke geschnittenen Kuchen, die Kinder aber mußten sich der übernommenen Rolle beugen und auf ihren Plätzen bleiben, obwohl sie den Wunsch hatten, sich am Kiosk Kuchen zu holen.

Die Ergebnisse dieser Versuche bestätigten ebenfalls eindeutig unsere Hypothese, daß es in jedem Rollenspiel die Regel gibt. Die Kinder fügen sich ihr, dafür spricht das Faktenmaterial. Wir führen zwei Beispiele an.

Nina macht den Vorschlag, „Kindergarten" zu spielen. Zu ihr gesellen sich Walja, Lida und Maja (3;0). Sie gibt jeder eine Puppe und sagt: „Ihr alle werdet Mamas sein, und ich werde Marija Sergejewna sein." Walja: „Und ich bin Tante Tossja." Jede nimmt ihre Puppe und wickelt sie in eine Decke. Nina: „Es ist Zeit, die Kinderchen in den Kindergarten zu bringen." Nadja: „Mein Töchterchen ist schon aufgestanden. Sie steht immer früh auf." Maja: „Und mein Töchterchen schläft noch." Nina: „Tante Tossja, ein Kind wurde schon gebracht." Walja nimmt von Nadja die Puppe. Nadja küßt die Puppe und geht zur Seite. „Ich werde das Waschbecken machen", erklärt sie. Maja gibt ihre Puppe ab und sieht sich nach allen Seiten um. Lida zögert, sie will ihre Puppe nicht hergeben. Walja *(wütend)*: „Dann spielst du eben nicht mit." Nina: „Lidotschka, du mußt dein Töchterchen abgeben, es ist doch in den Kindergarten gekommen." Lida drückt die Puppe an sich und zieht sich zurück. In diesem Fall ist das Erfüllen der Regel eine Bedingung für die Teilnahme am Spiel. Lida erfüllt die Regel nicht und muß aus dem Spiel ausscheiden.

Zweites Beispiel. Die Kinder (6;0) spielen „Feuerwehr". Sie haben aus großformatigem Baumaterial einen Feuerwehrwagen gebaut und unter sich die Rollen verteilt. Borja ist der Feuerwehrhauptmann. Ljoscha ist der Kraftfahrer. Kostja ist der wachhabende Feuerwehrmann. Kostja schreit los: „Feuer! Feuer!" Alle Kinder greifen nach den Feuerwehrmützen und setzen sich in das Fahrzeug. Sie tuten und trampeln mit den Füßen. Borja: „Aussteigen!" Die Kinder steigen aus dem Auto und rennen hin und her, wobei sie Bewegungen des Feuerlöschens ausführen. Ljoscha läuft mit ihnen. Borja *(bemerkt ihn)*: „Was hast du hier zu suchen? Das Auto kommt noch weg." Ljoscha läuft zurück und setzt sich ins Auto. Hält das Steuerrad fest, dreht daran, hupt. Alle Feuerwehrleute löschen das Feuer. In diesem Spiel gibt es ebenfalls eine Regel: „Der Kraftfahrer darf nicht mit das Feuer löschen gehen, er muß auf seinem Platz sitzenbleiben." Ljoscha handelt im ersten Moment unter dem Eindruck einer unmittelbaren Triebkraft und läuft mit den anderen Kindern das Feuer löschen. Kaum aber wurde der Verstoß gegen die Regel bemerkt, kehrt er an seinen Platz zurück und spielt seine Rolle regelgerecht.

In diesen beiden Beispielen, wie in den Rollenspielen überhaupt, ist die Verhaltensregel unmittelbar mit der Rolle verknüpft, in sie eingeschlossen.

Nach den Ergebnissen dieser, zwar wenigen, Versuche kann zwischen vier Stadien der Unterordnung in bezug auf die Regel des Rollenspiels unterschieden werden.

Erstes Stadium. Es gibt keine Regeln, weil es eigentlich auch noch keine Rollen gibt. In diesem Falle siegt natürlich der unmittelbare Impuls beziehungsweise der Augenblickswunsch. Zur Veranschaulichung kann hier Lidas Verhalten im ersten Beispiel dienen.

Zweites Stadium. Es existiert zwar noch keine eindeutige Regel, aber im Falle eines Konflikts siegt sie bereits über den unmittelbaren Wunsch, mit dem Gegenstand zu handeln. Ein Beispiel für dieses Niveau ist das Verhalten Assjas (3;0). Galja und Nadja spielen mit Puppen „Kindergarten". Assja tritt mit einer Puppe zu ihnen und schaut zu, wie sie spielen. Nadja: „Jetzt müssen wir Frühsport machen. (Nimmt die Puppen, stellt sie hintereinander auf, stützt sie ein wenig.) Sie marschieren." Galja: „Ich werde für sie spielen." Führt Bewegungen aus, als würde sie Klavier spielen, und singt. Nadja (zu Assja): „Gib auch deine her." Assja reißt ihr wütend die Puppe aus der Hand. Nadja: „Sie wird auch im Kindergarten Frühsport machen." Assja gibt sofort ihre Puppe her und schaut ruhig zu, wie Nadja mit den Puppen Frühsport macht. Plötzlich ruft sie freudig aus: „Sieh nur, wie schön meine laufen kann!"

Drittes Stadium. In der Rolle gibt es eindeutig die Regel, aber sie bestimmt noch nicht völlig das Verhalten. Entsteht aus dem Spielverlauf oder durch Einmischung des Versuchsleiters der Wunsch, augenblicklich eine andere, attraktive Handlung auszuführen, dann wird gegen die Regel verstoßen. Von den anderen Spielteilnehmern werden solche Verstöße gewöhnlich sofort bemerkt. Ein Hinweis auf den Verstoß genügt, und der Fehler in der Rollenausführung wird umgehend korrigiert.

Ein Beispiel für dieses Niveau ist das Verhalten Ljoschas in der Rolle des Kraftfahrers im „Feuerwehr"-Spiel.

Viertes Stadium. Das Verhalten wird von der übernommenen Rolle bestimmt, in der ganz deutlich die Verhaltensregel zutage tritt. Im Kampf zwischen Regel und aufkommendem Wunsch, eine neue, im Augenblick attraktivere Handlung auszuführen, siegt die Regel.

Wir bringen ein Beispiel für solches Verhalten.

Grischa (6;0) bedient einen Postschalter. Er verkauft Briefmarken, Papier, Briefumschläge, Bleistifte. Borja ist Postbote. Er hat eine Tasche über der Schulter und trägt die Post aus. Die Kinder schreiben Briefe und werfen sie in den Briefkasten. Njura ist der Gehilfe des Briefträgers. Sie leert den Briefkasten und gibt die Briefe Borja. Grischa verkauft eifrig Gebrauchsartikel der Post, die Käufer zahlen mit Papierstücken. Am Schalter steht eine Schlange, und Grischa schafft es kaum, alle Käufer zufriedenzustellen.

Vom Versuchsleiter aufgefordert, läuft Ljoscha zu Grischa und sagt: „Sie werden vom Leiter der Post am Telefon verlangt." Grischa: „Ich kann nicht. Hier steht eine Schlange." Ljoscha: „Die können etwas warten." Grischa: „Ja, und dann gehn sie alle weg." Ljoscha: „Nun, geh schon." Grischa verläßt nicht seinen Platz und setzt seine Arbeit fort. Nachdem er fertig ist (alles ist verkauft), setzt er sich und bewegt zwei Würfel so, als würde er das Schalterfenster schließen. Ljoscha ruft ihn erneut zum Telefon. Grischa *(eifrig)*: „Ich schließe nur den Schalter und komme. *(Geht zum Telefon.)* Ja, bitte? Ja, ich habe alles verkauft. Ich brauche noch Papier und Briefumschläge. Alles wurde weggekauft." *(Lacht. Geht zur Versuchsleiterin.)* Man hat mich zum Telefon gerufen, aber ich bin nicht gegangen. Bei mir stand eine Schlange an. Jetzt habe ich alles verkauft. Der Leiter hat mich angerufen." Lacht.

Die genannten Stadien sind natürlich nicht als Altersstufen anzusehen. Es sind Entwicklungsstadien der Konsequenz im Hinblick auf die Regeltreue beim Rollenspiel. Wir sind Kindern begegnet, bei denen verschiedene Stadien zu beobachten waren, je nach dem Charakter ihrer Rolle und dem Charakter der Wechselbeziehungen, die sich im Spiel ergaben. Wir sahen

Kinder, die mit fünf Jahren das höchste Stadium erreicht hatten, aber auch fünfjährige Kinder, die sich noch auf einem sehr niedrigen Niveau befanden. Das Niveau, auf dem ein Kind der Rollenregel Folge leistet, ist seine Spielerfahrung in Funktion. Deshalb betrachten wir diese Stadien als zusammenhängende Etappen, denen der allgemeine Entwicklungsverlauf des Rollenspiels zugrunde liegt und die eine Seite dieser Entwicklung darstellen.

Ganz allgemein gesehen, waren unsere drei Versuchsserien im Prinzip darauf gerichtet, die Beziehung des Kindes zu der von ihm übernommenen Rolle und der mit dieser Rolle verbundenen Regel zu ergründen. Mit dieser Absicht sorgte der Versuchsleiter für eine Situation, in der verschiedene Seiten des Spielprozesses Störungen ausgesetzt waren.

In der ersten Serie galt die Störung der Handlungslogik in der vom Kind übernommenen Rolle. In der zweiten Serie betraf sie die Bedeutung der Rolle. Und in der dritten schließlich sollte das Kind durch irgendwelche in das Spiel geschleuste Nebenhandlungen aus seiner Rolle gebracht werden. Erwartungsgemäß hat uns jede der drei Serien jeweils eine Seite des Spielprozesses klären helfen.

Alle zusammen haben sie unsere Ausgangshypothese bestätigt, daß ein organischer Zusammenhang zwischen Rolle und Verhaltensregel besteht und das Kind die Regel nach und nach als Kern seiner Rolle aussondert.

5.5. Gegenstand – Handlung – Wort (zum Symbolismusproblem im Rollenspiel)

In fast allen Beschreibungen des Kinderspiels wird die spielerische Verwendung der Gegenstände als charakteristisches Merkmal des Spiels genannt. Hierbei verlieren die ins Spiel aufgenommenen Gegenstände gleichsam ihre übliche Bedeutung und erlangen eine neue, spielerische. Dieser Bedeutung entsprechend benennt das Kind die Gegenstände und dieser Bedeutung gemäß handelt es mit ihnen. Es gibt endlos viele bekannte Beispiele für eine derartige spielerische Umbenennung und entsprechende Anwendung von Gegenständen: Ein Stock ist für das Kind ein Pferd, auf dem es nicht nur reitet, sondern das es auch tränkt und füttert, das es pflegt. Ein kleines Stöckchen kann im Spiel Thermometer, Gabel, Bleistift und noch vieles andere sein. Ein Würfel aus dem Baukasten kann eine Tasse und kann etwas Eßbares sein, zum Beispiel eine Bulette oder ein Apfel, außerdem kann es als Auto dienen oder als irgend etwas anderes, das sich auf der Erde fortbewegt.

Die Spannweite im Ersetzen der einen Gegenstände durch andere ist sehr groß, und das gab Anlaß zu den verschiedensten Interpretationen. Manche Autoren nahmen an, im Spiel könne alles alles sein, und führten das auf die besondere Lebhaftigkeit der kindlichen Phantasie zurück. Andere vertraten die Ansicht, es gäbe Grenzen für eine derartige spielerische Verwendung der Gegenstände, es sei dazu eine gewisse Ähnlichkeit zwischen dem bezeichneten und dem bezeichnenden Gegenstand erforderlich.

Ausführlich hat sich mit dem Problem des Symbolismus im Spiel bekanntlich Jean *Piaget* befaßt. Er brachte es mit der Entwicklung der repräsentativen Intelligenz in Zusammenhang, deren Hauptvoraussetzung seiner Meinung nach die Entstehung des Symbols ist, das heißt die Entstehung einer Differenzierung zwischen „Zeichen" und „Bezeichnetem". Auf ihn geht auch die aus der Linguistik übernommene Unterscheidung zwischen Symbol und Zeichen zurück. Unter Symbol versteht *Piaget* das individuell Bezeichnete, das Darstellungselemente des gesuchten Objekts enthält. Die Entwicklungsgeschichte der Schriftsprache offenbart ziemlich detailliert den Prozeß des Übergangs von der Symbolschrift zur eigentlichen Zeichenschrift.

Bevor man zur Erörterung des vorliegenden Materials über das spielerische Ersetzen von Gegenständen durch andere schreitet, sich also mit dem Problem des „Symbolismus" im Spiel befaßt, muß man auf die Frage eingehen, woher überhaupt die Fähigkeit des Kindes rührt, Gegenstände „symbolisch" anzuwenden.

Man kann sich heute kaum ein Kind vorstellen, das sich ohne Spielzeug entwickelt.

Bereits sehr früh, jedenfalls bevor noch das Kind mit Gegenständen verschiedene manipulative Bewegungen auszuführen beginnt, werden ihm ans Bettchen Dinge gehängt, die es anschauen kann, an denen es seine sensorischen Apparate übt. Dann gibt man dem Kind schon etwas in die Hand, zum Beispiel eine Klapper. Die Klapper ist ein von den Erwachsenen speziell für das Kind angefertigter Gegenstand – es soll damit die Handlung des Schüttelns üben. Diese Handlung ist von den Erwachsenen in der Konstruktion der Klapper gleichsam bereits programmiert. Da man einem Kind dieses Alters Handlungen noch nicht vorzeigen kann, entwickeln sie sich an speziell dafür konstruierten Gegenständen. Das Kind eignet sich die Handlung mit der Klapper im Prinzip genauso an wie die Handlung mit jedem beliebigen anderen Gegenstand, in dem bestimmte gesellschaftlich entwickelte Handlungsweisen fixiert sind. Die Klapper ist nicht eine Nachbildung von irgend etwas und ersetzt nichts. Unter dem Spielzeug, das die Erwachsenen dem Kind geben, ist manches also einfach dafür bestimmt, die optisch-motorische Koordination zu entwickeln, und so konstruiert, daß eine Selbstbekräftigung der Handlung erfolgt. Kreisbewegungen, in ständiger Wiederholung, sind typische Handlungen mit solchen Gegenständen.

Aber es gibt unter den Gegenständen, die man dem Kind bietet, auch solche, die objektiv Nachbildungen realer Gegenstände sind. Dazu gehören zum Beispiel Puppen und nachgebildete Tiere – Pferde, Hähne, Affen usw. Sie sollen, wie auch die Klapper, beim Kind bestimmte Handlungen auslösen, zum Beispiel das Zusammendrücken, wobei der Gegenstand einen Laut von sich gibt. Anfangs sieht das Kind diese Gegenstände noch nicht als Nachbildungen realer Gegenstände, aber es muß sie mit der Zeit so sehen. Je nach den Bedingungen, wird in dem einen Fall zuerst ein Hähnchen zu einem solchen Gegenstand, in einem anderen Fall ein kleines Spielauto. Es ist anzunehmen, daß die Puppe jenes Universalspielzeug ist, das als erstes die Nachbildungsfunktion erlangt. In sehr vielen Fällen wird dem Kind schon sehr früh beim Baden eine Puppe aus Gummi oder Plast mit in die Wanne gegeben. Sie badet zusammen mit dem Kind, wird zusammen mit ihm ins Badetuch gewickelt und abgetrocknet, zusammen mit ihm ins Bettchen schlafen gelegt oder zusammen gefüttert, wobei man den Löffel auch zum Munde der Puppe führt. So verwandelt sich in der gemeinsamen Tätigkeit mit dem Erwachsenen das eine Nachbildung darstellende Spielzeug aus einem Gegenstand in ein Spielzeug im eigentlichen Sinne. Wesentlich ist hierbei, daß der Gegenstand und seine verschiedenen Nachbildungen stets mit ein und demselben Wort bezeichnet werden (der lebendige, im Zimmer umherlaufende Hund, der Stoffhund und der in einem Buch abgebildete Hund).

Das Kind von heute beginnt außerdem sehr früh, Bilderbücher zu betrachten, in denen es ihm bekannte wie auch völlig unbekannte Gegenstände sieht, und die Erwachsenen nennen sie bei ihrem Namen. Mit all dem wollen wir hervorheben, daß unsere Kinder nicht nur in einer Welt der Gegenstände leben, mit denen sie ihre Bedürfnisse befriedigen (Tasse, Löffel, Schuhe, Seife, Schwamm usw.), sondern auch in einer Welt der Nachbildungen und sogar der Zeichen. Der Prozeß, in dem sich ein Gegenstand in ein Spielzeug verwandelt, ist eben der Prozeß der Differenzierung zwischen Zeichen und Bezeichnetem, ist die Entstehung des Symbols. Zuweilen scheint es uns, es handele sich hier um einen spontanen Prozeß. Dieser Eindruck ist zurückzuführen auf die Spontaneität, auf die Systemlosigkeit in der gemeinsamen Tätigkeit des Erwachsenen mit dem Kind, in der es sich Symbole aneignet. Beim Sichten von Material zur Symbolisierung darf das niemals unberücksichtigt bleiben.

Eine der ersten uns bekannten experimentellen Untersuchungen der „Darstellungsfunktion" stammt von Hildegard *Hetzer* (1926). Sie ist von der richtigen Hypothese ausgegangen, daß für die Schulfähigkeit eine gewisse „Reife" der Darstellungsfunktionen erforderlich ist. Und tatsächlich erfordert sowohl das Schreibenlernen als auch die Aneignung arithmetischer Grundlagen die Einsicht, daß das Zeichen eine bestimmte Realität bezeichnet. Hildegard *Hetzer* unterscheidet verschiedene Arten der Darstellungsfunktion – „Darstellung durch Handlung und Mimik; Darstellung bei konstruktiver Betätigung; Darstellung beim Zeichnen; Darstellung bei willkürlicher Zeichensetzung" (1926, S. 7) – und gelangt zu dem Schluß, daß selbst dreijährige Kinder in der Lage sind, Zeichen und Bedeutung willkürlich miteinander zu verbinden. Aufgrund ihrer Untersuchung hält sie es durchaus für möglich, mit dem Lesenlernen weitaus früher zu beginnen, als das gegenwärtig üblich ist.

Sein Interesse für die Entwicklung der Zeichenfunktion, wie sie sich in der Schriftsprache offenbart, veranlaßte L. S. *Wygotski*, die Genese der Schriftsprache zu untersuchen. Diese Untersuchung enthält Material, das auch unter dem Aspekt der Ausbildung der Symbolfunktion interessant ist.

Wir zitieren vollständig den auf diese Frage zielenden Abschnitt aus dem Artikel *Wygotskis*. Er schreibt: „Wir versuchten auf experimentellem Wege, uns über dieses spezifische Stadium des gegenständlichen Schreibens beim Kind Klarheit zu verschaffen. Unsere Versuche waren als Spiel aufgebaut, bei dem einzelne, dem Kind gut bekannte Gegenstände bedingt, zum Spaß im Spiel vorkommende Gegenstände oder Personen bezeichneten. Beispiel: Ein etwas abseits hingelegtes Buch ist das Haus, Schlüssel sind Kinder, ein Bleistift ist die Njanja, die Uhr ist die Apotheke, das Messer ist der Doktor, der Deckel vom Tintenfaß der Kutscher usw. Darauf wird den Kindern mit entsprechenden Gesten und mit Hilfe dieser Gegenstände eine einfache Geschichte vorgeführt. Die Kinder lesen sie mit Leichtigkeit ab. Die Geschichte kann etwa folgende sein: Der Doktor fährt mit dem Kutscher am Hause vor, klopft an, die Njanja öffnet ihm, er hört die Kinder ab und schreibt ein Rezept auf. Sogar die meisten dreijährigen Kinder vermögen solch eine in Symbolen dargebotene Geschichte zu lesen. Kinder von vier bis fünf Jahren lesen auch kompliziertere in dieser Weise vorgetragene Geschichten. Zum Beispiel: Ein Mensch geht im Wald spazieren. Er wird von einem Wolf angefallen und gebissen. Es gelingt ihm zu entfliehen. Der Arzt behandelt ihn, danach geht der Verletzte zur Apotheke und schließlich nach Hause. Bemerkenswert ist hierbei der Umstand, daß es keine nennenswerte Rolle spielt, wie ähnlich die Gegenstände dem Darstellungsobjekt sind, damit die Kinder die mit Gegenständen vorgeführte Geschichte verstehen. Es muß nur möglich sein, mit diesen Gegenständen die entsprechende Geste auszuführen, mit ihnen die Geste zu ergänzen. Deshalb werden Gegenstände, die sich eindeutig nicht mit dieser Gestenstruktur verbinden lassen, vom Kind kategorisch abgelehnt" (1935, S. 79). In dieser Untersuchung wurde unseres Erachtens bereits das Problem Funktion der Handlung (hier der Geste) im Herstellen einer Beziehung zwischen Wort und Gegenstand aufgeworfen. Interessantes und wertvolles Material zur Lösung dieses Problems trug G. D. *Lukow* (1937) mit seiner Untersuchung bei, in der er ergründen wollte, wie dem Kind die Sprache im Spiel bewußt wird. *Lukow* wandte in seiner Untersuchung die Originalmethode „zweimalige Umbenennung der Gegenstände im Spiel" an. Unter Leitung des Versuchsleiters spielten die Kinder ein Sujetspiel, das eher ein Regiespiel als ein Rollenspiel war. Die Kinder selbst führten im Spielverlauf keine Rolle aus. Sie lenkten nur, während sich das Sujet entfaltete, die Handlungen des Spielzeugs, und dieses hatte die Funktionen der Menschen und der Gegenstände, die im Spiel vorkamen. Den Kindern wurde nur eine beschränkte Anzahl von Gegenständen, die als Ersatz für die im Spiel agierenden Personen und erforderlichen Gegenstände dienen konnten, angeboten, damit sie gezwungen waren, die vom Versuchsleiter zur Verfügung gestellten Gegenstände zu benutzen.

Die für das Spiel bereitgestellten Gegenstände wurden in zwei Gruppen unterteilt. Erste Gruppe: Gegenstände, deren Gebrauchsweise in der Ernstpraxis des Kindes streng fixiert war. Zweite Gruppe: Gegenstände ohne solch eine strenge Fixierung der Gebrauchsweise. Das Ersatzspielzeug reichte im Spielverlauf nicht aus, und der Versuchsleiter legte den Kindern weitere Ersatzgegenstände vor. Dabei suchte er festzuhalten, wie die Kinder den vorgeschlagenen Ersatz aufnahmen. Nachdem das Spiel im Gange war, die Kinder die benötigten Gegenstände durch Spielgegenstände ersetzt und zum ersten Mal entsprechend umbenannt hatten, veränderte der Versuchsleiter den weiteren Spielverlauf so, daß neue Personen und neue Gegenstände in das Spiel eingeführt werden mußten. Da aber das Spielzeug nicht ausreichte, standen die Kinder vor der Aufgabe, Gegenstände, die bereits „handelten", für eine neue Funktion zu verwenden und ihnen dementsprechend einen neuen Namen zu geben.

Ein Gegenstand also, für den das Kind eine bestimmte Verwendung im Spiel hatte und den es dementsprechend nannte, diente am Anfang des Spiels als Ersatz für irgendeinen Gegenstand, und das Kind gab ihm einen neuen Namen. Danach aber mußte derselbe Gegenstand einen ganz anderen Gegenstand ersetzen und demzufolge erneut einen anderen Namen erhalten.

Zum Beispiel mußten bei der ersten Anwendung und Umbenennung Spielpferdchen und -hunde als Kindergartenkinder fungieren. In der zweiten Experimentphase mußte ein Pferdchen die Funktion des Kochs ausüben, in der Küche das Mittagessen zubereiten, und ein Hund die Funktion des Pferdes – er wurde vor einen Wagen gespannt, mit dem man für die Kinder Milch holte. Freilich hatte dieses Experiment etwas Künstliches an sich, aber wahrscheinlich doch nicht mehr als viele andere Experimente mit Kindern. Diese Künstlichkeit verlor sich durch die Beziehung der Kinder zum Spiel: Während sich die jüngeren Kinder überhaupt nur mit Mühe in das Spiel hineinfanden, sind Fünfjährige ohne weiteres mit dem Experiment zurechtgekommen, und es nahm den Charakter eines gewöhnlichen Spiels an.

Wir wollen nur auf einige Verhaltensbesonderheiten der Kinder eingehen, die *Lukow* in dieser experimentellen Situation beobachten konnte. Die Kinder der jüngsten Gruppe (3;0 bis 4;0) wählen nicht selbständig einen Ersatz für die im Spiel erforderlichen Personen und Gegenstände. Sie sind passiv, fügen sich der Initiative des Versuchsleiters, sind mit seinen Vorschlägen einverstanden und handeln, nach Möglichkeit, diesen Vorschlägen entsprechend. Die Aufgabe, aktiv die Funktion des Gegenstandes zu verändern, vermag das Kind nicht selbständig zu bewältigen. Die Gegenstände haben für es jene Bedeutung und Bezeichnung, die sich bei ihm in früheren Handlungen mit diesen Dingen ausbildeten. „Ein Würfel, eine Zylinderform oder eine Kugel sind für das Kind Gegenstände, die man werfen, aufeinanderstellen, schütteln, rollen kann, und ein Pferd spannt man vor den Wagen, füttert es usw. Deshalb verliert ein Gegenstand, dem das Kind ohne weiteres eine neue Bezeichnung gegeben hat, ebenso leicht seine neue Bezeichnung und nimmt für es erneut jene Bestimmung an, die er hatte, bevor er in das Spiel einbezogen wurde" (1937, S. 50).

Die Ergebnisse der Experimente mit den jüngsten Kindern führen *Lukow* zu dem Schluß: „Nicht das Wort, nicht der Name des Gegenstandes bestimmt die Art und Weise seines Gebrauchs, sondern der Gegenstand an sich tritt für das Kind in unserer Spielsituation, in erster Linie, so entgegen, wie es ihn tatsächlich verwendet und nicht, wie es ihn augenblicklich nennt" (ebenda, S. 53). Kinder dieses Alters verändern einerseits, dem Versuchsleiter folgend, mit großer Leichtigkeit die Bezeichnungen der Gegenstände und ihre Bedeutung im Spiel, andererseits sind sie nur in sehr seltenen Fällen in der Lage, die neue Anwendung und Bezeichnung des Gegenstandes längere Zeit beizubehalten. Sie kehren ständig zurück zur ursprünglichen, vor dem Spiel üblich gewesenen Handlungsweise mit dem Gegenstand und zu seiner vorherigen Bezeichnung.

Wesentlich ändert sich das Bild im Experiment mit Kindern des mittleren Vorschulalters (5;0). Diese Kinder nehmen den Vorschlag des Versuchsleiters mit großem Eifer auf, spielen mit Interesse, ergänzen und vervollkommnen das Spiel oft selbst. Bei ihnen entsteht bereits ein eigener Spielplan. Manchmal schlagen die Kinder vor, ein anderes Spiel zu spielen, weil ihnen solch ein Spiel nicht gefällt. Sie suchen selbst aktiv unter dem zur Verfügung gestellten Spielzeug nach geeigneten Gegenständen, die als Ersatz für Dinge oder Personen dienen könnten. Und finden sie keine, dann gehen sie auf die Vorschläge des Versuchsleiters ein, obwohl es ihnen ein wenig schwerfällt.

Letzteres bezieht sich besonders auf Sujetspielzeug. Zum Beispiel halten die Spielenden es für möglich, daß Kindergartenkinder von Würfeln dargestellt werden. Wenn aber die Würfel nicht ausreichen und der Versuchsleiter vorschlägt, nun auch noch den Hund und das Pferdchen als Kinder zu nehmen, wird gewöhnlich dagegen protestiert. Erklären sich die Kinder damit schließlich doch einverstanden, dann lächeln sie darüber, und je weniger der Ersatzgegenstand der im Spiel fehlenden handelnden Person entspricht, desto mehr Gelächter löst das bei ihnen aus. Die zweite Umbenennung geht wie die erste vor sich. Den Vorschlag des Versuchsleiters nehmen die Kinder manchmal an, manchmal protestieren sie dagegen, aber wenn sie ihn angenommen haben, dann halten sie sich im weiteren Spielverlauf daran. Jedenfalls offenbart sich bei alledem deutlich, wie begrenzt die Ersatzmöglichkeiten eines Gegenstandes sind. *Lukow* schreibt: „Nicht alles kann alles sein. Zur Lehrerin kann eine hohe Kegelfigur werden, nicht aber eine kleine; die Rolle eines Kindes kann ein Spielpferdchen übernehmen, aber zum Beispiel eine Holzkugel ist dafür nicht geeignet. Was mag dieser wählerischen Beziehung des Kindes zum Gegenstand zugrunde liegen? Warum kann der eine Gegenstand zum Pferdchen werden, ein anderer dagegen nicht? Keinesfalls ist die äußere Ähnlichkeit eine Bedingung dafür, daß ein Spielzeug als Ersatz für ein anderes genommen wird (es besteht keinerlei Ähnlichkeit zwischen Kind und Pferd oder zwischen Würfel und Auto), sondern die Möglichkeit, mit dem gegebenen Gegenstand in bestimmter Weise zu handeln. Mit dem Pferdchen zum Beispiel kann man wie mit einem Kind umgehen: Man kann es hinsetzen, es ins Bett schlafen legen, es stolpern und fallen lassen usw. Das alles aber läßt sich nicht mit einer Kugel durchführen, denn die Handlungsmöglichkeiten mit ihr sind durch ihre Form begrenzt. Wir sehen folglich, daß die physischen Eigenschaften der Gegenstände (der Umstand, wie man sie hinlegen, hinstellen usw. kann) in gewissem Grade die Möglichkeiten, mit ihnen zu handeln, beschränken" (ebenda, S. 65).

In seinen Schlußfolgerungen weist *Lukow* darauf hin, daß fünf- bis sechsjährige Kinder nicht so leicht wie die jüngeren einverstanden sind, die Gegenstände in der Spielsituation anders zu verwenden. Kindern dieses Alters sind die objektiven Eigenschaften eines Gegenstandes sowie seine Bestimmung in ihrer vorausgegangenen Tätigkeit nicht gleichgültig. Andererseits, hat das Kind erst einmal die Handlungsweise mit dem Gegenstand und seine Bezeichnung verändert, dann verbindet es mit dem gegebenen Gegenstand fest seine neue Spielbestimmung, selbst wenn sie nicht seiner ursprünglichen Benutzung entspricht. Entscheidend ist hierbei die Einbeziehung des gegebenen Gegenstandes in die Spielhandlung des Kindes und damit in das

System der Verbindungen mit den anderen Gegenständen der Spielsituation.

Dieses System der Verbindungen im Spiel bestimmt offenbar auch die Spielbezeichnung, die bei Kindern der mittleren Gruppe bereits ziemlich lange erhalten bleibt, nachdem sie sich mit der in Frage kommenden Bezeichnung einverstanden erklärt haben. Das heißt, auch hier wird die Bezeichnung abhängig davon angewandt, wie das Kind mit dem Gegenstand zu handeln vermag. Aber diese Möglichkeit, mit dem Gegenstand zu handeln, diese im Wort fixierte verallgemeinerte Erfahrung des Kindes vermag jetzt ihrerseits die Gebrauchsweise des Gegenstandes zu beeinflussen. Das Kind ist jetzt bereits in der Lage, der Spielaufgabe entsprechende Handlungen mit dem Gegenstand zu vollziehen.

Bei den Kindern der ältesten Gruppe ist der Charakter des Spiels im großen und ganzen der gleiche wie bei denen der mittleren. Dennoch sind einige Besonderheiten zu nennen. Die spielerische Handlungsweise in bezug auf den Ersatzgegenstand ist sehr konstant, konstanter als bei den jüngeren Kindern. Diese Konstanz der Anwendung und Bezeichnung des Gegenstandes entsprechend dem Spielvorhaben ist sowohl für ihrer Form nach festgelegte als auch für ihrer Form nach nicht festgelegte Gegenstände charakteristisch, obwohl manche Kinder das erste Mal nicht sehr gern ungeeignete Gegenstände, Gegenstände, die sich nur schwer der neuen Bezeichnung entsprechend anwenden lassen, umbenennen. Aus eigener Initiative nehmen die Kinder fast nie einen erneuten Ersatz vor. Sie sind bestrebt, im ganzen Spielverlauf die genau festgelegte Bezeichnung beizubehalten. Deshalb stößt der Versuchsleiter anfangs, wenn er die angenommenen Spielbezeichnungen der Gegenstände aufheben und durch andere ersetzen will, in der Regel auf einen gewissen Widerstand.

Nach mehreren solchen Veränderungen jedoch gehen die Kinder gern auf eine zweite Umbenennung ein. Nachdem sie gegen Ende des Spiels das ihnen vom Versuchsleiter klargemachte allgemeine Prinzip erfaßt haben, beginnen sie die Bestimmung der Gegenstände im Spiel aus eigener Initiative zu verändern, geben den Gegenständen selbst einen anderen Namen und verwandeln das Umbenennen der Gegenstände und ihre immer wieder neue Verwendung in ein selbständiges Spiel, wobei sie die Grenzen der Spielsituation durchbrechen oder die Spielsituation sogar umstoßen. *Lukow* schreibt dazu: „Das ist ein neues Spiel, wie es bei Kindern jüngeren Alters noch nicht vorkommt. Jeder besonders ungewöhnliche Ersatz löst ein Gelächter der Spielteilnehmer aus; die gesamte Aufmerksamkeit ist jetzt darauf konzentriert, die Spielhandlungen dem Gegenstand anzupassen. Dabei bleiben die eigentlichen, die realen Eigenschaften des Gegenstandes gleichsam unberücksichtigt. Den Kindern wird also die Bedingtheit der Spielbedeutung aller ins Spiel einbezogenen Gegenstände völlig klar" (ebenda, S. 73). Und folglich auch die Bedingtheit ihres Namens, möchten wir hinzufügen.

Das von *Lukow* entwickelte experimentelle Modell ermöglicht es, sich die Veränderungen vor Augen zu führen, die in der Struktur der Verbindungen zwischen Gegenstand, Handlungsweise und Wort vor sich gehen. Wir beobachten erstens eine Loslösung der Anwendungsweise des Gegenstandes von dem konkreten Gegenstand, an den diese Anwendungsweise ursprünglich gebunden war, und zweitens die Loslösung des Wortes vom Gegenstand. Auf dieser Grundlage verwandelt sich gleichsam die Struktur „Handlung – Gegenstand – Wort" in die Struktur „Wort – Gegenstand – Handlung".

Wahrscheinlich, weil die Situation in *Lukows* Experiment ziemlich kompliziert ist, verzögert sich diese Bewegung vom Wort zum Gegenstand und zur Handlung mit ihm, das heißt, dieser Prozeß geht im realen Leben früher vor sich.

Wir setzten die Untersuchung des Verhältnisses zwischen Gegenstand, Handlung und Wort fort. Als unsere Hauptaufgaben betrachteten wir erstens, vergleichend die Besonderheiten der Umbenennungen in der Spielsituation und außerhalb der Spielsituation einzuschätzen, und zweitens zu klären, welche Rolle das Wort in den Handlungen des Kindes mit dem Gegenstand spielt. Zu diesem Zweck wurden drei zusammenhängende Versuchsserien durchgeführt. An ihnen nahmen Kinder aller Altersgruppen des Vorschulalters teil.

In der ersten Serie – wir nannten sie Umbenennungsspiel –

wurden dem Kind mehrere Gegenstände vorgelegt, und es gab ihnen, vom Versuchsleiter aufgefordert, andere Namen. Damit man sicher war, der Gegenstand wird vom Kind richtig wahrgenommen, und es gibt gerade diesem Gegenstand einen neuen Namen, hielt es ihn während des Umbenennens in der Hand und schaute ihn an.

Folgende Gegenstände wurden zum Umbenennen vorgelegt: ein Würfel, ein Kästchen, ein kleiner Ball, ein Auto, ein Hündchen und eine Puppe. Diese Gegenstände sind in unterschiedlichem Grade funktionell festgelegt. Als neue Bezeichnungen schlug man die Namen verschiedenster Gegenstände vor. Manchen der vorgeschlagenen Umbenennungen begegnet man im Spiel auch sonst (z. B. wurde vorgeschlagen, einen Bleistift als Messer oder Löffel zu bezeichnen, das Kästchen als Haus, den Ball als Apfel usw.), andere aber standen eindeutig in Widerspruch zu dem Gegenstand (z. B., das Kästchen sollte ein Pferd sein, die Puppe ein Ball oder ein Auto).

Der Versuch verlief folgendermaßen: Das Kind setzte sich an den Tisch, auf dem sich die Gegenstände befanden. Der Versuchsleiter gab dem Kind einen Gegenstand in die Hand und fragte: „Was ist das?" Nachdem das Kind geantwortet hatte, sagte der Versuchsleiter: „Sage, das ist ein . . ." (Messer, Auto usw.). Hatte das Kind den Gegenstand zum ersten Mal mit dem anderen Namen bezeichnet, wurde es aufgefordert, die neue Bezeichnung mehrmals zu wiederholen. Dann wurde ihm der nächste Gegenstand gegeben und in gleicher Weise verfahren. In dieser Serie erfolgte also die Umbenennung ohne spielerische Anwendung der Gegenstände.

In der zweiten Serie wurden dem Kind vier Gegenstände vorgelegt, und sie erhielten eine Spielbezeichnung. Die Gegenstände waren folgende: Bleistift – er wurde als Messer bezeichnet; Ball – Apfel; Auto – Häuschen; Würfel – Hund. Nachdem das Kind die Spielbezeichnungen wiederholt hatte, forderte der Versuchsleiter es auf, mit ihnen mehrere Handlungen auszuführen: 1. „Gib dem Hündchen den Apfel", 2. „Schneid ein Stückchen vom Apfel ab", 3. „Stell das Hündchen ins Haus". Wenn das Kind nach der Aufforderung, mit den Gegenständen Handlungen auszuführen, nicht den Spielbezeichnungen entsprechend handelte oder es ablehnte, die Handlung mit einem Gegenstand zu vollziehen, brachte der Versuchsleiter ihm die Spielbedeutung der Gegenstände in Erinnerung und forderte es erneut auf, die Handlung auszuführen.

Wir hatten die Gegenstände und ihre Spielbezeichnungen so gewählt, daß mit zweien davon, mit dem Bleistift (Messer) und mit dem Ball (Apfel), die geforderten Handlungen leicht fielen, bei den zwei anderen dagegen, beim Würfel (Hund) und Auto (Haus), war die Nichtübereinstimmung zwischen dem Gegenstand und seiner Anwendung im Spiel weitaus größer und krasser, und die Handlungen bereiteten Schwierigkeiten.

Die dritte Serie war der zweiten ähnlich, nur wich in ihr die spielerische Anwendung der Gegenstände noch stärker von der üblichen Anwendung dieser Gegenstände ab. Man gab den Kindern zum Spielen eine Puppe und einen Bogen Papier, mit denen sie während des gesamten Experiments in ihrer realen Bedeutung spielten. Hinzu kamen zu diesen Gegenständen ein Bleistift als Messer, ein Messer als Bleistift und ein kleiner Hammer als Wurst. Das Kind mußte mehrere Handlungen ausführen: ein Stückchen Wurst abschneiden und der Puppe geben; für die Puppe einen Ball und ein Häuschen zeichnen; ein Stück Papier abschneiden und die Wurst einwickeln. Wenn das Kind die Handlung mit dem Gegenstand ausführte, ohne sich an die spielerische Umbenennung zu halten, wurde es vom Versuchsleiter gefragt, womit es die Handlung ausführt, und an die Spielbedeutung der Gegenstände erinnert.

Die Komplizierung bestand hier darin, daß die spielerische Anwendung des Gegenstandes in einer Konfliktsituation erfolgte: Der reale Gegenstand war vorhanden (das Kind sollte mit dem Bleistift schneiden, obwohl ein Messer dalag, und mit dem Messer zeichnen, obwohl ihm ein Bleistift zur Verfügung stand).

Wie aus den Schilderungen der Versuche ersichtlich, sind die verschiedenen Versuchsserien miteinander verbunden, eine ergänzt die andere – der Weg verläuft von der einfachen Umbenennung, ohne die Gegenstände im Spiel entsprechend anwenden zu müssen, zur Umbenennung mit nachfolgender entsprechender Handlung in einer gewöhnlichen Situation und dann in einer komplizierteren, in einer Konfliktsituation.

An jeder Versuchsserie nahmen jeweils 40 Kinder im Alter von drei bis sieben Jahren teil, immer zehn Kinder einer Altersgruppe. Alle Versuche wurden mit denselben Kindern durchgeführt. Auf diese Weise entstanden 120 Protokolle, die Grundlage unserer Analyse.[33]

Wir bringen aus jeder Versuchsserie einige besonders typische Beispiele.

Bereits dreijährigen Kindern bereitet eine einfache Umbenennung keine besonderen Schwierigkeiten. Die meisten Kinder übernehmen mit Leichtigkeit die ihnen vorgeschlagenen neuen Bezeichnungen der Gegenstände. Von zehn Kindern nannten sechs alle Gegenstände bei den Namen, die ihnen der Versuchsleiter vorgeschlagen hatte.

Zum Beispiel akzeptierte Tanja (3;5) alle neuen Bezeichnungen und nannte die Gegenstände bei ihren neuen Namen. Als man ihr vorschlug, den Hund Auto zu nennen, sagte sie: „Auto." Auf die erneute Frage des Versuchsleiters: „Was ist das?", erklärte Tanja: „Das ist ein Hund", korrigierte sich aber sofort: „Das ist ein Auto." Igor (3;9) nennt alle Gegenstände bei ihrem neuen Namen und hat dabei keinerlei Schwierigkeiten, nur bei der Umbenennung des Hundes in eine Puppe sagt er zwar: „Puppe", fügt aber sofort hinzu: „Ich habe gesehen, wie ein Hund mit dem Schwanz wedelt." Auf die Frage des Versuchsleiters: „Was ist das für uns?", erwidert Igor: „Ein Hund."

Nur bei zwei Kindern sah man deutlich, daß sie bei einigen Gegenständen keine Lust hatten, ihnen andere Namen zu geben.

Zum Beispiel Ira B. (3;0) hat einige Umbenennungen ohne weiteres übernommen, einige aber rufen ihren Protest hervor. Beim Umbenennen des Hundes in eine Puppe sagt Ira: „Das ist eine Puppe. Wau-wau-wau!" Vl.: „Was ist das?" Ira: „Ein Hündchen." Vl.: „Sage: Das ist eine Puppe." Ira: „Nein! Das ist ein Hündchen. Man kann es streicheln. Das ist ein Hüüündchen! Wau-wau!" VI.: „Das ist eine Puppe." Ira: „Nein, nein,

---

[33] An den Experimenten beteiligte sich aktiv D. B. *Godowikowa.* Die Ergebnisse sind bisher noch nicht veröffentlicht worden.

das ist ein Hündchen. Wau-wau!" Stellt den Hund auf den Tisch und wedelt mit seinem Schwanz. Beim Umbenennen eines Kästchens in einen Teller protestiert Ira ebenfalls: „Nein, nein, das ist kein Teller. Ich will nicht." Vl.: „Sage: Das ist ein Teller." Ira: „Nein, das ist kein Teller." Vl.: „Sag, wo ist unser Teller?" Ira: „Es ist keiner da." Ähnlich verhält sich Ira beim Umbenennen eines Hundes in ein Auto, eines Kästchens in ein Auto und eines Kästchens in ein Pferd.

Ira S. (3;0) protestiert gegen das Umbenennen eines Balls in einen Apfel. „Ein Ball kann doch nicht ein Apfel sein", erklärt sie auf die Bitte des Versuchsleiters, den Ball Apfel zu nennen. Vl.: „Irotschka, was ist das für uns?" Ira: „Ein Apfel. Ich werde Ball spielen." Als sie vom Ball sagen soll, er sei ein Hund, nimmt sie den Hund vom Tisch und sagt: „Hier ist er doch. Das ist der Hund." In dieser Weise verhält sich Ira nur in einigen Fällen. Den Bleistift als Löffel, als Messer oder als Hämmerchen, einen Würfel als Haus, als Apfel oder als Hammer, ein Auto als Straßenbahn zu bezeichnen, bereitet ihr keine Schwierigkeiten.

Bei den jüngsten Kindern also (Ira B. und Ira S. sind genau drei Jahre alt) treten vor allem dann Schwierigkeiten auf, wenn sie Sujetspielzeug umbenennen sollen. Es ist anzunehmen, daß sich diese Kinder in der uns interessierenden Beziehung noch in einem für das Kleinkindalter kennzeichnenden Stadium befinden, in dem das Umbenennen von Gegenständen, nach unseren Untersuchungsergebnissen, etwas mehr Schwierigkeiten bereitet als Dreijährigen.

Bei vierjährigen Kindern sind wir überhaupt keinen Schwierigkeiten im Umbenennen der Gegenstände begegnet. Nur Tamara (4;4) wollte nicht ein Kästchen als Auto bezeichnen. Erst nachdem sie der Versuchsleiter dreimal darum gebeten hat, sagt sie gedehnt: „Au-to". Bei zwei Kindern – Natascha (4;7) und Shenja (4;3) – konnte eine eigenartige Reaktion beim Umbenennen des Würfels in einen Hund beobachtet werden. Beide Mädchen blickten, wenn sie den Würfel bei dem Namen nannten, den der Versuchsleiter ihnen vorgeschlagen hatte, unverwandt auf den Gegenstand, dessen Namen sie dem Würfel geben sollten.

Eine einfache Umbenennung bereitet also Kindern dieses Alters keinerlei Schwierigkeiten. Sie geben auf die Bitte des Versuchsleiters hin den Gegenständen ohne weiteres die vorgeschlagenen Spielnamen.

Den fünfjährigen Kindern bereitet das Umbenennen ebenfalls keinerlei Schwierigkeiten. Rein äußerlich gesehen geht die Umbenennung bei den Fünfjährigen ebenso vor sich wie bei den Vierjährigen. Aber bei einigen Kindern dieses Alters zeigt sich bereits deutlich eine andere Beziehung zu der Umbenennung. Sie beginnen den Versuchsleiter zu unterbrechen und, auf einen anderen Gegenstand weisend, zu fragen: „Und was soll das sein?" Manchmal versuchen sie sofort, mit dem Gegenstand seiner neuen Bezeichnung entsprechend zu handeln. Kolja (5;5) fragt, nachdem er den Bleistift in einen Löffel umbenannt hat: „Was ist das?", wobei er auf das Auto zeigt. Dann zeigt er auf den Hund und fragt: „Wer ist das?" Nachdem er den Bleistift in ein Auto umbenannt hat, zeigt er auf das Auto und fragt nochmals: „Und was soll das sein?" Sascha (5;9) dreht das Kästchen, nachdem er es in ein Haus umbenannt hat, mit dem Boden nach oben, als Teller dreht er es wieder um, und als er sagt, es sei ein Auto, zieht er es den Tisch entlang. Aber auch bei den fünfjährigen Kindern begegnet man noch einzelnen Fällen „passiven Protestes" gegen die Umbenennung. Sie schieben die Gegenstände, deren Namen sie für die Umbenennung verwenden sollen, beiseite, wenn diese Gegenstände sich in ihrem Gesichtsfeld befinden.

Sechsjährigen Kindern fällt das Umbenennen der Gegenstände ganz leicht. Sie sind mit allen neuen Bezeichnungen einverstanden und bezeichnen alle Gegenstände mit den neuen Namen. Kein einziges Kind widersetzt sich. Interessant ist das Verhalten des Jungen Sascha. Er übernimmt nicht nur sofort die neuen Bezeichnungen, sondern handelt auch mit den Gegenständen diesen Bezeichnungen entsprechend. Beim Umbenennen des Bleistifts in einen Löffel sagt er: „Aha, das ist ein Löffel. Ham! *(Führt ihn zum Mund.)* Wenn das ein Löffel ist, dann kann man mit ihm essen." Wird der Bleistift zum Pferd, dann sagt Sascha: „Das ist ein Pferd. Ein Pferd also." *(Vollführt mit dem Bleistift einige Bewegungen, die das Springen eines Pferdes andeuten.)* Wird er zum Messer, sagt der Junge: „Das ist ein Messer. Man muß damit Brot abschneiden." *(Vollführt die Bewegung des Schneidens.)* Wenn der Bleistift eine Puppe sein soll: „Das ist eine Puppe. Schlaf, Kindchen, schlaf." *(Tut, als würde er den Bleistift in Schlaf wiegen.)* Ist er ein Hammer: „Ein Hammer. Gut. Poch-poch-poch!" *(Klopft mit ihm auf den Tisch.)*

Beim Umbenennen der Puppe in einen Hund lächelt Sascha, beugt die Puppe vor und macht: „Wau, wau. Ach, du, sei nicht so bissig. Er ist unter ein Auto geraten. Ach du, kleiner Hund, du darfst nicht unter das Auto rennen." In einen Ball: „Was hat man mir doch für einen schlechten Ball gekauft. Er springt nicht. Ob man ihn von der Decke fallen lassen muß?" Beim Umbenennen des Hundes in ein Auto: „Das ist also unser Auto. Sehr gut. Tut-tut-tut-tut! Tut-tut ... Das ist für uns ein ... Ich möchte selbst sagen, was das für uns ist. Das ist für uns ein Hase. Nur die Ohren müßte man etwas hochstellen." Zieht die Ohren des Hundes in die Höhe und zeigt das dem Versuchsleiter. In dieser Weise verfährt Sascha mit jedem Gegenstand, den er umbenennt. Bei den anderen Kindern war eine solche Beziehung zu den umbenannten Gegenständen nur im Keim vorhanden. Obwohl Sascha das einzige Kind war, bei dem sich die spielerische Beziehung zur Umbenennung der Gegenstände in einem solchen Grade ausgeprägt offenbarte, können wir ihn unseres Erachtens als Beispiel für die höchste Entwicklungsstufe betrachten, die ein Vorschulkind nur dann erreichen kann, wenn es völlig frei über das Wort verfügt.

Aus dem Faktenmaterial dieser Versuchsserie ist folgendes ersichtlich: Das Kind verfügt bereits am Anfang des Vorschulalters relativ frei über das Wort. Im Verlaufe des gesamten Vorschulalters lernt es, das Wort immer freier zur Bezeichnung von Gegenständen anzuwenden. Gleichzeitig beginnt das Wort in immer höherem Grade ein System von Handlungen mit dem Gegenstand, den es bezeichnet, einzuschließen. Wie *Lukow* sehr richtig ausführt, „enthält jedes Wort für das Kind gleichsam ein System möglicher Handlungen und damit auch die Besonderheit des Gegenstandes oder der Erscheinung, denen es das Wort zuordnet. Die Verbindung zwischen Wort und Gegenstand sowie zwischen möglicher Handlung und Wort zeigt: Der Inhalt des Wortes ist für den Sprechenden Muster des Handelns mit dem bezeichneten Gegenstand beziehungsweise mit der bezeichneten Erscheinung" (1937, S. 110).

Die zweite Versuchsserie war, verglichen mit der ersten, in zweierlei Hinsicht komplizierter: Erstens mußte das Kind, nachdem der Versuchsleiter die neuen Bezeichnungen vorgeschlagen hatte, alle Gegenstände der Reihe nach mit den neuen Namen benennen, und zweitens mußte es mit ihnen mehrere der neuen Bezeichnung entsprechende Handlungen vollziehen.

Wie das Faktenmaterial zeigt, gibt es einige Besonderheiten, wenn das Kind die Gegenstände mit den neuen, vom Versuchsleiter vorgeschlagenen Namen benennt und sie dann spielerisch anwendet. Auf den verschiedenen Altersstufen wird diese Aufgabe in unterschiedlichem Grade bewältigt. Vielen Kindern unterlaufen Fehler, wenn sie die Gegenstände bei ihrem neuen Namen nennen: Sie nennen den Gegenstand entweder bei seinem eigentlichen Namen oder geben ihm zwar einen anderen, aber nicht den, den der Versuchsleiter vorgeschlagen hat.

Die meisten falschen Benennungen entfallen auf die jüngste Gruppe und auf die Situation, in der ein Würfel als Hund bezeichnet werden soll. Hierbei machen fast alle jüngeren Kinder Fehler. Bei den fünfjährigen Kindern verringert sich die Fehlerzahl auf die Hälfte, und bei den Sechsjährigen gab es nur einen Fehler. Das Wort „Messer" auf den Bleistift zu beziehen und das Wort „Apfel" auf den Ball fällt viel leichter, als das Wort „Hund" für den Würfel zu gebrauchen. Diese Fakten widerlegen die Behauptung mancher Psychologen, im Spiel könne alles alles sein, und das Kind sei, angeblich infolge seiner lebhaften Phantasie, in der Lage, unbekümmert jedem beliebigen Gegenstand jeden beliebigen anderen Namen zu geben.

Das ermittelte Material läßt die Annahme zu, daß Kinder nur jene Gegenstände umbenennen, mit denen man, aufgrund ihrer realen Eigenschaften, der neuen Bezeichnung entsprechende Handlungen ausführen kann. Im Verlaufe des Vorschulalters erweitert sich beträchtlich die Anzahl der mit einem Wort verbundenen Handlungen mit dem Gegenstand und seinen Eigenschaften. Und dadurch vermag das Kind Gegenstände freier, aber dennoch in bestimmten Grenzen, spielerisch umzubenennen.

Nachdem das Kind die Gegenstände bei den vom Versuchsleiter vorgeschlagenen Namen genannt hat, tritt der Versuch in seine zweite Phase.

In der zweiten Phase der Experimente dieser Serie mußte das Kind mehrere ihren neuen Bezeichnungen entsprechende Handlungen mit den Gegenständen ausführen. Die Hälfte der dreijährigen Kinder vermochten, selbst nachdem sie die neuen Bezeichnungen übernommen hatten, die Handlung den Hund mit einem Apfel füttern (den Würfel mit dem Ball) nur unter Schwierigkeiten zu vollziehen.

Ira S. (3;0) führte nach der Aufforderung des Versuchsleiters: „Gib dem Hund den Apfel", die Handlung nicht aus. Sie fragte: „Welchem Hund soll ich einen Apfel geben. Was ist das denn für ein Hund?" Vl.: „Wo ist unser Hündchen?" Ira *(dreht sich um zu einem anderen Tisch, auf dem ein Hund steht)*: „Dort ist ein Hund." Vl.: „Aber wo ist für uns hier der Hund?" Ira: „Da." Zeigt auf den Würfel. Vl.: „Gib diesem Hund einen Apfel." Ira: „Was für einem Hund denn? *(Hält den Würfel und den Ball in der Hand.)* Ich mag nicht." Der Versuchsleiter wiederholt alle Spielbedingungen und Instruktionen. Ira führt, ungeachtet der beharrlichen Forderung des Versuchsleiters, die gewünschte Handlung nicht aus. Sie kennt die Spielbezeichnungen der Gegenstände, aber sie vermag nicht, ihnen entsprechend zu handeln.

Nadja A. (3;0) nimmt, nachdem sie vom Versuchsleiter aufgefordert wurde, dem Hund einen Apfel zu geben, den Ball in die Hand, wendet ihn hin und her, schaut sich um zu dem Tisch, auf dem ein Hund steht, geht dorthin und hält dem Hund den Ball vor die Schnauze. Vl.: „Aber wo ist hier bei uns ein Hündchen?" Nadja kehrt zurück, setzt sich hin und schweigt. Vl.: „Wo ist das Hündchen?" Nadja *(mit einem Seufzer)*: „Hier ist kein Hündchen. Hier ist keins. Das hier *(zeigt auf den Würfel)* ist kein Hündchen." Vl.: „Was ist das?" Nadja: „Sag du es, du sag es. Ich kann das nicht." Vl.: „Das ist ein Hündchen." Nadja: „Und wo ist sein Gesicht?" Vl.: „Das hier ist ein Hündchen. *(Weist noch einmal auf den Würfel.)* Gib ihm einen Apfel." Nadja streckt sofort den Ball zum Würfel hin. Genauso verhalten sich noch drei Kinder.

Die Hälfte der jüngsten Kinder lehnen es ab, der übernommenen neuen Bezeichnung des Gegenstandes entsprechend zu handeln, und lehnen nun, wo sie entsprechend handeln sollen, auch die neue Bezeichnung des Gegenstandes ab, obwohl sie sie kennen. Eines der Mädchen übernimmt die neue Bezeichnung und hebt die Bedingtheit der Handlungen hervor.

Ljuba *(nimmt nach der üblichen Aufforderung des Versuchsleiters den Ball in die Hand)*: „Und wo ist denn nun der Hund? *(Berührt den Würfel.)* Das da, ja?" Vl.: „Ja." Ljuba *(streckt den Ball zum Würfel hin)*: „Zum Spaß, ja?" Vl.: „Schneide ein Stückchen Apfel ab." Ljuba: „Und wo ist das Messer? *(Nimmt den Bleistift.)* Das? *(Schneidet mit ihm und erklärt.)* Zum Spaß." Die anderen Kinder fragen ebenfalls häufig: „Und wo ist das Hündchen?", „Und wo ist das Messer?" usw.

Die vierjährigen Kinder waren der Aufgabe dieser Serie eher gewachsen. Nur zwei lehnten die Handlungen ab, in denen der Würfel als Hund zu betrachten war. Sie reagierten auf den Vorschlag des Versuchsleiters ebenso wie die Dreijährigen in den zitierten Protokollauszügen. Die übrigen Kinder führten die Handlungen aus.

Interessant ist, wie die Kinder dieser Altersstufe die Handlungen ausführen. Die meisten handeln schweigend, bewegen nur den Ball zum Würfel, manche legen ihn einfach neben den Würfel. Ein einziger, Shenja, hielt den Ball dem Würfel hin und sagte: „Hier, Hündchen, hast einen Apfel."

Bei den fünfjährigen Kindern ist kein besonders merklicher Fortschritt zu beobachten. Zwei von ihnen weigern sich ebenfalls, mit dem Würfel eine Handlung auszuführen, als wäre es ein Hund. Aber von den Kindern, die die Handlung ausführen, legt kein einziges mehr den Ball einfach neben den Würfel, alle halten ihn dem Würfel hin.

Die sechsjährigen Kinder bewältigen die Aufgabe dieser Versuchsserie bedeutend freier. Kein einziges lehnt es ab, die Handlung auszuführen. Alle handelten sie entsprechend der übernommenen Bezeichnung der Gegenstände. Ein Junge, Sascha, brachte, nachdem der Versuchsleiter seinen Vorschlag gemacht hatte, ganz selbständig ein richtiges Spiel in Gang. Wir zitieren dazu das Protokoll.

Vl.: „Gib dem Hündchen einen Apfel." Sascha: „Hier, iß. Willst nicht? Willst nicht? Es sagt, ich soll den Apfel zerschneiden." Vl.: „Zerschneide ihn." Sascha *(nimmt den Bleistift, schneidet damit den Ball, hält den Ball dem Würfel hin. Das alles führt er sehr schnell aus)*: „Ißt, ißt, ißt. Alle. Es ist nur der Griebs übriggeblieben. Griebse mag es nicht. Es ist weggegangen. Das Hündchen möchte ein wenig schlafen. Hier ist das Hundehäuschen. Geh auf dein Lager. Schlaf, schlaf, schlaf. *(Stellt den Würfel in das Haus.)* Jetzt hat das Hündchen ausgeschlafen. Ich bin nicht da. Es möchte, daß ich zu ihm komme. Was willst du, Hündchen?" Spricht für den Hund: „Ich will essen." – „Möchtest du Fleischreste?" – „Ich will sie zerschneiden. Aber wir haben kein Messer. Wir borgen uns eines bei der Nachbarin. *(Nimmt den Bleistift.)* So, jetzt haben wir eins. Aber es ist stumpf. Wir lassen es beim Schleifer schärfen. Scha-a-rf. Jetzt schneiden wir die Fleischreste." Nimmt den Bleistift und tut, als schneide er etwas.

Den jüngsten Kindern fällt es also am schwersten, den Umbenennungen entsprechende Handlungen auszuführen. Sie weigern sich, solche Handlungen zu vollziehen, und lehnen, wenn sie weiter dazu genötigt werden, auch die vor der Handlung bereits akzeptierte Bezeichnung des Gegenstandes ab. Dieser Konflikt, in dem der unmittelbar gegebene Gegenstand sowie die zu ihm gehörende Handlung den Sieg davontragen, wird in der zweiten Hälfte des Vorschulalters schwächer, wird nach und nach kaum wahrnehmbar, äußert sich manchmal nur in der Handlungsweise mit dem umbenannten Gegenstand.

In unserer zweiten Versuchsserie benutzten wir dieselben Gegenstände wie in der ersten. Dadurch konnten wir die Ergebnisse der ersten Serie mit denen der zweiten vergleichen. In der ersten Serie wird die einfache Umbenennung der Gegenstände „Messer – Bleistift" von allen dreijährigen Kindern akzeptiert; „Würfel – Hund" wird nur von einem Kind abgelehnt; „Ball – Apfel" ebenfalls nur von einem; „Auto – Haus" wird von allen akzeptiert. Den vierjährigen und älteren Kindern bereitet das Umbenennen dieser Gegenstände überhaupt keine Schwierigkeiten.

In der zweiten Serie, wenn die Kinder in Übereinstimmung mit der Umbenennung des Würfels in einen Hund handeln sollen, widersetzt sich die Hälfte der jüngsten Kinder dieser Handlung, und bei der zweiten Hälfte, die diese Handlung ausführt, entspricht die Handlungsweise nicht der Umbenennung. Besonders deutlich zeigt sich das an der Handlung des Fütterns – der Würfel (Hund) soll mit dem Ball (Apfel) gefüttert werden. Die andere Handlung – den Ball (Apfel) mit dem Bleistift (Messer) schneiden – wurde akzeptiert und fast von allen Kindern richtig ausgeführt, das heißt, die Kinder handelten mit dem Bleistift wie mit dem Messer, schnitten also etwas von einem Apfel ab. Nur sehr wenige Kinder handelten mit dem Bleistift nicht wie mit einem Messer, als sie mit ihm die Handlung des Schneidens ausführten, sondern wie mit einem Bleistift. Ira (3;0) zum Beispiel schneidet den Ball nicht, sondern stochert mit der Bleistiftspitze auf ihm herum; Sascha (4;9) hält den Bleistift senkrecht zum Ball und zieht Striche.

Wir haben es also mit folgenden Fakten zu tun: 1. Die einfache Umbenennung des Würfels in einen Hund und des Bleistifts in ein Messer wird von fast allen Kindern akzeptiert. 2. Mit dem Bleistift wie mit einem Messer zu handeln sind die Kinder bereit, und ihre Handlungsweise nähert sich der Handlung des Schneidens mit dem Messer; nur wenige Kinder bilden hier eine Ausnahme. 3. Mit dem Würfel wie mit einem Hund zu handeln wird von der Hälfte der jüngsten Kinder abgelehnt, und bei der zweiten Hälfte wird die Handlung nicht zu einer Fütterungshandlung. Die älteren Kinder akzeptieren diese Handlung, und ihre Ausführungsweise wird der Handlung des Fütterns ähnlich.

Diese Fakten sagen aus: Gegen die Umbenennung eines Gegenstandes in einer Spielsituation wird besonders dann verstärkt protestiert, wenn die Spielhandlungen den in der früheren Erfahrung erworbenen Handlungsverfahren widersprechen und keine Unterstützung durch die Eigenschaften des Spielgegenstandes erhalten.

356

Mit unserer dritten Versuchsserie wollten wir prüfen, welche Wechselbeziehungen bestehen einerseits im System der Verbindungen zwischen der eigentlichen Bezeichnung des Gegenstandes und den Handlungen mit ihm und andererseits im System der Verbindungen zwischen der bedingten, neuen Bezeichnung des Gegenstandes und den entsprechenden Handlungen. Wir wollten nachweisen: Es ist kein Zufall, daß dreijährige Kinder einen Würfel nicht anstelle eines Hundes akzeptieren und daß eine solche Beziehung dazu für jegliche spielerische Verwendung von Gegenständen Gültigkeit hat. Der Versuch bestand in folgendem: Die Kinder erhielten als Spielgegenstände einen Bleistift, ein Messer und einen kleinen Hammer – alles Gegenstände, die mit einem ziemlich klaren und bestimmten System von Handlungen verbunden sind. Außer diesen Gegenständen hatten die Kinder eine Puppe und einen Bogen Papier, deren Bedeutung sich während des Spiels nicht änderte. Die Kinder wurden aufgefordert, im Spiel den Bleistift als Messer, das Messer als Bleistift und den Hammer als Wurst zu verwenden und den neuen Spielbedeutungen der Gegenstände entsprechend eine Reihe von Handlungen auszuführen.

Wir nahmen an, wenn sich unter den Gegenständen gleichzeitig ein Bleistift und ein Messer befinden, von denen im Spiel der eine als Ersatz für den anderen angewandt werden soll, wird die Verbindung zwischen dem Gegenstand und seiner üblichen Anwendungsweise verstärkt, und die Verbindungen zwischen Gegenstand und Handlungen sowie zwischen dem Wort und Handlungen lassen sich dann besser erkennen. Unsere Erwartungen haben sich bestätigt.

Es kann gesagt werden, die Kinder wenden die Gegenstände auf dreierlei Art und Weise an. Die erste Art wäre die Anwendung der Gegenstände entsprechend ihrer spielerischen Umbenennung; bei der zweiten erfolgt ein Kampf der Entscheidung zwischen zwei Gegenständen; bei der dritten wird die spielerische Umbenennung des Gegenstands abgelehnt, das heißt, er wird in seiner eigentlichen Bedeutung angewandt.

Die erste Art bedarf keiner weiteren Erläuterungen. Alle Kinder, die auf diese Weise verfuhren, betrachteten den Gegenstand sofort seiner Umbenennung für das Spiel entsprechend und führten mit ihm die erforderlichen Handlungen aus: Sie schnitten mit dem Bleistift und zeichneten mit dem Messer.

Die zweite Art ist gekennzeichnet von einem Kampf zwischen Ernst- und Spielgebrauch des Gegenstandes. Hier einige Beispiele: Ira S. (3;0) streckt die Hand nach dem Bleistift aus, als der Versuchsleiter sie auffordert, für die Puppe einen Ball und ein Häuschen zu zeichnen. Dann hält sie inne, nimmt das Messer und sagt: „Das ist der Bleistift." Sie zeichnet mit dem Messer und erklärt: „Die Zeichnung ist fertig." Noch deutlicher kommt dieser Kampf bei Natascha K. (4;7) zum Ausdruck. Nachdem der Versuchsleiter sie zum Zeichnen aufgefordert hat, schaut sie ihn an, lächelt und nimmt das Messer zur Hand: „Aber ich kann kein Haus zeichnen." Vl.: „Dann zeichne nur einen Ball." Natascha nimmt den Bleistift und zeichnet damit. Vl.: „Womit zeichnest du?" Natascha antwortet lange nicht, nimmt schweigend das Messer in die Hand, zeichnet mit ihm aber nicht, sondern beginnt an dem auf dem Tisch liegenden Hämmerchen zu schnitzen. Natascha B. (5;5) nimmt zuerst das Messer, dann den Bleistift. „Nur zum Spaß? Oder richtig?" Vl.: „Was meinst du, wie man es machen sollte?" Natascha: „Richtig. *(Zeichnet mit dem Bleistift über dem Papier, in die Luft.)* Fertig!" Vl.: „Wo ist denn der Ball?" Natascha: „Ich habe nur so getan, zum Spaß." Vl.: „Und womit hast du gezeichnet?" Natascha: „Damit." Zeigt den Bleistift.

Akzeptiert ein Kind den Gegenstand in seiner neuen Eigenschaft nicht, dann handelt es mit ihm entweder sofort entsprechend seiner eigentlichen Bedeutung, oder es lehnt, nachdem es so zu handeln angefangen hat, strikt die spielerische Anwendung ab, und geht dazu erst über, wenn der Versuchsleiter es ermahnt.

Ira S. (3;0) nimmt, nachdem der Versuchsleiter sie aufgefordert hat, für die Puppe ein Stück Wurst abzuschneiden, sofort das Messer und schneidet damit den Hammer. Vl.: „Womit schneidest du?" Ira: „Das ist ein Messer. Das ist unser Messer!" Schneidet weiter. Vl.: „Wo ist unser Messer?" Ira *(nimmt den Bleistift)*: „Hier. *(Nimmt sofort auch das Messer.)* Das soll das Messer sein." Schneidet mit ihm den Bleistift. Der Versuchsleiter wiederholt die Spielbedingungen. Ira:

„Nein, das soll das Messer sein *(zeigt das Messer)* und das der Bleistift." Schneidet wiederum den Bleistift. Vl.: „Schneide doch einmal mit dem anderen Messer." Ira *(nimmt den Bleistift, schneidet mit ihm)*: „Hier! Ein großes Stück!" Gibt zum Schein etwas der Puppe.

Ira B. (3;0) akzeptierte die Umbenennungen nicht, selbst nachdem der Versuchsleiter ihr zweimal die Spielbezeichnungen der Gegenstände genannt hatte. Sie reagiert aufgebracht. „Messer. *(Zeigt das Messer.)* Das ist kein Messer. *(Zeigt den Bleistift.)* Hier ist es." Zeigt wieder das Messer. Serjosha schneidet, nachdem er aufgefordert wurde, ein Stück Wurst abzuschneiden, mit dem Messer das Hämmerchen. Vl.: „Womit schneidest du?" Serjosha: „Mit dem Messer." Vl.: „Und was ist für uns das Messer?" Serjosha: „Das da." Zeigt auf das Messer. Erst nachdem der Versuchsleiter ihm die Spielbedingungen in Erinnerung ruft, ist er einverstanden, die Handlung der Umbenennung entsprechend auszuführen. Sascha K. (6;0) schneidet nach der Aufforderung des Versuchsleiters den Hammer mit dem Messer. Vl.: „Womit schneidest du denn?" Sascha: „Mit dem Messer." Danach sagt er von selbst: „Ach hier ist ja das Messer." Nimmt den Bleistift und schneidet damit.

Die folgende Aufstellung gibt in Prozent an, wieviel Kinder der verschiedenen Altersstufen die spielerische Umbenennung der Gegenstände sofort beziehungsweise nach einigem Widerstreben akzeptierten und wieviel von ihnen überhaupt nicht darauf eingegangen sind.

Alter	akzeptiert	nicht akzeptiert
3	28	72
4	55	45
5	45	55
6	50	50

Diese Ergebnisse zeigen recht deutlich: In der komplizierteren Situation steigert sich bedeutend die Zahl der Kinder, die sich weigern, die Gegenstände spielerisch anzuwenden. Während in der zweiten Versuchsserie alle Kinder den Bleistift als Messer akzeptierten, sind in dieser Serie nur die Hälfte der

Kinder dazu bereit, mit dem Bleistift wie mit einem Messer zu handeln. Die andere Hälfte versucht, nicht den Bleistift, sondern das daneben liegende Messer zum Schneiden zu gebrauchen. Ähnlich verhält es sich auch mit der Verwendung des Messers als Bleistift. Fast alle Dreijährigen (mit Ausnahme eines Kindes) und die Hälfte der Kinder der übrigen Altersstufen akzeptieren nicht das Messer anstelle des Bleistifts, sondern wollen es als Messer verwenden.

In diesem Experiment sind kaum besondere Unterschiede zwischen den jüngeren und den älteren Vorschulkindern zu beobachten. Nur gibt es bei den jüngsten eine große Zahl von Handlungsverweigerungen. Auf den übrigen Altersstufen ist die Anzahl der Kinder, die die spielerische Anwendung akzeptieren, fast gleich. Aber das ist nur eine scheinbare Unterschiedslosigkeit. Unterzieht man die Weigerung, den Gegenstand spielerisch anzuwenden, einer eingehenderen Betrachtung (in den Fällen, in denen es doch gelingt, die sich weigernden Kinder zu veranlassen, den Gegenstand spielerisch anzuwenden), dann wird deutlich, daß das Widerstreben der jüngeren Kinder beträchtlich größer ist als das der älteren.

Den jüngeren Kindern, die sich weigerten, den Gegenstand spielerisch zu verwenden, mußte der Versuchsleiter mehrmals die Spielbedingungen in Erinnerung rufen, und selbst dann haben sie den Gegenstand nur manchmal der Umbenennung entsprechend angewandt. Nadja (3;0) zum Beispiel sagte, nachdem der Versuchsleiter sie aufgefordert hatte, ein Stückchen Wurst abzuschneiden: „Diese da *(Zeigt auf den Hammer.)* mit diesem?" Zeigt auf das Messer. Nimmt es und schneidet damit den Hammer. Vl.: „Womit schneidest du?" Nadja: „Damit muß man schneiden." Vl.: „Was ist das für uns?" Nadja: „Ein Messer." Vl.: „Und was ist das?" Zeigt auf den Bleistift. Nadja: „Das ist ein Bleistift. *(Nimmt das Hämmerchen, klopft damit.)* Ein kleiner Hammer." Der Versuchsleiter wiederholt alle Bedingungen und fordert nochmals auf, der Puppe ein Stückchen Wurst abzuschneiden. Nadja *(schneidet sofort mit dem Bleistift den Hammer.)*: „Bitte." Hält der Puppe den Hammer hin.

Bei den älteren Kindern genügt schon eine Frage, um sie zur spielerischen Anwendung des Gegenstandes zu veranlassen.

Kolja (5;5) schneidet mit dem Messer den Hammer. Vl.: „Womit schneidest du?" Kolja: „Mit dem Bleistift." Nimmt sofort den Bleistift und schneidet damit. Alla (5;4) nimmt das Messer und schneidet damit. Vl.: „Womit schneidest du?" Alla: „Mit dem Messer." Vl.: „Und was ist unser Messer?" Alla: „Das soll das Messer sein." Nimmt den Bleistift und schneidet damit. Als der Versuchsleiter sie auffordert, der Puppe einen Ball und ein Häuschen zu zeichnen, greift sie zum Bleistift. Vl.: „Womit willst du zeichnen?" Alla nimmt schweigend das Messer und fährt mit ihm auf dem Papier entlang. Wladik (6;0) nimmt Messer und Hammer, schneidet. Vl.: „Womit hast du geschnitten?" Wladik: „Damit hier – mit dem Messer." Vl.: „Und was ist für uns das Messer?" Wladik: „Das." Zeigt den Bleistift, nimmt ihn und schneidet damit.

Es fällt also bedeutend leichter, ältere Kinder, die nicht sofort auf die spielerische Anwendung des Gegenstandes eingegangen sind, zu einer solchen Anwendung zu veranlassen, als jüngere. Den jüngeren muß man ständig die Spielbezeichnungen wiederholen und sie aktiv zum Handeln anregen.

Womit läßt es sich erklären, daß der Bleistift in der zweiten Versuchsserie ohne weiteres als Messer akzeptiert wurde, während das in der dritten Serie bei der Hälfte der Kinder aller Altersstufen nicht der Fall war. Warum haben die Kinder, sobald ein richtiges Messer außer dem Bleistift dalag, abgelehnt, den Bleistift spielerisch als Messer zu verwenden, und sich erst nach den Bemühungen des Versuchsleiters dazu bereit erklärt? Und warum schließlich wurde die spielerische Verwendung des Hammers als Wurst ausnahmslos von allen Kindern akzeptiert?

All diese Fakten sind ein Hinweis darauf, daß die Verbindungen zwischen dem Wort (der Benennung des Gegenstandes) und dem System von Handlungen, die in ihm fixiert sind, unterschiedliche Wechselbeziehungen mit dem System der Verbindungen zwischen dem Gegenstand und seiner spielerischen Anwendung eingehen können. Das Vorhandensein eines realen Gegenstandes verstärkt die Verbindung von Gegenstand und Handlung und schwächt die Verbindung zwischen Wort und Handlung oder hemmt sie völlig.

Es gibt allen Grund zu der Annahme, daß die Verbindungen zwischen dem Gegenstand und dem Wort, seiner Bezeichnung, eine einheitliche dynamische Struktur darstellen. Das ist ganz sicher so, denn andernfalls wäre eine spielerische Anwendung der Gegenstände ausgeschlossen. Nichtsdestoweniger haben unsere Experimente folgendes ergeben: Erstens muß das Wort, wenn es in diese dynamische Struktur eingehen soll, alle möglichen Handlungen mit dem Gegenstand einschließen, zum Träger eines Systems gegenständlicher Handlungen werden. Zweitens, nur wenn das Wort ein ganzes System von Handlungen einschließt, vermag es einen Gegenstand zu ersetzen. Drittens, das System der Verbindungen zwischen Wort und Handlungen vermag unter bestimmten Bedingungen das System der Verbindungen zwischen Gegenstand und Handlungen sich unterzuordnen. Viertens, das Verhältnis zwischen diesen beiden Systemen von Verbindungen erfährt insbesondere im Vorschulalter wesentliche Wandlungen. Es ist anzunehmen, daß gerade das Spiel eine Praxis eigener Art im Operieren mit dem Wort ist, in der diese Veränderungen des Verhältnisses zwischen Gegenstand, Wort und Handlung vor sich gehen.

Unsere Versuche wurden von G. L. *Wygotskaja* (1966) mit gehörlosen Kindern wiederholt. Die Methodik der Experimente war genauso, wie wir sie geschildert haben. *Wygotskaja* ging von der Annahme aus, infolge der verzögerten Sprechentwicklung der gehörlosen Kinder würde sich bei ihnen, zum Unterschied von den normal Hörenden, die Umbenennung der Gegenstände schwieriger gestalten, und außerdem würde die verbale Bezeichnung nicht die Spielhandlungen bestimmen, die unmittelbarer mit der Spielsituation verknüpft sind.

Diese Hypothesen bestätigten sich nur teilweise. Aufgrund ihrer Untersuchungsergebnisse ist G. L. *Wygotskaja* zu folgenden Schlüssen gelangt.

1. Während die Hälfte der normal hörenden Kinder die Spielbezeichnungen der Gegenstände nicht akzeptiert hat, sind die gehörlosen Versuchspersonen alle auf die Umbenennung der Gegenstände eingegangen, sie akzeptierten deren Spielbezeichnung und behielten diese Bezeichnung für die Gegenstände während des gesamten Experiments bei.

2. Hatte das normal hörende Kind die Spielbezeichnung des Gegenstandes akzeptiert, dann handelte es mit diesem Gegenstand auch entsprechend seiner neuen Bezeichnung. Für das hörende Kind bestimmt die neue Bezeichnung auch das neue Handlungsverfahren mit dem Gegenstand. Drei Kinder, die sich weigerten, die Spielhandlung auszuführen, lehnten danach auch die Spielbezeichnung des Gegenstandes ab und kehrten zu der Ernstbezeichnung zurück. Mit anderen Worten, wenn das Kind einverstanden ist, einen Würfel als Bügeleisen zu bezeichnen, dann beginnt es mit diesem Bügeleisen zu bügeln, das heißt die für die neue Bezeichnung zutreffende Handlung auszuführen. Wenn sich aber das Kind weigert, mit dem Würfel zu bügeln, dann lehnt es auch im selben Augenblick seine Spielbezeichnung „Bügeleisen" ab und nennt ihn wiederum Würfel.

Etwas anderes ist bei gehörlosen Kindern zu beobachten. Man bringt sie leicht dazu, einen Würfel als Bügeleisen zu bezeichnen, aber die meisten von ihnen bügeln nicht mit ihm. Die gehörlosen Kinder sind also mit der neuen Bezeichnung des Gegenstandes einverstanden, führen mit ihm aber nicht die Handlungen aus, die die neue Bezeichnung vorschreibt, oder sie führen die Handlung formal aus. Die von dem gehörlosen Kind akzeptierte Spielbezeichnung eines Gegenstandes bestimmt bei ihm in geringerem Grade als beim hörenden Kind die Art und Weise der Handlungen. Die fast widerspruchslose Zustimmung der gehörlosen Kinder zu den Spielbezeichnungen ist augenscheinlich dadurch zu erklären, daß das gehörlose Kind eine spezifische Beziehung zum Wort des Pädagogen hat, der für es die Hauptquelle verbaler Kenntnisse ist.

Die Tatsache, daß das gehörlose Kind, nachdem es die Spielbezeichnung akzeptiert hat, in vielen Fällen sich davon nicht in seinen Handlungen leiten läßt, zeugt davon, daß bei ihm ein anderes Entwicklungsniveau der Bedeutung und der Funktion des Wortes vorliegt. Manche Kinder gehen auf die vorgeschlagene Umbenennung formal ein, handeln dann aber nicht in Übereinstimmung mit der neuen Bedeutung des Gegenstandes, sondern entsprechend seinen unmittelbar wahrnehmbaren Eigenschaften. Das Wort schließt beim gehörlosen Kind noch nicht das gesamte System der Verbindungen in sich ein, ist noch nicht genügend verallgemeinert und steuert noch nicht vollständig die Handlungen des Kindes.

„Ein spezieller Unterricht im Sprechen", schreibt G. L. *Wygotskaja*, „verändert die Beziehung der gehörlosen Kinder zum Wort, ermöglicht es ihnen, das Wort so weit zu verstehen, daß es ihre Handlungen zu bestimmen beginnt. Infolge des Unterrichts beginnt die Sprache, die Handlung des gehörlosen Kindes zu steuern. Ein Beweis dafür ist die Tatsache, daß Kinder, die drei Jahre unterrichtet worden waren, nach einer verbalen Instruktion elfmal soviel Spielhandlungen ausführten wie Kinder des ersten Unterrichtsjahres" (1966, S. 183 f.). Die in diesem Experiment ermittelten Angaben wurden später durch natürlichere Experimente bestätigt. Man organisierte ein Spiel, bei dem ein Gegenstand durch andere Gegenstände ähnlicher Funktion ersetzt werden mußte.

Die Ergebnisse von G. L. *Wygotskaja* geben Veranlassung, die Ansichten mancher Psychologen kritisch zu überprüfen, die, *Piaget* folgend, meinen, der Spielsymbolismus hänge im wesentlichen nicht von der Entwicklung der Sprache ab.

Der Symbolbegriff setzt bei *Piaget* die Ähnlichkeit zwischen Bezeichnetem und Zeichen voraus. Wenn die in das Spiel einbezogenen Gegenstände Symbole nicht vorliegender, aber für die Entfaltung des Sujets erforderlicher Gegenstände sind, das heißt wenn es sich dabei unmittelbar um Abbilder handelt, dann ist freilich keinerlei Sprache erforderlich. Das Wort würde in diesem Falle nur wiederholen, was bereits das Symbol als Abbild des fehlenden Gegenstandes enthält, wie in einem Piktogramm, das direkt die Bedeutung zeigt und das Wort ersetzt.

Nach *Piaget* verhält sich das Wort zum Symbol im Prinzip so wie das Bild zum Gegenstand. Der Symbolgegenstand, mit dem wir es im Spiel zu tun haben, ist das Abbild des bezeichneten Gegenstandes, liegt jedoch in einer anderen materiellen Form vor. Versteht man den vom Kind im Spiel angewandten Symbolgegenstand in der Weise, daß er unmittelbar auf den bezeichneten Gegenstand deutet, dann spielt das Wort hierbei natürlich keinerlei aktive Rolle.

Aber eine solche Vorstellung vom Symbolismus im Spiel entspricht nicht ganz den Tatsachen. Nach unseren Beobachtungen und Untersuchungen haben die Gegenstände, die in das Spiel als Ersatz für fehlende Gegenstände aufgenommen werden, sehr viele Funktionen, und ihre Ähnlichkeit mit den bezeichneten Gegenständen ist außerdem etwas sehr Relatives. Was für eine Ähnlichkeit gibt es denn zwischen einem Stock und einem Pferd? Der Stock ist nicht einmal eine schematisierte Darstellung des Pferdes. Derselbe Stock aber kann auch ein Gewehr sein, eine Fahne oder ein Baum. Besonders deutlich kommt die Funktionenvielfalt bei Spielsachen zum Ausdruck, die nicht sujetgebunden sind. Ein kleines Stäbchen aus dem Baukasten kann ein Teller sein, auf den man Speisen tut, als auch eine Speise, die auf ein Blatt, den Teller, getan wird. Das hängt ganz davon ab, welche Bedeutung das Kind dem Gegenstand in dem jeweiligen Spielmoment gibt. Das Wort, mit dem das Kind den multifunktionalen Gegenstand im Spiel bezeichnet, schränkt sofort seine Bestimmung ein, legt seine Funktion in dem gegebenen Spiel fest, entscheidet darüber, was man mit ihm im Spiel tun darf und kann, welche Handlungen mit ihm zu vollziehen sind. Wenn ein Würfel als Bügeleisen bezeichnet wurde, dann heißt das, mit ihm müssen Handlungen des Bügelns vollzogen werden; wenn der Würfel eine Bulette ist, dann muß man ihn essen, und ist er ein Teller, dann legt man auf ihn Speisen, wie auf einen Teller. Das wird nur dadurch möglich, daß in dieser Entwicklungsperiode das Wort die Erfahrung im Handeln mit den Gegenständen in sich trägt.

Auf den ersten Blick mag es scheinen, die Sujetspielsachen wären Symbole. Natürlich haben sie bedeutend mehr Ausdruckskraft. Aber die Kinder verwenden auch Sujetspielsachen, die Tiere, Menschen usw. nachbilden, in sehr vielfältiger Weise. Ein Hund kann die Funktion eines Kindes erfüllen und eine Puppe nicht die eines Kindes, sondern die eines Taxifahrgastes. Das Sujetspielzeug wird sehr vielfältig angewandt.

Gerade deshalb zog L. S. *Wygotski* es vor, nicht vom Symbolismus, sondern von einer Übertragung der Bedeutung des einen Gegenstandes auf einen anderen zu sprechen. Im Spiel wird ein Gegenstand durch einen anderen ersetzt, wenn es möglich ist, mit dem Ersatzgegenstand die für die Entfaltung der Rolle erforderliche Handlung auszuführen. Das ist eine wesentliche Komponente des Spiels. Durch ein derartiges Ersetzen geht das Konkrete, das Operatorisch-Technische der Handlung verloren, und sie verwandelt sich in eine darstellende Handlung, die nur ihre allgemeine Bestimmung wiedergibt (Füttern, Schlafenlegen, Krankenpflege, Einkaufen, Verkaufen, Spazieren usw.).

Um zu erfassen, welche Rolle der „Symbolisierung" zukommt, muß man sich über die Handlungsentwicklung im Spiel Klarheit verschaffen. Wir wiesen bereits mehrmals darauf hin, daß die Handlung immer mehr verallgemeinert und verkürzt wird. J. S. *Newerowitsch* (1948) führte zu dieser Frage eine spezielle Untersuchung durch. Sie hat die Kinder veranlaßt, eine Handlung unter verschiedenen Bedingungen auszuführen; erstens die Handlung einfach mit einem eingebildeten Gegenstand zeigen; zweitens die Handlung mit einem Ersatzgegenstand ausführen, der nicht an ein feststehendes Handlungsverfahren gebunden ist; drittens die Handlung mit einem Ersatzgegenstand vollziehen, mit dem sich feststehende Gebrauchsweisen verbinden. Die Ergebnisse dieser Untersuchung sagen aus, daß gerade das Vorschulkind zum Zeigen der Handlung und manchmal des allgemeinen Bewegungsbildes übergeht.

Auf eine „Symbolisierung" stoßen wir in der Spielentwicklung mindestens zweimal. Zum ersten Mal, wenn die Handlung von einem Gegenstand auf einen anderen übertragen wird, bei der Umbenennung des Gegenstandes. Hier hat die Symbolisierung die Funktion, die strenge Fixierung der gegenständlichen Handlung zu zerstören. Die Symbolisierung ist eine Bedingung dafür, daß die allgemeine Bedeutung der in Frage kommenden Handlung modelliert wird.

Zum zweiten Mal begegnen wir der Symbolisierung, wenn das Kind die Rolle eines Erwachsenen übernimmt. Der Grad der Verallgemeinerung und Verkürzung der Handlung ist hierbei eine Bedingung des Modellierens der zwischenmenschlichen Beziehungen in der Tätigkeit. Gerade infolge dieser zweierlei Ebenen der „Symbolisierung" schaltet sich die Handlung in die Tätigkeit ein und erhält sie ihren Sinn im System der zwischenmenschlichen Beziehungen.

5.6. Wie sich die Beziehung des Kindes zu den Spielregeln entwickelt

Charakteristisch für das Rollenspiel ist, wie wir festgestellt haben, die Unterordnung unter die der Rolle, die das Kind übernommen hat, immanente Regel. Im schöpferischen Spiel besteht ein organischer Zusammenhang zwischen Regel und Rolle. Die Regeln werden durch den Hauptinhalt der Rolle bestimmt und immer komplizierter, je komplizierter dieser Inhalt wird.

Natürlicherweise erhebt sich die Frage, welche Beziehung das Kind zur Regel hat und welche psychologischen Mechanismen das Unterordnen unter die Spielregel bewirken. Im Zusammenhang mit dieser Frage wandten wir uns einer weiteren, im Vorschulalter ebenfalls weit verbreiteten Spielform zu, den Bewegungsspielen mit Regeln.

Zum Unterschied von den Rollenspielen liegt diesen Spielen ein Programm zugrunde, und zwar in dem Sinne, daß im Bildungsprogramm des Kindergartens eine bestimmte Folge dieser Spiele in den einzelnen Altersgruppen vorgesehen ist, verbunden mit konkreten Erziehungsaufgaben.

Es gehört nicht zu unseren Aufgaben, das Wesen der Regelspiele zu erörtern, darzustellen, wie sie entstehen und in welcher Weise sie mit dem Leben und der Tätigkeit des Kindes verbunden sind. Dazu müßte eine spezielle umfangreiche Untersuchung durchgeführt werden. Das Kind findet diese Spiele in bereits fertiger Form vor und eignet sie sich als Elemente unserer Kultur an. Uns interessiert es nur insofern, wie sich das Kind die Regelspiele aneignet, als Kenntnisse darüber auch das Wesen des Rollenspiels ergründen helfen können, und zwar um so mehr als auf den frühen Entwicklungsstufen zwischen Regel- und Rollenspielen keine exakte Grenze festzustellen ist.

Unter diesem Gesichtswinkel analysierten wir 137 Spiele, die für Vorschuleinrichtungen empfohlen werden. 15 davon waren für drei- bis vierjährige Kinder gedacht, 46 für fünf- bis sechsjährige und 76 für siebenjährige.[34]

Unter dem Gesichtspunkt der uns interessierenden Frage nach

---

[34] Die Untersuchung führte F. I. *Fradkina* durch.

dem Verhältnis zwischen Inhalt und Regel des Sujet- und Rollenspiels unterteilten wir die 137 Spiele in fünf Gruppen.

Erste Gruppe. Prozessuale Imitationsspiele und elementare Übungsspiele.

Zweite Gruppe. Dramatisierte Spiele nach einem bestimmten Sujet.

Dritte Gruppe. Sujetspiele mit unkomplizierten Regeln.

Vierte Gruppe. Spiele mit Regeln, ohne Sujet.

Fünfte Gruppe. Sportspiele und Übungsspiele, mit denen etwas erreicht werden soll.

Wie die Tabelle 1 zeigt, tritt die erste Gruppe von Spielen nur bei den jüngeren Kindern auf, und auch dort nicht übermäßig häufig.

Tabelle 1
Verteilung der Spielgruppen nach dem Alter

Spielgruppe	Alter					
	3–4		5–6		7	
	abs.	%	abs.	%	abs.	%
Erste	3	20	1	2	—	—
Zweite	8	53	5	11	2	3
Dritte	3	20	18	39	22	29
Vierte	1	7	22	48	42	55
Fünfte	—	—	—	—	10	13
Insgesamt	15	100	46	100	76	100

Die zweite Gruppe der Spiele hat im jüngsten Vorschulalter die führende Stellung. In der mittleren und ältesten Gruppe nehmen diese Stellung andere Spielformen ein.

Die dritte Gruppe ist in annähernd gleichem Maße auf allen Altersstufen zu beobachten, spielt auf keiner die führende Rolle.

Die vierte Gruppe der Spiele erringt im späten Vorschulalter die führende Stellung, bei den jüngsten Kindern nimmt sie den letzten Platz ein.

Die fünfte Gruppe der Spiele gibt es nur bei den ältesten Vorschulkindern, aber auch hier sind sie nicht übermäßig verbreitet. Es ist anzunehmen, daß diese Spiele erst im Schulalter führend zu werden beginnen.

Betrachtet man den Entwicklungsverlauf der Spiele von der zweiten zur vierten Gruppe, also von den dramatisierten Spielen nach einem bestimmten Sujet zu den Regelspielen ohne Sujet, so erkennt man, daß die zweite Gruppe von der vierten abgelöst wird. Die Zahl der dramatischen Spiele mit Sujet nimmt ab, während die Zahl der Regelspiele ohne Sujet steigt, bis sie gegen Ende des Vorschulalters 55 Prozent erreicht. Zählt man hier noch die 13 Prozent hinzu, die auf die Sportspiele entfallen, die ebenfalls Regelspiele sind, nur auf einer noch höheren Stufe stehen, dann erhalten wir insgesamt 68 Prozent.

Was stellen die Dramatisierungsspiele nach einem bestimmten Sujet eigentlich dar?

In unseren Experimenten mit Verstoß gegen die Regeln der Rolle haben wir herausgefunden, daß in Spielen dieser Art die Rolle eine bestimmte Regel birgt (der Wolf verfolgt, der Hase läuft weg). Man kann behaupten, Spiele nach einem bestimmten Sujet enthalten eine Regel, nur ist diese Regel verborgen, gleichsam in den Handlungsinhalt der Rolle eingeschlossen, die das Kind im Spielverlauf ausführt. Des weiteren kann behauptet werden, daß sich die Spiele im Vorschulalter von Spielen mit entfaltetem Sujet und Rollen, in denen sich Regeln verbergen, zu Spielen mit offen zutage tretenden Regeln entwickeln.

In den Bewegungsspielen mit Regeln, die in unseren Vorschuleinrichtungen durchgeführt werden und im Programm für die Körpererziehung vorgesehen sind, erfolgt die Unterordnung unter die Regel über das Spielsujet oder die Rolle. Eine Analyse dieser Spiele ergab: Je jünger die Kinder sind, desto inhaltsstärker und unmittelbarer muß der Zusammenhang sein, zwischen den Regeln, denen sich das Kind in seinen Handlungen unterzuordnen hat, und der übernommenen Rolle. Allmählich aber wird das Sujet beziehungsweise die Rolle immer mehr verkürzt, bleibt nur in der Rollenbezeichnung beziehungsweise in einem bedingten Schema und schließlich nur in der Spielbezeichnung erhalten, die rein bedingten Charakter erlangt, zum Beispiel: „Nadel und Faden" oder „Lauf der Eisverkäufer". Hier besteht zwischen den Regeln, denen sich die Kinder unterordnen, und dem Namen des Spiels eine sehr lose, ja sogar nur rein bedingte Verbindung. Wie oben festgestellt, vermögen die Kinder erst gegen Ende des Vorschulalters, eine bestimmte, nicht inhaltlich mit einer Rolle verbundene Regel als Bedingung zu akzeptieren.

Um die Beziehung des Kindes einerseits zur in der Rolle enthaltenen und andererseits zur fertig vorliegenden, das heißt nicht mit einem Sujet und einer Rolle verbundenen, Regel zu ergründen, haben wir einige spezielle Untersuchungen durchgeführt.

Uns interessierte hierbei nicht die Genese von Spielen mit feststehenden Regeln an sich, sondern das, was diese Spiele mit Rollenspielen gemeinsam haben. Es ging uns insbesondere darum, das Wesen jener Regeln besser zu erkennen, die in den Rollenspielen enthalten sind. Unsere diesem Zweck dienende Untersuchung bestand aus einigen Versuchsserien und aus Beobachtungen von Regelspielen.

Die erste Serie galt der Frage, welche Bedeutung Sujet und Rolle im Hinblick auf die Unterordnung unter die Regel haben. Mit Kindergartenkindern aller Altersstufen wurden parallel Spiele, die gleiche Regeln enthielten, mit Rolle und Sujet sowie ohne Rolle und Sujet durchgeführt. Es waren die Spiele: „Stafette", „Eisenbahn" beziehungsweise „Dampfer", „Verstekken" sowie „Katze und Maus".

In dem „Stafette"-Spiel stand das Kind an einer Wand des Zimmers und mußte auf das Signal „Eins, zwei, drei!" zum Versuchsleiter laufen. Für Kinder über fünf Jahre gestaltete man das Spiel etwas komplizierter. Sie stellten sich in zwei Reihen hintereinander auf. Nach dem Kommando „Eins, zwei, drei – das letzte Paar ist frei" rannte das letzte Paar los. Wer zu früh losrannte, hatte verloren, mußte sich vorn aufstellen und konnte erst als letzter wieder laufen.

Beim „Dampfer"-Spiel gab der Versuchsleiter den Kindern folgende Instruktion: „Möchtest du ‚Dampfer' spielen? Ich werde der eine Dampfer sein und wie ein Dampfer tuut-tuut machen, und du wirst ein kleines Dampferchen sein. Wenn du das Tuten des großen Dampfers hörst, dann läufst du zu ihm hin und hängst dich an. Wenn du nicht sofort losdampfst, dann heißt das, du bist ein kaputter Dampfer, und du kannst dann nicht weiter mitspielen."

In dem „Eisenbahn"-Spiel war die Instruktion etwas anders. Der Versuchsleiter erklärte den Kindern: „Bei diesem Stuhl hier ist die Station. Es werden zwei Klingelzeichen gegeben. Nach dem zweiten Klingelzeichen muß der Zug sofort abfahren. Wer nicht sofort losfährt, ist ein schlechter Lokführer."

In all diesen Spielen gibt es nur eine, sehr elementare Regel. Sie besteht im wesentlichen darin, daß man sich auf ein Signal hin in Bewegung setzen muß. Ungeachtet der Einfachheit dieser Regel konnten bestimmte Altersunterschiede im Spielverhalten festgestellt werden.

Insgesamt führten wir 36 Experimente durch. Sechzehnmal wurde die „Stafette" gespielt (einschließlich des komplizierter gestalteten Spiels) und 20mal „Eisenbahn" und „Dampfer". Wenden wir uns den Ergebnissen des „Stafette"-Spiels zu. Das Wesen dieses Typs von Spielen besteht darin, daß der unmittelbare Impuls, zum Versuchsleiter zu rennen, unterdrückt werden und man sich der Regel fügen muß, erst nach dem Signal loszulaufen.

Die allerjüngsten Kinder waren zum größten Teil nicht in der Lage, sich dieser Regel unterzuordnen. Nur in vier von 17 Versuchen hielten sich die Kinder an die Regel (loslaufen, nachdem bis drei gezählt wurde). In 13 Fällen jedoch vermochten sie nicht, sich der Regel unterzuordnen. Wir bringen Auszüge aus einigen Protokollen, die kennzeichnend sind für das Verhalten der jüngsten Kinder in diesem Spiel.

Tamara (3;0) hört sich aufmerksam die Instruktion an. Steht ruhig da und blickt lächelnd die Versuchsleiterin an. Als das Kommando ertönt, rührt sie sich nicht von der Stelle. Auch nach dem letzten Wort des Kommandos bleibt sie stehen. Erst nachdem die Versuchsleiterin sagt: „Warum bist du nicht losgelaufen?" läuft Tamara zu ihr.

Nachdem die Versuchsleiterin die Instruktion wiederholt hat, wird das Spiel ein zweites Mal gespielt. Wieder läuft Tamara nach dem letzten Kommandowort nicht los, sondern erst, als die Versuchsleiterin sie fragt: „Hast du es wieder vergessen?"

Maja (3;2) hört sich die Instruktion an. Dabei lächelt sie die ganze Zeit und dreht sich hin und her. Kaum daß die Versuchsleiterin zu zählen begann, läuft sie los. Bei der Wiederholung des Spiels bleibt Maja auch nach dem letzten Kommandowort stehen. Vl.: „Ich habe doch schon ‚drei' gesagt." Maja lacht und läuft zur Versuchsleiterin.

Jura (3;5) hört sich die Instruktion an und läuft zum anderen Ende des Korridors. Die Versuchsleiterin holt ihn etwas näher heran und wiederholt die Instruktion. Jura nickt und läuft sofort zu ihr. Die Versuchsleiterin wiederholt die Instruktion noch einmal. Jura steht unbeweglich da, lächelt. Kaum daß die Versuchsleiterin zum Kommando angesetzt hat, läuft Jura zu ihr. Sie sagt noch einmal: „Du mußt stehenbleiben, bis ich ‚drei' gesagt habe, wenn ich ‚drei' sage, dann läufst du los." Jura steht ruhig da. Bei „drei" lacht er und läuft erst nach Verstreichen einiger Sekunden zur Versuchsleiterin.

Assja (3;3) lächelt während der Instruktion. Nach dem Kommando bewegt sie sich nicht vom Fleck. Vl.: „Hast du denn nicht verstanden? Wenn ich ‚drei' sage, mußt du sofort loslaufen." Assja läuft zur Versuchsleiterin. Die Versuchsleiterin schlägt vor, das Spiel noch einmal zu spielen. Assja steht, wartet das Ende des Kommandos ab und läuft dann sofort los. Sie lacht und umfaßt die Knie der Versuchsleiterin. Läuft zurück und sagt: „Ich will wieder zu dir laufen." Wartet nicht das Kommando ab und läuft zur Versuchsleiterin.

Die angeführten Beispiele sind typisch für das Verhalten der jüngsten Vorschulkinder. Alle Fälle der Nichterfüllung der Regel zusammengenommen lassen sich in zwei Typen unterteilen. Entweder die Kinder laufen los, bevor das Kommando zu Ende gesprochen wurde, oder sie laufen nicht, auch nachdem das letzte Wort ertönt ist. Der unmittelbare Impuls, loszulaufen, siegt entweder oder er wird gehemmt. Im letzten Falle läuft das Kind überhaupt nicht. Es gibt eigentlich noch keinerlei Kampf zwischen dem Impuls zu laufen und der Regel.

Bereits bei den Vierjährigen ist das Verhaltensbild ein anderes. Elf Experimente wurden durchgeführt, und in neun davon fügten sich die Kinder der Regel. Wesentlich verändert hat sich das Gesamtverhalten. Deutlich erkennbar wird nun der Kampf zwischen dem Impuls zu laufen und der Regel, wobei die Regel den Sieg davonträgt. Es folgen einige Beispiele für das Verhalten der Vierjährigen.

Borja (4;0) hört sich die Instruktion an. Läuft sofort nach dem Kommando los. Bei der Wiederholung des Versuchs bereitet sich Borja auf den Start vor, indem er den einen Fuß etwas vorsetzt. Nach dem Kommando läuft er sofort los.

Wilja (4;0) hört sich ruhig die Instruktion an. Während des Kommandos ist er zapplig, möchte loslaufen, bremst sich aber selbst und läuft erst nach dem Kommando los.

Tamara (4;0) hört sich die Instruktion an, steht ruhig da. Nach dem Kommando läuft sie sofort zur Versuchsleiterin. Bei der Wiederholung des Versuchs zögert sie nach dem Kommando etwas, aber läuft dann gleich selbst, ohne erinnert werden zu müssen, zur Versuchsleiterin.

Die meisten vierjährigen Kinder sind also, wie bereits gesagt, in der Lage, sich einer einfachen Regel unterzuordnen. In manchen Fällen sieht man bei ihnen einen Kampf zwischen dem Impuls zu laufen und der Regel. Die Regel siegt hierbei. Für die älteren Kinder mußte das Spiel und seine Regel etwas komplizierter sein. Die Kinder stellten sich zu zweit in einer Reihe hintereinander auf. Die Versuchsleiterin gab das Kommando: „Eins, zwei, drei – das letzte Paar ist frei!", nach dem das letzte Paar loslaufen mußte. Wenn die Kinder vor dem Kommando oder vor dem letzten Kommandowort losliefen, hatten sie verloren und mußten sich wieder vorn aufstellen. Das war die Strafe. Der Unterschied zwischen diesem Spiel und dem mit den jüngeren Kindern besteht darin, daß das Kommando länger ist und der Impuls, loszulaufen, immer stärker wird, so daß es schwerer fällt, ihn zurückzudrängen.

Fast alle Fünfjährigen und noch älteren Kinder sind dieser Aufgabe gewachsen. Wir führen einige Beispiele für das Verhalten der Kinder in diesem Spiel an.

Letztes Paar ist Walja und Sina (5;0). Das Kommando wird gewöhnlich wie folgt gesprochen: „Eins, zwei, drei" schnell, „das letzte Paar ist" gedehnt, „frei" schnell. Beide Mädchen laufen auf das Wort „frei" sofort gleichzeitig los.

Soja und Wika (5;0). Die Wortbetonung des Kommandos

wird ein wenig geändert. Das Wort „Paar" wird etwas schneller gesprochen und betont. Nach dem Wort „Paar" machen die Kinder eine Bewegung, als würden sie loslaufen, fangen sich aber sofort, lachen und laufen erst nach dem Wort „frei" los.

Walja und Emma (5;0) laufen nach dem Wort „frei" nicht sofort los. Für sie wird die Instruktion wiederholt. Beim zweiten Mal laufen sie sofort nach dem Kommando los. Bei veränderter Betonung wollen sie nach dem Wort „Paar" laufen, bremsen sich aber. Die Instruktion wird nochmals wiederholt, und die Kinder laufen nach dem Wort „frei" los, obwohl das Wort „drei" betont wurde.

Oleg und Tomas (7;0) stehen da und machen sich startbereit. Ein Bein ist im Knie leicht gebeugt. Beim Wort „Paar" scheint es, sie würden loslaufen, aber sie bremsen sich und laufen erst nach Beendigung des Kommandos los. Bei der Wiederholung betont die Versuchsleiterin das Wort „drei". Die Kinder rucken etwas vor, bremsen sich aber, sie lachen. Oleg: „Ich möchte immerzu losrennen." Tomas: „Wenn Sie nur anfangen, will ich gleich loslaufen." Vl.: „Jetzt hört gut hin, sonst wird euch womöglich eine Strafe auferlegt."

Ein wesentliches Moment im Verhalten der Siebenjährigen, verglichen mit dem der Fünfjährigen, ist die Tatsache, daß ihnen ihr Impuls bewußt wird und sie sich folglich bewußt der Regel unterordnen.

Dem geschilderten Experiment zufolge verläuft also der Entwicklungsweg des Sichunterordnens unter die Regel von der Nichtunterordnung – hier siegt der unmittelbare Impuls zu laufen, weil beim Kind dieses Alters der Sinn des Spiels im Laufen zur Versuchsleiterin besteht –, über die Unterordnung unter die Regel, mit Kampf gegen den Impuls, zum bewußten Erkennen der Regel und Bewußtwerden des Kampfes gegen den dem Kind ebenfalls bewußt werdenden Impuls.

Da die älteren Kinder (über fünf Jahre) die Regel praktisch akzeptierten und sich ihr unterordneten, hatte es keinerlei Sinn, mit ihnen ein Sujetspiel durchzuführen, das eine ebensolche Regel enthielt. Deshalb wurden die Spiele „Dampfer" und „Eisenbahn" nur mit den jüngeren Kindern gespielt.

Wir nahmen an, durch das Einführen eines Sujets würden sich die Kinder der Regel eher unterordnen.

Unsere Annahme hat sich im wesentlichen bestätigt. Während beim „Stafette"-Spiel sich die dreijährigen Kinder bei 17 Versuchen nur in vier Fällen der Regel untergeordnet hatten, haben sie im Sujetspiel bei 15 Versuchen in elf Fällen die Regel beachtet, in zwei Fällen haben sie sich nur beim ersten Mal nicht der Regel untergeordnet und in zwei Fällen verhielten sie sich wechselhaft – einmal beachteten sie die Regel, ein andermal wieder nicht. Dieser rein quantitative Vergleich zeigt, daß die Einführung eines Sujets dem Kind die Erfüllung der Regel augenscheinlich erleichtert.

Die folgenden Beispiele sollen zeigen, was sich am Verhalten der Kinder durch Einführen eines Sujets ändert.

Beginnen wir mit der Analyse der Fälle, in denen die Regel auch nach Einführung des Sujets nicht beachtet wurde. Solche Fälle hatten wir zwei, aber auch sie sind als relatives Nichtbeachten der Regel anzusehen.

Maj (3;2) hört sich die Erläuterung der Versuchsleiterin an. Sie geht an ihren Platz, an dem der kleine Dampfer stehen soll, läuft aber ohne das Signal abzuwarten zur Versuchsleiterin. Nach wiederholter Erklärung wartet sie das Signal ab, läuft dann sofort los und lacht dabei übermütig.

Jura (3;5). Auf die Frage der Versuchsleiterin, ob er gern mit ihr „Dampfer" spielen würde, nickt er mit dem Kopf. Nachdem ihm das Spiel erklärt wurde, wartet er ruhig auf das Signal, läuft aber nach dem Signal nicht sofort los, sondern erst nach einer ganzen Weile. Die Versuchsleiterin erklärt ihm das Spiel noch einmal und hebt hervor, daß er ein „kaputter Dampfer" ist, wenn er sich nicht richtig verhält. Das Spiel wird wiederholt, und Jura läuft auf das Signal hin sofort los. Bei der Versuchsleiterin angelangt, tutet er laut, kehrt dann zurück zu seinem Platz, wartet auf das Signal und läuft los, sobald es ertönt ist.

In beiden Fällen wurde nur beim ersten Versuch nicht nach der Regel gehandelt. Bei den nächsten Versuchen erfüllten diese Kinder die Bedingungen. Von Interesse ist, daß die Kinder fast ausnahmslos im Spiel bemüht waren, einen Dampfer nachzuahmen. Zum Beispiel Tamara (3;0) hört sich aufmerksam die Erklärung des Spiels an und sagt: „Dann werde ich dort tuut-tuut machen." Sie geht auf ihren Platz und wartet auf das Signal. Auf das Signal „Tuu-u-u-t" beginnt sie auch zu tuten und bewegt sich, gleichsam die Beine hinter sich herziehend in leichter Hockstellung zur Versuchsleiterin hin. „Der Dampfer ist angekommen", erklärt sie lächelnd und umfaßt die Knie der Versuchsleiterin. Vergleicht man das Verhalten Tamaras in diesem Spiel mit ihrem Verhalten im „Stafette"-Spiel, dann sieht man ganz deutlich die Vorzüge des mit einem Sujet verbundenen Spiels.

Assja (3;3) ruft freudig, nachdem sie sich den Vorschlag, ein Dampfer zu sein angehört hat: „Ich bin ein guter Dampfer. Ich mache so: tuut-tuut." Damit läuft sie durch den Raum, stellt sich auf den ihr zugewiesenen Platz und blickt die Versuchsleiterin erwartungsvoll an. Beim Signal „Tu-u-u-t" läuft sie sofort los. Sie tutet, kommt lachend zur Versuchsleiterin gelaufen und stellt sich hinter sie. „Noch einmal", sagt sie und läuft zurück. Bei Ertönen des Signals läuft sie wiederum los.

In diesen Experimenten gibt es offenbar keinen Kampf zwischen dem Impuls zu laufen und der Regel. Natürlich taucht die Frage auf, ob die Kinder im „Dampfer"-Spiel sich nicht deshalb der Regel unterordnen, weil sie einfacher ist. Ist es doch viel leichter, sich auf das Signal „Tuut-tuut" in Bewegung zu setzen als auf das Kommando „Eins, zwei, drei" – einfach deshalb, weil Tu-u-ut ein einzelnes Signal ist und die Bewegung sofort einsetzen kann, während man das längere Kommando bis zu seinem letzten Wort anhören muß. Aus der Analyse unseres bei der Stafette gewonnenen Materials wissen wir, daß insbesondere ein Zögern nach dem Anfang des Kommandos die Hauptschwierigkeit darstellt.

Dieses Moment sollte in dem „Eisenbahn"-Spiel berücksichtigt werden, bei dem die Kinder sich nicht sofort in Bewegung setzen durften, sondern erst nach dem zweiten beziehungsweise dritten Klingelzeichen. Damit wurden die Kommandos wieder komplizierter. Wir führten 12 Experimente durch, und nur in dreien starteten die Kinder vorzeitig. In allen anderen Fällen warteten sie geduldig die geforderte Anzahl der Klingelzeichen ab, bevor sie sich in Bewegung setzten.

Zum Beispiel Tamara (3;2) hört sich die Erklärungen an und

steht dann erwartungsvoll da. Nach dem zweiten Klingelzeichen rührt sie sich nicht vom Fleck. Neben der Versuchsleiterin steht Walja (3;6). Sie sagt ärgerlich: „Warum fährst du nicht?" Tamara läuft sofort los, wobei sie leicht in die Hocke geht. Sie fährt bis zur Versuchsleiterin und wieder zurück auf ihren Platz. Dort bleibt sie stehen und fährt dann wieder los. Die Versuchsleiterin fordert sie auf, noch einmal nach dem Signal loszufahren. Tamara steht wartend da und fährt nach dem zweiten Klingelzeichen sofort los.

Maja (3;2) steht da und wartet auf die Klingelzeichen. Schon nach dem ersten Klingelzeichen fährt sie los und tutet. Die Versuchsleiterin wiederholt für sie die Instruktion und zeigt ihr, wie oft sie klingeln wird. Maja stellt sich erneut hin und tutet bereits, während sie noch steht. Sie wartet auf die Klingelzeichen. Nach dem zweiten fährt sie los.

Jura (3;5) zappelt in Erwartung der Klingelzeichen. Nach dem ersten drängt es ihn vorwärts, aber er bremst sich und läuft nach dem zweiten los. Er lacht und bittet, es noch einmal machen zu dürfen. Er läuft zu seinem Platz zurück und startet erneut sofort nach dem zweiten Klingelzeichen.

Damit genug der Beispiele. Obwohl es tatsächlich schwieriger ist, sich auf ein Signal vom Typ „Eins, zwei, drei" in Bewegung zu setzen als auf das Signal „Tu-u-ut" und der Kampf zwischen Bewegungsimpuls und Regel im ersten Falle ausgeprägter ist, fällt es den Kindern davon abgesehen bei den Sujetspielen „Dampfer" und „Eisenbahn" bedeutend leichter, die Spielregel zu erfüllen als bei der einfachen „Stafette".

In allen diesen Spielvarianten liegt der Hauptsinn des Spiels für die Kinder darin, sich zu bewegen, zu laufen. Das Spiel ist für sie eine spezifische Form des Laufens. Da die geschilderten Spielvarianten für das Kind alle denselben Sinn haben (im Zimmer umherlaufen), bleibt die Frage offen, warum es sich bei Einführung eines Sujets der Regel besser unterordnet. Warum entscheidet das Sujet den Kampf gegen den unmittelbaren Impuls zu laufen zugunsten der Regel? Warum überwindet das Kind, wenn es Dampfer oder Zug heißt, leichter den unmittelbaren Wunsch, loszulaufen? Denn sonst hat sich ja im Prinzip nichts geändert.

Unserer Beschreibung des Verhaltens der Kinder in den Spielen „Dampfer" und „Eisenbahn" war zu entnehmen, daß sich die Bewegungen der Kinder änderten. Sie tuten wie ein Dampfer und gehen mit leicht gebeugten Knien. Ihre Bewegungen bezeichnen sie nicht als Laufen, sondern als Fahren („Warum fährst du denn nicht?"), und sich selbst als Dampfer. Die Kinder wollen nicht einfach laufen, sondern sie wollen wie kleine Dampfer laufen. Sie sagen von sich: „Ich bin ein guter kleiner Dampfer."

Es erfolgt gleichsam eine Verfremdung der eigenen Handlungen, ihre Objektivierung. Daraus erwächst die Möglichkeit, sie zu vergleichen und zu werten und, als Folge davon, werden sie besser gesteuert. Unseres Erachtens erleichtert also die Einführung des Sujets die Objektivierung der Handlungen und hilft sie steuern. Darin besteht der Hauptmechanismus, der bewirkt, daß nach Einführung eines Sujets oder bei einer Dramatisierung die Handlungen besser gesteuert und folglich eher der Regel untergeordnet werden.

Das ist die erste Schlußfolgerung aus unserer Untersuchung. Aber vielleicht hat sie nur bei sehr elementaren Regeln Gültigkeit? Vielleicht werden andere Mechanismen wirksam, wenn sich das Kind komplizierteren Regeln unterordnet?

Um unsere Schlußfolgerungen zu überprüfen und die Mechanismen besser zu erkennen, die wirksam werden, wenn sich das Kind im Sujetspiel den Regeln unterordnet, führten wir eine weitere Versuchsserie durch – Kontrollversuche zur ersten Serie. Diese kleine Untersuchung war nach demselben Prinzip aufgebaut. In ihr wurden parallel Regelspiele mit Sujet und ohne Sujet durchgeführt. Es handelte sich konkret um ein Versteckspiel und das Spiel „Katze und Maus".

Beim Versteckspiel versteckt sich das eine Kind und das andere (gewöhnlich das ältere) sucht es. Die Instruktion gibt das ältere Kind. Vor Spielbeginn sagt es: „Sitz ruhig. Wenn du dich bewegst oder sprichst, dann finde und fange ich dich sofort."

Beim Spiel „Katze und Maus" versteckt sich ebenfalls ein Kind und ein anderes sucht es. Das eine ist die Maus, das andere die Katze. Die Maus versteckt sich in ihrer Höhle (aus Stühlen gebaut), legt sich oder setzt sich dort hin. Die Katze geht um-

her, sucht und miaut. Folgende Instruktion wird gegeben: „Hier
wohnt das Mäuschen. Es sitzt ganz, ganz still da. Das Kätzchen
aber hat Hunger. Es möchte das Mäuschen finden. Es schreit
immerzu miau, miau, weil es das Mäuschen sucht. Wenn das
Mäuschen ganz still sitzt, findet die Katze es nicht und kann
es nicht fangen." Manchmal wird das Sujet noch durch einige
Attribute verstärkt: Katze und Maus erhalten entsprechende
Kappen, die Katze auch ein Futternäpfchen.
Die Spiele wurden mit drei-, vier- und fünfjährigen Kindern
durchgeführt. Insgesamt waren es 35 Spiele: 19 Versteckspiele,
und 16mal wurde „Katze und Maus" gespielt. Das Wesentliche
an beiden Spielen war: keinen Laut von sich geben, sich nicht
verraten.
Vor allem soll klargestellt werden, ob durch die Einführung
des Sujets die Erfüllung der Regeln beeinflußt wurde. Die
quantitative Analyse ergab, daß das zweifelsohne der Fall war
(vgl. Tabelle 2).

Tabelle 2
*Unterordnung unter die Spielregel in Spielen mit und ohne Sujet
(Anzahl der Kinder in Prozent)*

Alter der Kinder	Versteckspiel		„Katze und Maus"	
	nicht der Regel untergeordnet	der Regel untergeordnet	nicht der Regel untergeordnet	der Regel untergeordnet
3	100	—	56	44
4	50	50	—	100
5	—	100	—	100

Die Einführung des Sujets hatte bei 44 Prozent der dreijährigen
Kinder bewirkt, daß sie sich der Regel unterordneten. Der
größere Teil der Kinder dieses Alters hat sich sowohl im Versteckspiel als auch in dem Spiel „Katze und Maus" nicht an
die Regel gehalten. Die vierjährigen Kinder hielten sich im
Sujetspiel alle an die Regel. Die Fünfjährigen handeln bereits
beim Versteckspiel in allen Versuchen regelgerecht.

Im Zusammenhang mit der Frage, warum nicht bei allen jüngsten Kindern die Einführung des Sujets das Verhalten verändert hat, und worauf der positive Einfluß des Sujets zurückzuführen ist, zitieren wir einige der charakteristischsten Beispiele.

In dem Versteckspiel bestand für die jüngsten Kinder der Hauptsinn des Spiels darin, sich zu verstecken. Es war ihnen dabei unwichtig, ob sie gefunden wurden oder nicht.

Tamara zum Beispiel versteckt sich hinter dem Sofa. Sie hockt sich dort hin. Nina kommt herein, sucht sie und ruft laut: „Wo bist du, Tamara?" Tamara steht sofort auf und antwortet lachend: „Hier bin ich." Beim nächsten Mal versteckt sie sich unter dem Tisch. Nina sucht sie. Tamara guckt unter dem Tisch hervor und lacht.

Maja sitzt hinter dem Sofa. Nina kommt herein: „Ich habe dich schon gesehen." Maja bleibt sitzen und duckt sich. Nina: „Jetzt versteck dich woanders, ich suche dich." Sie geht hinaus. Maja versteckt sich. Nina kommt herein und sucht. Sie ruft: „Maja, wo bist du?" Maja schaut lachend aus ihrem Versteck hervor.

Olja versteckt sich, nachdem sie sich die Instruktion angehört hat. Nina kommt herein. Olja steht sofort auf und blickt Nina an. Nina: „Du mußt den Kopf einziehen, sonst sehe ich dich." Nina geht hinaus. Olja versteckt sich am gleichen Ort. Nina kommt wieder herein. Olja steht sofort auf.

Die Kinder verstecken sich zwar, aber nicht um sich zu verbergen, um sich still zu verhalten, um nicht gefunden zu werden. Sie wollen im Gegenteil bemerkt werden, schauen aus ihrem Versteck hervor, bewegen sich, lachen und sind zufrieden, wenn der Suchende sie findet.

Kinder, bei denen das Einführen eines Sujets nichts ändert, behalten dieses Verhalten bei. Aber bei einigen, sogar zu den Jüngsten zählenden, den Dreijährigen ändert es sich, obwohl sie die Regel, still zu sitzen, noch nicht einhalten.

Hier ein Beispiel. Maja und Wera freuen sich, als sie beim Spiel „Katze und Maus" entsprechende Kappen aufsetzen dürfen. Wera: „Ich bin die Mieze, ich bin die Mieze." Maja: „Und ich bin ein Mäuschen." Läuft fort, um sich zu verstecken. Wera *(geht umher und miaut)*: „Miau-miau." Maja sitzt still da. Wera *(nähert sich ihr und schreit laut)*: „Miau!" Maja *(schaut*

erschrocken aus ihrem Versteck hervor und läuft weg): „Laß
mich, laß mich." Wera läuft hinter ihr her. Maja *(drückt sich
in eine Zimmerecke)*: „Laß mich! Faß mich nicht an!" Läuft
zur Versuchsleiterin und verbirgt sich hinter ihr.
Wie wir sehen, kommt Maja der Regel „still sitzen" nicht
nach. Sie springt aus ihrem Versteck hervor und läuft vor der
Katze weg. Für sie liegt der Sinn des Spiels darin, nicht von
der Katze gefangen zu werden. Dieser neue Sinn geht aus der
Beziehung der Maus zur Katze hervor. Maja will nicht von der
Katze gefangen werden und läuft deshalb weg. Durch den
neuen Sinn des Spiels erhalten die Handlungen des Kindes
einen ganz anderen Charakter. Und obwohl das Kind nicht die
Regel erfüllt, befindet es sich auf einem höheren Niveau als in
dem Versteckspiel, und zwar insofern, als ihm die Beziehungen
zwischen den Spielenden klargeworden sind. In den Fällen, in
denen die Einführung eines Sujets das Verhalten dahingehend
verändert, daß sich das Kind an die Regel hält, ergibt sich ein
etwas anderes Bild.
Walja (3;10) ist die Maus. Sie hat sich in einem Eckchen versteckt und sitzt ganz still. Nadja (3;9), die Katze, geht umher und sucht sie. Walja rührt sich nicht. Nadja: „Das Mäuschen
schläft wohl." Walja sitzt still. Vl.: „Such ein bißchen, vielleicht findest du sie noch." Walja bewegt sich nicht. Nadja
nähert sich dem Häuschen der Maus, schaut die Versuchsleiterin
an und sagt: „Ich werde hier hineingucken." Weist auf das
Häuschen. Walja *(steht auf)*: „Nein, so spielt man das nicht.
Ich sitze still, also kann mich die Katze nicht kriegen."
Jura (3;7) ist die Maus, Grischa (4;6) die Katze. Jura versteckt sich im Mausehäuschen, Grischa geht umher und miaut.
Jura sitzt still. Grischa geht an das Häuschen heran. Jura duckt
sich tiefer, kichert leise. Vl.: „Das ist aber ein leises Mäuschen.
So eins wird der Kater nicht finden. Vielleicht ist es weggelaufen?" Jura steht auf und sagt lachend: „Nein, es ist nicht
weggelaufen." Grischa läuft zu ihm. Beide lachen. Jetzt ist
Jura die Katze und Grischa die Maus. Grischa sitzt sehr still
da. Jura geht direkt auf das Häuschen zu, bleibt vor ihm
stehen, kriecht plötzlich hinein und ruft freudig: „Gefangen!"
Grischa *(ironisch)*: „Gefangen? Ich saß doch ganz still. Und

er hat mich gefangen. Ich bin nicht weggelaufen." Macht ein unzufriedenes Gesicht.

Für diese Kinder besteht der Sinn des Spiels bereits darin, die übernommene Rolle auszuführen. Für sie ist es wichtig, „nicht von der Katze ergriffen zu werden", und zwar weil sie „still sitzen". Dieses „Stillsitzen" ist die natürliche Folge des Wunsches, nicht von der Katze gefangen zu werden, und dieser Wunsch entspringt der übernommenen Rolle.

Von alledem ausgehend gelangt man zu dem Schluß, hat das Spiel ein Sujet, so verändert sich dadurch für das Kind der Sinn des Spiels. Erhält es einen Sinn, der nicht der Regel entspricht, dann kommt es nicht zu einem regelgerechten Verhalten. Wenn aber der Sinn der vom Kind ausgeführten Rolle die Regel einschließt, dann ordnet sich das Kind ihr unter. In diesem Falle ist die Regel mit der Rolle verschmolzen, nicht aus ihr herausgelöst. Auf den weiteren Etappen wird sie herausgegliedert, und der Sinn des Spiels besteht dann für das Kind eben darin, die Rolle regelgerecht auszuführen.

Es gibt also zwei Hauptmechanismen, durch die das Sujet und folglich die Rolle das Einhalten der Spielregel beeinflussen. Der erste: Für das Kind verändert sich der Sinn des Spiels in der Weise, daß es die Beziehungen zwischen den Spielenden erfaßt. Als Folge davon wird das Kind der Rolle gerecht, zu der eben bestimmte Verhaltensregeln gehören. Der zweite: Die Handlungen des Kindes werden objektiviert und dadurch besser gesteuert.

Unsere Experimente sowie die Analyse von Bewegungsspielen mit Regeln zeigten, daß bereits Kinder des mittleren Vorschulalters in der Lage sind, sich nach der Spielregel zu richten, selbst wenn sie nicht im Rolleninhalt sozusagen verpackt ist. Im späten Vorschulalter nehmen die Spiele mit feststehenden Regeln einen ziemlich breiten Raum ein und im Schulalter schließlich werden die Sujetspiele ganz in den Hintergrund gedrängt. Beim Betrachten des Entwicklungsprozesses der Rollenspiele wiesen wir bereits darauf hin, daß es praktisch in jedem Spiel irgendwelche Regeln gibt. Sie bestimmen die Rollenbeziehungen zwischen den Spielenden und widerspiegeln die realen Beziehungen zwischen den Menschen, deren Rollen die

Kinder im Spiel übernommen haben. Während der Inhalt des Rollenspiels unmittelbar mit dem realen Leben der Erwachsenen aus der Umgebung des Kindes verbunden ist und unmittelbar durch dieses Leben bestimmt wird, ist der Inhalt der Regelspiele und sind die sich darin spiegelnden Beziehungen nicht so unmittelbar mit den realen Beziehungen verbunden, in denen das Kind lebt und handelt. Obwohl die Regelspiele bei ihrer Entstehung zweifellos ebenfalls mit der kollektiven Arbeit zusammenhängen, ist es jetzt schwierig, diesen Zusammenhang zu erkennen. Sehr oft ist er verlorengegangen, und nicht nur die Kinder, sondern auch die Erwachsenen vermögen nicht mehr, eine direkte Verbindung zwischen den Spielregeln in diesen Spielen und den realen Beziehungen, den Arbeitsbeziehungen der Menschen zu sehen.

Zu den Regelspielen gehören sowohl solche wie das Schach- und Damespiel, solche wie Fußball und Hockey als auch die verschiedenen Ballspiele der Kinder, ihre Hüpfspiele usw. In einigen dieser Spiele sind in den Bezeichnungen der Spielfiguren oder in dem gesamten Spielbild Elemente von Rollen enthalten, die irgendwann einmal die Regel bestimmt haben. Im Fußball zum Beispiel – Verteidiger, Stürmer; im Schach die Bezeichnung der verschiedenen Figuren. In anderen Spielen ist eine solche Verbindung endgültig verlorengegangen. Erhalten geblieben sind nur die Regeln, die als bekannte Spielbedingungen gelten.

Die Regelspiele der Gegenwart lassen sich unter einem bestimmten Aspekt in zwei Gruppen unterteilen. Zu der einen gehören die Spiele, in denen Erwachsene dem Kind die Regel vermitteln. Zur zweiten gehören jene, in denen traditionsgemäß von Kindergeneration zu Kindergeneration die verschiedensten Regelspiele weitergegeben werden. Um zu ermitteln, auf welchem Wege sich die Unterordnung der Kinder unter die Spielregel entwickelt, untersuchten wir, wie sich die Kinder in den beiden eben genannten Gruppen von Spielen die Spielregeln aneignen. Zu diesem Zweck führten wir unsere dritte und vierte Versuchsserie durch. Das eine Spiel war ein Ratespiel, bei dem sich die Spieler irgendeine Handlung oder ein Wort ausdenken und einer erraten muß, was sie sich ausgedacht haben.

Dieses Spiel läßt sich vielfältig modifizieren. Für unseren Bedarf haben wir es sehr einfach gestaltet. Die Hauptregel des Spiels bestand darin, die ausgedachte Handlung nicht zu verraten. Als zweites Beispiel nahmen wir eines der unter den Kindern weit verbreiteten Hüpfspiele. Beim ersten Spiel sammelten wir Material, indem wir speziell für Kinder verschiedener Altersstufen Spiele organisierten. Beim zweiten Spiel analysierten wir Beobachtungen an Kindern verschiedenen Alters in den Straßen von Moskau.

Wir beginnen unsere Analyse mit der Untersuchung der Unterordnung unter die Spielregel beim Ratespiel.

Das Experiment verlief folgendermaßen: Das Kind dachte sich gemeinsam mit der Erzieherin in Abwesenheit der Versuchsleiterin, die raten mußte, irgendeine Handlung aus. Außerdem vereinbarte die Erzieherin mit dem Kind, nicht zu verraten, was sie sich für eine Handlung ausgedacht haben. Die Versuchsleiterin tat so, als wüßte sie nicht, um welche Handlung es geht. In Wirklichkeit aber hat die Erzieherin mit der Versuchsleiterin abgesprochen, welche Handlung sie dem Kind vorschlägt. Man entschied sich für folgende Handlungen: a) ein Eimerchen holen und eine Blume pflücken, b) einen Hahnenfuß pflücken und daran riechen, c) in den Speiseraum gehen und sich auf einen Stuhl setzen. Die Versuchsleiterin kommt in das Zimmer oder auf den Spielplatz, wo sich das Kind mit der Erzieherin befindet und bemüht sich, die in Frage kommende Handlung zu erraten. Dabei tut sie so, als bereite ihr die Aufgabe die größten Schwierigkeiten, stellt verschiedene Fragen, nennt absichtlich andere Handlungen. Wenn das Kind verneinende Antworten gibt, fragt sie: „Was muß ich denn bloß tun?" und nennt dann eine Handlung, die der ausgedachten nahekommt. Nachdem die Versuchsleiterin eine Weile auf diese Weise herumgerätselt hat, geht die Erzieherin hinaus und die Versuchsleiterin, mit dem Kind alleingeblieben, setzt ihr Raten fort. Wenn das Kind sich nicht von der Versuchsleiterin provozieren läßt und nicht die Lösung verrät, dann errät sie schließlich die fragliche Handlung.

Um dieses Experiment zu verdeutlichen, bringen wir ein Beispielprotokoll.

1. Protokoll. Oleg und Jura (7;0) beschließen gemeinsam mit der Erzieherin, die Versuchsleiterin soll eine Hahnenfußblüte abpflücken. Die Versuchsleiterin kommt und schaut sich nach allen Seiten um. Oleg zappelt und sagt: „Schauen Sie sich nur richtig um." Vl.: „Ein Blatt vom Baum pflücken." Jura: „Nein, nicht von oben." Oleg *(wirft ihm einen wütenden Blick zu)*: „Verplapper dich nicht." Jura: „Nun, raten Sie weiter." Vl.: „Um das zu machen, muß man stehen." Oleg: „Nein, man kann es auch sitzend." Lacht. Jura: „Stimmt. Und es ist ganz nahe." Oleg: „Du sagst schon wieder zuviel." Jura: „Ich habe nichts gesagt." Die Erzieherin geht hinaus. Die Versuchsleiterin reißt einen Grashalm ab. Die Kinder: „Nein." Die Versuchsleiterin pflückt ein Blatt ab. Oleg: „Es ist dünn." Vl.: „Gras?" Die Kinder: „Nein." Vl.: „Was mag es dann sein." Oleg: „Blumen." Vl.: „Aha, Blumen." Jura: „Siehst du, du sagst einfach vor." Die Versuchsleiterin pflückt eine Hahnenfußblüte ab. Die Kinder klatschen. Die Versuchsleiterin geht weg. Die Kinder denken sich, wieder gemeinsam mit der Erzieherin, eine neue Handlung aus – in den Speiseraum gehen und sich auf einen Stuhl setzen. Die Versuchsleiterin kommt herein und beginnt, Handlungen zu nennen, die nicht stimmen.
Oleg *(zu Jura)*: „Verrate es nur nicht." Sie schweigen lange. Dann sagt die Versuchsleiterin, nachdem sie mehrere Fragen gestellt hatte: „Man muß wohl ins Haus gehen, um die Handlung auszuführen?" Oleg: „Ja, natürlich, und gar nicht weit. *(Hält sich die Hand vor den Mund.)* Auweia, fast hätte ich es verraten." Jura: „Auf jeden Fall ist es nicht weit." Vl.: „In den Speiseraum?" Oleg: „Ja, aber es muß noch etwas gemacht werden." Vl.: „In einem Buch lesen." Jura: „Nein, es ist keine Beschäftigung." Oleg: „Halt den Mund." Die Erzieherin geht hinaus. Die Versuchsleiterin nennt mehrere Handlungen – essen, trinken, gehen, an den Blumen riechen. Oleg: „Etwas ganz Einfaches." Vl.: „Sich setzen und schreiben." Jura: „Nein, einfacher. Sie haben es erraten, nur nicht schreiben."
In ähnlicher Weise wird der Versuch fortgesetzt. Die Kinder denken sich weitere zwei Handlungen aus.
Das Wesen der Regel besteht, wie aus den Spielen ersichtlich, darin, nicht die Handlung zu verraten. Die experimentelle

Situation ist folgende: Einerseits hat das Kind mit der Erzieherin vereinbart, die gemeinsam ausgedachte Handlung nicht zu verraten, andererseits ist es unmittelbar den Suchaktionen und den provozierenden Fragen der Versuchsleiterin ausgesetzt. Solch eine Situation ist für viele Spiele typisch, in denen es eine Konfrontation zwischen der Verhaltensregel gibt, die man mit den Spielpartnern vereinbart hat, und dem unmittelbaren Impuls, der Regel zuwider zu handeln.

Am Experiment nahmen insgesamt 20 Kinder aus allen drei Gruppen des Kindergartens teil. Nach dem gewonnenen Material lassen sich drei Stufen im Verhalten der Kinder umreißen, in denen die Besonderheiten ihrer Unterordnung unter die Regel zum Ausdruck kommen.

Die jüngsten Kinder befinden sich auf der ersten Stufe. Für sie besteht der Sinn des Spiels darin, sich mit der Versuchsleiterin zu beschäftigen. Deshalb ist für sie die Regel dieses Spiels, die darin besteht, nicht zu handeln, sondern zu schweigen, nicht erfüllbar. Sie versichern sich selbst, daß sie nichts sagen werden, aber sie halten sich nicht daran. Der Hauptsinn des Spiels ist für sie der, daß „nur sie wissen, was sie sich ausgedacht haben, und der Suchende weiß das nicht", sie sind jedoch nicht imstande zu schweigen, wenn die Versuchsleiterin provozierende Fragen stellt, und sagen sofort direkt die Lösung.

Hier einige Beispiele für solches Verhalten:

2. Protokoll. Dima (4;2) legt gemeinsam mit der Erzieherin fest, daß die Versuchsleiterin eine Blume pflücken soll. Dann sagt Dima: „Ich werde es ihr nicht sagen." Die Versuchsleiterin kommt herein: „Ich errate ganz schnell, was ich tun soll." Dima: „Ich werde es nicht verraten." Vl.: „Das soll ich dir geben." Gibt ihm eine Kuchenform. Dima: „Nein, nicht das. Du mußt mir eine Blume geben." Lacht. Vl.: „Warum hast du es mir gesagt. Ich hätte es auch selbst erraten." Dima lacht. Als nächste Handlung denken sich Dima und die Erzieherin aus, die Versuchsleiterin soll einen Eimer holen. Dima: „Jetzt sage ich es nicht." Die Versuchsleiterin kommt herein: „Soll ich dir ein Stühlchen bringen?" Dima: „Nein." Lacht. Vl.: „Soll ich dir ein Stühlchen geben?" Dima: „Nein. Du wirst es nicht erraten, und ich sage es dir nicht." Vl.: „Soll ich dir Wasser geben?" Wendet sich der Wasserkaraffe zu. Dima: „Du weißt es nicht, und ich weiß es." Vl.: „Macht nichts, ich werde es erraten." „Du weißt aber nicht, daß du mir einen Eimer geben mußt." Lacht.

3. *Protokoll.* Assja (3;10) verabredet mit der Erzieherin, daß die Versuchsleiterin eine Blume holen soll. Assja: „Ich weiß es und werde nichts sagen." Die Versuchsleiterin kommt herein und sagt: „Jetzt werde ich erraten, was ihr euch ausgedacht habt." Assja: „Du weißt es nicht, aber ich weiß es." Vl.: „Ich soll dir ein Stühlchen bringen?" Assja: „Du weißt es nicht, und ich weiß es." Vl.: „Ich werde dir Spielzeug bringen, das habt ihr euch bestimmt ausgedacht." Assja: „Ich weiß es. Ich werde es dir ins Ohr sagen. *(Läuft zur Versuchsleiterin und flüstert.)* Blümchen mußt du mir geben."

5. *Protokoll.* Nina (4;6) sagt, nachdem sie mit der Erzieherin verabredet hat, was die Versuchsleiterin tun soll: „Ich werde es ihr nicht sagen. Soll sie es selbst erraten." (Lacht in Vorfreude.) Die Versuchsleiterin kommt herein, beginnt zu raten, stellt mehrere Fragen. Nina antwortet immer mit einem Nein. Lacht öfters. Vl.: „Ach, ist das schwierig. Das kann man ja kaum herausbekommen." Denkt nach. Nina *(flüstert ganz leise)*: „Blümchen, Blümchen." Vl.: „Blätter vom Baum pflücken?" Nina *(flüstert lauter)*: „Blümchen." Vl.: „Soll ich für dich Blümchen pflücken?" Nina: „Ja, ja, hier, die Margeriten."

Die zitierten Protokolle zeigen recht deutlich, daß für das Kind dieser Altersstufe die Regel „nicht verraten" sich dem Wunsch entgegenstellt, der Versuchsleiterin zu helfen, und das Kind unterwirft sich der Regel nicht, obwohl es sie kennt, sondern folgt seinem Wunsch, der sich aus dem unmittelbaren Umgang mit der Versuchsleiterin ergibt. Die Anwesenheit der Erzieherin, mit der das Kind verabredet hat, die ausgedachte Handlung nicht zu verraten, unterstützt auf dieser Altersstufe nicht die Erfüllung der Regel. Die Regel ist hier also noch nicht das Ergebnis einer Absprache mit einem anderen Spielteilnehmer (hier mit der Erzieherin). Das Kind empfindet es nicht, daß es gegen die Regel verstoßen hat, und ist dabei völlig unbekümmert. Es läßt sich auch nicht eindeutig ein Kampf zwischen der Regel und dem Wunsch, dem Ratenden zu helfen, erkennen.

Auf der zweiten Stufe verändert sich das Verhalten wesentlich. Jetzt besteht der Sinn des Spiels für die Kinder eben darin, nicht zu verraten, was sie sich ausgedacht haben. Sie lassen sich bereits von der Regel leiten, haben aber große Mühe, mit ihrem unmittelbaren Wunsch, es zu sagen, fertigzuwerden. Es findet ein Kampf zwischen der Unterordnung unter die Regel und dem Wunsch, vorzusagen, statt. Die Kinder sagen es nicht direkt, aber sie schauen beharrlich den in Frage kommenden Gegenstand an, geben dem Suchenden erleichternde Hinweise, und fühlen sich erleichtert, wenn die Versuchsleiterin die Handlung schließlich erraten hat und sie sich nicht mehr zu beherrschen brauchen. Sie sind stolz darauf, ein Geheimnis zu haben, und erliegen nicht dem unmittelbaren Wunsch, zu sagen, was sie sich ausgedacht haben.

Wir bringen einige für das Verhalten der Kinder dieses Alters charakteristische Beispiele.

8. Protokoll. Alik (5;0) hat mit der Erzieherin vereinbart, die Versuchsleiterin soll ein Blatt vom Baum pflücken. Die Versuchsleiterin kommt herein und sucht lange nach der richtigen Handlung – sie pflückt einen Grashalm und eine Blume ab, hängt eine Schnur, dann einen kleinen Eimer an einen Zweig u. ä. m. Alik lächelt dazu ständig, sagt aber immer wieder: „Nein." Die Erzieherin geht hinaus. Alik fährt fort, alle unrichtigen Handlungen der Versuchsleiterin mit einem Nein zu beantworten, aber er blickt dabei beharrlich auf den Baum. Vl.: „Wahrscheinlich werde ich etwas am Baum machen müssen?" Alik *(erleichtert)*: „Stimmt." Vl.: „Was aber soll ich da machen?" Alik *(schaut finster drein)*: „Sie müssen es erraten." Vl.: „Ein Blatt pflücken?" Alik *(erfreut)*: „Ja doch, und immerzu sagen Sie etwas anderes."

10. Protokoll. Ljonja (6;0) hat mit der Erzieherin ausgemacht, die Versuchsleiterin soll in den Speiseraum gehen und sich auf ein Stühlchen setzen. Die Versuchsleiterin kommt und stellt mehrere Fragen. „Muß ich aufstehen und irgendwohin gehen? Muß ich etwas holen? Muß ich weit gehen? In die Küche? In das Büro?" Ljonja: „In die Richtung." Wirft einen Blick auf die Erzieherin. Vl.: „In das Wäldchen?" Die Erzieherin geht hinaus. Vl.: „Zum Spielplatz?" Ljonja: „Näher." Schaut in die Richtung des Speiseraumes. Vl.: „In den Speiseraum?" Ljonja: „Ja, aber dort müssen Sie noch etwas machen." Vl.: „An den Blumen riechen?" Sie geht in den Speiseraum, wäscht sich die Hände, liest, schaut Bilder an. Ljonja: „Nein, gehen ist nicht nötig." Vl.: „Stehen?" Ljonja: „Nein." Vl.: „Liegen?" Ljonja: „Ach, das ist ja so leicht. Doch nicht liegen." Blickt beharrlich einen Stuhl an. Vl.: „Sich setzen?" Ljonja: „Natürlich, und Sie wollen sich hinlegen!"

Einige Experimente haben wir mit zwei Kindern gleichzeitig durchgeführt, um in Erfahrung zu bringen, welche Bedeutung die Anwesenheit eines Partners im Hinblick auf die Unterordnung unter eine Regel hat. Es folgt das Protokoll eines Experiments mit zwei Kindern.

9. Protokoll. Soja (6;2) und Tolja (5;10) haben gemeinsam mit der Erzieherin vereinbart, die Versuchsleiterin soll die Blüte eines Hahnenfußes pflücken. Die Versuchsleiterin kommt und stellt mehrere Fragen: „Muß man stehen, um das zu tun, was ihr euch ausgedacht habt? Muß man weit gehen?" Soja: „Nicht so sehr weit." Tolja: „Verrate nicht so viel!" Die Versuchsleiterin nennt verschiedene Richtungen und Orte. Die Kinder: „Nein, nein." Soja: „Ich habe doch gesagt, daß es nicht weit ist." Vl.: „Muß ich etwas holen?" Kinder: „Ja, ja." Die Erzieherin geht weg. Vl.: „Einen Stuhl?" Kinder: „Nein." Vl.: „Einen Tisch?" Kinder: „Nein." Vl.: „Etwas kleineres?" Soja: „So klein." Zeigt mit den Händen. Tolja: „Halt den Mund, Sojka." Vl.: „Einen Käfer?" Kinder: „Nein." Vl.: „Einen Zweig?" Kinder: „Nein." Vl.: „Ein Blättchen?" Kinder: „Nein." Soja: „Fast erraten." Tolja: „Sojka, wenn du es nicht aushältst, dann geh besser weg." Die Versuchsleiterin zählt verschiedene Blätter auf. Die Kinder antworten immer mit einem Nein. Vl.: „Eine Blume?" Kinder: „Ja." Soja: „Und was für eine?" Die Versuchsleiterin nennt verschiedene Blumen. Soja: „Nein, nicht die auf den Beeten." Tolja: „Sie wachsen auf der Wiese." Die Versuchsleiterin nennt einige Blumen. Tolja *(zu Soja)*: „Du halt bloß den Mund." Schließlich nennt die Versuchsleiterin das Richtige. Kinder: „Ja, ja. Erraten!"

Außer den bereits genannten Besonderheiten muß noch jene erwähnt werden, daß in diesem Stadium die Unterordnung unter die Regel in Verbindung zum Spielpartner beziehungsweise zum mitspielenden Erzieher steht. Das ist daraus ersichtlich, daß die Kinder, sobald die Erzieherin den Raum verlassen hat, dem Ratenden bedenkenloser helfen, die Regel übergehen. Die Anwesenheit der Erzieherin dagegen oder eines anderen Kindes, eines Spielpartners veranlaßt die Kinder gleichsam, den Impuls, dem Ratenden zu helfen, zu unterdrücken. In dem vorausgehenden Stadium üben weder ein Spielkamerad noch die Erzieherin einen solchen Einfluß auf das Kind aus. Wir können also mit gutem Grund behaupten, daß die Regel auf dieser Entwicklungsstufe einen sozialen Inhalt gewinnt.

Auf der letzten, der dritten Stufe besteht der Sinn des Spiels für die Kinder darin, das, was sie sich ausgedacht haben, nicht zu verraten. In dem Kampf zwischen der Regel und dem Impuls siegt eindeutig die Regel, wobei dieser Kampf nicht so offen zutage tritt wie auf der Stufe davor. Die Kinder halten sich selbst dann an die Bedingungen, wenn die Erzieherin oder der Spielpartner nicht anwesend sind. Die Regel wird zu einer Verpflichtung, die das Kind übernommen hat, und es unterzieht sich ihr unabhängig davon, ob eine äußere Kontrolle durch einen Erwachsenen oder einen Spielpartner vorhanden ist. Die äußere Regel wird zu einer inneren Verhaltensregel.

Wir führen ein Beispiel für das Verhalten der Kinder in diesem Entwicklungsstadium an.

15. Protokoll. Walja (6;6) und Ida (7;0) haben mit der Erzieherin vereinbart, die Versuchsleiterin soll ein Blättchen abreißen und daran riechen. Die Versuchsleiterin kommt herein und stellt den Kindern mehrere Fragen. Trotz vieler provokatorischer Fragen sitzen die Kinder still und werfen sich nur ab und an einen Blick zu. Sie antworten nur mit einem kurzen Nein oder schütteln einfach den Kopf. Die Erzieherin geht hinaus. Vl.: *(nachdem sie 15 Minuten herumgerätselt hat)*: „Also, ich finde es nicht heraus." Walja: „Sollen wir es sagen?" Vl.: „Nein, ich will es noch weiter versuchen." Ida: „Nun, bitte sehr. Wir sagen nichts." Als die Versuchsleiterin eine andere Wiesenblume abpflückt, wirft Ida einen Blick in die Richtung, wo der Hahnenfuß steht, schweigt aber. Vl.: „Eine Hahnenfußblüte pflücken und daran riechen?" Kinder: „Ja, ja, richtig!"

Das zusammengetragene Material ist nicht nur insofern von Interesse, als es zeigt, wie sich die Kinder mit zunehmendem Alter immer besser der Regel unterordnen, sondern es offenbart auch die Genese des psychologischen Mechanismus, der dem Prozeß zugrunde liegt, in dem aus der äußeren Regel eine innere wird.

In dem Experiment mit dem Ratespiel hatten wir erstens die Regeln speziell für unsere Zwecke begrenzt, sie im Prinzip auf eine reduziert; zweitens wurden die zu ratenden Handlungen gemeinsam mit der Erzieherin oder dem Spielpartner ausgedacht, was, wie gesagt, einen Einfluß auf die Unterordnung unter die Regel ausübte; drittens setzte die Regel der Aktivität des Kindes Grenzen – es mußte still sitzen und durfte dem Ratenden nichts verraten.

Weil dem Ratespiel dermaßen enge Grenzen gesetzt waren, hielten wir es für notwendig, die damit gewonnenen Ergebnisse zu überprüfen, indem wir ein komplizierteres und beweglicheres Regelspiel untersuchten. Wir entschieden uns für eins der bei den Kindern so beliebten Hüpfspiele. Obwohl es für etwas ältere Kinder tyisch ist und mit großer Begeisterung von Schulkindern gespielt wird, konnten wir es auch bei Vorschulkindern beobachten. Wir haben uns besonders deshalb für dieses Spiel entschieden, weil sich in ihm drei Elemente des Spiels gut erkennen lassen: a) das äußere Bild der Handlungen und die äußere Situation, b) die Regeln, die der Handlung Grenzen setzen, und c) die Regeln, die den Handlungen eine gewisse Ordnung und einen bestimmten Charakter verleihen. Diese Art Spiel ist sehr bekannt, und man kann es im Frühling, sobald die Sonnenstrahlen zu wärmen beginnen, auf Straßen, Plätzen und in Gärten allenthalben beobachten. Mit Kreide auf den Asphalt oder mit einem Stöckchen in den Sand werden Felder gezeichnet, und das Spiel, an dem sich mehrere Kinder beteiligen, beginnt. Es gibt ziemlich viele Varianten dieses Spiels, das Hauptschema aber ist etwa folgendes:

Es werden auf die Erde fünf Felderpaare gezeichnet, dazu unten

ein Feld, das „Feuer" genannt wird, und oben eins, das „Kessel"
heißt. Der Mitspielende wirft der Reihe nach in eines der Felder ein Steinchen und hüpft dann auf einem Bein bis zu diesem
Feld. Hier bleibt er stehen, hebt den Stein auf und springt
weiter, bis er alle Felder passiert hat (manchmal wird im
„Kessel" ausgeruht). Nachdem er das auf einem Bein springend
vollbracht hat, muß er in verschiedenen anderen immer schwie-
rigeren Haltungen springen, den Stein über den Kopf werfen
usw. Der jeweilige Spieler wirft den Stein und springt so lange,
bis er einen Fehler macht – auf eine Linie springt, den Stein
nicht in das richtige Feld oder auf eine Linie wirft usw. Hat er
solch einen Fehler begangen, muß er aussetzen und der nächste
Spieler ist an der Reihe.

In diesem Spiel gibt es eine bestimmte äußere Situation – ein
in bestimmter Weise gezeichnetes Feld –, Regeln, die Handlungsfolge und Handlungsart festlegen, und Grenzen setzende
Regeln. Eben diese Elemente waren für uns, wie bereits erwähnt, entscheidend.

Wir beobachteten das Spiel in Straßen, Parkanlagen und auf
Plätzen von Moskau. Alter und Namen der Spielenden wurden
immer nach Beendigung des Spiels festgestellt. Beim Aufzeichnen
der Beobachtungen notierten wir die charakteristischsten Verhal-
tensäußerungen der Kinder im Spiel. Wir wollen hier keine
Protokolle anführen, denn das Spiel ist sehr verbreitet und allgemein bekannt. Anhand unserer Beobachtungen konnten wir
fünf Aneignungsstufen der Regeln dieses Spiels umreißen.

Auf der ersten Stufe beschränkt sich das Spiel auf das Ziehen
einiger Linien, das Werfen eines Steinchens und das darauf
folgende Springen. Der Sinn des Spiels besteht für das Kind
darin, ein Steinchen zu werfen und zu hüpfen. Es gibt noch
keinerlei Regeln. Das Kind hat sich nur rein äußerlich einige
Elemente der Spielsituation angeeignet.

Ein kleines Mädchen (3;0) tritt an ein bereits gezeichnetes
Spielfeld heran, nimmt ein dort liegendes Steinchen auf, wirft
es und springt mit beiden Beinen von Feld zu Feld. Dann hebt
es den Stein auf, geht zurück und wirft ihn wieder.

Auf der zweiten Stufe werden bereits verschiedene Felder gezeichnet, wird ein Steinchen geworfen und auf einem Bein in

die einzelnen Felder gehüpft, das Kind kehrt auf der anderen Seite zurück, es führt verschiedene Figuren aus (Springen mit dem Stein auf der Fußspitze oder in der Kniekehle, mit geschlossenen Augen von Feld zu Feld gehen usw.). Es liegen bereits viele äußerlich erworbene Bewegungen vor. Nicht mehr nur das „Springen an sich" reizt, sondern es ist nun wichtig, in bestimmter Weise zu springen, zum Beispiel auf einem Bein. Aus der detailliert wahrgenommenen und reproduzierten Situation ergeben sich Regeln, die für das Springen bestimmend sind, aber noch gibt es keine Grenzen setzende Regeln. Der Sinn des Spiels besteht für das Kind darin, bis zum Ende zu hüpfen, oder darin, daß ihm der Stein nicht herunterfällt. Die in diesem Stadium entstehende Regel bestimmt, wie man die Bewegung auszuführen hat. Springst du richtig, dann hast du gewonnen. Grenzen setzende Regeln gibt es hier, wie gesagt, noch nicht.

Auf der dritten Stufe werden die Felder regelgerecht gezeichnet, zum Beispiel fünf Felderpaare mit „Kessel" und „Feuer". Das Steinchen wird von einer bestimmten Stelle aus und in genau festgelegter Reihenfolge geworfen. Beim Hüpfen von Feld zu Feld achtet man streng darauf, nicht eine Linie mit dem Fuß zu berühren. Dann folgen verschiedene Springfiguren. Es tauchen mehrere Grenzen setzende Regeln auf. Zum Beispiel: „Man darf nicht auf eine Linie treten", „Fällt der Stein in den Kessel, ist es ein Fehler" usw. Die Kinder achten noch nicht darauf, daß die Regeln exakt eingehalten werden, insbesondere, wenn es sie selbst betrifft; die Regeln sind also im großen und ganzen bekannt, aber nicht verpflichtend.

Zum Beispiel hat ein sechsjähriges Mädchen das Steinchen geworfen. Das Steinchen fällt auf eine Linie. Sie geht in das Feld, korrigiert die Lage des Steins, geht zurück und beginnt zu hüpfen. Die dabeistehende Freundin sagt: „Das war doch Linie." Sie erhebt jedoch keinen weiteren Protest, und das Spiel wird fortgesetzt. Das Hauptgewicht liegt hier auf einer bestimmten Handlungsfolge, es wird nach einem gewissen allgemeinen Plan gespielt und in einer feststehenden Reihenfolge gehüpft.

Auf der vierten Stufe entspricht der Spielverlauf genau den Regeln. Die Regeln sind aus der allgemeinen Spielsituation herausgelöst. Die Kinder achten darauf, daß die Regeln eingehalten werden. Entsteht ein Konflikt zwischen der Regel und dem Wunsch zu gewinnen und zu hüpfen, dann siegt die Regel. Zum Beispiel hatte ein Mädchen das Spiel schon fast beendet, berührte aber beim letzten Sprung mit dem zweiten Fuß den Boden. Dieser Fehler wurde von den Freundinnen sofort registriert, und obwohl das Mädchen fast schon gewonnen hatte, trat es zurück und ließ die nächste springen, die dann auch gewann. Ein Trost für die Verliererin war lediglich, daß die Freundin nur um weniges besser war als sie.

Auf dieser Stufe sind die Regeln noch nicht von den Handlungen gelöst, und deshalb kommt es oft vor, daß sie erst im Spielverlauf entstehen.

Auf der letzten, der fünften Stufe schließlich verläuft das Spiel völlig regelgerecht. Die Kinder achten streng darauf, daß die Regeln eingehalten werden. Die Regeln sind aus dem Spiel herausgelöst und als solche formuliert. Die Kinder einigen sich zu Beginn des Spiels über die Regeln, das heißt, sie vereinbaren, wie sie spielen werden – welche Figuren sie einbeziehen, ob Linien berührt werden dürfen, ob eine Pause eingelegt wird oder nicht usw. Wenn den Kindern die Regeln nicht recht bekannt sind, wird ihnen das bewußt. Das ist oft der Fall, weil es sehr viele und mannigfache Regeln gibt. Das Wesen des Spiels besteht aber gerade in den Regeln. Komplizierten Regeln wird mehr Interesse entgegengebracht. Oft kommt es vor, daß die Kinder, wenn die Regeln zu einfach sind, es uninteressant finden, so zu spielen. Sie schlagen dann Regeln vor, die den Spielprozeß erschweren. Zum Unterschied von den vorausgegangenen Stufen sind die Regeln für die Kinder auf dieser Stufe Spielbedingungen, die man abwandeln kann, nur muß man sich darüber vorher einigen. Daß die Regeln etwas Selbständiges und Bedingtes darstellen, ist das Hauptcharakteristikum des Spiels auf dieser Stufe.

Unter den von uns beobachteten Kindern gab es keine Vorschulkinder, die eine höhere als die dritte Stufe erreicht hätten. Die zwei letzten Stufen der Beziehung zu den Regeln konnten wir im Prinzip nur bei Schulkindern beobachten. Das bei diesen Beobachtungen zusammengetragene Material zeigt, daß Vorschulkinder nur solche Regeln aussondern, die unmittelbar mit

394

der Spielsituation verbunden sind – mit dem Zeichnen und dem Hüpfen. Sie vermögen nicht die Regeln zu verallgemeinern und im voraus zu formulieren. Diese Schlußfolgerung mußte überprüft werden, weil sie im Widerspruch steht zu der uns bekannten Beziehung des Kindes zur Regel im Rollenspiel. Hier ist das ältere Vorschulkind in der Lage, bereits vor Spielbeginn nicht nur die Rollen zu verteilen, sondern bis zu einem gewissen Grade auch die Pflichten jedes Mitspielenden zu formulieren, das von jedem benötigte Spielzeug zu wählen und die Beziehungen zwischen den Spielenden zu bestimmen.

Es ist nur natürlich, wenn sich das Vorschulkind den Regeln in Rollenspielen eher unterordnet, verglichen mit Regelspielen ohne Rollen. Die Regel im Rollenspiel widerspiegelt bestimmte reale soziale Beziehungen, in den Regelspielen dagegen ist die Regel etwas rein Bedingtes und wird nicht durch die Rolle gestützt.

Vergleicht man, wie sich die Kinder in diesen beiden Spieltypen den Regeln unterordnen, so sieht man deutlich die Überlegenheit der Rollenspiele. Ihnen folgt dann die Aneignung auch bedingter Regeln.

Hierin eben liegt der Unterschied im Hinblick auf die Entwicklung der Beziehung des Kindes zu den Regeln der zwei Typen von Spielen. Aber es gibt hier auch Ähnlichkeiten, und zwar darin, wie sich die Kinder die Regeln in diesen Spielen aneignen.

Während die Rollenspiele stets eine Regel enthalten, sei es auch in verborgener Form, gibt es im Regelspiel immer ein gewisses Sujet, bestehend im äußeren allgemeinen Bild des Spiels und der Handlungen. Die Entwicklung des Spiels verläuft von der Aneignung des äußeren Handlungsbildes – es existieren hier noch keine Spielregeln – zu einem Spiel, dessen Mittelpunkt Regeln bilden. Das bei den Beobachtungen gewonnene Material bestätigt also unsere These, daß sich das Spiel von einem Spiel mit entfalteter Spielsituation und darin verborgenen Regeln zum Spiel mit offenen Regeln und gedrängter Spielsituation entwickelt. Um die Schlußfolgerungen der vorausgegangenen Experimente zu überprüfen und die Frage zu klären, unter welchen Bedingungen das Vorschulkind imstande ist, eine Spielregel zu formulieren, führten wir eine weitere Versuchsserie durch. Diese Serie nannten wir „Ausdenken von Spielregeln".

Das Experiment wurde folgendermaßen durchgeführt. Zwei Kinder erhielten einen Karton in der Größe 50 × 75 cm. Er war in Felder aufgeteilt. Dazu bekamen die Kinder ein Kästchen mit Figuren (Soldaten). In dem Kästchen befanden sich sechs Reiter, von denen einer größer war als die übrigen, und 22 Soldaten. Die Reiter waren aus Zinn, die Soldaten aus Pappe mit einer Standfläche. Zehn der Soldaten hatten rote Röcke an und 18 blaue. Außer den Soldaten befanden sich im Kästchen zwei Kügelchen aus dem Mosaikkasten – ein blaues und ein rotes.

Den Kindern wurde der gesamte Inhalt des Kästchens gezeigt und der Karton vorgelegt. Nun schlug man ihnen ein Spiel vor. Zu den jüngeren sagte die Versuchsleiterin: „Schaut mal her, was ich für euch mitgebracht habe. Spielt damit ein Spiel, und dann lehrt auch mich euer Spiel. Ich möchte gern so wie ihr spielen. Später bringen wir das Spiel auch den anderen Kindern bei." Im Spielverlauf oder gegen Ende des Spiels bat die Versuchsleiterin, ihr das Spiel zu erklären. Zu den älteren Kindern sagte die Versuchsleiterin: „Hier habe ich für euch ein Spiel mitgebracht, aber man muß sich überlegen, wie man damit spielen könnte, die Spielregeln festlegen. Denkt darüber nach, und dann lehrt auch mich, damit zu spielen. Alle Kinder denken sich etwas aus, und ich werde dann diese Regeln aufschreiben. Wir werden ein Spiel für die ganze Gruppe machen und die interessantesten Regeln allen Kindern beibringen." Im Spielverlauf oder gegen Ende des Spiels fragte die Versuchsleiterin die Kinder, was für Regeln sie sich ausgedacht haben. Es wurden 14 Experimente mit insgesamt 28 Kindern durchgeführt.

Es folgt ein Protokoll, das den Spielverlauf in allgemeinen Zügen zeigt.

9. Protokoll. Tolja und Witja (7;6). Tolja betrachtet alle Figuren, die Kugeln und die Tafel. Tolja: „Wozu die Tafel? Man kann einfach auf dem Tisch spielen, da hat man mehr Platz." Nimmt sich die roten Figuren. Die Jungen stellen auf dem

Tisch je zwei Reihen Soldaten auf. Davor stellen sie die Reiter. Witja: „Jetzt muß man angreifen. Wenn sie einander nahe genug sind – schießen." Zeichnen auf den Tisch zwei Linien, im Abstand von 50 cm. Bewegen die Figuren vor bis zu den Strichen. Dann holen sie die Reiter wieder zurück. Witja: „Das sind die Verstärkungstruppen. Zuerst kam der Spähtrupp und jetzt kommt die Verstärkung." Tolja: „Und womit soll man schießen? Einfach so? (Gibt einer Figur einen Schubs.) Das macht keinen Spaß. So stößt man sie natürlich immer um." Witja: „Und wozu sind die Kugeln da?" Tolja (mit Eifer): „Das wird eine Bombe sein. Ein Geschoß." Witja: „Man muß ihr einen Stoß versetzen und damit irgendeinen umwerfen. (Legt die Kugel auf seine Linie und schnipst sie nach vorn. Zwei Figuren fallen um. Er lacht.) Siehst, zwei sind schon erledigt." Tolja: „Jetzt ich." Bringt ebenfalls zwei Figuren zu Fall. Witja: „Jetzt nehme ich mir diesen Chef vor." Er zielt, trifft aber einen weiter hinten Stehenden. Tolja: „Daneben!" Zielt und trifft bei Witja den Chef. Witja: „Bei mir wird es auch so, ohne den Chef klappen. (Schießt und trifft zwei.) Wenn man zwei getroffen hat, darf man noch einmal vorstoßen?" Tolja: „Nein, dann wirfst du sie alle um. Getroffen – noch einmal, getroffen – noch einmal. Dann wollen wir beim zweiten Spiel etwas weiter auseinander aufbauen." Witja: „Gut. Also los." Die Kinder hatten alle Soldaten schnell vom Spielfeld geholt. Witja: „Nehmen wir auch diese (die Reiter), wenn sie getroffen sind, weg?" Tolja: „Wenn sie vom Geschoß getroffen wurden, müssen sie weg." Das Spiel ist schnell beendet. Witja hat gewonnen. Tolja: „Das Spiel ist nicht interessant. Es ist doch ganz leicht zu gewinnen. Ich hatte auch weniger. Jetzt wollen wir von weiter schießen, und jeder muß gleich viel Figuren haben." Sie bauen die Figuren in größerem Abstand auf. Beide haben die gleiche Zahl Soldaten. Sie zielen mit den Kugeln, treffen aber nicht jedesmal. Tolja: „Das macht mehr Spaß. Mal getroffen, mal nicht getroffen – das ist interessanter." Witja trifft zwei und macht erneut den Vorschlag: „Wenn man zwei getroffen hat, darf man noch einmal. Tolja: „Na gut." Witja zielt noch einmal und trifft einen. Tolja hat zwei getroffen und zielt noch einmal. Witja (aufgeregt): „Wirst noch alle umlegen."

Das Spiel geht seinem Ende entgegen. Auf jeder Seite steht eine Figur. Tolja: „Jetzt lohnt es nicht mehr." Witja: „Nein, wir spielen so lange, bis entweder deiner oder meiner fällt." Tolja zielt vom Strich aus. Witja: „Nein, es soll von ihm aus geschossen werden." Tolja zielt von seiner Figur aus auf Witjas Figur. Er schießt daneben. Witja trifft auch nicht. „Daneben!" sagt er unzufrieden. Tolja trifft Witjas Figur und ruft freudig: „Erledigt! Los, noch einmal." Vl.: „Ihr könnt ein andermal spielen. Jetzt erzählt mir, wie ich das Spiel anderen Kindern beibringen könnte. Welche Spielregeln habt ihr?" Tolja: „Die Regeln sind hier ganz einfach. Man muß nur gut zielen." Witja: „Alles aufstellen und dann angreifen." Tolja: „Die Reiter sind zuerst vorn und dann hinten. Und dann muß man vom Strich aus zielen." Vl.: „Weiter gibt es keine Regeln?" Kinder: „Das ist alles." Vl.: „Und wann und wie oft darf einer schießen?" Witja: „Wenn zwei getroffen wurden, darf man zweimal schießen. Hat man nur einen getroffen, dann nur einmal."

Dieses Beispiel zeigt ein ziemlich hohes Spielniveau. Charakteristische Merkmale des geschilderten Spiels sind: a) beim Formulieren der Regel wird vom Sujet des Spiels und den Rollen der einzelnen Figuren ausgegangen. Die Regeln werden mit dem Sujet verbunden und sind in ihm enthalten. „Das ist die Verstärkung. Zuerst war es der Spähtrupp, und jetzt ist es die Verstärkung." Das Spiel hat mit Regeln begonnen. Sie wurden nur in allgemeinster Form formuliert: „Jetzt greifen wir an. Wenn sie einander nahe genug sind – schießen." b) Im Spielverlauf werden, je nach der sich ergebenden Situation, einzelne Regeln formuliert und zwar, wann das Spiel beendet ist, wer wann mit dem Vorrücken an der Reihe ist, wann die Gefallenen gezählt werden. c) Nach Beendigung des Spiels werden die Regeln nur ganz allgemein formuliert, sie zeigen lediglich den allgemeinen Spielverlauf: „Aufstellen und dann angreifen. Die Reiter sind zuerst vorn und dann hinten. Und dann muß man vom Strich aus zielen." Die Hauptregeln formulieren die Kinder erst nach zusätzlichen Fragen der Versuchsleiterin, und auch dann nicht einmal alle.

Anhand des gewonnenen Materials hielten wir vier Entwicklungsstufen bei Spielen dieser Art fest.

Auf der ersten Stufe, die als Vorstufe des Spiels anzusehen ist, gibt es überhaupt keine Regeln. Es gibt auch noch kein ausgebildetes Sujet. Die Handlungen der Kinder bleiben auf das Manipulieren mit dem Spielzeug beschränkt. Sie stellen die Soldaten einmal so, einmal anders auf, lassen die Pferdchen springen, versuchen die Soldaten auf die Pferde zu setzen. Als Beispiel dafür mag folgendes Spiel stehen.

1. *Protokoll.* Ljowa (3;6) und Jura (4;0). Jura hört sich nicht erst die Vorschläge der Versuchsleiterin an, sondern nimmt sich sofort die Reiter. Die Versuchsleiterin hält sie ein wenig zurück und wiederholt die Instruktion. Jura: „Die Pferde sind meine." Ljowa bewegt zwei Reiter vorwärts. Jura nimmt sie Ljowa weg. Die Versuchsleiterin teilt für jeden die gleiche Zahl von Reitern zu. Die Kinder bewegen ihre Reiter hin und her. Jura: „Vorwärts marsch! Gefallen. Auch der andere ist gefallen." Ljowa (versucht einen Soldaten auf ein Pferd zu setzen): „Oh, meiner hat sich aufs Pferd gesetzt!" Bewegt die Figuren vor und zurück. „Vorwärts marsch!", sagen beide Kinder. Jura: „Schon wieder gefallen." Sie bewegen die Figuren erneut einmal hierhin einmal dorthin. Jura: „Jetzt reiten sie ganz schnell. Sieh mal, wie schnell meiner kann!" Ljowa: „Meiner kann schneller." Sie bewegen ihre Figuren schnell hin und her. Vl.: „Lehrt mich dieses Spiel." Ljowa (zeigt): „So, hopp, hopp. So reiten sie los." Jura: „Oh, schon wieder gefallen." Beide lachen.

Auf der zweiten Stufe zeigen sich bereits Sujet- und Rollenelemente. Es wird festgestellt, daß einer der Kommandeur ist. Das Spiel bleibt im Prinzip darauf beschränkt, die Soldaten in Marschordnung aufzustellen. Die einzelnen Spielepisoden sind nicht miteinander verknüpft. Eindeutige Regeln gibt es nicht. Die Kinder wissen nicht einmal, daß es Regeln geben könnte. Bestenfalls zeigen sie, wie gehandelt wird, aber beschreiben können sie es nicht. Einige verborgene Regeln aber existieren dennoch, und sie sind eng verbunden mit dem Sujet und mit den einzelnen Personen des Spiels. Diese Regeln betreffen die Aufstellungsformen, den Platz des Kommandeurs u. ä. m.

Hier ein Beispiel für diese Stufe.

3. Protokoll. Es spielen Jura und Borja (5;0). Nachdem sich die Kinder den Vorschlag der Versuchsleiterin angehört haben, stellen sie die Soldaten in zwei Reihen hintereinander auf, vorn die Reiter, dahinter die Soldaten. Dann stellen sie die Reiter wieder nach vorn. Jura: „Das ist der Kommandeur." Borja: „Der Abteilungskommandeur." Borja: „Jetzt gehen sie in einer Reihe." Bauen die Soldaten hintereinander auf. Jura: „Der Kommandeur soll an der Seite gehen." Stellt den Kommandeur seitlich auf. Vl.: „Sagt mir, wie könnte man dieses Spiel anderen beibringen. Was habt ihr für Regeln?" Borja: „Na solche – wie wir spielen, so müssen auch sie spielen." Jura: „So spielt man eben." Borja: „Sie ziehen in den Krieg." Stellt zuerst alle in einer Reihe nebeneinander auf und dann wieder hintereinander. Jura: „Einer ist umgefallen. Er ist verwundet." Borja: „Diese kleinen Kugeln lassen wir rollen. Es wurde eine Bombe abgeworfen." Legt die Kugeln hinter die Reiter. Jura: „Jetzt reiten sie los. Hopp, hopp." Borja: „Sie sind nach Moskau losgeritten. Wer ist vorn? Die Reiter. Die wird man nicht einholen." Jura: „Meine werden sie gleich einholen." Bewegt die Soldaten vorwärts. Borja: „Jetzt schießen sie – peng, peng, peng!" Die Kinder stoßen ihre Soldaten gegeneinander. Borja: „Deiner ist tot. Er ist umgefallen, und meiner steht fest auf den Beinen."

Erst auf der folgenden, der dritten Stufe tritt deutlich das Sujet zutage, findet ein Kriegsspiel statt.

Die Regeln sind eng mit dem Sujet verbunden, und es ist eindeutig ersichtlich, wie sie sich aus der allgemeinen Spielsituation ergeben. Die praktisch vorhandenen Regeln werden nicht ausgesondert und nicht verallgemeinert. Aber im Spielverlauf formulieren die Kinder einige Regeln. Manchmal wird im Spielverlauf in das Spiel eine Regel, die aus anderen Spielen bekannt ist, eingeführt und formuliert. Zur Veranschaulichung dieser Stufe führen wir das Spiel von Thomas und Oleg (7;0) an.

14. Protokoll. Nachdem sich die Kinder den Vorschlag der Versuchsleiterin angehört haben, holen sie schnell alle Figuren aus dem Kasten. Thomas: „Ich nehme die roten und du die blauen." Oleg: „Nein, ich nehme die roten." Thomas: „Ach, sind ja alle schön." Sie teilen sich die Soldaten und stellen sie auf. Thomas: „Meine wirst du mit deinen nicht besiegen. Ich werde deine alle totschießen." Oleg: „Auch deine werden was abbekommen." Thomas: „Stell den Spähtrupp nach vorn. Aber es ist ja auch egal, wie jeder vorgeht." Oleg: „Ich stelle sie an der Linie auf." Thomas: „Aha, gar nicht dumm, damit sie nicht sofort umgestoßen werden. Ich baue auch so auf. Diese (die aus Pappe) fallen gleich um, und diese wird man nicht so leicht umstoßen." Oleg: „Man muß das Pferd oder den Reiter tref-fen." Thomas (stellt seine Figuren an der Linie auf): „Jetzt hier, und wenn das zuwenig ist, dann gehen wir weiter auseinander." Oleg: „Hier sind Kugeln. Damit werden wir schießen." Thomas: „Jeder dreimal." Er schießt, das heißt, er rollt die Kugel, nachdem er lange gezielt hat. Er trifft kein einziges Mal. Oleg rollt die Kugel und trifft eine Figur. Thomas: „Du hast nicht auf diese Figur gezielt, der Schuß ist ungültig." Oleg: „Ja, un-gültig! Und wenn im Krieg jemand zufällig von einer Kugel getroffen wird, fragt man da, auf wen gezielt wurde?" Thomas (lacht): „Ob sie fragen oder nicht, ist egal. Du aber sag, auf wen du zielst." Oleg: „Und wenn ich einen anderen treffe?" Thomas: „Dann darfst du nicht noch einmal schießen, und wenn du ihn triffst, darfst noch einmal. (Zielt und trifft den, auf den er gezielt hat.) Also, noch einmal. (Zielt und trifft wieder.) Wieder getroffen – das ist ein Ding! (Beeilt sich und fehlt.) Ach, daneben!" Will noch einmal zielen. Oleg: „Jetzt bin ich dran. Du hast schon dreimal." Thomas: „Na und? Ich habe zweimal gewonnen, also kann ich noch einmal." Oleg: „Und ich soll hier herumsitzen? Drei sind genug. Wenn du getroffen hast, darfst noch einmal. Wenn nicht, bin ich dran." Oleg trifft zweimal. Thomas (wütend): „Ja, du schießt ja von so nahe und ich über das ganze Feld." Oleg: „Bei mir sind vier (Karos) und bei dir sind vier. Du kannst schießen von welchem du willst." Thomas baut seine Soldaten hinter den Reitern auf und stellt sie etwas enger zusammen: „Ich habe sie hinter den Reitern auf-gestellt, die Reiter werden sie beschützen." Oleg baut seine Figuren ebenfalls um. Oleg ist dran. Er trifft nicht. Thomas (freudig): „Fehlschuß, Fehlschuß!" Thomas schießt und trifft ein Pferd: „Das Pferd ist tot, und er kommt in Gefangenschaft.

(Nimmt die Figur zu sich herüber und schießt erneut.) Ich habe das Gewehr getroffen." Oleg: „Es ist ihm aus den Händen gefallen. Er blieb stehn." Thomas: „Nein, wenn das Gewehr geladen ist, dann explodiert es, und er kann davon tot sein." Sie streiten. Oleg: „Na schön, nimm ihn. Ich habe ja immer noch mehr als du." Oleg will ein viertes Mal schießen. Thomas: „Jetzt ist's aber genug! Ich durfte nur dreimal, und du auch." Oleg: „Aber ich habe doch wieder getroffen." Thomas: „Egal. Dreimal ist ausgemacht!" Oleg: „Nur wenn man nicht getroffen hat." Thomas: „Nein, insgesamt dreimal." Oleg (wütend): „Dann mach schon." Die Kinder setzen das Spiel fort, bis sich keine Figur mehr auf der Tafel befindet.

Erst auf der höchsten, auf der vierten Stufe werden Regeln ausgesondert und vor Beginn des Spiels formuliert. Es tauchen auch rein bedingte Regeln auf, die nicht vom Sujet und der Spielsituation abhängig sind. Grundlage für die Entwicklung von Regeln sind erstens die realen gesellschaftlichen Regeln und zweitens die Regeln anderer Spiele. Es folgt ein Beispiel für Spiele auf dieser Stufe.

8. Protokoll. Ilja und Wowa (7;6) hören der Versuchsleiterin aufmerksam zu und betrachten dann die Figuren. Ilja: „Was könnte man sich da bloß für Regeln ausdenken?" Wowa: „Nun, ganz einfach. Wie sie schießen sollen – zusammen oder einzeln? Oder, wie jeder vorrücken muß." Ilja: „Zuerst muß man sie aufstellen, und dann kann man vorrücken. Ich werde sie in zwei Reihen aufstellen. Ich nehme die roten." Wowa: „Blaue sind mehr da. Jeder muß gleich viel haben." Ilja: „Nein, es kann so sein, daß blaue mehr sind, und rote weniger." Wowa: „Das gibt es nicht. Immer hat jeder die gleiche Zahl." Ilja: „Nun gut, je acht und je drei." Sie bauen die Infanterie auf und davor die Reiterei. Ilja: „Zuerst marschieren die roten los." Wowa: „Nein, die blauen, die roten überfallen niemand, die Feinde überfallen." Ilja: „Nein, wenn Krieg ist, können auch sie anfangen." Wowa: „Und womit wird geschossen? Man müßte mit irgend etwas werfen und einen treffen." Ilja: „Wer getroffen wurde, ist gefallen." Die Versuchsleiterin schlägt vor, die Mosaikkugeln zu nehmen. Ilja: „Noch besser. Die kann man rollen. Ich nehme die rote." Wowa: „Ich die blaue."

Ilja rollt und wirft zwei um. Wowa: „Jetzt ich." Rollt, wirft einen um. Ilja: „Ich ziele gleich auf zwei blaue." Wirft zwei um. Wowa: „Man muß sagen, für wen man schießt, und von der Stelle aus schießen. Du sollst nicht werfen, sondern rollen." Ilja: „Dieses Pärchen nehme ich mir vor!" Wowa (zeigt auf die Reiter): „Diese kann man nicht so totschießen. Nur wenn man ihn von der Seite oder direkt von vorn trifft, ist er tot." Ilja: „Gut, fang an." Wowa schießt und nimmt mit feierlicher Miene den Kommandeur vom Feld. Nachdem jeder mehrere Male dran war, läßt Ilja die Bemerkung fallen: „Das ist ein feines Spiel, nur müßte es so sein, daß die Murmeln nicht immerzu 'runterrollen." Wowa: „Wie beim Kinderbillard, rundherum eine Leiste."

Die Versuchsleiterin sagt, sie möchte für alle ein sehr interessantes Spiel entwickeln und alle müßten die Regeln erlernen. Sie bittet die Kinder, die Regeln zu wiederholen, damit sie sie aufschreiben kann. Wowa: „Man muß sie für jeden gleich aufteilen. Dann aufstellen." Ilja: „In zwei Reihen. Vorn der Spähtrupp. Dann schießen." Wowa: „Man muß rollen. Wenn es ein Reiter ist, dann braucht die Kugel ihn nur zu berühren, und diese müssen umfallen." Ilja: „Das noch: Gewonnen hat der, dessen Soldaten gesiegt haben." Vl.: „Welche Regeln gibt es für das Schießen?" Wowa: „Man muß von seinem Soldaten aus auf den Feind schießen. Entweder zusammen oder einer nach dem anderen – das ist egal."

Typisch ist für die sich auf dieser Stufe befindenden Kinder, daß sie in der Lage sind, vor Spielbeginn Regeln zu formulieren. Das ist dem angeführten Beispiel eindeutig zu entnehmen.

Die letzten beiden der genannten Stufen der Aussonderung einer Regel erreichen nur die ältesten Vorschulkinder. Unter den Kindern der mittleren Gruppe gibt es welche, die auf der ersten und andere, die auf der zweiten Stufe stehen. Die jüngsten befinden sich ausnahmslos alle auf der ersten Stufe. Unserem Experiment konnten wir eindeutig entnehmen, die Regeln entspringen dem Sujet, werden aus ihm ausgesondert. Dann werden sie verallgemeinert und nun erst eigentlich zu Regeln.

Wir kommen jetzt zu einigen Schlußfolgerungen. Alle unsere Experimente galten im Prinzip der einen Frage: Wie eignet sich das Kind im Spiel Regeln an?

Mit der ersten Serie zeigten wir, daß die Rolle hilft, sich einer feststehenden Regel unterzuordnen, und zwar, weil sie erstens der Regel einen Sinn verleiht, ihre Notwendigkeit dem Kind vor Augen führt, und zweitens zu kontrollieren ermöglicht, ob sie erfüllt wurde.

In der zweiten Serie wurde ermittelt, inwieweit die Unterordnung unter eine rein bedingte Regel von der Anwesenheit eines Partners abhängig ist. Das Experiment zeigt uns, daß die Anwesenheit eines Partners die Potenz, sich der Regel unterzuordnen, erhöht und daß folglich die Regel nur dann als Regel auftritt, wenn sie im Umgang mit einem anderen Partner existiert.

Beim Beobachten eines entfalteten Bewegungsspiels mit vielen mannigfachen Regeln (dritte Serie) konnten wir feststellen: Bevor sich das Kind bedingte Regeln aneignet, eignet es sich die äußere Spielsituation, ihr allgemeines Bild an und diese allgemeine Spielsituation hat dieselbe Funktion wie das Sujet im Rollenspiel.

In der vierten und letzten Versuchsserie schließlich zeigten wir die organische Einheit von Spielsujet und Regeln sowie die entscheidende Bedeutung des Sujets für das Aussondern und Formulieren von Regeln.

Unsere Untersuchungsergebnisse lassen folgende Behauptung zu: Ungeachtet des äußeren Unterschieds zwischen dem Rollenspiel und dem Regelspiel existiert zwischen ihnen im Vorschulalter eine derart starke innere Einheit, daß man von einer einzigen Entwicklungslinie des Spiels sprechen kann. Im Verlauf dieser Entwicklung erfolgt erst gegen Ende des Vorschulalters eine Verselbständigung der bedingten, nicht mit einem Sujet verbundenen Regeln.

Wir meinen sogar, daß es zu den Merkmalen der Schulfähigkeit gehört, wenn ein Kind die Regel als etwas Bedingtes zu betrachten beginnt.

6. Spiel und psychische Entwicklung

Lange bevor das Spiel Gegenstand der wissenschaftlichen Forschung geworden war, wurde es weit und breit als eines der wichtigsten Erziehungsmittel angewandt. Im zweiten Kapitel entwickelten wir eine Hypothese über die historische Entstehung des Spiels, nach der sie auf die veränderte Stellung des Kindes in der Gesellschaft zurückzuführen ist. Die Zeit, da die Erziehung zu einer besonderen gesellschaftlichen Funktion geworden war, reicht in ferne Jahrhunderte zurück, und ebenso weit zurück liegt die Zeit, in der man das Spiel als Erziehungsmittel anzuwenden begann. In den verschiedenen pädagogischen Systemen nahm das Spiel einen jeweils anderen Platz ein. Es gibt jedoch kein einziges solches System, in das man nicht auf diese oder jene Weise das Spiel einbezogen hätte. Die besondere Stellung des Spiels in den verschiedenen Erziehungssystemen beruhte offenbar darauf, daß das Spiel irgendwie dem Wesen des Kindes gerecht wird. Wir wissen, es entspricht nicht dem biologischen, sondern dem sozialen Wesen des Kindes, dem beim Kind sehr früh eintretenden Bedürfnis, mit den Erwachsenen zu verkehren, das sich zu dem Wunsch entwickelt, das Leben der Erwachsenen zu teilen.

Die Erziehung des Vorschulkindes ist in den meisten Ländern der Welt, mit Ausnahme der sozialistischen Länder, immer noch eine Angelegenheit allein der Familie, und Inhalt sowie Methoden der Erziehung sind hier der Tradition verhaftet.

Freilich wird in manchen Ländern viel getan, um die Eltern aufzuklären, aber dabei konzentriert man sich vor allem auf Fragen der Ernährung und Hygiene. Mit den Problemen der Familienerziehung im Vorschulalter hat man sich noch nicht genügend auseinandergesetzt. Es wäre auch eine allzu schwere Aufgabe, alle Eltern in Pädagogen zu verwandeln, die in diesen schwerwiegenden Altersperioden bewußt die Entwicklung ihrer Kinder lenken. Die Probleme einer organisierten, zielgerichteten, pädagogisch zweckmäßigen Erziehung der jüngsten Kinder sind auf das engste verbunden mit allen möglichen Problemen ökonomischer und politischer Art. Wenn eine Gesellschaft die Sorge für die Erziehung der Vorschulkinder auf sich nehmen soll, muß sie vor allen Dingen daran interessiert sein, ausnahmslos alle Kinder allseitig zu erziehen. Ein solches Interesse besteht nur in der sozialistischen Gesellschaft.

In der vorherrschend familiären Erziehung gibt es nur zwei Tätigkeitsarten, die den Entwicklungsprozeß des Kindes beeinflussen. Erstens die verschiedenen Arbeiten im Haushalt und zweitens die vielfältigen Spiele. Die Hausarbeit wird in der heutigen Familie immer mehr und mehr reduziert, es bleiben nur einige Formen davon und die Selbstbedienung übrig. In der bürgerlichen Gesellschaft verbannen die herrschenden Klassen und materiell ausreichend gesicherte Klassenschichten die Arbeit völlig aus dem Leben ihrer Kinder. Das Spiel, wie alles, was nicht Arbeit ist, wird, völlig ungeordnet, zur Hauptlebensform des Kindes, zur allumfassenden und einzigen spontanen Form seiner Erziehung. Das im Kreis seiner Familie und in seinen familiären Beziehungen, in den Grenzen seiner Kinderstube lebende Kind widerspiegelt natürlich in seinen Spielen vor allem diese Beziehungen, die Beziehungen der einzelnen Familienmitglieder zum Kind und zueinander. Möglicherweise rührt gerade daher der Eindruck, es bestehe eine besondere Welt des Kindes und des Spiels, dessen Hauptinhalt alle möglichen Kompensationsformen sind, hinter denen sich der Wunsch des Kindes verbirgt, aus diesem engen Kreis auszubrechen und in die Welt der weiten sozialen Beziehungen zu gelangen.

In der UdSSR und in den anderen sozialistischen Ländern verbreitet sich immer mehr das System der gesellschaftlichen Erziehung des Kleinkindes und des Vorschulkindes. Das Erziehungs- und Bildungssystem des Kindergartens schließt die Entwicklung vieler Interessen und vieler Tätigkeitsformen ein. Dazu gehören elementare Formen der Hausarbeit und der Selbstbedienung, die konstruktive Tätigkeit, unter Einbeziehung grundlegender Arbeitsfähigkeiten, verschiedene Formen der produktiven Tätigkeit, wie Zeichnen und Formen, Beschäftigungen, bei denen das Kind verschiedene Erscheinungen in Natur und Gesellschaft kennenlernt, verschiedene Formen der ästhetischen Betätigung – Singen, Rhythmik, Tanzen –, elementare Formen der Lerntätigkeit, die dem Schreiben- und Lesenlernen sowie der Aneignung mathematischer Grundlagen dienen, und schließlich auch das Rollenspiel.

Ein Teil der Pädagogen tendiert noch dazu, dem Spiel in der psychischen Entwicklung eine universelle Bedeutung beizumessen, ihm die verschiedensten Funktionen zuzuschreiben – sowohl reine Bildungsfunktionen als auch erzieherische Funktionen. Deshalb ist es notwendig, etwas exakter zu bestimmen, welchen Einfluß das Spiel auf die Entwicklung des Kindes hat, und seine Stellung im Gesamtsystem der Erziehungsarbeit an Vorschuleinrichtungen zu umreißen. Natürlich gibt es zwischen den vielen Tätigkeitsarten im organisierten System der gesellschaftlichen Erziehung keine Trennwände, sondern sie sind, im Gegenteil, eng miteinander verflochten. Einige dieser Tätigkeiten decken sich wahrscheinlich, was ihren Einfluß auf die psychische Entwicklung anbelangt. Dennoch müssen jene Seiten der psychischen Entwicklung und der Herausbildung der Persönlichkeit des Kindes genauer bestimmt werden, die sich vorwiegend beim Spielen entwickeln und sich in anderen Tätigkeiten entweder nicht entwickeln können oder kaum durch sie beeinflußt werden.

Es ist sehr schwierig zu erforschen, welche Bedeutung das Spiel für die psychische Entwicklung hat. Das reine Experiment ist hier einfach deshalb nicht möglich, weil man die Spieltätigkeit nicht aus dem Leben des Kindes herauslösen kann, um beobachten zu können, wie es sich nun ohne sie entwickelt. Das ist weder unter rein pädagogischem Aspekt noch praktisch durchführbar, weil dort, wo in Vorschuleinrichtungen das Leben der Kinder nicht richtig organisiert ist und ihnen nicht genügend Zeit für das selbständige Rollenspiel bleibt, diese Organisationsmängel durch entsprechendes Spielen zu Hause kompensiert werden.

Die individuellen Spiele zu Hause jedoch haben nur eine begrenzte Bedeutung und können das kollektive Spielen nicht ersetzen. Zu Hause ist meistens die Puppe der einzige Spielpartner, allein mit der Puppe aber kann nur ein relativ enger Kreis von Beziehungen nachgestaltet werden. Etwas ganz anderes stellt das Rollenspiel in einer Gruppe von Kindern dar, wo es unerschöpfliche Möglichkeiten gibt, die verschiedensten Beziehungen und Verbindungen nachzugestalten, wie sie die Menschen im realen Leben eingehen.

Die genannten Gründe erschweren eine experimentelle Untersuchung der Bedeutung des Rollenspiels für die Entwicklung des Kindes. Folglich bleibt nur übrig, sich einerseits der rein theoretischen Analyse zuzuwenden und andererseits das Verhalten der Kinder im Spiel mit ihrem Verhalten bei anderen Tätigkeitsarten zu vergleichen.

Bevor wir uns mit dem Material befassen, das uns die Bedeutung des Spiels für die psychische Entwicklung vor Augen zu führen vermag, wollen wir darauf hinweisen, daß es nicht unser Anliegen war, die rein didaktische Bedeutung des Spiels einer Betrachtung zu unterziehen, also seine Bedeutung für die Aneignung neuer Vorstellungen sowie die Ausbildung neuer Fähigkeiten und Fertigkeiten. Unseres Erachtens ist die rein didaktische Bedeutung des Spiels sehr begrenzt. Man kann das Spiel natürlich für rein didaktische Zwecke verwenden, und das wird auch oft getan, aber dann treten, nach unseren Beobachtungen, seine spezifischen Merkmale in den Hintergrund.

Zum Beispiel kann man ein Verkäufer-Käufer-Spiel organisieren, damit die Kinder Gewichtsmaße kennenlernen. Zu diesem Zweck werden im Spiel reale Gewichte sowie eine Waage verwendet und Material bereitgestellt, das sich wiegen läßt. Dann sind die Kinder der Reihe nach einmal Verkäufer, die übrigen jeweils die Käufer, und so lernen sie bestimmte Gegenstände zu messen beziehungsweise zu wiegen. In solchen Spielen können die Kinder natürlich das Wiegen, Messen, Abzählen und sogar mit Geld zu rechnen lernen. Wie Beobachtungen zeigen, stehen hierbei im Mittelpunkt der Tätigkeit die Handlungen mit Gewichten und mit anderen Maßen, Rechenoperationen und ähnliches mehr. Die zwischenmenschlichen Beziehungen im Prozeß des Kaufens und Verkaufens jedoch treten in den Hintergrund. Hier sieht man selten Aufmerksamkeit der Verkäufer gegenüber den Käufern und Höflichkeit der Käufer gegenüber den Verkäufern. Das aber macht gerade den Inhalt des Rollenspiels aus.

Das soll durchaus nicht heißen, wir wären dagegen, das Spiel auch in dieser Weise zu verwenden. Das sind wir keinesfalls, aber unsere Betrachtungen gelten nicht dieser Art und Weise der Anwendung des Spiels. Das Rollenspiel kann überhaupt nicht als Übung angesehen werden. Wenn das Kind einen Kraftfahrer, einen Arzt, einen Seemann, einen Kapitän, einen Verkäufer spielt, dann erwirbt es dadurch nicht irgendwelche Fertigkeiten. Es lernt dabei weder eine richtige Spritze zu handhaben, noch ein richtiges Auto zu steuern, noch eine Speise zuzubereiten, noch irgend etwas abzuwiegen.

Welche Bedeutung das Rollenspiel für die Entwicklung des Kindes hat, ist noch sehr wenig erforscht. Unsere Ansichten zu diesem Problem sind nur als Skizzen zu betrachten und keinesfalls als endgültige Lösung.

6.1. Das Spiel und die Entwicklung der Motive und Bedürfnisse

Die Hauptbedeutung des Spiels besteht in seinem Einfluß auf die Entwicklung der Motive und Bedürfnisse. L. S. *Wygotski* hatte zweifellos recht, wenn er das Problem Motive und Bedürfnisse an die erste Stelle rückte, wenn er es in den Mittelpunkt stellte, um überhaupt die Entstehung des Rollenspiels zu ergründen. Indem er auf den Widerspruch zwischen den immer neu aufkommenden Wünschen sowie dem Streben, sie zu realisieren, und den dazu mangelnden Möglichkeiten hinwies, hat er das Problem lediglich aufgeworfen, nicht aber gelöst. Das ist verständlich, denn zu der Zeit lag kein Faktenmaterial vor, das zu einer Lösung hätte führen können. Aber auch heute noch läßt sich dieses Problem nur hypothetisch lösen.

A. N. *Leontjew* hat in einer seiner ersten Publikationen, in der er die Theorie des Spiels von *Wygotski* weiterentwickelte, eine hypothetische Lösung dieses Problems angeboten. Nach *Leontjew* geht es im wesentlichen um folgendes: „Die den Kindern bewußt werdende gegenständliche Welt nimmt immer größeren Umfang an. Sie setzt sich nicht mehr ausschließlich aus Dingen der allernächsten Umgebung zusammen, mit denen die Jungen und Mädchen hantieren können, sondern auch aus Gegenständen, die zwar die Erwachsenen, jedoch nicht die Kinder zu handhaben vermögen, da sie ihnen physisch noch unzugänglich sind" (1975, S. 308).

Die Wandlung des Spiels auf der Grenze zwischen Kleinkind- und Vorschulalter beruht also darauf, daß der Kreis der menschlichen Gegenstände immer weiter wird, deren Gebrauch sich das Kind jetzt anzueignen hat und deren Welt dem Kind im Laufe seiner weiteren psychischen Entwicklung immer mehr zu Bewußtsein gelangt.

„Für ein Kind dieses Alters gibt es noch keine abstrakte theoretische Tätigkeit, gibt es noch keine abstrakte Erkenntnis; das Bewußtwerden vollzieht sich bei ihm vor allem in Form der Handlung. Ein Kind, das sich seine Umwelt aneignet, ist bestrebt, in ihr zu handeln.

Nun streben Jungen und Mädchen, die die gegenständliche

410

Welt bewußt erfassen lernen, nicht nur danach, die ihnen unmittelbar zugänglichen Dinge zu handhaben, sondern wollen mit einem viel größeren Bereich von Gegenständen umgehen; das aber heißt, sie möchten wie Erwachsene handeln" (ebenda, S. 309). Mit dem letzten Satz wird das Wesen des Problems umrissen. Unserer Meinung nach jedoch wurde der Mechanismus, der diese neuen Wünsche zutage fördert, von A. N. *Leontjew* nicht ganz exakt dargestellt. Den Widerspruch, der das Rollenspiel entstehen läßt, sieht er in der Konfrontation zwischen dem klassischen „Alleine machen" des Kindes und dem nicht minder klassischen „Das darfst du nicht" des Erwachsenen. Dem Kind genügt es nicht, ein fahrendes Auto zu sehen, es genügt ihm nicht einmal, darin zu sitzen, es muß handeln, das Auto lenken, Herr über das Auto sein.

„Diese Diskrepanz äußert sich in der Tätigkeit des Kindes und damit in ihrer wirklichen inneren Form als Widerspruch zwischen dem sich stürmisch entwickelnden Bedürfnis, mit den Gegenständen zu handeln, und dem niedrigen Entwicklungsniveau der Operationen (Verfahren), mit denen diese Handlungen vollzogen werden. Das Kind will selbst den Wagen lenken, oder es möchte selbst den Kahn rudern. Es vermag jedoch nicht, diese Handlungen zu vollziehen, da es die Operationen ja noch nicht beherrscht und auch nicht beherrschen kann" (ebenda).

Im Lichte der Untersuchungsergebnisse von F. I. *Fradkina* und L. S. *Slawina*, auf die wir uns bereits berufen haben, verläuft dieser Prozeß ein wenig anders. Das Weiterwerden des Kreises von Gegenständen, mit denen das Kind gern handeln möchte, ist an sich etwas Sekundäres. Er wird weiter, indem das Kind, um es bildlich zu sagen, eine neue Welt „entdeckt", die Welt der Erwachsenen, ihre Tätigkeiten, ihre Funktionen, ihre Beziehungen. Diese Welt war für das Kind verdeckt von den gegenständlichen Handlungen, die es sich unter der Anleitung und mit Hilfe der Erwachsenen aneignete, aber ohne die Erwachsenen zu bemerken.

Das Kind ist im Säuglingsalter ganz gefangengenommen von dem Gegenstand und den Handlungsverfahren mit ihm, von seiner funktionellen Bedeutung. Nun hat es sich aber, sei es auch nur sehr elementare, Handlungen angeeignet, und ist imstande, sie selbständig auszuführen. In diesem Augenblick löst sich das Kind vom Erwachsenen und merkt, daß es wie ein Erwachsener handelt. Das Kind hat auch davor praktisch wie ein Erwachsener gehandelt, es aber nicht gemerkt. Es betrachtete den Gegenstand durch den Erwachsenen „wie durch eine Glasscheibe". Darin wird das Kind, wie wir sahen, vom Erwachsenen unterstützt, der es darauf hinweist, daß es wie „irgend jemand" handelt. Der Affekt wird vom Gegenstand auf den Menschen übertragen, der sich bislang hinter dem Gegenstand befand. Dadurch beginnen der Erwachsene und seine Handlungen für das Kind zum Muster zu werden. Objektiv gesehen bedeutet das: Der Erwachsene wird vom Kind vor allem unter dem Gesichtspunkt seiner Funktion gesehen. Das Kind möchte wie der Erwachsene handeln, es ist ganz von diesem Wunsch erfüllt. Und eben dieser sehr allgemeine Wunsch veranlaßt es, anfangs mit Hilfe von Erwachsenen (der Erzieherin, der Eltern), so zu handeln, als wäre es erwachsen. Es handelt sich hier um einen dermaßen starken Affekt, daß nur ein ganz kleiner Anstoß genügt, und das Kind verwandelt sich mit Freuden, natürlich rein emotional, in einen Erwachsenen. Die Stärke dieses Affekts ist eine Erklärung für die Tatsache, daß sich das Kind mit solcher Leichtigkeit in die Rolle eines Erwachsenen versetzt. L. S. *Slawina* konnte das mit ihren Versuchen überzeugend beweisen. Die helfenden Hinweise der Erwachsenen öffnen gleichsam ein Ventil für den spannungsgeladenen Affekt. Deshalb ist nichts gegen sie einzuwenden, sie richten sich auf den Affekt, der das Kind beherrscht und der in dem Wunsch besteht, selbständig, wie die Erwachsenen zu handeln. (Wenn dieser Wunsch ein solches Ventil nicht findet, dann kann er in ganz anderen Formen zum Ausbruch kommen – in Launen, Trotz usw.)

Ein Paradoxon stellt beim Übergang vom gegenständlichen Spiel zum Rollenspiel vor allem die Tatsache dar, daß es zum Zeitpunkt dieses Übergangs in der unmittelbaren Umwelt des Kindes eventuell keinerlei Veränderungen gab. Zum Beispiel ist das Spielzeug – Puppen, Autos, Bauklötzchen, Backformen – unverändert geblieben. Mehr noch, auch an den eigentlichen

Handlungen ändert sich in den ersten Entwicklungsetappen des Rollenspiels nichts Wesentliches. Das Kind wäscht die Puppe, füttert sie, legt sie schlafen. Äußerlich gesehen vollzieht es die gleichen Handlungen mit derselben Puppe. Was aber ist hier vor sich gegangen? Alle diese Gegenstände und die Handlungen mit ihnen gehören nun zu einem neuen System von Beziehungen des Kindes zur Realität, zu einer neuen affektiv-attraktiven Tätigkeit. Dadurch haben sie objektiv einen neuen Sinn erhalten. Indem sich das Kind in eine Mutter verwandelt und die Puppe in ein Kind, wird das Baden, das Füttern, das Essenzubereiten zur Kinderpflege. In diesen Handlungen äußert sich jetzt die Beziehung einer Mutter zu ihrem Kind, äußern sich Liebe und Zärtlichkeit oder auch das Gegenteil – das hängt von den konkreten Lebensbedingungen des Kindes ab, den konkreten Beziehungen in seiner Umgebung.

Auf der Grenze zwischen gegenständlichem Spiel und Rollenspiel weiß das Kind noch nicht um die sozialen Beziehungen zwischen den Erwachsenen, nicht um ihre gesellschaftlichen Funktionen, nicht um die gesellschaftliche Bedeutung ihrer Tätigkeit. Es handelt seinen Wünschen folgend, versetzt sich objektiv in die Stellung des Erwachsenen, dabei orientiert es sich emotional-sachlich in den Beziehungen zwischen den Erwachsenen und den Bedeutungen ihrer Tätigkeit. Hier geht das emotional-sachliche Erleben „dem Verstandesmäßigen" voraus.

Die Spielhandlungen sind verallgemeinert und verkürzt. Das ist ein Zeichen dafür, daß zwischenmenschliche Beziehungen ausgesondert werden und man ihre Bedeutung emotional erlebt. Infolgedessen wird die Funktion des Erwachsenen anfangs rein emotional erfaßt. Er übt in den Augen der Kinder eine für andere Menschen wichtige Tätigkeit aus, und sie haben eine bestimmte Beziehung zu dieser Tätigkeit.

Nicht genügend Beachtung findet noch eine weitere Besonderheit des Rollenspiels. Das Kind, mag es sich emotional auch noch so lebhaft in die Rolle eines Erwachsenen versetzen, fühlt sich dennoch als Kind. Es betrachtet sich durch die Rolle, die es übernommen hat, das heißt mit den Augen des Erwachsenen, vergleicht sich emotional mit dem Erwachsenen und stellt fest, daß es noch nicht erwachsen ist. Dem Kind wird durch das Spiel bewußt, daß es noch nicht erwachsen ist, und hieraus entspringt ein neues Motiv – erwachsen werden und die Funktionen des Erwachsenen ausüben.

L. I. *Boshowitsch* (1951) hat nachgewiesen, daß beim Kind gegen Ende des Vorschulalters neue Motive entstehen. Diese Motive nehmen die konkrete Form des Wunsches an, Schüler zu werden und mit einer ernsthaften, gesellschaftlich bedeutsamen und geschätzten Tätigkeit zu beginnen. Das eben ist des Kindes Weg zum Erwachsensein.

Das Spielen ist ja eine Tätigkeit, die sehr eng verknüpft ist mit der Bedürfnissphäre des Kindes. Im Spiel erfolgt die erste emotional-sachliche Orientierung in den Bedeutungen der menschlichen Tätigkeit, werden die Grenzen der eigenen Stellung im System der Beziehungen zwischen den Erwachsenen bewußt und entsteht das Bedürfnis, erwachsen zu sein. Die Wünsche, die von so manchem Autor als Grundlage der Entstehung des Spiels betrachtet wurden, sind in Wirklichkeit ein Ergebnis der Entwicklung im Vorschulalter, und das Rollenspiel hat dabei eine besondere Bedeutung.

Die Bedeutung des Spiels besteht nicht nur darin, daß beim Kind ihrem Inhalt nach neue Tätigkeitsmotive und in Verbindung damit neue Aufgaben entstehen. Im Spiel entsteht außerdem, was sehr wesentlich ist, eine neue psychologische Form der Motive. Hypothetisch kann behauptet werden, daß gerade im Spiel aus vorbewußten, affektiv gefärbten, unmittelbare Wünsche darstellenden Motiven sich Motive entwickeln, die die Form verallgemeinerter Absichten annehmen und sich auf der Grenze zur Bewußtheit befinden.

Natürlich beeinflussen auch andere Tätigkeitsarten die Entstehung dieser neuen Bedürfnisse, aber in keiner davon vermag das Kind derart emotional in das Leben der Erwachsenen vorzudringen, derart aktiv die gesellschaftlichen Funktionen und die Bedeutung der menschlichen Tätigkeit auszusondern, wie im Spiel.

Darin besteht die erstrangige, entscheidende Bedeutung des Rollenspiels für die Entwicklung des Kindes.

6.2. Das Spiel und die Überwindung des „intellektuellen Egozentrismus"

Piaget führte viele experimentelle Untersuchungen zur Erforschung des kindlichen Denkens durch und gelangte in ihrem Ergebnis zu dem Schluß, Hauptmerkmal des Denkens eines Vorschulkindes sei der „intellektuelle Egozentrismus"; von ihm würden alle übrigen Merkmale geprägt. Unter dieser Besonderheit versteht *Piaget* die Tatsache, daß das Kind seine eigene Auffassung nicht genügend von anderen möglichen abzugrenzen vermag und sie infolgedessen praktisch alles beherrscht. Dem Problem des „intellektuellen Egozentrismus" und den Möglichkeiten, ihn zu überwinden, das Denken auf eine höhere Entwicklungsstufe zu bringen, sind ziemlich viele verschiedene Untersuchungen gewidmet.

Der Übergang von dem für Kinder des Vorschulalters charakteristischen Denkniveau zu höheren Denkformen ist ein sehr komplizierter Prozeß. Unseres Erachtens deutet die Aussonderung des Erwachsenen als Handlungsmuster, zu der es auf der Grenze zwischen Kleinkind- und Vorschulalter kommt, bereits auf einen solchen Übergang. Das Rollenspiel führt zu einer Veränderung der Position des Kindes: Von seiner individuellen und spezifisch kindlichen Position begibt es sich auf die neue Position des Erwachsenen. Wenn sich das Kind in eine Rolle hineinversetzt und die damit einhergehende Bedeutungsänderung der zum Spiel gehörenden Gegenstände akzeptiert, so ist allein das schon ein ununterbrochenes Überwechseln von einer Position in die andere.

Wir sind von der Annahme ausgegangen, im Spiel gehen jene Prozesse vor sich, in denen das Kind den „intellektuellen Egozentrismus" überwindet. Experimentell überprüft wurde diese Hypothese von W. A. *Nedospassowa* (1972). Sie führte eine spezielle Untersuchung durch, die eine Art experimentelle Ausbildung der „Dezentrierung" beim Kinde darstellte.

In einer seiner frühen Arbeiten schreibt *Piaget* (1972), der Egozentrismus zeige sich eindeutig, wenn die Kinder die Aufgabe von *Binet* „Die drei Brüder" zu lösen haben. Das Wesentliche ist hierbei die Tatsache, daß das Kind zwar die Frage zu beantworten vermag, wieviel Brüder es hat, aber nicht sagen kann, wieviel Brüder seine Brüder haben. Es kann sich also nicht in die Lage eines seiner Brüder versetzen. Wird zum Beispiel ein Kind, das einen Bruder hat, gefragt: „Wieviel Brüder hast du?", dann antwortet es richtig: „Ich habe einen Bruder, Kolja." Auf die Frage aber: „Wieviel Brüder hat Kolja?" antwortet es: „Kolja hat keine Brüder."

In der Folge wurde dieses Hauptsymptom des Egozentrismus, nach dem das Denken des Kindes von seiner unmittelbaren Position beherrscht wird, nach dem das Kind sich nicht in die Position eines anderen zu versetzen und die Existenz anderer Gesichtspunkte anzuerkennen vermag, von Piaget und seinen Mitarbeitern beim Lösen der verschiedensten Aufgaben festgestellt. Inhalt der Versuchsaufgaben waren räumliche Beziehungen zwischen verschiedenen Seiten mancher Erscheinungen.

In den Vorbereitungsexperimenten von W. A. *Nedospassowa* wurde die Aufgabe von den drei Brüdern bezogen auf eine fremde Familie oder eine bedingte Familie gestellt. Dabei trat die egozentrische Position entweder überhaupt nicht oder nur minimal in Erscheinung. Folglich wurde die Hypothese entwickelt: Schafft man beim Kind eine Beziehung zu seiner Familie, als wäre sie eine „fremde" Familie, das heißt, bildet man bei ihm eine neue Position aus, so lassen sich alle Symptome des Egozentrismus beseitigen.

Das Experiment wurde nach dem klassischen Schema der experimentell-genetischen Ausbildung durchgeführt. Man wählte fünf-, sechs- und siebenjährige Kinder aus, die beim Lösen der Aufgabe mit den drei Brüdern und mehrerer anderer Aufgaben, wie sie *Piaget* und seine Mitarbeiter den Kindern gestellt hatten, sowie von Aufgaben, die *Nedospassowa* selbst entwickelt hat, deutlich einen „intellektuellen Egozentrismus" erkennen ließen. Bei diesen Kindern bildete man nun eine neue Position aus, die wir als bedingt-dynamische bezeichneten.

Zunächst wurden den Kindern die Beziehungen innerhalb einer Familie klargemacht. Zu diesem Zweck bezeichnete man drei Puppen als Brüder und zwei Puppen als deren Eltern. Sie bildeten das Anschauungsmaterial in dem Gespräch, in dem das Kind über die Beziehungen zwischen Eltern, Söhnen und

Brüdern unterrichtet wurde. Nachdem sich die Kinder relativ leicht in den verwandtschaftlichen Beziehungen dieser Puppenfamilie zu orientieren vermochten, sind die Eltern „weggegangen". Zurück blieben nur die Brüder beziehungsweise die Schwestern, und es begann der Ausbildungsprozeß. Er hatte zwei Phasen. In der ersten Phase des Experiments identifizierte sich das Kind, unterstützt von der Versuchsleiterin, mit einem der Brüder (einer der Schwestern), nannte sich beim Namen der Puppe, versetzte sich in ihre Rolle, in die Rolle eines Bruders beziehungsweise einer Schwester, und urteilte von dieser neuen Position aus.

Wenn das Kind zum Beispiel Kolja war, mußte es sagen, wer in dieser Situation seine Brüder sind, indem es auf die anderen Puppen zeigte und ihre Namen nannte, und dann mußte es den eigenen Namen nennen, das heißt die eigene Position feststellen. Das Kind identifizierte sich der Reihe nach mit allen Puppen und stellte in jeder neu entstandenen Situation fest, wer nun seine Brüder sind und wer es jeweils selbst ist.

Dieses gesamte Experiment wurde mit Puppen durchgeführt. Das Kind hatte jeweils eine Situation vor Augen und äußerte zu jeder Situation seine Meinung. Im nächsten Experiment erhielten die Brüder bedingte graphische Bezeichnungen. Sie wurden durch verschiedenfarbige Kreise dargestellt, und wenn das Kind die Rolle irgendeines der Brüder übernommen hatte, dann zog es in dessen Farbe eine Linie um die Brüder und nannte deren Namen. Auf diese Weise nahm das Kind, auf rein bedingter Ebene, nacheinander die Positionen der Brüder ein. Und schließlich wurden die gleichen Handlungen auf rein verbaler Ebene durchgeführt. Man schritt von Handlungen mit Puppen zu Handlungen mit bedingten Zeichen und von diesen zu Handlungen auf rein verbaler Ebene erst, wenn das Kind die Handlungen in der jeweils geforderten Art recht gut beherrschte.

Die nach dieser Ausbildungsphase durchgeführten Kontrollversuche ergaben, daß der „intellektuelle Egozentrismus" nicht endgültig überwunden war. Nur einige Kinder erreichten beim Lösen der Kontrollaufgaben ein etwas höheres Niveau. Wir analysierten die Ergebnisse des Kontrollversuchs und ermittelten ein Phänomen, dem wir die Bezeichnung „kontinuierliche Zentrierung" gaben. Obwohl sich das Kind jedesmal auf eine neue Position begibt, eine neue Rolle übernimmt, von der aus es die Situation betrachtet, fährt es dennoch fort, nur für sich ersichtliche, wenn auch jedesmal neue, Beziehungen auszusondern. Diese Positionen sind aber nicht miteinander verbunden, kreuzen einander nicht, sind nicht koordiniert. Das Kind ist mit der Situation verbunden, die es in jedem einzelnen Fall einnimmt, es zieht nicht in Betracht, daß es auch noch die Standpunkte anderer Personen und andere Aspekte des zu betrachtenden Gegenstandes beziehungsweise der Situation gibt. Das Kind bemerkt es nicht, daß es, indem es eine andere Position eingenommen hat, selbst in den Augen der anderen Beteiligten (in unserem Experiment der Puppen) ein anderer geworden ist, das heißt auf andere Weise wahrgenommen wird. Stellt das Kind Kolja dar, dann sieht es, daß es zum Bruder von Andrej und Witja wurde, aber es sieht noch nicht, daß es als Andrej der Bruder anderer Personen ist, das heißt, daß nicht nur er neue Brüder hat, sondern auch er selbst der Bruder anderer Personen geworden ist.

Nachdem W. A. *Nedospassowa* festgestellt hatte, daß es bei den Kindern die „kontinuierliche Zentrierung" gibt, begann sie mit der zweiten Phase des Experiments. Es wurden wieder die gleichen Situationen geschaffen. Das Kind hatte drei Puppen vor sich. Es identifizierte sich mit einer davon, mußte jetzt aber nicht seine Brüder nennen, sondern die Brüder einer der beiden Puppen, mit denen es sich nicht identifiziert hatte. Beispiel: Vor dem Kind sitzen auf dem Tisch drei Puppen – Sascha, Kostja und Wanja. Man sagt zum Kind: „Du bist Wanja. Du brauchst mir aber nicht zu sagen, welches deine Brüder sind, denn das weiß ich. Ich möchte, daß du mir die Brüder von Sascha und von Kostja nennst. Dann sagst du mir, wessen Bruder du bist und wessen Bruder Wassja ist, und dann, wessen Bruder du bist und wessen Bruder Kostja ist." Die Ausbildung erfolgte an Puppen, dann auf graphischer und schließlich auf rein verbaler Ebene. Als beendet galt die Ausbildung, wenn das Kind ohne jegliche Unterstützung, das heißt auf rein verbaler Ebene Überlegungen anstellte, wobei es zwar eine bedingte Position einnahm, dabei aber dennoch vom Standpunkt einer anderen Person urteilte.

Wir führen ein Beispiel an – das Experiment mit Walja (5;3).

Vl.: In unserer Aufgabe gibt es drei Schwestern. Wir nennen die eine Sina, die andere Nadja und die dritte Anja. Wenn du Sina bist, wer sind dann die Schwestern von Anja? Walja: Die Schwestern von Anja sind dann ich und Nadja. Vl.: Und wer sind dann die Schwestern von Nadja? Walja: Wenn ich Sina bin, dann sind ich und Anja Nadjas Schwestern.

Vl.: Und wenn du Nadja bist? Walja: Dann sind ich, Nadja, und Sina Anjas Schwestern. Und Sinas Schwestern sind ich und Anja.

Nachdem die Ausbildung auf rein verbaler Ebene abgeschlossen war, wurden allen Kindern Kontrollaufgaben gestellt. Zu ihnen gehörten die Aufgabe mit den drei Brüdern sowie die Aufgaben „drei Berge" und „Ketten" (beide von den Mitarbeitern *Piagets* angewandt), des weiteren die Aufgabe, in der rechts und links bestimmt werden muß, sowie einige Aufgaben, die sich W. A. *Nedospassowa* ausgedacht hat und in denen das Phänomen „Zentrierung" sehr deutlich zutage trat. In allen Altersgruppen wurden diese Aufgaben von 80 bis 100 Prozent der Kinder ohne jegliche Hilfe seitens der Versuchsleiter gelöst und mit geringfügiger Hilfe von allen. Unter den Bedingungen dieses experimentellen Spiels ist es also gelungen, die Erscheinung „intellektueller Egozentrismus" zu überwinden.

In der Realität ist das natürlich alles viel komplizierter. Die experimentell-genetische Untersuchung ist lediglich ein Modell der wirklichen Prozesse. Wie läßt sich nun die Annahme begründen, das geschilderte Experiment sei ein Modell der Prozesse, die speziell im Rollenspiel vor sich gehen, und daß gerade das Rollenspiel jene Tätigkeit ist, in der sich der Mechanismus der „Dezentrierung" bildet?

Vor allem müssen wir darauf hinweisen, daß dieses Experiment nicht ein Modell jeglichen Rollenspiels ist, sondern nur jenes, in dem es mindestens einen Partner gibt, das heißt eines Kollektivspiels. In solch einem Spiel ist das Kind, wenn es eine bestimmte Rolle übernommen hat und von dieser neuen Position aus handelt, gezwungen, auch die Rolle seines Partners im Auge zu behalten.

Das Kind wendet sich jetzt an seinen Spielkameraden nicht in der sonst üblichen Weise, zum Beispiel wie Kolja an Wanja, sondern entsprechend jener neuen, durch die übernommene Rolle festgelegten Position. Es kann sogar sein, daß zwischen den Kindern sonst Gegnerschaft herrscht, sind sie jedoch Spielpartner, so werden die Beziehungen der Gegnerschaft abgelöst von Beziehungen der Fürsorge und der Zusammenarbeit. Jeder Partner handelt jetzt, was ihre Beziehungen zueinander anbelangt, von einer neuen Position aus. Jeder muß die eigenen Handlungen mit der Rolle des Partners koordinieren.

Außerdem müssen alle Gegenstände, die man in das Spiel einbezogen hat und die unter dem Gesichtspunkt der entsprechenden Rolle bestimmte Bedeutungen erhielten, von allen Spielteilnehmern in eben diesen Bedeutungen wahrgenommen werden, auch wenn sie nicht selbst mit den Gegenständen handeln. Zum Beispiel bedarf es in dem oft genug zitierten „Doktor"-Spiel unbedingt zweier Spielpartner – Doktor und Patient. Der Doktor muß seine Handlungen mit denen des Patienten koordinieren und umgekehrt. Das betrifft auch die Gegenstände. Stellen wir uns vor, der Doktor hält in der Hand ein Stöckchen, das eine Spritze darstellen soll. Es ist für ihn deshalb eine Spritze, weil er mit ihm in bestimmter Weise handelt. Für den Patienten aber ist das Stöckchen ein Stöckchen. Es kann für ihn erst dann zu einer Spritze werden, wenn er sich den Gesichtspunkt des Doktors zu eigen macht, ohne gleichzeitig dessen Rolle zu übernehmen.

Das Spiel ist nicht nur eine reale Praxis des Überwechselns von einer Position in eine andere beim Übernehmen einer Rolle, sondern auch eine Praxis der Beziehungen zum Spielpartner unter dem Gesichtspunkt seiner Rolle, es ist nicht nur eine reale Praxis im Handeln mit Gegenständen entsprechend ihren neuen Bedeutungen, sondern auch ein praktisches Koordinieren der Standpunkte im Hinblick auf die Bedeutung dieser Gegenstände, ohne mit ihnen unmittelbar zu manipulieren. Das eben ist der fortlaufende Prozeß der „Dezentrierung". Das Spiel wird zu einer kooperativen Tätigkeit der Kinder. *Piaget* hat bereits vor vielen Jahren auf die Bedeutung der Kooperation für die Entwicklung operatorischer Strukturen hingewiesen. Aber er ließ erstens die Tatsache unbeachtet, daß die Kooperation des Kindes mit den Erwachsenen schon sehr früh einsetzt, und vertrat zweitens die Ansicht, zu einer echten Kooperation komme es erst gegen Ende des Vorschulalters, wenn die Regelspiele entstehen, bei denen nach *Piaget* die zugelassenen Bedingungen allgemein anerkannt werden müssen. In Wirklichkeit entsteht solch eine spezifische Kooperation zusammen mit dem Rollenspiel und ist eine unerläßliche Bedingung dieses Spiels.

Wir haben bereits darauf hingewiesen, daß sich *Piaget* für das Spiel nur im Zusammenhang mit der Entstehung der Symbolfunktion interessierte. Ihn beschäftigte das individuelle Symbol, mit dessen Hilfe das Kind seiner Meinung nach die ihm fremde Welt an das eigene egozentrische Denken assimiliert. Und wirklich, in einem individuellen Spiel, in dem das Kind bestenfalls die Puppe zum Spielpartner hat, braucht es weder die Position unbedingt zu wechseln noch den eigenen Standpunkt mit den Standpunkten anderer Spielteilnehmer zu koordinieren. Möglich, daß das Spiel unter diesen Umständen nicht die Funktion der „moralischen und intellektuellen Dezentrierung" erfüllt, sondern im Gegenteil, den persönlichen Standpunkt des Kindes zu den Gegenständen und Erscheinungen als einzigen, seine egozentrische Position noch fixiert. Solch ein Spiel kann das Kind tatsächlich von der realen Welt entfernen, es in die abgekapselte Welt seiner individuellen, durch die engsten familiären Beziehungen begrenzten Wünsche führen.

In den experimentellen Untersuchungen von W. A. *Nedospassowa* stellte sich uns das Spiel als eine Tätigkeit dar, in der sowohl eine intellektuelle als auch eine emotionale „Dezentrierung" erfolgt. Darin sehen wir die höchste Bedeutung des Spiels für die intellektuelle Entwicklung. Es geht nicht nur darum, daß sich im Spiel einzelne geistige Operationen entwickeln oder neu entstehen, sondern darum, daß sich dabei die Position des Kindes, seine Beziehung zur Umwelt von Grund auf verändert und sich der Mechanismus entwickelt, der es möglich macht, die Position zu wechseln und den eigenen Standpunkt mit anderen Standpunkten zu koordinieren. Gerade diese Veränderung legt den Weg frei, auf dem das Denken ein neues Niveau erreicht und sich neue geistige Operationen bilden.

6.3. Das Spiel und die Entwicklung geistiger Handlungen

In der sowjetischen Psychologie sind groß angelegte Untersuchungen zur Ausbildung geistiger Handlungen und zur Begriffsbildung durchgeführt worden. Besondere Verdienste um die Arbeit an diesem Problem haben sich P. J. *Galperin* und seine Mitarbeiter erworben. *Galperin* (1959) hat im Ergebnis zahlloser Experimente, die den Charakter experimentell-genetischer Ausbildung von geistigen Handlungen und Begriffen trugen, einige Hauptetappen der Ausbildung jeder neuen geistigen Handlung und jedes Begriffs umrissen. Sieht man von der Etappe der vorausgehenden Orientierung in der Aufgabe ab, dann durchläuft die Ausbildung geistiger Handlungen und entsprechender Begriffe mit vorgegebenen Eigenschaften gesetzmäßig folgende Etappen: Etappe der Handlungsausbildung an materiellen Gegenständen oder materiellen Modellen davon; Etappe der Ausbildung derselben Handlung auf der Ebene lauten Sprechens; und schließlich, Etappe der Ausbildung der eigentlichen geistigen Handlung (in manchen Fällen sind auch Zwischenetappen zu beobachten, zum Beispiel die Ausbildung der Handlung auf der Ebene der entfalteten Sprache, aber „für sich" gesprochen). Diese Etappen kann man als Etappen der funktionellen Entwicklung der geistigen Handlungen bezeichnen.

Ein bis heute ungelöstes, aber außerordentlich wichtiges Problem ist das der Wechselbeziehungen zwischen der funktionellen und der ontogenetischen, der altersmäßigen Entwicklung. Die ontogenetische Entwicklung ist ohne die funktionelle Entwicklung unvorstellbar, wenn man hinter unserem Grundsatz steht, daß die psychische Entwicklung des Kindes nicht anders vor sich gehen kann als durch Aneignung der verallgemeinerten Erfahrung früherer Generationen, die fixiert ist in den Handlungsverfahren mit den Gegenständen, in der Kultur und der

Wissenschaft, obwohl Entwicklung nicht gleich Aneignung ist.

Die funktionelle Entwicklung jeder neuen geistigen Handlung kann man sich, freilich nur rein hypothetisch, als geraffte Wiederholung aller Etappen der ontogenetischen Entwicklung des Denkens vorstellen und gleichzeitig als Bildung der Zone seiner nächsten Entwicklung. Akzeptiert man die von der sowjetischen Psychologie ermittelten Entwicklungsetappen des Denkens (praktisches, an die Handlung gebundenes Denken, anschaulich-bildhaftes Denken, und verbal-logisches Denken) und vergleicht man sie mit den Etappen der funktionellen Entwicklung, dann erscheint diese Hypothese ziemlich begründet.

Beim Beobachten eines spielenden Kindes ist leicht festzustellen, daß es bereits mit den Bedeutungen der Gegenstände handelt, sich dabei aber noch auf materielle Vertreter dieser Gegenstände, auf Spielsachen stützt. Im Spiel entwickeln sich die Handlungen weiter und das Kind bedarf immer weniger der Stütze in Form von Ersatzgegenständen und Handlungen mit ihnen. Während in den ersten Entwicklungsetappen ein Ersatzgegenstand gebraucht wird und mit ihm ziemlich entfaltete Handlungen ausgeführt werden (nach P. J. *Galperin* Etappe der materiellen Handlung), tritt der Gegenstand in den späteren Entwicklungsetappen des Spiels über das Benennungswort bereits als Zeichen eines Gegenstands auf und die Handlungen als verkürzte und verallgemeinerte, von Worten begleitete Gesten. Die Spielhandlungen haben also Übergangscharakter und nehmen allmählich den Charakter geistiger Handlungen mit den Bedeutungen der Gegenstände an. Sie werden auf der Ebene des lauten Sprechens vollzogen und stützen sich noch ein wenig auf die äußere Handlung, gewinnen aber bereits den Charakter einer verallgemeinerten Hinweisgeste. Interessant ist, daß auch die Worte, die das Kind im Spielverlauf spricht, bereits verallgemeinerten Charakter tragen. Wenn sich das Kind zum Beispiel zum Mittagessen bereitmacht, tritt es zur Wand, führt einige wenige Handbewegungen aus und sagt: „Gewaschen." Dann folgen ein paar Bewegungen des Essens. Das Kind führt einigemal ein Stöckchen zum Mund und erklärt: „So, nun habe ich gegessen." Dieser Entwicklungsweg zu Handlungen im Kopf, mit von den Gegenständen losgelösten Bedeutungen ist gleichzeitig eine Voraussetzung für die Entstehung der Phantasie.

Im Lichte der geschilderten Vorstellungen ist das Spiel eine Tätigkeit, in der Voraussetzungen dafür entstehen, daß die geistigen Handlungen eine neue, höhere Stufe erreichen, zu geistigen Handlungen werden, die sich auf die Sprache stützen. Die funktionelle Entwicklung der Spielhandlungen verschmilzt mit der ontogenetischen Entwicklung und läßt die Zone der nächsten Entwicklung der geistigen Handlungen entstehen. Möglicherweise ist dieses Modell der Wechselbeziehung zwischen funktioneller und ontogenetischer Entwicklung, das sich am Spiel so augenfällig beobachten läßt, ein allgemeines Modell der Wechselbeziehung zwischen funktioneller und ontogenetischer Entwicklung. Das aber wäre ein Gegenstand spezieller Untersuchungen.

Sehr interessant sind im Hinblick auf die Frage nach der Rolle des Spiels in der geistigen Entwicklung des Kindes die Anschauungen von J. *Bruner*. In dem bereits erwähnten Artikel (1972) mißt er den manipulativen Spielen der Primaten eine große Bedeutung für die Entwicklung der Verstandestätigkeit dieser Tiere bei und meint sogar, solche Spiele bergen Voraussetzungen für die spätere Verwendung von Werkzeug. Unsere Ansicht über manipulative Spiele dieser Art haben wir bereits bei der Analyse der Auffassungen *Buytendijks* dargelegt. In einer späteren Arbeit (1975) hat *Bruner* experimentell nachgewiesen, welch große Bedeutung vorausgehende Manipulationen mit Material (Elementen von Werkzeugen) für die nachfolgende Lösung intellektueller Aufgaben haben. Vorschulkindern wurde eine gewöhnliche, die praktische Intelligenz ansprechende Aufgabe, in der Art der Aufgaben *Köhlers*, gestellt. Eine Gruppe von Kindern beobachtete, bevor sie die Aufgabe löste, wie ein Erwachsener Stöckchen durch Klammern miteinander verband. Eine andere Gruppe übte sich darin, selbständig an einem Stöckchen eine Klammer zu befestigen. Die dritte Gruppe beobachtete, wie Erwachsene die Aufgabe insgesamt lösten. Die vierte Gruppe durfte mit dem Material spielen, frei mit ihm manipulieren, ohne von der Aufgabe zu wissen. Die fünfte Gruppe bekam das Material überhaupt nicht zu Gesicht, bevor die Aufgabe gestellt wurde. Es stellte sich heraus, daß die Spielgruppe (die vierte) die Aufgabe ebenso gut löste wie jene, in der die Kinder beobachten konnten, wie die Aufgabe von den Erwachsenen gelöst wurde, und bedeutend besser als alle übrigen Gruppen.

Im Ergebnis dieser sehr interessanten Versuche betrachtet *Bruner* das Spiel als sehr wichtig für die intellektuelle Entwicklung, denn im Spielverlauf können sich Kombinationen des Materials und eine Orientierung an seinen Eigenschaften entwickeln, und das führt dazu, daß das Material dann als Werkzeug zum Lösen der Aufgabe benutzt wird.

Unseres Erachtens handelt es sich bei diesen Experimenten nicht um Spiel, sondern eher um ein freies, zwangloses Lösen einer bestimmten Aufgabe, um ein Experimentieren mit dem Material, um eine Art freier konstruktiver Tätigkeit.

Bei dieser Tätigkeit nun erfolgt eine vollständigere Orientierung in den Eigenschaften des Materials, weil in ihr dieses Material nicht für das Lösen einer konkreten Aufgabe angewandt werden muß. In den Versuchen *Bruners* war es kein Spiel, sondern eine spezifische Tätigkeit, die in der Ethologie als Explorationsverhalten bezeichnet wird.

Im Spiel dagegen entwickeln sich unseres Erachtens allgemeinere Mechanismen der geistigen Tätigkeit.

6.4. Das Spiel und die Entwicklung des willkürlichen Verhaltens

Wir haben im Verlaufe unserer Untersuchungen des Spiels festgestellt, daß jedes Rollenspiel eine Regel in sich birgt und daß die Entwicklung des Rollenspiels vom Spiel mit entfalteter Spielsituation und verborgenen Regeln zum Spiel mit offenen Regeln und den dahinter verborgenen Rollen verläuft. Das sollten die oben angeführten, in den Untersuchungen ermittelten Fakten belegen. Voll und ganz bestätigt hat sich die Äußerung *Wygotskis*, daß das Kind im Spiel weint wie ein Patient, sich dabei aber freut wie ein Spielender und daß es beim Spielen fortwährend irgendeinen unmittelbaren Wunsch unterdrückt, um der übernommenen Rolle gerecht zu werden.

Alle diese Tatsachen sagen ziemlich überzeugend aus:

Im Spiel geht eine wesentliche Umstrukturierung des kindlichen Verhaltens vor sich – es wird willkürlich. Mit willkürlichem Verhalten meinen wir ein Verhalten, das dem Muster gerecht wird (unabhängig davon, ob es in Form der Handlung eines anderen Menschen vorliegt oder in Form einer bereits ausgesonderten Regel) und das durch Vergleichen mit diesem Muster kontrolliert wird.

A. W. *Saporoshez* hat als erster die Aufmerksamkeit darauf gelenkt, daß die Bewegungen des Kindes beim Spielen ganz anders sind als beim Ausführen einer direkt gestellten Aufgabe. Er stellte folgendes fest: Im Entwicklungsverlauf ändern sich Struktur und Organisation der Bewegungen. Sie lassen deutlich eine Vorbereitungsphase und eine Ausführungsphase erkennen. „Höhere Formen der Bewegungsstruktur entstehen in frühen genetischen Stadien nur beim Lösen von Aufgaben, die dadurch, daß sie äußerlich gestaltet und anschaulich sind und dem Kind eindeutig die an es gerichteten Forderungen vor Augen führen, sein Verhalten in bestimmter Weise organisieren. In der weiteren Entwicklung dann erlangen diese etwas höheren Organisationsformen der Bewegungen, die bisher jedesmal günstigerer Bedingungen bedurften, eine gewisse Beständigkeit, werden gleichsam zu der üblichen Art und Weise des motorischen Verhaltens des Kindes und treten bereits bei den verschiedensten Aufgaben in Erscheinung, selbst dann, wenn die äußeren Umstände, die sie begünstigt haben, nicht vorliegen" (1948, S. 139).

Saporoshez führt die wichtigen Untersuchungsergebnisse von T. O. *Ginewskaja* an. Sie hat untersucht, welche Bedeutung das Spiel speziell für die Organisation der Bewegungen hat. Dabei stellte es sich heraus, daß sowohl die Effektivität einer Bewegung als auch ihre Organisation wesentlich davon abhängen, welchen Rang die Bewegung beim Ausführen der Rolle einnimmt, die das Kind übernommen hat. Zum Beispiel in dem dramatisierten Spiel „Sportler" wurde nicht nur die relative Effektivität eines Sprungs größer, sondern es änderte sich auch der Charakter der Bewegung – in ihr waren die Vorbereitungsphase beziehungsweise eine spezifische Startphase viel deutlicher ausgeprägt. „Das motorische Verhalten unterschied sich qualitativ in den zwei Versuchsserien vor allem darin", schreibt *Saporoshez,* „daß die Kinder in der Situation des dramatisierten Spiels zu einer komplizierteren Organisation der Bewegung übergingen, in der deutlich eine Vorbereitungs- und eine Ausführungsphase erkennbar waren. Die Bewegung führte hier zu höheren Ergebnissen als in dem Spiel ,Hasen und Jäger'" (ebenda, S. 161).

Am Schluß seiner Untersuchung schreibt *Saporoshez*: „Das Spiel ist die erste für das Kind faßliche Tätigkeit, die eine bewußte Reproduktion und Vervollkommnung neuer Bewegungen voraussetzt.

Unter diesem Gesichtspunkt ist die motorische Entwicklung des Vorschulkindes im Spiel ein echter Prolog der bewußten Körperübungen des Schülers" (ebenda, S. 166).

Spezielle experimentelle Untersuchungen zur Erforschung des willkürlichen Verhaltens führte S. W. *Manuilenko* (1948) durch. Sein Untersuchungsgegenstand war die Fähigkeit des Vorschulkindes, unter Willenseinsatz unbeweglich zu verharren. Als Kriterium galt die Zeit, die das Kind aushielt, ohne sich zu bewegen. Zwei dieser Versuchsserien sind für uns von besonderem Interesse. Hier mußten Kinder in einem Kollektivspiel ihrer Rolle als Wachposten gemäß in Anwesenheit der ganzen Gruppe längere Zeit unbeweglich stehen. Die Ergebnisse zeigen sehr anschaulich: In allen Altersgruppen bleiben die Kinder länger unbeweglich stehen, wenn sie eine Rolle ausführen als wenn ihnen direkt die Aufgabe gestellt wurde, still und ruhig dazustehen. Besonders deutlich ist der Unterschied bei vier- bis sechsjährigen Kindern, gegen Ende des Vorschulalters wird er etwas geringer.

Was geschieht hier? Worin besteht der psychologische Mechanismus dieser merkwürdigen Magie der Rolle? Von großer Bedeutung ist zweifellos die Motivation der Tätigkeit. Eine Rolle zu spielen ist emotional attraktiv und stimuliert die Ausführung von rollengemäßen Handlungen. Allein die Motive reichen jedoch nicht aus, um das fragliche Phänomen zu erklären. Es gilt zu jenem psychologischen Mechanismus vorzudringen, durch den die Motive diese Wirksamkeit erreichen. Eine Hilfe sind hierbei die Ergänzungsexperimente von S. W. *Manuilenko*. In diesen Versuchsserien mußte der Wachposten seiner Aufgabe einige Male in Anwesenheit der ganzen mitspielenden Gruppe nachkommen und andere Male außerhalb des Spielzimmers, allein. In Anwesenheit der Gruppe verharrte das Kind länger unbeweglich, als wenn es allein war. Wurde die Rolle in Anwesenheit der Gruppe ausgeführt, so machten die anderen Kinder das Kind zuweilen darauf aufmerksam, wie es sich zu verhalten habe. Die Anwesenheit der Kinder verstärkte gleichsam die Eigenkontrolle des Ausführenden.

Es gibt Grund zu der Annahme, das in der Rolle gegebene Verhaltensmuster wird zu einer Art Schablone, mit der das Kind sein Verhalten vergleicht, um es auf diese Weise zu kontrollieren. Man könnte sagen, das Kind übt im Spiel zwei Funktionen aus: Es spielt erstens seine Rolle und zweitens kontrolliert es sein Verhalten. Das willkürliche Verhalten ist nicht nur dadurch gekennzeichnet, daß ein Muster vorliegt, sondern auch dadurch, daß die Handlung nach diesem Muster kontrolliert wird. Wie die Analyse ergibt, ist das Rollenverhalten im Spiel auf komplizierte Art organisiert. Es gibt hier das Muster, das einerseits das Verhalten lenkt und andererseits gewissermaßen als Schablone der Kontrolle dient; es gibt hier die Ausführung der durch das Muster bestimmten Handlungen, und es gibt hier das Vergleichen mit dem Muster, das heißt die Kontrolle. In der Rollenausführung liegt also eine spezifische Zweiteilung vor, eine Art „Reflexion". Natürlich handelt es sich hierbei noch nicht um eine bewußte Selbstkontrolle. Das gesamte Spiel befindet sich in der Gewalt einer attraktiven Idee und ist gefärbt von einer affektiven Beziehung, aber es enthält bereits alle Komponenten des willkürlichen Verhaltens. Die Kontrollfunktion ist noch sehr schwach entwickelt und muß oft durch die Situation sowie durch die Spielteilnehmer unterstützt werden. Darin liegt die Schwäche dieser entstehenden Funktion. Aber die Bedeutung des Spiels besteht darin, daß diese Funktion hier zu wirken beginnt. Deshalb kann man das Spiel als Schule des willkürlichen Verhaltens bezeichnen.

Weil den Inhalt der Rollen, wie wir bereits festgestellt haben, vor allem die Normen der zwischenmenschlichen Beziehungen ausmachen – das heißt, ihr Hauptinhalt sind die bei den Erwachsenen geltenden Verhaltensnormen – betritt das Kind im Spiel gleichsam die entwickelte Welt der höheren Formen der menschlichen Tätigkeit, die entwickelte Welt, in der die Regeln der zwischenmenschlichen Beziehungen herrschen. Die Normen, die den zwischenmenschlichen Beziehungen zugrunde liegen, werden durch das Spiel zur Quelle der moralischen Entwicklung des Kindes. Unter diesem Aspekt kann die Bedeutung des Spiels nicht hoch genug geschätzt werden. Das Spiel ist eine Schule der Moral, aber nicht der Moral in der Vorstellung, sondern der Moral im Handeln.

Von Bedeutung ist das Spiel auch für die Entwicklung eines freundschaftlichen Kinderkollektivs, für die Entwicklung der Selbständigkeit, einer positiven Beziehung zur Arbeit, für Verhaltenskorrekturen bei einzelnen Kindern und für manches andere noch. All diese erzieherischen Potenzen des Spiels rühren von dem Einfluß her, den es auf die psychische Entwicklung des Kindes, auf die Formung seiner Persönlichkeit ausübt.

Es handelt sich um die wesentlichsten Seiten der psychischen Entwicklung, mit denen wir uns befaßt und bei denen wir den bestimmenden Einfluß des Spiels dargelegt haben, denn hier bereitet sich der Übergang zu einer neuen, höheren Stufe der psychischen Entwicklung vor, der Übergang zu einer neuen Entwicklungsperiode.

7. Anhang

7.1. Aus den Vorlesungsskripten Wygotskis zur Psychologie des Vorschulalters [35]

– Formel des Vorschulalters: Einerseits tauchen viele nicht realisierbare Wünsche auf (Neubildung) „+", andererseits bleibt die Tendenz erhalten, die Wünsche sofort zu realisieren (alte Grundlage) „="; inde[36] das Spiel, d. h. die illusionäre Realisation der nicht realisierbaren Wünsche (Funktion der Phantasie).

– Divergenz zwischen Gesichts- und Bedeutungsfeld – neu im Vorschulalter. Grundlage des Spiels – Schaffung eingebildeter Situationen. Bedeutet neue Stufe der Abstraktion, Willkürlichkeit und Freiheit. Inde die Phantasie, die es nur auf der Ebene des Abstrahierens von der Situation geben kann, nur auf der

---

[35] Siehe die Anmerkungen am Ende der Vorlesungsskripten.
[36] daraus folgt, daraus ergibt sich, also (lat.)

430

Ebene der Willkürlichkeit, der Ungebundenheit und Verallgemeinerung, das heißt der Schaffung von Ideaten der Dinge.
Das traumartige Umarbeiten der Eindrücke basiert auf dem
ununterbrochenen Redefluß und erfolgt durch freizügiges Ver-
einigen einer Bedeutung mit einem Gegenstand plus visuelle
Realisation der Bedeutung. Zentrale und periphere Momente
der Wahrnehmung. Petale und fugale Wege. Der Traum enthält die Wahrnehmung; à rebours[37] – die Bedeutung des Wortes
wird stellvertretend gesehen: Das Aussehen des Gegenstandes
erhält einen Sinn durch die Bedeutung, deshalb ist das Märchen
im Kindesalter emotional und intellektuell möglich. Das Vorschulkind lebt in der Vergangenheit und in der Zukunft – im
Raum zeigen sich Zeit und Raum.
– Ist das Spiel die überwiegende beziehungsweise dominierende
oder die führende Tätigkeitsart? Vielleicht ist es lediglich ein
Spiegelbild der Prozesse, die auf anderen Gebieten vor sich
gehen? Die Spiegelung darf nicht als der widergespiegelte Gegenstand betrachtet werden, obwohl man über das Spiegelbild
den Gegenstand studieren kann. Das Spiel verhält sich zur
Entwicklung, wie sich der Unterricht zur Entwicklung verhält.
Spiel bedeutet Veränderung der Bedürfnisse wie auch Bewußt-
seinsänderungen allgemeinerer Art. Spiel ist Quelle der Entwicklung und läßt die Zone der nächsten Entwicklung entstehen.
– Im Spiel lernt das Kind in einer Erkenntnissituation, in
einer nicht sichtbaren Situation zu handeln (vgl. Buridans Esel
bei *Spinoza*), die bestimmt ist durch innere Wünsche und
Motive.
Paradox am Spiel: Das Kind handelt auf dem Wege des geringsten Widerstandes (Lustgewinn), lernt aber dabei, auf dem
Wege des größten Widerstandes zu handeln. Schule des Willens
und der Moral.
Paradox am Spiel: Gewöhnlich erlebt das Kind die Unterordnung unter die Regel als Aufgabe von etwas Begehrenswertem,
hier aber ist die Unterordnung unter die Regel und der Verzicht
auf eine dem unmittelbaren Impuls folgende Handlung der Weg

[37] hingegen (franz.)

zu größtem Lustgewinn (wieviel Konflikte zwischen zweierlei Lust, welcher Kampf im Zusammenhang mit dem Spiel!) Kurzum: Das Spiel gibt dem Kind eine neue Form des Wunsches, d. h., es lehrt das Kind, sich etwas zu wünschen und dabei den Wunsch auf das fiktive „Ich" zu beziehen (d. h. auf die Rolle im Spiel und ihre Regel). Das heißt, im Spiel vermag das Kind höhere Leistungen zu vollbringen, die morgen zu seinem realen Durchschnittsniveau werden, zu seiner Moral – vgl. *Piaget* –, aber nicht zum moralischen Urteil, sondern zur Moral in der Handlung. Die zum Affekt gewordene Idee, der Begriff, der sich in eine Leidenschaft verwandelt hat, das ist der Prototyp des *Spinoza*-Ideals im Spiel, das ein Reich der Willkürlichkeit und der Ungebundenheit darstellt.

Zu den Tiefen des Problems Spiel vordringen (was versteckt sich unter und hinter ihm) und seine Höhen erfassen (die höchsten Leistungen, die morgen zum Durchschnittsniveau werden; Entwicklung von oben).

In diesem Sinne ist das Spiel eine Neubildung des Vorschulalters, die in kondensierter Form, gleichsam in einem Brennpunkt vereint, alle sich tief unter der Oberfläche vollziehenden Entwicklungstendenzen enthält und sie nach oben trägt, d. h. sich bemüht, einen Sprung, einen salto vitale zu tun in die entwickelte Welt der höheren Formen der spezifisch menschlichen Tätigkeit, wie sie in der Umwelt als der Quelle der Entwicklung zu finden sind.

– Die Ersatzsituation im Spiel ist (wahrer Gedanke *Elkonins*) der Prototyp jeglichen Erkenntnisprozesses (Algebra). Dieser Gedanke ist ein Schlag gegen die Theorie von der Priorität des autistischen Denkens. Aber Gefahr des Intellektualismus.

– Zwei Ebenen des affektiven Spielflusses: Befreiung vom Erkannten und vom Affekt – das Kind weint im Spiel wie ein Patient (zu zeigen, wie man weint, ist nicht leicht) und freut sich wie ein Spielender. Höhere Willensarten als Spiel (Vertauschung von Affekt und Motiv); im Spiel ist es leicht, Held zu sein – das ist eine Form des den Kräften des Kindes angemessenen Heroismus. Unser Heroismus hat etwas vom Spiel an sich. Nicht Lustgewinn durch Konfekt, sondern eine spezifische Spiellust.

– Das Kind lernt beim Spielen, Kapitän, Milizionär etc. zu sein.

– Neue Kategorien der Beziehungen zur Wirklichkeit entstehen im Spiel *(Elkonin)* – das stimmt.

– Der Synkretismus ergibt sich nicht aus dem Spiel (kontra *Elkonin*). Es gibt verschiedene Ebenen der Entwicklung (komplizierte Struktur der Entwicklung), dieser Prozeß verläuft in unterschiedlichen Tiefen. Bestimmend sind nicht die tiefliegenden Ströme (Triebe) sondern die hochliegenden (nicht aber die oberflächlichen!!!). Das Spiel ist das höchste Entwicklungsniveau des Vorschulkindes, die Oberfläche.

– Kontra *Koffka* – 2 Welten. Ein Stückchen Holz in zwei Strukturen. Lust geht mit Tätigkeitserfolg einher, so wie ich will. Erkennen nicht vom Handeln zu lösen. Man kann aus dem Spiel nicht die Freude und die Freiheit verbannen.

– Handlung im vorgestellten Feld, in der eingebildeten Situation, Schaffung einer willkürlichen Absicht, Bildung eines Lebensplans und volitiver Motive – all das entsteht im Spiel und stellt es auf das höchste Entwicklungsniveau, hebt es empor auf den Wellenkamm, macht es zur neunten Woge der Entwicklung im Vorschulalter, emporgehoben von den tiefsten, jedoch relativ ruhigen Wassern. Das ist die Hauptsache. Im Spiel ecce homo[38]. Das ist auf die Realisation der nicht realisierbaren Wünsche zurückzuführen.

– Das Spiel ist ein neuer Aspekt in der Entwicklung der Sprache. Dieser Aspekt richtet sich auf die Entwicklung der Welt, statt der Umwelt, und des bewußten Willens.

Das Wort macht den Menschen frei. Im Spiel ist das Kind frei. Aber das ist eine illusionäre Freiheit. Das Spiel stirbt nicht, sondern dringt vor zur Realität. Es setzt sich innerlich fort im Lernen und in der Arbeit (Pflichterfüllung mit Regel), und es hat sein Korrelate im Vorschulalter (Freiheit der Wahrnehmung, Willkürlichkeit etc.), aber nicht die Ungebundenheit des Spiels überschätzen: nicht alles kann alles sein.

Wundt über die Kargheit der kindlichen Phantasie. Versuche von *Morosowa* und *Piaget*. Die Regel ist unverletzlich.

---

[38] Hier in der Bedeutung: äußert sich der Mensch (lat.).

Entwicklungsstufen: Säugling – leeres Blatt (kein Spiel).

Kleinkindalter – Verschmelzung des Gesichts- und Bedeutungsfeldes (Ernstspiel). Bis zum dritten Lebensjahr begreift das Kind nicht, daß die Sonne klein erscheint. Aristotelesillusion.

Vorschulalter – Divergenz zwischen äußerem Bedeutungsfeld und Gesichtsfeld (Spiel).

Schüler – Entstehung des inneren Bedeutungsfeldes, das unabhängig ist, aber nicht von oben hinzukommt, sondern mit dem äußeren koordiniert ist (Sportspiel).

Frühes Jugendalter – im Bewußtsein entsteht das Ernstspiel.

– In der Theorie *Elkonins* entfernen wir uns nicht von der Umwelt, sondern gehen vom Kind selbst aus (eine Entwicklungsetappe bedingt die andere) – das stimmt.

– Summa summarum[39]. Im Spiel bewegt sich das Kind in der Ebene der Bedeutungen, inde Freiheit, Phantasie, Realisation der Wünsche etc. Das ist die Hauptsache. Dasselbe aber haben wir in der realen Wahrnehmung vor uns: Verschmelzung von Sichtbarem und Bedeutung = Wahrnehmung des Gegenstandes. Zur Theorie der Wahrnehmung, die auf das engste mit der Theorie des Spiels verbunden ist, so, daß die eine ohne die andere nicht zu verstehen ist (petale und fugale Wege, Geruchssinn, Konstanz, Gegenständlichkeit, Willkürlichkeit, System). In der Wahrnehmung – Verschmelzung des optischen Abbilds A mit der Bedeutung A, im Spiel verschmilzt das optische Abbild A mit der Bedeutung B.

– Zum Spiel: 1. Nicht dominierende, sondern führende Funktion, vielleicht aber auch lenkende, das heißt, sie lenkt von der normalen Entwicklung fort. 2. Affektives Moment – nicht Lust, aber sie ist nicht wegzudenken. 3. Erste Grundlagen der beruflichen Tätigkeit – bis zum Alter von drei Jahren weiß das Kind überhaupt nicht, was das heißt, Arzt sein, Kapitän sein (es kennt nicht deren Funktionen), sondern es kennt nur die Funktionen der naheliegenden Dinge: Im Spiel lernt das Kind Erwachsenenarbeit, Arbeit überhaupt. 4. Jedes Spiel ist ein Spiel mit Regeln: Darin besteht das Wesen der eingebildeten Situation. 5. Das Kind lernt im Spiel sein „Ich" kennen, indem es fiktive

[39] allgemeiner Schluß (lat.)

Identifikationspunkte schafft – „Ich"-Zentren; inde das soziale Wesen des „Ich". Vgl. Rollenspiel. 6. Das Kind verfügt bereits über ein „Ich", wird sich dessen aber nicht bewußt, es verfügt über innere Prozesse, wird sich ihrer aber nicht bewußt. Im Spiel erfolgt ein prise de conscience[40] des eigenen Selbst und des eigenen Bewußtseins. Vorher sind Gedanke und Ding miteinander verschmolzen, nicht differenziert. Weil sich hier das Bedeutungsfeld und das optische Feld voneinander trennen, wobei das Bedeutungsfeld führend ist, trennt sich in der Handlung der Gedanke über das Ding vom Ding, und die Handlung beginnt mit dem Gedanken über das Ding und nicht mit dem Ding.

Das ist die Grundlage der Freiheit. Der erste Schritt dazu ist die Sprache. Davor – nur über andere . . .

Nach der Sprache – Spiel. Bemerkenswert: Bei Verlust der Freiheit und der Willkürlichkeit bei Kranken geht die spielerische bedingte Handlung verloren. Wenn die Regel etwas Zentrales darstellt, dann der Schluß: Es gibt ja auch die äußere Regel (bei Tisch schweigen, die Sachen anderer nicht anfassen), für das Spiel ist aber etwas Eigenes wesentlich, eine eigene innere Regel (der prinzipielle Unterschied zwischen den zwei Moralregeln des Kindes resultiert nach *Piaget* aus der einseitigen und der wechselseitigen Kooperation): die innere Selbstbeschränkung und Selbstbestimmung. Bewußtwerden des „Ich" im Spiel, Bewußtwerden des Gedankens „Ich will" im Spiel – vgl. Grammatik und Sprache. Daraus folgt:

a) Das Paradoxon des „Ich": Im Spiel erfreut das, was ich will, egozentrische Tätigkeit; aber sofort kommt von innen her die Abgrenzung von dem momentanen „Ich" auf.

b) Die zum Affekt gewordene Regel: der Hauptunterschied – der eigene positive Affekt siegt als der stärkste eigene Impuls. Vgl. *Spinoza*: Ein Affekt kann durch einen sehr starken anderen Affekt besiegt werden. – Im Spiel kann es das nicht geben. Indes ist das Spiel nicht die überwiegende Tätigkeitsform – das Kind befindet sich 24 Stunden am Tag unter seinem Niveau im Spiel. Reale Affekte überwindet es nicht.

[40] Bewußtwerden (franz.)

c) Ergo[41]: Die Bedeutung des Wortes richtet sich auf die Handlung über die eingebildete Situation und die Regel. Hier besteht eine neue Beziehung zwischen Wort und Handlung. Früher war das Wort in die Situation eingeschlossen (indikative Funktion – willkürliche Aufmerksamkeit verändert die Feldstruktur; vgl. *Köhler* – Sklaven des sensorischen Feldes), und über das Wort hat die Situation die Handlungen bestimmt. Hier geht die Handlung aus der Bedeutung des Gegenstandes hervor und nicht aus dem Gegenstand – der Aufforderungscharakter geht auf die Wortbedeutung über.

d) Das ist nur infolge einer mikroskopischen molekularen Veränderung der Wahrnehmungsstruktur möglich (die molekularen Bewegungen bestimmen die wichtigsten äußeren Eigenschaften der Gegenstände). Früher hatte in der Wahrnehmung die Figur den Vorrang, das heißt, gegenständliche Wahrnehmung = Figur/Bedeutung. Hier ist es umgekehrt: Den Vorrang hat die Bedeutung, das heißt gegenständliche Wahrnehmung = Bedeutung/Figur. Das ist Übergang zum Spiel. Das Wort ist bipolar orientiert, es hat sich mit seiner Bedeutung im Denken und mit der Bedeutung im Gegenstand niedergelassen: Übertragung der Bedeutung nach innen – auf die Prozesse und Handlungen. Die fugalen Wege werden dann später von Myelin umhüllt + interzentrale Prozesse verändern die fugalen.

e) Jedes Regelspiel ist eine eingebildete Situation, jede eingebildete Situation ist ein Spiel mit einer Regel. Beispiel Schach – infolge der Regel schreiben Dame und Springer anderes Verhalten vor als die Bauern. Aber anfangs gelangt die Regel im Puppenspiel nicht zu Bewußtsein – für sich muß man sie entdecken (sie ist verborgen) – und ist labil (hängt von der Stimmung ab). Im weiteren wird sie dann bewußt und liegt in den sogenannten Regelspielen unmittelbar vor (hier muß man die verborgene eingebildete Situation suchen).

Zentraler Entwicklungstrakt des Spiels: von der offenen eingebildeten Situation mit verborgener Regel und verborgenem Ziel, wobei Einbildung, Regel und Ziel labil sind, zur verborgenen eingebildeten Situation mit offenen Regeln und offenem

---

[41] folglich (lat.)

Ziel, wobei Einbildung, Regeln und Ziel konstant sind (Puppenspiel – das gibt es auch in der vorspielerischen Tätigkeit – und Schachspiel stellen Entwicklungspole dar), d. h., aus dem Spiel schält sich sein Wesen heraus.

f) Beziehung zur Symbolik: Deshalb ist das Spiel nicht Symbolik. Das Symbol ist ein Zeichen, die Puppe aber ist kein Zeichen des Kindes, sondern bedeutet eine Entfernung von der Symbolik: Die Bedeutung ist vom Gegenstand gelöst, ist der Weg zum Denken in reinen Gegenstandsbedeutungen, die von den Dingen gelöst sind (Ideate) – anstelle der Abbilder – Ideate (Begriffe). Zu einem rein symbolischen Spiel ist das Kind nicht in der Lage. Ergo: Das Beispiel *Koffkas* von den zwei Verhaltensweisen mit einem Stückchen Holz ist nicht auf das Symbol (eine Verhaltensweise) + Gegenstand zurückzuführen, sondern auf die Bedeutung und den Gegenstand, d. h. den Gegenstand mit zwei Bedeutungen – Puppe und Holzstück. Das ist eine genaue und adäquate Beschreibung des Fakts Spiel: ergo nicht 2 Welten und 2 Strukturen, sondern eine Welt.

g) Das Kind symbolisiert im Spiel nicht, sondern wünscht, erfüllt einen Wunsch, läßt die Hauptkategorien der Realität sein Erleben passieren – vergleiche die Zeit: Tag und Nacht (24 Stunden) bzw. eine halbe Stunde stellen sich im Spiel anders dar; Raum sind im Spiel 5 Schritte und 100 Werst etc. Indem das Kind wünscht, führt es aus, denkend handelt es: Innere und äußere Handlung sind nicht voneinander zu trennen. Phantasievorstellung und Sinngebung und Wille, d. h. innere Prozesse in der äußeren Handlung.

h) Das Spiel bildet als Tätigkeitstyp und als Entwicklung höherer psychischer Funktionen (die ebenfalls als Soziogenese anzusehen ist) eine Einheit der Gegensätze. Ein Widerspruch des Spiels: freie Tätigkeit, d. h. willkürliche Tätigkeit, ganz in der Gewalt des Affekts, so daß man sie für einen Instinkt hielt, d. h. in unwillkürlicher und unbewußter Form das Innere im Äußeren, d. h. ein Widerspruch der psychischen Funktionen (der elementaren und unmittelbaren) zu ihrem System und zum Typ der Tätigkeit (einer freien, willkürlichen). Er wird gelöst im Übergang zum inneren Sprechen und zu den höheren psychischen Funktionen: Diese Neubildungen entwickeln sich im

Schulalter als Folge des Spiels. Der Mohr hat seine Schuldigkeit getan. Der Mohr kann gehn.

Ergänzung zum Punkt „e": Verhältnis zwischen Funktionen und Spiel. Der Weg vom Spiel zu den inneren Prozessen im Schulalter – inneres Sprechen, Verinnerlichung, logisches Gedächtnis, abstraktes Denken (ohne Gegenstände, in Begriffen) – ist der Hauptentwicklungsweg. Wer diesen Zusammenhang erfaßt, wird verstehen, was das Entscheidende am Übergang vom Vorschul- zum Schulalter ist.

Im Spiel operiert das Kind mit von den Dingen losgelösten Bedeutungen, die aber nicht zu trennen sind von der realen Handlung mit realen Gegenständen. Hier liegt ein Widerspruch vor, aber die Loslösung der Bedeutung Pferd vom realen Pferd, die Übertragung dieser Bedeutung auf einen Stock (gegenständliche Stütze, andernfalls verflüchtigt sich die Bedeutung) und die reale Handlung mit dem Stock wie mit einem Pferd (d. h., das Kind handelt zunächst mit Bedeutungen wie mit Gegenständen, und erst später wird es sich ihrer bewußt und beginnt über sie nachzudenken; d. h., wie vor der grammatischen Sprache und der Schriftsprache verfügt das Kind über entsprechende Fähigkeiten, weiß aber nicht, daß es sie hat, d. h., sie werden ihm nicht bewußt, und es beherrscht sie nicht willkürlich; ebenso verfügt das Kind über Bedeutungen, operiert mit ihnen, weiß aber das nicht und beherrscht sie nicht willkürlich; das Kind löst im Spiel nicht bewußt die Bedeutung Pferd vom Pferd, aber es möchte gern ein Reiter sein und nutzt es unwillkürlich, daß man die Bedeutung vom Gegenstand lösen kann, d. h., es weiß nicht, was es macht; es weiß nicht, daß es in Prosa spricht – vgl. *Lurija*: Glasscheibentheorie – bemerkt das Wort nicht, inde funktionelle Bestimmung der Begriffe, d. h. der Dinge, inde das Wort als Teil des Gegenstandes; genauso verhält es sich mit den Bedeutungen; Bewußtwerden der Glasscheibe – der Sprache – im Schulalter und Bewußtwerden der Bedeutungen im Übergangsalter) ist die unerläßliche Übergangsetappe zum Operieren mit Bedeutungen.

Während ein anderthalbjähriges Kind die Entdeckung macht, jedes Ding hat seinen Namen, entdeckt das Kind im Spiel: Jedes Ding hat eine Bedeutung, mit der es sich ersetzen läßt.

Das Wort emanzipiert sich im Spiel vom Ding und die Bedeutung vom Wort in der inneren Sprache. Aber ebenso wie die Lösung des Wortes vom Ding einer Stütze in Form eines anderen Dings bedarf, so bleibt in der inneren Sprache als Stütze die physische Struktur des Wortes erhalten.

Dasselbe geschieht im Hinblick auf die eigentliche Handlung des Kindes: Ein Kind, das auf der Stelle hüpft und sich einbildet, es reite auf einem Pferd, vollzieht damit im kritischen Punkt eine Umkehrung der Struktur Handlung/Bedeutung.

Noch einmal, um die Bedeutung der Handlung von der realen Handlung zu lösen (zu reiten, ohne die Möglichkeit zu haben, es wirklich zu tun), bedarf es der Stütze in Form einer realen Ersatzhandlung. Aber, ebenfalls noch einmal, während früher in der Struktur Handlung/Bedeutung die Handlung bestimmend war, hat sich jetzt die Struktur umgekehrt und wird zur Struktur Bedeutung/Handlung. Die Handlung tritt in den Hintergrund, wird zur Stütze (wiederum wird die Bedeutung von der Handlung mit Hilfe einer anderen Handlung gelöst) – nicht mehr. Das ist erneut ein kritischer Punkt im Hinblick auf das Operieren allein mit den Handlungsbedeutungen, d. h. im Hinblick auf die willentliche Auswahl, die Entscheidung, den Kampf der Motive und auf andere Prozesse, die von der Ausführung scharf getrennt sind. Das heißt, der Weg zum Willen ist – es verhält sich hier wie mit dem Gegenstand und der Bedeutung – der Weg zum Denken. In der Willensentscheidung ist ja die Ausführung der nichtbestimmende Punkt: vgl. meine Versuche mit Auswahl und Losen unter neuem Gesichtspunkt. Die Ausführung nach Los ist schwieriger (sie ist blind) als nach einer bewußten Auswahl, d. h., das Los ist nicht das Höchste im Willen.

Inde reift im naiven Psychischen das Verstehen der eigenen Operation, d. h. der Bedeutung des Einprägens, und erhebt sich zu den höheren psychischen Prozessen, d. h., das Zeichen kommt in der Ontogenese nach dem Wort, als Zeichen für sich genommen, in der Phylogenese ist es ein Knoten für das Wort (?).

Die Handlung nimmt im Spiel erstmalig eine Bedeutung an: d. h., sie wird bewußt. Die Handlung ersetzt eine andere Handlung wie ein Gegenstand einen anderen. Wie aber versetzt das

Kind einen Gegenstand in einen anderen, eine Handlung in eine andere? Indem es sich im Bedeutungsfeld bewegt, das vom Gesichtsfeld, von realen Gegenständen losgelöst ist; der Bewegung im Bedeutungsfeld sind alle realen Gegenstände und Handlungen untergeordnet, und sie ist im Spiel das Wichtigste. Zwar ist sie eine Bewegung im abstrakten Feld (das Bedeutungsfeld entsteht früher als das willkürliche Operieren mit den Bedeutungen), aber die Art und Weise der Bewegung ist situativ, konkret (d. h., es ist keine logische, sondern eine affektive Bewegung). Entstehung des fiktiven Feldes, wobei aber die Bewegung in ihm wie in einem realen vor sich geht, ist der genetische Hauptwiderspruch des Spiels.

Anmerkungen

Die handschriftlichen Vorlesungsskripten zur Psychologie des Vorschulkindes hat L. S. *Wygotski* selbst dem Autor dieses Buches zur Verfügung gestellt. Die ersten Thesen in diesen Notizen gelten allgemeinen Fragen der psychischen Entwicklung und wurden, weil sie keine direkte Beziehung zu den Problemen der Psychologie des Spiels haben, weggelassen.

An einigen Stellen wird der Name *Elkonin* erwähnt – das sind kritische beziehungsweise zustimmende Hinweise auf dessen Vortrag über das Spiel, der kurz bevor *Wygotski* seine Vorlesungen hielt, stattgefunden hatte.

Die in den Notizen vorkommenden Hinweise auf *Spinoza* sind darauf zurückzuführen, daß *Wygotski* zu dieser Zeit am Problem der Wechselbeziehung zwischen Affekt und Intellekt arbeitete.

Detailliertere Ausführungen zu einigen Thesen in den Notizen *Wygotskis* enthält das Stenogramm seiner bereits mehrmals erwähnten Vorlesung zur Psychologie des Spiels.

Die Redaktion der vorliegenden Ausgabe veröffentlicht diese aufschlußreiche Vorlesung, ins Deutsche übertragen und leicht gekürzt, im Anschluß an die Vorlesungsskripten.

7.2. Wygotski: Das Spiel und seine Bedeutung in der psychischen Entwicklung des Kindes

Befassen wir uns mit dem Spiel und seiner Bedeutung in der Entwicklung des Vorschulkindes, so stehen wir vor zwei Hauptfragen. Die erste bezieht sich auf die Entstehung des Spiels, auf seinen Ursprung, es ist die Frage nach der Genese des Spiels. Die zweite Frage ist: Welche Bedeutung hat diese Tätigkeit in der Entwicklung, und was heißt überhaupt Spiel als Form der Entwicklung des Vorschulkindes? Ist das Spiel die führende oder lediglich die überwiegende Tätigkeit des Kindes in diesem Alter?

Meiner Meinung nach ist das Spiel unter dem Gesichtspunkt der Entwicklung nicht die dominierende beziehungsweise überwiegende Tätigkeitsform, sondern in gewissem Sinne die führende Entwicklungslinie im Vorschulalter.

Gestatten Sie, daß ich mich nun dem eigentlichen Problem Spiel zuwende. Wie wir wissen, ist die Definition des Spiels nach dem Merkmal Lustgewinn für das Kind aus zweierlei Gründen falsch. Erstens deshalb, weil es viele Tätigkeiten gibt, die das Kind viel stärker Lust empfinden lassen als das Spiel.

Das Lustprinzip kann in gleicher Weise zum Beispiel für das Lutschen gelten, denn beim Lutschen am Sauger stellt sich beim Kind Funktionslust ein, selbst wenn es dadurch nicht gesättigt wird.

Andererseits kennen wir Spiele, in denen der eigentliche Tätigkeitsprozeß keineswegs ein Lustgefühl erzeugt – Spiele, die gegen Ende des Vorschulalters und zu Anfang des Schulalters viel gespielt werden und die nur dann Lustgewinn bringen, wenn das Ergebnis für das Kind von Interesse ist. Dazu gehören die sogenannten Sportspiele (zu den Sportspielen zählen nicht nur die der Körperkultur dienenden Spiele, sondern auch Spiele, bei denen es etwas zu gewinnen gibt, bei denen Ergebnisse erzielt werden). Sie sind oft von ziemlich heftigen Unlustgefühlen begleitet, wenn das Spiel nicht zugunsten des Kindes ausgeht.

Folglich muß also eine Definition des Spiels nach dem Merkmal des Lustgewinns falsch sein.

Dennoch würde es meiner Meinung nach eine überaus starke Intellektualisierung des Spiels bedeuten, wenn man außer acht ließe, wie sich in ihm die Bedürfnisse des Kindes, sein Tätigkeitsdrang, seine affektiven Strebungen realisieren. Die Unzulänglichkeit mehrerer Theorien des Spiels besteht in einer gewissen Intellektualisierung dieses Problems.

Ich tendiere dazu, dieser Frage sogar eine allgemeinere Bedeutung beizumessen, und nehme an, der Fehler einer ganzen Reihe von Entwicklungstheorien besteht darin, daß in ihnen die Bedürfnisse des Kindes – in weitem Sinne verstanden als all das, was zwischen den Trieben und dem Interesse, einem Bedürfnis intellektuellen Charakters, liegt – nicht genügend Beachtung finden, kurz, man ignoriert all das, was unter den Begriffen Triebkräfte und Motive der Tätigkeit zusammengefaßt werden kann. Die Entwicklung des Kindes wird oft mit der Entwicklung seiner geistigen Funktionen erklärt, das heißt, wir betrachten jedes Kind als theoretisches Wesen, das dem erreichten geistigen Entwicklungsniveau entsprechend von Altersstufe zu Altersstufe schreitet.

Unberücksichtigt bleiben die Bedürfnisse des Kindes, seine Neigungen, die Triebkräfte und Motive seiner Tätigkeit, ohne die, wie Untersuchungen zeigen, es niemals die Übergänge von Entwicklungsstufe zu Entwicklungsstufe geben kann. Vor allem auch bei der Analyse des Spiels muß man meiner Meinung nach mit der Klärung eben dieser Momente beginnen.

Offenbar ist jeder Fortschritt, jeder Übergang von einer Altersstufe zur nächsten verbunden mit einer starken Veränderung der Motive und Triebkräfte der Tätigkeit . . .

Im Vorschulalter entwickeln sich spezifische Bedürfnisse, spezifische Triebkräfte, die für die gesamte Entwicklung des Kindes ausschlaggebend sind und zum Spiel führen. Es handelt sich dabei um die vielen unmittelbar nicht realisierbaren Wünsche des Kindes dieses Alters. Beim Kleinkind besteht die Tendenz, seine Bedürfnisse unmittelbar zu befriedigen. Ihm fällt es schwer, die Erfüllung eines Wunsches hinauszuschieben, dazu ist es nur ziemlich beschränkt in der Lage. Niemand kennt ein Kind unter drei Jahren, das den Wunsch hätte, etwas nach drei Tagen zu tun. Gewöhnlich ist der Weg vom Wunsch zu seiner Erfüllung sehr kurz. Ich glaube, wenn im Vorschulalter nicht Bedürfnisse heranreiften, die sich nicht sofort realisieren lassen, dann gäbe es auch kein Spiel. In Untersuchungen wurde nachgewiesen, daß nicht nur bei geistig zurückgebliebenen Kindern, sondern auch bei Kindern, bei denen der affektive Bereich nicht genügend entwickelt ist, kein Spiel entsteht.

Meiner Meinung nach entsteht das Spiel, unter dem Gesichtswinkel der affektiven Sphäre gesehen, dann, wenn unrealisierbare Wünsche auftauchen ...

Beim Kind entstehen nach dem dritten Lebensjahr in spezifischer Weise widersprüchliche Wünsche.

Einerseits entwickeln sich bei ihm viele Bedürfnisse, Wünsche, die sich zwar nicht sofort realisieren lassen, jedoch als Wünsche bestehenbleiben. Andererseits bleibt bei ihm fast völlig auch die Tendenz erhalten, die Wünsche sofort zu realisieren.

Hieraus entspringt das Spiel. Auf die Frage, weshalb das Kind spielt, kann es nur die Antwort geben, das Spiel ist als eingebildete, illusionäre Realisation unrealisierbarer Wünsche zu verstehen. Die Phantasie ist eben jene Neubildung, die es im Bewußtsein des Kleinkindes noch nicht und beim Tier überhaupt nicht gibt. Sie ist eine spezifisch menschliche Form der Bewußtseinstätigkeit. Wie alle Bewußtseinsfunktionen entsteht sie ursprünglich in der Handlung. Man kann die alte Formel, das Spiel des Kindes ist Phantasie in der Handlung, umkehren und sagen, die Phantasie des Schülers und im frühen Jugendalter ist Spiel ohne Handlung.

Es ist kaum vorstellbar, daß die Triebkraft, die das Kind zum Spielen veranlaßt, wirklich ein affektiver Stimulus der gleichen Art sein sollte wie jener, der dem Daumenlutschen des Säuglings zugrunde liegt.

Ebenso ist kaum anzunehmen, daß der Lustgewinn, den ein Vorschulkind beim Spiel erlangt, bedingt ist durch den gleichen affektiven Mechanismus wie der Lustgewinn durch das Saugen am Schnuller. Es kann hier keineswegs eine Verbindung unter dem Gesichtspunkt der Entwicklung des Vorschulkindes geben.

All das bedeutet nicht, das Spiel entstehe im Ergebnis eines jeden einzelnen unbefriedigten Wunsches – das Kind wollte gern Kutsche fahren, dieser Wunsch wurde ihm nicht erfüllt, also begann es, nach Hause gekommen, sofort im Spiel Kutsche zu fahren. So geht das niemals vor sich. Beim Spiel gibt es nicht nur einzelne affektive Reaktionen auf einzelne Erscheinungen, sondern verallgemeinerte affektive Tendenzen. Nehmen wir zum Beispiel ein Kind, das an Minderwertigkeitskomplexen leidet, es konnte nicht im Kindergarten bleiben, weil es so geärgert wurde, daß es alle Spiegel und Glasscheiben zu zerschlagen begann, in denen es sein Spiegelbild sah. Hier besteht ein großer Unterschied zum Kleinkindalter. Beim Kleinkind kommt es bei einer einzelnen Erscheinung (in einer konkreten Situation), zum Beispiel jedesmal, wenn es geärgert wird, zu einer einzelnen, noch nicht verallgemeinerten affektiven Reaktion. Im Vorschulalter verallgemeinert das Kind seine affektive Beziehung zu einer Erscheinung, unabhängig von der gegenwärtigen konkreten Situation, weil die affektive Beziehung verbunden ist mit der Bedeutung der Erscheinung, deshalb zeigt sich bei ihm auch ständig der Minderwertigkeitskomplex.

Das Wesen das Spiels besteht darin, daß es die Erfüllung von Wünschen darstellt, aber es handelt sich dabei nicht um Einzelwünsche, sondern um verallgemeinerte Affekte. Dem Kind werden in diesem Alter seine Beziehungen zu den Erwachsenen bewußt, es reagiert auf sie affektiv, aber zum Unterschied vom Kleinkindalter verallgemeinert es diese affektiven Reaktionen (ihm imponiert die Autorität der Erwachsenen überhaupt).

Das Vorhandensein solcher verallgemeinerter Affekte im Spiel bedeutet auch nicht, daß das Kind selbst die Motive begreift, die es zum Spiel veranlassen, daß ihm das bewußt wird, warum es zu spielen begann. Es spielt, ohne daß ihm die Motive seiner Spieltätigkeit bewußt werden. Darin unterscheidet sich das Spiel wesentlich von der Arbeit und anderen Tätigkeitsarten. Überhaupt gehört der Bereich der Handlungsmotive, der Triebkräfte zu dem, was weniger bewußt wird. Erst im Jugendalter wird dieser Bereich in vollem Maße dem Bewußtsein zugänglich, erst der Schüler des mittleren Schulalters gibt sich, mehr oder minder, eindeutig Rechenschaft darüber, warum er dieses oder jenes tut.

Nun wollen wir kurz die affektive Seite außer acht lassen. Betrachten wir sie als eine gewisse Voraussetzung, und untersuchen wir, wie sich die Spieltätigkeit an sich entfaltet.

Meiner Meinung nach sollte man als Kriterium für die Aussonderung der Spieltätigkeit aus den übrigen Tätigkeiten des Kindes die Tatsache betrachten, daß ein Kind im Spiel eine eingebildete Situation schafft. Ihr liegt die Nichtübereinstimmung zwischen Gesichts- und Bedeutungsfeld zugrunde, die im Vorschulalter in Erscheinung tritt.

Dieser Gedanke ist nicht neu, denn seit langem ist bekannt, daß es das Spiel mit der eingebildeten Situation gibt, nur betrachtete man es als eine Gruppe der Spiele. Die eingebildete Situation galt hierbei als zweitrangiges Merkmal. Die älteren Autoren hielten die eingebildete Situation nicht für jene Haupteigenschaft, die das Spiel überhaupt zum Spiel macht, weil sie sie nur als Charakteristikum einer bestimmten Gruppe von Spielen ansahen.

Der Hauptmangel dieser Auffassung besteht meiner Meinung nach in drei Momenten. Erstens sehen wir uns der Gefahr eines intellektualistischen Herangehens an das Spiel gegenüber; zu befürchten ist folgendes: Wird das Spiel als Symbolik aufgefaßt, dann verwandelt es sich etwa in eine Tätigkeit, die eine Art Algebra in der Handlung ist; es verwandelt sich in ein System irgendwelcher Zeichen, die die reale Wirklichkeit verallgemeinern; wir finden hier nichts Spielspezifisches mehr und stellen uns das Kind als einen unzulänglichen Mathematiker vor, der noch nicht Zeichen auf Papier zu schreiben vermag, sie aber in Handlungen darstellt. Man muß die Verbindung mit den Triebkräften im Spiel zeigen, weil das Spiel an sich, so will mir scheinen, niemals eine symbolische Handlung im eigentlichen Sinne des Wortes ist.

Zweitens wird hier das Spiel als Erkenntnisprozeß gesehen. Man weist auf die Bedeutung dieses Erkenntnisprozesses hin, wobei nicht nur das affektive Moment außer acht gelassen wird, sondern auch das Moment der Tätigkeit des Kindes.

Drittens muß geklärt werden, was diese Tätigkeit in der Entwicklung bewirkt, das heißt, was entwickelt sich mit Hilfe der eingebildeten Situation beim Kind.

Gestatten Sie mir, mit dem zweiten Problem zu beginnen, weil ich auf die Frage der Verbindung mit den affektiven Triebkräften bereits kurz eingegangen bin. Wir sahen, daß in der affektiven Triebkraft, die zum Spiel führt, nicht Keime der Symbolik enthalten sind, sondern der Erforderlichkeit einer eingebildeten Situation, denn, wenn sich das Spiel tatsächlich aus unerfüllten Wünschen entwickelt, aus unrealisierbaren Tendenzen, wenn es die Realisierung im Augenblick nicht realisierbarer Tendenzen in Spielform darstellt, dann sind bereits, ob man es nun will oder nicht, im affektiven Wesen dieses Spiels Momente der eingebildeten Situation angelegt.

Beginnen wir mit dem zweiten Moment, mit der Tätigkeit des Kindes im Spiel. Was bedeutet das Verhalten des Kindes in der eingebildeten Situation? Wir wissen, daß es eine Spielform gibt, die längst ausgesondert und gewöhnlich dem späten Vorschulalter zugeschrieben wurde. Als ihre Hauptentwicklungsperiode galt das Schulalter – gemeint ist das Regelspiel. Mehrere Wissenschaftler, die durchaus nicht zum Lager der dialektischen Materialisten gehören, beschritten auf diesem Gebiet jenen Weg, den Marx weist, indem er sagt, die „Anatomie des Menschen ist ein Schlüssel zur Anatomie des Affen". Sie begannen das Spiel der frühen Altersstufen im Lichte des späten Spiels mit Regeln zu betrachten, und ihre Untersuchungen führten zu dem Schluß: Das Spiel mit der eingebildeten Situation ist seinem Wesen nach ein Spiel mit Regeln. Man kann, glaube ich, sogar noch hinzufügen: Es gibt kein Spiel ohne Verhaltensregeln und ohne ein spezifisches Verhalten des Kindes zu den Regeln.

Gestatten Sie, daß ich diesen Gedanken erläutere. Nehmen wir irgendein beliebiges Spiel mit einer eingebildeten Situation. Bereits die eingebildete Situation enthält Verhaltensregeln, obwohl es sich hier nicht um ein Spiel mit entwickelten und im voraus formulierten Regeln handelt. Das Kind bildet sich ein, es sei die Mutter, und die Puppe sei ihr Kind. Es muß sich in seinem Verhalten den Regeln mütterlichen Verhaltens unterordnen. Sehr anschaulich verdeutlichte das ein Wissenschaftler in einem Experiment, dem die bekannten Beobachtungen von *Sully* zugrunde lagen. *Sully* beschrieb ein

Spiel, dessen Besonderheit darin bestand, daß die Spielsituation und die reale Situation der Kinder identisch waren . . .

Mir gelang des öfteren ohne weiteres, bei den Kindern solch ein Spiel auszulösen. Zum Beispiel ist es leicht, ein Kind zu einem Spiel mit seiner Mutter zu veranlassen, in dem es das Kind und die Mutter die Mutter ist, das heißt, es spielt die Realität. Der wesentliche Unterschied des Spiels, wie es von *Sully* beschrieben wird, besteht darin, daß das Kind, wenn es zu spielen beginnt, sich Mühe gibt, die Schwester zu sein. In seinem sonstigen Verhalten denkt das Kind nicht daran, daß es die Schwester der anderen ist. Wenn die Schwestern „Schwestern" spielen, offenbart jede fortwährend ihren Status einer Schwester; die Tatsache, daß zwei Schwestern „Schwestern" zu spielen begannen, führt dazu, daß jede von ihnen Verhaltensregeln erhielt. (Ich muß während der ganzen Spielsituation eine Schwester der Schwester sein.) Der Situation angemessen sind nur jene Spielhandlungen, die diesen Regeln gerecht werden . . . Gestaltet man also ein Spiel so, als gäbe es in ihm keine eingebildete Situation, was bleibt dann übrig? Es bleibt die Regel. Es bleibt die Tatsache, daß sich das Kind in dieser Situation zu benehmen beginnt, wie es die Situation verlangt.

Verlassen wir für einen Augenblick dieses bemerkenswerte Experiment auf dem Gebiet des Spiels und wenden wir uns irgendeinem beliebigen Spiel zu. Ich glaube, wo es eine eingebildete Situation im Spiel gibt, dort gibt es auch eine Regel. Nicht im voraus formulierte und sich im Verlaufe des Spiels ändernde Regeln, sondern Regeln, die sich aus der eingebildeten Situation ergeben. Deshalb ist es einfach unvorstellbar, daß ein Kind in der eingebildeten Situation sein Verhalten nicht einer Regel unterordnet, das heißt, sich so verhält wie in der realen Situation. Wenn das Kind die Rolle der Mutter spielt, dann gelten für es die Verhaltensregeln der Mutter. Die Rolle, die das Kind ausführt, seine Beziehung zum Gegenstand, wenn der Gegenstand eine andere Bedeutung annahm, werden stets aus der Regel resultieren, das heißt, die eingebildete Situation wird immer Regeln in sich bergen. Im Spiel ist das Kind frei, aber das ist eine illusionäre Freiheit.

Während es früher die Aufgabe des Forschers war, die ver-

borgene Regel aufzudecken, die jedem Spiel mit eingebildeter
Situation innewohnt, erhielten wir vor relativ kurzer Zeit den
Beweis, daß das sogenannte reine Regelspiel (des Schülers und
des älteren Vorschulkindes) im Prinzip ein Spiel mit eingebildeter Situation ist, denn ebenso wie die eingebildete Situation
Verhaltensregeln enthält, enthält jedes Regelspiel die eingebildete Situation. Was heißt zum Beispiel Schach spielen? Eine
eingebildete Situation schaffen. Warum? Weil der Bauer nur
auf die eine Art vorrücken kann, der König auf eine andere
und die Dame auf eine dritte, man muß die Figuren schlagen,
vom Brett nehmen usw. – das sind Schachbegriffe; dennoch
existiert hier eine bestimmte eingebildete Situation, obwohl
sie nicht unmittelbar die im Leben bestehenden Beziehungen
wiedergibt. Nehmen Sie das einfachste Regelspiel der Kinder.
Es verwandelt sich sofort in dem Sinne in eine eingebildete
Situation, daß, sobald das Spiel durch irgendwelche Regeln
gesteuert wird, viele reale Handlungen darauf bezogen ausgeschlossen sind.

Wie es zuerst nachzuweisen gelang, daß jede eingebildete
Situation in verborgener Form Regeln enthält, konnte man
später auch das Umgekehrte nachweisen – jedes Regelspiel birgt
in sich die eingebildete Situation. Die Entwicklung von der
offensichtlichen eingebildeten Situation mit verborgenen Regeln
zum Spiel mit offensichtlichen Regeln und verborgener eingebildeter Situation stellt zwei Pole dar, umreißt die Evolution
des Kinderspiels.

Jedes Spiel mit einer eingebildeten Situation ist gleichzeitig
ein Spiel mit Regeln, und jedes Regelspiel ist ein Spiel mit
eingebildeter Situation. Das scheint mir einleuchtend.

Aber nun tauchen Bedenken auf, die es gleich im Keim zu beseitigen gilt. Das Kind lernt von seinen ersten Lebensmonaten
an, sich nach gewissen Regeln zu verhalten. Die Regeln, am
Tisch ruhig zu sitzen und nicht die Sachen anderer anzufassen,
der Mutter zu gehorchen, und ähnliche mehr begleiten das Kind
auf Schritt und Tritt. Was aber ist das Spezifische an den
Regeln des Spiels? Meiner Meinung nach läßt sich diese Frage
auf der Grundlage einiger neuer Arbeiten beantworten. Eine
immense Hilfe war mir in diesem Zusammenhang die neue

Arbeit von *Piaget* zur Entwicklung der Moralregeln beim Kind. In dieser Arbeit gibt es einen Teil, in dem die Spielregeln untersucht werden, und *Piaget* bietet hier meiner Meinung nach sehr überzeugende Lösungen für diese schwierigen Probleme an.

Piaget unterscheidet beim Kind zwischen zweierlei Moral und zwischen zwei Quellen für die Entwicklung der Verhaltensregeln des Kindes.

Im Spiel tritt uns das mit besonderer Deutlichkeit entgegen. Die eine Art von Regeln entsteht beim Kind, wie *Piaget* nachweist, aus der einseitigen Einwirkung des Erwachsenen auf das Kind. Die Regel, man darf fremde Sachen nicht anrühren, wurde ja von der Mutter vermittelt; oder die Regel, am Tisch wird still gesessen, haben die Erwachsenen an das Kind als Gesetz von außen herangetragen. Diese Regeln bilden die eine Moral des Kindes. Andere Regeln entstehen, wie *Piaget* sagt, in der Zusammenarbeit zwischen Erwachsenem und Kind oder zwischen den Kindern. Das sind Regeln, an deren Zustandekommen die Kinder mitwirken.

Die Spielregeln unterscheiden sich natürlich wesentlich von den Regeln, nicht fremde Sachen anzurühren und am Tisch ruhig zu sitzen. In erster Linie unterscheiden sie sich dadurch, daß an den erstgenannten das Kind selbst mitgewirkt hat. Das sind seine Regeln für sich selbst, für die innere Selbstbeschränkung und Selbstbestimmung, wie *Piaget* es zum Ausdruck bringt. Das Kind sagt zu sich selbst, ich muß mich in diesem Spiel so und so verhalten. Das ist etwas ganz anderes, als wenn man dem Kind sagt, das darfst du, und das darfst du nicht. *Piaget* zeigte eine sehr interessante Erscheinung in der Entwicklung der Moral des Kindes und nannte sie moralischer Realismus. Er sagt, die erste Entwicklungslinie der äußeren Regeln (was ist erlaubt, und was ist verboten) führt zum moralischen Realismus, das heißt dazu, daß das Kind moralische und physikalische Regeln durcheinanderbringt – es bringt die Tatsache, daß man ein Streichholz nicht ein zweites Mal entzünden kann, mit der Tatsache durcheinander, daß es überhaupt kein Streichholz anzünden darf, es versteht nicht, daß es ein Glas deshalb nicht nehmen darf, weil es zerbrechen kann. Alle diese „Du-darfst-nicht" sind für das Kleinkind immer ein und dasselbe. Eine ganz andere Beziehung hat es zu den Regeln, die es selbst mit festgelegt hat.[42]

Wenden wir uns jetzt der Frage nach der Bedeutung des Spiels, nach seinem Einfluß auf die Entwicklung des Kindes zu. Er ist außerordentlich groß.

Es geht mir darum, zwei Hauptgedanken darzulegen. Ich glaube, das Spiel mit der eingebildeten Situation ist etwas wesentlich Neues, zu dem ein Kind unter drei Jahren nicht in der Lage ist. Es handelt sich hier um eine neue Verhaltensform, deren Wesen darin besteht, daß die Tätigkeit in der eingebildeten Situation das Kind von der Situationsgebundenheit befreit.

Das Verhalten des Kleinkindes ist, wie die Untersuchungen *Lewins* und anderer zeigten, in hohem Grade und das des Säuglings absolut ein Verhalten, das durch die Umstände bestimmt ist, unter denen die Tätigkeit vor sich geht. Berühmt ist in diesem Zusammenhang der Versuch *Lewins* mit dem Stein. Dieser Versuch ist eine wahrheitsgetreue Illustration dessen, in welchem Grade das Kleinkind bei jedem Schritt abhängig ist von den Umständen, unter denen es tätig ist. Wir finden darin einen sehr charakteristischen Zug des Verhaltens des Kleinkindes im Sinne seiner Beziehung zu der nächsten Umgebung, zur realen Lage, in der seine Tätigkeit stattfindet. Man kann sich nur schwer vorstellen, welch ein Gegensatz zwischen dem besteht, was uns die Versuche *Lewins* im Hinblick auf Situationsgebundenheit der Tätigkeit zeigen, und dem, was wir im Spiel sehen. Im Spiel lernt das Kind, in der erkannten und nicht in der sichtbaren Situation zu handeln. Meiner Meinung nach gibt diese Formel genau das wieder, was im Spiel vor

---

[42] Ich habe bereits in der vorigen Vorlesung darauf hingewiesen, wie das Kleinkind die äußeren Verhaltensregeln wahrnimmt, sowie darauf, daß alle Formen des „Du-darfst-nicht" – die sozialen (Verbot), die physikalischen (z. B. daß es nicht möglich ist, ein Streichholz, das einmal entzündet worden war, ein zweites Mal zu entzünden) und die biologischen (z. B. man darf nicht den Samowar anfassen, weil man sich verbrennt) – verfließen zu einem einzigen situativen „Ist-nicht-erlaubt", das man als Barriere auffassen kann (im *Lewin*schen Sinne des Wortes).

sich geht. Im Spiel lernt das Kind, in der erkannten, das heißt in der gedachten Situation zu handeln, wobei es von den inneren Tendenzen und Motiven ausgeht und nicht von Motiven und Stimuli, die vom Gegenstand ausgehen. Ich erinnere an die Lehre von *Lewin*, daß die Dinge für das Kleinkind Aufforderungscharakter haben, ihm vorschreiben, was es zu tun hat – eine Tür reizt das Kind, sie auf- und zuzumachen, eine Treppe reizt es, sie hinauf- und hinunterzusteigen, sieht es ein Glöckchen, so möchte es klingeln. Kurz, den Dingen ist eine Triebkraft eigen, die das Kleinkind zum Handeln veranlaßt, sie bestimmt das Verhalten des Kindes derart, daß *Lewin* auf den Gedanken kam, eine psychologische Topologie zu schaffen, das heißt mathematisch zum Ausdruck zu bringen, welche Bewegungslinie im Feld abhängig davon entsteht, wie anziehend beziehungsweise abstoßend die Dinge für das Kind sind.

Wo liegt die Wurzel der Situationsgebundenheit des Kindes? Wir fanden sie in einem zentralen Bewußtseinsfaktum, das dem Kleinkindalter eigen ist und in der Einheit von Affekt und Wahrnehmung besteht. Die Wahrnehmung ist in diesem Alter überhaupt kein selbständiges Moment, sondern das Anfangsmoment der motorisch-affektiven Reaktion, das heißt, somit ist jede Wahrnehmung ein Stimulus zur Tätigkeit. Da die Situation psychologisch stets durch die Wahrnehmung gegeben, die Wahrnehmung aber nicht von der affektiven und motorischen Tätigkeit losgelöst ist, leuchtet ein, daß das Kind mit einer derartigen Bewußtseinsstruktur nicht anders handeln kann als situationsgebunden, als in Verbindung mit dem Feld, in dem es sich befindet.

Im Spiel verlieren die Dinge ihren Aufforderungscharakter. Das Kind sieht das eine, handelt jedoch, bezogen auf das, was es sieht, anders. Es tritt also der Umstand ein, daß das Kind in seinen Handlungen nicht mehr von dem, was es sieht, abhängig ist. Bei Schädigungen der Großhirnrinde büßen manche Betroffenen die Fähigkeit ein, unabhängig davon, was sie sehen, zu handeln. Wenn man diese Kranken sieht, beginnt man zu begreifen, daß die Handlungsfreiheit, über die jeder von uns und jedes ältere Kind verfügt, nicht von vornherein vorhanden ist, sondern einen langen Entwicklungsweg hinter sich hat.

Durch die Handlung in einer Situation, die das Kind nicht sieht, sondern sich nur denkt, durch die Handlung auf Phantasieebene, in der eingebildeten Situation wird es in die Lage versetzt, sich in seinem Verhalten nicht nur von der unmittelbaren Wahrnehmung des Gegenstandes oder von der unmittelbar auf es einwirkenden Situation leiten zu lassen, sondern von der Bedeutung dieser Situation.

Kleinkinder sind nicht imstande, zwischen Bedeutungs- und Gesichtsfeld zu differenzieren. Das ist eine sehr wichtige Tatsache. Selbst ein zweijähriges Kind, das, auf ein sitzendes Kind blickend, sagen soll: „Tanja geht", wandelt den Satz ab und sagt: „Tanja sitzt".

Bei einigen Erkrankungen haben wir es mit genau der gleichen Erscheinung zu tun. *Goldstein* und *Gelb* haben Kranke beschrieben, die nicht in der Lage sind, etwas zu sagen, was nicht ist. *Gelb* besitzt Unterlagen über einen Kranken, der gut mit der linken Hand schrieb, aber nicht den Satz niederschreiben konnte: „Ich kann gut mit der rechten Hand schreiben." Wenn schönes Wetter war, konnte er nicht, aus dem Fenster blickend, sagen: „Heute ist schlechtes Wetter", sondern sagte: „Heute ist gutes Wetter". Sprachgestörte Kranke sind sehr oft nicht in der Lage, sinnlose Sätze zu wiederholen. Zum Beispiel: „Der Schnee ist schwarz." Andere im Hinblick auf ihren grammatischen Aufbau gleich schwierige Sätze wiederholen sie.

Beim Kleinkind ist das Wort mit dem Ding, die Bedeutung mit dem, was es sieht, eng verschmolzen. Eine Trennung von Bedeutungs- und Gesichtsfeld ist unmöglich.

Das wird verständlich, wenn man sich den Entwicklungsprozeß der Sprache des Kindes vor Augen führt. Sie sagen zum Kind: „Uhr". Es beginnt zu suchen und findet die Uhr, das heißt, die erste Funktion des Wortes besteht darin, sich im Raum zu orientieren, darin, einzelne Stellen des Raumes auszusondern; das Wort bedeutet ursprünglich eine bestimmte Stelle in der Situation.

Im Vorschulalter sehen wir uns erstmals einer Trennung von Bedeutungsfeld und optischem Feld gegenüber. Ich glaube, man kann sich den Worten eines Wissenschaftlers anschließen, der sagt, daß sich in der Spielhandlung der Gedanke vom Gegenstand löst und die Handlung beim Gedanken ihren Anfang nimmt, nicht beim Gegenstand.

Der Gedanke löst sich deshalb vom Gegenstand, weil ein Stückchen Holz die Rolle der Puppe zu spielen beginnt, ein Stock zum Pferd wird. Die Handlung nach Regeln beginnt vom Gedanken bestimmt zu werden und nicht vom Gegenstand. Das ist eine Wende in der Beziehung des Kindes zur realen konkreten nächstliegenden Situation. Die Tragweite dieser Wende ist kaum zu ermessen. Sie erfolgt beim Kind nicht mit einem Mal. Den Gedanken (die Bedeutung des Wortes) vom Gegenstand loszulösen ist für das Kind eine außerordentlich schwierige Aufgabe. Das Spiel ist eine Übergangsform dazu. In dem Moment, da der Stock, das heißt der Gegenstand zu einer Stütze wird, die Bedeutung Pferd vom realen Pferd loszulösen, in diesem kritischen Moment verändert sich grundlegend eine der wichtigsten psychologischen Strukturen, die die Beziehung des Kindes zur Realität bestimmt.

Das Kind vermag noch nicht ohne weiteres den Gedanken vom Gegenstand zu lösen, es muß sich dabei auf einen anderen Gegenstand stützen können. Um an das Pferd denken zu können, um die eigenen Handlungen mit diesem Pferd festzulegen, braucht es als Stütze einen Stock. Aber immerhin wandelt sich in diesem kritischen Moment grundlegend die Hauptstruktur, die die Beziehung des Kindes zur Wirklichkeit bestimmt, eben die Struktur der Wahrnehmung. Die Besonderheit der Wahrnehmung des Menschen in seiner frühen Kindheit besteht in der sogenannten realen Wahrnehmung. Das ist etwas, dem wir in der Wahrnehmung des Tieres nicht begegnen. Das Wesentliche ist, daß ich nicht nur die Welt der Farben und Formen sehe, sondern auch eine Welt, die eine Bedeutung und einen Sinn hat. Ich sehe nicht etwas Rundes Schwarzes mit zwei Zeigern, sondern ich sehe eine Uhr und kann das eine vom anderen trennen. Es gibt Kranke, die beim Anblick einer Uhr sagen, sie sehen etwas Rundes Weißes mit zwei dünnen Stahlstreifen, aber sie wissen nicht, daß das eine Uhr ist. Sie haben die reale Beziehung zu dem Gegenstand eingebüßt. Die Struktur der Wahrnehmung eines Menschen kann demnach in Form eines Bruchs zum Ausdruck gebracht werden, bei dem der Zähler der Gegenstand ist und der Nenner die Bedeutung. Darin kommt eine bestimmte Beziehung zwischen Gegenstand und Bedeutung zum Ausdruck, die auf der Grundlage der Sprache entsteht. Das heißt, daß jede Wahrnehmung des Menschen nicht eine Einzelwahrnehmung ist, sondern eine verallgemeinerte Wahrnehmung. *Goldstein* sagt, solch eine vom Gegenstand geformte Wahrnehmung und die Verallgemeinerung sei ein und dasselbe. In diesem Bruch Gegenstand – Bedeutung dominiert beim Kind der Gegenstand. Die Bedeutung ist mit ihm unmittelbar verbunden. In jenem kritischen Moment, in dem für das Kind ein Stock zum Pferd wird, das heißt, wenn der Gegenstand, der Stock, zu einer Stütze dafür wird, die Bedeutung Pferd vom realen Pferd zu lösen, kehrt sich dieser Bruch, wie der Wissenschaftler sagt, um, und das Bedeutungsmoment wird

zum führenden Moment: $\dfrac{\text{Bedeutung}}{\text{Gegenstand}}.$

Dennoch behalten die Eigenschaften des eigentlichen Gegenstandes ziemlich große Bedeutung. Jeder Stock kann die Rolle eines Pferdes übernehmen, aber eine Postkarte zum Beispiel kann für das Kind niemals zum Pferd werden. Die Meinung Goethes, das Kind sei in der Lage, im Spiel aus allem alles werden zu lassen, ist falsch. Für Erwachsene, denen die Symbolik bewußt ist, kann natürlich auch die Postkarte ein Pferd sein. Wenn ich zum Beispiel irgend etwas schematisch erläutern will, lege ich ein Streichholz hin und sage, das ist ein Pferd. Das genügt. Für das Kind kann das kein Pferd sein. Es muß einen Stock haben. Folglich ist das Spiel nicht Symbolik. Das Symbol ist ein Zeichen, der Stock aber ist nicht das Zeichen des Pferdes. Die Eigenschaften des Gegenstandes bleiben erhalten, aber ihre Bedeutung verschwindet, das heißt zum zentralen Moment wird der Gedanke. Man könnte sagen, die Gegenstände werden in dieser Struktur aus Hauptmomenten zu untergeordneten Momenten.

Das Kind schafft also im Spiel die Struktur $\dfrac{\text{Bedeutung}}{\text{Gegenstand}},$

in der das Bedeutungsmoment, die Bedeutung des Wortes, die

Bedeutung des Gegenstandes zum führenden Moment wird und das Verhalten des Kindes bestimmt.

Die Bedeutung emanzipiert sich bis zu einem gewissen Grade vom Gegenstand, mit dem sie zuvor unmittelbar verschmolzen war. Ich möchte sagen, das Kind operiert im Spiel mit der vom Gegenstand losgerissenen Bedeutung, aber sie läßt sich nicht von der realen Handlung mit einem realen Gegenstand trennen.

Es entsteht also ein außerordentlich interessanter Widerspruch, der darin besteht, daß das Kind mit den von den entsprechenden Gegenständen und Handlungen losgelösten Bedeutungen operiert, aber es operiert mit ihnen untrennbar verbunden mit irgendeiner realen Handlung und mit irgendeinem anderen Gegenstand. Das eben macht den Übergangscharakter des Spiels aus, durch den es zum Verbindungsglied zwischen der reinen Situationsgebundenheit des Kleinkindalters und dem von der realen Situation losgelösten Denken wird.

Im Spiel operiert das Kind mit Gegenständen wie mit Gegenständen, die eine Bedeutung haben, operiert mit den Bedeutungen der Wörter, die den Gegenstand ersetzen, deshalb erfolgt im Spiel eine Emanzipation des Wortes vom Gegenstand (ein Behaviorist würde das Spiel und seine charakteristischen Merkmale folgendermaßen beschreiben: Das Kind gibt gewöhnlichen Dingen ungewöhnliche Namen, gewöhnlichen Handlungen ungewöhnliche Bezeichnungen, obwohl es die wirklichen Bezeichnungen kennt).

Das Wort kann vom Gegenstand nur gelöst werden, wenn eine Stütze in Form eines anderen Gegenstandes vorhanden ist. Aber in dem Moment, da der Stock, das heißt ein Gegenstand zur Stütze wird, um die Bedeutung Pferd vom realen Pferd zu lösen (das Kind vermag nicht die Bedeutung oder das Wort vom Gegenstand anders zu lösen, als indem es in einem anderen Gegenstand eine Stütze dafür findet, das heißt mit Hilfe des einen Gegenstandes dem anderen den Namen entwendet), veranlaßt es gleichsam den einen Gegenstand, auf den anderen im Bedeutungsfeld einzuwirken. Die Übertragung der Bedeutung wird dadurch leichter, daß das Kind das Wort als Eigenschaft des Gegenstandes ansieht, es sieht nicht das Wort, sondern sieht hinter dem Wort den mit ihm bezeichneten Gegenstand. Das Wort „Pferd", bezogen auf einen Stock, bedeutet „Das ist ein Pferd", das heißt, das Kind sieht in Gedanken den Gegenstand hinter dem Wort.

Im Schulalter wechselt das Spiel über zu den inneren Prozessen, zur inneren Sprache, zum logischen Gedächtnis, zum abstrakten Denken. Das Kind operiert im Spiel mit Bedeutungen, die von den Dingen gelöst sind, aber nicht losgelöst von der realen Handlung mit realen Gegenständen. Die Lösung der Bedeutung Pferd vom realen Pferd und ihre Übertragung auf einen Stock (dingliche Stütze, andernfalls verflüchtigt sich die Bedeutung) und das reale Handeln mit dem Stock wie mit einem Pferd ist die unerläßliche Übergangsetappe zum Operieren mit Bedeutungen, das heißt, das Kind handelt zuerst mit den Bedeutungen wie mit den Gegenständen, dann werden sie ihm bewußt, und es beginnt zu denken. Das ist der Tatsache ähnlich, daß das Kind, bevor es sich die grammatikalische Sprache und die Schriftsprache aneignet, über entsprechende Fähigkeiten verfügt, aber nicht weiß, daß es sie besitzt, das heißt, sie werden ihm nicht bewußt, und es beherrscht sie nicht willkürlich. Im Spiel nutzt das Kind unbewußt und unwillkürlich die Möglichkeit, die Bedeutung vom Gegenstand zu lösen, das heißt, es weiß nicht, was es tut, weiß nicht, daß es in Prosa spricht, wie es beim Sprechen nicht das Wort gewahr wird.

Hierher rührt die funktionale Bestimmung der Begriffe, das heißt der Dinge, hieraus entstammt das Wort, ein Teil des Gegenstandes.

Mit alledem wollte ich zum Ausdruck bringen, daß die Tatsache des Bewußtwerdens der eingebildeten Situation nicht eine Zufallstatsache im Leben des Kindes ist. Ihre erste Folge ist die Emanzipation des Kindes von der Situationsbindung. Das erste Paradoxon des Spiels ist jenes, daß das Kind mit losgelösten Bedeutungen operiert, aber in einer realen Situation. Das zweite Paradoxon besteht darin, daß das Kind im Spiel auf der Linie des geringsten Widerstandes handelt, das heißt, es macht das, was es am liebsten möchte, weil Spiel mit Lustgewinn zusammenhängt. Gleichzeitig lernt es, auf der Linie des größten Widerstandes zu handeln. Indem es sich den Regeln unterordnet, verzichtet es auf etwas, das es gern möchte, weil die Unterordnung unter die Regel und der Verzicht auf eine dem unmittelbaren Impuls folgende Handlung der Weg zu maximaler Lust ist.

Wenn Sie Kinder bei Sportspielen vor Augen haben, stehen Sie vor dem gleichen Bild. Um die Wette laufen ist schwer, denn jeder Läufer möchte losrennen, bevor bis drei gezählt wurde. Offenbar besteht das Wesen der inneren Regeln darin, daß das Kind handeln muß, ohne dem unmittelbaren Impuls zu folgen.

Das Spiel stellt an das Kind fortwährend die Forderung, dem unmittelbaren Impuls entgegengesetzt, das heißt auf der Linie des größten Widerstandes, zu handeln. Der unmittelbare Wunsch ist – loslaufen, und das ist verständlich, aber die Spielregeln gebieten, abzuwarten. Warum tut das Kind nicht das, was es unmittelbar gern tun möchte? Weil durch das Beachten der Regeln in der gesamten Struktur des Spiels ein größerer Lustgewinn am Spiel erzielt wird als dadurch, daß man dem unmittelbaren Impuls folgt. Anders ausgedrückt, um es mit den Worten eines Wissenschaftlers zu sagen, der sich auf *Spinoza* beruft: „Ein Affekt kann nur durch einen anderen, stärkeren Affekt besiegt werden." Im Spiel wird also ein Umstand herbeigeführt, unter dem, wie *Noll* sagt, eine binäre affektive Ebene entsteht. Zum Beispiel weint das Kind im Spiel wie ein Patient, freut sich dabei aber wie ein Spielender. Das Kind unterdrückt im Spiel den unmittelbaren Impuls und koordiniert sein Verhalten, jeden seiner Schritte mit den Spielregeln. Das wurde glänzend von *Groos* beschrieben. Seiner Meinung nach entsteht und entwickelt sich der Wille des Kindes im Regelspiel. Wenn das Kind das von *Groos* beschriebene einfache Zauberspiel spielt, muß es, um nicht Verlierer zu sein, vor dem Zauberer davonlaufen, gleichzeitig aber muß es dem Kameraden helfen, ihn von dem Zauber erlösen. Wird es vom Zauberer berührt, muß es stehenbleiben. Auf Schritt und Tritt befindet es sich in einem Konflikt – auf der einen Seite steht die Spielregel, auf der anderen das, was es tun würde, wenn es seinem unmittelbaren Impuls folgen dürfte. Im Spiel handelt es dem zuwider, was es im Augenblick tun möchte. *Noll* wies nach, daß sich beim Kind die Selbststeuerung am stärksten im Spiel entwickelt. Die größte Willenskraft erreichte er bei den Kindern, indem er sie mit Bonbons spielen ließ, die den Spielregeln zufolge nicht gegessen werden durften, weil sie nicht eßbare Gegenstände darstellten. Gewöhnlich erlebt das Kind die Unterordnung unter die Regel im Verzicht darauf, das zu tun, was es möchte, hier aber ist die Unterordnung unter die Regel und der Verzicht auf die Handlung, entgegen dem unmittelbaren Impuls, der Weg zu größtem Lustgewinn.

Wesentliches Merkmal des Spiels ist also die zum Affekt gewordene Regel. „Die zum Affekt gewordene Idee, das zur Leidenschaft gewordene Verstehen" – das ist der Prototyp dieses Ideals im Spiel, der die Herrschaft der Willkürlichkeit und der Freiheit bedeutet. Die Erfüllung der Regel ist Quelle der Lust. Die Regel siegt als der stärkere Impuls (vgl. *Spinoza* – ein Affekt kann durch einen stärkeren Affekt besiegt werden). Daraus geht hervor, daß solch eine Regel eine innere Regel ist, das heißt eine Regel der inneren Selbstbeschränkung, Selbststeuerung, Selbstbestimmung, wie *Piaget* es ausdrückt, und nicht eine Regel, der sich das Kind wie einem physikalischen Gesetz unterordnet. Kurz gesagt, das Spiel gibt dem Kind eine neue Form von Wünschen, das heißt es lehrt das Kind, zu wünschen und seine Wünsche auf das fiktive Ich zu beziehen, das heißt auf die Rolle im Spiel und auf die Spielregel. Deshalb erlangt das Kind im Spiel sehr große Errungenschaften, die morgen sein reales durchschnittliches Niveau, seine Moral darstellen.

Nun können wir von der Tätigkeit des Kindes dasselbe sagen, was wir vom Gegenstand sagten. Wie es den Bruch $\dfrac{\text{Gegenstand}}{\text{Bedeutung}}$ gibt, gibt es auch den Bruch $\dfrac{\text{Handlung}}{\text{Bedeutung}}$.

Die Struktur kehrt sich also um, und die Bedeutung wird zum Zähler, die Handlung dagegen zum Nenner.

Wichtig ist, sich vor Augen zu führen, wie sich das Kind im Spiel befreit, wenn aus dieser Handlung anstelle einer realen, zum Beispiel der Handlung des Essens, eine Fingerbewegung wird, das heißt, wenn die Handlung nicht um der Handlung willen ausgeführt wird, sondern um der Bedeutung willen, die sie bezeichnet.

Beim Vorschulkind herrscht die Handlung anfangs über ihre Bedeutung. Das ist darauf zurückzuführen, daß diese Handlung nicht völlig verstanden wird. Das Kind vermag mehr zu tun als zu verstehen. Im Vorschulalter bildet sich erstmalig eine Handlungsstruktur, bei der die Bedeutung zum bestimmenden Faktor wird. Die Handlung selbst jedoch ist nicht etwas Nebensächliches, nicht ein untergeordnetes Moment, sondern ein strukturelles Moment. Bei *Noll* finden wir beschrieben, daß Kinder vom Tellerchen aßen, indem sie mit den Händen mehrere Bewegungen vollführten, die wirklichen Eßbewegungen ähnlich waren, Handlungen jedoch, die auf keinen Fall Essen bedeuten konnten, vermochten die Kinder nicht auszuführen. Die Hände vom Teller wegzuziehen, statt zum Teller hinzustrecken, war ihnen nicht möglich, das heißt, so etwas übte eine zerstörende Wirkung auf das Spiel aus. Das Kind symbolisiert nicht im Spiel, sondern wünscht, erfüllt einen Wunsch, erlebt Hauptkategorien der Wirklichkeit. Eben deshalb werden Tag und Nacht in einer halben Stunde gespielt, 100 Werst mit fünf Schritten zurückgelegt. Indem das Kind wünscht, führt es aus, indem es denkt, handelt es. Die innere Handlung ist unlösbar mit der äußeren verbunden. Phantasie, Sinngebung und Wille, das heißt die inneren Prozesse, sind in der äußeren Handlung vertreten.

Die Hauptsache ist die Bedeutung der Handlung, aber auch die Handlung selbst ist nicht gleichgültig. Im Kleinkindalter war das umgekehrt, das heißt, strukturbestimmend war die Handlung, die Bedeutung war zweitrangig, nebensächlich, ein untergeordnetes Moment. Dasselbe, was wir über die Loslösung der Bedeutung vom Gegenstand sagten, gilt auch für die Handlungen des Kindes. Ein auf der Stelle hüpfendes Kind, das sich einbildet zu reiten, vollzieht eine Umkehrung des Bruchs

$$\frac{\text{Handlung}}{\text{Bedeutung}} \text{ in den Bruch } \frac{\text{Bedeutung}}{\text{Handlung.}}$$

Um die Bedeutung der Handlung von der realen Handlung zu lösen (auf einem Pferd reiten, ohne es wirklich tun zu können), bedarf das Kind wiederum einer Stütze in Form eines Ersatzes der realen Handlung. Und erneut verhält es sich so, daß in der Struktur Handlung – Bedeutung zuerst die Handlung das Bestimmende war, nun die Struktur sich jedoch umkehrt und die Bedeutung der bestimmende Faktor wird. Die Handlung rückt in den Hintergrund, wird zur Stütze, wiederum wird die Bedeutung von der Handlung mit Hilfe einer anderen Handlung gelöst. Das ist wieder ein Zurückgreifen auf dem Wege zum Operieren mit reinen Handlungsbedeutungen, auf dem Wege zur willentlichen Auswahl, zur Entscheidung, zum Kampf der Motive und den übrigen Prozessen, die scharf von der Ausführung getrennt sind. Das heißt, der Weg zum Willen ist, wie das Operieren mit den Bedeutungen der Gegenstände, der Weg zum abstrakten Denken, denn in der Willensentscheidung ist nicht die eigentliche Handlungsausführung der bestimmende Punkt, sondern die Bedeutung der Handlung. Im Spiel ersetzt die Handlung eine andere Handlung wie ein Gegenstand einen anderen ersetzt. Wie schleust das Kind die eine Handlung in eine andere ein, den einen Gegenstand in einen anderen? Dem liegt eine Bewegung im Bedeutungsfeld zugrunde, die nicht verbunden ist mit dem Gesichtsfeld, mit den realen Dingen, die sich alle realen Dinge und alle realen Handlungen unterwirft.

Diese Bewegung im Bedeutungsfeld ist im Spiel die Hauptsache. Sie ist zwar eine Bewegung im abstrakten Feld (das Feld, heißt das, entsteht früher als das willkürliche Operieren mit den Bedeutungen), aber die Art und Weise der Bewegung ist situativ, konkret (d. h. nicht logisch, sondern affektiv). Anders ausgedrückt, es entsteht ein Bedeutungsfeld, aber die Bewegung in ihm geht wie im realen Feld vor sich – hierin liegt der genetische Hauptwiderspruch des Spiels. Es bleiben nun noch drei Probleme offen, auf die ich einzugehen habe: Erstens muß ich nachweisen, daß das Spiel nicht das dominierende, sondern das führende Moment in der Entwicklung des Kindes ist; zweitens muß ich darlegen, worin die Entwicklung des Spiels an sich besteht, das heißt, was die Fortbewegung vom Vorherrschen der eingebildeten Situation zum Vorherrschen der Regel bedeutet; und drittens muß ich klarstellen, zu welchen inneren Wandlungen das Spiel in der Entwicklung des Kindes führt.

Meiner Meinung nach ist das Spiel nicht die dominierende Tätigkeit des Kindes. In den wichtigsten Lebenssituationen ist das Verhalten des Kindes seinem Verhalten im Spiel diametral entgegengesetzt. Im Spiel ordnet sich seine Handlung der Bedeutung unter, im realen Leben dagegen hat seine Handlung bezogen auf die Bedeutung natürlich den Vorrang.

Also haben wir im Spiel, wenn Sie so wollen, das Negativ des allgemeinen Lebensverhaltens des Kindes vor uns. Deshalb wäre es völlig unbegründet, das Spiel für den Prototyp der Lebenstätigkeit des Kindes, für die überwiegende Tätigkeitsform zu halten. Hierin liegt der Hauptmangel der Theorie von *Koffka*, der das Spiel als die zweite Welt des Kindes betrachtet. Alles, was zum Kind gehört, ist nach *Koffka* Spieltätigkeit. Ein und derselbe Gegenstand hat im Spiel die eine Bedeutung und außerhalb des Spiels eine andere. In der Welt des Kindes herrscht die Logik der Wünsche, die Logik der Triebbefriedigung und nicht die reale Logik. Das Illusionäre des Spiels wird auf das Leben übertragen. So verhielte es sich, wenn das Spiel die dominierende Tätigkeitsart des Kindes wäre. Man kann sich aber nur schwer vorstellen, was für ein Bild aus einem Irrenhaus ein Kind vor uns entstehen ließe, wenn diese Form der Tätigkeit, von der hier die Rede ist, auch nur bis zu einem gewissen Grade auf das reale Leben übertragen, wenn sie zur überwiegenden Form der Lebenstätigkeit des Kindes würde.

Koffka führt mehrere Beispiele an, wie ein Kind eine Spielsituation auf das Leben überträgt. Aber eine wirkliche Übertragung des Spielverhaltens auf das Leben kann doch nur als Krankheitssymptom angesehen werden. Sich in einer realen Situation wie in einer illusionären verhalten bedeutet Ansätze einer Schädigung offenbaren.

Wie Untersuchungen zeigen, beobachtet man Spielverhalten im Leben, in der Norm zum Beispiel dann, wenn Schwestern „Schwestern" spielen, oder wenn Kinder beim wirklichen Mittagessen spielen, sie würden Mittag essen, oder (Beispiel von *Katz*) wenn Kinder, die nicht gern ins Bett gehen, sagen: „Los, wir spielen jetzt, als wäre es Nacht, und wir müssen schlafen gehen." Sie beginnen das zu spielen, was sie in Wirklichkeit tun, und es entsteht bei ihnen dabei offenbar eine andere Beziehung dazu, die es ihnen erleichtert, die unangenehme Handlung auszuführen.

Demzufolge nehme ich also an, das Spiel ist nicht die überwiegende Tätigkeitsart im Vorschulalter. Nur in Theorien, in denen man das Kind nicht als ein Wesen betrachtet, das den Hauptanforderungen des Lebens gerecht wird, sondern als ein Wesen, dessen Leben vom Suchen nach Lustgewinn ausgefüllt ist, das nur nach Lustgewinn strebt, ist der Gedanke möglich, daß die Welt des Kindes die Welt des Spiels ist.

Kann das Verhalten des Kindes so sein, daß es stets nach der Bedeutung handelt, kann es beim Vorschulkind ein solch trockenes Verhalten geben, daß es sich zum Bonbon nicht so verhält, wie es gern möchte, nur weil es denkt, daß es sich anders verhalten muß? Ein derartiges Sich-der-Regel-Fügen ist im Leben ein Ding der Unmöglichkeit. Im Spiel dagegen wird solch ein Verhalten möglich. Im Spiel steht das Kind immer über dem Mittel seines Alters, über seinem gewöhnlichen Verhalten im Alltag. Im Spiel ist das Kind gleichsam einen Kopf größer als in Wirklichkeit. Das Spiel enthält in kondensierter Form, wie im Brennpunkt eines Vergrößerungsglasses, alle Entwicklungstendenzen. Im Spiel bemüht sich das Kind gleichsam, eine Stufe höher zu klettern, verglichen mit seinem sonstigen Verhalten.

Das Verhältnis zwischen Spiel und Entwicklung ist vergleichbar dem Verhältnis zwischen Unterricht und Entwicklung. Das Spiel geht mit Veränderungen der Bedürfnisse einher und mit allgemeinen Veränderungen des Bewußtseins. Das Spiel ist Quelle der Entwicklung und schafft die Zone der nächsten Entwicklung. Die Handlung im Phantasiefeld, in der eingebildeten Situation, eine willkürliche Absicht, ein Lebensplan und volitive Motive – all das entsteht im Spiel, und dadurch gelangt es auf das höchste Niveau der Entwicklung, erhebt es sich auf den Kamm der Welle, wird es zur neunten Woge in der Entwicklung des Vorschulkindes, emporgehoben von den tiefsten, jedoch relativ ruhigen Wassern.

Im Prinzip bewegt sich das Kind durch die Spieltätigkeit fort. Nur in diesem Sinne kann das Spiel als führende Tätigkeit bezeichnet werden, das heißt als Tätigkeit, die in der Entwicklung des Kindes bestimmend ist.

Die zweite Frage ist: Wie entwickelt sich das Spiel? Bemerkenswert ist die Tatsache, daß das Kind mit der eingebildeten Situation beginnt, wobei diese eingebildete Situation anfangs sich sehr der realen Situation annähert. Es findet eine Reproduktion der realen Situation statt. Wenn das Kind mit Puppen spielt, wiederholt es fast genau das, was die Mutter mit ihm macht. Kaum hat der Arzt dem Kind in den Hals geschaut, ihm einen Schmerz zugefügt, so daß es schrie, schon stopft es, sobald der Arzt gegangen ist, den Löffel der Puppe in den Mund.

Das heißt, in der ursprünglichen Situation ist die Regel in höchstem Grade verkürzt, komprimiert. Das Eingebildete an der Situation ist ebenfalls nur in sehr geringem Grade Eingebildetes. Es ist zwar eine eingebildete Situation, aber sie wird nur in ihrer Beziehung zur eben erst gewesenen realen Situation verständlich, das heißt, sie ist eine Erinnerung an etwas Gewesenes. Das Spiel gleicht mehr einer Erinnerung, als daß es an Phantasie denken läßt, es stellt eher eine Erinnerung in der Handlung dar als eine neue eingebildete Situation. In dem Maße, wie sich das Spiel weiterentwickelt, beobachten wir eine Bewegung zum Bewußtwerden des Spielziels.

Es ist falsch, anzunehmen, das Spiel sei eine ziellose Tätigkeit. Das Spiel ist eine zielgerichtete Tätigkeit des Kindes. In Sportspielen gibt es Sieg und Niederlage. Man kann das Ziel als erster erreichen, als zweiter oder auch als letzter. Mit einem Wort, das Ziel ist für das Spiel entscheidend. Um des Zieles willen wird alles übrige unternommen. Das Ziel bestimmt als Schlußmoment das affektive Verhältnis des Kindes zum Spiel. Beim Wettlauf regt es sich eventuell sehr auf und ist betrübt. Von einem Lustgefühl bleibt in manchen Fällen kaum etwas übrig, denn das Laufen strengt physisch an; und wird das Kind dazu noch überholt, dann wird es wohl nur wenig Funktionslust empfinden. Das Ziel wird in den Sportspielen gegen

Ende des Spiels zu seinem dominierenden Moment. Ohne dieses Moment hätte ein Spiel ebenso wenig Sinn wie ein lekkeres Stück Konfekt zu betrachten, es in den Mund zu nehmen, etwas daran zu kauen und es wieder auszuspucken.

Im Spiel wird das im voraus gesetzte Ziel bewußt – Ermitteln des schnellsten Läufers.

Am Ende der Entwicklung tritt die Regel in Erscheinung, und je härter sie ist, je mehr sie dem Kind abverlangt, je strenger sie die Tätigkeit des Kindes reguliert, um so anstrengender und spannender wird das Spiel. Einfaches zielloses Umherlaufen, ohne Spielregeln ist ein langweiliges Spiel; das Kind kann sich für solch ein Spiel nicht begeistern.

Noll erleichterte für Kinder die Regeln des Krocketspiels. Er zeigt, daß das Spiel dadurch für die Kinder an Anziehungskraft verliert, daß es in dem Maße seinen Sinn für sie einbüßt, wie die Regeln fortfallen. Gegen Ende der Entwicklung tritt im Spiel deutlich zutage, was zu Anfang im Keim vorhanden war – das Ziel und die Regeln. Es gab sie auch früher, aber in verkürzter Form. In Erscheinung tritt noch ein weiteres, für das Sportspiel sehr wesentliches Moment, nämlich ein gewisses Streben, den ersten Platz zu belegen, das sehr eng mit dem Ziel verbunden ist.

Nehmen wir zum Beispiel das Schachspiel. Es ist angenehm, die Schachpartie zu gewinnen und unangenehm, sie zu verlieren. *Noll* sagt, es ist einem Kind ebenso angenehm, als erstes über den Zielstrich zu laufen, wie einem schönen Menschen, sich im Spiegel zu betrachten.

Es entsteht also ein Komplex von Eigenschaften, der gegen Ende der Entwicklung des Spiels in dem Maße in den Vordergrund rückt, in dem er anfangs im Hintergrund verborgen war. Momente, die anfangs zweitrangig oder nebensächlich waren, werden gegen Ende zu zentralen Momenten und umgekehrt – die anfangs an der Spitze stehenden Momente werden gegen Ende zu nebensächlichen.

Und schließlich die dritte Frage: Welche Art von Veränderungen im Verhalten des Kindes führt das Spiel herbei? Im Spiel ist das Kind frei, das heißt, es bestimmt seine Schritte, ausgehend vom eigenen Ich. Aber das ist eine illusionäre Freiheit. Das Kind ordnet seine Handlungen einer bestimmten Bedeutung unter, es handelt ausgehend von der Bedeutung des Gegenstandes.

Dem Kind beginnen die eigenen Handlungen bewußt zu werden, es wird ihm bewußt, daß jedes Ding eine Bedeutung hat.

Die Tatsache, daß dem Kind die eingebildete Situation bewußt wird, kann man unter dem Entwicklungsaspekt als Weg zur Entwicklung des abstrakten Denkens betrachten. Die hiermit verbundene Regel führt meines Erachtens zur Entwicklung jener Handlungen des Kindes, auf denen die Trennung zwischen Spiel und Arbeit basiert, wie sie im Schulalter eintritt.

Ich möchte noch auf ein weiteres Moment die Aufmerksamkeit lenken: Das Spiel ist wirklich eine Besonderheit des Vorschulkindes.

Wie ein Wissenschaftler bildlich zum Ausdruck bringt, trägt das Spiel des Kindes bis zu drei Jahren Ernstcharakter, ebenso wie das Spiel im frühen Jugendalter, natürlich in unterschiedlichem Sinne dieses Wortes verstanden. Das Ernstspiel des Kleinkindes besteht darin, daß es spielt, ohne zwischen eingebildeter und realer Situation zu unterscheiden.

Beim Schulkind beginnt das Spiel die Form einer begrenzten Tätigkeit anzunehmen, vorwiegend die Form von Sportspielen, die in dem gesamten Entwicklungsverlauf des Schülers eine bestimmte Bedeutung haben, aber nicht die, die das Spiel für das Vorschulkind hat.

Das Spiel ähnelt seinem Äußeren nach wenig dem, was es herbeiführt, und nur durch eine gründliche Analyse läßt sich der Prozeß seiner Fortbewegung klären sowie seine Rolle in der Entwicklung des Vorschulkindes.

Im Schulalter verschwindet das Spiel nicht, sondern gewinnt ein anderes Verhältnis zur Wirklichkeit. Es setzt sich fort im schulischen Lernen und in der Arbeit (Pflichttätigkeit mit Regel). Die Analyse des Wesens des Spiels insgesamt hat uns gezeigt, daß im Spiel eine neue Beziehung zwischen dem Bedeutungsfeld, das heißt der in Gedanken bestehenden Situation, und der realen Situation entsteht.

Literaturverzeichnis

(Abramowitsch) Абрамович, Р. Я.: Развитие предметных действий у ребенка на первом году жизни. Канд. дис. Л. 1946.

Alt, R.: Die Erziehung auf frühen Stufen der Menschheitsentwicklung. Berlin 1956.

(Arkin) Аркин, Е. А.: Ребенок и его игрушка в условиях первобытной культуры. М. 1935.

(Arkin) Аркин, Е. А.: Дошкольный возраст. М. 1948.

Axline, V. M.: Kinder-Spieltherapie. München/Basel 1972.

(Basanow) Базанов, А. Г.: Вогульские дети. — «Советский Север», 1934, № 3.

(Basanow) Базанов, А. Г., Казанский, Н. Г.: Школа на Крайнем Севере. Л. 1939.

(Bassow) Басов, М. Я.: Общие основы педологии. Изд. 2-е. М. — Л. 1931.

(Blonski) Блонский, П. П.: Педология. М. 1934.

(Bogoras-Tan) Богораз-Тан, Н. Г.: Чукчи, ч. I. Л. 1934.

(Boguslawskaja) Богуславская, З. М.: Развитие познавательной дея-

тельности детей дошкольного возраста в условиях сюжетной дидактической игры. — «Известия АПН РСФСР», вып. 64, 1955.

Boshowitsch, L. I.: Die Persönlichkeit und ihre Entwicklung im Schulalter. Berlin 1970.

(Boshowitsch, Morosowa) Божович, Л. И., Морозова, Н. Г., Славина, Л. С.: Развитие мотивов учения у советских школьников. — «Известия АПН РСФСР», вып. 36, 1951.

Bruner, J. S.: Nature and Uses of Immaturity. „American Psychologist", 8, 1972.

Bruner, J. S.: Play in Serious Business. Psychology Today, 1, 1975.

Bruner, J. S., A. Jolly and K. Sylva (Hrsg.): Play, its Role in Development and Evolution. London 1976.

Bryant, A. T.: The Zulu People, as they were before the white man came. Pietermaritzburg 1949.

Брайант, А. Т.: Зулусский народ до прихода европейцев. М., 1953.

Bühler, Ch.: Kindheit und Jugend. Leipzig 1928.

Bühler, K.: Die geistige Entwicklung des Kindes. Jena 1929.

Bühler, K.: Die Krise der Psychologie. Jena 1929 a.

(Butinow) Бутинов, Н. А.: Проблема экзогамии. — В сб.: Родовое общество. Этнографические материалы и исследования. М. 1951.

Buytendijk, F. J. J.: Das Spielen des Menschen und der Tiere als Erscheinungsform der Lebenstriebe. Berlin 1933.

(Charusin) Харузин, Н. Н.: Русские лопари. — «Известия об-ва любителей естествознания, антропологии и этнографии», т. X. Спб. 1890.

Chateau, J.: Le jeu de l'enfant. „Psychologie de l'enfant" sur la direction de Maurice Debesse. Paris 1956.

Chateau, J.: Das Spiel des Kindes. Natur und Disziplin des Spielens nach dem dritten Lebensjahr. Paderborn 1969.

Claparède, E.: Sur la nature et la fonction de jeu. Archives de Psychologie, 1934, v. XXIV.

Colozza, G. A.: Psychologie und Pädagogik des Kinderspiels. Altenburg 1900.

Compayré, G.: Die Entwicklung der Kindesseele. Altenburg 1924.

(Denissowa, Figurin) Денисова, М. П., Фигурин, Н. Л.: Экспериментальное изучение реакции на новое у ребенка до одного года. — В сб.: Вопросы генетической рефлексологии и педологии младенчества. М. — Л. 1929.

(Dewey) Дьюи, Дж.: Психология и педагогика мышления. Пер. с англ. Пг. 1919.

(Dunajewski) Дунаевский, Ф. Р.: Попытка изучения развития высшей нервной деятельности при экспериментальном расширении возможностей ее проявления у детей первых лет жизни. — «Известия АПН РСФСР», вып. 75, 1956.

Elkonin, D. B.: Zur Psychologie des Vorschulalters. Berlin 1965.

(Elkonin) Эльконин, Д. Б.: Психологические вопросы дошкольной игры. В сб.: Вопросы психологии ребенка дошкольного возраста. М. 1948.

(Elkonin) Эльконин, Д. Б.: Игра и психическое развитие ребенка-дошкольника. — «Труды всеросийской конференции по дошкольному воспитанию.» М. 1949.

(Elkonin) Эльконин, Д. Б.: Психология игры в дошкольном возрасте. — В кн.: Психология личности и деятельности дошкольников. М. 1965.

(Elkonin) Эльконин, Д. Б.: Основные вопросы теории детской игры. — В сб.: Психология и педагогика игры дошкольника. М. 1966 а.

(Elkonin) Эльконин, Д. Б.: Символика и ее функции в игры. — «Дошкольное воспитание», 1966 б, № 3.

(Elkonin) Эльконин, Д. Б.: Игра, ее место и роль в жизни и развитии детей. — «Дошкольное воспитание», 1976, № 5.

(Fabri) Фабри, К. Э.: Основы зоопсихологии. М. 1976.

(Figurin) Фигурин, Н. Л., Денисова, М. П.: Этапы развития поведения ребенка от рождения до одного года. — В сб.: Вопросы генетической рефлексологии и педологии младенчества. Сборник первый. М. — Л. 1929.

(Flavell) Флейвелл, Дж. Х.: Генетическая психология Жана Пиаже. Пер. с англ. М. 1967.

(Fradkina) Фрадкина, Ф. И.: Психология игры в раннем детстве. Генетические корни ролевой игры. Канд. дис. Л. 1946.

Freud, S.: Jenseits des Lustprinzips. Leipzig, Wien, Zürich 1923.

Gallusser, U. M.: A First Survey of Research on the Play of Children below the Age of Nine Years. London. (Hektographierte Ausgabe ohne Jahresangabe.)

(Galperin) Гальперин, П. Я.: Развитие исследований по формированию умственных действий. — В кн.: Психологическая наука в СССР, т. I. М. 1959.

(Galperin) Гальперин, П. Я.: Психология мышления и учение о поэтапном формировании умственных действий. — В сб.: Исследование мышления в советской психологии. М. 1966.

Galperin, P. J.: Zu Grundfragen der Psychologie. Berlin 1980.

(Galperin) Гальперин, П. Я., Эльконин, Д. Б.: К анализу теории Ж. Пиаже о развитии мышления. Послесловие к книге Джона Х. Флейвелла «Генетическая психология Жана Пиаже». М. 1967.

Gaupp, R.: Die Psychologie des Kindes. Jena 1923.

Groos, K.: Das Seelenleben des Kindes. Berlin 1913.

Groos, K.: Die Spiele der Menschen. Jena 1899.

Groos, K.: Wesen und Sinn des Spiels. Zeitschrift für Psychologie, 1934, Bd. 133.

Hartley, R. E., Frank, L. K., R. M. Goldersson: Understanding Childrens Play. New York 1952.

Hegel, G. W. F.: Sämtliche Werke. Jubiläumsausgabe in 20 Bänden. Band 10. Stuttgart 1929.

Hetzer, H.: Die symbolische Darstellung in der frühen Kindheit. Wien – Leipzig – New York 1926.

(Hinde) Хайнд, Р.: Поведение животных. М. 1975. (Animal Behaviour. New York 1966.)

Hübsch und Reininger: Zur Psychologie des Kinderspiels und der Geschlechtsunterschiede im Kindergartenalter. „Zeitschrift für angewandte Psychologie", 1931, Bd. 40.

Hug-Hellmuth, H.: Neue Wege zum Verständnis der Jugend. Leipzig und Wien 1924.

(Igry) Игры народов СССР. Сборник материалов, составленный В. Н. Всеволодским-Гернгроссом и др. М. — Л. 1933.

Isaacs, S.: Intellectual Growth in Young Children. London 1936.

Isaacs, S.: Social Development in Young Children. London 1948.

Klein, M.: Die Psychoanalyse des Kindes. Wien 1932.

Koffka, K.: Die Grundlagen der psychischen Entwicklung. Osterwieck 1925.

Kollarits, J.: Quelques considérations sur la biologie et la psychologie du jeu. Archives de Psychologie. Genève 1940, t. XXVII.

(Koroljowa) Королева, Н. В.: Роль игры в формировании положительного отношения к труду у детей старшего дошкольного возраста. — В сб.: Психологические вопросы игры и обучения в дошкольном возрасте. М. 1957.

(Koswen) Косвен, М.: Осколок первобытного человечества. М. 1927.

(Koswen) Косвен, М. О.: Переход от матриархата к патриархату. — «Труды института этнографии им Миклухо-Маклая», т. XIV. М. 1951.

(Koswen) Косвен, М. О.: Очерки истории первобытной культуры. М. 1953.

(Krascheninnikow) Крашенинников, С. П.: Описание земли Камчатки. (Путешествия 1737—1741 гг.) М. 1949.

(Lechtman-Abramowitsch) Лехтман-Абрамович, Р. Я., Фрадкина, Ф. И.: Этапы развития игры и предметных действий в раннем детстве. М. 1949.

(Leontjew) Леонтьев, А. Н.: Психологические основы дошкольной игры. — «Советская педагогика», 1944, № 8—9.

Leontjew, A. N.: Probleme der Entwicklung des Psychischen. Berlin 1975.

Lewin, K.: A Dynamical Theory of Personality. New York and London 1935.

Lips, J.: Vom Ursprung der Dinge. Leipzig 1951.

(Lissina) Лисина, М. И.: Возрастные и индивидуальные особенности общения со взрослыми у детей от рождения до семи лет. Докт. дис. М. 1974 а.

(Lissina) Лисина, М. И.: Особенности общения у детей раннего

возраста в процессе действий совместных со взрослыми. — В кн.: Развитие общения у дошкольников, гл. IV. М. 1974 б.

Livingstone, D.: Neue Missionsreisen in Süd-Afrika. Jena und Leipzig 1866.

Lowenfeld, M.: Play in Childhood. London 1935.

(Lukow) Луков, Г. Д.: Об осознании ребенком речи в процессе игры. Канд. дис. Л. 1937.

Manual of Child Psychology. Paul H. Mussen (Ed.) Third Edition. New York 1972.

(Manuilenko) Мануйленко, З. В.: Развитие произвольного поведения у детей дошкольного возраста. — «Известия АПН РСФСР», вып. 14, 1948.

(Markowa) Маркова, Т. А.: Влияние советской детской литературы на творческие игры. — В сб.: Творческие игры в детском саду. М. 1951.

Mead, M.: Growing up in New Guinea. London 1931.

(Mendsherizkaja) Менджерицкая, Д. В.: Игра. — «Дошкольная педагогика», 1946.

(Michailenko) Михайленко, Н. Я.: Формирование сюжетно-ролевой игры в раннем детстве. Канд. дис. Л. 1975.

(Miklucho-Maklai) Миклухо-Маклай, Н. Н.: Собрание сочинений, т. III, ч. I. М. 1951.

Millar, S.: The Psychology of Play. London 1969.

Miller, N.: The Child in primitive Society. New York 1928.

(Nedospassowa) Недоспасова, В. А.: Психологический механизм преодоления «центрации» в мышлении детей дошкольного возраста. Канд. дис. М. 1972.

(Newerowitsch) Неверович, Я. З.: Овладение предметными движениями в преддошкольном и дошкольном возрасте. — «Известия АПН РСФСР», вып. 14, 1948.

(Nowizki) Новицкий, Г.: Краткое описание о народе остяцком. Новосибирск 1941.

(Obertaller) Оберталлер, П. М.: Материалы о хантыйских куклах. — «Советская этнография», 1935, № 3.

Piaget, J.: Nachahmung, Spiel und Traum. Stuttgart 1969.

Piaget, J.: Psychologie der Intelligenz. Zürich, Stuttgart 1967.

Piaget, J.: Das Sprechen und Denken des Kindes. Düsseldorf 1972.

Piaget, J., und B. Inhelder: Die Psychologie des Kindes. Osterwieck, Freiburg, Breisgau 1973.

Plechanow, G. W.: Briefe ohne Adresse. Studienmaterial für die künstlerischen Lehranstalten. 1955, Heft 4.

(Pokrowski) Покровский, Е. А.: Детские игры, преимущественно русские. М. 1887.

Preyer, W.: Die geistige Entwicklung in der ersten Kindheit. Stuttgart, Berlin, Leipzig 1893.

(Rejnson-Prawdin) Рейнсон-Правдин, А. Н.: Игра и игрушка народов Обского Севера. Канд. дис. М. 1948.

(Rejnson-Prawdin) Рейнсон-Правдин, А. Н.: Игра и игрушка народов Обского Севера. — «Советская этнография», 1949, № 3.

(Rosengart-Pupko) Розенгарт-Пупко, Г. Л.: Речь и развитие восприятия в раннем детстве. М. 1948.

Rubinstein, S. L.: Grundlagen der allgemeinen Psychologie. Berlin 1973.

(Rubzowa) Рубцова, Е. С.: Материалы по языку и фольклору эскимов. М. 1954.

(Rudik) Рудик, П. А.: Игры детей и их педагогическое значение. М. 1948.

(Saporoshez) Запорожец, А. В.: Изменение моторики ребенка-дошкольника в зависимости от условий и мотивов его деятельности. — «Известия АПН РСФСР», вып. 14, 1948.

Schiller, F.: Über die ästhetische Erziehung des Menschen in einer Reihe von Briefen. In: Über Kunst und Wirklichkeit – Schriften und Briefe zur Ästhetik. Leipzig 1959.

Schlosberg, H.: The Concept of Play. Psychological Review, 57, 1947.

(Schmalgausen) Шмальгаузен, И. И.: Проблемы дарвинизма. Изд. 2-е. Л. 1969.

(Schternberg) Штернберг, Л. Я.: Семья и род у народов северо-восточной Азии. Л. 1933.

(Shukowskaja) Жуковская, Р. И.: Воспитание ребенка в игре. М. 1963.

(Sikorski) Сикорский, А. И.: Воспитание в возрасте первого детства. Спб., 1884.

(Slawina) Славина, Л. С.: О развитии мотивов игровой деятельности в дошкольном возрасте. — «Известия АПН РСФСР», вып. 14, 1948.

Sliosberg, S.: Zur Dynamik des Ersatzes in Spiel- und Ernstsituationen. Psychologische Forschung 19, 1934.

(Sokoljanski) Соколянский, И. А.: Подготовка слепоглухонемого подростка к производственному труду в условиях домашнего воспитания. — В сб.: Обучение слепоглухонемых детей. М. 1962.

(Sokolowa) Соколова, Н. Д.: Особенности руководства игрой умственно отсталых детей дошкольного возраста. Канд. дис. М. 1973.

Spencer, H.: Die Prinzipien der Psychologie. Band 2. Stuttgart 1886.

(Starzew) Старцев, Г.: Самоеды. Л. 1930.

(Stebnizki) Стебницкий, С. Н.: Коряцкие дети. — «Советский Север», 1930, № 4.

(Stebnizki) Стебницкий, С.: У коряков на Камчатке. М. 1931.

Stern, W.: Psychologie der frühen Kindheit. Leipzig 1914.

(Stschelowanow) Щелованов, Н. Н., Аксарина, Н. М.: Воспитание детей раннего возраста в детских учреждениях. Изд. 3-е. М. 1935.

(Sujew) Зуев, В. Ф.: Материалы по этнографии Сибири XVIII века (1771—1772). М. 1947.

Sully, J.: Untersuchungen über die Kindheit. Leipzig 1897.

(Tscherkow) Черков, А. В.: Роль творческой игры в развитии моральных отношений у детей. Ростов-на-Дону, 1949.

(Uschinski) Ушинский, К. Д.: Собрание сочинений, т. 8. М. — Л. 1950.

(Ussowa) Усова, А. П.: К вопросу о характеристике творческих игр детей и правилах руководства ими. — «Ученые записки ЛГПИ им. А. И. Герцена.» Л. 1947, т. 56.

Vaillant, G.: Die Azteken. Köln 1958.

Volz, W.: Im Dämmer des Rimba. Leipzig 1948.

(Wachterow) Вахтеров, В. П.: Основы новой педагогики. М. 1913.

(Winogradow) Виноградов, Н. Д.: Педагогическая психология в связи с общей педагогикой, ч. II. М. 1916.

(Wsewolodski-Gerngross) Всеволодский-Гернгросс, В.: Введение к книге: «Игры народов СССР». 1933.

Wundt, W.: Ethik. Stuttgart 1886.

(Wygotskaja) Выготская, Г. Л.: Особенности сюжетно-ролевых игр глухих детей. — В сб.: Психология и педагогика игры дошкольника. М. 1966.

Wygotski, L. S.: Denken und Sprechen. Berlin 1964.

(Wygotski) Выготский, Л. С.: Педология подростка. (На правах рукописи.) М. — Л. 1931.

(Wygotski) Выготский, Л. С.: Проблема речи и мышления в учении Ж. Пиаже. Предисловие к русскому переводу книги Ж. Пиаже «Речь и мышление ребенка». М. 1932.

(Wygotski) Выготский, Л. С.: Проблема развития структурной психологии. — В кн.: Коффка, К. Основы психического развития. М. — Л. 1934.

(Wygotski) Выготский, Л. С.: Предыстория письменной речи. — В кн.: Умственное развитие детей в процессе обучения. М. — Л. 1935.

(Wygotski) Выготский, Л. С.: Воображение и творчество в детском возрасте. Изд. 2-е. М. 1967.